CB121005

Manual dos RECURSOS CÍVEIS

Teoria e prática

Teoria Geral e Recursos em Espécie

DENIS DONOSO

MARCO AURÉLIO SERAU JUNIOR

Manual dos RECURSOS CÍVEIS

Teoria e prática

Teoria Geral e Recursos em Espécie

10ª edição
Revista, atualizada
e ampliada

2024

EDITORA *Jus*PODIVM
www.editorajuspodivm.com.br

EDITORA *Jus*PODIVM
www.editorajuspodivm.com.br

Rua Canuto Saraiva, 131 – Mooca – CEP: 03113-010 – São Paulo – São Paulo
Tel: (11) 3582.5757
• Contato: https://www.editorajuspodivm.com.br/central-de-relacionamento

Diagramação: Equipe *Jus*PODIVM

Capa: Marcelo S. Brandão (*santibrando@gmail.com*)

D687m Donoso, Denis
Manual dos Recursos Cíveis - Teoria e Prática - Teoria Geral e Recursos em Espécie / Denis Donoso e Marco Aurélio Serau Junior – 10.ed., rev., atual. e ampl. - São Paulo: Editora JusPodivm, 2024.
592 p.

Inclui Bibliografia
ISBN: 978-85-442-5343-4

1. Direito Processual Civil. 2. Recursos Cíveis. I. Donoso, Denis. II. Serau Junior, Marco Aurélio. III. Título.

CDD 341.46

BIBLIOTECÁRIA RESPONSÁVEL

Ana Carolina Ribeiro Mois – CRB7 – RJ 007348/0

Para a Manuela, que sempre soube compreender as ausências do papai. E, quando não soube, apressou-se em sentar-se no meu colo para, à sua maneira, me ajudar a escrever muitas das linhas que escrevi! Para o Joaquim, que nasceu depois deste livro, e completou nossa família. E para a mamãe da Manuela e do Joaquim, minha esposa Mariana, pela presença e apoio incondicionais. É tão grande a alegria em tê-los na minha vida que – desculpem-me! – não consigo me expressar em palavras. Espero que meus gestos reparem esta falta!

(Donoso)

Dedico esta obra a toda minha família, tão presente em minha vida, sobretudo me respaldando a enfrentar os momentos difíceis. Faço-o em nome de meu querido irmão, Paulo, parceiro de todas as horas.

Dedico-a também a todos aqueles que almejam justiça célere, correta e eficaz, depositando suas esperanças na atuação do Poder Judiciário.

(Serau)

AGRADECIMENTOS

Agradeço a todos os meus amigos – e vocês sabem quem vocês são! – de quem me afastei para poder me dedicar aos estudos e escrever esta obra. Mesmo distantes, vocês foram fundamentais.

Agradeço também à minha esposa. Já lhe dediquei este livro, mas por razões de coração. O agradecimento, agora, se justifica pela razão. Além de esposa, é uma competente advogada, que supriu minhas ausências no escritório nos momentos em que me concentrei nos estudos. De tão brilhante que foi, minhas faltas passaram despercebidas!

Não posso deixar de agradecer imensamente a querida amiga Taciana Cristina da Costa Cruz Smania. Anos atrás, uma dedicada aluna. Depois, mestre em Processo Civil pela PUC/SP e brilhante professora. E agora uma competente revisora de meus textos. Sem o seu apoio, eu certamente não cumpriria o prazo para entregar este livro à editora (e perder um prazo é um pecado imperdoável para um advogado!).

Sou muito grato também ao coautor desta obra, meu amigo Marco Aurélio Serau Jr., jurista que admiro e respeito muito. Sem sua parceria, meu caro, eu não me aventuraria nesta empreitada.

Finalmente, o maior agradecimento vai para os meus alunos (de ontem, de hoje e de amanhã). São vocês, acima de tudo, que me motivam a estudar constantemente. Espero que minha dedicação a vocês também lhes sirva de inspiração!

Donoso

***

Agradeço em primeiro lugar a Deus, nosso Pai Celestial que tudo nos provê, que me proveu de saúde e perseverança suficientes para superar difíceis obstáculos e permitiu a conclusão deste projeto muito especial para mim.

Agradeço a amigos queridos que abriram mão de parcela preciosa de seu tempo para propiciar a revisão técnica desta obra: Drs. Edney Rodrigues de Oliveira, Fábio Luis Furrier, Karla Erico Mizukoshi e Keila Lemos Hakme.

Agradeço, quase que anonimamente, a duas pessoas essenciais em minha formação sobre Processo Civil: ao Ministro Cezar Peluso, meu professor na PUC/SP durante toda a graduação, responsável por me transmitir a visão constitucional sobre a matéria, extrapolando o mero formalismo, mas essencialmente técnica, e à Desembargadora Federal Suzana Camargo, de quem fui Assessor durante longos anos, permitindo-me pôr tudo isso em prática.

Agradeço ao meu dileto amigo e comparsa de todas as horas, Denis Donoso, que topou enfrentar esta empreitada desde o primeiro momento, dando-me respaldo naquelas ocasiões mais difíceis.

Agradeço, por fim, ao amigo e excepcional editor, Dr. Vauledir Ribeiro Santos, por acreditar em mais este projeto, mas sobretudo por ter acreditado em um jovem pesquisador que lhe procurou há mais de uma década com um modesto livro debaixo do braço.

Serau

NOTA À 10ª EDIÇÃO

Nesta nova edição do **Manual dos Recursos Cíveis**, que mais uma vez temos a alegria de entregar ao público leitor, trazemos novidades importantes, elaboradas com o intuito de agregar ainda mais conteúdo de importância para a prática da Advocacia e para quem realiza seus estudos de graduação ou para o Exame de Ordem.

Mantivemos, como nas edições anteriores, a atenção de apresentar ao leitor e à leitora as atualizações necessárias, derivadas de novos entendimentos jurisprudenciais e doutrinários, bem como novas normas aplicáveis ao Processo Civil.

Nesta edição, destacamos novo modelo incluído na obra, específico para o agravo de admissão do recurso extraordinário, nos moldes exigidos pelo art. 1.042 do CPC.

Novamente cumprimentamos toda a equipe da Editora Juspodivm pelo trabalho competente na preparação deste livro e, sobretudo, agradecemos ao público leitor que nos prestigia e rapidamente esgota as sucessivas edições desta obra.

Compreendemos que esse sucessivo esgotar das edições deste Manual significa que vem cumprindo sua função de ser ferramenta segura e extremamente útil aos profissionais e estudantes do Direito.

OS AUTORES,

Outono de 2024.

PREFÁCIO

É tarefa da maior responsabilidade e delicadeza, parafraseando um dos maiores processualistas brasileiros do Século XX, prefaciar qualquer obra. O autor ou, como no caso, os autores, aguardam, senão elogios bem-postos, todavia marcados pela sinceridade, no mínimo um juízo positivo acerca da estrutura e do conteúdo. O público, em geral, almeja avaliação fria e objetiva, apontando os aspectos proeminentes, talvez resumidos em breves palavras, e ressalvando, a bem da justiça, os pequenos deslizes. Fica subentendido que, sobrepujando os defeitos às virtudes, o prefaciador se demitiria da empreitada.

Desde logo enalteço, a quem me acompanhou até esse ponto e ficou em dúvida quanto ao rumo tomado, "Manual dos Recursos cíveis: teoria e prática", de Denis Donoso e Marco Aurélio Serau Júnior. Receberá, sim, elogios e avaliação positiva por uma razão trivial: a obra é altamente merecedora desses de uns e de outra.

Já conhecia o trabalho profícuo do Denis, de quem consultara "Julgamento prévio do mérito", estampado em 2011, dentre outros; e do Marco Aurélio citara, no meu próprio livro sobre recursos, seu magnífico "Recursos especiais repetitivos no STJ", em coautoria. É obrigação de quem estuda o direito manter-se permanentemente atualizado, consultando e apreendendo com os novos talentos. Não me surpreendeu, portanto, a excelência da obra que agora apresento aos leitores.

Como ninguém ignora, nos últimos vinte anos, o Brasil empreendeu sucessivas reformas "parciais" no CPC de 1973. A cada nova etapa, desculpando-se os reformistas pela alteração abrupta de rumos, sobrevinha o anúncio de que, agora sim, o processo civil tornar-se-ia efetivo – seja qual for, relevada a repetição, o sentido concreto dessa palavra mágica e poderosa chave para abrir os gabinetes palacianos e desencadear o processo legislativo. Jamais se conseguiu, através dessas reformas erráticas, a mais das vezes cosméticas, adaptar o processo civil às necessidades sociais.

Era o momento de uma nova sistematização. Sob esse ponto de vista, o CPC de 2015 é promissor. E, à semelhança do que acontecia no âmbito das ondas reformistas, o capítulo relativo aos meios de impugnação às resoluções judiciais, mereceu particular atenção dos que intervieram no processo legislativo. A diretriz geral é nítida: a lei arredou os obstáculos que, no direito anterior, impediam o conhecimento do recurso. Em determinados casos, o juízo de inadmissibilidade fundava-se em motivo surreal: a falta de indicação do número completo na guia de recolhimento do preparo, a qual, todavia, não comportava todos os dígitos do extenso número de registro. Não quero dizer que o CPC de 2015 seja isento de defeitos. A par da linguagem pobre (por exemplo, baniu-se a palavra "defeso", porque seria difícil explicar, na academia, o seu significado aos profanos), de certa falta de sistematização (por exemplo, qual o objeto da renúncia, a "pretensão", como declara o art. 487, III, *c*, ou o "direito sobre o qual se funda a ação", conforme o art. 105, *caput*?), e do uso excessivo de parágrafos e de incisos, há pontos obscuros e dificuldades técnicas expressivas. Nessa última categoria, para exemplificar no âmbito recursal, avulta a supressão do juízo de admissibilidade da apelação no órgão *a quo*. O órgão judiciário de primeiro grau transformou-se em simples receptor e transmissor da apelação, sem nenhuma possibilidade de impedir a tramitação nos autos originais do recurso intempestivo, em manifesto prejuízo ao apelado.

Ora, "Recursos cíveis: teoria e prática" explica a sistemática vigente com segurança e clareza, ministrando esclarecimentos precisos para quem, profissionalmente, há de interpretar e aplicar o CPC de 2015. Em matéria de recursos, a precisão é fundamental. Admito que, sanáveis os requisitos de admissibilidade, incluindo a pura e simples falta de preparo (art. 1.007, § 4.°), ressalva feita ao cumprimento do prazo, a responsabilidade de quem interpõe recurso diminuiu consideravelmente, dissipando a natural angústia que outrora atingia o advogado do recorrente. Porém, a aplicação do CPC de 2015 dependerá, em larga medida, do que entenderem os magistrados brasileiros acerca do alcance do art. 932, parágrafo único, autorizando o relator assinar o prazo de cinco dias para sanear os vícios do recurso. Aqui, como alhures, só a iterativa aplicação da lei esclarecerá os rumos tomados na prática.

Nenhuma questão relevante, como a consulta ao magno livro de Denis Donoso e Marco Aurélio Serau Júnior demonstra, ficou sem análise e resposta. Portanto, a obra satisfaz a vocação primacial de um livro de direito processual, feito para os homens e mulheres do foro: apresenta solução para seus problemas. É o ponto máximo a ser alcançado. E inexiste maior elogio possível.

Araken de Assis

Professor Emérito da PUC/RS. Doutor em Direito pela PUC/SP. Desembargador (aposentado) do Tribunal de Justiça do Rio Grande do Sul. Titular da Comenda "Jurista Eminente" do Instituto dos Advogados do Rio Grande do Sul. Advogado em Porto Alegre e São Paulo.

SUMÁRIO

Parte II – RECURSOS CÍVEIS EM ESPÉCIE

SIGLAS

CF – Constituição Federal do Brasil de 1988

CNJ – Conselho Nacional de Justiça

CPC – Código de Processo Civil de 2015

CPC/73 – Código de Processo Civil de 1973

ENFAM – Escola Nacional de Formação e Aperfeiçoamento de Magistrados

FPPC – Fórum Permanente de Processualistas Civis

MP – Ministério Público

OIT – Organização Internacional do Trabalho

ONU – Organização das Nações Unidas

STF – Supremo Tribunal Federal

STJ – Superior Tribunal de Justiça

STM – Superior Tribunal Militar

TJ – Tribunal de Justiça

TRF – Tribunal Regional Federal

TSE – Tribunal Superior Eleitoral

TST – Tribunal Superior do Trabalho

INTRODUÇÃO

O Novo Código de Processo Civil (NCPC) chegou prometendo amplo acesso à justiça, celeridade processual e efetividade na satisfação dos direitos, embebido no caldo dos princípios e valores constitucionais[1]. Elementos, sem dúvida, caros aos autores deste trabalho.

A vinda do novo diploma processual propiciou a edição de uma verdadeira enxurrada de obras, novas ou não, a respeito do assunto, com variados níveis de profundidade e abordagem.

Esse cenário trouxe aos autores deste Manual alguns desafios. O primeiro deles foi o de apresentar aos nossos alunos e ao público leitor uma abordagem própria sobre recursos no CPC de 2015. O segundo foi o de mostrar aos leitores algo que não fosse *mais do mesmo*, justamente diante da incontável leva de livros publicados diante do novo diploma processual.

Tais desafios foram devidamente enfrentados e o resultado é um Manual com uma perspectiva essencialmente didática, propiciando aos leitores o que esperamos ser uma compreensão correta, fácil e simples do que consta no CPC/15 a respeito dos recursos cíveis.

É fruto, ainda, da longa trajetória acadêmica de ambos os autores, docentes em diversas instituições de ensino de graduação e pós-graduação em todo o país, bem como de respeitável experiência profissional.

Por que *recursos*? Muitos motivos assim nos inspiraram. Sua inegável importância na vivência forense, a necessidade de aprimoramento de profissionais da área jurídica (sobretudo advogados), e a carência de uma obra com estas perspectivas (sobretudo aos acadêmicos e demais estudantes) são algumas razões. Mas – por que esconder? – a paixão acadêmica destes autores pelo assunto foi verdadeiramente o que nos conduziu nesta empreitada.

---

1. FUX, Luiz (coord.). *O novo processo civil brasileiro – Direito em expectativa (reflexões acerca do Projeto do novo Código de Processo Civil).* Rio de Janeiro: Forense, 2011, p. 04-14.

Com essa perspectiva e com esses objetivos, elaboramos uma obra que se compromete a ser de leitura acessível e atual. Seu objetivo é propiciar elementos para o exercício prático profissional, sem descuidar de sua vocação para os estudos de graduação e preparatórios para exames e concursos. Para tanto, ao fim de cada tópico, um quadro resumo e alguns modelos de petições recursais, de sorte a fornecer um primeiro e seguro caminho a todos aqueles que se aventurarem nos recursos cíveis.

Vieram também com o CPC de 2015 muitos institutos processuais novos. Optou-se, desta forma, por fazer referência em alguns trechos desta obra não apenas a obras doutrinárias consagradas e jurisprudência atualizada, mas também aos Enunciados apresentados por associações renomadas de processualistas civis, as quais têm possibilidade privilegiada de apontar os caminhos pelos quais serão efetivamente interpretados os novos conceitos processuais trazidos pelo novo diploma.

Em termos de organização da obra, deve-se fazer o registro das devidas atribuições de cada autor. Coube a Denis a elaboração do importante tópico sobre a Teoria Geral dos Recursos (Parte I, Capítulo I) e, na Parte II, os capítulos referentes ao Recurso de Apelação (Capítulo I), Agravo de Instrumento (Capítulo II) e Embargos de Declaração (Capítulo IV). A Marco Aurélio, couberam os capítulos sobre a Ordem dos Processos nos Tribunais (Parte I, Capítulo II) e, na Parte II, o capítulo sobre Agravo Interno (Capítulo III), além daqueles mais ligados aos Tribunais Superiores: Recurso Ordinário (Capítulo V), Recurso Especial e Recurso Extraordinário (Capítulo VI); Agravo em Recurso Especial e Recurso Extraordinário (Capítulo VII); Embargos de Divergência (Capítulo VIII).

Embora os coautores possuam grande sintonia de projetos e ideias a respeito do Processo Civil como instrumento de efetividade dos direitos e de obtenção da justiça, é importante assinalar o produto intelectual de cada um.

Diante da experiência profissional e bagagem acadêmica dos autores, mas sobretudo diante da grande preocupação e carinho com que elaborado este Manual, espera-se que a leitura seja agradável e de valia para os estudos de acadêmicos, estudiosos, concursandos, advogados e de todos que sintam a necessidade de consultar um guia seguro e objetivo sobre recursos.

OS AUTORES

S. Paulo/Porto Feliz, julho de 2016

Parte I

TEORIA GERAL DOS RECURSOS, DA ORDEM DOS PROCESSOS E DOS PROCESSOS DE COMPETÊNCIA ORIGINÁRIA DOS TRIBUNAIS

Capítulo I

TEORIA GERAL DOS RECURSOS

1. INTRODUÇÃO E CONCEITO

Recurso é uma palavra com múltiplos significados. Uma rápida busca em dicionários levará a resultados diferentes. E, de fato, sua utilização é ampla: utilizamos *recursos* financeiros para comprar um bem, solicitamos ao departamento de *recursos* humanos a contratação de um novo profissional, buscamos na natureza *recursos* para nossa sobrevivência, os filhos *recorrem* aos pais quando buscam ajuda e por aí vai.

Do ponto de vista jurídico – e mais propriamente do Direito Processual –, o significado da palavra não se distancia do seu núcleo essencial. Quando o julgador profere uma decisão contrária aos interesses de determinada pessoa, esta pode buscar, pelo manejo do adequado *recurso*, sua modificação.

Inegável que a previsão dos recursos está intimamente ligada ao inconformismo imanente às pessoas. Raramente se aceita uma adversidade, ainda mais num ambiente combativo, como é o processo. De outro lado, os julgamentos são feitos por seres humanos. Juízes também são pessoas falíveis e podem errar nas decisões. Com tais ponderações é que ARAKEN DE ASSIS inaugura seu brilhante estudo sobre os recursos cíveis (2007, p. 31-32).

Dito isso, recurso pode ser definido como o *meio processual cujo objetivo seja anular, reformar, integrar ou aclarar uma decisão judicial, dentro de um mesmo processo, evitando que esta seja acobertada pela preclusão ou coisa julgada*. Ou, nas palavras de BARBOSA MOREIRA (1974, p. 191), trata-se do "remédio processual idôneo a ensejar, dentro do mesmo processo, a reforma, a invalidação, o esclarecimento ou a integração da decisão judicial que se impugna". Este conceito gera desdobramentos, que serão tratados mais adiante, mas basta, para este primeiro momento, para formar compreensão.

Naturalmente, o processo nasce, mas não deve durar eternamente. Deste modo, em algum momento "acabará" o direito de recorrer, seja porque este não foi exercido (preclusão consumativa), seja porque definitivamente a lei não prevê mais recursos para dada decisão judicial.

2. MODALIDADES RECURSAIS E COMPETÊNCIA LEGISLATIVA

Os recursos são previstos por *lei* e em rol *taxativo* (como será visto adiante ao se abordar o princípio da taxatividade).

O art. 994 do CPC traz, assim, uma lista de recursos cíveis disponíveis, a saber: I – apelação; II – agravo de instrumento; III – agravo interno; IV – embargos de declaração; V – recurso ordinário; VI – recurso especial; VII – recurso extraordinário; VIII – agravo em recurso especial ou extraordinário; IX – embargos de divergência.

Mas não é só. Interessa destacar que o rol do art. 994, isoladamente, não esgota todas as modalidades recursais existentes. Desde que previstas em lei – qualquer outra lei que não o CPC –, é possível a existência de outras modalidades recursais. Exemplo do que ora se afirma é o *recurso* previsto contra decisões proferidas nos Juizados Especiais Cíveis (art. 41 da Lei 9.099/95)[1], que não está no rol do art. 994, mas não deixa de ser recurso. O mesmo se diga quanto ao recurso de *embargos infringentes* referidos no art. 34 da Lei de Execuções Fiscais (Lei 6.830/80).

Como se afirmou linhas acima, ademais, os recursos são previstos em *lei*. Por força do art. 22, I, da Constituição, a União tem competência privativa para legislar sobre direito processual (entre outros). Ora, sendo os recursos matéria de direito processual, conclui-se que apenas a *lei federal* pode criá-los. Inconstitucional seria a lei estadual ou municipal acerca do tema.

Não se deve esquecer, todavia, que a União, Estados e Distrito Federal têm competência concorrente para legislar sobre *procedimentos* em matéria processual, o que gera relativa autonomia dos entes federados. Assim prevê o art. 24, XI, da Constituição. Deste modo, se Estados e Distrito Federal não

1. Tal recurso não tem qualquer nome atribuído pela lei, que se refere a ele simplesmente como "recurso". Na praxe forense, acabou se consagrando com o curioso nome de "recurso inominado".

podem criar recursos, podem pelo menos avançar em matéria relativa aos procedimentos recursais, desde que respeitem as previsões da lei federal existentes (em razão da hierarquia).

O tema tinha interesse maior na vigência do antigo CPC (1973). É que tal Código não previa de modo sistematizado a recorribilidade de decisões monocráticas no âmbito dos tribunais, que acabavam prevendo, em seus regimentos, os chamados *agravos regimentais*, destinados a preencher esta lacuna. Em que pese o interessante debate doutrinário travado, tal conduta chegou a ser declarada constitucional pelo STF (WAMBIER; TALAMINI; ALMEIDA, 2008, p. 583). Após a edição do Código vigente (2015), com a criação do *agravo interno* (art. 994, III; e art. 1.021), a polêmica foi superada.

3. CARACTERÍSTICAS

A doutrina aponta inúmeras características dos recursos.

A primeira delas é a *interposição na mesma relação processual.* Com efeito, os recursos não inauguram um novo processo, ao contrário das chamas ações autônomas de impugnação (de decisões judiciais), como a ação rescisória, o *habeas corpus*, o mandado de segurança e a ação anulatória. Por isso mesmo, o verbo *interpor* é adequado a se utilizar quando um recurso é apresentado em juízo, porque traz a ideia de "colocar dentro", ou seja, adicionar uma nova etapa a algo em andamento.

Como consequência, muitos identificam o recurso como uma *extensão do direito de ação ou de defesa*, prolongando a vida do processo e a litispendência existente (PINTO, 2001, p. 23), mesmo que seja possível sua interposição por sujeitos que não são as partes (Ministério Público e terceiros). Esta opinião, a propósito, é compartilhada por um considerável número de estudiosos.

Sem prejuízo, o recurso também pode ser compreendido como um ônus processual, mas *não como um dever*, "porquanto aquele que se viu prejudicado pela decisão, para evitar que esse prejuízo ou desvantagem se consume (após o trânsito em julgado ou preclusão), deverá interpor o recurso cabível. Se não o fizer, contudo, não sofrerá qualquer pena (o que ocorreria na hipótese de descumprimento de um dever), deixando apenas de auferir uma vantagem." (MIRANDA; PIZZOL, 2009, 07).

Nesta linha, é irrecusável que o recurso também se caracteriza pela *voluntariedade*, porque só será interposto se assim desejar a parte interessada.

Além disso, deve-se destacar que *não é possível inovar nos recursos*, ou seja, não se pode invocar matéria que não tenha sido discutida no juízo inferior ou anteriormente.

Trata-se de regra que encontra algumas exceções, como por exemplo a prevista no art. 493 do CPC: "Se, depois da propositura da ação, algum fato constitutivo, modificativo ou extintivo do direito influir no julgamento do mérito, caberá ao juiz tomá-lo em consideração, de ofício ou a requerimento da parte, no momento de proferir a decisão."

O mesmo se diga quanto ao art. 1.014, que também excepciona nos seguintes termos: "As questões de fato não propostas no juízo inferior poderão ser suscitadas na apelação, se a parte provar que deixou de fazê-lo por motivo de força maior."

Há, ainda, outras exceções à proibição de inovação, como a alegação de qualquer matéria de ordem pública. Estas, por não se sujeitarem a preclusão, podem ser ventiladas de forma inédita no âmbito recursal.

4. CLASSIFICAÇÃO DOS RECURSOS

É habitual a doutrina processual classificar os recursos segundo determinados critérios, com o objetivo de facilitar o estudo do tema. Via de regra, os critérios de classificação não são certos ou errados, mas sim bons ou ruins (ou, se preferir, mais ou menos úteis). Adiante, seguem aquelas entendidas como mais úteis à melhor compreensão da matéria.

4.1. Totais ou parciais

Tal classificação leva em consideração a *extensão da matéria impugnada*. Tendo em conta que o recurso se caracteriza pela voluntariedade, como visto logo acima, não necessariamente o recorrente insurgir-se-á contra toda decisão, mas apenas contra parcela dela.

A distinção dos recursos entre totais e parciais encontra respaldo legal no art. 1.002 do CPC, onde se lê que "A decisão pode ser impugnada no todo ou em parte."

Assim, *recurso total* é aquele que impugna a decisão no todo ou na sua integralidade. Por exemplo: numa ação que "A" promove contra "B", pleiteando (i) a anulação de um contrato de venda e compra, (ii) a restituição de parcelas pagas por ocasião daquela avença e (iii) danos morais, o juiz profere sentença julgando os pedidos (todos) totalmente procedentes. Inconformado, o réu "B" interpõe recurso de apelação contra *toda* a decisão (as suas três partes), isto é, quanto à parcela que anula o contrato, a que determina a restituição de quantias pagas e a que condena em danos morais.

De outro lado, *recurso parcial* é aquele cuja impugnação do recorrente se dirige apenas a parte da decisão. Utilizando o mesmo exemplo acima, imagine que o réu "B" não recorra contra a parcela da sentença que anulou o contrato, mas apele quanto às demais condenações, isto é, a determinação de devolução das quantias pagas (porque, por exemplo, entende que são devidas em razão da utilização do bem em certo período) e a condenação em danos morais (por discordar de sua ocorrência no caso concreto).

Convém destacar que o critério desta classificação é o conteúdo da decisão impugnável em relação à parte recorrente (PINTO, 2001, p. 31). Vale explicar esta afirmação usando, uma vez mais, o mesmo exemplo. Suponha que o juiz tenha proferido sentença de parcial procedência, acolhendo o pedido de anulação do contrato e de restituição de quantias pagas, mas rejeitando os danos morais. Aqui, um leque de situações de abre. Se o réu "B" apelar de todos os pedidos julgados procedentes (anulação do contrato e restituição de quantias), seu recurso será considerado total, em que pese não incluir os danos morais (pois, desta parcela, não teria interesse recursal). Por outro lado, se o réu "B" apelar apenas da parte que o condena à restituição de quantias pagas, seu recurso será parcial, porque também poderia recorrer do acolhimento de anulação contratual. E, por fim, se o autor "A" apelar com objetivo de reformar a parcela da decisão que desacolheu o pedido de danos morais, seu recurso será considerado total, pois não poderia mesmo recorrer das demais partes, que já lhe foram favoráveis.

A distinção entre recursos totais e parciais tem relevância prática, porque permite verificar qual extensão da decisão precluiu ou transitou em julgado (SCARPINELLA, 2010, p. 38), delimitando, em termos gerais, o efeito devolutivo. Com efeito, os capítulos autônomos da decisão que eventualmente não tenham sido impugnados não poderão ser apreciados pelo órgão *ad quem*, justamente pelo óbice da preclusão ou coisa julgada (neste último caso, se tratarem do mérito da decisão). Vale anotar, neste contexto, que "A jurisprudência do STJ se firmou no sentido de que a impugnação, no agravo, de capítulos autônomos da decisão recorrida apenas induz a preclusão das matérias não impugnadas" (STJ, 4ª Turma, AgInt no AREsp 953161/SC, rel. Min. MARCO BUZZI, j. 05.12.2017, v.u.). No entanto, os temas acessórios (capítulos acessórios ou dependentes) do capítulo recorrido (juros, correção monetária, honorários advocatícios etc.) são devolvidos regularmente com o recurso, devendo ser apreciados pelo tribunal.

A afirmação acima – de que os capítulos autônomos de uma decisão precluem ou transitam em julgado quando não impugnados – tem inegáveis impactos práticos. O primeiro deles é o reconhecimento de que a preclusão ou a coisa julgada pode ocorrer de forma instantânea (única) ou progressiva (fracionada), hipóteses amplamente reconhecidas pela doutrina e jurisprudência. O assunto, apesar de interessantíssimo, ultrapassa os limites deste *Manual*. O segundo deles diz respeito à possibilidade (ou não) do tribunal se manifestar *ex officio* sobre matérias ligadas ao capítulo não impugnado da decisão. Esta última questão é assunto de que se ocupa adiante, quando se tratará dos efeitos devolutivo e translativo.

4.2. Principal e adesivo

Esta classificação leva em consideração o *momento* em que o recurso é interposto e sua compreensão pressupõe a análise da sucumbência total ou parcial.

A chamada *sucumbência recíproca* ocorre sempre que a decisão judicial não traz o melhor resultado possível a ambas as partes. É o que ocorre, em rigor, diante de um julgamento de procedência parcial de pedidos ou de provimento parcial de recurso. As duas partes, concomitantemente, saem vencedoras e perdedoras, de modo que ambas têm interesse em recorrer.

A rigor, nestas situações, "Cada parte interporá o recurso independentemente, no prazo e com observância das exigências legais", tal qual prevê o art. 997 do CPC. Esta é a hipótese de recurso *principal* (também chamado de *independente*).

Mas, por diversas razões, pode-se lançar mão da estratégia descrita no § 1º do art. 997 do CPC, segundo o qual "Sendo vencidos autor e réu, ao recurso interposto por qualquer deles poderá aderir o outro." Este é o chamado recurso *adesivo*, cujo regime jurídico é regido pelo § 2° do art. 997 do CPC, valendo destacar, desde logo, que este se subordina ao recurso independente.

Assim suponha que o juiz tenha proferido sentença de parcial procedência. O autor, embora não tenha satisfeito integralmente seu escopo, se conforma com a decisão e prefere não apelar (interpor seu recurso principal, de forma independente). No entanto, algum tempo depois, recebe intimação judicial dando conta de que o réu apelou da outra parcela da decisão. Neste caso, o autor tem a possibilidade de "pegar uma carona" na apelação do réu e também apelar de forma adesiva, isto é, aderindo àquele recurso. Perceba que neste caso, o autor não tinha interesse no prosseguimento do processo em sua fase recursal, mas, considerando que seu adversário recorreu (e que, portanto, o processo necessariamente prosseguirá à fase recursal), ele também recorre, mas de forma adesiva, subordinado ao recurso principal.

Bem por isso aponta-se, com razão, que a maior justificativa do recurso adesivo é que este tende a mitigar a litigiosidade na fase recursal. Diante de uma decisão parcialmente favorável (mas não necessariamente tão ruim, do ponto de vista subjetivo), a mera possibilidade de recorrer adesivamente ao recurso eventualmente interposto de forma autônoma pelo adversário é fator que acaba apaziguando o ânimo de recorrer. Como aduz CASSIO SCARPINELLA BUENO, "No aguardo da postura a ser tomada pela parte contrária, a tendência é que nenhuma delas recorra, precluindo ou, se for o caso, transitando em julgado a decisão tal qual proferida, mesmo que *parcialmente* contrária a seus interesses." (2010, p. 41).

Toda teoria do recurso adesivo, previsto no art. 997 do CPC, será analisada em item próprio.

4.3. Fundamentação livre ou vinculada

Trata-se de classificação que leva em conta os *fundamentos* que se podem ventilar no recurso, estando, deste modo, intimamente ligada ao cabimento do recurso.

Via de regra, os recursos são de *fundamentação livre*, isto é, admite-se qualquer tipo de crítica à decisão, bastando que a parte tenha sofrido um gravame dela decorrente. Exemplo típico de recurso de fundamentação livre é a apelação, cujo cabimento não depende de qualquer prejuízo específico previamente estabelecido pelo legislador. Basta que exista uma sentença desfavorável e a parte pode apelar sob qualquer argumento pertinente (art. 1.009 do CPC).

Os recursos de *fundamentação vinculada*, por sua vez, são aqueles em que o mero gravame decorrente da decisão não é o bastante para caber o recurso. É preciso, para além disso, um prejuízo específico estabelecido pelo legislador. Deste modo, não aceitam qualquer fundamentação ou crítica, mas apenas os relativos aos vícios enumerados taxativamente em lei.

Neste sentido, irretocáveis as considerações de ARAKEN DE ASSIS: "Os recursos de motivação vinculada se baseiam obrigatoriamente em motivos predeterminados. Em outras palavras, a tipicidade do erro passível de alegação pelo recorrente, ou a crítica feita ao provimento impugnado, integra o cabimento do recurso, e, por conseguinte, a respectiva admissibilidade (2007, p. 53-54).

Por exemplo, os embargos de declaração, conforme o art. 1.022 do CPC, podem apenas contrastar decisões para (i) esclarecer obscuridade ou eliminar contradição; (ii) suprir omissão de ponto ou questão sobre o qual devia se pronunciar o juiz de ofício ou a requerimento; ou (iii) corrigir erro material. Não basta que a decisão seja prejudicial à parte, mas acima de tudo é preciso que esta esteja acompanhada de algum dos vícios específicos apontados em lei, sem o qual não terá cabimento.

Também são exemplos clássicos de recursos de fundamentação vinculada o recurso extraordinário e o recurso especial (regulados, no CPC, pelos arts. 1.029 a 1.042). O cabimento de ambos depende não apenas do interesse recursal, mas também das hipóteses taxativamente previstas na Constituição (art. 102, III; e art. 105, III; respectivamente). Aliás, é equívoco lamentavelmente comum, na prática do foro, a interposição de recurso extraordinário ou de recurso especial com o singelo objetivo de forçar uma nova instância, sem a concreta preocupação da análise de seus requisitos constitucionais.

4.4. Ordinários e extraordinários

A distinção dos recursos, neste particular, leva em consideração a possibilidade ou não de um *amplo reexame da causa* em todas as suas partes, inclusive a reapreciação das provas produzidas (SCARPINELLA, 2010, p. 39).

Como regra, os recursos são *ordinários*, isto é, permitem o amplo reexame da causa. Estes têm como objetivo principal proteger o direito subjetivo das partes litigantes contra vício ou injustiça da decisão judicial (PINTO, 2001, p. 32).

Excepcionalmente, os recursos serão *extraordinários*, assim entendidos aqueles que restringem o reexame da causa, porque sua finalidade não é a proteção imediata do direito subjetivo da parte, mas sim o direito objetivo (Constituição, leis federais e tratados federais), uniformizando sua interpretação. Não visam apenas a correção do caso concreto, mas também a uniformidade de interpretação da legislação federal e a eficácia e integridade das normas da própria Constituição, com clara função política, voltados exclusivamente às questões de direito, e não de fato (GRECO FILHO, 2006, p. 301).

Consideram-se recursos extraordinários *lato sensu* o recurso extraordinário *stricto sensu* para o STF (art. 102, III, da Constituição), o recurso especial para o STJ (art. 105, III, da Constituição) e os embargos de divergência (arts. 1.043 e 1.044 do CPC). Todos os demais recursos são considerados ordinários.

Interessante apontar que existe crítica à terminologia empregada (ordinário e extraordinário) (MEDINA; WAMBIER, 2008, p. 42), que, de fato, pode gerar alguma confusão, até porque o ordenamento jurídico tem recursos que usam exatamente estes nomes.

5. PRINCÍPIOS RECURSAIS

5.1. Introdução

Sem avançar no interessantíssimo debate acerca da concepção de *princípio*, para não acabar se afastando da proposta metodológica desta obra, vale destacar que os recursos cíveis são temperados por diversos princípios constitucionais e infraconstitucionais.

Registre-se, desde já, aquilo que já foi bem apontado por ARAKEN DE ASSIS no sentido de que inexiste convergência doutrinária sobre a enunciação concreta dos princípios recursais (2007, p. 67-68). O que se descreverá nas linhas seguintes são aqueles identificados normalmente na literatura processual, de forma objetiva e sintética, sem desviar do necessário embate científico, quando pertinente.

É oportuno lembrar, igualmente, que a existência de princípios com maior aderência à realidade recursal não afasta a incidência dos outros princípios processuais gerais, como a isonomia, o contraditório etc. Estão incluídas aí, então, as chamadas normas fundamentais do processo civil (arts. 1º ao 12 do CPC). Afinal de contas, como negar, por exemplo, que o recorrente e o recorrido devem comportar-se com boa-fé (art. 5º do CPC) ou que devem cooperar entre si para obtenção de decisão de mérito justa e efetiva (art. 6º do CPC)?

Bem por isso, parece correta a ideia lançada no Enunciado 372 do FPPC no sentido de que o art. 4º do CPC[2] tem aplicação inclusive na instância recursal. Como se vê, os diversos princípios embutidos no art. 4º do CPC (razoável duração do processo, primazia do julgamento de mérito, acesso à justiça, entre outros) têm aplicação no âmbito recursal, o que gera consequências inclusive na análise dos requisitos de admissibilidade dos recursos, sobre os quais se ocupa mais adiante o item 9 deste capítulo.

Dentro deste espírito, e sem prejuízo das considerações que serão feitas quando se tratar dos requisitos de admissibilidade recursal, é merecedor de aplausos o precedente do STJ segundo o qual o equívoco da parte em nominar a peça de interposição recursal não é suficiente para obstar a sua admissão. Vale transcrever trecho do respectivo acórdão, pela clareza das ideias expostas:

> "(...) 4. Como o processo é instrumento para a realização de certos fins, se, de um lado, é preciso que seu rigorismo seja observado com vistas a se oferecer segurança jurídica e previsibilidade à atuação do juiz e das partes; de outro, a estrita observância das regras processuais deve ser abrandada pela razoabilidade e proporcionalidade. 5. No Direito Processual, a razoabilidade e a proporcionalidade consubstanciam o princípio da instrumentalidade das formas, consagrado no art. 283, caput e seu parágrafo único, do CPC/15. 6. A aplicação do princípio da fungibilidade pressupõe que, por erro justificado, a parte tenha se utilizado de recurso inadequado para impugnar a decisão recorrida e que, apesar disso, seja possível extrair de seu recurso a satisfação dos pressupostos recursais do recurso apropriado. 7. O equívoco da parte em denominar a peça de interposição recursal – recurso inominado, em vez de apelação – não é suficiente para o não conhecimento da irresignação se atendidos todos

2. "As partes têm o direito de obter em prazo razoável a solução integral do mérito, incluída a atividade satisfativa."

os pressupostos recursais do recurso adequado, como ocorreu na espécie. (...)" (STJ, 3ª Turma, REsp 1.822.640/SC, rel. Mini. NANCY ANDRIGHI, j. 12.11.2019, v.u.)

Nesta linha de raciocínio – e apenas para ficar com mais um exemplo do influxo de princípios processuais gerais nos recursos – soa irretocável a conclusão emanada do Enunciado 371 do FPPC: "Os métodos de solução consensual de conflitos devem ser estimulados também nas instâncias recursais." É dizer, o princípio da autocomposição, que tanto marca o CPC/2015, se aplica na fase recursal também, sendo digno de destaque o saudável hábito de alguns tribunais de consultar as partes, antes do julgamento de recursos, sobre seu interesse na autocomposição.

Passemos, pois, à apreciação dos princípios específicos dos recursos.

5.2. Duplo grau de jurisdição

É aquele pelo qual, como regra, deve existir a possibilidade de uma causa ser decidida ao menos duas vezes, por dois órgãos diferentes do Poder Judiciário. Gera, assim, a concepção de que uma decisão proferida por juízo inferior (*a quo*) será passível de revisão por juízo superior (*ad quem*), não apenas evitando o abuso de poder por parte do julgador, mas, mais propriamente, reconhecendo a falibilidade humana.

Interessante anotar que não existe dispositivo prevendo expressamente o duplo grau, daí porque não é incomum a afirmação de que se trata de um princípio implícito.

De toda sorte, é irrecusável que o duplo grau de jurisdição é princípio recursal, ainda que, de fato, implícito. Trata-se de uma decorrência do devido processo legal, assim como da previsão constitucional dos tribunais nos arts. 92 e seguintes (MIRANDA; PIZZOL, p. 07-08).

Não se trata de princípio absoluto, todavia. De fato, não só há decisões irrecorríveis no nosso sistema, como também, em algum momento, determinada decisão judicial deve ser a última do processo, pois, do contrário, este jamais teria fim, rompendo com o próprio objetivo da jurisdição.

A previsão, em lei infraconstitucional (como o CPC), de decisões irrecorríveis, aliás, não é inconstitucional, embora tais hipóteses devam ser excepcionais.

Exemplo de decisão irrecorrível é a prevista no art. 1.007, § 6º, do CPC, segundo o qual "Provando o recorrente justo impedimento, o relator relevará a pena de deserção, por decisão irrecorrível, fixando-lhe prazo de 5 (cinco) dias para efetuar o preparo." Outro exemplo, de inegável importância prática, vem delineado no art. 1.035 do CPC: "O Supremo Tribunal Federal, em decisão irrecorrível, não conhecerá do recurso extraordinário quando a questão constitucional nele versada não tiver repercussão geral, nos termos deste artigo."

Há casos, também, em que o duplo grau acaba sendo mitigado, como aqueles em que se permite expressamente a chamada *supressão de instância*, isto é, situações em que o tribunal apreciará ineditamente determinadas matérias não apreciadas na instância *a quo*, a exemplo do que preveem os §§ 3º e 4º do art. 1.013 do CPC.

Como dito, o duplo grau de jurisdição pressupõe a revisão judicial por órgão jurisdicional diverso e hierarquicamente superior àquele que proferiu a decisão recorrida[3]. Se a decisão é revista pelo próprio órgão jurisdicional prolator da decisão, o caso não será de duplo grau de jurisdição, mas sim de *duplo exame* (MEDINA; WAMBIER, 2008, p. 48).

Por isso, neste ângulo, não haveria duplo grau de jurisdição, mas mero duplo exame, nos embargos infringentes no âmbito das execuções fiscais, porque estes têm previsão de julgamento pelo mesmo órgão jurisdicional, conforme art. 34 da Lei 6.830/80. Também não haveria duplo grau de jurisdição no julgamento dos embargos de declaração, porque estes também são julgados pelo mesmo órgão que prolatou a decisão embargada (art. 1.024 do CPC).

Se existem exceções ao duplo grau, também há aquelas situações em que este é uma imposição. São as chamadas hipóteses de duplo grau obrigatório.

Nesta condição se inclui a remessa necessária (art. 496 do CPC), embora esta não tenha natureza recursal. A hipótese é reproduzida, no âmbito do mandado de segurança (Lei 12.016/2009), no art. 14, § 1º, quando a segurança é concedida. Também pode-se citar o art. 19 da Lei 4.717/65 (Lei da Ação Popular), que assim dispõe: "A sentença que concluir pela carência ou pela improcedência da ação está sujeita ao duplo grau de jurisdição, não

---

3. Em sentido diverso: NERY JR., 2004, p. 44.

produzindo efeito senão depois de confirmada pelo tribunal; da que julgar a ação procedente caberá apelação, com efeito suspensivo."

5.3. Taxatividade

De acordo com este princípio, só existem os recursos previstos em lei (lei federal ou Constituição), que cria um rol taxativo ou exaustivo (*numerus clausus*).

Não há, pois, possibilidade de interpretação extensiva das normas processuais que criam os recursos (WAMBIER; TALAMINI; ALMEIDA, 2008, p. 588). Tampouco o ordenamento jurídico pode deixar à autonomia dos litigantes a instituição dos meios hábeis para impugnar as decisões judiciais (ASSIS, 2007, p. 77), nem mesmo se decorrente de negócio jurídico processual (art. 190 do CPC).

Assim, não têm natureza recursal os chamados *sucedâneos recursais*, que podem ser *externos* ou *internos*, a depender da necessidade ou não de criação de um novo processo para se desenvolver (NEVES, 2016, p. 1445-1455).

Os *sucedâneos recursais externos* são os que se desenvolvem em processo diferente daquele em que foi proferida a decisão impugnada, motivo pelo qual também são rotulados de *ações autônomas de impugnação*. É o exemplo da ação rescisória, da reclamação, da *querela nullitatis* e do mandado de segurança contra ato judicial.

Os *sucedâneos recursais internos* são aqueles que se desenvolvem no próprio processo no qual a decisão impugnada foi proferida, como se dá com a remessa necessária (sobre a qual se tratará em item específico), a correição parcial e o pedido de reconsideração.

Quanto a este último – o pedido de reconsideração –, aliás, vale destacar que se trata expediente muito comum na prática do foro. Não existe proibição ao seu uso, embora sua eficácia seja duvidosa, máxime porque nem sempre poderá o julgador simplesmente proferir nova decisão sem expressa autorização legal ou como resultado de um pedido sem forma ou previsão legal, em razão da preclusão judicial.

Acima de tudo, a parte que se utilizar do pedido de reconsideração deve ser ter muita precaução, pois ele não interrompe ou suspende o prazo para a interposição do recurso cabível contra a decisão que se pretende rever. Se a parte insistir em apresentá-lo – escolha pouco recomendável, dados os motivos já elencados –, deve fazê-lo dentro do prazo de que a parte dispõe para recorrer regularmente, aguardando-se solução do pedido dentre deste lapso, devendo, ainda, no caso de omissão, interpor o recurso adequado, que poderá perder seu objeto na hipótese de acolhimento do pedido de reconsideração (NEVES, 2016, p. 1450).

5.4. Unirrecorribilidade

Também chamado de princípio da *unicidade* ou *singularidade*, dispõe que para cada tipo de decisão judicial só cabe um recurso, sendo vedada a interposição simultânea ou cumulativa de dois ou mais recursos, pela mesma parte, contra uma mesma decisão judicial.

Este princípio tem inegável proximidade com o princípio da *correlação*, segundo o qual cada decisão desafia um determinado recurso especificado em lei. Ao definir os atos decisórios do juiz (art. 203), estipulando o cabimento de determinado recurso para cada um, conclui-se que o CPC adotou tal princípio (NERY JR., 2004, p. 119).

Assim, por exemplo, contra a sentença caberá um único recurso, que será o de apelação (art. 1.009 do CPC), ainda que nela se contenham elementos "estranhos", como o caso do § 3º do art. 1.009 e do § 5º do art. 1.013.

Especificamente quanto a esta circunstância do § 5º do art. 1.013, o CPC pôs fim a longa controvérsia acerca da recorribilidade da sentença que concedesse antecipação de tutela, tendo assumido a posição que prevalecia no STJ. Deste modo, para que não paire qualquer dúvida, "O capítulo da sentença que confirma, concede ou revoga a tutela provisória é impugnável na apelação."

A unirrecorribilidade encontra exceções.

Uma delas é a possibilidade (ou, mais propriamente, o ônus) de interposição simultânea de recurso extraordinário e especial quando a decisão violar, a um só tempo, a norma constitucional e federal, rente ao que vem previsto no art. 102, III; e 105, III; ambos da Constituição. Convém adicionar que a interposição conjunta de recurso extraordinário e especial é hipótese expressamente prevista no art. 1.031 do CPC.

A segunda exceção que merece registro diz respeito ao cabimento simultâneo de agravo interno (art. 1.021 do CPC) e agravo em recurso especial/extraordinário (art. 1.042 do CPC) nas hipóteses em que os recursos excepcionais não tenham sido admitidos na origem por fundamentos diversos, hipótese expressamente admitida pelo STJ em diversos precedentes.[4-5] Sobre esta possibilidade, o item que trata da admissibilidade dos recursos especial e extraordinário se volta com a necessária profundidade.

ARAKEN DE ASSIS ainda aponta a hipótese da decisão omissa, que, ordinariamente, desafiaria a oposição de embargos de declaração, mas contra a qual se interpõe diretamente apelação ou outro recurso cabível. Para ele, "a tipicidade do vício não elimina a opção entre um e outro recurso", tratando-se de um caso de cumulação alternativa (2007, p. 84). Deve-se reforçar, entretanto, que esta última situação não autoriza propriamente a interposição *simultânea* de dois ou mais recursos. O que haverá é a "escolha" entre dois meios de impugnação disponíveis.

5.5. Fungibilidade

Princípio pelo qual, em determinadas condições, um recurso pode ser recebido como se fosse outro, sem que isso represente julgamento *extra* ou *ultra petita*. A fungibilidade é uma exceção ao cabimento recursal, afastando, pois, a correspondência. Parte da premissa de que pode existir dúvidas sobre qual o recurso cabível, apesar dos esforços do legislador em ser claro.

Fundada em outro princípio – o da instrumentalidade das formas (art. 283 do CPC)[6], ligado à teoria geral do processo – a fungibilidade era

---

4. "É permitida a interposição simultânea de agravo interno (art. 1.021 c/c art. 1.030, § 2º, do CPC) e de agravo em recurso especial (art. 1.042 do CPC) contra decisão negativa do juízo de admissibilidade na origem, por sua dupla fundamentação, o que caracteriza exceção ao princípio da unirrecorribilidade." (STJ, Jurisprudência em Teses, Edição 182, Tese 08)

5. A esta conclusão também se chegou na I Jornada de Direito Processual Civil do CJF, como se lê no Enunciado 77: "Para impugnar decisão que obsta trânsito a recurso excepcional e que contenha simultaneamente fundamento relacionado à sistemática dos recursos repetitivos ou da repercussão geral (art. 1.030, I, do CPC) e fundamento relacionado à análise dos pressupostos de admissibilidade recursais (art. 1.030, V, do CPC), a parte sucumbente deve interpor, simultaneamente, agravo interno (art. 1.021 do CPC) caso queira impugnar a parte relativa aos recursos repetitivos ou repercussão geral e agravo em recurso especial/extraordinário (art. 1.042 do CPC) caso queira impugnar a parte relativa aos fundamentos de inadmissão por ausência dos pressupostos recursais."

6. Motivo pelo qual, na doutrina, há quem prefira o rótulo de ***instrumentalidade recursal*** (MEDINA, 2023, p. 53).

expressamente prevista no CPC de 1939 (art. 810), mas não no CPC de 1973, embora não houvesse dúvidas de sua aplicação, desde que atendidos certos requisitos. No CPC de 2015, pode-se dizer que existem previsões específicas de aplicação da fungibilidade recursal, o que não afasta a sua incidência em casos não específicos, mas desde que os tais requisitos estejam presentes[7]. Aliás, o Enunciado 104 do FPPC aduz expressamente que o princípio da fungibilidade alcança *todos os recursos*.

Vejamos as duas hipóteses.

Em primeiro lugar, a fungibilidade é expressamente prevista nos seguintes casos:

(i) fungibilidade entre embargos de declaração e agravo interno (art. 1.024, § 3º): "O órgão julgador conhecerá dos embargos de declaração como agravo interno se entender ser este o recurso cabível, desde que determine previamente a intimação do recorrente para, no prazo de 5 (cinco) dias, complementar as razões recursais, de modo a ajustá-las às exigências do art. 1.021, § 1º."

(ii) fungibilidade entre recurso extraordinário e especial (arts. 1.032 e 1.033): com efeito, conforme o art. 1.032, "Se o relator, no Superior Tribunal de Justiça, entender que o recurso especial versa sobre questão constitucional, deverá conceder prazo de 15 (quinze) dias para que o recorrente demonstre a existência de repercussão geral e se manifeste sobre a questão constitucional."; e, à luz do art. 1.033, "Se o Supremo Tribunal Federal considerar como reflexa a ofensa à Constituição afirmada no recurso extraordinário, por pressupor a revisão da interpretação de lei federal ou de tratado, remetê-lo-á ao Superior Tribunal de Justiça para julgamento como recurso especial."[8]

Em segundo lugar, ainda que fora destas hipóteses legalmente previstas, a fungibilidade pode ser aplicada, desde que presentes determinados requisitos.

---

7. Interessante, destarte, a observação de que o princípio da fungibilidade passou por três fases: (i) previsão (CPC/39); (ii) ausência (CPC/73); e (iii) casuística (CPC/2015) (THAMAY; ANDRADE, 2016, p. 743).

8. Teresa Arruda Alvim e Bruno Dantas sustentam que os arts. 1.032 e 1.033 do CPC não tratam propriamente da fungibilidade (um recurso ser recebido como se outro fosse), mas sim de uma transformação recursal, embora admitam que o fenômeno tenha a mesma raiz (ARRUDA ALVIM; DANTAS, 2023, p. 576).

E quais são estes requisitos? Basicamente, exige-se que haja *dúvida objetiva* sobre qual o recurso cabível, de modo que *não será aplicada a fungibilidade em caso de erro grosseiro* do recorrente.

A dúvida objetiva existirá sempre que houver divergências doutrinárias e jurisprudenciais acerca do cabimento de um ou de outro recurso, não bastando, contudo, a mera existência de dúvida subjetiva, isto é, íntima do recorrente (MIRANDA; PIZZOL, 2009, p. 13). De todo modo, o juiz não pode impor sua posição pessoal se existente a dúvida objetiva.

Considera-se erro grosseiro – e, portanto, impede a aplicação da fungibilidade – a interposição de recurso extraordinário de decisão denegatória de mandado de segurança. Assim dispõe a Súmula 274 do STF: "Não se admite como ordinário recurso extraordinário de decisão denegatória de mandado de segurança." A orientação parece acertada, diante da clareza da lei sobre o cabimento de recurso ordinário para contrastar decisões denegatórias do mandado de segurança (art. 1.027, I e II, *a*, do CPC).

Como regra, não haverá erro grosseiro se existir dúvida objetiva, razão pela qual estes requisitos são intimamente ligados. Mas, por exemplo, nada impede que no caso concreto, havendo dúvida objetiva sobre o cabimento de apelação ou agravo de instrumento, a parte cometa erro grosseiro e interponha recurso especial. Por ter sido escolhido recurso estranho àqueles que geram a dúvida, não se aplica a fungibilidade (NEVES, 2016, p. 1495).

Na vigência do CPC de 1973, a jurisprudência ainda exigia que o recurso eleito pela parte fosse interposto no prazo para a interposição do recurso adequado. Tal exigência jamais contou com a adesão da maioria da doutrina. Este requisito tende a ser temperado, pois os prazos recursais no CPC de 2015 foram uniformizados em 15 (quinze) dias, salvo os embargos de declaração, cujo prazo é de 05 (cinco) dias (art. 1.003, § 5º; e art. 1.023; ambos do CPC).

Deve prevalecer a opinião de que a fungibilidade é aplicável de ofício, como, aliás, sustenta o Enunciado 104 do FPPC. Deste modo, sendo o caso de sua aplicação, o tribunal o fará independentemente de pedido do recorrente.

Mais modernamente, é correto entender que a fungibilidade recursal não significa apenas o recebimento de um recurso por outro, mas, mais propriamente, a possibilidade (quando possível e necessária) do aproveitamento do recurso interposto e corrigível, como se vê, por exemplo, no já citado art. 1.024, § 3º, do CPC (MEDINA, 2023, p. 53).

5.6. Proibição da *reformatio in pejus*

A proibição *reformatio in pejus* (reforma para pior), decorrente do princípio dispositivo (arts. 2º, 141 e 492 do CPC) e do efeito devolutivo, significa uma "limitação" no julgamento do recurso, cujo resultado não poderá agravar a situação do recorrente, mas apenas melhorá-la ou, na pior das hipóteses, mantê-la tal qual antes.

Exemplificativamente: "A" promove ação judicial e face de "B", do qual busca indenização equivalente a R$ 100.000,00 (cem mil reais). Em sentença, há parcial procedência do pedido, condenando o réu "B" ao pagamento de indenização de R$ 65.000,00 (sessenta e cinco mil reais). Inconformado com a condenação, mesmo que parcial, o réu "B" interpõe recurso de apelação. Ao julgar tal recurso, no entanto, o tribunal terá dois caminhos apenas. O primeiro deles é acolher o recurso do réu (apelante) para reduzir ou afastar completamente a condenação. O segundo é manter a decisão, que condenou ao pagamento de indenização de R$ 65.000,00 (sessenta e cinco mil reais). Não poderá, em hipótese alguma, majorar a indenização, ainda que entenda que sua fixação ficou aquém do adequado.

O princípio, tal qual como foi colocado, faz todo sentido. É que os recursos só devolvem ao tribunal o conhecimento daquilo que tenha sido expressamente impugnado, e nada mais. Logo, o órgão *ad quem* fica restrito ao objeto do recurso, razão pela qual não se pode agravar a situação de quem o interpôs. Em outras palavras, e usando o exemplo acima utilizado, não há pedido, no âmbito recursal, para majorar a indenização, fixada em R$ 65.000,00 (sessenta e cinco mil reais), mas apenas para reduzi-lo.

Daí porque se diz que nos recursos só se pode falar, a rigor, na *reformatio in mellius*, isto é, numa mudança que melhore a situação jurídica do recorrente. Mas, mesmo neste caso, a melhora não pode ultrapassar os limites do próprio pedido do recorrente, sob pena de se incorrer em *error in procedendo* ao proferir decisão *ultra* ou *extra petita*. Isso quando não for o caso de simplesmente manter a decisão nos exatos termos em que foi lançada.

É preciso cuidado para não se gerar a falsa impressão de que este princípio pode ser excepcionado quando houver recurso de ambas as partes. Isso não é verdade.

Convém voltar ao mesmo exemplo acima apresentado para ilustrar esta última afirmação. Diante da sentença de parcial procedência (condenou a pagar R$ 65.000,00 à luz de um pedido de R$ 100.000,00), imagine que *as duas partes* interponham recursos de apelação (o autor "A", porque quer majorar a indenização até R$ 100.000,00; o réu "B", porque quer reduzi-la e preferencialmente revertê-la integralmente). Vislumbre, também, que o tribunal entenda que o correto seria majorar a indenização para R$ 90.000,00 (noventa mil reais) e assim o faça. Houve *reformatio in pejus*? À primeira vista, poder-se-ia dizer que sim, afinal de contas a sentença agravou a situação jurídica do réu "B". Ocorre, porém, que ao assim agir *o tribunal julgou dois recursos* (do autor "A" e d réu "B"), hipótese em que, de uma só vez, deu provimento ao recurso do autor "A" e negou provimento ao recurso do réu "B". Note a sutil diferença, então. Ao recusar o recurso do réu "B", o tribunal manteve a sua situação jurídica; adiante, ao julgar o recurso do autor "A", o mesmo tribunal melhorou sua situação jurídica (*reformatio in mellius*). Naturalmente, globalmente considerados os recursos, a situação jurídica de uma das partes se agravou, mas esta situação é inevitável, porque ambas, insatisfeitas, recorreram. De mais a mais, é inegável que houve pedido de uma das partes para que tal agravamento ocorresse, o que reforça o argumento de que não se trata propriamente de uma exceção ao princípio em estudo.

Uma exceção que a doutrina costuma apontar à proibição da *reformatio in pejus* acaba sendo aquela ligada às matérias que devem ser conhecidas de ofício pelo órgão julgador, como é o caso, por exemplo, das condições da ação e da prescrição, entre tantos outros. Mas, reconheça-se, o que se opera aqui não é efetivamente o efeito devolutivo, mas sim o translativo.

Emprestando o mesmo exemplo antes utilizado, pode-se compreender melhor o que ora se afirma. Assim, diante da parcial procedência do pedido, condenando o réu "B" ao pagamento de indenização de R$ 65.000,00 (sessenta e cinco mil reais), imagine que desta vez apenas o autor "A" resolva apelar, objetivando majorar o valor a receber para R$ 100.000,00 (cem mil reais). Ao apreciar o recurso, contudo, o tribunal percebe um ponto jamais ventilado por qualquer um no curso do processo, qual seja, o réu "B" é parte ilegítima. Diante desta situação, o tribunal *ex officio*, sem qualquer provocação, reconhece a ilegitimidade e, sem sequer apreciar o mérito recursal, extingue o feito sem resolução do mérito (art. 485, VI, do CPC; ver também o § 3º do mesmo dispositivo). Evidentemente, tal conduta do tribunal agravou seriamente a situação do único recorrente (o autor "A"), que já tinha uma sentença favorável no importe de R$ 65.000,00 (sessenta e cinco mil reais) e, após recorrer, "perdeu tudo".

Casuisticamente, releva destacar que prevalece no STJ o entendimento de que a correção monetária e os juros legais, por serem consectários da condenação principal, possuem natureza de ordem pública. Assim, não configura *reformatio in pejus* a alteração *ex officio* do termo inicial dos juros moratórios (STJ, 3ª Turma, REsp 1.539.689-DF, rel. Min. MOURA RIBEIRO, j. 05.06.2018, v.u.). Em outras palavras, conforme assentou o Min. GURGEL DE FARIA, da 1ª Turma do STJ, ao proferir seu voto no julgamento do REsp 1.662.339-PE (j. 06.03.2018, v.u.), as questões ligadas à correção monetária e os juros legais podem ser analisados até mesmo de ofício pelo tribunal.

A natureza da matéria que levou a tal consequência – ordem pública – é que permite este excepcional desfecho, entretanto. Não fosse por esta circunstância, o princípio incidiria normalmente e o tribunal apenas poderia manter ou aumentar a condenação, mas jamais reduzi-la.

De outro lado, não se pode esquecer da possibilidade de majoração de verba honorária na fase recursal, conforme art. 85, § 11, do CPC, sobre a qual se tratará em item específico mais adiante. Em razão da mencionada regra, pode-se dizer que a situação do recorrente será agravada nos casos de não provimento do recurso (KOZIKOSKI, 2016, p. 647). Todavia, antes de julgar esta assertiva, não se deve esquecer que a condenação em verba de sucumbência (e sua majoração em grau recursal) é um efeito secundário da decisão. Por isso, se é verdade que o agravamento da majoração dos honorários é possível, não é menos correto que não haverá agravamento da situação do recorrente no que se refere ao objeto central do recurso.

5.7. Colegialidade

O princípio da colegialidade preconiza que o juiz natural das decisões tomadas em âmbito recursal – e, mais amplamente, nos tribunais da federação (TJ´s, TRF´s, STJ e STF) nas suas mais diversas atuações – é um órgão colegiado, conforme previsto em lei (Constituição, lei, regimentos internos etc.) (SCARPINELLA, 2010, p. 45).

Quer-se dizer, então, que a regra, para os julgamentos nos tribunais, é a participação de dois ou mais julgadores (e, se adotarmos um número ímpar para evitar empates, serão no mínimo três julgadores), componentes de um órgão fracionário (câmaras, turmas, seções etc.), o que torna indisfarçável o entrosamento da colegialidade com o próprio duplo grau de jurisdição (MEDINA; WAMBIER, 2008, p. 56).

Exemplo de sua manifestação está no § 2º do art. 941, segundo o qual "No julgamento de apelação ou de agravo de instrumento, a decisão será tomada, no órgão colegiado, pelo voto de 3 (três) juízes."

A colegialidade, todavia, vem perdendo força desde os tempos em que vigente o antigo CPC de 1973, no qual já se notava o aumento das hipóteses – que deveriam ser excepcionais – que autorizam os chamados julgamentos monocráticos, isto é, aqueles que são tomados por apenas um julgador, malgrado no âmbito recursal.

Atualmente, inúmeras são as situações que autorizam o relator do recurso a decidir monocraticamente, como se lê no art. 932 do CPC. Tal postura legislativa, todavia, não pode ser reputada inconstitucional, posto que a decisão monocrática pode ser confrontada pelo agravo interno (art. 1.021 do CPC), que necessariamente forçará a decisão colegiada, conforme, oportunamente, será estudado.

5.8. Dialeticidade

O princípio da dialeticidade, que em certa medida se liga à regularidade formal dos recursos, tem dupla conotação.

Em primeiro lugar, preconiza que não basta que o recorrente manifeste voluntariamente o desejo de recorrer, mas, para além, exige-se deste que demonstre quais são as *razões* de seu inconformismo. Quer dizer, o recurso deve ser dialético, discursivo, com exposição dos porquês do pedido de reexame (NERY JR., 2004, p. 176).

E mais, os atos (interpor o recurso *e* expor as razões recursais) são praticados concomitantemente. Se o recorrente apenas manifestar sua contrariedade, sem também apresentar as razões recursais, não poderá fazê-lo posteriormente, por conta da preclusão consumativa. Daí porque este princípio se relaciona com o da consumação, abaixo analisado.

Em segundo lugar, costuma-se apontar como consectário de todo o exposto o ônus do recorrente de atacar a decisão judicial no contexto com as demais ocorrências processuais. Não é suficiente apenas a reprodução da petição inicial, da contestação ou do anterior recurso, por exemplo. Bem por isso, não há porque discordar da afirmação segundo a qual "o recurso deve evidenciar que a decisão precisa ser anulada ou reformada, e não que o recorrente tem razão. É inepto o recurso que se limita a reiterar as razões anteriormente expostas e que, com o proferimento da decisão, foram rejeitadas. A tônica do recurso é remover o obstáculo criado pela decisão e não reavivar razões já repelidas" (SCARPINELLA, 2010, p. 58).

Nesta linha, ao regular o recurso de agravo interno, o legislador definiu no § 1º do art. 1.021 que "Na petição de agravo interno, o recorrente impugnará especificadamente os fundamentos da decisão agravada." A previsão seria até mesmo desnecessária, mas, considerando os repetidos equívocos notados na prática do foro ainda sob a égide da antiga codificação – e o conteúdo da Súmula 182 do STJ é prova do que ora se afirma –, houve por bem a lei trazer esta previsão específica. Assim, por exemplo, ao recorrer contra qualquer decisão monocrática, não basta que o agravante repita as razões de seu recurso anterior, simplesmente. Ele deve ir além, demonstrando os motivos pelo qual a decisão monocrática, proferida posteriormente, merece reparo.

5.9. Consumação

O processo se desenvolve numa estrutura de preclusões, isto é, a partir da concepção de que o processo deve ter seu andamento, em etapas previamente definidas, que serão paulatinamente vencidas, até que se atinja sua finalidade, qual seja, extinguir-se e entregar a prestação jurisdicional a quem esta seja devida. A preclusão movimenta esta máquina, posto que pode ser definida como a perda de uma faculdade processual.

Existem três modalidades de preclusão: (i) *temporal* (decurso do prazo); (ii) *consumativa* (prática do ato, que não pode ser praticado novamente); e (iii) *lógica* (prática de ato anterior incompatível). Tal noção, ligada mais propriamente à Teoria Geral do Processo, se aplica normalmente no âmbito recursal.

Concentrando-se na que importa para fins do estudo deste princípio – a preclusão consumativa – tem-se que o manejo de um recurso é fato suficiente para ocasionar a preclusão, isto é, o esgotamento da possibilidade de voltar-se contra determinada decisão, pelo menos até que nova decisão seja proferida no seu lugar.

Assim, por exemplo, se o recorrente apenas manifesta o desejo de recorrer (interpõe o recurso), mas não apresenta concomitantemente suas razões – como visto acima no estudo do princípio da dialeticidade –, não terá chance de fazê-lo posteriormente, pela preclusão consumativa, ainda que algum prazo lhe sobeje (porque, neste caso, não se trata de preclusão temporal, e sim consumativa). Igualmente, não poderá o recorrente desistir de um recurso e interpor outro em seguida (SCARPINELLA, 2010, p. 59).

5.10. Complementaridade

A complementaridade é a outra face da moeda da consumação, justamente porque prevê a hipótese que autoriza a complementação de um recurso já interposto. Em outras palavras, o princípio da complementaridade excepciona o princípio da consumação.

Quando será possível a complementação de um recurso já interposto? Sempre que, após a regular interposição do recurso pela parte, a decisão recorrida haja sido modificada. Neste caso, como imposição do devido processo legal, salutar o direito da parte de adaptar seu recurso às novas circunstâncias.

O princípio tem endereço certo, qual seja, o julgamento de embargos de declaração com efeito infringente. Acerca dele, ocupar-se-á adiante, mas não custa adiantar que o art. 1024, no seu § 4º, deixa claro que "Caso o acolhimento dos embargos de declaração implique modificação da decisão embargada, o embargado que já tiver interposto outro recurso contra a decisão originária tem o direito de complementar ou alterar suas razões, nos exatos limites da modificação, no prazo de 15 (quinze) dias, contado da intimação da decisão dos embargos de declaração."

5.11. Imparcialidade no Âmbito Vertical

A imparcialidade é um princípio afeto à Teoria Geral do Processo, cujo conteúdo indica que o processo será julgado por magistrado investido da autoridade legal conferida ao cargo, isento de pressões de qualquer ordem, sujeito apenas à lei e apto ao efetivo exercício da tutela jurisdicional (CRETELLA NETO, 2002, p. 120).

Não precisaria, a rigor, ser estudado especificamente no âmbito recursal.

De todo modo, parece conveniente criar este contexto para lembrar que o CPC tem previsão específica sobre a imparcialidade no âmbito recursal, a saber, o art. 144, II, que gera o impedimento de desembargadores e ministros para julgar recursos que conheceram em outro grau de jurisdição, tendo proferido decisão.

Com efeito, lê-se no dispositivo legal:

> "Art. 144. Há impedimento do juiz, sendo-lhe vedado exercer suas funções no processo:
>
> (...)
>
> II – de que conheceu em outro grau de jurisdição, tendo proferido decisão;"

Assim, como exemplo, imagine que a ação movida pelo autor "A" contra o réu "R" tenha "J" como juiz em primeiro grau, tendo este proferido sentença de procedência. O réu "R" apela e os autos são encaminhados ao tribunal, onde aguardam julgamento. Neste intervalo, suponha que "J" seja promovido a desembargador daquele tribunal. Nesta hipótese, "J" não poderá julgar o recurso interposto, por força do art. 144, II, do CPC.

E não poderia ser diferente. Como imaginar que "J" – antes juiz e agora desembargador – será imparcial ao julgar um recurso tirado contra uma decisão sua? Haveria verdadeira afronta ao duplo grau de jurisdição, para dizer o menos. Uma situação como esta, aliás, faria o recurso se transformar acidentalmente num mero pedido de reconsideração.

Algumas outras conclusões podem ser tiradas da norma em apreço.

A primeira delas: a lei se refere a *outro* grau de jurisdição. Assim, pode ser um grau maior ou menor. O mesmo impedimento aconteceria se "J" fosse nomeado para assumir a função de ministro num tribunal superior e o processo chegasse até lá por ocasião de sucessivos recursos interpostos. Ou então se "J", convocado pelo tribunal local, deferisse um pedido de tutela antecipada em agravo de instrumento e depois voltasse a assumir a função de juiz em primeira instância justamente na mesma vara onde tramita o processo entre "A" e "R".

Em segundo lugar, o impedimento só será gerado se "J" tiver *proferido decisão*. Deste modo, no exemplo fornecido, se "J" não houvesse sentenciado o feito (tampouco proferido qualquer outra decisão), estaria livre para julgar o recurso interposto.

Vale anotar que a lei usa o termo *decisão*, o que inclui indiferentemente sentenças, decisões interlocutórias (exemplo: deferimento de tutela provisória), decisões monocráticas e acórdãos. Em outras palavras, exclui os despachos. Se "J" houvesse, por exemplo, deferido a produção de uma prova no processo, já teria proferido decisão e, consequentemente, impedido estaria no âmbito recursal.

Esta última conclusão conduz a mais um questionamento. E se "J" apenas houvesse, em primeiro grau de jurisdição, se limitado a determinar a citação do réu, estaria ele impedido para julgar recursos oriundos daquela causa em outros graus? Em outras palavras, o "cite-se" é *decisão*, hábil a gerar o impedimento no âmbito recursal, conforme o inciso II do art. 144 do CPC?

Conforme entendimento do STJ, manifestado ainda sob a égide do CPC de 1973 – mas que em tudo pode se aplicar ao CPC de 2015 –, a determinação de citação do réu, por si só, não gera impedimento do juiz[9], porque o ato é um despacho, sem qualquer conteúdo decisório, na linha do § 3º do art. 203.[10] Embora tal entendimento não seja isento de críticas, porque existe entendimento acerca da natureza decisória do ato que determina a citação do réu (DONOSO, 2010, p. 267), o fato irrecusável é que a jurisprudência se consolidou em sentido diverso, o que não deve ser desconsiderado no cotidiano do foro (não pelo menos até que qualquer alteração de entendimento aconteça).

Em terceiro lugar, a decisão anterior do julgador, proferida em *outro* processo, não ocasiona seu impedimento. Por isso, o STF editou a Súmula 252, segundo a qual "Na ação rescisória, não estão impedidos os juízes que participaram do julgamento rescindendo". Isto porque a ação rescisória não é um recurso. O posicionamento, contudo, não está isento de críticas, porque a necessária imparcialidade estaria afetada por outras razões.

---

9. Conferir, por exemplo: STJ, 4ª Turma, REsp 9.031-MG, rel. Min. SALVIO DE FIGUEIREDO TEIXEIRA, j. 18.02.1992, v.u.

10. Neste sentido, tratando especificamente do ato de intimação: "Enquanto os despachos são pronunciamentos meramente ordinatórios, que visam impulsionar o andamento do processo, sem solucionar controvérsia, a decisão interlocutória, por sua vez, ao contrário dos despachos, possui conteúdo decisório e causa prejuízo às partes. O pronunciamento judicial que determina a intimação da parte, como no caso, onde inocorre excepcionalidade, é meramente ordinatório e visa impulsionar o feito, sem causar qualquer gravame." (STJ, 4ª Turma, REsp 195848-MG, rel. Min. SALVIO DE FIGUEIREDO TEIXEIRA, j. 20.11.2001, v.u.).

6. EFEITOS DOS RECURSOS

6.1. Introdução

Efeitos dos recursos são, em termos gerais, as consequências decorrentes não apenas de sua interposição, mas também de seu julgamento. O que acontece, no plano processual, quando um recurso é interposto e quando este é julgado? Esta é a pergunta que os itens seguintes procuram responder.

Interessa ressalvar, desde logo, que não existe uniformidade doutrinária no apontamento de quais seriam os efeitos dos recursos. De todo modo, aqueles adiante tratados são os comumente apontados.

6.2. Devolutivo

Efeito devolutivo significa, como sugere sua própria nomenclatura, a devolução da matéria impugnada ao Poder Judiciário (especificamente, ao órgão competente para julgar o recurso). Numa visão bem simples, mas não incorreta, pode-se dizer que o Estado-juiz entrega uma determinada prestação jurisdicional quando profere uma decisão e, caso a parte não esteja satisfeita com aquele resultado, incumbe-lhe recorrer, *devolvendo* ao Judiciário a questão para que este profira nova decisão.

Deste modo, trata-se de um efeito decorrente de sua interposição.

Todos os recursos têm efeito devolutivo, como se manifesta a doutrina em geral. Cada qual, dentro de suas características, devolve ao Judiciário a apreciação da matéria impugnada.

Existe polêmica quanto à existência de efeito devolutivo nos embargos declaração, tendo em conta não apenas seus objetivos, que são peculiares em relação a outros recursos, mas também o fato de que são julgados pelo próprio órgão *a quo*. O posicionamento que deve prevalecer – e sobre isso haverá nova análise oportunamente – é no sentido de que mesmo os embargos de declaração são dotados de tal efeito (NERY JR., 2004, p. 436-438).

É comum dizer-se que o efeito devolutivo é uma manifestação do princípio dispositivo, rente à proibição do juiz de agir de ofício (art. 2º do CPC) e na linha geral traçada pelo art. 141 do CPC, segundo o qual "O juiz decidirá o mérito nos limites propostos pelas partes, sendo-lhe vedado conhecer de questões não suscitadas a cujo respeito a lei exige iniciativa da parte". Sem prejuízo, manifesta-se tal princípio no art. 492 do CPC, onde se lê: "É vedado ao juiz proferir decisão de natureza diversa da pedida, bem como condenar a parte em quantidade superior ou em objeto diverso do que lhe foi demandado."

O que acaba de se afirmar é correto e deve ser lido em harmonia com o que se sustentou anteriormente, ao se distinguir os recursos entre totais e parciais: pode-se afirmar que os capítulos autônomos da decisão que eventualmente não tenham sido impugnados não poderão ser reapreciados no âmbito recursal. Esta constatação tem especial impacto no chamado efeito translativo dos recursos, intimamente ligado ao devolutivo, assunto ao qual se volta adiante.

E mais: o efeito devolutivo está em perfeito entrosamento com a proibição da *reformatio in pejus*, princípio recursal sobe o qual se tratou anteriormente.

Sem prejuízo, lembre-se que o efeito devolutivo é estudado sob duas vertentes distintas: *extensão* e *profundidade*.

A extensão liga-se à ideia daquilo que é ou não impugnada pelo recorrente. Assim, a matéria impugnada, e apenas esta, é devolvida ao conhecimento judicial, cabendo ressaltar que o órgão *ad quem* fica adstrito a examinar apenas a matéria que foi objeto do recurso (*tantum devolutum quantum apellatum*). Bem por isso, correta é a afirmação de que o recurso só devolve ao conhecimento do Judiciário aquilo que efetivamente tenha sido impugnado, ou seja, *matérias não impugnadas não são devolvidas*.

A profundidade refere-se às questões ou fundamentos que serão analisados no recurso, ainda que não considerados pela decisão recorrida. Esta vertente da devolução – a da profundidade – é amplíssima, porque não se resume às questões ou fundamentos efetivamente resolvidos na decisão recorrida, mas também todas as questões relevantes, respeitado o contraditório exigido pelo art. 10 do CPC, como as questões examináveis de ofício (art. 485, § 3°, do CPC) e as demais questões suscitadas, mas não apreciadas, como questões acessórias, incidentais, de mérito e outros fundamentos do pedido e da defesa (DIDIER JR.; CUNHA, 2016, p. 144).

Tudo que ora se afirma acaba sendo confirmado não apenas pelo *caput* do art. 1.013 do CPC ("A apelação devolverá ao tribunal o conhecimento da matéria impugnada"), mas também pelo seus §§ 1° e 2° (§ 1° "Serão, porém, objeto de apreciação e julgamento pelo tribunal todas as questões suscitadas e discutidas no processo, ainda que não tenham sido solucionadas, desde que relativas ao capítulo impugnado." e § 2º "Quando o pedido ou a defesa tiver mais de um fundamento e o juiz acolher apenas um deles, a apelação devolverá ao tribunal o conhecimento dos demais."), sobre os quais haverá análise mais detalhada no capítulo específico da apelação (profundidade e extensão do efeito devolutivo).

Deste modo, por exemplo, se "A" promove uma ação contra "B" pleiteando reintegração de posse (pedido 01) e indenização por danos morais (pedido 02), tendo ambos sido julgados totalmente procedentes, eventual apelação de "B" insurgindo-se apenas com relação à parcela condenatória implica no reconhecimento de que o pedido de reintegração de posse não foi devolvido. O órgão *ad quem* ficará adstrito ao pedido de indenização por danos morais, estando livre, nestes limites, para avançar em todas as questões e fundamentos a ele atinentes, mesmo que não considerados na decisão.

Imagine outro exemplo mais completo agora. "A" promove uma ação contra "B" e elabora dois pedidos: (i) a rescisão de um contrato tendo como fundamento uma infração contratual (culpa) e uma causa qualquer de anulabilidade (vício de consentimento) e (ii) indenização por danos morais. A sentença acolhe ambos, sendo que o pedido de rescisão é procedente porque reconhecido o vício de consentimento (sem adentrar na análise da culpa contratual). "B" interpõe apelação apenas com relação ao pedido de rescisão, e não quanto à indenização. Consequentemente, quanto à extensão, apenas se devolve o pedido de rescisão contratual (*tantum devolutum quantum apellatum*). No entanto, no que se refere à profundidade, todos os argumentos do pedido de rescisão devem ser considerados, até mesmo aquele referente à culpa contratual, que não havia sido considerada na sentença.

Consequentemente, embora seja um efeito decorrente da *interposição* do recurso, espraia-se ao seu *julgamento*, pois este fica evidentemente limitado ao que ficou devolvido.

Interessante notar, ainda, que o efeito devolutivo se manifesta com maior ou menor intensidade a depender da possível fundamentação do recurso. Se o recurso for de fundamentação livre, como no caso da apelação, o âmbito da devolução será maior, porque um número maior de questões (matéria decidida pelo juízo *a quo*) pode ser ventilado no recurso. Sendo o recurso de fundamentação vinculada – caso dos recursos extraordinário e especial –, cujo cabimento é limitado, a devolução também será limitada às questões expressamente permitidas pela Constituição ou pela lei. Nestes, portanto: "a) o objeto do recurso deve ter sido matéria decidida pelo juízo *a quo*; e b) da matéria decidida, só poderá ser impugnada pelo recurso a matéria delimitada no âmbito de cabimento do recurso em questão" (MEDINA; WAMBIER, 2008, p. 104-105).

6.3. Suspensivo

Trata-se de efeito pelo qual a eficácia da decisão fica suspensa. Como consequência, se a decisão não produz efeitos, não poderá ser executada, por exemplo.

Como precisa e adequadamente ressalvam GILSON DELGADO MIRANDA e PATRICIA MIRANDA PIZZOL, "O efeito suspensivo é, na verdade, um efeito da própria recorribilidade e não do recurso em si mesmo, tendo em vista que a decisão só passa a produzir efeitos após o trânsito em julgado. O recurso com efeito suspensivo, portanto, não suspende propriamente tais efeitos, mas impede que estes se produzam até a publicação do acórdão contendo o julgamento do recurso (se posteriormente não for interposto outro recurso com efeito suspensivo)" (2009, p. 37).

O que se quer dizer é o seguinte: imagine que a decisão proferida desafie um recurso com efeito suspensivo previsto em lei (caso clássico da apelação contra sentença, conforme art. 1.012 do CPC). Pois bem, uma vez proferida e publicada a sentença, ela não passa a produzir efeitos imediatamente, pelo simples fato de que se sujeita a um recurso futuro e eventual da parte dotada de efeito suspensivo *ope legis*. Ou seja, tão-só pelo fato de ser *recorrível*, com efeito suspensivo *ope legis*, a decisão não produzirá efeitos enquanto não vencido o prazo recursal. Se o recurso for interposto, a situação de suspensão da eficácia se manterá. Se o recurso não for interposto, forma-se coisa julgada e a decisão terá sua eficácia.

Destarte, a decisão sujeita a recurso com efeito suspensivo *ope legis* já nasce com eficácia suspensa e tal suspensão apenas será preservada desde que o recurso seja interposto. Não fosse assim, no intervalo de 15 dias entre a publicação da sentença e a apelação com efeito suspensivo *ope legis* seria possível a execução provisória da decisão.

De outro lado, inegável é que, caso o recurso não seja dotado de efeito suspensivo *ope legis*, a decisão ordinariamente passa a produzir efeitos após sua publicação, como ocorre, por exemplo, com as decisões interlocutórias (sujeitas a agravo de instrumento). Tal efeito pode ser obtido posteriormente, como será visto ainda neste item. Mas, neste caso, pelo menos por algum tempo ela já produziu alguns efeitos, que depois acabaram sendo suspensos. Aqui sim, ao contrário da situação antes analisada (em que o recurso tem efeito suspensivo *ope legis*), é o recurso, e não a recorribilidade, que gera a suspensão.

Neste contexto, lembre-se que o efeito suspensivo será *ope legis* ou *ope judicis*.

No primeiro caso (*ope legis*), decorre direta e automaticamente de lei, não dependendo de requerimento do recorrente. Caberá ao recorrido, se quiser, lançar mão dos meios legais para subtrair o efeito suspensivo do recurso (por exemplo, requerendo tutela provisória). Nestes casos é que se aplica a afirmação de que a mera recorribilidade gera a suspensão da decisão.

No segundo caso (*ope judicis*), a lei não prevê efeito suspensivo para determinado recurso, mas este pode ser concedido pelo julgador (mais especificamente o relator do recurso), a requerimento do recorrente.

A regra é que os recursos não sejam dotados do efeito suspensivo, como se conclui pela leitura do art. 995 do CPC. Este, portanto, decorre expressa e excepcionalmente da lei ou então deve ser requerido. Com efeito: o referido dispositivo estabelece que: "Os recursos não impedem a eficácia da decisão, salvo disposição legal ou decisão judicial em sentido diverso."

Apenas a apelação tem efeito suspensivo *ope legis* (art. 1.012, *caput*, do CPC), com exceção das hipóteses ressalvadas pelo § 1º do mesmo art. 1.012. Por isso, na apelação, ordinariamente, a suspensão decorre da mera recorribilidade da sentença.

Os demais recursos não são dotados de efeito suspensivo. Portanto, uma vez publicada a decisão, esta passa a ter eficácia imediatamente. Cabe ao recorrente, se o caso, pleitear que tal efeito seja concedido.

E como se pode obter efeito suspensivo nestes casos? A resposta é dada pelo parágrafo único do art. 995 do CPC:

> Parágrafo único. A eficácia da decisão recorrida poderá ser suspensa por decisão do relator, se da imediata produção de seus efeitos houver risco de dano grave, de difícil ou impossível reparação, e ficar demonstrada a probabilidade de provimento do recurso.

O que se conclui é que a competência para apreciar o pedido é do relator do recurso. A concessão do efeito suspensivo fica condicionada à presença dos requisitos legais, isto é, (i) se a produção imediata de efeitos puder causar dano grave, de difícil ou impossível reparação; e, além disso, *cumulativamente*, (ii) se ficar demonstrada a probabilidade de provimento do recurso. Tais requisitos são reproduções de velhas fórmulas consagradas, respectivamente, *periculum in mora* e *fumus boni juris*. Além disso, em que pese o silêncio da lei, o pedido expresso do recorrente também é requisito para a concessão de efeito suspensivo pelo relator (NEVES, 2016, p. 1471).

De resto, o dispositivo deve ser entendido no contexto de uma teoria geral dos recursos, o que não afasta a necessidade da análise específica não apenas do efeito suspensivo, mas especialmente das formas como este se opera, em cada uma das modalidades recursais que serão estudadas em seus capítulos próprios.

6.4. Translativo

O chamado efeito translativo tem ligação com o efeito devolutivo. No estudo deste último, ficou assentado que se trata da devolução da matéria impugnada, *e nada além do que foi impugnado*, ao Poder Judiciário.

O efeito translativo rompe com a regra do efeito devolutivo, ao permitir que, no julgamento do recurso, o órgão competente avance para questões que transcendem o alcance das razões ou contrarrazões do recurso. Assim, se o efeito devolutivo é manifestação do princípio dispositivo, o efeito translativo é faceta do princípio inquisitório.

Quais questões são alcançadas pelo efeito translativo? Em resumo, todas as questões passíveis de conhecimento de ofício, como são os clássicos exemplos das condições da ação e dos pressupostos processuais.

Consequência inafastável do efeito translativo, até mesmo porque este se distancia do princípio dispositivo, é a possibilidade de o julgamento do recurso incorrer em *reformatio in pejus*, sem que isso represente afronta insuperável ao princípio de que se ocupou anteriormente. As considerações acerca do tema (inclusive o exemplo oferecido), anteriormente traçadas, são suficientes para esclarecer a exceção aqui debatida.

Indubitável, contudo, que a aplicação do efeito translativo deve ser precedida de regular contraditório, sendo vedado ao órgão julgador do recurso proferir a chama "decisão surpresa". Tal conclusão se baseia na disposição do art. 10 do CPC, segundo a qual "O juiz não pode decidir, em grau algum de jurisdição, com base em fundamento a respeito do qual não se tenha dado às partes oportunidade de se manifestar, ainda que se trate de matéria sobre a qual deva decidir de ofício."

Não há dúvidas – e nunca houve – sobre a incidência do efeito translativo nos chamados recursos ordinários. A discussão sempre se restringiu à sua incidência nos recursos extraordinários, assim entendidos aqueles que restringem o reexame da causa, porque sua finalidade não é a proteção imediata do direito subjetivo da parte, mas sim o direito objetivo (Constituição, leis federais e tratados federais), uniformizando sua interpretação. Mais especificamente, havia acesa polêmica acerca deste efeito nos recursos extraordinário e especial.

Sem prejuízo das anotações que ainda serão articuladas adiante, é irrecusável que os recursos extraordinário e especial, à luz do CPC de 2015 são dotados de efeito translativo, não apenas pelo que prevê o § 3º do art. 485, segundo o qual é possível a cognição de ofício das matérias de ordem pública *enquanto não ocorrer o trânsito em julgado*, mas especialmente à luz da redação do *caput* e do parágrafo único do art. 1.034 do CPC. Como corretamente ensina PEDRO MIRANDA DE OLIVEIRA, "a única coisa que importa é o recurso excepcional ser admitido. Conhecido, opera-se o efeito translativo. Enfim, sendo o recurso excepcional admitido por um fundamento, abre-se a instância e aí a causa deverá ser rejulgada. Na oportunidade, poderá o Tribunal Superior apreciar de ofício qualquer questão de ordem pública (matéria ou fundamento), aplicando o direito à espécie" (2015, p. 2310).

Tema de elevado interesse prático diz respeito à incidência, ou não, de efeito translativo ao capítulo da decisão que não tenha sido impugnado. Dito em outras palavras: pode o tribunal, de ofício, manifestar-se sobre alguma questão ligada exclusivamente ao capítulo não impugnado da decisão?

Imaginemos, para ilustração, uma situação prática em que "A" promova ação em face de "B" na qual elabora os pedidos 01 e 02 (cumulação simples) independentes entre si. Após regular processamento da ação, o magistrado profere sentença julgando procedentes ambos os pedidos. Em seguida, "B" interpõe recurso de apelação apenas em relação ao pedido 02, mas não em relação ao pedido 01 e o processo segue ao tribunal. Poderia o tribunal, vislumbrando alguma matéria cognoscível de ofício em relação ao pedido

01 (não impugnado), manifestar-se a respeito, mesmo sem provocação? Esta é, em termos práticos, a questão posta.

Pois bem. Na linha de tudo que já vinha se afirmando anteriormente – e as remissões aqui são especificamente à classificação dos recursos entre totais e parciais, assim como ao efeito devolutivo –, o recurso interposto por "B" é parcial, devolvendo à apreciação do tribunal *apenas* o capítulo referente ao pedido 02. O capítulo não impugnado da decisão (pedido 01) se tornou imutável e indiscutível. Neste cenário, qualquer mudança na decisão deve se limitar à parcela devolvida da decisão (capítulo referente ao pedido 02, o único objeto do recurso). Assim, mesmo que se trate de matéria que possa ser conhecida *ex officio*, o tribunal não pode se manifestar sobre o pedido 01.

Em resumo, portanto, pode-se afirmar que *o efeito translativo alcança apenas o capítulo impugnado da decisão.* O capítulo não impugnado, em razão da preclusão ou coisa julgada, não pode mais ser modificado, ainda que nele haja matéria cognoscível de ofício. Estas conclusões em tudo se alinham com as considerações sobre a extensão e profundidade do efeito devolutivo (temas tratados pelo art. 1.013, *caput* e §§ 1º e 2º, do CPC) e, em última análise, com a vontade do recorrente, presumidamente resignado em relação ao capítulo contra o qual não se insurgiu.[11]

Esta orientação, a propósito, foi adotada pela 4ª Turma do STJ, em voto muito bem fundamentado pelo seu relator Min. Luis Felipe Salomão (REsp 1.909.451/SP, j. 23/3/2021, v.u.). Vale destacar, da ementa deste julgado, o seguinte trecho: "No âmbito da devolução, o tribunal poderá apreciar todas as questões suscitadas e discutidas no processo, ainda que não tenham sido solucionadas pela sentença recorrida, mas a extensão do que será analisado é definida pelo pedido do recorrente. Em seu julgamento, o acórdão deverá limitar-se a acolher ou rejeitar o que lhe for requerido pelo apelante, para que não haja ofensa aos princípios da disponibilidade da tutela jurisdicional e o da adstrição do julgamento ao pedido."

11. Na doutrina, neste sentido, consultar a manifestação de José Miguel Garcia Medina (2023, p. 97). Em sentido contrário, deve-se registrar a opinião de Nelson Nery Jr (2004, p. 485).

6.5. Obstativo

O efeito obstativo, decorrente da interposição do recurso, é aquele pelo qual o recurso, mantendo a litispendência, impede (obsta) que sobre a decisão recorrida se opere a preclusão ou, se atinente ao mérito, a coisa julgada.

Trata-se de efeito com importância prática, especialmente porque gera influência no termo inicial do prazo para mover ação rescisória (CÂMARA, 2013, p. 82), que é de dois anos contados do trânsito em julgado da última decisão proferida no processo, conforme art. 975 do CPC. Pode-se ir além, porque, na verdade, enquanto a decisão não produzir coisa julgada, sequer existe interesse processual no manejo de ação rescisória.

Assim, por exemplo, interposta apelação contra sentença de mérito, seu primeiro efeito será impedir que tal decisão transite em julgado, mantendo a litispendência. Descabe ação rescisória enquanto pendente este julgamento.

Questão interessante é saber se o recurso não conhecido (ao qual se nega seguimento), por lhe faltar algum requisito de admissibilidade (vide item específico), tem efeito obstativo. A resposta a tal questionamento é fundamental para se estabelecer não apenas o momento exato da preclusão ou coisa julgada, mas especialmente o termo inicial de eventual ação rescisória.

Em que pesem respeitáveis entendimentos no sentido de que apenas recursos admissíveis produzem efeito obstativo, porque o juízo negativo de admissibilidade tem conteúdo meramente declaratório (CÂMARA, 2013, p. 82), deve prevalecer a corrente que prestigia a segurança jurídica, isto é, aquela que considera que o recurso, mesmo não admitido, tem efeito obstativo, notadamente porque este efeito decorre da interposição do recurso. Assim, "é suficiente a *interposição* do recurso para que a preclusão ou a coisa julgada não ocorram" (SCARPINELLA, 2010, p. 102).

Este entendimento está em consonância com a Súmula 401 do STJ, em tudo aplicável ao CPC de 2015, especialmente à luz do art. 975 do CPC.

A única exceção que se pode fazer, com acerto, é o caso de intempestividade do recurso como causa de sua inadmissão, como ressalva o próprio STJ. Deste modo, "A interposição de recurso intempestivo não tem o condão de interromper a fluência do prazo decadencial para a propositura da Ação Rescisória, nos termos da jurisprudência do STJ, pois a posterior declaração de intempestividade do recurso só confirma o trânsito em julgado anteriormente ocorrido", conforme ficou decidido nos EDcl no REsp 1.352.730-AM, da 2ª Turma, rel. Min. HERMAN BENJAMIN, j. 03.10.2013, v.u.

Esta última conclusão tem impacto direto na contagem do prazo para o ajuizamento da ação rescisória, assunto ao qual se volta adiante.

6.6. Regressivo

O efeito regressivo, decorrente da interposição do recurso, é aquele que permite que o próprio juízo de interposição do recurso proceda ao seu julgamento, hipótese que se assemelha a uma verdadeira reconsideração, afastando a preclusão *pro judicato*. Em resumo, é a possibilidade do próprio órgão *a quo*, convencido das razões do recorrente e do desacerto da própria decisão, retratar-se.

Na apelação, são três as manifestações do efeito regressivo. A primeira está no art. 331 do CPC, onde se lê: "Indeferida a petição inicial, o autor poderá apelar, facultado ao juiz, no prazo de 5 (cinco) dias, retratar-se." A segunda se encontra no § 3º do art. 332 do CPC, que versa sobre a improcedência liminar do pedido: "Interposta a apelação, o juiz poderá retratar-se em 5 (cinco) dias." A terceira, verdadeira inovação no ordenamento processual, é aquela prevista no art. 485, § 7º, do CPC. Uma vez proferida sentença terminativa, interposta apelação pela parte, o juiz também terá, nestes casos, o prazo de 5 (cinco) dias para retratar-se.

A regra, no entanto, no recurso de apelação é a não aplicação do efeito regressivo.

A possibilidade de retratação existe em outros recursos também. É o que se vê, por exemplo, no agravo de instrumento (art. 1.018, § 1º, do CPC), no agravo interno (art. 1.021, § 2º, do CPC) e no agravo em recurso especial e em recurso extraordinário (art. 1.042, § 4º, do CPC). Até mesmo nos embargos de declaração tal efeito pode ser sentido, como bem deixa claro o § 4º do art. 1.024 do CPC.

7. RECURSO ADESIVO

Quando anteriormente se tratou da classificação dos recursos, foi apresentada a diferenciação entre recurso *principal* e *adesivo*, levando-se em conta o *momento* de sua apresentação. É hora de retomar, com alguma profundidade, o assunto.

O recurso interposto de forma adesiva faz sentido naquelas situações em que se verifica a chamada *sucumbência recíproca*, isto é, quando a decisão judicial não traz o melhor resultado possível a ambas as partes. É o que ocorre, em rigor, diante de um julgamento de procedência parcial de pedidos ou de provimento parcial de recurso. As duas partes, concomitantemente, saem vencedoras e perdedoras, de modo que ambas têm interesse em recorrer.

Diante de tal situação, como regra, "Cada parte interporá o recurso independentemente, no prazo e com observância das exigências legais", tal qual prevê o art. 997 do CPC. Esta é a hipótese de recurso *principal* (também chamado de *independente*).

Mas, por diversas razões, pode-se lançar mão da estratégia descrita no § 1º do art. 997 do CPC, segundo o qual "Sendo vencidos autor e réu, ao recurso interposto por qualquer deles poderá aderir o outro." Este é o chamado recurso *adesivo*, cujo regime jurídico é regido pelo § 2º do art. 997 do CPC, valendo destacar, desde logo, que este se subordina ao recurso independente.

O recurso adesivo foi introduzido no nosso ordenamento jurídico pelo antigo CPC (1973) (MIRANDA; PIZZOL, 2009, p. 42) e, pelo que se nota, o legislador deve estar satisfeito com a experiência, visto que o atual CPC (2015) não alterou de forma substancial suas regras, limitando-se apenas a melhor distribui-las (SCARPINELLA, 2015, p. 640).

Importa destacar, desde logo, que o recurso adesivo *não é uma modalidade recursal*, para além daquelas já previstas no art. 994 do CPC, mas sim uma *forma de se interpor um recurso*. Mais especificamente, o recurso interposto de forma adesiva representa o recurso de apelação, o recurso especial ou o recurso extraordinário que não foi autonomamente apresentado. Não há, na doutrina, qualquer discrepância quanto a este aspecto (consultar, por todos: COUTO, 2008, p. 114).

Destarte, na linha da ilustração antes proposta, suponha que o juiz tenha proferido sentença de parcial procedência. O autor, não tendo satisfeito integralmente seu escopo, tem dois caminhos a trilhar:

(i) Interpor de forma independente um recurso de apelação, independentemente de saber qual será a conduta de seu adversário (art. 997, *caput*, do CPC);

(ii) conformar-se com a decisão e não apelar (pois, embora parcialmente desfavorável, existe parcela da decisão favorável).

Nesta segunda opção, contudo, caso o autor venha a ser intimado sobre apelação interposta (de forma autônoma) pelo réu quanto à outra parcela da decisão, poderá ele – o autor – "pegar uma carona" na apelação do réu e também apelar de forma *adesiva*, isto é, aderindo àquele recurso (art. 997, § 1º, do CPC). Vale insistir: neste caso, o autor não tinha interesse no prosseguimento do processo em sua fase recursal, mas, considerando que seu adversário recorreu (e que, portanto, o processo necessariamente prosseguirá à fase recursal), ele também recorre, mas de forma adesiva, subordinado ao recurso principal.

Perceba, igualmente, que a segunda opção gera um "risco calculado" ao autor. É que, caso o réu *também* não recorra, a decisão acabará precluindo ou transitando em julgado, não podendo mais ser questionada.

Para que seja possível interpor recurso adesivo, alguns requisitos devem necessariamente concorrer, sem prejuízo dos demais requisitos de admissibilidade de todo e qualquer recurso.

O primeiro deles é a *sucumbência recíproca*, como visto acima. Com efeito, se não houver sucumbência recíproca, apenas uma das partes terá interesse recursal e a outra não terá razão jurídica para aderir ao recurso interposto pelo adversário. Exemplificando: O autor "A" promove ação de despejo em face do réu "B", pleiteando a retomada do imóvel locado sob argumento de que houve infração contratual. A sentença acolhe integralmente o pedido. Neste caso, apenas o réu "B" sucumbiu. Se ele apelar da sentença, o autor-apelado "A" nada poderá fazer além de responder ao recurso. Ele não poderá recorrer (adesivamente ou não) pela simples razão de que não sucumbiu.

Sendo assim, não há motivos para discordar da orientação da Corte Especial do STJ (Tema 459 dos Recursos Repetitivos): "O recurso adesivo pode ser interposto pelo autor da demanda indenizatória, julgada procedente, quando arbitrado, a título de danos morais, valor inferior ao que era almejado, uma vez configurado o interesse recursal do demandante em ver majorada a condenação, hipótese caracterizadora de sucumbência material." Para ilustrar, basta imaginar que "A" pediu a condenação de "B" ao pagamento de compensação por danos morais equivalente a 100, mas a sentença arbitrou o valor em 65 (inferior, portanto, ao postulado pelo autor). Caso haja recurso de apelação voluntário por parte do réu "B", poderá "A" recorrer adesivamente objetivando a majoração até o limite do que foi pedido (isto é, 100). A sucumbência recíproca é evidente na situação apresentada.[12]

Em interessante julgado, cujas conclusões são corretas, a 3ª Turma do STJ admitiu o processamento de recurso adesivo que tinha por objetivo exclusivamente a majoração de verba honorária sucumbencial, ainda que a parte tenha saído integralmente vencedora. Decidiu-se, na ocasião, que "inobstante a improcedência do pedido formulado na petição inicial, a parte demandada possuía interesse recursal em postular a majoração dos honorários advocatícios sucumbenciais arbitrados em valor alegadamente aquém do previsto em lei." (REsp 1.854.670, rel. Min. PAULO DE TARSO SANSEVERINO, j. 10/5/2022, v.u.). Em outras palavras, o interesse recursal – assunto ao qual se volta adiante – pode estar apenas no capítulo da decisão que trata da fixação dos honorários advocatícios de sucumbência.

O segundo requisito é a *interposição de um recurso autônomo pela parte contrária*. Evidente, porque o recurso adere a outro preexistente, interposto pelo adversário.

Neste contexto, não custa repetir que o recurso autônomo foi interposto pela parte contrária. Quer-se dizer, com isso, que não se pode aderir a recurso do litisconsorte que ocupa o mesmo polo da ação, via de regra. Imagine que o autor "A" ajuíza ação pedindo indenização por danos materiais e morais contra os réus "B" e "C", tendo a sentença acolhido apenas o pedido de dano material (afastado o dano de natureza moral). Se apenas o autor "A" recorrer, os réus-apelados "B" ou "C" podem aderir ao seu recurso. Se apenas o réu "B" apelar, contudo, apenas o autor "A" pode aderir ao seu recurso, mas não o réu "C", pois ele ocupa, junto com o apelante "B", o polo passivo da ação.

12. O que é digno de registro, nesta hipótese, é que o Tema 459 dos Recursos Repetitivos do STJ não conflita com aquilo que dispõe a Súmula 326 da mesma Corte ("Na ação de indenização por dano moral, a condenação em montante inferior ao postulado na inicial não implica sucumbência recíproca"). Isto porque, como ressalva a ementa do julgamento do recurso representativo da controvérsia (REsp 1.102.479, rel. Min. MARCO BUZZI, j. 04/3/2015), referida súmula "se adstringe à sucumbência ensejadora da responsabilidade pelo pagamento das despesas processuais e honorários advocatícios".

O § 1º do art. 997 do CPC é que permite, com relativa facilidade, que se chegue a tal conclusão. Lê-se no dispositivo que "Sendo vencidos autor e réu, ao recurso interposto por qualquer deles poderá aderir o outro". Desta redação pode-se deduzir, com acerto, que o sujeito que ocupa o polo ativo da ação (o autor ou os autores) pode aderir ao recurso do sujeito que ocupa o polo passivo da ação (o réu ou os réus).

Ainda nesta trilha do segundo requisito (interposição de um recurso autônomo pela parte contrária), correta é a conclusão de que não se admite recurso adesivo em remessa necessária, porque esta, como visto, não ostenta a condição de recurso (DIDIER JR.; CUNHA, 2016, p. 149). A estratégia do recurso interposto de forma adesiva, portanto, não funcionará nas hipóteses do art. 496 do CPC.

Em terceiro lugar – ainda tratando dos requisitos – impõe-se que *o aderente não tenha interposto recurso principal anteriormente* (total ou parcial, isso é indiferente). Trata-se de requisito negativo, como se vê. A vedação faz todo sentido, porque se a parte já recorreu de forma autônoma não poderá recorrer novamente (e contra a mesma decisão) de forma adesiva. As considerações acerca do princípio da unirrecorribilidade (também denominado de unicidade ou singularidade) são suficientes para justificá-la, em especial a constatação de que o ordenamento não tolera a interposição simultânea ou cumulativa de dois ou mais recursos, pela mesma parte, contra uma mesma decisão judicial.

Um exemplo pode ajudar a compreender a questão. Imagine que "Y" proponha ação em face de "Z", na qual elabora os pedidos P1, P2 e P3. A decisão acolhe parcialmente os pedidos, condenando o réu apenas no pedido P1 (consequentemente afastando P2 e P3). As duas partes apelam de forma autônoma, sendo que o autor "Y" objetiva ganhar também o pedido P2 (aparentemente se conformando em não ganhar o pedido P3) e o réu "Z" pretende excluir o pedido P1, que fora acolhido pela sentença. Ao ser intimado da interposição de recurso de apelação do réu "Z", contudo, não poderá o autor "Y" interpor novo recurso, desta vez de forma adesiva, para incluir também condenação no pedido P3, do qual antes deixou de recorrer. Admitir tal conduta implicaria, sem espaço para dúvidas, em admitir dois recursos (um principal e outro adesivo), pela mesma parte, contra a mesma decisão.

O quarto requisito para possibilitar a interposição adesiva de um recurso é a expressa *autorização legal*. Conforme reza o art. 997, II, do CPC, o recurso adesivo "será admissível na apelação, no recurso extraordinário e no recurso especial." Tal dispositivo não comporta interpretação extensiva. Nos demais recursos, portanto, só se pode recorrer de forma autônoma, sob pena de preclusão.

Em arremate, vale salientar que não é requisito do recurso adesivo a existência de subordinação à matéria devolvida constante do recurso principal, isto é, o recurso adesivo não tem fundamentação vinculada ao conteúdo do principal, sendo lícito ao recorrente aderente suscitar tudo o que arguiria se houvesse interposto o recurso pela forma autônoma. Neste sentido, já decidiu acertadamente a 3ª Turma do STJ ao julgar, em votação unânime, o REsp 1.675.996 (relatoria do Ministro PAULO DE TARSO SANSEVERINO, j 27.08.2019).

Quanto ao seu regime jurídico, na dicção do § 2º do art. 997 do CPC, anote-se que "O recurso adesivo fica subordinado ao recurso independente, sendo-lhe aplicáveis as mesmas regras deste quanto aos requisitos de admissibilidade e julgamento no tribunal, salvo disposição legal diversa (...)".

Pode-se dizer, deste modo, que o recurso adesivo segue um *regime de subordinação ao recurso principal*, sendo dele um verdadeiro *acessório*, que, como tal, segue a sorte do principal. A propósito, faz sentido a crítica terminológica que se faz ao chamado recurso adesivo, cuja denominação mais apropriada seria *recurso subordinado*.

Consequentemente, se, por qualquer razão, o recurso principal não for admitido (por exemplo, porque o recorrente principal deixou de recolher as custas relativas ao preparo ou porque falta ao recurso principal regularidade formal), o recurso adesivo também deixará de sê-lo, ainda que formalmente não tenha qualquer vício (ver, mais abaixo, o item sobre admissibilidade dos recursos). A regra se explica pelo simples fato de que o recorrido só impugnou a decisão em virtude de tê-la impugnado antes a parte contrária (BARBOSA MOREIRA, 1.974, p. 256).

Neste sentido, o inciso III do § 2º do art. 997 do CPC, acertadamente, dispõe que o recurso adesivo "não será conhecido, se houver desistência do recurso principal ou se for ele considerado inadmissível."

Dadas tais circunstâncias, não é incomum, na prática do foro, que o recorrente autônomo pura e simplesmente desista do recurso que interpôs tão logo tome conhecimento do recurso adesivo do adversário (que tem potencial para agravar a sua situação jurídica). Ao desistir do recurso principal, este deixa de ser admitido e, como consequência, também o deixa de ser o recurso adesivo.

Importante frisar, ademais, que o recurso adesivo, isoladamente considerado, deve preencher todos os requisitos de admissibilidade – os mesmos exigidos para o recurso principal –, conforme se conclui pela leitura do dispositivo legal supra destacado. E nem poderia ser diferente, porque, a despeito da forma anômala de interposição, não deixa de ser um recurso e bem por isso de se sujeitar a todo regime jurídico recursal. Se, por exemplo, o recurso principal exige o requisito específico do pré-questionamento, o mesmo deverá acontecer no adesivo.

Assim sendo, se o recurso principal preencher todos os requisitos de admissibilidade, este será admitido e em seguida serão analisados os requisitos para admissão do recurso adesivo. Pode ocorrer, no entanto, do recurso adesivo não os preencher, hipótese em que apenas ele – o recurso adesivo – não será conhecido. Obviamente, pois é o acessório que segue a sorte do principal (o adesivo segue a sorte do principal) e não o contrário.

O recurso adesivo deve ser dirigido ao órgão perante o qual o recurso independente fora interposto (art. 997, § 2°, I, do CPC).

Em regra, a legitimidade recursal no recurso adesivo fica adstrita às *partes* processuais. Numa interpretação literal do *caput* do art. 997 do CPC, então, afasta-se a possibilidade de interposição adesiva pelo Ministério Público (quando fiscal da ordem jurídica, na forma do art. 178 do CPC) e pelo terceiro prejudicado, bem como veda-se que uma parte adira ao recurso autônomo de algum destes sujeitos. A conclusão exposta, no entanto, não é isenta de críticas, havendo na literatura processual quem recuse o direito de o Ministério Público recorrer adesivamente em qualquer hipótese (COUTO, 2008, p. 158) e também defensores do recurso adesivo em relação ao terceiro prejudicado (DIDIER, 2002, p. 59-60).

O prazo do recurso adesivo é o mesmo prazo de que a parte aderente dispõe para responder ao recurso autônomo do adversário (art. 997, § 2°, I, do CPC), o que significa dizer que o prazo é de 15 (quinze) dias úteis (art. 1.003, § 5°, do CPC), contados da intimação da parte para apresentar resposta. Eventuais prerrogativas de prazo, como a da Fazenda Pública (art. 183 do CPC), devem ser observadas.

Para ter regularidade formal, o recurso adesivo deve ser interposto em peça separada, não se admitindo que venha veiculado na mesma peça da resposta ao recurso principal Neste sentido, há precedentes do TJSP (como por exemplo a Apelação 0009070-88.2008.8.26.0510, da 6ª Câmara de Direito Público, rel. Des. SIDNEY ROMANO DOS REIS, j. 04.02.2013, v.u.), e manifestações na doutrina (MONTENEGRO FILHO, 2014, p. 97).

Interposto o recurso adesivo, o recorrido (que até então era apenas recorrente) será intimado para apresentar resposta no prazo de 15 (quinze) dias úteis. Não se fala da possibilidade de novo recurso adesivo, posto que já houve o recurso principal desta parte.

Finalmente, recursos principal e adesivo serão julgados em conjunto, na mesma sessão (COUTO, 2008, p. 184), aplicando-se a ambos as mesmas regras (art. 997, § 2º, do CPC).

8. PEDIDOS POSSÍVEIS NOS RECURSOS

Do ponto de vista da tutela recursal, pode-se dizer que existem três tipos possíveis de pedidos: reforma, invalidação ou integração da decisão.

Quando o recurso tem por objetivo a *reforma* da decisão é porque, conforme apontam as razões do recorrente, se está diante de um vício de juízo, denominado de *error in judicando*, de natureza substancial e que leva à injustiça do ato judicial, que atinge o conteúdo da sentença e consiste num erro na declaração dos efeitos jurídicos substanciais e processuais (JORGE, 2002, p. 60).

No *error in judicando*, portanto, tem-se um vício de fundo (e não de forma). Sustenta-se que o julgador desconhece os efeitos jurídicos que a lei determina para a espécie em julgamento ou reconhece efeitos jurídicos diversos daqueles que se reputam adequados (NERY JR., 2004, p. 250). Ocorre diante da aplicação equivocada do direito ou da compreensão errônea de um fato sobre o qual a lei incide (MEDINA, 2023, p. 87).

Faz-se, de modo correto, uma relação entre o pedido de reforma com o pedido de substituição da decisão impugnada. Pede-se, apenas, a *troca* da decisão recorrida pela nova decisão a ser proferida pelo órgão *ad quem*.

É o que acontece, por exemplo, quando, numa ação de usucapião o pedido é julgado improcedente, embora estejam suficientemente provados os requisitos que autorizem o reconhecimento do domínio. Inconformado, o autor apelará pedindo a reforma da sentença, para que se troque a decisão de desacolhimento por outra de acolhimento da pretensão.

O pedido de *anulação* ou de *invalidação* da sentença, ao contrário, tem cabimento sempre que o ato judicial haja incorrido em algum vício de atividade, ao que se chama *error in procedendo*. Nestas hipóteses, não há espaço para a reforma da decisão. A sentença terá sido prolatada em desconformidade com as normas processuais e, via de regra, como consequência deverá ser anulada (JORGE, 2002, p. 61).

Neste sentido: "Quando o pronunciamento é acometido de invalidade em virtude de vício na atividade judicial, diz-se estar presente o *error in procedendo*, que ocorre quando o órgão judicante não observa as normas que regulam as formas e modalidades de sua atuação, consistindo, assim, violação da lei processual que enseja defeitos na construção do pronunciamento." Nesta situação, "busca-se a invalidação da decisão recorrida, cingindo-se o órgão *ad quem* anulá-la, para que se profira, em grau inferior, nova decisão" (MEDINA; WAMBIER, 2008, p. 99)

Para NELSON NERY JR., "o vício de atividade ocorre quando o juiz desrespeita norma de procedimento provocando gravame à parte. Esta norma de procedimento é aquela determinada pelo ordenamento jurídico como um todo. Não é preciso viole o juiz texto expresso de lei para caracterizar-se o erro no procedimento; basta que descumpra a regra jurídica aplicável ao caso concreto." Assim, é vício de natureza formal, que invalida o ato judicial, não dizendo respeito ao conteúdo desse mesmo ato (NERY JR., 2004, p. 248).

Daí o correto paralelo entre o pedido de anulação e o juízo rescindente, em que apenas e tão-somente se retira uma decisão do ordenamento jurídico, aguardando, como regra, seja outra proferida em seu lugar.

Por exemplo, "A" promove ação revisional de contrato em face de "B", alegando que o cálculo do saldo devedor da avença inclui juros acima do limite legal. Para provar o alegado, pede regularmente perícia contábil, que demonstraria o alegado. O juízo a quo, porém, indefere a produção da prova e, ato seguinte, profere sentença de improcedência sob o argumento de que o autor não se desincumbiu do ônus da prova. Inconformado, o autor apelará pedindo a anulação da sentença por cerceamento de defesa.

Finalmente, a integração da decisão é um pedido possível naquelas situações que admitem os embargos de declaração (obscuridade, contradição, omissão e erro material), o que será visto no capítulo correspondente.

De resto, interessa apontar, ainda sobre os pedidos recursais, o que dispõe o § 2º do art. 322 do CPC: "A interpretação do pedido considerará o conjunto da postulação e observará o princípio da boa-fé."[13] Já se sinaliza, no âmbito doutrinário, com a possibilidade de aplicação desta norma na interpretação dos pedidos articulados em recursos (Enunciado 286 do FPPC), o que certamente renderá complexas e indesejáveis questões práticas sobre o alcance do efeito devolutivo do recurso interposto, para dizer o menos.

9. REQUISITOS RECURSAIS (JUÍZO DE ADMISSIBILIDADE DOS RECURSOS)

9.1. Aspectos gerais

O exercício do direito de recorrer depende, assim como tantos outros direitos de natureza processual, da reunião de determinadas condições, sem as quais o órgão competente não poderá verificar se assiste ou não razão ao recorrente (ou seja, como será visto adiante, não poderá julgar o *mérito* do recurso). Fala-se, assim, dos *requisitos de admissibilidade dos recursos*.

9.1.1. Requisitos de admissibilidade e sua classificação

Quais, então, são os requisitos para a admissão de um recurso? Com uma ou outra variação, os seguintes costumam ser elencados:

a) Cabimento do recurso;

b) Legitimidade recursal;

c) Interesse recursal;

d) Inexistência de fatos impeditivos ou extintivos do poder de recorrer;

e) Tempestividade;

f) Preparo;

g) Regularidade formal.

13. Até mesmo as decisões judiciais deverão ser interpretadas a partir da conjugação de todos os seus elementos e em conformidade com o princípio da boa-fé (art. 489, § 3º, do CPC).

BARBOSA MOREIRA classifica tais requisitos em dois grupos: *intrínsecos* e *extrínsecos*. E nesta classificação é seguido por ampla maioria. Os requisitos intrínsecos estariam ligados à existência do direito de recorrer e neles se enquadrariam o cabimento, a legitimidade, o interesse e a inexistência de fato impeditivo ou extintivo do poder de recorrer. No segundo grupo – o dos requisitos extrínsecos – se enquadrariam os três últimos, estando todos ligados ao modo de exercitar o direito de recorrer (BARBOSA MOREIRA, 1974, p. 209).

Assim, em resumo:

a) *Requisitos intrínsecos* (ligados à existência do direito de recorrer): cabimento do recurso, legitimidade recursal, interesse recursal e a inexistência de fato impeditivo ou extintivo do poder de recorrer.

b) *Requisitos extrínsecos* (ligados ao modo de exercitar o direito de recorrer): tempestividade, preparo e regularidade formal.

Naturalmente, tal classificação não é unânime. MOACYR AMARAL SANTOS, por exemplo, prefere afirmar que os pressupostos se subdividem em *objetivos* (dizem respeito ao recurso em si mesmo) e *subjetivos* (dizem respeito à pessoa do recorrente), isto é, partindo de critérios absolutamente distintos. Os pressupostos objetivos do recurso são a recorribilidade do ato decisório, a tempestividade, a singularidade, a adequação e o preparo, além de pressupostos objetivos próprios de cada modalidade recursal. O pressuposto subjetivo seria a legitimidade, que deixa de se verificar se houve a renúncia ou a aquiescência (AMARAL SANTOS, 2010, p. 87).

Fazendo coro ao que já se sustentou aqui anteriormente, os critérios de classificação não são certos ou errados, mas sim bons ou ruins (ou, se preferir, mais ou menos úteis). Fato incontestável é que existem os requisitos de admissibilidade recursal e eles são previstos e exigidos expressamente pelo direito positivo.

Portanto, tais requisitos – classificados como quer que seja – devem estar presentes, sem o que o mérito recursal sequer chegará a ser apreciado.

Por mera opção didática, opta-se pela primeira classificação (extrínsecos e intrínsecos), na forma proposta por BARBOSA MOREIRA, em especial porque, como dito, assim prefere a maioria da doutrina. Registre-se, no entanto, que tal opção está longe de significar qualquer desprezo pelas demais.

9.1.2. Momento do juízo de admissibilidade

Superada esta etapa preliminar – a de se estabelecer quais são os requisitos para a admissão de um recurso – impende identificar em qual *momento* se verificará a presença de tais requisitos no caso concreto.

Pois bem, do ponto de vista cronológico, o juízo de admissibilidade é realizado *antes de se analisar o mérito recursal*, ou seja, antes de se apreciar o próprio pedido do recurso.[14]

Em outras palavras, interposto o recurso, o órgão jurisdicional competente analisará, em primeiro lugar, se estão presentes os requisitos de admissibilidade. Desta análise, podem se verificar os seguintes desdobramentos:

a) *Os requisitos de admissibilidade estão todos presentes*: neste caso o recurso será *conhecido* (ou *admitido*) e então será possível analisar o mérito recursal (o pedido do recorrente).

b) *Os requisitos de admissibilidade não estão todos presentes (falta pelo menos um deles)*: nesta hipótese, diz-se que o recurso não é conhecido (não é admitido), de modo que seu mérito sequer chega a ser analisado.

Uma ressalva, porém, merece ser feita, qual seja, a necessária aplicação do princípio da primazia do julgamento de mérito. Em sendo assim, a ausência de algum requisito de admissibilidade não obrigatoriamente conduzirá à automática inadmissibilidade do recurso. Como visto anteriormente no item 5.1, na linha do Enunciado 371 do FPPC, o art. 4º do CPC[15] tem aplicação inclusive na instância recursal, o que impõe ao órgão jurisdicional viabilizar o saneamento de vícios para examinar o mérito, sempre que seja possível a sua correção. Esta noção é reforçada não apenas pelo

---

14. O *mérito* de um recurso é a pretensão apresentada pelo recorrente, que pode ou não coincidir com o mérito da ação (MEDINA; WAMBIER, 2008, p. 70). Numa ação de cobrança julgada improcedente, o autor interporá recurso de apelação cuja pretensão é rigorosamente a mesma da ação, isto é, o reconhecimento do crédito que alegar ter. Por outro lado, nesta mesma ação de cobrança, tendo sido redistribuído indevidamente o ônus da prova (art. 373, § 1º, do CPC), eventual recurso de agravo de instrumento (art. 1.015, XI, do CPC) terá como mérito a própria questão do ônus probatório, e não o reconhecimento do crédito (não coincidindo com o mérito da ação).

15. "As partes têm o direito de obter em prazo razoável a solução integral do mérito, incluída a atividade satisfativa."

que dispõe o parágrafo único do art. 932 do CPC, tal como será tratado em pormenores adiante (item 4 do Capítulo II desta Parte I), mas também pelo Enunciado 82 do FPPC.

O fato do recurso ser conhecido (admitido), porém, não significa a vitória do recorrente, mas apenas que o mérito do recurso será analisado. Basicamente, a reunião de todos os requisitos (admissão do recurso) significa que "a porta para se julgar o mérito está aberta". E, ao julgar o mérito do recurso, o resultado obtido pelo recorrente pode ser positivo (*dar provimento*) ou negativo (*negar provimento*), sem esquecer que existe a possibilidade de uma vitória parcial (*provimento parcial*).

O seguinte esquema poderá ser útil para uma melhor compreensão daquilo que se expôs:

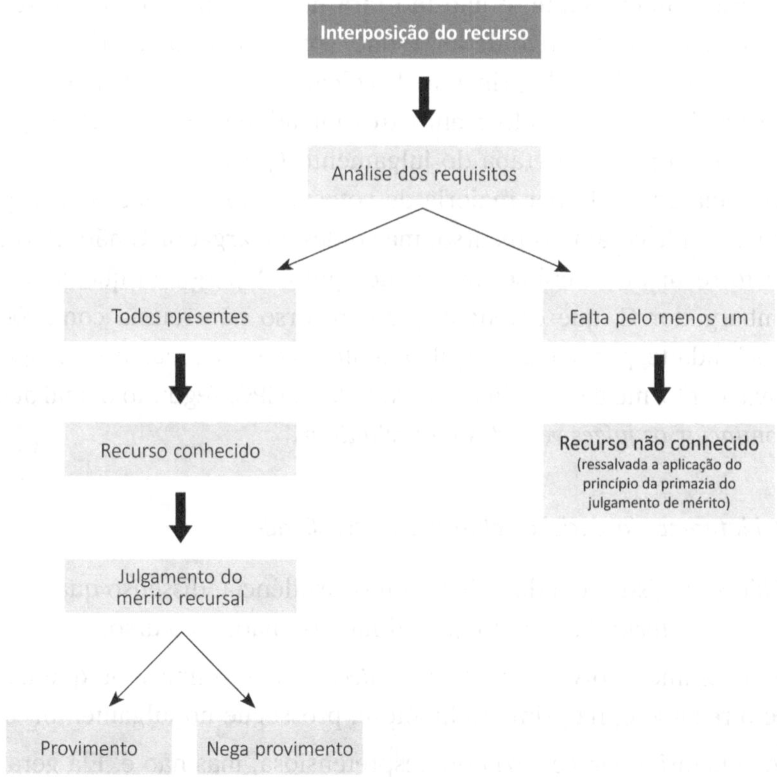

A apreciação prévia dos requisitos de admissibilidade se justifica por razões de lógica. Nada obstante, o *caput* do art. 938 do CPC deixa clara e inquestionável a cronologia. Com efeito, lê-se no referido dispositivo legal:

> "Art. 938. A questão preliminar suscitada no julgamento será decidida antes do mérito, deste não se conhecendo caso seja incompatível com a decisão."

E, claro, se presentes todos os requisitos, o recurso será admitido e seu mérito será julgado, como prevê o art. 939 do CPC:

> "Art. 939. Se a preliminar for rejeitada ou se a apreciação do mérito for com ela compatível, seguir-se-ão a discussão e o julgamento da matéria principal, sobre a qual deverão se pronunciar os juízes vencidos na preliminar."

Questão interessante, e não tão rara no cotidiano forense, é respondida por este último artigo de lei. É que, conforme dito anteriormente, os recursos são guiados pelo princípio da colegialidade (seu julgamento conta com a participação de pelo menos três julgadores, em regra). Suponha, então, que na primeira etapa do julgamento (juízo de admissibilidade) o recurso seja admitido por maioria de votos, sendo que os desembargadores A e B conheceram do recurso, mas o desembargador C não. Pois bem, o mérito recursal deverá ser apreciado agora. A pergunta que se faz é: o desembargador C, que entendia que o recurso não reunia condições de admissibilidade, participará do julgamento do mérito recursal? A resposta é positiva, conforme a parte final do art. 939 do CPC, segundo o qual *deverão se pronunciar os juízes vencidos na preliminar*.

9.1.3. Natureza da decisão sobre a admissibilidade

Não se registra, em doutrina ou jurisprudência, dissenso quanto à *natureza declaratória* da decisão que admite, ou não, o recurso.

Em resumo, o órgão jurisdicional *declara* que conhece ou que não conhece o recurso e, na primeira hipótese, prossegue no julgamento.

A conclusão parece vazia ou despretensiosa, mas não é. Ela gera consequências imediatas na admissão da ação rescisória, que deve ser ajuizada no prazo de dois anos (art. 975 do CPC).

Um exemplo pode comprovar a relevância do assunto. Imagine que uma apelação tenha sido interposta pela parte sucumbente e tenha aguardado três anos até que fosse feito o juízo de admissibilidade negativo (ou seja, declarando a ausência de um ou mais requisitos de admissibilidade recursal). Poderia a parte, agora (três anos depois), ajuizar ação rescisória? Ou o prazo do art. 975 do CPC já teria se esgotado?

Ora, se a natureza da decisão de admissão (ou inadmissão) é declaratória, seus efeitos seriam *ex tunc*, ou seja, seriam retroativos e permitiriam concluir que a coisa julgada teria se formado quando da prolação da própria decisão recorrida (três anos atrás, no exemplo citado). Se fosse assim, neste momento seria descabida a ação rescisória.

Acontece que, neste cenário, a parte seria punida injustamente, pois não contribuiu para a demora na admissão do recurso (fato muito comum, lamentavelmente).

Por isso, ARAKEN DE ASSIS (2007, p. 116) sustenta, com inteiro acerto, que, embora de natureza declaratória, os efeitos da decisão sobre a admissibilidade de um recurso são *ex nunc*. Esta conclusão, aliás, está em perfeita sintonia com aquilo que se sustentou anteriormente no trato do *efeito obstativo* dos recursos (neste sentido: SCARPINELLA BUENO, 2020, P. 561).

Não por outra razão, aliás, o STJ editou a Súmula 401, ainda na égide do CPC/73, segundo a qual "O prazo decadencial da ação rescisória só se inicia quando não for cabível qualquer recurso do último pronunciamento judicial."

E com a edição do CPC/2015 esta tese ficou ainda mais forte, pois o seu art. 975 deixa claro que o prazo da ação rescisória se conta do trânsito em julgado da última decisão proferida no processo. Entenda-se como "última decisão" aquela que não admite o recurso (NEVES, 2016, p. 1506).

A única exceção – isto é, a situação em que o efeito seria mesmo *ex tunc* – ocorre quando o recurso interposto é *manifestamente intempestivo*. Nesta hipótese, a coisa julgada se forma antes mesmo da interposição do recurso e não no momento da decisão sobre sua inadmissibilidade (MEDINA; WAMBIER, 2008, p. 72). Mas note-se: a intempestividade há de ser manifesta. Se houver controvérsia sobre a questão, deve-se admitir o efeito *ex nunc* da decisão.

De resto, vale apontar que na opinião de FLÁVIO CHEIM JORGE a exceção também existiria em caso de flagrante ausência de recolhimento de preparo recursal (2015, p. 85). Esta opinião é expressamente adotada aqui.

9.1.4. Matéria de ordem pública

Os requisitos de admissibilidade dos recursos são, todos, matéria de ordem pública, o que significa dizer que o órgão jurisdicional incumbido de sua análise pode manifestar-se acerca de sua ausência *ex officio*, ainda que não tenha havido provocação do recorrido (MEDINA; WAMBIER, 2008, p. 80-81), havendo nítido interesse público na questão.

Nada obstante, inafastável a norma prevista no art. 10 do CPC, segundo a qual "O juiz não pode decidir, em grau algum de jurisdição, com base em fundamento a respeito do qual não se tenha dado às partes oportunidade de se manifestar, ainda que se trate de matéria sobre a qual deva decidir de ofício." Logo, "caso o relator de ofício identifique a ausência de um requisito de admissibilidade, deverá, antes de decidir sobre ele, intimar a parte a se manifestar" (JORGE, 2015, p. 78).

9.2. Requisitos em espécie

9.2.1. Cabimento

Em resumo, o cabimento é o requisito de admissibilidade segundo o qual o recurso interposto deve ser (i) previsto e (ii) adequado.

Com efeito, como visto anteriormente, à luz do princípio da taxatividade, só existem os recursos previstos em lei (lei federal ou Constituição), que cria um rol taxativo ou exaustivo (*numerus clausus*). Por isso, só será cabível o recurso se, em primeiro lugar, ele for *previsto*.

Mas não é só. Além de previsto em lei, o recurso deve ser o *adequado* à situação concreta. Quando se tratou do princípio da unirrecorribilidade (unicidade ou singularidade), assentou-se que para cada tipo de decisão judicial só cabe um recurso, destacando sua proximidade com o chamado princípio da *correlação*, segundo o qual *cada decisão desafia um determinado recurso especificado em lei*. O CPC não apenas definiu quais são os atos decisórios do juiz (art. 203), bem como estipulou o cabimento de determinado recurso para cada um deles.

Assim, por exemplo, contra a sentença caberá apelação (art. 1.009 do CPC), como regra geral. Se o recorrente, diante de uma sentença, interpuser agravo de instrumento, o recurso é inadequado (portanto, falta-lhe cabimento), de tal sorte que não será admitido (ou conhecido) pela falta de um requisito.

Um ponto que não pode deixar de ser destacado, ainda que lógico, é o fato de que o cabimento de um recurso exige que se esteja diante de uma *decisão judicial*, isto é, não caberá um recurso contra um despacho (porque este não é, a rigor, uma decisão).

Esta, aliás, é a dicção do art. 1.001 do CPC: "Dos despachos não cabe recurso."

O conceito de despacho, como já deve ter ficado claro, é obtido por exclusão, ou seja, despacho é todo pronunciamento judicial que não se enquadre na definição de uma decisão judicial. Conforme o § 3° do art. 203 do CPC, "São despachos *todos os demais pronunciamentos* do juiz praticados no processo, de ofício ou a requerimento da parte."

Na prática do foro, contudo, nem sempre é tão fácil definir se determinado ato é um despacho ou uma decisão interlocutória. Corroborando esta conclusão e contribuindo para a compreensão da matéria, já se pronunciou o STJ: "Enquanto os despachos são pronunciamentos meramente ordinatórios, que visam impulsionar o andamento do processo, sem solucionar controvérsia, a decisão interlocutória, por sua vez, ao contrário dos despachos, possui conteúdo decisório e causa prejuízo às partes (...)." (STJ, 4ª Turma, REsp 195.848/MG, rel. Min. SÁLVIO DE FIGUEIREDO TEIXEIRA, j. 20.11.2001, v.u.).

Casuisticamente, pode-se mencionar que a determinação de redistribuição ou atribuição dos autos é irrecorrível, pois, conforme jurisprudência formada desde longa data no STJ, trata-se de um ato meramente ordinatório sem conteúdo decisório apto a causar gravame às partes (conferir, por exemplo: STJ, 1ª Turma, AgInt no AREsp 998.174-SC, rel. Min. GURGEL DE FARIA, j. 05.06.2018, v.u.).

Recorde-se que o princípio da fungibilidade, antes analisado, pode se apresentar como uma exceção ao requisito do cabimento. Assim, é possível admitir-se um recurso, ainda que incabível, se presentes os requisitos excepcionais que autorizam a atuação da fungibilidade recursal.

9.2.2. Legitimidade recursal

A legitimidade recursal é a manifestação da legitimidade *ad causam* (condição da ação) na esfera dos recursos. Trata-se da pertinência subjetiva do recurso, na medida em que o poder de recorrer só poderá ser exercitado pelos sujeitos expressamente autorizados pela lei (e, portanto, *legitimados*).

E quem são os sujeitos legitimados a recorrer de uma decisão? A resposta é dada pelo art. 996 do CPC: "O recurso pode ser interposto pela parte vencida, pelo terceiro prejudicado e pelo Ministério Público, como parte ou como fiscal da ordem jurídica."

As *partes* são o autor e o réu. Sua legitimidade decorre de razões lógicas. Sendo os sujeitos parciais do processo, estão diretamente envolvidas com a causa, daí nascendo a razão para que possam, a princípio, interpor recursos na relação processual diante de uma decisão desfavorável. Note que a lei se refere à parte *vencida*, circunstância mais propriamente ligada ao interesse recursal, como será analisado a seu tempo.

Neste cenário, vale simular uma situação nada incomum. Imagine que "A" promova contra "B" uma ação judicial. O juiz da causa, contudo, acolhe uma preliminar apresentada pelo réu em contestação para reconhecer a ilegitimidade ativa *ad causam* do autor e, com isso, profere sentença terminativa (art. 485, VI, do CPC). Poderia "A", reconhecido como parte ilegítima, apelar? Ou faltar-lhe-ia legitimidade recursal? Sem dúvida a resposta é positiva, isto é, o autor poderia recorrer. Isto porque, embora ostentando a condição de *ilegítima*, continua a ser *parte*, motivo pelo qual pode apresentar sua irresignação justamente para inverter esta condição (para que seja reconhecido como parte legítima).

Podem ser incluídos na condição de parte – como legitimados a recorrer – intervenientes que ingressam no processo. É o caso do assistente (arts. 119 a 124 do CPC), do litisdenunciado (arts. 125 a 129 do CPC), do chamado ao processo (arts. 130 a 132 do CPC) e do sócio ou da pessoa jurídica no caso de desconsideração da personalidade jurídica (tradicional ou inversa, respectivamente, conforme arts. 133 a 137 do CPC).

Quanto ao *amicus curiae*, hipótese especial de intervenção prevista no art. 138 do CPC, existe expressa limitação ao poder de recorrer. De fato, o *amicus curiae* só pode opor embargos de declaração ou recorrer da decisão que julgar o incidente de resolução de demandas repetitivas, à luz dos §§ 1° e 3° do art. 138, respectivamente.

Diante da taxatividade do texto legal, a propósito, não tende a prosperar o entendimento do Enunciado 391 do FPPC, onde se lê que "O *amicus curiae* pode recorrer da decisão que julgar recursos repetitivos." Compreende-se a boa intenção do referido enunciado. É que o "julgamento de recursos especial e extraordinário repetitivos" e o "incidente de resolução de demandas repetitivas" são espécies do gênero "julgamento de casos repetitivos" (art. 928 do CPC). Ocorre que o art. 138, § 3º, do CPC, é taxativo ao prever a legitimidade recursal do *amicus curiae* no julgamento do incidente de resolução de demandas repetitivas (*apenas* esta espécie), não mencionando o julgamento de recursos especial e extraordinário repetitivos (a outra espécie), motivo pela qual *não se pode generalizar* a legitimação deste terceiro (o que não significa que teria sido melhor se o legislador assim houvesse procedido).

Situação diversa se dá quando o pedido de ingresso do *amicus curiae* no feito é indeferido. Neste caso, em que pese o silêncio da lei, a decisão pode ser objeto de recurso (JORGE, 2015, p. 120).

Esta última conclusão se revela ainda mais correta quando contrastada com o entendimento consolidado pelo STF no trato específico da situação jurídica do *amicus curiae* nas ações de controle abstrato de constitucionalidade, regidas pela Lei 9.868/99.

Neste sentido: "A jurisprudência deste Supremo Tribunal é assente quanto ao não-cabimento de recursos interpostos por terceiros estranhos à relação processual nos processos objetivos de controle de constitucionalidade. Exceção apenas para impugnar decisão de não-admissibilidade de sua intervenção nos autos." (STF, EDcl na ADI 3615-PB, Pleno, rel. Min. CÁRMEN LÚCIA, j. 17.3.2008, m.v.).

Igualmente, e muito claramente, se lê no voto do Min. CELSO DE MELLO ao relatar o Agravo Regimental na ADI 3396-DF, datado de 10.5.2012: "(...) o Plenário do Supremo Tribunal Federal entende cabível o recurso de agravo quando interposto contra decisão do Relator que não admite a intervenção formal de terceiro, como amicus curiae, no processo de controle normativo abstrato. (...) Entendo essencial admitir, por todas essas razões, o controle recursal, pelo Plenário, da decisão do Relator que nega ao terceiro o ingresso como *amicus curiae*, especialmente se se considerar que o objetivo precípuo da participação do colaborador da Corte consiste em pluralizar o debate constitucional e em conferir maior coeficiente de legitimidade democrática aos julgamentos do Supremo Tribunal Federal em sede de fiscalização abstrata de constitucionalidade."

Em arremate à questão do recurso interposto pelo *amicus curiae*, releva apontar que apesar do § 2º do art. 7º da referida lei estabelecer que a decisão do relator de admitir a intervenção do terceiro seja irrecorrível[16], vem prevalecendo no Supremo, por maioria, o entendimento de que apenas a decisão de *admissão* do *amicus curiae* é irrecorrível, mas não a decisão que rejeita sua participação. Esta última poderá, sim, ser objeto de recurso. É mesmo, ao que parece, a melhor interpretação.

O *advogado* também pode se enquadrar na condição de parte. Sendo titular dos honorários de sucumbência (art. 85, § 14, do CPC; art. 23 da Lei 8.906/94), pode recorrer em nome próprio de todas as decisões proferidas no processo em que se dispuser a respeito de seus honorários (MEDINA; WAMBIER, 2008, p. 88). Neste sentido, a propósito, já se consolidou a jurisprudência do STJ antes mesmo da vigência do CPC/2015: "A Lei nº 8.906/1994 alterou esse sistema, atribuindo ao próprio advogado a titularidade desse crédito e conferindo-lhe a legitimidade concorrente para promover a execução. 3 - Se o advogado tem legitimidade para promover em nome próprio a execução do título judicial na parte relativa à verba honorária, também o terá para, na condição de terceiro interessado, recorrer de decisão prolatada na execução promovida pelo credor principal, com relação a essa matéria." (STJ, 3ª Turma, REsp 1.140.511/SP, rel. Min. SIDNEI BENETI, j. 1º.12.2011, v.u.)

Em segundo lugar, também é legitimado a recorrer o *terceiro prejudicado*. É chamado de terceiro exatamente porque não ostenta a qualidade de parte. O recurso de terceiro é "o ato processual voluntário – praticado por quem até aquele momento não era parte e que assume esta condição a partir de então –, com pressupostos estabelecidos em lei, idôneo a ensejar, dentro do mesmo processo, a reforma, a invalidação, o esclarecimento ou a integração de decisão judicial que se impugna." (DIDIER JR., 2002, p. 32)

A legitimidade do terceiro prejudicado advém do fato de que possui uma relação jurídica ligada àquela discutida em juízo, que pode ser atingida reflexamente pela decisão judicial.

16. Art. 7º, § 2º, da Lei 9.868/99. "O relator, considerando a relevância da matéria e a representatividade dos postulantes, poderá, por despacho irrecorrível, admitir, observado o prazo fixado no parágrafo anterior, a manifestação de outros órgãos ou entidades."

Bem por isso, aliás, o parágrafo único do art. 966, aduz que "Cumpre ao terceiro demonstrar a possibilidade de a decisão sobre a relação jurídica submetida à apreciação judicial atingir direito de que se afirme titular ou que possa discutir em juízo como substituto processual."

Será terceiro, para os fins aqui analisados, o sujeito que poderia ter intervindo no feito como assistente (MIRANDA; PIZZOL, 2009, 22), gerando a conclusão de que seu interesse há de ser jurídico (JORGE, 2015, p. 126).

Deste modo, a legitimação recursal do terceiro costuma ser enquadrada pela doutrina como uma modalidade de intervenção de terceiros na fase recursal (JORGE, 2015, p. 124; CÂMARA, 2013, p. 72). Ou, como bem coloca FREDIE DIDIER JR., trata-se de figura híbrida: de um lado é recurso; de outro, é intervenção de terceiro (DIDIER JR., 2002, p. 30).

Finalmente, em terceiro lugar, quanto ao *Ministério Público*, a lei destaca que sua legitimidade se dá quando este atua como *parte* ou como *fiscal da ordem jurídica*. A previsão de que pode recorrer como parte seria até desnecessária, mas, ao que parece, o legislador quis pecar pelo excesso, evitando discussões contraproducentes no processo.

O Ministério Público poderá promover ação judicial (agindo como parte, portanto), conforme suas atribuições constitucionais (art. 177 do CPC), concentradas essencialmente no art. 129 da Constituição. Recorrerá normalmente em tais processos.

De outro lado, o Ministério Público poderá intervir nos feitos como fiscal da ordem jurídica (*custos legis*) não apenas nas situações descritas no art. 178 do CPC, como também em quaisquer outras esparsas na lei ou na Constituição. Igualmente, terá legitimação para recorrer e, como será visto, com interesse presumido (não condicionado diretamente ao resultado do processo).

Vale destacar que o Ministério Público pode simplesmente deixar de oficiar no feito, seja porque não foi intimado previamente a intervir, seja porque, intimado, declarou que nele não atuaria. Nestes casos, teria legitimidade recursal? A resposta é positiva para as duas situações, sendo irrelevante a efetiva participação anterior no feito. O que importa é se o caso é mesmo de participação do Ministério Público (JORGE, 2015, p. 128-129).

9.2.3. Interesse recursal

O interesse recursal é identificado, na esfera dos recursos, como manifestação do interesse de agir (condição da ação). Não basta estar legitimado a recorrer, é preciso ter interesse para praticar o ato.

E quando haverá interesse recursal?

A resposta é simples: ordinariamente, sempre que não se obtiver o melhor resultado possível esperado do processo ou seja, se houver, em algum grau, sucumbência. Até porque o art. 996 do CPC reconhece a legitimação apenas da parte *vencida*.

De todo modo, o interesse recursal não precisa se vincular de modo rigoroso à noção de sucumbência. Este requisito estará presente sempre que o recorrente puder obter, do julgamento do recurso, uma *situação jurídica mais vantajosa* do que aquela que tem com a decisão impugnada e a via recursal seja a adequada para atingir este objetivo. Sendo assim, mesmo vencedora, a parte pode ter a perspectiva de melhorar sua situação e, por isso, ter interesse em recorrer (MEDINA, 2023, p. 67).

Assim, tanto quanto no interesse de agir (como manifestação de uma condição da ação), para recorrer "é necessário que o interessado possa vislumbrar alguma *utilidade* na veiculação do recurso, utilidade esta que somente possa ser obtida através da via recursal (*necessidade*)" (MARINONI; ARENHART, 2007, p. 508). O recurso deve propiciar ao recorrente a possibilidade de obter uma situação jurídica mais favorável do que aquela que é proporcionada pela decisão contra a qual o recurso se volta (CÂMARA, 2013, p. 72). Ou, nas palavras de ARAKEN DE ASSIS, "O interesse em impugnar os atos decisórios acudirá ao recorrente quando visar à obtenção de situação mais favorável do que a plasmada no ato sujeito ao recurso e, para atingir semelhante finalidade, a via recursal se mostrar caminho necessário" (2007, p. 154).

Por isso, diante da hipótese de *cumulação imprópria subsidiária* (ou eventual) de pedidos (art. 326 do CPC), o não acolhimento do pedido principal gera à parte vencedora o interesse recursal, ainda que o subsidiário tenha sido concedido. E isto porque aquele que faz a cumulação eventual tem uma ordem de preferência, de tal sorte que não se pode considerá-la plenamente satisfeita com o acolhimento do segundo em detrimento do primeiro, do terceiro em relação ao segundo e ao primeiro e assim sucessivamente. Deste modo, tem-se uma peculiar situação em que o *vencedor também terá interesse recursal*, hipótese que acaba confirmando que não há uma relação necessária e rígida deste com o conceito de sucumbência.

A mesma conclusão não se pode tirar, todavia, quando se está diante do julgamento de *pedidos alternativos* (art. 326, parágrafo único, do CPC), também identificada como uma hipótese de cumulação imprópria. Aqui, diferentemente do que ocorre no pedido subsidiário, *não existe uma ordem de preferência* por aquele que formulou o pedido, de tal modo que, em tese, é *indiferente* qual deles foi acolhido. Portanto, com o acolhimento de qualquer um dos pedidos alternativos, não terá o autor interesse recursal.

Daí surgiu o polêmico entendimento de que o réu não teria interesse em recorrer da sentença terminativa, visando obter uma sentença de improcedência, apta a formar coisa julgada material. Tal concepção não pode ser tomada como correta, todavia, não apenas pela constatação de que a sentença de mérito traria melhora concreta na sua situação jurídica, mas também por força da previsão do art. 488 do CPC: "Desde que possível, o juiz resolverá o mérito sempre que a decisão for favorável à parte a quem aproveitaria eventual pronunciamento nos termos do art. 485."

Igualmente polêmica é a conclusão pura e simples de que o recurso não pode ter como escopo apenas discutir os fundamentos da decisão, sendo preciso discordar da conclusão em si, até porque os motivos não fazem coisa julgada (art. 504, I, do CPC).

Pois bem, esta afirmação sempre foi e continuará sendo verdadeira para a maior parte das situações. Assim, se numa ação visando à anulação do contrato o autor alega como fundamento a coação e o erro, tendo o pedido sido julgado procedente porque se entendeu existir coação, descabida será a apelação do autor para ver acolhido também o outro argumento. Falta interesse, de modo que o recurso não será admitido.

Não se pode recusar, porém, que mais modernamente, algumas situações – que ainda podem ser rotuladas de excepcionais, embora não sejam raras – sugerem o interesse recursal para revelar inconformidade com a própria fundamentação da decisão. É o caso, apenas para ficar com um exemplo, das ações em que a coisa julgada é *secundum eventum probationis*, nas quais a improcedência fundada na "inexistência do direito" pode ser objeto de recurso apenas para alterar sua fundamentação para improcedência por "falta de provas", visto que apenas neste último caso será permitido ao autor ajuizar novamente a ação, conforme autoriza o art. 103, I, do Código de Defesa do Consumidor (DIDIER JR.; CUNHA, 2016, p. 117-120).

A questão deve ser vista de forma diferente quando analisada sob a ótica da atuação do Ministério Público como fiscal da ordem jurídica. Além de ter legitimação recursal (como visto no item anterior), seu interesse em recorrer não se subordina à sucumbência, não pelo menos da mesma forma como ocorre com as partes, tampouco ao incremento de sua situação jurídica, já que os motivos que justificam sua intervenção são outros.

Por isso, é pacífico o entendimento de o Ministério Público pode recorrer ainda que as próprias partes não o tenham feito (Súmula 99 do STJ), assim como não pairam dúvidas de que poderá recorrer ainda que de forma contrária aos interesses do sujeito que justifica sua intervenção no feito. Importa destacar que a função do Ministério Público é a de fiscalizar a correta aplicação da ordem jurídica, e não defender a parte (conduta reservada ao advogado designado a tanto) (neste sentido, CÂMARA, 2013, p. 72).

Assim, por exemplo, se numa ação de investigação de paternidade que o suposto filho "A", incapaz, promove contra o suposto pai "B", é proferida sentença de procedência por presunção porque o réu não compareceu à perícia designada (art. 2º-A, parágrafo único, da Lei 8.560/1992), nada impede que o Ministério Público, oficiante nos autos (art. 178, II, do CPC), recorra da decisão, por entender que o conjunto fático-probatório não pode conduzir à conclusão de que existe o laço sanguíneo entre as partes. O recurso, aliás, pode ser manejado pelo Ministério Público ainda que não tenha havido recurso das partes.

9.2.4. Inexistência de fatos impeditivos ou extintivos do poder de recorrer

Os últimos requisitos intrínsecos de admissibilidade dos recursos são inexistência de fatos impeditivos ou extintivos do poder de recorrer.

De antemão, ambos podem ser reunidos sob a denominação de requisitos negativos, exatamente porque são situações que, se presentes, impedem o processamento normal do recurso, isto é, obstam seu conhecimento ou admissão.

Assim é que tais requisitos se configuram como hipóteses de preclusão lógica, porque houve um ato anterior (impeditivo ou extinto) incompatível com o ato posterior (interposição do recurso) (MEDINA; WAMBIER, 2008, p. 90).

Seu exame, para facilitar o estudo, se fará em separado.

9.2.4.1. Fato impeditivo

Fato impeditivo do direito de recorrer é a *desistência* do recurso, assim entendido o ato do recorrente, posterior à interposição do recurso, pelo qual manifesta o desejo de não vê-lo julgado.

A desistência pode ser dirigida por petição ou mesmo oralmente (na sessão de julgamento). Também pode ser total ou parcial, até porque a decisão pode ser impugnada no todo ou em parte (art. 1.002 do CPC).

Seu fundamento legal se encontra no art. 998 do CPC:

> "Art. 998. O recorrente poderá, a qualquer tempo, sem a anuência do recorrido ou dos litisconsortes, desistir do recurso.
>
> Parágrafo único. A desistência do recurso não impede a análise de questão cuja repercussão geral já tenha sido reconhecida e daquela objeto de julgamento de recursos extraordinários ou especiais repetitivos."

Da leitura do dispositivo, podem ser construídas algumas conclusões:

a) A desistência é ato unilateral e incondicionado (independe da anuência do recorrido ou de litisconsortes)

O regime jurídico da desistência do recurso não se confunde com o da desistência da *ação*. Neste último, regrado pelo art. 485, § 4º, do CPC, o exercício do sofre uma limitação, vez que após oferecida a contestação a desistência da ação está condicionada ao consentimento do réu.

Já no que se refere à desistência do recurso, desnecessária qualquer anuência, seja do recorrido, seja dos eventuais litisconsortes (em qualquer de suas modalidades), por expressa disposição legal (art. 998). Assim sendo, a manifestação unilateral do recorrente é o que basta, a princípio, para se desistir de um recurso interposto.

Tratando-se de negócio processual unilateral, a homologação judicial é desnecessária, não se aplicando o regramento específico da desistência da ação (art. 200, parágrafo único, do CPC).

b) A desistência do recurso pode ser manifestada "a qualquer tempo"

Embora a lei seja clara sobre o direito de desistir *a qualquer tempo* do recurso já interposto, é forçoso reconhecer algumas limitações temporais.

A primeira: só se pode desistir de um recurso interposto. Portanto, não é a qualquer momento, e sim apenas *depois* de sua interposição. A segunda limitação: a desistência deve ser manifestada *antes* do julgamento do recurso. Em resumo: *a desistência pode ser manifestada depois de interposto o recurso, mas antes do seu julgamento.*

Nada obstante, existe intenso debate acerca da possibilidade de desistência após o início do julgamento do recurso, mas antes do seu término. É o exemplo do julgamento que foi interrompido por pedido de vista de algum julgador (art. 940 do CPC), com voto já proferido pelo relator. Seria possível desistir neste momento?

Em julgamento proferido à luz do revogado CPC/73, a 2ª Turma do STJ deu resposta negativa, argumentando que "O direito de desistência do recurso, a que alude o art. 501 do CPC, somente pode ser exercido até o momento imediatamente anterior ao julgamento." (STJ, 2ª Turma, AgRg no REsp 433.920-PR, rel. Min. ELIANA CALMON, j. 1º/4/2003, m.v.). Este também é o entendimento de parcela da doutrina (NERY, 2004, p. 422), tendo sido manifestado em Questão de Ordem na Reclamação 1.503 do Plenário do STF (rel. Min. RICARDO LEWANDOWSKI, j. 26.3.2009).

Tal orientação animou alguns tribunais locais a não apenas reproduzi-la, mas também a ampliá-la, de modo a vedar a desistência ainda que somente houve havido manifestação monocrática do relator acerca de pedido de tutela provisória (também à luz do CPC/73) (TJSP, 2ª Câmara Reservada de Direito Empresarial, AI 2137095-19.2015.8.26.0000, rel. Des. CARLOS ALBERTO GARBI, j. 11.11.2015, m.v.).

Ocorre que o próprio STJ tratou de isolar o entendimento acima manifestado, que limitava o direito de desistência após o início do julgamento do recurso. É o que se lê em diversos de seus julgados, inclusive o da própria 2ª Turma, onde se definiu que *a regra geral é pela possibilidade da desistência do recurso especial a qualquer tempo, inclusive com o julgamento já iniciado e com pedido de vista* (QO no REsp 689439, rel. Min. MAURO CAMPBELL MARQUES, j. 04.3.2010, v.u.). E assim há de ser interpretada a questão na legislação atual, porque inexistente a pretendida limitação no art. 998 do CPC.

Verdade seja dita, contudo, uma ressalva deve ser estabelecida quanto ao direito de desistir, qual seja, a boa-fé, dever processual articulado no art. 5º do CPC. Se o pedido de desistência é fruto de má-fé processual, impõe-se seu indeferimento. É o caso da desistência com objetivo de impedir a fixação de jurisprudência contrária aos interesses do recorrente ou para impedir o provável provimento de recurso adesivo do adversário diante da iminente derrota no recurso principal.

Por isso, também, que não se pode aderir ao entendimento de RENNAN FARIA KRÜGER TAMAY e RAFAEL RIBEIRO RODRIGUES (2016, p. 725) que, em interessante trabalho, sustentam o direito do recorrente de desistir do recurso após intimado, na forma do art. 10 do CPC, a se manifestar sobre matéria de ordem pública vislumbrada pelo tribunal, cujo reconhecimento tem potencial para agravar sua situação processual, justamente para impossibilitar a apreciação da matéria pelo órgão julgador. Tal conduta – assim parece – rompe com a boa-fé exigida pelo art. 5° do CPC.

c) A desistência não impede a análise de questão cuja repercussão geral já tenha sido reconhecida e daquela objeto de julgamento de recursos extraordinários ou especiais repetitivos

Conforme o parágrafo único do art. 998, ou seja, "A desistência do recurso não impede a análise de questão cuja repercussão geral já tenha sido reconhecida e daquela objeto de julgamento de recursos extraordinários ou especiais repetitivos."

A regra confirma o direito individual da parte de desistir do recurso, mas equilibra-o com o *interesse coletivo de se ver fixada tese jurídica* acerca de questão cuja existência de repercussão geral já tenha sido reconhecida ou objeto de julgamento de recursos extraordinários ou especiais repetitivos (arts. 1.036 a 1.041 do CPC). Curiosamente, neste caso o recurso da parte, em si, não será julgado, restando ao Judiciário manifestar-se, como órgão consultivo sobre a tese, contrariando sua vocação para julgar casos concretos, com exceção da Justiça Eleitoral (NEVES, 2015, p. 541).

d) Outras conclusões

Além daquelas já elencadas, pode concluir, acerca da desistência do recurso, que se trata de ato irrevogável, isto é, uma vez manifestado não há como retratar-se, em regra. Daí porque deve ser expressa.

Sua consequência imediata é ocasionar a preclusão ou a coisa julgada. Destarte, tendo havido desistência do recurso, passa a vigorar a própria decisão recorrida (SCARPINELLA, 2010, p. 96). O recurso interposto não será conhecido, isto é, seu mérito não será apreciado.

Ademais, eventual recurso adesivo interposto, como decorrência da desistência do principal, deixará de ser conhecido (art. 997, § 2°, III, do CPC).

9.2.4.2. Fatos extintivos

Os fatos extintivos ao direito de recorrer descritos pela doutrina são a *renúncia* e a *aquiescência*. Deles se ocupam os próximos itens.

9.2.4.2.1. Renúncia

A renúncia ocorre quando o recorrente, antes mesmo de interpor o recurso, abre mão do poder de recorrer. Pode ser total ou parcial.

Como se vê, a diferença básica entre desistência do recurso e renúncia ao poder de recorrer é o momento em que são manifestadas. Enquanto a primeira (desistência) é posterior à interposição (vide item anterior), a renúncia acontece antes mesmo do recurso ser interposto.

Esta última colocação – a renúncia ocorre antes da interposição do recurso – enseja interessantes diálogos sobre a possibilidade de se renunciar ao direito de recorrer *antes* mesmo da prolação do ato judicial recorrível. À luz do art. 190 do CPC, que regula de forma geral o negócio processual atípico, a resposta parece ser positiva, observados, naturalmente, os limites impostos pela norma (o processo deve versar sobre direitos que admitam autocomposição, sendo lícito ao juiz controlar de ofício a validade do ato, recusando aplicação em caso de nulidade ou inserção abusiva em contrato de adesão ou quando a parte se encontre em situação de vulnerabilidade). Por outro lado, não é de se desconsiderar a objeção doutrinária ao que ora se sustenta, no sentido de que só se pode renunciar validamente ao direito de recorrer a partir do momento que esse direito possa ser exercido de modo concreto (JORGE, 2015, p. 157; FIDÉLIS DOS SANTOS, 2006, p. 638). A polêmica reside mais propriamente na extensão do chamado negócio jurídico processual, assunto que ocupará as discussões acadêmicas processuais por muito tempo.

Um único artigo do CPC trata da renúncia, qual seja, o art. 999, segundo o qual "A renúncia ao direito de recorrer independe da aceitação da outra parte." Não há dúvidas, portanto, de que o ato é unilateral e incondicionado. No entanto, em caso de litisconsórcio unitário, essa renúncia somente operará efeitos se corroborada pelos demais litisconsortes (MARINONI; ARENHART, 2007, p. 510).

Sem prejuízo, pode-se concluir também que a renúncia ao direito de recorrer é negócio processual irrevogável, isto é, uma vez manifestada não há como retratar-se dentro do processo (NERY, 2004, p. 396).

Por ser ato restritivo, a renúncia deve ser interpretada restritivamente. Bem por isso em que pesem opiniões divergentes na literatura processual, inadmissível a renúncia tácita.

Tendo havido renúncia ao poder de recorrer, o recurso não será admitido, isto é, seu mérito não será julgado.

Não se deve, de resto, confundir a renúncia ao poder de recorrer (faculdade processual) com a renúncia à pretensão formulada na ação ou reconvenção (art. 487, III, *c*, do CPC) (que se liga ao direito material em si). Daí porque é correta a opinião segundo a qual a renúncia ao direito de recorrer se afigura possível mesmo que se esteja diante de direito indisponível, de tal sorte que até mesmo o Ministério Público poderia exercer tal direito nas ações coletivas (MIRANDA; PIZZOL, 2009, 31).

9.2.4.2.2. Aquiescência

A aquiescência significa a aceitação da decisão manifestada pelo sujeito prejudicado por ela. Ora, se a parte concorda com uma decisão, não pode depois recorrer dela, haja vista a ocorrência de preclusão lógica.

A toda evidência, a aquiescência pressupõe que a decisão já tenha sido prolatada, porque não se pode concordar com aquilo que não existe. Ainda se opina que deve ser manifestada *antes* da interposição do recurso, porque, se posterior, o caso seria mesmo de falta de interesse superveniente (JORGE, 2015, p. 159-160).

Ao contrário da desistência e da renúncia, a aceitação pode ser *expressa ou tácita*, conforme prevê o *caput* do art. 1.000 do CPC.

Embora possa ser tácita, contudo, a aceitação deve ser inequívoca. Qualquer reserva feita pelo recorrente afasta sua ocorrência. Por isso a previsão do parágrafo único do já citado art. 1.000 do CPC: "Considera-se aceitação tácita a prática, sem nenhuma reserva, de ato incompatível com a vontade de recorrer."

É o clássico exemplo do réu que, condenado por sentença a pagar determinada quantia de dinheiro ao autor, deposita o respectivo valor nos autos e, logo depois, interpõe recurso de apelação. O pagamento significa aceitação da decisão, de modo que o recurso posteriormente manejado é incompatível, máxime porque o recurso cabível no caso (apelação) é dotado de efeito suspensivo.

Tendo havido aquiescência (concordância), o recurso interposto não terá seu mérito apreciado, isto é, não será conhecido.

9.2.5. Tempestividade

O *prazo* pode ser conceituado como o período em que o ato processual da parte pode ser validamente praticado (CORREIA, 2005, p. 197). Uma das molas propulsoras do processo é a previsão de prazos para a prática de atos processuais, especialmente aqueles dirigidos às partes, sem os quais seria inviável o andamento processual. O processo é "marcha para a frente", sendo imperioso que se fixem prazos para garantir seu desenvolvimento e tramitação regular até o atingimento de seu fim (LOPES, 2005, p. 173). Sem a "ameaça" da preclusão temporal, normalmente pelo menos uma das partes não teria interesse em dar seguimento ao feito, frustrando seu escopo.

Pois bem, com os recursos ocorre exatamente o mesmo fenômeno. A lei prevê o intervalo de tempo (prazo) dentro do qual o ato pode ser praticado, sob pena de se perder a oportunidade de fazê-lo. Os recursos, qualquer um deles, devem ser interpostos no prazo previsto em lei (art. 218 do CPC); do contrário, o recurso não será conhecido (ou não será admitido), isto é, seu mérito não será apreciado. Interessante – e corretíssima – a afirmação de MOACYR AMARAL SANTOS no sentido de que não basta que o ato judicial seja recorrível, mas é preciso também que *ainda o seja* (2010, p. 88).

Existe uma larga normatização sobre prazos recursais no art. 1.003 do CPC.

O primeiro ponto que se deve destacar é exatamente saber qual é o prazo previsto em lei para o exercício do poder de recorrer. A resposta é dada pelo art. 1.003, § 5º, do CPC: "Excetuados os embargos de declaração, o prazo para interpor os recursos e para responder-lhes é de 15 (quinze) dias."

Como se vê, o dispositivo legal trata não só do prazo para interpor o recurso, como também do prazo para responder, que é, nos dois casos, de quinze dias.

A exceção fica por conta dos embargos de declaração, assunto do qual se ocupará mais tarde (Parte II, Capítulo IV). Neste recurso, previsto nos arts. 1.022 a 1.026 do CPC, o prazo é de cinco dias (art. 1.023 do CPC).

Pode-se afirmar, em decorrência das expressas previsões legais, que os prazos recursais são legais (previstos em lei) e próprios (sua inobservância implica na preclusão temporal) (MIRANDA; PIZZOL, 2009, 25).

Não é demais lembrar que toda teoria geral sobre os prazos processuais, nitidamente o que vem previsto nos arts. 218 a 232 do CPC, se aplica, no que couber, à contagem dos prazos processuais. Assim sendo, de antemão já vale apontar que na contagem do prazo recursal computar-se-ão somente os dias úteis (art. 220 do CPC).

Existem sujeitos que têm tratamento especial quanto ao prazo, para os quais este será em dobro. São eles (i) Ministério Público (art. 180 do CPC); (ii) a União, os Estados, o Distrito Federal, os Municípios e suas respectivas autarquias e fundações de direito público (art. 183 do CPC); (iii) Defensoria Pública (art. 186 do CPC).

A mesma regra do prazo em dobro vale para os litisconsortes que tiverem diferentes procuradores, de escritórios de advocacia distintos (art. 229, *caput*, do CPC).

Existem algumas exceções, no entanto, à previsão do prazo em dobro no caso do art. 229, *caput*, do CPC.

A primeira delas diz respeito ao § 2º do art. 229 do CPC, dispositivo segundo o qual não haverá cômputo de prazos em dobro quando os autos são eletrônicos.

A segunda está ligada ao entendimento consagrado na Súmula 641 do STF, pela qual "Não se conta em dobro o prazo para recorrer, quando só um dos litisconsortes haja sucumbido."[17]

Quanto à segunda exceção – a da Súmula 641 do STF – convém fazer uma ilustração. Imagine que "A", vítima de acidente de trânsito de veículo de via terrestre, promova ação judicial em desfavor dos réus "B" (condutor do veículo) e "C" (proprietário do veículo). Imagine, ainda, que cada

17. O STJ, por sua 3ª Turma, confirmou que a Súmula 641 do STF (editada quando vigente o revogado CPC/1973) está preservada em relação aos recursos interpostos sob a vigência do CPC de 2015 (REsp 1.709.562-RS, rel. Min. NANCY ANDRIGHI, j. 16.10.2018, v.u.).

um haja contratado um advogado diferente para promover sua defesa. Ao longo de todo procedimento, gozam de prazos em dobro para a prática de atos processuais. Ao sentenciar o feito, o magistrado de primeira instância julga procedente o pedido em relação ao réu "B" (condutor) e ao mesmo tempo improcedente o pedido em relação ao réu "C" (proprietário). Ora, sob a ótica dos sujeitos que ocupam o polo passivo da ação, só existe interesse recursal (sucumbência) do réu "B" (único condenado), pois o réu "C" obteve o melhor resultado possível com o processo. Nesta situação, o prazo de que "B" dispõe para apelar é simples (quinze dias), e não em dobro, na linha da Súmula 641 do STF.

Em terceiro lugar, mesmo diante de litisconsortes com procuradores diferentes em autos físicos, a jurisprudência do STJ afasta a contagem de prazos em dobro no caso de interposição de agravo contra decisão que nega seguimento a recurso especial, porquanto somente o autor dessa irresignação possuirá interesse e legitimidade para recorrer.[18] Quanto à recorribilidade da decisão que nega seguimento a recurso especial, a propósito, remete-se o leitor ao capítulo específico na Parte II desta obra.

Tão importante quanto conhecer um prazo é saber a partir de quando este inicia sua contagem. Assim, atentando-se à previsão do *caput* do art. 1.003 do CPC, verifica-se que o prazo tem início com a *intimação* da parte: "O prazo para interposição de recurso conta-se da data em que os advogados, a sociedade de advogados, a Advocacia Pública, a Defensoria Pública ou o Ministério Público são intimados da decisão."

Daí nasce uma indagação: seria tempestivo o recurso interposto antes da fluência do prazo recursal, isto é, antes da intimação da parte acerca da decisão proferida? Ou se trata de um caso de intempestividade por antecipação (ou recurso prematuro)? A resposta é fornecida pelo § 4º do art. 218 do CPC: "Será considerado tempestivo o ato praticado antes do termo inicial do prazo."

18. Neste sentido, há julgados na 1ª, 2ª 3ª e 4ª Turmas da Corte. Consultar, por exemplo: na 1ª Turma, AgInt no AREsp 1.210.753-PA, rel. Min. GURGEL DE FARIA, j. 04.10.2018, v.u.; na 2ª Turma, AgInt no AREsp 1.250.938-SP, rel. Min. OG FERNANDES, j. 09.10.2018, v.u.; na 3ª Turma, AgInt no AREsp 1.277.253-SP, rel. Min. MOURA RIBEIRO, j. 24.09.2018, v.u.; Na 4ª Turma, AgInt no AREsp 1.262.057-SP, rel. Min. LUIS FELIPE SALOMÃO, j. 20.09.2018, v.u.

Tal conclusão, contudo, não deve ser levada ao extremo. É que a tempestividade do recurso somente tem lugar a partir da prolação do provimento jurisdicional (NERY JR., 2004, p. 343).

Pois bem, ressalvada a faculdade da parte recorrer antes mesmo de ser intimada, o prazo recursal só se desencadeia após a *intimação*. Tal ato, regulado de forma geral pelos arts. 269 a 275 do CPC, será realizado:

(i) Preferencialmente, de forma eletrônica (art. 270 do CPC, observadas as disposições especiais da Lei 11.419/2006);

(ii) Não tendo sido eletrônico, por publicação da decisão no órgão oficial (art. 272 do CPC), salvo nas situações em que haja prerrogativa de intimação pessoal do representante judicial[19];

(iii) Em qualquer caso, *mesmo se existir prerrogativa de intimação pessoal*, caso a decisão tenha sido proferida em audiência, nesta considera-se realizada a intimação (art. 1.003, § 1º, do CPC), mesmo que a parte tenha se ausentado do ato (basta que tenha sido intimada a comparecer em audiência para que se repute automaticamente intimada de todos os atos nela praticados).

Tratando-se de réu revel que não tenha patrono nos autos, observa-se, quanto ao prazo, o art. 346 do CPC, de tal modo que "Os prazos contra o revel que não tenha patrono nos autos fluirão da data de publicação do ato decisório no órgão oficial."

Se a *decisão foi proferida antes da citação do réu*, o prazo para que este interponha recurso só começa após sua regular integração e a forma de contagem do prazo varia conforme a forma de citação (art. 1.003 § 2º). Por exemplo, se a citação do réu se deu por carta com aviso de recebimento, o prazo para interpor agravo de instrumento contra uma decisão que deferiu

---

19. Este é o caso: (a) do Ministério Público (art. 180 do CPC); (b) da União, dos Estados, do Distrito Federal, dos Municípios e de suas respectivas autarquias e fundações de direito público (art. 183 do CPC); (c) Defensoria Pública (art. 186 do CPC). Para todos estes, porém, aplica-se a regra do art. 183, § 1º, do CPC ("A intimação pessoal far-se-á por carga, remessa ou meio eletrônico"), bem como o art. 9º, § 1º, da Lei 11.419/2006 ("As citações, intimações, notificações e remessas que viabilizem o acesso à íntegra do processo correspondente serão consideradas vista pessoal do interessado para todos os efeitos legais"). Também é o caso da remota hipótese do art. 273 do CPC.

liminarmente uma tutela provisória se conta da juntada aos autos do aviso de recebimento devidamente cumprido. Neste caso, contudo, havendo mais de um intimado, o prazo para cada um é contado individualmente, ou seja, não se deve esperar a juntada do último aviso de recebimento para iniciar a contagem do prazo, os prazos de cada réu para recorrer são independentes (art. 231, § 2º, do CPC).

Pode ocorrer o *desencadeamento do prazo antes da intimação*, contudo, desde que tenha ocorrido a *ciência inequívoca* da parte quanto à decisão objeto de recurso. Seria o caso da retirada dos autos físicos em carga, conforme o art. 272, § 6º, do CPC (verdade seja dita, entretanto, neste caso *a intimação considerar-se-á realizada* com mera a retirada dos autos, ainda que pendente a publicação do ato). O que *não se pode admitir é a presunção* para se caracterizar a ciência da parte, pois esta, repita-se, deve ser *inequívoca* (JORGE, 2015, p. 166).

Iniciada a contagem do prazo, reitere-se que apenas os dias úteis são computados (art. 219 do CPC). Feriados, que não são dias úteis, não são computados. Disto se ocupará detalhadamente o subitem seguinte.

Também não são computados os prazos no intervalo entre 20 de dezembro e 20 de janeiro, inclusive, por força da suspensão prevista no art. 220 do CPC. Aliás, não custa reforçar, toda sistemática de suspensão de prazos processuais se aplica, como regra, aos prazos recursais, como as hipóteses do art. 221, *caput*, e seu parágrafo único. A exceção fica por conta das regras especiais, como a do art. 1.004 do CPC.

A oposição de recurso de embargos de declaração interrompe o prazo para a interposição de qualquer outro recurso (art. 1.026 do CPC), como será visto em detalhes adiante. A regra vale, inclusive, nos Juizados Especiais (art. 50 da Lei 9.099/95, alterada pelo CPC/2015). O pedido de reconsideração, como já se ponderou anteriormente, não interrompe ou suspende o prazo para a interposição do recurso cabível contra a decisão que se pretende rever.

Outra intercorrência no prazo recursal pode ser o falecimento da parte ou de seu advogado. Também pode ocorrer, por motivo de força maior, a suspensão do curso do processo. Neste caso, conforme o art. 1.004 do CPC, o prazo para recorrer será restituído em proveito da parte, do herdeiro ou do sucessor, contra quem começará a correr novamente depois da intimação.

Nesta linha, o STJ já decidiu que a impossibilidade de exercício profissional comprovada por atestado médico apresentado na interposição do recurso constitui justificativa idônea à suspensão do prazo recursal (STJ, 2ª Turma, AgRg no REsp 1.015.392-RJ, rel. Min. CASTRO MEIRA, j. 06.5.2008, v.u.).

Como se verifica se a parte interpôs o recurso dentro do prazo legal? Deve-se pesquisar exatamente a *data do protocolo*, isto é, o recurso deve ter sido apresentado ao protocolo dentro do prazo legalmente previsto (DIDIER JR.; CUNHA, 2016, p. 121). E o protocolo do recurso, vale registrar, se faz em cartório ou conforme as normas de organização judiciária (art. 1.003, § 3º, do CPC), como, por exemplo, o *protocolo integrado*, o *protocolo eletrônico* (art. 3º da Lei 11.419/2006) ou o *protocolo por fax* (Lei 9.800/1999). Convém lembrar da regra do parágrafo único do art. 929 do CPC, segundo a qual "A critério do tribunal, os serviços de protocolo poderão ser descentralizados, mediante delegação a ofícios de justiça de primeiro grau."

O protocolo também pode ser feito *por correio*. Neste caso, à luz do art. 1.003, § 4º, do CPC "Para aferição da tempestividade do recurso remetido pelo correio, será considerada como data de interposição a data de postagem." Com isso, não há mais dúvidas de que:

(i) qualquer recurso pode ser protocolado pelo correio (conclusão controvertida no CPC/73, que só previa esta possibilidade expressamente ao agravo de instrumento);

(ii) fica superada a vetusta Súmula 216 do STJ ("A tempestividade de recurso interposto no Superior Tribunal de Justiça é aferida pelo registro no protocolo da secretaria e não pela data da entrega na agência do correio");

(iii) A aferição da tempestividade de qualquer recurso cujo protocolo tenha sido pelo correio se dá pela data da postagem (carimbo da agência do correio), e não pelo seu recebimento no órgão jurisdicional.

9.2.5.1. Feriado local

Iniciada a contagem do prazo – como já mencionado anteriormente – apenas os *dias úteis* são computados (art. 219 do CPC). Feriados, que não são dias úteis, não são computados.

Para efeitos recursais, consideram-se feriados, na forma do art. 216 do CPC: (i) os dias assim declarados em lei; (ii) os sábados; (iii) os domingos; e (iv) os dias em que não haja expediente forense.

Se o feriado for *local*, conforme o § 6º do art. 1.003 do CPC, o recorrente comprovará a sua ocorrência no ato de interposição do recurso.

Considera-se feriado local aquele válido apenas para a localidade onde tramita o processo, mas não para onde está sediado o órgão *ad quem* que julgará o recurso interposto.[20]

Alguns exemplos facilitarão a compreensão do assunto. Tome-se por base uma determinada ação judicial que tramita perante a Comarca de Botucatu-SP, que comemora seu aniversário no dia 14 de abril (feriado municipal naquela localidade). A partir disso, podem ser tiradas as seguintes conclusões:

(i) Caso alguma das partes venha a interpor recurso de apelação ou agravo de instrumento contra decisão proferida neste processo (ambos dirigidos ao tribunal *ad quem*), o dia 14 de abril não será computado nos quinze dias úteis de que se dispõe. Isto porque o mencionado feriado é válido apenas para a localidade onde tramita o processo (Botucatu-SP), mas não para onde está sediado o órgão *ad quem* que julgará o recurso interposto. Deste modo, impõe-se ao recorrente a demonstração de que o dia 14 de abril é feriado em Botucatu-SP.

(ii) De outro lado, se qualquer das partes opuser embargos de declaração diante de uma decisão de primeiro grau, será desnecessário demonstrar a ocorrência do mencionado feriado, pois os embargos são julgados no mesmo órgão em que são apresentados.

(iii) O mesmo não se poderia dizer com relação a um feriado estadual (por exemplo, o dia 09 de julho, que é feriado no Estado de São Paulo). Isto porque, tratando-se de feriado estadual, alcança não apenas a Comarca de Botucatu-SP, mas também a sede do respectivo tribunal *ad quem*. Logo, neste caso, o feriado estadual

20. Considerando que o feriado é instituído por lei (assunto sobre o qual se volta brevemente), vale transcrever a edificante e sempre atual lição de MOACYR AMARAL SANTOS (1976, p. 61): "(...) se o direito invocado for estadual ou municipal, se presume conhecido no Estado ou Município em que vigora, em relação aos quais é direito comum. (...) Tratando-se de direito do Estado ou Município, onde o juiz exerça a jurisdição, sendo ele do seu obrigatório conhecimento, independe de prova."

não se enquadra no conceito de feriado local, dispensando a parte de comprová-lo.

(iv) Passemos, agora, a pensar na interposição de recursos para as instâncias superiores (STJ ou STF). Proferindo-se acórdão no tribunal *a quo* (Tribunal de Justiça do Estado de São Paulo), e desejando a parte interpor recurso especial ou extraordinário, deverá comprovar, no ato de interposição, a ocorrência do feriado estadual de 09 de julho. Isto porque, como dito, dia 09 de julho é feriado no Estado de São Paulo, mas não na sede dos tribunais *ad quem*, razão pela qual, neste caso, se enquadra no conceito de feriado local acima proposto.

Vale, agora, uma pausa para reflexão. Perceba, caro leitor, que *um mesmo feriado pode ou não ser considerado local a depender do referencial utilizado*. No caso do feriado estadual de São Paulo (dia 09 de julho), na interposição de recursos para o Tribunal de Justiça, tal dia não é considerado feriado local; mas, ao contrário, assim será no caso de recursos para o STF ou STJ.[21]

E mais: na oposição de embargos de declaração, o recorrente não precisará ter a preocupação a que se refere o § 6º do art. 1.003 do CPC, pois, como dito, este recurso é julgado na mesma instância em que é apresentado, o que acaba por afastar a problemática do feriado local. Tal conclusão, a propósito, parece válida para todos os recursos que são julgados pelo mesmo órgão jurisdicional em que são interpostos (caso, por exemplo, do agravo interno).

Complemente-se, embora pareça óbvio, que o feriado nacional (previsto em lei federal) não precisa jamais ser comprovado, pois alcança todo território nacional. Justamente por isso não se considera local. Contudo, é preciso ter atenção ao fato de que "O dia do servidor público (28 de outubro), a segunda-feira de carnaval, a quarta-feira de cinzas, os dias que precedem a sexta-feira da paixão e, também, o dia de Corpus Christi não são feriados nacionais, em razão de não haver previsão em lei federal,

21. Na linha do que já decidiu o STJ: "A tempestividade do recurso especial e do respectivo agravo em recurso especial deve ser aferida de acordo com os prazos em curso na Corte de origem, e não no Superior Tribunal de Justiça." (2ª Turma, AgInt no AREsp 2.118.653, rel. Min. Humberto Martins, j. 28/11/2022, v.u.)

de modo que o dever da parte de comprovar a suspensão do expediente forense quando da interposição do recurso, por documento idôneo, não é elidido" (STJ, 3ª Turma, AgInt nos EDcl no REsp 2.006.859, rel. Min. Nancy Andrighi, j. 13/2/2023, v.u.).

Sendo os feriados instituídos por *lei*[22], cumpre ao recorrente atentar-se ao art. 376 do CPC: *"A parte que alegar direito municipal, estadual, estrangeiro ou consuetudinário provar-lhe-á o teor e a vigência, se assim o juiz determinar."* No caso dos recursos, importam apenas os feriados municipais (previstos nas leis municipais) e os feriados estaduais (previstos nas leis estaduais). Outrossim, a parte final do dispositivo (a prova do ato normativo só se impõe se o juiz assim o determinar) é inaplicável à realidade recursal, pois a regra específica do § 6º do art. 1.003 do CPC parece não dar esta discricionariedade quando claramente diz que o recorrente *comprovará* a ocorrência do feriado local.

Em consequência, vem a indagação: *como comprovar* a ocorrência do feriado local (teor do ato normativo que o institui)? O STJ firmou jurisprudência no seguinte sentido: "Para efeitos de tempestividade, a prova do feriado local ou recesso forense deve ser feita pela parte interessada por meio de documento idôneo (cópia da lei, ato normativo ou certidão exarada por servidor habilitado)." (3ª Turma, AgRg no AREsp 747.041-MS, rel. Min. Ricardo Villas Bôas Cueva, j. 15.12.2015, v.u.). Os tribunais superiores reconhecem a idoneidade até mesmo do calendário judicial do Tribunal de origem, divulgado no sítio oficial na *internet* e juntado aos autos pela parte, como meio de comprovação da tempestividade recursal.[23]

Por fim, o que ocorre caso o recorrente deixe de comprovar o feriado local no ato de interposição do recurso?

Esta questão, que já motivou inúmeros debates na doutrina e jurisprudência – como se lê nas edições anteriores deste *Manual* –, acabou sendo

---

22. Aqui, considera-se lei no sentido amplo. Isto porque abrange, além dos feriados instituídos por lei em sentido estrito, emanada do Poder Legislativo local (normalmente para as datas comemorativas); todos os demais dias em que não há expediente forense (previstos também no art. 216 do CPC), decorrentes de atos normativos emanados pelo próprio Poder Judiciário.
23. Conferir, no STJ, o EAREsp 1.927.268, julgado por maioria pela Corte Especial, rel. Min. Raul Araújo, j. 19/4/2023; no STF, consultar o RMS 36.114, 1ª Turma, rel. Min. MARCO AURÉLIO, j. 22/10/2019, v.u.

respondida de forma muito simples após a edição da Lei 14.939/2024, que deu nova redação ao § 6º do art. 1.003 do CPC, alinhando-se de forma muito clara ao princípio da primazia do julgamento de mérito. Assim, caso o recorrente não comprove o feriado local, "o Tribunal determinará a correção do vício formal, ou poderá desconsiderá-lo caso a informação já conste do processo eletrônico."

Percebe-se que a nova redação legal não desonera o recorrente de comprovar o feriado local no ato de interposição do recurso. A primeira parte do dispositivo é clara: o recorrente *comprovará* sua ocorrência.

O que há, na verdade, é a mitigação das consequências da não comprovação.

Antes da alteração, havia uma tendência em interpretar de forma rigorosa o ônus de comprovar a ocorrência de feriado local, de modo que a omissão do recorrente quase que invariavelmente acarretaria o não conhecimento do recurso.

Agora, com a nova redação do § 6º do art. 1.003 do CPC, a eventual falta do recorrente poderá ser suprida. Aliás, é bom realçar, é direito do recorrente comprovar posteriormente a ocorrência de feriado local, não havendo espaço para o Tribunal inadmitir *prima facie* o recurso. Perceba que a lei é muito clara ao dispor que "o Tribunal *determinará* a correção do vício formal".

Isso, contudo, apenas quando a informação não constar nos autos do processo eletrônico, já que, do contrário, sequer será necessária qualquer correção ou até mesmo comprovação. Quem atua na prática do foro sabe que não raramente os feriados locais acabam sendo certificados de forma automática nos autos. Nestes casos, quando muito, poderá o recorrente apontar que a informação consta do processo eletrônico, embora sua omissão não implique em qualquer consequência.

À falta de previsão legal específica quanto ao prazo, parece correto concluir pela aplicação do parágrafo único do art. 932 do CPC, de modo que o recorrente terá cinco dias para, se necessário, suprir a falta de comprovação do feriado local.

Não custa lembrar, finalmente, que a comprovação do feriado local ou a correção do vício só se justificam quando este não apenas tenha influenciado no *dies ad quem* do prazo recursal, mas também quando desta "prorrogação" haja se beneficiado a parte recorrente. Por exemplo, se por força do feriado local o prazo da apelação tenha sido adiado em um dia para 14 de setembro, o recorrente não precisa se preocupar com a regra do § 6º do art. 1.003 do CPC na hipótese de ter protocolado o recurso no dia 13 de setembro (ou antes).

9.2.6. Preparo

O preparo, como requisito recursal, vem previsto no art. 1.007 do CPC, segundo o qual "No ato de interposição do recurso, o recorrente comprovará, quando exigido pela legislação pertinente, o respectivo preparo, inclusive porte de remessa e de retorno, sob pena de deserção."

Pode-se, deste modo, conceituar o preparo como o pagamento prévio, feito pelo recorrente, de determinadas custas incidentes por ocasião da interposição do recurso, especialmente as *custas processuais* e os *portes* (de remessa e/ou retorno). Ou, na exata lição de ARAKEN DE ASSIS, "O preparo consiste no prévio pagamento das despesas relativas ao processamento do recurso" (2207, p. 201).

Custas processuais são as taxas judiciárias devidas como contraprestação do serviço forense e os *portes* (de remessa e/ou retorno) são os valores devidos pelo envio dos autos ao órgão competente para seu julgamento (porte de remessa) e os valores devidos pela sua devolução ao órgão *a quo* (porte de retorno) (SCARPINELLA, 2010, p. 93).

Aliás, considerando que os *portes* são devidos por conta do trânsito dos autos (entre órgãos jurisdicionais), não há lógica na sua exigência quando os autos sejam eletrônicos, uma vez que que neste caso o próprio trânsito será eletrônico. Não por outra razão, portanto, é que o legislador previu, no § 3º do art. 1.007 do CPC que "É dispensado o recolhimento do porte de remessa e de retorno no processo em autos eletrônicos."

Conforme posição do STF, o preparo é um *tributo* na modalidade *taxa* (STF, Pleno – JSTF 170/221). Portanto, não apenas deve ser *previsto em lei*, como de modo geral há de se compatibilizar com o modelo constitucional tributário. Aliás, como se denota do *caput* do art. 1.007 do CPC, é a *legislação pertinente* que exigirá o respectivo preparo. Tal legislação será *federal ou estadual*, conforme o caso (a depender da competência tributária), valendo destacar que o art. 24, IV, da Constituição, atribui competência legislativa concorrente da União, Estados e Distrito Federal para legislar sobre custas dos serviços forenses. A propósito, vale consultar, por exemplo, a Lei 9.289/96, que dispõe sobre as custas devidas na Justiça Federal.

Quanto ao momento, conclui-se, pela leitura do citado art. 1.007 do CPC, que *o preparo deve ser comprovado no ato de interposição do recurso*. Em termos práticos, então, *o pagamento do preparo é feito antes da interposição do recurso e sua comprovação é realizada no ato de interposição do recurso*. O sistema processual civil brasileiro, portanto, institui a regra do *preparo imediato* (NERY JR., 2004, p. 425). Na prática, o comprovante de recolhimento do preparo (realizado em guias bancárias emitidas especialmente para este fim) é anexado ao recurso como um documento.[24]

O recorrente deve sempre estar atento, especialmente para algumas "facilidades" da vida moderna que podem ser "traiçoeiras". Exemplo do que ora se afirma diz respeito ao agendamento de pagamento, prática muito difundida no cotidiano bancário, mas perigosa no cotidiano forense. Acontece que a jurisprudência do STJ é firme no sentido de que *o comprovante de agendamento do preparo ou o aviso de lançamento não é documento apto a demonstrar o seu efetivo recolhimento*, como se vê em inúmeros precedentes, a exemplo do julgamento da 2ª Turma, em 27.10.2015 no AgRg no AREsp 704596/MG (consultar, por exemplo: 2ª Turma, AgRg no AREsp 704.596-MG, rel. Min. MAURO CAMPBELL MARQUES, j. 27.10.2015, v.u.; na 4ª Turma, AgInt no AREsp 1.111.301-SP, rel. Min. MARIA ISABEL GALLOTTI, j. 10.04.2018, v.u.).

E se o recorrente deixa de comprovar que realizou o preparo (ou, então, deixa de fazê-lo na forma adequada)? Neste caso, aplica-se a pena de *deserção*[25]. Na prática, isso significa o não preenchimento de um requisito

24. Situações excepcionais, porém, podem ser previstas em lei. É o caso do recolhimento do preparo no âmbito dos Juizados Especiais Cíveis, que pode ser efetivado até 48 horas depois da interposição do recurso, independentemente de intimação (art. 42, § 1º, da Lei 9.099/95).

25. Curioso é saber a razão do termo *deserção*, que, no rigor técnico, não poderia mais ser empregado. Desertar significa abandonar, deixar para trás. O recorrente que deixa de recolher ou comprovar o preparo não deserta, mas apenas interpõe o recurso defeituosamente. Acontece que, anteriormente, o recorrente primeiro interpunha o recurso (sem recolher previamente o preparo) e, caso este fosse admitido pelo órgão *a quo*, deveria ser efetivado o respectivo pagamento como condição de processamento ao órgão *ad quem*. Se não fizesse tal recolhimento, teria "desertado". Como atualmente o preparo deve anteceder a própria interposição do recurso (e deve ser comprovado no ato da interposição),

de admissibilidade recursal, o que conduz ao não conhecimento do recurso (seu mérito não será analisado).

Em que pese o ar peremptório do *caput* do art. 1.007 do CPC, expressando que o recorrente *comprovará* o preparo no ato de interposição do recurso, existem algumas situações em que este rigor é abrandado.

O primeiro abrandamento da norma é o previsto no § 2º do art. 1.007 do CPC, que trata do recolhimento insuficiente. Como se lê no dispositivo citado: "A insuficiência no valor do preparo, inclusive porte de remessa e de retorno, implicará deserção se o recorrente, intimado na pessoa de seu advogado, não vier a supri-lo no prazo de 5 (cinco) dias."

O recolhimento insuficiente ocorre sempre que o recorrente paga um determinado valor a título de preparo, mas este é *inferior* ao correto. Em situações como esta, a lei prevê o *direito do recorrente de complementar o preparo no prazo de cinco dias*. Em síntese, verificado o recolhimento a menor, o recorrente será intimado, na pessoa de seu patrono, a pagar a diferença, após o que duas situações podem ocorrer, quais sejam: (i) ou o recorrente recolhe a diferença, caso em que o recurso será normalmente processado; ou (ii) o recorrente não recolhe a diferença, hipótese em que o recurso não será admitido por lhe faltar um requisito.

Note-se, porém, a sutil diferença entre *ausência de preparo* e *preparo insuficiente*. No primeiro caso, nada foi recolhido (e o regime jurídico a ser aplicado é outro, conforme os §§ 4º e 5º do art. 1.007 do CPC, adiante analisados). No caso da insuficiência, todavia, já foi recolhido um valor prévio, mas abaixo do correto, com a interposição do recurso. Nesta última hipótese, a parte deve ser intimada a recolher a diferença no prazo de cinco dias.

De acordo com a correta interpretação de GILSON DELGADO MIRANDA e PATRICIA MIRANDA PIZZOL, escorada por precedente do STJ, "o recolhimento das custas processuais, sem o porte de remessa e retorno, deve ser entendido como preparo insuficiente, razão pela qual o recolhimento da deserção somente poderá ocorrer depois de se abrir a possibilidade da complementação (...)" (MIRANDA; PIZZOL, 2009, 34). Com efeito, considerando que estas duas parcelas diferentes do preparo recursal normalmente

---

não existe deserção (no sentido puro da expressão), salvo em raras hipóteses, como a dos Juizados Especiais Cíveis (art. 42, § 2º, da Lei 9.099/95) (DIDIER JR.; CUNHA, 2016, p. 125).

são recolhidas em guias distintas, não é incomum, na prática, que a parte simplesmente deixe de efetuar o recolhimento de uma delas, mas não da outra. Tal conduta, como visto, não poderá implicar na deserção imediata, sendo assegurado ao recorrente o direito de pagar a taxa faltante.

O segundo abrandamento da norma diz respeito à falta de comprovação do preparo, consoante os §§ 4º e 5º do art. 1.007 do CPC. Como visto anteriormente, esta hipótese não se confunde com o recolhimento insuficiente. Bem pelo contrário, trata-se da situação em que o recorrente pura e simplesmente não faz e/ou não comprova integralmente o recolhimento do preparo no ato de interposição do recurso.

Nestes casos, o § 4º do art. 1.007 do CPC aduz que: "O recorrente que não comprovar, no ato de interposição do recurso, o recolhimento do preparo, inclusive porte de remessa e de retorno, será intimado, na pessoa de seu advogado, para realizar o recolhimento em dobro, sob pena de deserção."

O CPC traz uma solução interessante ao problema. Na lei anterior (CPC/73), o esquecimento do recorrente implicava quase que invariavelmente na deserção do recurso, penalizando-o de forma até excessivamente cruel por uma falha absolutamente justificável. Por outro lado, o simples perdão da falta do recorrente poderia tornar o requisito recursal letra morta. Assim, a solução proposta pelo atual CPC/2015 parece razoável, pois não sanciona de forma tão rigorosa (ao dar uma "segunda chance" ao recorrente omisso), mas ao mesmo tempo não deixa impune o faltante (porque a admissão do recurso dependerá, neste caso, do recolhimento em dobro dos valores de preparo).

Assim, caso o recorrente pura e simplesmente não faça e/ou não comprove integralmente o recolhimento do preparo no ato de interposição do recurso, será intimado pelo seu advogado para recolher em dobro a taxa devida. Se o fizer, o recurso será admitido; do contrário, não.

É correto entender, a propósito, que é *direito* do recorrente recolher o preparo (em dobro) em tais situações. Como já decidiu a 3ª Turma do STJ, "o juiz tem o dever de provocar a parte para a regularização do preparo – indicando, inclusive, qual o equívoco deverá ser sanado, em consonância com o princípio da cooperação (CPC, art. 6º) –, iniciativa processual que se tornou condição indispensável ao reconhecimento da deserção, sem a qual o escopo da lei, de possibilitar à parte a regularização do preparo recursal, não será atingido." (REsp 1.818.661, rel. Min. Marco Aurélio Bellizze, j. 23/5/2023, v.u.)

E se o recorrente efetivamente *recolheu* o preparo antes de sua interposição, mas apenas *deixou de comprovar* que o fez (falta de prova de sua realização)? Na visão de José Miguel Garcia Medina, nesta hipótese, não será o caso de realizar o pagamento em dobro, mas, ao contrário, bastaria o recorrente, no prazo de cinco dias (a que faz alusão o parágrafo único do art. 932 do CPC), providenciar a juntada do respectivo comprovante (MEDINA, 2023, p. 86). Esta, contudo, não parece ser a melhor resposta à questão posta. Com efeito, o *caput* do art. 1.007 do CPC exige a *comprovação* do recolhimento no ato de interposição do recurso, deixando claro que é insuficiente que o pagamento haja sido realizado. Nestes casos (não recolhimento ou não comprovação do recolhimento), há previsão específica das consequências jurídicas daí decorrentes, conforme o § 4º do art. 1.007 do CPC, que, a propósito, refere-se de forma expressão à falta de *comprovação* do preparo. A solução do art. 932, parágrafo único, do CPC, embora sedutora (e não há como esconder que seria a melhor opção do legislador), não se aplica aqui por critérios de especialidade.

Uma pergunta pertinente diz respeito ao *prazo que deve ser concedido ao recorrente para que providencie o recolhimento em dobro* nesta hipótese ora analisada do art. 1.007, § 4º, do CPC. A resposta a tal indagação parece estar nos parágrafos do art. 218 do CPC. Assim, como a lei não prevê prazo para tanto, este será determinado pelo juiz em consideração à complexidade do ato (art. 218, § 1º, do CPC)[26]; no silêncio do juiz, porém, o prazo será de cinco dias (art. 218, § 3º, do CPC).

Imagine, neste contexto, o seguinte exemplo: o recorrente deixou de comprovar o preparo recursal da quantia de R$ 1.000,00 (mil reais) no ato de interposição do recurso. Intimado, para evitar a deserção, deveria recolher o preparo em dobro, ou seja, R$ 2.000,00 (dois mil reais), mas faz um recolhimento insuficiente de R$ 1.500,00 (mil e quinhentos reais). Pergunta-se: poderia este recorrente beneficiar-se agora da regra que permite a complementação do preparo insuficiente (art. 1.007, § 2º, do CPC)? A resposta é negativa, conforme prevê o § 5º do art. 1.007 do CPC: "É vedada a complementação se houver insuficiência parcial do preparo, inclusive porte de remessa e de retorno, no recolhimento realizado na forma do § 4º."

26. Não se tratando de ato complexo, bem como à luz da isonomia (com a situação do art. 1.007, § 2º, do CPC), seria conveniente que a prática do foro criasse o costume forense de fixar este prazo em cinco dias.

O terceiro abrandamento está previsto no § 6º do art. 1.007 do CPC, que assim dispõe: "Provando o recorrente justo impedimento, o relator relevará a pena de deserção, por decisão irrecorrível, fixando-lhe prazo de 5 (cinco) dias para efetuar o preparo." Em resumo, *permite-se que a pena de deserção já aplicada seja relevada pelo relator em caso de justo impedimento provado pelo recorrente*. Nesta hipótese, vale realçar, a parte será intimada para realizar o recolhimento do preparo de forma simples, e não em dobro (sendo inaplicável a previsão do § 4º do art. 1.007), como corretamente conclui o Enunciado 610 do FPPC.

O questionamento óbvio diz respeito à extensão do termo *justo impedimento*. Não há dúvidas de que se trata de conceito subjetivo, cumprindo à doutrina e à jurisprudência o papel de colmatar a norma.

Neste sentido, já se entendeu que há justo impedimento, por exemplo:

(a) Quando a parte é induzida a erro pela Secretaria Judiciária: "Há justo impedimento na efetivação do preparo se a Secretaria Judiciária induz a parte a erro, informando não ser devido o recolhimento em face de isenção." (STJ, 4ª Turma, AgRg no REsp 705102/SP, rel. Min. MARIA ISABEL GALLOTTI, j. 16.02.2012, v.u.)

(b) Quando há greve bancária que efetivamente impeça a parte de recolher o preparo: "A greve dos bancários constitui justo impedimento ao recolhimento do preparo, desde que efetivamente impeça a parte de assim proceder, circunstância que deve ser manifestada e comprovada no ato da interposição do respectivo recurso, com o posterior pagamento das custas e a juntada da respectiva guia aos autos, no dia subsequente ao término do movimento grevista (ou no prazo eventualmente fixado pelo respectivo Tribunal via portaria), sob pena de preclusão." (STJ, 2ª Seção, AgRg nos EREsp 1.002.237/SP, rel. Min. NANCY ANDRIGHI, j. 14.11.2012, v.u.)

Aliás, quando ainda vigente o antigo CPC de 1973, o STJ fixou entendimento de que "Admite-se que o preparo seja efetuado no primeiro dia útil subsequente, quando a interposição do recurso ocorrer após o encerramento do expediente bancário" (súmula 484 do STJ), exatamente porque entende tratar-se de justo impedimento.

Por outro lado, recusou-se que há justo impedimento quando o advogado de outro estado da federação alega desconhecer a legislação local: "Não se caracteriza como justo impedimento o fato de o advogado residir em estado da federação, diverso do local onde interposto o recurso, e que desconhece a necessidade de recolhimento do preparo para o Agravo Regimental." (STJ, 3ª Turma, AgRg no AREsp 111.516/GO, rel. Min. SIDNEI BENETI, j. 27.11.2012, v.u.).

Finalmente, alinhado ao princípio da instrumentalidade das formas, o art. 1.007, § 7º, do CPC, prevê a regra segundo a qual "O equívoco no preenchimento da guia de custas não implicará a aplicação da pena de deserção, cabendo ao relator, na hipótese de dúvida quanto ao recolhimento, intimar o recorrente para sanar o vício no prazo de 5 (cinco) dias."

Quem milita na prática do foro sabe – e quem ainda não milita saberá – que nem sempre a tarefa de preencher uma guia de custas é simples. Há diversos campos e códigos que devem ser observados e não raramente algum equívoco acontece[27]. Nada obstante, diante de algum equívoco no preenchimento de guia, era comum a não admissão do recurso por deserção quando vigente o anterior CPC (de 1973).

Assim, a regra do § 7º ora comentada veio como uma resposta a esta desproporcional orientação. Se houver erro no preenchimento da guia, a regra será a admissão do recurso. Se em decorrência do erro o relator tiver dúvidas quanto ao recolhimento, deverá intimar o recorrente a sanar o vício em cinco dias (mas jamais deixar de admitir *in limine* o recurso).

Finalmente, a lei prevê hipóteses de dispensa de preparo.

Em primeiro lugar, o recurso de embargos de declaração, como se voltará a ver adiante, é dispensado de preparo, conforme o art. 1.023, *in fine*, do CPC. O mesmo se diga quanto ao agravo em recurso especial e recurso extraordinário (art. 1.042, § 2º, do CPC).

Em segundo lugar, a teor do § 1º do art. 1.007 do CPC, "São dispensados de preparo, inclusive porte de remessa e de retorno, os recursos interpostos pelo Ministério Público, pela União, pelo Distrito Federal, pelos Estados, pelos Municípios, e respectivas autarquias, e pelos que gozam de isenção legal."

27. Na doutrina, a crítica é comum. Interessante, a respeito, a anotação de CASSIO SCARPINELLA BUENO, que sintetiza de forma clara a sensação do advogado brasileiro a respeito: "O pagamento do preparo e do porte de remessa e retorno é feito por guias de arrecadação tributária, típicas da burocracia brasileira. Há diversos espaços para serem preenchidos, muitos números, muitos campos e códigos. Não é difícil que o menos experiente cometa algum equívoco no seu preenchimento." (SCARPINELLA BUENO, Cassio. 2020, p. 577).

Estas são as hipóteses subjetivas de dispensa, isto é, os sujeitos que estão dispensados de recolher o preparo de qualquer recurso que venham interpor.

Entre os que gozam de isenção legal estão os beneficiários da gratuidade da justiça (art. 98, § 1º, I, do CPC). Vale destacar que o pedido de gratuidade da justiça pode ser feito no ato de interposição do próprio recurso, a teor do § 7º do art. 99 do CPC. Nesta hipótese, o recorrente estará dispensado de comprovar o recolhimento do preparo e o pedido será apreciado pelo relator que poderá deferi-lo ou indeferi-lo. Neste último caso, indeferido o pedido pelo relator, será fixado prazo para que o recorrente realize o recolhimento e, caso não o faça, o recurso não será admitido. Lembre-se que, em caso de deferimento do pedido, o recorrido, se quiser, pode apresentar impugnação ao benefício na própria resposta ao recurso (art. 100, *caput*, do CPC).

Na linha do que foi exposto, é correto compreender que, caso o recorrente desista do recurso que verse sobre a concessão da gratuidade da justiça, não será possível exigir posteriormente o recolhimento do preparo recursal, tampouco proceder à inscrição da quantia em dívida ativa. Isto porque a desistência, homologada por decisão, faz com que o recurso passe a não mais existir (antes mesmo de ser analisada a gratuidade da justiça). Consequentemente, não há fato gerador que justifique a cobrança do recolhimento do preparo. Assim decidiu, acertada e unanimemente, a 3ª Turma do STJ (REsp 2.119.389, rel. Min. Nancy Andrighi, j. 23/4/2024).

Interessante situação pode se verificar, neste caso, quando o recurso tem por objeto a própria concessão da gratuidade da justiça. Por exemplo: numa determinada ação judicial, o réu faz pedido de gratuidade da justiça, sendo este indeferido pelo juiz. Inconformado, o réu pretende interpor agravo de instrumento (art. 1.015, V; e art. 101, *caput*; ambos do CPC). Ocorre que o agravo de instrumento está sujeito a preparo, conforme tabela publicada pelos tribunais (art. 1.017, § 1º, do CPC). Pois bem: o agravante terá que recolher o preparo neste caso? A resposta é fornecida pelo § 1º do art. 101 do CPC, de tal modo que o recorrente estará dispensado do recolhimento do preparo até a decisão preliminar do relator sobre a questão.

Ainda se pode formular mais um questionamento acerca da gratuidade da justiça como exceção à exigência de recolhimento do preparo recursal. Tal indagação diz respeito à possibilidade de extensão do benefício ao advogado da parte quando o recurso disser respeito ao valor dos honorários fixados judicialmente.

Para facilitar a compreensão do assunto que ora se expõe, convém trazer um exemplo: o autor "A" promove uma ação contra o réu "R" cobrando R$ 10.000,00 (dez mil reais), sendo o autor patrocinado pelo advogado "Dr. Y". No curso do processo, é concedido o benefício da gratuidade da justiça ao autor "A". Ao final, o magistrado julga o pedido totalmente procedente e condena o réu "R" não apenas a pagar os R$ 10.000,00 (dez mil reais), mas também a pagar honorários de sucumbência ao advogado "Dr. Y" (art. 85, *caput*, do CPC) no valor irrisório de R$ 50,00 (cinquenta reais). Ora, como visto anteriormente (ao tratar da legitimidade recursal), sendo titular dos honorários de sucumbência (art. 85, § 14, do CPC; art. 23 da Lei 8.906/94), o advogado pode recorrer em nome próprio de todas as decisões proferidas no processo em que se dispuser a respeito desta verba, embora nada impeça que o recurso seja interposto em nome do "autor A". A questão é: desejando o "Dr. Y" recorrer, em nome próprio ou não, deverá ele recolher o respectivo preparo recursal?

A dúvida faz todo sentido, vez que o cliente (autor "A") é beneficiário da gratuidade.

A resposta para esta pergunta está no art. 99, § 5º, do CPC: *o recurso que verse exclusivamente sobre valor de honorários de sucumbência fixados estará normalmente sujeito a preparo, salvo se o próprio advogado demonstrar que tem direito à gratuidade*. Pela leitura da lei, pouco importa se o recurso foi interposto pelo próprio advogado ou pela parte. O recolhimento deve ser feito, em regra.

A exceção fica por conta da possibilidade do advogado demonstrar que tem direito à gratuidade, mesmo que o recurso venha a ser interposto em nome da parte (sendo-lhe lícito, aliás, pedir o benefício no ato de interposição do recurso, à luz do § 7º do art. 99 do CPC, como visto acima).

Finalmente, ainda tratando da questão do advogado, importante destacar que o art. 99, § 5º, do CPC, é claro no sentido de que o preparo deve ser recolhido quando o recurso disser respeito *exclusivamente* sobre o valor dos honorários. Assim, se o recurso tiver como objeto os honorários fixados *e qualquer outra questão*, o benefício concedido à parte acaba se transferindo ao advogado.

De resto, a Corte Especial do STJ solucionou uma divergência que existia na jurisprudência daquele tribunal no que se refere à Defensoria Pública atuando na qualidade de curadora especial. Assim, "Tendo em vista os princípios do contraditório e da ampla defesa, o recurso interposto pela Defensoria Pública, na qualidade de curadora especial, está dispensado do pagamento de preparo." (EAREsp 978.895-SP, rel. Min. MARIA THEREZA DE ASSIS MOURA, j. 18/12/2018, v.u.)

Em último lugar, oportuno lembrar que o valor pago pelo preparo (inclusive os portes) não será devolvido caso o recurso não seja, por qualquer razão, conhecido (DIDIER JR.; CUNHA, 2016, p. 126).

9.2.7. Regularidade formal

Último dos requisitos recursais, a regularidade formal significa a necessidade de que o recurso interposto obedeça às regras formais de interposição exigidas pela legislação especificamente para cada recurso (PINTO, 2001, 70).

A regularidade formal, assim, normalmente varia de recurso a recurso. É o exemplo (i) do agravo de instrumento, que deve ser interposto acompanhado de determinadas cópias (art. 1.017 do CPC); (ii) da apelação, que deve conter as razões do pedido de reforma ou de decretação da nulidade (art. 1.010, III, do CPC); ou (iii) do recurso extraordinário, em que o recorrente deve demonstrar a existência de repercussão geral a ser apreciada exclusivamente pelo STF (art. 1.035, § 2°, do CPC). Assim, é no estudo de cada modalidade recursal que serão analisadas as respectivas formalidades.

No entanto, algumas regras de regularidade formal são comuns a todos os recursos. Cite-se, por exemplo, a exigência de que o recurso seja interposto na forma escrita, utilizando-se a língua portuguesa. Ademais, o recurso interposto deve estar acompanhado das respectivas razões recursais, não existindo, no Processo Civil, a possibilidade de se recorrer num momento e se apresentar as razões recursais em outro.

A propósito, é importante que o recorrente vá além de manifestar sua insatisfação com a decisão (elemento volitivo do recurso). É preciso que traga os *motivos* pelos quais entende que a decisão está errada e merece a censura do julgador. Somente assim o recorrido e o órgão julgador saberão das razões fáticas e jurídicas do recurso (JORGE, 2015, p. 205-209). A conclusão se robustece ainda mais quando cotejada com a exigência de ampla fundamentação das decisões judiciais (art. 489, § 1°, do CPC). Realmente, não faria qualquer sentido exigir-se uma motivação judicial exaustiva se os fundamentos recursais pudessem ser genéricos.

Indisfarçável, porém, que a instrumentalidade das formas mitigará os rigores da lei. Assim, por exemplo, na aplicação do art. 932, parágrafo único; e art. 938, § 1º; ambos do CPC; a tendência é que eventuais vícios sejam sanados.

10. VERBA HONORÁRIA NA FASE RECURSAL

Regra interessante – e sem precedente no Brasil – diz respeito à chamada sucumbência recursal, consistente na majoração da verba honorária, anteriormente fixada, por ocasião do julgamento do recurso no tribunal, conforme preceitua o art. 85, § 11, do CPC.

Lê-se no referido dispositivo legal: "O tribunal, ao julgar recurso, majorará os honorários fixados anteriormente levando em conta o trabalho adicional realizado em grau recursal, observando, conforme o caso, o disposto nos §§ 2º a 6º, sendo vedado ao tribunal, no cômputo geral da fixação de honorários devidos ao advogado do vencedor, ultrapassar os respectivos limites estabelecidos nos §§ 2º e 3º para a fase de conhecimento."

A previsão legal é salutar, vale repetir. Com efeito, quando o juiz profere a sentença, ele fixa um valor que deverá ser pago pelo vencido ao advogado do vencedor a título de honorários advocatícios (art. 85, *caput*, do CPC). Ocorre que tal montante naturalmente leva em consideração apenas o trabalho realizado até aquele determinado momento, e não o futuro e eventual trabalho que venha a ser desenvolvido no âmbito recursal.

E, para ilustrar a conveniência da regra, um exemplo será útil. Imagine que o autor "A" promova uma ação contra o réu "R" cobrando R$ 10.000,00 (dez mil reais), sendo o autor patrocinado pelo advogado "Dr. Y". Ao final, o magistrado julga o pedido totalmente procedente e condena o réu "R" não apenas a pagar os R$ 10.000,00 (dez mil reais), mas também a pagar honorários de sucumbência ao advogado "Dr. Y" no valor de R$ 1.000,00 (mil reais) (equivalente a 10% sobre o valor da condenação, conforme art. 85, § 2º, do CPC). Insatisfeito, o réu "R" apela da decisão e o tribunal nega provimento ao recurso. Ainda insatisfeito, o réu "R" interpõe recurso especial ao STJ, também negado. Por fim, o réu "R" ainda interpõe recurso extraordinário ao STF, igualmente desprovido.

Se não existisse a previsão do art. 85, § 11, do CPC, o valor de R$ 1.000,00 (mil reais) fixado a título de verba honorária não sofreria qualquer majoração, embora o advogado "Dr. Y" tivesse sido obrigado a trabalhar mais toda vez que um recurso houvesse sido interposto (e, no exemplo, foram três recursos). Por outro lado, com a aplicação da regra de sucumbência recursal, a cada recurso julgado a verba fixada anteriormente seria majorada.

Inegável, neste contexto, que o art. 85, § 11, do CPC, não apenas propicia uma remuneração mais adequada ao trabalho do advogado, como também exerce uma função de filtro recursal, desestimulando recursos protelatórios (CÂMARA, 2015, p. 587). Este segundo papel – o de inibir o exercício abusivo do direito de recorrer – é reconhecido expressamente pela jurisprudência do STJ (Jurisprudência em Teses, Edição n. 128, Tese n. 05). Nada obstante, merece ser visto com cuidado, uma vez que a lei processual tem meios específicos para coibir a litigância de má-fé.

Pois bem. Justificada a pertinência da previsão legal, convém agora analisar sua extensão.

Em primeiro lugar, a lei diz que o *tribunal* majorará os honorários fixados anteriormente. Quando se refere a *tribunal*, o § 11 dá a falsa impressão de que fica afastada a possibilidade de majoração quando o julgamento é monocrático, o que não faz qualquer sentido. Portanto, o aumento da verba anteriormente fixada também se dará quando a decisão judicial for monocrática (CÂMARA, 2015, p. 589), a exemplo das situações previstas no art. 932, V, do CPC. Deste modo, onde se lê, *tribunal*, melhor compreender como *âmbito recursal*.

Em segundo lugar, ao utilizar o termo *majorará*, a norma não deixa dúvidas de que a majoração não é mera faculdade, mas uma *decorrência necessária* do julgamento do recurso.

Em terceiro lugar, a norma diz expressamente que os honorários serão majorados *quando o tribunal julgar o recurso*.

De antemão, percebe-se que se trata de regra restrita à realidade recursal. Deste modo, *não se aplica ao que não for recurso*, como no caso de remessa necessária.

Ademais, à primeira vista, deveria ser indiferente o resultado do julgamento do recurso no tribunal (inadmissão, não provimento ou provimento). O CPC parece claro ao fixar a regra de que sempre deverá haver o incremento do *quantum* sucumbencial (bastando que haja o julgamento, de qualquer conteúdo, no âmbito do tribunal).

Não é esta a interpretação que vem sendo dada à questão pela jurisprudência, todavia. Como se lê em edições anteriores deste *Manual*, o STJ vinha construindo sua jurisprudência no sentido de limitar a majoração às situações de sucumbência total do recorrente. O provimento do recurso não acarretaria aumento desta verba, mas apenas inversão dos ônus sucumbenciais, como já se apontava na doutrina (neste sentido: CAMBI; POMPÍLIO, 2016, p. 804). O entendimento acabou sendo consolidado por aquela Corte, de forma vinculante, no Tema Repetitivo 1.059, assim colocado: "A majoração dos honorários de sucumbência prevista no art. 85, § 11, do CPC pressupõe que o recurso tenha sido integralmente desprovido ou não conhecido pelo tribunal, monocraticamente ou pelo órgão colegiado competente. Não se aplica o art. 85, § 11, do CPC em caso de provimento total ou parcial do recurso, ainda que mínima a alteração do resultado do julgamento ou limitada a consectários da condenação."

A tese firmada, tal como exposta, deve ser respeitada (art. 927, III, do CPC). No entanto, não pode ficar isenta a críticas construtivas. Se a regra do § 11 do art. 85 do CPC objetiva remunerar o trabalho extra do advogado na fase recursal, não há razões para, em caso de provimento recursal que acarrete a simples reforma da sentença, inverter-se a sucumbência e também aumentar-se a verba referente aos honorários, pois o "fato gerador" da majoração (trabalho adicional) ocorreu. A única ressalva que merece ser feita a esta orientação seria nos casos de *anulação* da decisão que implique novo julgamento pelo juízo *a quo*, circunstância em que a decisão anulada deixaria de existir e a verba sucumbencial seria fixada adequadamente na nova decisão a ser proferida.

Em quarto lugar, questiona-se: em quais recursos se aplica a imposição de majoração de verba honorária?

Refere-se o § 11 do art. 85 aos *honorários fixados anteriormente*. Isto significa que *não se fala em fixação de verba honorária de forma inédita no âmbito recursal*. Em outras palavras, a decisão recorrida deve ser uma daquelas em que o juiz tenha aplicado o art. 85 do CPC e efetivamente estabelecido honorários de sucumbência ao vencido (ou, pelo menos, deveria tê-lo feito, como se verá adiante).

Por exemplo, o juiz profere, no curso da ação, uma decisão interlocutória redistribuindo o ônus da prova, contra a qual a parte interpõe agravo de instrumento (art. 1.015, XI, do CPC). Ora, ao proferir uma decisão interlocutória, o juiz não fixa honorários advocatícios, de modo que o tribunal não terá o que majorar ao julgar o agravo de instrumento, tampouco deverá fixar a verba de forma inédita. O mesmo se diga na hipótese da parte, como desdobramento do julgamento deste agravo de instrumento, interpor outros recursos (a exemplo do recurso especial).

Neste sentido, não merece qualquer censura a opinião doutrinária segundo a qual a majoração de verba honorária prevista no art. 85, § 11, do CPC, só tem cabimento no *julgamento de recursos que tenham origem na decisão final da causa* (CARRILHO LOPES, 2015, p. 597-598), o que significa, no mais das vezes, majorar a verba honorária no julgamento da apelação (contra sentença) e dos subsequentes recursos (como o recurso especial e o recurso extraordinário).[28]

Mas não há, a princípio, vedação absoluta de incidência da regra no agravo de instrumento. Basta imaginar a hipótese de a verba de sucumbência ter sido fixada na respectiva decisão interlocutória, como no caso de rejeição da denunciação da lide, com fixação de honorários contra o denunciante em favor do advogado do denunciado (MEDINA, 2020, p. 186).

Apenas adicione-se, em tempero à conclusão supra, que tende a prosperar a opinião segundo a qual não é possível majorar os honorários na hipótese de interposição de recurso no mesmo grau de jurisdição (conforme enunciado 16 da ENFAM – Escola Nacional de Formação e Aperfeiçoamento de Magistrados).

Esta tendência, a propósito, já é confirmada em inúmeros julgados do STJ, provenientes de diversos de seus órgãos fracionários, sobretudo com relação ao recurso de agravo interno (STJ, Jurisprudência em Teses, edição 183, tese n. 11), do qual esta obra se ocupa em pormenores mais adiante (Capítulo III da Parte II).

Por exemplo, na 2ª Turma já se assentou que "Conforme já decidiu esta Corte, 'o pedido de arbitramento/majoração da verba honorária de sucumbência no Agravo Interno, formulado pela embargante, deve ser rejeitado, em razão do entendimento da Escola Nacional de Formação e

---

28. A conclusão também se aplica no caso de julgamento de agravo de instrumento interposto contra decisão interlocutória de mérito (art. 356 do CPC), pois esta também tem natureza de decisão final.

Aperfeiçoamento de Magistrados Ministro Sálvio de Figueiredo Teixeira - Enfam – adotado no seminário 'O Poder Judiciário e o Novo CPC', no qual se editou o enunciado 16, com o seguinte teor: (...). Dito de outro modo, como se trata (o Agravo Interno) de recurso que apenas prorroga, no mesmo grau de jurisdição, a discussão travada no Recurso Especial, o caso concreto não comporta a aplicação do art. 85, § 11, do CPC/2015." (AgInt nos EDcl no RMS 49.999-RS, rel. Min. ASSUSETE MAGALHÃES, j. 06.4.2017, v.u.)

Ao proferir seu voto no EDcl no AgInt no AREsp 899.436-SP, o Min. PAULO DE TARSO SANSEVERINO, da 3ª Turma, esclareceu: "(...) os honorários sucumbenciais recursais, do artigo 85, § 11, do Código de Processo Civil de 2015, são devidos para cada grau recursal e não para cada recurso interposto no mesmo grau, pois visa a atender à justa remuneração do patrono pelo trabalho adicional na fase recursal." (j. 19.5.2017, v.u.)

Ainda, na 4ª Turma do STJ, encontra-se precedente assim ementado: "Não há que se falar na aplicação de honorários sucumbenciais recursais, uma vez que, de acordo com a orientação que vem se firmando nesta Corte, o art. 85 do CPC/2015 não autoriza a majoração dos honorários a cada recurso interposto no mesmo grau." (AgInt no AREsp 980304-MS, rel. Min. LUIS FELIPE SALOMÃO, j. 07.3.2017, v.u.)

Sendo assim, tratando especificamente do recurso de embargos de declaração, a melhor opinião, em coerência com tudo que se expôs, parece ser aquela que também lhes rejeita a aplicação do art. 85, § 11, do CPC (VOLPE CAMARGO, 2015, p. 725-726). Mais ainda porque os embargos de declaração têm seu cabimento atrelado a uma prestação deficiente de tutela jurisdicional (omissa, contraditória ou obscura), não seria justo impor a qualquer das partes o pagamento maior de honorários em razão de sua oposição. Aliás, é exatamente por esta razão que os embargos de declaração estão isentos até mesmo do preparo recursal.

A jurisprudência consolidou este entendimento sobre o descabimento da fixação da verba honorária recursal nos embargos de declaração. Exemplo do que se afirma é o julgamento, pela 1ª Turma do STF, do ARE 965.884 AgR-ED (Embargos de Declaração no Agravo Regimental no Recurso Extraordinário com Agravo, rel. Min. MARCO AURÉLIO, j. 08.11.2016), exatamente porque a finalidade deste recurso é o aperfeiçoamento da prestação jurisdicional.[29] No âmbito do STJ a mesma tese é seguida de forma uníssona, tal qual já decidiu, por exemplo, a sua 4ª Turma no julgamento dos EDcl no AgInt no AREsp 1.413.099/SP, relatado pelo Ministro ANTONIO CARLOS FERREIRA e julgado em 16.09.2019.

Em quinto lugar, vale trazer uma indagação: e se, por qualquer motivo, *não foi fixada a verba honorária nas instâncias de origem? Poderá ela ser fixada originalmente no âmbito recursal?*

O STJ, baseando-se no já citado AREsp 1.050.334-PR, tem decidido que somente haverá a majoração dos honorários a título de ônus sucumbencial recursal *quando houver a fixação pretérita*. É o que se lê em trecho da ementa respectiva: "Os honorários recursais não têm autonomia nem existência independente da sucumbência fixada na origem e representam um acréscimo (o CPC/2015 fala em 'majoração') ao ônus estabelecido previamente, motivo por que na hipótese de descabimento ou na de ausência de fixação anterior, não haverá falar em honorários recursais" (STJ, 2ª Turma, AREsp 1.050.334, rel. Min. MAURO CAMPBELL MARQUES, j. 28.03.2017).

A orientação jurisprudencial apontada, que leva às máximas consequências a afirmação de que não haverá fixação inédita de verba honorária no âmbito recursal, deve ser apreciada de forma cautelosa e sob duas vertentes diversas. Com efeito, uma coisa é o *descabimento de fixação anterior*; outra, bem diferente, é a *ausência de fixação anterior* (notadamente em razão de indevida omissão do órgão jurisdicional).

Vejamos cada uma delas.

Sob o ângulo do *descabimento de fixação anterior*, o entendimento do STJ não merece reparos. Realmente, há situações em que o magistrado simplesmente não fixará honorários de sucumbência na instância de origem, como no caso do mandado de segurança (art. 25 da Lei 12.016/2009), de tal modo que não haverá razão para sua fixação (ou majoração, obviamente) na instância recursal.

29. Nada obstante, há precedente em sentido contrário, também da 1ª Turma do STF, no julgamento dos EDcl no AgRg no RExtra 919.048 (datado de 31 de maio de 2016). A evolução jurisprudencial do assunto tem revelado, porém, que este é um julgado isolado.

De todo modo, uma ressalva merece ser feita. Isto porque, em situações como o indeferimento liminar da petição inicial ou o julgamento liminar de improcedência, o magistrado de primeiro grau proferirá sentença sem que o réu tenha sido citado (integrado ao processo), e exatamente por isso deixará de fixar honorários sucumbenciais. São situações típicas de *descabimento de fixação anterior*. Mas, em ambas também, o autor pode apelar da sentença, hipótese em que o réu será citado para finalmente integrar a lide (respectivamente, art. 331, § 1º, e art. 332, § 4º, ambos do CPC). Em situações tais, se mantida a sentença (de indeferimento da inicial ou improcedência liminar do pedido), não há como recusar que o tribunal deverá fixar honorários de sucumbência, que serão arcados pela parte perdedora (recorrente). Mas – eis o ponto que merece especial atenção –, nestes casos, o tribunal *não procederá à majoração da verba* (porque simplesmente não houve sua anterior fixação, sendo, portanto, inaplicável a previsão do § 11 do art. 85), mas sim à sua *fixação originária*, observados os critérios dos §§ 2º a 6º do art. 85 do CPC. Resumindo, o caso em exame não é de honorários recursais. Assim já decidiu a 4ª Turma do próprio STJ, por maioria, ao julgar o REsp 1.753.990, tendo inclusive ressalvado expressamente que nesta situação específica o precedente da 2ª Turma, acima mencionado, não tem aplicação, porque as situações são distintas.

De resto, para aquelas situações de *ausência de fixação anterior em razão de indevida omissão do órgão jurisdicional* (supondo-se, naturalmente, que a parte não tenha oposto embargos de declaração), a posição assumida pelo STJ não parece fazer muito sentido diante da sistemática processual vigente. Com efeito, a uma, porque o § 18 do art. 85 do CPC prevê a possibilidade de se ajuizar ação judicial para definição e cobrança de honorários sucumbenciais quando a decisão judicial transitada em julgada os tiver omitido. Ora, se cabe promover ação judicial para complementar a decisão transitada omissa, com muito mais razão parece ser possível sanar o vício na ação em andamento, ainda que no âmbito recursal, mesmo porque se está diante de um pedido implícito. A duas, porque o art. 1.013, § 3º, III, do CPC, permite que o órgão *ad quem* julgue de forma inédita um pedido (mesmo que implícito) não examinado pelo órgão *a quo*. E este é justamente o caso da ausência de anterior fixação. É bem verdade que neste caso não se falará propriamente em *majoração* dos honorários (porque estes não foram fixados anteriormente), mas, interpretando sistematicamente a questão, não há nada que iniba o tribunal de fixar os honorários levando em conta o trabalho nas instâncias inferiores *e também* o trabalho adicional no grau recursal. Neste ponto, particularmente, a orientação do STJ assumida no AREsp 1.050.334 há de ser revista.

Em sexto lugar, quais são os critérios de majoração da verba honorária no grau recursal? Destaca-se da redação do art. 85, § 11, o trecho em que se lê *levando em conta o trabalho adicional realizado em grau recursal, observando, conforme o caso, o disposto nos §§ 2º a 6º*.

Consequentemente, se não houve trabalho adicional em razão do recurso, não há que se falar em majoração de verba honorária. Esta não é, todavia, a conclusão que vem se sedimentando no âmbito jurisprudencial.

Com efeito, o STJ consolidou entendimento no sentido de que "É dispensada a configuração do trabalho adicional do advogado para a majoração dos honorários na instância recursal, que será considerado, no entanto, para quantificação de tal verba." (STJ, 3ª Turma, AgInt no AREsp 1.398.238-RJ, rel. Min. NANCY ANDRIGHI, j. 20/05/2019, v.u.). Ou seja, a existência ou não de trabalho adicional não é o que definirá se haverá majoração da verba, mas sim qual será a majoração. A regra, portanto, é que se majore o valor dos honorários de sucumbência no âmbito recursal, tenha ou não havido trabalho adicional.

Assim, mesmo que o advogado não tenha apresentado contrarrazões ao recurso, fará jus à majoração dos honorários sucumbenciais, como se registra em alguns julgamentos proferidos pelo STF (1ª Turma, ARE 711.027, ARE 964.330 e ARE 964.347, entre outros), e pelo STJ (AgInt nos EDcl no AREsp 1.569.596, AgInt no AREsp 1.290.267 e AgInt no REsp 1.752.045, entre outros). Esta orientação não fica isenta de críticas no âmbito doutrinário (FAZIO, 2015, p. 621).

Tal postura se justifica, todavia, pela compreensão de que os honorários recursais também têm função de inibir o exercício abusivo do direito de recorrer. Ademais – e desta vez não há como recusar –, o simples fato do advogado estar atrelado ao processo a ser julgado em âmbito recursal, responsabilizando-se amplamente pelo seu acompanhamento, não deixa de ser um trabalho adicional. Não é porque deixou de apresentar contrarrazões (ou qualquer outra manifestação, como uma sustentação oral) que deixou de efetivamente trabalhar.

De todo modo, devem ser observados os critérios legais para a determinação do *quantum*, em conformidade com o que vem estabelecido nos §§ 2º ao 6º do art. 85 do CPC (observado, como visto, se houve ou não trabalho adicional).

Em sétimo lugar, note-se que é vedado, no cômputo geral da fixação de honorários devidos ao advogado do vencedor, ultrapassar-se os limites estabelecidos nos §§ 2º e 3º para a fase de conhecimento. Isto significa que nas ações que não envolvam a Fazenda Pública, a majoração fica limitada ao percentual do § 2º do art. 85 do CPC (não pode ultrapassar vinte por cento). Nas ações em que a Fazenda Pública for parte, valem os limites do § 3º do art. 85 do CPC.

Em oitavo lugar, lembre-se, na linha da previsão do § 12 do art. 85 do CPC, que "Os honorários referidos no § 11 são cumuláveis com multas e outras sanções processuais, inclusive as previstas no art. 77." Isso permite concluir que a majoração dos honorários advocatícios no âmbito recursal não se confunde com qualquer sanção processual.

Em nono lugar, conforme mencionado anteriormente no trato dos princípios recursais, pode-se dizer que a regra da majoração de honorários no âmbito recursal excepciona o princípio da proibição da *reformatio in pejus*. Embora a afirmação não esteja equivocada, não se deve esquecer que a condenação em verba de sucumbência (e sua majoração em grau recursal) é um efeito secundário da decisão. Por isso, se é verdade que o agravamento da majoração dos honorários é possível, não é menos correto que não haverá agravamento da situação do recorrente no que se refere ao objeto central do recurso.

11. REMESSA NECESSÁRIA

Embora não se trate propriamente de um recurso, e bem por isso pudesse estar fora dos limites deste trabalho, interessa o estudo da remessa necessária, justamente pela sua íntima ligação com o fenômeno recursal.

11.1. Noção geral

Como regra, se a parte não recorre quando lhe é proferida uma sentença contrária aos seus interesses, a decisão transita em julgado, autorizando, se o caso, o início da fase satisfativa do processo.

A remessa necessária rompe com esta lógica. Determinadas sentenças, que serão tratadas em especifico adiante, simplesmente não transitam em julgado *senão depois de confirmadas pelo tribunal ao qual competiria o julgamento de eventual apelação*.

Assim sendo, nestas situações especiais, o sucumbente, em tese, não precisa sequer se dar ao trabalho de apelar contra a decisão desfavorável. À falta de recurso voluntário, a primeira parte do § 1º do art. 496 do CPC determina que o juiz encaminhe de ofício os autos ao tribunal. Não o fazendo, o presidente do tribunal competente deverá avocar os autos, de acordo com a segunda parte do mesmo dispositivo. Que fique claro, contudo, que nada impede a parte sucumbente, que seria "beneficiada" com a remessa necessária, de recorrer voluntariamente.

O que ocorre se, numa destas situações que exigem a remessa necessária, não houver recurso voluntário do sucumbente, tampouco remessa de ofício ou avocação dos autos? Resposta: nada acontece. Em outras palavras, nesta situação incide a súmula 423 do STF, em tudo aplicável ao CPC de 2015, pela qual "Não transita em julgado a sentença por haver omitido o recurso *ex officio*, que se considera interposto *ex lege*."

Daí porque a sentença é, nestas ocasiões, um "ato complexo", que sempre reclama a atuação, respectivamente, do órgão monocrático e do colegiado, sem o que não surtirá efeitos.

11.2. Natureza jurídica

Há grande controvérsia acerca da natureza jurídica da remessa necessária. Para alguns, trata-se de verdadeiro recurso *ex officio*; outros, ao contrário, enxergam nele uma *condição de eficácia da sentença*. Em que pese a interessante divergência, desde muito tempo se consolidou o entendimento – que parece mesmo ser correto – de que o instituto não tem natureza recursal, sem prejuízo de algumas interpretações que lhe vêm sendo dadas, notadamente pelo STJ, que serão comentadas ainda neste item.

11.3. Hipóteses de remessa necessária

Como se lê no art. 496 do CPC, "Está sujeita ao duplo grau de jurisdição, não produzindo efeito senão depois de confirmada pelo tribunal, a sentença: I – proferida contra a União, os Estados, o Distrito Federal, os Municípios e suas respectivas autarquias e fundações de direito público; II – que julgar procedentes, no todo ou em parte, os embargos à execução fiscal."

11.3.1. Situações do art. 496, I, do CPC

Em primeiro lugar, só se fala em remessa necessária quando o ato proferido pelo juiz seja uma *sentença*. O conceito de sentença é fornecido pelo CPC no seu art. 203, § 1º: "Ressalvadas as disposições expressas dos procedimentos especiais, sentença é o pronunciamento por meio do qual o juiz, com fundamento nos arts. 485 e 487, põe fim à fase cognitiva do procedimento comum, bem como extingue a execução."

Destarte, exclui-se, de antemão, a incidência da regra para as situações em que o ato se encaixe no conceito de *decisão interlocutória* (art. 203, § 2º, do CPC), como ocorre, por exemplo, nas situações em que se defere tutela provisória. De igual modo, não se fala em remessa necessária quando o ato seja um *acórdão* (art. 204).

Em segundo lugar, convém tratar da extensão subjetiva da norma, isto é, quais sujeitos que se "beneficiam" da remessa necessária.

Pelo que se extrai da simples leitura do artigo de lei, estes são a União, os Estados, o Distrito Federal, os Municípios e suas respectivas autarquias e fundações de direito público. Isto é, tanto as pessoas jurídicas de direito público da administração direta quanto da administração indireta. O significado e extensão dos conceitos ficam por conta do Direito Administrativo.

É correto entender, em reforço, que a regra deve ter aplicação restrita àquelas pessoas sujeitas ao regime jurídico de direito público. Deste modo, sociedades de economia mista e empresas públicas ficam excluídas da regra, porque elas se sujeitam ao regime jurídico das empresas privadas (art. 173, § 1º, II, da Constituição).

Finalmente, curial lembrar que é refutado o argumento de que a remessa necessária é inconstitucional, notadamente por violação à isonomia. Isto porque a intenção não disfarçada do instituto é a de preservar o interesse público (o secundário, no mais das vezes), o que justifica o tratamento diferenciado a determinados entes (TOSTA, 2005, p. 142 e seguintes).

11.3.2. Situações do art. 496, II, do CPC

No inciso II, prevê-se a remessa necessária para as situações em que forem julgados procedentes, no todo ou em parte, os embargos à execução opostos nas execuções fiscais.

Quis o legislador pecar pelo excesso e deixar claro que nestas hipóteses a sentença deve ser reexaminada. Contudo, ainda que não constasse regra expressa, como a do inciso em debate, a remessa ao tribunal seria irrecusável, vez que, ao julgar procedentes os embargos do devedor, o magistrado não deixa de proferir sentença *contra* os entes citados no inciso anterior.

11.4. Situações fora do CPC

Existem situações de remessa necessária previstas em leis específicas. Cito, em especial, a Lei do Mandado de Segurança (Lei 12.016/2009), cujo § 1° do art. 14 esclarece: "Concedida a segurança, a sentença estará sujeita obrigatoriamente ao duplo grau de jurisdição."

Da mesma forma, a Lei da Ação Popular (Lei 4.717/65), em seu art. 19, determina: "A sentença que concluir pela carência ou pela improcedência da ação está sujeita ao duplo grau de jurisdição, não produzindo efeito senão depois de confirmada pelo tribunal; da que julgar a ação procedente caberá apelação, com efeito suspensivo."

Outra situação, pouco conhecida, é aquela da ação civil pública em defesa dos portadores de necessidades especiais (Lei 7.853/89, art. 4°, § 1°). Sentença que conclua pela carência ou improcedência fica sujeita ao duplo grau de jurisdição.

Tais exemplos revelam que nem sempre a remessa necessária vem em benefício da Fazenda Pública. Nos casos da ação popular e dos portadores de deficiência, eventual rejulgamento se faz obrigatório por força do interesse subjacente, ainda que a decisão seja a favor do ente público.

11.5. Dispensa da remessa necessária

Os §§ 3° e 4° do art. 496 do CPC trazem as situações em que a remessa necessária será dispensada, malgrado haja sentença proferida contra alguma daquelas pessoas acima citadas. Em síntese, duas são as razões que podem afastar a regra: o *valor* (§ 3°) ou a *compatibilidade vertical* (§ 4°).

Impende destacar, de antemão, que as situações de dispensa da remessa necessária não afastam a possibilidade de recurso voluntário por parte da Fazenda Pública.

Assim, de acordo com o § 3º, "Não se aplica o disposto neste artigo quando a condenação ou o proveito econômico obtido na causa for de valor certo e líquido inferior a: I – 1.000 (mil) salários-mínimos para a União e as respectivas autarquias e fundações de direito público; II – 500 (quinhentos) salários-mínimos para os Estados, o Distrito Federal, as respectivas autarquias e fundações de direito público e os Municípios que constituam capitais dos Estados; III – 100 (cem) salários-mínimos para todos os demais Municípios e respectivas autarquias e fundações de direito público."

Já o § 4º exclui a remessa necessária quando a sentença estiver fundada em: "I – súmula de tribunal superior; II – acórdão proferido pelo Supremo Tribunal Federal ou pelo Superior Tribunal de Justiça em julgamento de recursos repetitivos; III – entendimento firmado em incidente de resolução de demandas repetitivas ou de assunção de competência; IV – entendimento coincidente com orientação vinculante firmada no âmbito administrativo do próprio ente público, consolidada em manifestação, parecer ou súmula administrativa."

11.5.1. Dispensa da remessa necessária no mandado de segurança

Há interessante discussão, ainda não resolvida pela jurisprudência do STJ, sobre a aplicação, ou não, das hipóteses de dispensa de remessa necessária ao mandado de segurança.

Sustentando a impossibilidade de utilizar a regra de exceção do CPC[30] no mandado de segurança, a 5ª Turma do STJ já teve oportunidade de apontar que "A norma de exceção disposta no § 2º do artigo 475 do Código de Processo Civil não diminui o raio de incidência do duplo grau de jurisdição do *writ*, pois a exigência do parágrafo único do artigo 12 da Lei nº 1.533/51 é especial e somente seria revogada por disposição expressa de Lei. A aplicação subsidiária do Código de Processo de 1973 somente tem ensejo na hipótese da falta de disposição específica na legislação de regência." (STJ, 5ª Turma, REsp 684.356/RS, rel. Min. JOSÉ ARNALDO DA FONSECA, j. 26.4.2005, v.u). Houve por bem, então, aplicar o princípio da especialidade como argumento.

---

30. Os julgamentos citados neste item se referem ao CPC de 1973 e à antiga lei do mandado de segurança, mas em tudo são aplicáveis ao CPC de 2015 cotejado com a Lei 12.016/2009.

Em sentido contrário, a 1ª Turma alegou que "O legislador, por ocasião da Lei 10.352/01, com o intuito de reduzir as hipóteses sujeitas à remessa *ex officio* , alterando o art. 475 do CPC, dispôs que, mesmo sendo a sentença proferida contra a União, os Estados, os Municípios, e as respectivas autarquias e fundações de direito público, não se sujeitará ao duplo grau de jurisdição se a condenação, ou o direito controvertido, for de valor certo não excedente a 60 (sessenta) salários mínimos (§ 2º). Com essa alteração, o legislador visou conferir maior celeridade aos processos, de forma a solucionar esse tipo de litígio com a maior brevidade possível. A não-aplicação do novo texto ao mandado de segurança significa um retrocesso, pois a remessa oficial, tanto no Código de Processo Civil quanto na Lei Mandamental, visa resguardar o mesmo bem, qual seja, o interesse público. Em assim sendo, a regra do art. 12 da Lei 1533/51 deve ser interpretada em consonância com a nova redação do art. 475 do CPC, que dispensa a remessa necessária nos casos em que a condenação não for superior a 60 salários mínimos. Situações idênticas exigem tratamento semelhante. Nessa linha de raciocínio lógico, seria um contra-senso falar que a ação mandamental não se sujeita à nova regra. Em especial, porque a inovação se amolda perfeitamente à finalidade do remédio heróico, que é a de proteger, com a maior celeridade possível, o direito líquido e certo, lesado ou ameaçado de lesão por ato de autoridade." (STJ, 1ª Turma, REsp 654.839/SP, rel. Min. JOSÉ DELGADO, j. 26.10.2004, v.u.).

Registre-se, sobre o assunto, a conclusão do Enunciado 312 do FPPC: "O inciso IV do §4º do art. 496 do CPC aplica-se ao procedimento do mandado de segurança."

11.6. A remessa necessária no tribunal

Encaminhados os autos ao tribunal por força de remessa necessária, interessa saber como pode, ou não, o órgão *ad quem* proceder na sua apreciação, assim como qual a situação jurídico-processual da parte adversa e quais recursos são tolerados quando da (re)apreciação de uma causa nesta circunstância.

De antemão, vale destacar que é bem aceita na doutrina e ideia de que à remessa necessária se aplicam as mesmas regras que disciplinam o julgamento da apelação, embora nem sempre com a mesma extensão, como se vê adiante.

Pois bem. A primeira pergunta que se pode responder é: o que pode o tribunal apreciar por ocasião da remessa necessária? Tudo quanto se refira à parte em que houve sucumbência por parte da Fazenda Pública. Estas parcelas não transitarão em julgado sem antes serem julgadas pelo órgão *ad quem*, conforme a Súmula 325 do STJ, segundo a qual "A remessa oficial devolve ao Tribunal o reexame de todas as parcelas da condenação suportadas pela Fazenda Pública, inclusive dos honorários de advogado." Esta afirmação, entretanto, deve ser lida em conjunto com as hipóteses de dispensa da remessa necessária. Assim, devolve-se ao tribunal o reexame de todos os capítulos da sentença desfavoráveis à Fazenda Pública, salvo aqueles capítulos autônomos que se enquadrem em qualquer uma das hipóteses legais de dispensa (no mesmo sentido, VOLPE CAMARGO, 2018, p. 67-113).

Em prosseguimento, salta aos olhos que o STJ, por sua Súmula 45, preconiza entendimento de que "No reexame necessário, é defeso, ao Tribunal, agravar a condenação imposta à Fazenda Pública".

Em outras palavras, o que o STJ rejeita é a aplicação da chamada *reformatio in pejus* no âmbito da remessa necessária.

A exceção fica por conta das matérias de ordem pública, em razão do efeito translativo. Estas, esteja ou não o tribunal apreciando um recurso quando se depara com a remessa necessária, estão incluídas entre aquelas que podem ser conhecidas de ofício pelo tribunal, mesmo que em desfavor da Fazenda Pública.

12. ENUNCIADOS DO FPPC

22. O Tribunal não poderá julgar extemporâneo ou intempestivo recurso, na instância ordinária ou na extraordinária, interposto antes da abertura do prazo.

23. Fica superado o enunciado 418 da súmula do STJ após a entrada em vigor do CPC (*"É inadmissível o recurso especial interposto antes da publicação do acórdão dos embargos de declaração, sem posterior ratificação"*).

96. Fica superado o enunciado 216 da súmula do STJ após a entrada em vigor do CPC (*"A tempestividade de recurso interposto no Superior Tribunal de Justiça é aferida pelo registro no protocolo da Secretaria e não pela data da entrega na agência do correio"*).

97. Nos casos previstos no §4º do art. 1.007 do CPC, é de cinco dias o prazo para efetuar o preparo.

98. O disposto nestes dispositivos *[art. 1.007, §§ 2º e 4º]* aplica-se aos Juizados Especiais.

100. Não é dado ao tribunal conhecer de matérias vinculadas ao pedido transitado em julgado pela ausência de impugnação.

102. O pedido subsidiário ou alternativo não apreciado pelo juiz é devolvido ao tribunal com a apelação.

104. O princípio da fungibilidade recursal é compatível com o CPC e alcança todos os recursos, sendo aplicável de ofício.

197. Aplica-se o disposto no parágrafo único do art. 932 aos vícios sanáveis de todos os recursos, inclusive dos recursos excepcionais.

213. No caso do art. 998, parágrafo único, o resultado do julgamento não se aplica ao recurso de que se desistiu.

215. Fica superado o enunciado 187 da súmula do STJ ("*É deserto o recurso interposto para o Superior Tribunal de Justiça, quando o recorrente não recolhe, na origem, a importância das despesas de remessa e retorno dos autos*").

217. A apelação contra o capítulo da sentença que concede, confirma ou revoga a tutela antecipada da evidência ou de urgência não terá efeito suspensivo automático.

233. Ficam superados os enunciados 88, 169, 207, 255 e 390 da súmula do STJ como consequência da eliminação dos embargos infringentes ("*São admissíveis embargos infringentes em processo falimentar*"; "*São inadmissíveis embargos infringentes no processo de mandado de segurança*"; "*É inadmissível recurso especial quando cabíveis embargos infringentes contra o acórdão proferido no tribunal de origem*"; "*Cabem embargos infringentes contra acórdão, proferido por maioria, em agravo retido, quando se tratar de matéria de mérito*"; "*Nas decisões por maioria, em reexame necessário, não se admitem embargos infringentes*").

241. Os honorários de sucumbência recursal serão somados aos honorários pela sucumbência em primeiro grau, observados os limites legais.

242. Os honorários de sucumbência recursal são devidos em decisão unipessoal ou colegiada.

243. No caso de provimento do recurso de apelação, o tribunal redistribuirá os honorários fixados em primeiro grau e arbitrará os honorários de sucumbência recursal.

286. Aplica-se o §2° do art. 322 à interpretação de todos os atos postulatórios, inclusive da contestação e do recurso.

288. Quando acolhido o pedido subsidiário, o autor tem interesse de recorrer em relação ao principal.

312. O inciso IV do §4° do art. 496 do CPC aplica-se ao procedimento do mandado de segurança.

357. Aplicam-se ao recurso ordinário os arts. 1.013 e 1.014.

371. Os métodos de solução consensual de conflitos devem ser estimulados também nas instâncias recursais.

372. O art. 4° tem aplicação em todas as fases e em todos os tipos de procedimento, inclusive em incidentes processuais e na instância recursal, impondo ao órgão jurisdicional viabilizar o saneamento de vícios para examinar o mérito, sempre que seja possível a sua correção.

391. O *amicus curiae* pode recorrer da decisão que julgar recursos repetitivos.

551. Cabe ao relator, antes de não conhecer do recurso por intempestividade, conceder o prazo de cinco dias úteis para que o recorrente prove qualquer causa de prorrogação, suspensão ou interrupção do prazo recursal a justificar a tempestividade do recurso.

559. O efeito suspensivo *ope legis* do recurso de apelação não obsta a eficácia das decisões interlocutórias nele impugnadas.

609. O pedido de antecipação da tutela recursal ou de concessão de efeito suspensivo a qualquer recurso poderá ser formulado por simples petição ou nas razões recursais.

610. Quando reconhecido o justo impedimento de que trata o §6° do art. 1.007, a parte será intimada para realizar o recolhimento do preparo de forma simples, e não em dobro.

623. O deferimento de gratuidade de justiça não afasta a imposição de multas processuais, mas apenas dispensa sua exigência como condição para interposição de recursos.

724. Os documentos extraídos dos sítios dos tribunais gozam de presunção de veracidade e confiabilidade, sendo idôneos para comprovar o feriado local para os fins do § 6° do art. 1.003.

13. QUADRO RESUMO

TEORIA GERAL DOS RECURSOS	
Conceito	Meio processual cujo objetivo seja anular, reformar, integrar ou aclarar uma decisão judicial, dentro de um mesmo processo, evitando que esta seja acobertada pela preclusão ou coisa julgada.
Modalidades recursais e competência legislativa	O art. 994 do CPC traz um rol não exaustivo de recursos cíveis: I – apelação; II – agravo de instrumento; III – agravo interno; IV – embargos de declaração; V – recurso ordinário; VI – recurso especial; VII – recurso extraordinário; VIII – agravo em recurso especial ou extraordinário; IX – embargos de divergência. Nada obstante, existem outras modalidades recursais previstas em lei. Apenas a lei federal pode criar recursos (art. 22, I, da Constituição).
Características dos recursos	As principais características dos recursos são: a) interposição na mesma relação processual, sem inaugurar novo processo; b) extensão do direito de ação ou de defesa; c) ônus processual; d) voluntariedade; e) não é possível inovar nos recursos (embora existam algumas exceções, como as do art. 493 e do art. 1.014 do CPC.
Classificação dos recursos	a) Quanto à extensão da matéria impugnada: totais (impugna a decisão na sua integralidade) ou parciais (impugna apenas a parte da decisão). (b) Quanto ao momento em que é interposto: principal e adesivo (este último previsto nos §§ 1º e 2º do art. 997 do CPC). (c) Quanto aos fundamentos que podem ser ventilados, os recursos podem ser de fundamentação livre (é a regra, admitindo qualquer tipo de crítica) ou de fundamentação (vinculada (aqueles que se baseiam obrigatoriamente em motivos predeterminados). (d) Quanto à possibilidade de amplo reexame da matéria: ordinários (é a regra, permitindo reexame total da causa) ou extraordinários (restringem o reexame da causa, porque sua finalidade não é a proteção imediata do direito subjetivo da parte, mas sim o direito objetivo).
Princípios recursais	Duplo grau de jurisdição: princípio implícito, pelo qual deve existir a possibilidade de uma causa ser decidida ao menos duas vezes, por dois órgãos diferentes do Poder Judiciário. Não é absoluto, pois existem decisões irrecorríveis.
	Taxatividade: só existem os recursos previstos em lei (lei federal ou Constituição), que cria um rol taxativo ou exaustivo (*numerus clausus*).
	Unirrecorribilidade, unicidade ou singularidade: para cada tipo de decisão judicial só cabe um recurso, sendo vedada a interposição simultânea ou cumulativa de dois ou mais recursos, pela mesma parte, contra uma mesma decisão judicial. A exceção fica por conta da possível interposição dos recursos especial e extraordinário simultaneamente.

Princípios recursais	Fungibilidade: admite-se que um recurso seja recebido como se fosse outro, em consonância com a instrumentalidade das formas. O CPC vigente prevê casuisticamente sua incidência (art. 1.024, § 3º; art. 1.032 e 1.033).
	Proibição da "reformatio in pejus": decorrente do princípio dispositivo (arts. 2º, 141 e 492 do CPC) e do efeito devolutivo, significa uma limitação no julgamento do recurso, cujo resultado não poderá agravar a situação do recorrente, mas apenas melhorá-la ou, na pior das hipóteses, mantê-la tal qual antes. Há exceções, como o caso das matérias de ordem pública.
	Colegialidade: o juiz natural das decisões tomadas em âmbito recursal é um órgão colegiado, conforme previsto na Constituição, na lei, nos regimentos internos etc. Há exceções, como as do art. 932 do CPC.
	Dialeticidade: além do recorrente manifestar o desejo de recorrer, ao mesmo tempo deve também demonstrar quais são as razões de seu inconformismo. Além disso, é ônus do recorrente atacar a decisão judicial no contexto com as demais ocorrências processuais.
	Consumação: é a manifestação da preclusão consumativa; o manejo de um recurso gera o esgotamento da possibilidade de voltar-se contra a decisão recorrida até que nova decisão seja proferida no seu lugar.
	Complementaridade: é uma exceção ao princípio da consumação, ao permitir, nos casos legais, a complementação de um recurso já interposto (conforme art. 1.024, § 4º, do CPC).
	Imparcialidade vertical: é a manifestação da imparcialidade especificamente no âmbito recursal, com a específica previsão do art. 144, II, do CPC.
Efeitos dos recursos	Devolutivo: o recurso proporciona a devolução da matéria impugnada ao Poder Judiciário para novo julgamento da causa. Decorre da interposição do recurso. À luz do art. 1.013, *caput* e §§ 1º e 2º, do CPC, deve ser analisado sob duas vertentes: extensão (apenas a matéria impugnada é devolvida) e profundidade (todas as questões ou fundamentos da matéria impugnada serão devolvidos).
	Suspensivo: impede que a decisão recorrida surta efeitos. Quando há previsão de efeito suspensivo ope legis (como no caso da apelação), ele decorrerá da mera recorribilidade da decisão. Caso contrário, a decisão passará a surtir efeitos imediatamente. A regra é que os recursos não sejam dotados do efeito suspensivo (art. 995 do CPC) e para conseguir tal efeito o recorrente deve elaborar requerimento observando, em termos gerais, o parágrafo único do art. 995 do CPC.
	Translativo: todas as questões passíveis de conhecimento de ofício podem ser consideradas no julgamento do recurso, ainda que não haja pedido do recorrente ou a possibilidade de reformatio in pejus, devendo-se apenas observar o contraditório (art. 10 do CPC). Decorre da interposição do recurso.

Efeitos dos recursos	Obstativo: o recurso impede (obsta) que sobre a decisão recorrida se opere a preclusão ou a coisa julgada. Decorre da interposição do recurso. É correto entender que mesmo recursos não conhecidos são dotados de tal efeito, salvo se intempestivos.
	Regressivo: Permite, nos casos previstos em lei, que o próprio órgão a quo, convencido das razões do recorrente e do desacerto da própria decisão, se retrate. Decorre da interposição do recurso.
Recurso adesivo	É previsto nos §§ do art. 997 do CPC. Não se trata de uma modalidade recursal, mas sim de uma forma de interpor o recurso (apelação, extraordinário ou especial, e nenhum outro mais), possível quando houver sucumbência recíproca. Uma das partes, não tendo recorrido autonomamente, após intimada para responder ao recurso do adversário, pode "aderir" a este, recorrendo também no prazo de quinze dias. O recurso adesivo é subordinado ao principal (art. 997, § 2º, III, do CPC), mas deve, isoladamente considerado, preencher todos os requisitos de admissibilidade para ser conhecido.
Pedidos possíveis	Invalidação ou anulação da decisão: é o pedido adequado sempre que se alegue que o ato judicial haja incorrido em algum vício de atividade (error in procedendo), motivo pelo qual deverá ser anulada para que outra seja proferida posteriormente.
	Reforma da decisão: pedido que se fará sempre que o recorrente argumentar a existência de um vício de juízo (*error in judicando*), de natureza substancial e que leva à injustiça do ato judicial. Pede-se, apenas, a troca da decisão recorrida pela nova decisão a ser proferida pelo órgão *ad quem*.
	Integração da decisão: pedido típico dos embargos de declaração (cabíveis em casos de obscuridade, contradição, omissão e erro material).
Requisitos recursais (juízo de admissibilidade dos recursos)	Noção geral: O exercício do direito de recorrer depende da reunião de determinadas condições, quais sejam, da presença dos requisitos de admissibilidade dos recursos. Estes serão apreciados antes da análise do próprio mérito recursal. Estando todos presentes, o recurso será conhecido (ou admitido) e então será possível analisar o mérito recursal (o pedido do recorrente). Caso contrário, o recurso não é conhecido (não é admitido), de modo que seu mérito sequer chega a ser analisado. A decisão que admite (ou não) o recurso tem natureza declaratória, embora seus efeitos sejam *ex nunc* (exceção feita à decisão que não conhece de recurso manifestamente intempestivo ou por flagrante ausência de recolhimento de preparo recursal). Os requisitos de admissibilidade dos recursos são matéria de ordem pública. São requisitos de admissibilidade dos recursos:
	Cabimento: o recurso interposto deve ser (i) previsto e (ii) adequado. A aplicação do princípio da fungibilidade excepciona este requisito.

	Legitimidade recursal: o poder de recorrer só poderá ser exercitado pelos sujeitos expressamente autorizados pela lei, conforme art. 996 do CPC (parte vencida, terceiro prejudicado ou Ministério Público).
	Interesse recursal: só terá interesse em recorrer aquele que não obtiver o melhor resultado possível esperado do processo (sucumbência). Faça-se exceção ao Ministério Público quando recorre na qualidade de fiscal da ordem jurídica.
	Inexistência de fato impeditivo do poder de recorrer: É a desistência do recurso (ato do recorrente, posterior à interposição do recurso, pelo qual manifesta o desejo de não vê-lo julgado), conforme art. 998 do CPC.
	Inexistência de fatos extintivos do poder de recorrer: São (a) a renúncia (previsto no art. 999 do CPC, ocorre quando a parte, antes mesmo de interpor o recurso, abre mão do poder de recorrer, total ou parcialmente); e (b) a aquiescência (aceitação da decisão manifestada pelo sujeito por ela prejudicado, podendo ser expressa ou tácita, conforme art. 1.000, *caput*, do CPC).
Requisitos recursais (juízo de admissibilidade dos recursos)	Tempestividade: os recursos devem ser interpostos dentro do prazo previsto em lei. Conforme o art. 1.003, § 5º, do CPC: "Excetuados os embargos de declaração, o prazo para interpor os recursos e para responder-lhes é de 15 (quinze) dias". Vale destacar que se a decisão foi proferida antes da citação do réu, o prazo para que este interponha recurso só começa após sua regular integração e a forma de contagem do prazo varia conforme a forma de citação (art. 1.003 § 2º). Apenas os dias úteis devem ser levados em consideração no cômputo do prazo, devendo o recorrente comprovar a ocorrência de feriado local, no ato de interposição do recurso (art. 1.003 § 6º).
	Preparo: O preparo, previsto no art. 1.007 do CPC, consiste no pagamento prévio, feito pelo recorrente, de determinadas custas incidentes por ocasião da interposição do recurso (custas processuais e os portes de remessa e/ou retorno). A lei processual traz certos abrandamentos ao preparo recursal, a saber: (a) a possibilidade de complementar o preparo insuficiente (art. 1.007, § 2º, do CPC); (b) a possibilidade de recolhimento total posterior à interposição, em quantia equivalente ao dobro do valor (art. 1.007, § 4º, do CPC), se a falta não tiver justo impedimento; e (c) se houver justo impedimento, a possibilidade de recolhimento total do valor normal do preparo, posterior à interposição (art. 1.007, § 6º, do CPC). Lembre-se, ainda, que o equívoco no preenchimento da guia de custas não implicará a aplicação da pena de deserção, caso em que o relator, na hipótese de dúvida quanto ao recolhimento, deverá intimar o recorrente para sanar o vício no prazo de cinco dias (art. 1.007, § 7º, do CPC). A lei prevê hipóteses de recursos não sujeitos a preparo: é o caso dos embargos de declaração (art. 1.023, in fine, do CPC) e do agravo em recurso especial e recurso extraordinário (art. 1.042, § 2º, do CPC).

Requisitos recursais (juízo de admissibilidade dos recursos)	Igualmente, a lei dispensa certos sujeitos de efetuar o preparo em qualquer recurso, conforme o § 1º do art. 1.007 do CPC (Ministério Público, União, Distrito Federal, Estados, Municípios, respectivas autarquias e pelos que gozam de isenção legal).
	Regularidade formal: significa a necessidade de que o recurso interposto obedeça às regras formais de interposição exigidas pela legislação especificamente para cada recurso.
Verba honorária na fase recursal	Conforme preceitua o art. 85, § 11, do CPC, "O tribunal, ao julgar recurso, majorará os honorários fixados anteriormente levando em conta o trabalho adicional realizado em grau recursal, observando, conforme o caso, o disposto nos §§ 2º a 6º, sendo vedado ao tribunal, no cômputo geral da fixação de honorários devidos ao advogado do vencedor, ultrapassar os respectivos limites estabelecidos nos §§ 2º e 3º para a fase de conhecimento."
Remessa necessária	Não se trata de uma modalidade recursal. Prevista no art. 496 do CPC, é uma exigência de duplo grau obrigatório de jurisdição quando a sentença: "I – proferida contra a União, os Estados, o Distrito Federal, os Municípios e suas respectivas autarquias e fundações de direito público; II – que julgar procedentes, no todo ou em parte, os embargos à execução fiscal", além de outras hipóteses contempladas fora do CPC. Duas são as razões que podem afastar a regra do duplo grau obrigatório: o valor (art. 496, § 3º) ou a compatibilidade vertical (art. 496, § 4º).

Capítulo II

DA ORDEM DOS PROCESSOS NOS TRIBUNAIS

1. INTRODUÇÃO

Os processos, quando chegam aos tribunais, possuem dinâmica procedimental ligeiramente diferente do que ocorre perante o primeiro grau de jurisdição.

Enquanto na primeira instância há uma grande atividade procedimental, isto é, de andamento processual e realização de toda instrução processual que precede o julgamento do mérito da demanda, nos tribunais ocorre o oposto: é mínima a atividade procedimental e a questão central é a revisão da decisão jurídica lançada aos autos.

O andamento dos processos nos Tribunais obedece, além do disposto nos dispositivos 926 e seguintes do CPC/15, também ao que estiver disposto no regimento interno da respectiva Corte. Os Tribunais, efetivamente, dispõem de poder regulamentar, conforme art. 96, I, alíneas *a* e *b*, da Constituição Federal:

> Art. 96. Compete privativamente:
>
> I - aos tribunais:
>
> *a)* eleger seus órgãos diretivos e elaborar seus regimentos internos, com observância das normas de processo e das garantias processuais das partes, dispondo sobre a competência e o funcionamento dos respectivos órgãos jurisdicionais e administrativos;
>
> *b)* organizar suas secretarias e serviços auxiliares e os dos juízos que lhes forem vinculados, velando pelo exercício da atividade correicional respectiva;

Todavia, a competência regulamentar dos Tribunais limita-se a aspectos procedimentais inferiores à lei, não podendo ser afrontado o princípio da reserva de lei quanto a normas de processo e, em última instância, a garantia constitucional do devido processo legal. Nessa linha, veja-se o seguinte julgamento do STF:

> Com o advento da CF de 1988, delimitou-se, de forma mais criteriosa, o campo de regulamentação das leis e o dos regimentos internos dos tribunais, cabendo a estes últimos o respeito à reserva de lei federal para a edição de regras de natureza processual (CF, art. 22, I), bem como às garantias processuais das partes, "dispondo sobre a competência e o funcionamento dos respectivos órgãos jurisdicionais e administrativos" (CF, art. 96, I, a). São normas de direito processual as relativas às garantias do contraditório, do devido processo legal, dos poderes, direitos e ônus que constituem a relação processual, como também as normas que regulem os atos destinados a realizar a causa finalis da jurisdição. Ante a regra fundamental insculpida no art. 5º, LX, da Carta Magna, a publicidade se tornou pressuposto de validade não apenas do ato de julgamento do tribunal, mas da própria decisão que é tomada por esse órgão jurisdicional.
>
> [ADI 2.970, rel. min. Ellen Gracie, j. 20-4-2006, P, DJ de 12-5-2006.]

Atualmente, a competência regulamentar dos Tribunais, quanto ao funcionamento de seu procedimento interno, tem se deparado com inúmeras questões determinadas pela evolução tecnológica (utilização da tecnologia nos processos cíveis).

Em síntese, pode-se mencionar que, embora menor, a atividade procedimental dos tribunais é igualmente importante. Para que seja desenvolvida com pleno respeito ao princípio constitucional do devido processo legal, o CPC traz algumas regras importantes a respeito da ordem dos processos nos Tribunais, as quais serão vistas adiante.

2. DIREITO JURISPRUDENCIAL (ARTS. 926 A 928)

O atual CPC deve ser compreendido dentro de um novo contexto, diferente daquele que predominava no regime processual anterior, e que pode ser assinalado pela expressão *direito jurisprudencial*: emerge a força dos precedentes, aproximando nosso sistema jurídico do sistema jurídico anglo-saxão de *common law* (THEODORO JR. *et alli*, 2015, p. 330-369).

De fato, já havia uma inegável inspiração no sistema anglo-saxão e uma aproximação já iniciada para esse formato, sobretudo visando a segurança jurídica (ASSIS, 2017, p. 338; FUX, 2011, p. 22-24).

Assim, conforme o art. 926, do CPC, "os tribunais devem uniformizar sua jurisprudência e mantê-la estável, íntegra e coerente".

Para que ocorra a consolidação de um verdadeiro Direito Jurisprudencial (em conformidade com o art. 927 do CPC), os juízes e os tribunais observarão, necessariamente, algumas modalidades de precedentes qualificados:

> I - as decisões do Supremo Tribunal Federal em controle concentrado de constitucionalidade;
>
> II - os enunciados de súmula vinculante;
>
> III - os acórdãos em incidente de assunção de competência ou de resolução de demandas repetitivas e em julgamento de recursos extraordinário e especial repetitivos;
>
> IV - os enunciados das súmulas do Supremo Tribunal Federal em matéria constitucional e do Superior Tribunal de Justiça em matéria infraconstitucional;
>
> V - a orientação do plenário ou do órgão especial aos quais estiverem vinculados.

Apesar da obrigatoriedade de atendimento aos precedentes judiciais, esse diálogo entre as diversas Cortes nacionais é sempre bastante complexo e permeado de inúmeros detalhes.

A Turma Nacional de Uniformização dos Juizados Especiais Federais, por exemplo, decidiu na Questão de Ordem 48 que os precedentes do Supremo Tribunal Federal não ensejam a interposição de PUIL – Pedido de Uniformização da Interpretação da Legislação, visto que o art. 14 da Lei 10.259/2001, que trata dos Juizados Especiais Federais, menciona tão somente a divergência com a jurisprudência dominante no STJ como pressuposto para o cabimento do PUIL.

Em sentido diametralmente oposto, no PUIL 825, decidiu o STJ que o julgamento dos embargos de divergência pela 1ª Seção, bem como o próprio julgamento de outros PUIL, permitirá a interposição de PUIL, visto que também nestas modalidades de julgamento estará consignada a jurisprudência dominante do STJ.

Em julgado recente, o STJ decidiu que as partes possuem dever de obediência aos precedentes judiciais, inclusive no que concerne a eventuais hipóteses de *distinguishing*, sendo que o desrespeito a esse modelo processual implica e possibilita a aplicação de multa à parte que tenha agido com má-fé processual. Veja-se um excerto desse acórdão:

> "2. Em sistemas processuais com modelo de precedentes amadurecido, reconhece-se a exigência não só de que os patronos articulem os fatos

> conforme a verdade, mas que exponham à Corte até mesmo precedentes contrários à pretensão do cliente deles. Evidentemente, não precisam concordar com os precedentes adversos, mas devem apresentá-los aos julgadores, desenvolvendo argumentos de distinção e superação. Trata-se do princípio da candura perante a Corte (candor toward the Court) e do dever de expor precedente vinculante adverso (duty to disclose adverse authority). 3. O presente caso não exige tamanha densidade ética. No entanto, não se pode ter como razoável que a parte sustente a pretensão em precedente manifestamente contrário ao caso em tela, apontando-o como vinculante em hipótese que teve sua incidência patentemente excluída, por força de modulação, omitindo-se sobre a existência da exceção. 4. A invocação do precedente vinculante na hipótese temporal expressamente excluída de sua incidência pelo próprio julgamento controlador configura violação dos deveres de lealdade, de boa-fé e de cooperação processual, ensejando a aplicação da multa do art. 1.021, § 4º, do CPC/2015, ante manifesta inadmissibilidade."
>
> (STJ, 1ª Seção, Rel. Min. Og Fernandes, AgInt nos EDcl no RECURSO EM MANDADO DE SEGURANÇA Nº 34477/DF, processo nº 2011/0109870-1)

A adoção de um Direito Jurisprudencial, isto é, um modelo processual pautado por precedentes vinculantes ou qualificados implica uma série de consequências práticas bastante significativas.

Nesse sentido, podem ser mencionados, sem pretensão de esgotar tais possibilidades, as seguintes hipóteses processuais: a) concessão de tutela de evidência, atendidos os demais requisitos, quando há tese fixada em recurso repetitivo, nos termos do art. 311; b) negativa de seguimento ou provimento a recurso, conforme sejam contrários ou aderentes a tese fixada em precedente qualificado, conforme art. 932; c) aplicação, a recursos com igual temário, das teses fixadas em precedentes vinculantes, nos termos dos artigos 1039 e 1040, do CPC.

Além desses impactos processuais diretos, ocorrem outros efeitos, indiretos ou mediatos, pois se passa compreender a ação judicial por outro olhar. Nesse sentido, hoje a elaboração de uma petição inicial deve necessariamente lidar com os precedentes vinculantes que tratem da matéria ali discutida. Assim, deve-se exigir o cumprimento do conteúdo do precedente ou, ao revés, se for o caso, indicar que no caso concreto há distinção (*distinguishing*) em relação àquelas teses eventualmente próximas ao tema discutido no processo em espécie, e assim evitar a repercussão processual, nos moldes indicados no parágrafo anterior.

O CNJ – Conselho Nacional de Justiça editou a Recomendação 134 (9.9.2022), a qual, apesar de não possuir força normativa (constituindo simples recomendação aos Tribunais), indica parâmetros bastante adequados e interessantes à gestão dos recursos repetitivos e dos precedentes judiciais pelo Poder Judiciário brasileiro.

Quando decidirem com fundamento nos precedentes qualificados os juízes e os Tribunais observarão o disposto no art. 10 (proibição da decisão surpresa) e no art. 489, § 1°, do CPC (fundamentação qualificada da decisão judicial, com explicação suficiente sobre a observância dos precedentes qualificados, ou seu afastamento no caso concreto, de modo justificado).

A fim de assegurar essa almejada integridade da jurisprudência, os tribunais editarão súmulas que lhes sejam correspondentes, bem como darão primazia a mecanismos de julgamentos de demandas repetitivas como o próprio Incidente de Resolução de Demandas Repetitivas (art. 976) e o julgamento de recursos repetitivos (art. 1.036), ambos com fortes e inovadores reflexos na atividade jurisdicional.

Quando editarem súmulas, os tribunais devem se ater às circunstâncias fáticas dos precedentes que motivaram sua criação (art. 926, § 2°, do CPC). Ou seja, os enunciados poderão e deverão ser aplicados a casos com mesmo substrato fático dos casos que lhes precederam. Esse ponto possui importância sobretudo no que diz respeito à fundamentação das decisões judiciais, conforme art. 489, § 1°.

A formação de precedentes qualificados visa garantir a ideia de segurança jurídica, tendo em vista os efeitos de natureza vinculante que passam a ser extraídos dessa sistemática processual.

Por conta disso, quando houver proposta de alteração da tese jurídica adotada em enunciado de súmula ou em julgamento de casos repetitivos (técnica que é conhecida como *overruling* ou, traduzida, como *superação*) o julgamento poderá ser precedido de audiências públicas e da participação de pessoas, órgãos ou entidades que possam contribuir para a rediscussão da tese (art. 927, § 2°, do CPC). A participação dos *amicus curiae* e de outras entidades interessadas na alteração da tese, conforme fica claro da leitura do dispositivo mencionado, não será obrigatória, mas meramente facultativa.

Quando um Tribunal Superior procede à reanálise de um Tema repetitivo, seja para estabelecer eventual *distinguishing*, seja para cuidar de eventual *overruling*, a Corte não se encontra presa à tese anteriormente fixada, tampouco possui obrigação de admitir o *distinguishing* ou o *overruling*. A tese inicial pode ser mantida e reafirmada, inclusive com adições de conteúdo.

Esse é justamente o caso que ocorreu com a proposta de revisão do Tema 692 do STJ, onde se reafirmou a tese sobre a devolução de valores correspondentes a benefícios previdenciários concedidos em tutela antecipada cassada por decisão judicial posterior.

Eis a tese inicial, firmada pela Primeira Seção no julgamento do REsp 1.401.560/MT (DJe de 13/10/2015): "A reforma da decisão que antecipa a tutela obriga o autor da ação a devolver os benefícios previdenciários indevidamente recebidos".

Conforme anotações que do próprio do site do STJ e do voto do Ministro Relator no exame da revisão de tese, a tese jurídica originalmente fixada no Tema 692 deixou consignadas algumas matérias que deveriam ser observadas e debatidas de modo mais amplo, especialmente quanto à possível configuração de *distinguishing,* quais sejam:

> a) tutela de urgência concedida de ofício e não recorrida; b) tutela de urgência concedida a pedido e não recorrida; c) tutela de urgência concedida na sentença e não recorrida, seja por agravo de instrumento, na sistemática processual anterior do CPC/1973, seja por pedido de suspensão, conforme o CPC/2015; d) tutela de urgência concedida initio litis e não recorrida; e) tutela de urgência concedida initio litis, cujo recurso não foi provido pela segunda instância; f) tutela de urgência concedida em agravo de instrumento pela segunda instância; g) tutela de urgência concedida em primeiro e segundo graus, cuja revogação se dá em razão de mudança superveniente da jurisprudência então existente; h) tutela de urgência concedida e cassada, a seguir, seja em juízo de reconsideração pelo próprio juízo de primeiro grau, ou pela segunda instância em agravo de instrumento ou mediante pedido de suspensão; i) tutela de urgência cassada, mesmo nas situações retratadas anteriormente, mas com fundamento expresso na decisão de que houve má-fé da parte ou afronta clara a texto de lei, como no caso das vedações expressas de concessão de medida liminar ou tutela antecipada.

Além disso, também se fez menção às inovações legislativas introduzidas pela Medida Provisória 871/2019 e pela Lei 13.846/2019, bem como ao posicionamento do STF em sentido contrário, os quais poderiam ter o condão de configurar *distinguishing* ou *overruling*.

Todavia, o STJ acabou reafirmando a tese jurídica contida no Tema 692, promovendo inclusive acréscimo redacional para adequar o tema à nova legislação de regência: "A reforma da decisão que antecipa os efeitos da tutela final obriga o autor da ação a devolver os valores dos benefícios previdenciários ou assistenciais recebidos, o que pode ser feito por meio de desconto em valor que não exceda 30% (trinta por cento) da importância de eventual benefício que ainda lhe estiver sendo pago".

Os diversos possíveis *distinguishing* que foram indicados foram expressamente descartados; tais variações processuais foram consideradas como compreendidas na tese principal, sem que se reconhecesse qualquer distinção do ponto de vista normativo.

Quando a possibilidade de alteração de jurisprudência se referir à jurisprudência dominante do STF e dos demais Tribunais superiores, bem como daquela oriunda de julgamento de casos repetitivos – a exemplo do IRDR -, poderá haver modulação dos efeitos da alteração, em virtude do interesse social e da segurança jurídica (art. 927, § 3º).

Apesar de a norma processual não obrigar à modulação de efeitos da decisão que altera a jurisprudência assentada, pode-se afirmar que os Tribunais têm sido bastante conscientes de sua missão de assegurar segurança jurídica e estabilidade às relações sociais e, desta forma, têm sido frequentes as hipóteses de modulação de efeitos de decisões proferidas em sede de recursos repetitivos (apesar da ausência de obrigatoriedade).

Quando há reafirmação de tese (e não alteração daquela que era dominante) não há necessidade de modulação de efeitos. Nesse sentido o STJ decidiu ao reafirmar a tese contida no Tema 692, argumentando que essa situação não se enquadra expressamente no art. 927, § 3º, do CPC.

A modificação de enunciado de súmula, de jurisprudência pacificada ou de tese adotada em julgamento de casos repetitivos observará a necessidade de fundamentação adequada e específica, considerando os princípios da segurança jurídica, da proteção da confiança e da isonomia (927, § 4º).

A fim de que os precedentes qualificados sejam amplamente conhecidos pela comunidade jurídica, os tribunais lhes darão publicidade, organizando-os por questão jurídica decidida (os Temas), com divulgação preferencial pela rede mundial de computadores (art. 927, § 5º).

O artigo 928 do CPC define que a sistemática de casos repetitivos abrange apenas as decisões proferidas no âmbito do IRDR e dos recursos especial e extraordinário repetitivos – temas que serão tratados adiante, em tópicos próprios deste livro.

De outra parte, também é delimitado que o julgamento de casos repetitivos tem por objeto apenas questões de direito, seja de material ou de direito processual. O art. 928, p. único, do CPC, objetiva excluir da sistemática de casos repetitivos a apreciação de matéria de fato, o que é coerente com a ideia de formação de precedentes qualificados.

Além de tudo que foi exposto nos parágrafos anteriores, o CPC estabelece aos magistrados não apenas função jurisdicional, mas também lhes atribui uma certa responsabilidade pela *gestão processual* (SILVA, 2010), o que repercute na sistemática dos recursos repetitivos com força vinculante, mas também na repercussão geral e no Incidente de Resolução de Demandas Repetitivas.

Tudo isso impõe aos tribunais uma nova forma de realizar sua atividade jurisdicional, a qual perpassa o exame de todos os recursos em espécie, que serão analisados a partir dos próximos capítulos.

Apesar de o CPC/2015 ter sido estruturado a partir dessa concepção de Direito Jurisprudencial (artigos 926 a 928), bem como na perspectiva do sistema de precedentes judiciais, é interessante assinalar que recentemente os Tribunais Superiores têm flexibilizado essa dinâmica rígida de formação de precedentes e de atenção à primazia do julgamento de mérito.

Nesse sentido podemos considerar o Tema 1.015, no STJ, e o Tema 1.066, no STF, onde se consagrou a possibilidade de, respectivamente, celebração de negócio jurídico processual e homologação de acordo, para fins de solução consensual de conflitos, mesmo no âmbito da jurisdição excepcional (esses assuntos serão melhor desdobrados no item 5.3.5).

3. DO REGISTRO À DISTRIBUIÇÃO (ARTS. 929 A 931)

Interposto o recurso, no primeiro grau ou no próprio Tribunal, conforme o caso, serão os autos registrados no protocolo do respectivo tribunal no dia de sua entrada, cabendo à secretaria sua imediata distribuição.

O CPC/73 não mencionava a necessidade de imediata distribuição, e era recorrente o represamento de recursos cíveis nos Tribunais, os quais não eram sequer distribuídos. Atende-se assim, portanto, ao comando constitucional previsto no art. 93, inciso XV, da Carta Magna (conforme redação dada pela Emenda Constitucional 45/04), que determina a imediata distribuição dos recursos nos tribunais.

Mesmo antes da alteração promovida pela Emenda Constitucional 45/04 a legislação processual civil já contemplava a distribuição imediata dos recursos no caso de processos envolvendo adoção e destituição de poder familiar, conforme art. 199-C, da Lei 8.069/90:

> Art. 199-C. Os recursos nos procedimentos de adoção e de destituição de poder familiar, em face da relevância das questões, serão processados com prioridade absoluta, devendo ser imediatamente distribuídos, ficando vedado que aguardem, em qualquer situação, oportuna distribuição, e serão colocados em mesa para julgamento sem revisão e com parecer urgente do Ministério Público.

Os serviços de protocolo, a critério do tribunal, poderão ser descentralizados, mediante delegação dessa atribuição aos ofícios e secretarias de primeiro grau. Essa medida é importante, pois visa facilitar o acesso à justiça, evitando deslocamentos, muitas vezes longínquos, até a sede dos tribunais.

A distribuição dos processos será feita de acordo como regimento interno do tribunal, observando-se a alternatividade, o sorteio eletrônico e a publicidade (art. 930).

A distribuição, como se vê, é feita mediante sorteio eletrônico, de modo que se revezem os relatores sorteados para capitanear a análise dos processos e recursos que chegam aos tribunais. Esse procedimento de distribuição, ademais, deve obedecer aos ditames da publicidade, consoante previsto no art. 37, *caput*, e 93, IX, ambos da Constituição Federal.

O CPC faz menção à distribuição em conformidade ao regimento interno de cada tribunal. Vale ressaltar que o regimento interno não pode criar dispositivos processuais não previstos em lei; trata-se de mera organização interna, como por exemplo divisão de competências internas conforme as matérias tratadas (divisão da corte em seções especializadas em matéria cível e matéria penal, por exemplo), e a distribuição obviamente observará tais disposições: um apelação cível só será distribuída, prosseguindo nesse exemplo, para os Desembargadores que compuserem a seção cível do Tribunal, excluindo-se do sorteio os relatores que compuserem a seção destinada à matéria penal.

Compete ao regimento interno dos tribunais, também, definir qual o desembargador e o órgão interno responsáveis pelo sorteio e distribuição dos processos. Normalmente essa incumbência é privativa do presidente ou vice-presidente da Corte, e há normalmente uma Secretaria responsável pelas práticas cartorárias dessa atribuição.

A menção a sorteio *eletrônico* busca assegurar moralidade (art. 37, *caput*, da CF) à distribuição dos processos nos tribunais, evitando sorteios manuais e, portanto, temerários.

O primeiro recurso protocolado no tribunal torna prevento o relator para eventual recurso subsequente no mesmo processo ou em processo conexo (art. 930, p. único). Embora aqui tenhamos uma regra nova, sem paralelo no CPC/73, trata-se de prática já adotada na maior parte dos Tribunais, trazendo para o âmbito recursal as disposições relativas à prevenção aplicáveis ao primeiro grau (art. 286, I e II, do CPC/15).

O STJ já decidiu que a distribuição por prevenção em grau recursal não é obrigatória se os processos conexos não tramitarem conjuntamente no mesmo juízo do primeiro grau de jurisdição. Além disso, o reconhecimento de eventual nulidade tem natureza relativa, exigindo a demonstração de efetivo prejuízo (STJ, 3ª Turma, REsp nº 1834036/SP, Rel. Min. Nancy Andrighi, j. 26.5.2020).

A Corte fundamentou esse julgamento na Súmula 235 do STJ (segundo a qual a reunião não é indispensável quando uma das ações conexas já foi julgada), no REsp 691.530 – onde se definiu que que a opção de não reunir os processos não implica nulidade se não resultar em prejuízo aos litigantes – bem como na sólida jurisprudência do STJ de que, quando se trata da distribuição de recursos especiais na corte, a competência possui natureza relativa, e não absoluta.

Distribuídos os autos ao relator, serão *imediatamente* encaminhados a seu Gabinete, também em atenção à regra constitucional prevista no art. 93, XV, da CF.

O art. 931 ainda estabelece o prazo de 30 dias para que o relator elabore o voto e devolva os autos à Secretaria, já com relatório. Esse tipo de prazo normalmente é considerado *prazo impróprio*, quer dizer, que não estabelece sanções pelo descumprimento (normalmente voltados às autoridades públicas, como juízes e membros do Ministério Público), mas é louvável a tentativa do CPC/15 de imprimir celeridade aos julgamentos no âmbito dos tribunais.

No CPC/15 foi eliminada a figura do *revisor*, prevista no art. 551 do antigo CPC, o que também se destina à garantia de celeridade dos processos nos Tribunais.

O STJ entende que o CPC/2015 não extinguiu a figura do Ministro revisor nas ações rescisórias, revisões criminais e ações penais de sua competência originária, pois continua em pleno vigor o artigo 40 da Lei 8.038/90, pois se trata de legislação específica (STJ, Corte Especial, AR 5241, Rel. Min. Mauro Campbell Marques).

De outra parte, ainda que o CPC/2015 determine que os autos serão imediatamente remetidos ao gabinete do relator, quem terá 30 dias para elaboração do voto e imediata remessa do *relatório* para a Secretaria do Tribunal, não se pode perder de vista que é possível que sejam necessárias outras medidas preliminares à elaboração de relatório e pedido de inclusão do processo em pauta de julgamento.

Analisaremos, pois, no tópico seguinte, os vários poderes conferidos ao relator do recurso.

4. PODERES DO RELATOR (ARTS. 932 E 933)

Como se afirmou na introdução, a atividade essencial dos tribunais é o julgamento dos recursos, sendo mínima a atividade procedimental se comparada àquela realizada pelo primeiro grau de jurisdição, onde o processo é formado e instruído antes do primeiro julgamento.

A despeito disso, é certo que pode ocorrer algum nível de andamento processual nos tribunais, e isso fica a cargo do relator sorteado para capitanear a análise do recurso. Seus poderes-deveres são descritos essencialmente nos arts. 932 e 933 do CPC.

A regra geral, portanto, é de que incumbe ao relator "dirigir e ordenar o processo no tribunal, inclusive em relação à produção de prova, bem como, quando for o caso, homologar a autocomposição das partes" (art. 932, I, do CPC).

Ao relator, portanto, compete presidir o recurso no âmbito do tribunal, inclusive em relação à produção de prova, o que é uma inovação trazida com o CPC/15, inexistente no CPC anterior, e que deve funcionar sobretudo no processamento do recurso de apelação (conforme será tratado no capítulo específico).

O art. 932, I, reserva ao relator a homologação da autocomposição das partes, o que enseja dúvida sobre a possibilidade de delegação dessa atividade para as Centrais, Núcleos ou Gabinetes de Conciliação (órgãos normalmente descentralizados) existentes nos Tribunais, conforme permissão da Resolução nº 125/2010, do CNJ. Acredita-se que não haverá problema de compatibilidade e a gestão da atividade de conciliação e mediação de processos nos tribunais continue a ser desempenhada por tais órgãos.

No âmbito das Turmas Recursais de Juizados Especiais Cíveis e Juizados Especiais Federais, caberá ao Juiz Relator, nos termos da Lei 13.994/2020, c.c. art. 932, I, do CPC/15, a homologação da composição das partes, quando realizada através de audiência não presencial. Na mesma linha do parágrafo acima, essa faculdade pode ser delegada aos setores (descentralizados) de conciliação.

Cabe ao relator analisar o pedido de tutela provisória nos recursos e processos de competência originária do tribunal (art. 932, II), o que se dá, respectivamente, nos termos dos arts. 995, p. único, e 294, do CPC.

Será o relator o responsável por não conhecer de recurso inadmissível, prejudicado ou que não tenha impugnado especificamente os fundamentos da decisão recorrida (art. 932, III). Recurso inadmissível é aquele intempestivo, por exemplo; recurso prejudicado, exemplificando, é o agravo de instrumento que impugna decisão interlocutória de processo posteriormente sentenciado, ensejando sua perda de objeto.

A última hipótese tratada no art. 932, III, do CPC diz respeito ao recurso que apresente razões divorciadas da decisão recorrida: a sentença julga improcedente o pedido em razão de prescrição ou decadência, mas o apelo sustenta que o direito está comprovado pelas provas constantes dos autos, por exemplo. No âmbito específico do STJ e do STF há jurisprudência e súmulas específicas, como a Súmula 182, do STJ: "É inviável o agravo do art. 545 do CPC que deixa de atacar especificamente os fundamentos da decisão agravada".

O art. 932, incisos IV e V, traz hipóteses que se vinculam à atividade dos tribunais quanto à gestão processual e efetivação do sistema de recursos repetitivos.

No caso do art. 932, IV, o relator *negará provimento ao recurso* que for contrário a:

> a) súmula do STF, do STJ ou do próprio tribunal;
>
> b) acórdão proferido pelo STF ou STJ no julgamento de recursos repetitivos;
>
> c) entendimento firmado em incidente de resolução de demandas repetitivas ou de assunção de competência.

Já a previsão do art. 932, V, depois de facultada a previsão de contrarrazões, permite ao relator *dar provimento ao recurso* se a decisão recorrida for contrária a:

> a) súmula do STF, do STJ ou do próprio tribunal;
>
> b) acórdão proferido pelo STF ou STJ no julgamento de recursos repetitivos;
>
> c) entendimento firmado em incidente de resolução de demandas repetitivas ou de assunção de competência.

Ressalte-se que apenas no segundo caso, previsto no art. 932, V, menciona-se ser facultativa a apresentação das contrarrazões; na hipótese prevista no art. 932, IV, sequer se cogita destas.

Há divergência doutrinária a respeito da possibilidade de interpretação ampliativa do cabimento da decisão monocrática prevista no art. 932, V. Discute-se se é possível o provimento monocrático do recurso não somente nos moldes ali descritos, mas também quando uniforme a jurisprudência, ainda que os tribunais não possuam súmula ou decisão em julgamento repetitivo ou incidente de resolução de demandas repetitivas (NEVES, 2016, p. 1.330).

De acordo com a Súmula 253, do STJ, que entendemos aplicável também sob a vigência do CPC/15, é cabível a decisão monocrática também no âmbito da remessa necessária. Assim, mantido esse entendimento, será aplicável à remessa oficial todo o leque de poderes do relator previsto no art. 932, do CPC, aqui discutido.

As possibilidades de decisão monocrática contempladas no art. 932, III a V, do CPC/15 não configuram obrigação ao Relator, mas mera faculdade:

> "Em princípio, cuida-se de simples faculdade do relator. Em lugar de exercer a competência inserida na regra, nada obsta que, adotando atitude mais conservadora, remeta o julgamento do recurso (e logo acode à mente a apelação) ao órgão fracionário do tribunal. Do ponto de vista da economia, semelhante abstenção parece incongruente; porém, a variedade dos fundamentos do ato atribuído ao relator recomenda, salvo engano, maior comedimento na abreviação do procedimento."
>
> (ASSIS, 2017, p. 357-358)

Destarte, diante da ideia de economia processual e de uma perspectiva de gestão processual inteligente, poderá o relator optar pela inclusão em pauta de determinado recurso ao invés de decidi-lo monocraticamente –

evitando assim a provável interposição de agravo interno contra referida decisão singular.

Não cabe decisão monocrática, entretanto, no agravo interno, pois este recurso é, justamente, o mecanismo processual voltado a assegurar o *princípio constitucional da colegialidade*.

Caso o *incidente de desconsideração da personalidade jurídica* tenha sido instaurado diretamente perante o tribunal, a competência para decidir-lhe será do relator (art. 932, VI).

Sobre este incidente, a propósito, a doutrina sinaliza com um questionamento prático relevante sobre a possibilidade de sua instauração diretamente no grau recursal.

Para uma primeira corrente, mais restrita, o incidente de desconsideração da personalidade jurídica não pode ser instaurado diretamente no âmbito recursal, pois as normas de competência originária dos tribunais são taxativas. Assim, este pedido deveria ser apresentado originariamente ao juízo de primeiro grau. Para esta primeira corrente, vale frisar, o chamado incidente de desconsideração tem natureza jurídica de demanda. A previsão do art. 932, VI, portanto, estaria restrita às hipóteses de competência originária dos tribunais, quando, então, o próprio tribunal fará o papel de instância de origem (VIEIRA, 2017, p. 165-166).

Para uma segunda corrente, mais flexível, o incidente de desconsideração da personalidade jurídica será deflagrado, na instância recursal, diretamente no tribunal competente para julgar o recurso, até porque este incidente é um acessório do procedimento principal (seguindo sua sorte) e o duplo grau de jurisdição não é absoluto (ROQUE, 2015, p. 436). A única ressalva, no entanto, diz respeito à impossibilidade de instauração do incidente em grau de recurso extraordinário ou especial, porque a competência do STF e do STJ é ditada pela Constituição, exclusivamente, inexistindo "qualquer disposição que atribua a esses tribunais de superposição competência para conhecer originariamente deste incidente processual" (CÂMARA, 2015, p. 434). Nestes casos, então, o incidente deve ser apresentado diretamente em primeiro grau.

Esta segunda vertente, mais flexível, parece ser a mais alinhada às previsões do CPC, inclusive a ressalva com relação aos recursos extraordinário e especial. A ela, portanto, este Manual adere explicitamente.

Compete ao relator requerer a manifestação do Ministério Público, quando for o caso (art. 932, VII), bem como exercer outras atribuições eventualmente previstas no regimento interno (art. 932, VIII).

Uma grande inovação constante do CPC de 2015 reside na possibilidade de *sanabilidade* do recurso, prevista especificamente no art. 932, p. único. Assim, antes de considerar o recurso como sendo inadmissível, o relator concederá prazo de 5 dias ao recorrente para que seja sanado o vício ou complementada a documentação exigível.

Essa medida é salutar e valoriza a *primazia do mérito* nos julgamentos pelos tribunais. Além disso, vincula-se a diversas disposições do CPC/15, como aquela trazida pelo art. 139, IX, (dever geral do magistrado de saneamento do processo) ou a regra do art. 938, § 1º (saneamento de vício processual do recurso antes de julgado pelo colegiado).

A sanabilidade do recurso é *dever* do magistrado, e não mera faculdade (Enunciado 82 do FPPC). A sanabilidade, ademais, por ausência de expressa previsão em sentido contrário, aplica-se a toda e qualquer forma de recurso, inclusive aos recursos excepcionais (Enunciado 197 do FPPC) – entendimento que é reforçado pelo art. 1.029, § 3º[1].

Defende-se a aplicação da medida prevista no art. 932, p. único, do CPC, também aos recursos interpostos antes da entrada em vigor do CPC/15 e ainda pendentes de julgamento, nos termos do art. 1.046. Neste sentido, encontra-se respaldo no enunciado 463 do FPPC.

Deixam de subsistir, dentre outros entendimentos a nosso ver equivocados, a Súmula 115 do STJ, que previa a inexistência de recurso especial interposto por advogado sem procuração nos autos, matéria perfeitamente sanável por ato posterior do recorrente.

Também se pode admitir a correção de outras modalidades de vício processual: a deserção ou insuficiência do recolhimento de custas pode ser suprida nos termos do art. 1.007 do CPC; eventuais lacunas na documentação necessária ao agravo de instrumento podem ser complementadas,

---

1. FLÁVIO CHEIM JORGE e THIAGO FERREIRA SIQUEIRA (2016, p. 640-641) chegam a cogitar a possibilidade de saneamento de vício processual em recurso especial ou embargos de divergência consistente em insuficiente ou inadequada demonstração da divergência jurisprudencial, ao invés da mais frequente inadmissão dessa modalidade de recurso.

nos termos do próprio art. 932, p. único, a título de exemplos não taxativos. Talvez apenas a tempestividade seja matéria insolúvel de correção no segundo grau.

Embora a decisão de sanabilidade do recurso esteja prevista, topograficamente, como poder do relator, é certo que poderá ser determinada também pelo colegiado, com fundamento no próprio art. 932, p. único, do CPC, mas também por analogia ao quanto previsto nos arts. 933, § 1º, e 938, § 4º, do mesmo diploma legal.

Todas as condutas destinadas ao relator previstas no art. 932, do CPC, são impugnáveis através da interposição do agravo interno, previsto no art. 1.021, do mesmo diploma legal.

4.1. Proibição da Decisão-Surpresa nos Tribunais

O último poder-dever dos relatores consta do art. 933, do CPC, e busca evitar a *decisão-surpresa*, na esteira da previsão geral do art. 10, do diploma processual civil.

O art. 933, do CPC/2015, possui a seguinte redação:

> *"Art. 933. Se o relator constatar a ocorrência de fato superveniente à decisão recorrida ou a existência de questão apreciável de ofício ainda não examinada que devam ser considerados no julgamento do recurso, intimará as partes para que se manifestem no prazo de 5 (cinco) dias."*

Quando o relator constatar a ocorrência de fato superveniente à decisão recorrida que interfira em seu julgamento, bem como verificar a existência de questão apreciável de ofício, mas ainda não examinada, *deverá* intimar as partes para que se manifestem a respeito no prazo de 5 dias.

Se a constatação desse tipo de matéria ocorrer durante a sessão de julgamento, a votação será imediatamente suspensa, a fim de que as partes se manifestem especificamente, havendo nova e posterior inclusão em pauta de julgamento daquele processo (art. 932, § 1º). SCARPINELLA BUENO (2016, p. 751), entretanto, defende que a possibilidade de manifestação possa ocorrer na própria sessão de julgamento, desde que presentes os patronos das partes, sendo retomado o julgamento ali mesmo, após a colhida das manifestações das respectivas defesas. Tem-se certa preocupação sobre a efetividade desse tipo de procedimento, preferindo-se a interrupção do julgamento para manifestação posterior, em que pese o inerente atraso em termos de celeridade dessa opção. O CPC/15, entretanto, não veda expressamente a possibilidade de retomada imediata do julgamento conforme preconizada por aquele ilustre doutrinador.

No caso da questão superveniente ou a matéria apreciável *ex officio* ser detectada em pedido de vista por outro Desembargador, este remeterá o processo ao relator do caso, para que tome as providências descritas no art. 933, *caput*. Neste caso, será necessária nova inclusão do feito em pauta de julgamento após a manifestação das partes (art. 933, § 2º).

A previsão do art. 933, do CPC, consiste em aplicação específica, no âmbito dos Tribunais, da regra contida no art. 10, também do CPC, a respeito da proibição da *decisão-surpresa*, que conta com a seguinte dicção:

> "Art. 10. O juiz não pode decidir, em grau algum de jurisdição, com base em fundamento a respeito do qual não se tenha dado às partes oportunidade de se manifestar, ainda que se trate de matéria sobre a qual deva decidir de ofício."

O art. 10 dispõe expressamente que, em nenhum grau de jurisdição, o que abrangeria também os Tribunais, se pode decidir com base em fundamento a respeito do qual não se deu às partes oportunidade de manifestação, ainda que se trate de matéria sobre a qual se deva decidir de ofício.

No âmbito dos Tribunais, entretanto, esse dispositivo possui interpretação limitada e específica, em virtude da disposição do art. 933, já transcrito acima. Embora o art. 10 pretenda uma aplicação radical do princípio do contraditório, o art. 933, de aplicação específica para os Tribunais, impõe uma interpretação mais limitada do princípio da proibição de *decisão-surpresa*.

Conforme os termos do art. 933, a oportunidade de manifestação às partes deve ser interpretada restritivamente, abrangendo unicamente o fato novo e a matéria de ordem pública não apreciada. Não há o alcance da necessidade de intimação das partes para manifestação a respeito de todo e qualquer fundamento. Não se deve estender a intimação das partes, a fim de se manifestarem, para situações diversas dessas mencionadas expressamente no art. 933.

> Nesse sentido, veja-se o posicionamento do STJ:
>
> "EMBARGOS DE DECLARAÇÃO. OMISSÃO. OBSCURIDADE. CONTRADIÇÃO. INEXISTÊNCIA. PRINCÍPIO DA NÃO SURPRESA. AUSÊNCIA DE OFENSA. EFEITOS MODIFICATIVOS. USO DE EMBARGOS DECLARATÓ-

> RIOS PARA CONFORMAÇÃO A JULGAMENTO EM REPETITIVO. APLICAÇÃO RESTRITIVA.
>
> (...)
>
> 2. O "fundamento" ao qual se refere o art. 10 do CPC/2015 é o fundamento jurídico – circunstância de fato qualificada pelo direito, em que se baseia a pretensão ou a defesa, ou que possa ter influência no julgamento, mesmo que superveniente ao ajuizamento da ação – não se confundindo com o fundamento legal (dispositivo de lei regente da matéria). A aplicação do princípio da não surpresa não impõe, portanto, ao julgador que informe previamente às partes quais os dispositivos legais passíveis de aplicação para o exame da causa. O conhecimento geral da lei é presunção *jure et de jure*. (...) 5. Embargos de declaração rejeitados."
>
> (STJ, 4ª Turma, EDcl no REsp 1.280.825/RJ, v.u., j. 27.06.2017, DJe 01.08.2017)

Conforme os fundamentos contidos no REsp 1.280.825/RJ, não se deve interpretar o art. 933 de sorte que se exija do julgador o adiantamento de seu provimento jurisdicional, informando quais dispositivos de lei federal específicos irá aplicar, configurando um verdadeiro pré-julgamento da causa.

Nesse julgamento o STJ acentuou a diferença entre *fundamento jurídico*, que envolve também o substrato fático da causa, e o *fundamento legal*, que consiste unicamente no dispositivo legal ou grupo de dispositivos legais aplicáveis. Ademais, posicionou-se no sentido da desnecessidade de o magistrado responsável pelo processo proferir um "despacho prévio à sentença enumerando todos os dispositivos legais possivelmente em tese aplicáveis para a solução da causa".

Nessa linha de raciocínio, o STJ consignou que "os fatos da causa devem ser submetidos ao contraditório, não o ordenamento jurídico, o qual é de conhecimento presumido não só do juiz (*iura novit curia*), mas de todos os sujeitos ao império da lei, conforme presunção *jure et de jure* (art. 3º, da LINDB)".

Por fim, no REsp 1.280.825/RJ, o STJ estabeleceu que "a subsunção dos fatos à lei deve ser feita pelo juiz no ato do julgamento, e não previamente, mediante a pretendida submissão à parte, pelo magistrado, dos dispositivos legais que possam ser cogitados para a decisão do caso concreto". No caso de discordância com o resultado do julgamento, ainda de acordo com o STJ, "da sentença, que subsumiu os fatos a este ou àquele artigo de lei, caberá toda a sequência de recursos prevista o novo Código de Processo Civil".

Em relação aos Tribunais Superiores, ademais, a necessidade de intimação das partes, nos moldes do art. 933, do CPC, também deve respeitar a exigência de prequestionamento, nos termos da Súmula 282, do STF, e outras igualmente aplicáveis.

Em outras palavras: os recursos especial e extraordinário só são admitidos pelo STJ e STF, respectivamente, quando presente, além dos demais requisitos de admissibilidade desses recursos, o prequestionamento, em razão de diversos fatores explorados com exaustão no Capítulo 6 da Parte II.

Não se poderá ampliar o âmbito de devolutividade desses recursos, mediante aplicação do art. 933 do CPC, para além daquilo que já foi prequestionado, ou seja, debatido pelo acórdão recorrido, nos termos da Súmula 282 do STF, em virtude do papel diferenciado que a Constituição Federal estabelece para o STF e STJ.

Em conclusão, portanto, verifica-se que o art. 933, do CPC/2015, é uma forma de restrição, por se tratar de aplicação específica, do art. 10, do CPC, onde consta o *princípio da vedação à decisão surpresa*. No âmbito dos Tribunais a proibição de decisão-surpresa é aplicável, mas de forma contida, nos termos acima delineados.

5. DESIGNAÇÃO DE DATA DE JULGAMENTO (ARTS. 934 A 936)

Inocorrentes as hipóteses previstas no art. 932, incisos III a V, ou realizados, se necessário, os demais atos processuais previstos nos arts. 932 e 933, do CPC, os autos serão apresentados pelo relator ao presidente do respectivo órgão colegiado, que designará dia para julgamento, sendo a pauta de julgamento publicada no Diário Oficial.

Não é, efetivamente, o Presidente do Tribunal ou o Presidente do órgão fracionário do Tribunal quem determina a inclusão do feito em pauta de julgamento. Na realidade, trata-se de rotina cartorária realizada pela Secretaria do correspondente órgão fracionário, conforme uma escala pré-ordenada, não existindo essa discricionariedade ao Presidente do colegiado que a dicção do art. 933 do CPC/15 parece indicar existir (ASSIS, 2017, p. 378).

Não há mais a figura do *revisor* nos recursos cíveis, então, após a devolução dos autos pelo relator, o presidente imediatamente designará a data de julgamento do respectivo recurso.

Entre a data da publicação da pauta e a data da sessão de julgamento deve haver um intervalo mínimo de 5 dias, necessário a assegurar às partes e patronos a possibilidade de comparecimento à Corte para acompanhamento do julgamento, apresentação de memoriais ou realização de sustentação oral.

Os processos pautados poderão ser adiados. No caso de serem adiados para a primeira sessão de julgamento seguinte não há necessidade de nova inclusão em pauta de julgamento. Entretanto, caso tenham sido adiados *sine die* (sem indicação de nova data para julgamento), haverá a necessidade de nova inclusão em pauta de julgamento e publicação desta no órgão oficial, nos termos do art. 935.

Às partes é facultado o acesso aos autos, em cartório, mesmo após sua inclusão em pauta de julgamento e publicação da pauta no Diário Oficial. Essa medida é importante, porque permite às partes e patronos rever, nos próprios autos, os elementos que julgarem necessários à apresentação de memoriais ou à realização de sustentação oral, sobretudo rememorar a matéria fática. A garantia expressa prevista no art. 935, § 1º é importante, pois muitos tribunais e suas serventias tem por hábito vedar esse tipo de prerrogativa, sob argumento de prejudicar o andamento da preparação da sessão de julgamento.

O art. 935, § 2º, repete a providencia administrativa constante no CPC/73 da relação de pauta ficar afixada na entrada da sala em que se realizar a sessão de julgamento.

A ausência ou irregularidade na publicação da pauta de julgamento pode ensejar, conforme o caso, nulidade ou anulabilidade do próprio julgamento, ainda que não exista previsão de sustentação oral. Nesse sentido, muito prudentes os Enunciados 84 e 198, do FPPC.

O art. 936, do CPC, estabelece que, salvo preferências legais (como processos de réus presos ou pedidos de *habeas corpus*) ou regimentais, os recursos, a remessa necessária e os processos de competência originária serão julgados na seguinte ordem: a) aqueles nos quais houver sustentação oral, observada a ordem dos requerimentos; b) os processos onde houver pedido de preferência apresentados até o início da sessão de julgamento perante a respectiva secretaria; c) aqueles processos cujo julgamento tenha sido iniciado em sessão anterior e, após, os demais casos, os quais são julgados normalmente a partir de listas numéricas ou, às vezes, em blocos temáticos.

Sublinhe-se que esse tipo de procedimento (ordem de julgamento dos processos na sessão de julgamento) já era observado pela maioria dos regimentos internos de tribunais e efetivamente posto em prática pelas respectivas secretarias.

O STF tem se valido do espaço de *plenários virtuais*, disciplinados por seu Regimento Interno, onde é analisada a configuração da repercussão geral de determinado tema constitucional, sem que ocorra efetivamente uma sessão de julgamento: o tema constitucional é relatado e apresentado aos demais Ministros apenas no ambiente virtual, onde são colhidos os votos pela existência ou não de repercussão geral da questão constitucional, durante determinado período de tempo, sem que exista uma sessão de julgamento específica.

6. SESSÃO DE JULGAMENTO E SUSTENTAÇÃO ORAL

O art. 937 disciplina a forma de realização da sessão de julgamento e, sobretudo, a sustentação oral.

Assim, quando cabível a sustentação oral, após o relator apresentar o relatório do processo, o presidente do órgão colegiado dará a palavra ao recorrente e, após, à parte recorrida. Se for o caso, permitirá a manifestação do Ministério Público, todos pelo prazo improrrogável de 15 minutos.

A sustentação oral só é possível, no CPC/15, nas seguintes hipóteses: recurso de apelação, recurso ordinário, recurso especial, recurso extraordinário, embargos de divergência, ação rescisória, mandado de segurança, reclamação, agravos de instrumento unicamente quando se tratar de tutelas provisórias.

O rol acima, estabelecido pelo art. 937 do CPC, não é taxativo, e é possível que outras leis ou o regimento interno do tribunal prevejam também outras hipóteses de cabimento de sustentação oral.

Nesse sentido, observa-se que a Lei 14.365/2022, que alterou o CPC e a Lei 8.906/1994, aprimorou a previsão do cabimento da sustentação oral.

O art. 937 estabelece quais os recursos e ações originárias comportam a sustentação oral; a alteração legislativa trazida pela Lei 14.365/2022 passou a assegurar que caberá sustentação oral também no julgamento do recurso interposto (agravo interno ou embargos de declaração) contra a decisão monocrática de relator que julgar o mérito ou não conhecer dos seguintes recursos ou ações: recurso de apelação; recurso ordinário; recurso especial; recurso extraordinário; embargos de divergência e, finalmente, ação rescisória, mandado de segurança, reclamação, habeas corpus e outras ações de competência originária.

Ou seja, passou a haver uma simetria entre a apreciação do recurso principal (cujo rol é listado acima) e do agravo interno ou embargos de declaração interpostos contra decisão monocrática que porventura tenha julgado o mérito ou deixado de conhecer do recurso principal, sendo que em ambos os casos caberá a realização de sustentação oral.

Nos processos de competência originária dos tribunais previstos no art. 937, VI (a saber ação rescisória, mandado de segurança e reclamação), caberá sustentação oral também no julgamento do agravo interno interposto contra decisão do relator que a houver extinto sem apreciação do mérito. A ressalva é importante diante da relevância das ações originárias de tribunais, visto que, em regra, não é cabível sustentação oral em agravo interno.

A Lei 13.676, de 11.06.2018, alterou o rito do Mandado de Segurança (art. 16 da Lei 12.016/2009), permitindo, nos casos de competência originária dos tribunais, a sustentação oral na sessão de julgamento do mérito ou do pedido liminar.

Embora a Lei 13.676/2018 mencione sustentação oral apenas em relação à apreciação colegiada do pedido liminar entende-se igualmente cabível esse ato processual no caso de agravo interno (art. 1.021 do CPC) interposto contra a decisão que tenha indeferido essa modalidade de liminar pleiteada no âmbito do mandado de segurança originário de Tribunais. Um agravo interno desse tipo terá como objeto do pedido e interesse processual justamente os mesmos versados no requerimento da liminar apresentada quando da impetração do mandado de segurança originário.

Impedir a possibilidade de defesa oral nesse caso, somente pelo motivo de se tratar de mecanismo processual diverso, mas dotado do mesmíssimo objeto do pedido, seria criar notória e indesejada contradição processual. Querela meramente abstrata e formal, academicismo que o CPC/2015 buscou banir em prol da *primazia do julgamento do mérito* e da concepção de efetividade da prestação jurisdicional.

Para dar efetividade ao que se defende aqui (sustentação oral também no agravo interno contra liminar indeferida no mandado de segurança originário), compreendemos que bastaria apenas aos Tribunais efetuarem uma singela alteração regimental ou ocorrer o deferimento, pelos Relatores, de pedidos nesse sentido.

No incidente de resolução de demandas repetitivas a sustentação oral observará procedimento específico do art. 984, do CPC.

O advogado interessado em realizar sustentação oral deverá procurar a respectiva secretaria até o início da sessão de julgamento, a fim de que o processo seja julgado preferencialmente (sem prejuízo das prioridades legais, como processos com réus presos, *habeas corpus* ou mandados de segurança).

O art. 937, § 4º, assegura importante prerrogativa aos advogados que residirem em cidade diversa daquela onde está a sede do tribunal, permitindo a realização de sustentação oral através de videoconferência ou qualquer outro meio eletrônico suficiente à transmissão de sons e imagens em tempo real. Para tanto, exige-se apenas que o requerimento seja efetuado até o dia anterior à sessão de julgamento.

Os tribunais têm editado normas internas, no regimento interno ou normas isoladas, para o devido tratamento desta matéria, sobretudo os aspectos propriamente tecnológicos da realização de sustentação oral através de videoconferência.

Alguns tribunais têm exigido ou permitido a utilização de sustentações orais "gravadas" nas mídias digitais. Essa medida, a nosso ver, parece não contemplar efetivamente a finalidade de uma sustentação oral, que é a de chamar a atenção, *in loco* e *in casu*, para os principais pontos – sobretudo fáticos – da demanda, bem como requerer "*a partes*" e formular pedidos de *questão de ordem*. Assim, pode ocorrer eventual violação ao princípio do devido processo legal.

O STJ decidiu que Ministro que perdeu o início de um julgamento com sustentações orais não pode participar de sua continuação (STJ, Corte Especial, Questão de Ordem no EREsp 1.447.624, Rel. Min. Og Fernandes, j. 15.08.2018). A decisão foi fundamentada nos princípios do juízo natural (art. 5º, inciso LIII, da Constituição Federal), da *não surpresa nos julgamentos* (art. 10, do CPC) e do devido processo legal (art. 5º, LIV, da Constituição Federal).

A ideia defendida pelo STJ vai no sentido de que os jurisdicionados devem ter conhecimento sobre quem serão os julgadores de seu processo de antemão, e esse colegiado não poderá ser arbitrariamente alterado.

Embora o STJ tenha se referido especificamente à impossibilidade de Ministros participarem da continuidade do julgamento quando perderam a sustentação oral, compreendemos que a mesma ressalva se aplica aos Desembargadores no âmbito dos Tribunais de Justiça, Tribunais Regionais Federais e Tribunais Regionais do Trabalho, bem como aos membros de Turmas ou Colégios Recursais, no âmbito dos Juizados Especiais Cíveis ou Federais, pelos mesmos e adequados fundamentos.

O STJ tem o entendimento de que[2], no momento da sustentação oral, e antes de o relator proferir o seu voto, o advogado tem a possibilidade de esclarecer todas as questões de fato e de apontar todas as matérias que lhe pareçam relevantes, conforme previsto no art. 937 do CPC. Porém, encerrada a sustentação oral, passa-se a um outro momento do julgamento, oportunidade em que somente serão proferidos os votos, inicialmente pelo relator e, após, pelos demais julgadores que compõem a turma julgadora, sem nova oportunidade de manifestação oral a respeito de questões de fato. Essa dinâmica, segundo o STJ, não viola o direito previsto no artigo 7º, inciso X, da Lei 8.906/04 (fazer uso da palavra em juízo ou tribunal, mediante intervenção sumária, para esclarecer equívoco ou dúvida que influam no julgamento).

A partir de 2020, sobretudo em virtude da paralisação de atividades presenciais nos fóruns e tribunais, em decorrência da crise sanitária tratada no Decreto Legislativo 6/2020, o Poder Judiciário aderiu à realização intensiva de sessões de julgamento realizadas virtualmente, isto é, através do uso de mecanismos de tecnologia da informação e comunicação – TIC.

7. JULGAMENTO, PEDIDO DE VISTA E ACÓRDÃO

O art. 940 regulamenta e limita a forma como se dará o pedido de vista nos julgamentos colegiados.

Assim, no caso de o relator ou outro juiz não se considerar habilitado a proferir imediatamente seu voto, poderá solicitar vista do processo pelo

2. STJ, 3ª Turma, REsp 1.643.012, Rel. Min. Nancy Andrighi, j. 26.06.2018.

prazo máximo de 10 dias, após o que o recurso será reincluído em pauta para julgamento, na sessão seguinte à data da devolução.

O CPC/15 inova ao estabelecer a possibilidade de pedido de vista pelo próprio relator, o que só se compreende diante de arguições novas formuladas pelas partes em sustentação oral. Outrossim, também inova ao fixar prazo máximo para apreciação do processo em pedido de vista, estabelecido em 10 dias, com o que se espera que acabem os julgamentos intermináveis em virtude de sucessivos pedidos de vista.

Nessa mesma linha, o art. 940, § 1°, determina que se os autos não forem devolvidos tempestivamente ou se não for solicitada pelo juiz prorrogação de prazo de no máximo 10 dias, o presidente do órgão fracionário os requisitará para julgamento do recurso na sessão ordinária subsequente, com publicação da pauta em que for incluído.

Observa-se, aqui, que a inclusão *forçosa* em nova pauta de julgamento só se dá nos "órgãos fracionários", isto é, Turmas, Câmaras ou Seções de julgamento, sendo inviável esse procedimento no Órgão ou Corte Especial dos Tribunais, bem como no Tribunal Pleno, no STF.

No caso da inclusão *forçosa* em nova pauta de julgamento, se o juiz que fez o pedido de vista ainda não se sentir habilitado a votar, o presidente convocará substituto para proferir voto em seu lugar, na forma prevista pelo respectivo regimento interno do tribunal.

Após proferidos todos os votos, o presidente do órgão colegiado anunciará o resultado do julgamento, designando para redigir o acórdão o relator ou, se este tiver ficado vencido, o autor do primeiro voto vencedor, geralmente conhecido como *voto condutor* (art. 941, *caput*).

Inovando em relação ao regime processual anterior, o voto poderá ser alterado até o momento da proclamação do resultado pelo presidente, salvo aquele já proferido por juiz afastado ou substituído (art. 941, § 2°).

Na ADI 5.399 (em Questão de Ordem), o STF deu importante interpretação ao artigo 941, § 1°, do CPC, a qual é a mais adequada à preservação da segurança jurídica. Vejamos.

O Regimento Interno do STF estabelece, para os julgamentos realizados em Plenário Virtual, que havendo pedido de destaque de algum dos Ministros o processo será deslocado para o plenário físico, onde prosseguirá presencialmente o julgamento.

Na referida ADI 5.399 o Pleno do STF decidiu que esse retorno do processo ao plenário físico pode ocorrer, inclusive com a possibilidade de alteração dos votos dos Ministros, desde que anterior à conclusão do julgamento, mas deverão ser preservados os votos dos Ministros aposentados.

É inafastável o relevante papel desempenhado pelo Regimento Interno dos Tribunais; porém, essa adaptação procedimental, especialmente quando relativa aos atos praticados por meios eletrônicos, mas estes devem se conjugar com as disposições do CPC, nunca podendo sobrepujar as disposições legais, a exemplo do mencionado art. 941, § 1º, do estatuto processual.

No julgamento do recurso de apelação ou de agravo de instrumento, a decisão será tomada, no órgão colegiado, pelo voto de 3 juízes. No caso do recurso especial ou do recurso extraordinário, conforme respectivos regimentos internos de STJ e STF, o quórum é maior, pois as turmas são compostas por mais do que 3 Ministros.

Outra inovação relevante trazida pelo CPC/15 é a garantia de que o voto vencido será necessariamente declarado e considerado parte integrante do acórdão para todos os fins legais, inclusive de prequestionamento (art. 941, § 3º).

Essa nova previsão legal, inexistente no regime processual anterior, é muito relevante em dois sentidos: a) evita a oposição de embargos de declaração a fim de que seja declarado o voto vencido; b) o conteúdo do voto vencido, vez que debatido pelo tribunal, comporá o conteúdo do acórdão, inclusive para efeito de prequestionamento. Encontra-se superada, nesse particular, a súmula 320 do STJ, que entendia insuficiente, para fins de prequestionamento, o teor do voto vencido.

A esse respeito, vale a pena transcrever trecho da doutrina de FERNANDO RUBIN (2017, p. 145):

> "Ainda com relação à temática 'prequestionamento', há previsão avulsa – no capítulo "Da Ordem dos Processos no Tribunal": art. 941, § 3º, da Lei n. 13.105/2015 – a respeito da possibilidade do voto vencido servir expressamente para fins de prequestionamento. De fato, há menção no texto, desde a versão originária do Projeto, que necessariamente o voto vencido será declarado e considerado parte integrante do acórdão para todos os fins legais, inclusive de prequestionamento – o que evita que o procurador tenha que interpor embargos de declaração diante de acórdão para o fim específico de prequestionamento da matéria ao menos tratada no voto vencido, caso não tenha sido ventilada no voto dos demais desembargadores que se posicionaram contrários às teses da parte irresignada."

O STJ já entendeu que haverá nulidade do acórdão (mas não do julgamento) que não contenha a totalidade dos votos proferidos e declarados, ensejando a republicação do acórdão. O julgamento, caso reflita fielmente o conteúdo dos debates e dos votos, não será nulo (STJ, Corte Especial, REsp 1.729.143-PR, Rel. Min. Nancy Andrighi, j.12/02/2019, DJe 15/02/2019).

Os votos, os acórdãos e os demais atos processuais podem ser registrados em documento eletrônico inviolável, e assinados eletronicamente, na forma prevista em lei, devendo ser impressos para juntada aos autos do processo quando ele ainda se processar através de meio físico.

O art. 943, § 1°, do CPC, exige que todo acórdão conterá ementa, que nada mais é do que um resumo breve do que foi discutido nos autos, facilitando a indexação e comparação do julgado. Outrossim, uma vez lavrado o acórdão, sua ementa será publicada no órgão oficial no prazo de 10 dias.

O acórdão deverá contemplar a devida fundamentação, conforme exigido pelo art. 489, § 1°, do CPC/15, cuja ausência implicará em omissão e ensejará a possiblidade de oposição de embargos de declaração, conforme art. 1.022, do estatuto processual.

No caso de o acórdão não ser publicado em até 30 dias a contar da data da sessão de julgamento, as notas taquigráficas equivalerão a este, para todos os fins legais, independentemente de revisão (art. 943, § 2°). O CPC quer resolver, com essa disposição, problema prático usual, consistente na demora desmedida em apresentar às partes envolvidas no processo o efetivo acórdão do julgado.

Inexistente, portanto, o acórdão do processo em até 30 dias a partir da sessão de julgamento, o presidente do tribunal determinará, de imediato, a publicação das conclusões e ementa de julgamento, que terão valor equivalente ao de acórdão.

O agravo de instrumento deverá ser julgado antes do recurso de apelação interposto no mesmo processo. Ademais, se ambos tiverem de ser julgados na mesma sessão de julgamento, o agravo de instrumento terá precedência (art. 946).

Após a conclusão do julgamento, e inexistindo outros recursos, a Secretaria certificará o trânsito em julgado do processo e remeterá os autos ao juízo de origem (art. 1.006).

8. NULIDADES SANÁVEIS NO ÂMBITO RECURSAL

A questão preliminar, suscitada no julgamento do recurso, será decidida antes do mérito, deste não se conhecendo se for incompatível com a decisão proferida a respeito da matéria preliminar.

No campo preliminar, duas vertentes se abrem: a) a possibilidade de saneamento de vício processual que afete o recurso; b) a necessidade de produção de provas. Trataremos isoladamente de cada uma delas, mas é importante destacar que o CPC/15 adota o princípio da *primazia do julgamento de mérito*, inclusive no âmbito recursal. Assim, sendo viável, permite-se o saneamento do processo, ainda que já esteja na fase recursal.

Quanto à possibilidade de saneamento de vício processual, deve ser destacado que a legislação não fala em correção de vício grave ou que não seja grave. Simplesmente permite a correção, se possível, do vício processual que possa vir a afetar o julgamento do recurso. Assim, trata-se de dever do relator em determinar a intimação das partes para que assim procedam. Não se pode compreender a regra do art. 938, § 1°, como mera faculdade (Enunciado 82 do FPPC).

São exemplos singelos de vícios processuais sanáveis a ausência de apresentação de procuração dos patronos das partes ou falhas no recolhimento e nas guias de custas de preparo recursal (Enunciado 332 do FPPC). São situações perfeitamente contornáveis.

Supridas as diligências necessárias ao saneamento do processo, o relator, caso seja possível, prosseguirá no julgamento do recurso (art. 938, § 2°).

Na hipótese de o tribunal acolher questão preliminar sobre a necessidade de produção de prova e converter o julgamento em diligência, esta será realizada no tribunal ou no primeiro grau. Após a conclusão da instrução probatória, prossegue-se no julgamento do recurso.

Nesse aspecto, deve-se contextualizar a previsão do art. 938, § 3°, lembrando-se que no atual CPC o cabimento do agravo de instrumento é taxativo e restrito, deixando de ter cabimento em relação a decisões de instrução probatória (salvo a decisão sobre inversão do ônus da prova, prevista no art. 373, § 1°). Nesses casos, a recorribilidade das decisões deixa de ser imediata (ou em separado), e tais matérias não sofrem *preclusão*.

A doutrina é, em geral, crítica a essa extrema redução do agravo de instrumento, sobretudo no que diz respeito às decisões sobre instrução probatória. De modo que a previsão do art. 938, § 3º, ao menos ameniza os rigores da menor amplitude do recurso de agravo.

Além do cabimento da produção de prova, acima referido, a doutrina também fala na singela determinação de *complementação de prova*, que teria apenas o intuito de esclarecer algum aspecto debatido nos autos, não se cogitando propriamente de nulidade, mas de possibilidade inerente aos poderes de instrução (GARCIA, 2015, p. 266).

Por fim, estabelece o art. 938, § 4º, do CPC, que se as providências de sanabilidade do processo não forem tomadas pelo próprio relator, poderão ser designadas pelo respectivo colegiado, evitando-se eventuais nulidades.

Deve-se registrar a advertência de NEVES (2016, p. 1.341) a respeito da limitação da possibilidade de saneamento dos vícios processuais apenas àquilo que seja posterior à sentença, pois os atos processuais anteriores à formação da sentença, são determinantes para a formação do convencimento do juízo a quo, podendo a hipótese do art. 938 configurar verdadeira supressão de instância e, portanto, violar o devido processo legal.

Caso a matéria preliminar seja rejeitada, ou seja, compatível com o mérito do recurso, o julgamento prosseguirá, adentrando-se ao mérito da causa. Também os juízes que tiverem acolhido a questão preliminar deverão apreciar e julgar o mérito do recurso (art. 939).

9. INCIDENTE DE COLEGIALIDADE QUALIFICADA (ART. 942)

A modalidade recursal de *embargos infringentes* foi expressamente extinta no CPC/15, sob a argumentação de que o novo estatuto processual civil, possibilitando menor número de recursos cíveis, traria a tão almejada celeridade processual e a efetividade no exercício dos direitos.

Porém, o antigo modelo de recurso acabou por se transformar em uma inovadora *técnica de julgamento*, que exige a *colegialidade qualificada* (um quórum qualificado, no caso de não ter havido unanimidade no primeiro julgamento) para a conclusão do julgamento de certos tipos de recursos cíveis (apelação, agravo de instrumento e ação rescisória).

Além disso, ressalte-se que agora não se trata mais de *recurso*, cuja interposição é voluntária e enseja à parte os respectivos ônus, mas é apenas uma *técnica de julgamento*, a ser realizada de ofício pelos tribunais, nos termos do correspondente regimento interno, independentemente de ato processual das partes.

Em relação ao que poderia ser considerado como o "efeito devolutivo" do instituto previsto no art. 942 do CPC, o STJ tem se posicionado no sentido de que a técnica de ampliação do colegiado estabelecida em 2015 não configura, em sentido estrito, um recurso (diferentemente da natureza jurídica dos embargos infringentes do CPC/1973), e por isso não há limite de devolutividade nesse caso (o colegiado amplificado não fica adstrito à divergência ocorrida na primeira etapa do julgamento).

Essa compreensão adotada pelo STJ determina que até o momento da conclusão do julgamento pelo colegiado ampliado pode ser reapreciada também a parte unânime que havia sido decidida na primeira etapa do julgamento (com o quórum originário e menor). Pode-se aventar, em tese, algum risco à segurança jurídica na reapreciação da parte unânime decidida anteriormente, mas esse posicionamento encontra fundamento no art. 941, § 1º, do CPC ("O voto poderá ser alterado até o momento da proclamação do resultado pelo presidente, salvo aquele já proferido por juiz afastado ou substituído"), bem como no art. 942, § 2º, também do CPC ("Os julgadores que já tiverem votado poderão rever seus votos por ocasião do prosseguimento do julgamento").

Há vários julgados nesse sentido e o excerto transcrito abaixo dá um bom exemplo desse entendimento:

> "AMPLIAÇÃO DO COLEGIADO - AUSÊNCIA DE LIMITE DEVOLUTIVO – EXAME TAMBÉM DA PARTE UNÂNIME
>
> 15. O art. 942 do CPC/2015 não ostenta natureza recursal, como ocorria com os revogados Embargos Infringentes do CPC/1973 (art. 530). Trata-se de técnica de julgamento que visa aprofundar o debate da controvérsia e proporcionar julgamento colegiado com quórum ampliado, que será encerrado somente após anunciado o resultado final. Por isso não há espaço para se falar em efeito devolutivo na ampliação do colegiado, podendo os julgadores convocados apreciar a integralidade do recurso, não estando adstritos, portanto, aos capítulos em que existente divergência. Precedentes: REsp 1.771.815/SP, Rel. Ministro Ricardo Villas Bôas Cueva, Terceira Turma, DJe 21/11/2018; REsp 1798705/SC, Rel. Ministro Paulo de Tarso Sanseverino, Terceira Turma, DJe 28/10/2019."
>
> (AREsp 1520297/RJ, Rel. Ministro HERMAN BENJAMIN, SEGUNDA TURMA, julgado em 23/03/2021, DJe 26/04/2021)

Na eventualidade de o Tribunal não dar cumprimento à previsão do art. 942 do CPC, isto é, caso a Secretaria "se esqueça" de efetuar o procedimento de prosseguimento qualificado ao julgamento não unânime, cremos que basta a oposição de embargos de declaração ou simples peticionamento informando essa situação e requerendo a continuidade do julgamento, nos termos da técnica de colegialidade expandida prevista no art. 942 do CPC – sob pena de nulidade do acórdão proferido.

No caso do recurso de apelação julgado sem unanimidade, o julgamento prosseguirá em sessão de julgamento a ser posteriormente designada, com a convocação de outros julgadores, nos termos do regimento interno, em número suficiente a permitir a inversão do resultado inicial.

Assegura-se às partes e eventuais terceiros o direito de sustentar oralmente suas razões perante os novos julgadores.

Se for possível, no caso do órgão julgador for composto por mais membros, o julgamento prosseguirá na mesma sessão, com a tomada dos votos daqueles que ainda não se manifestaram, desde que esses sejam suficientes a propiciar a inversão do julgamento (art. 942, § 1º).

Os julgadores que já tiverem votado poderão alterar seus votos por ocasião do prosseguimento do julgamento (art. 942, § 2º).

O STJ consagrou entendimento de que, no procedimento de ampliação do colegiado, previsto no art. 942 do CPC, pode o julgador alterar o voto anteriormente proferido (STJ, 3ª Turma, REsp 1.771.815, Rel. Min. Ricardo Cueva, j. 13.11.2018). Consta dessa decisão que o julgamento não se encerra até o pronunciamento definitivo proferido pelo colegiado estendido, ou seja, não há lavratura de acórdão parcial de mérito. Ademais, os novos julgadores convocados não ficam restritos aos capítulos ou pontos sobre os quais houve divergência inicial, cabendo-lhes a apreciação da integralidade do recurso.

Deve ser destacado que no caso da apelação, diferentemente do que ocorria no sistema processual anterior, basta que tenha ocorrido a divergência (não unanimidade de julgamento) para que se proceda à técnica substitutiva dos embargos infringentes. Não mais se exige, como ocorria no CPC/73, em sua versão final, que o julgamento da apelação tivesse reformado a sentença inicialmente recorrida.

Quanto a esse tema veja-se relevante posicionamento do STJ, consagrando o entendimento de que, diferentemente dos embargos infringentes regulados pelo CPC/1973, a nova técnica de ampliação do colegiado (art. 942, do CPC/15) é de *observância automática e obrigatória sempre que o resultado da apelação for não unânime e não apenas quando ocorrer a reforma de sentença*, não se limitando às questões de mérito, incluindo também as questões preliminares relativas ao juízo de admissibilidade do recurso, a exemplo de quando não se conhece de recurso de apelação adesivo através de decisão não unânime (REsp 1.798.705-SC, Rel. Min. Paulo de Tarso Sanseverino, Terceira Turma, por unanimidade, julgado em 22/10/2019, DJe 28/10/2019). Nessas situações, considera-se não observado o art. 942 do CPC/2015, devendo ser anulada a decisão, por *error in procedendo*.

No mesmo rumo, o STJ já decidiu que "Constitui ofensa ao art. 942 do CPC/2015 a dispensa do quinto julgador, integrante necessário do quórum ampliado, sob o argumento de que já teria sido atingida a maioria sem possibilidade de inversão do resultado" (REsp 1890473/MS, Rel. Min. Ricardo Villas Bôas Cueva, 3ª Turma, j. 17/08/2021, DJe 20/08/2021).

Ou seja, a formalidade de haver a convocação do quinto julgador é indispensável, mesmo que já exista, em dado momento, maioria numérica de votos, pois sempre há a possibilidade de alteração dos votos no curso do julgamento inclusive por aqueles Desembargadores que já tenham votado.

Em relação ao agravo de instrumento e à ação rescisória, a técnica substitutiva dos embargos infringentes exige mais do que a mera divergência para que seja posta em prática.

Assim, a ação rescisória, ainda que julgada sem unanimidade, só ensejará o prosseguimento do julgamento em busca da colegialidade qualificada no caso de haver rescindido a sentença (art. 942, § 3º, inciso I). Por sua vez, quanto ao agravo de instrumento (art. 942, § 3º, inciso II), só caberá prosseguimento do julgamento nas hipóteses de haver reforma da decisão que julga parcialmente o mérito, nos termos dos arts. 1.015, II, c.c. 356, § 3º, e § 5º, II.

Em relação à ação rescisória, o CPC estabelece que a competência para apreciar o prosseguimento do julgamento será do órgão "de maior composição previsto no regimento interno".

Diante da extinção do recurso específico dos embargos infringentes, entende-se superadas as Súmulas 88, 169, 207, 255 e 390, do STJ (Enunciado 233 do FPPC). Outrossim, ainda que extinto esse recurso, comunga-se do entendimento de que não se pode deixar de analisar os embargos infringentes interpostos perante a vigência do CPC/73 e ainda pendentes de julgamento, tampouco aplicar-lhes a técnica prevista no art. 942 do atual CPC (Enunciado 466 do FPPC).

Também é relevante consignar o entendimento doutrinário de que não cabe a técnica de ampliação do colegiado em caso de julgamento não unânime no âmbito dos Juizados Especiais (Enunciado 552 do FPPC).

Por fim, o art. 942, § 4º, estabelece que, ainda que tenha ocorrido votação não unânime, não será aplicada a técnica do prosseguimento do julgamento em certas hipóteses: incidente de assunção de competência e de resolução de demandas repetitivas (inciso I); remessa necessária (inciso II), julgamentos, ainda que não unânimes, proferidos pelo plenário ou na corte especial dos tribunais (inciso III), talvez aqui por conta da inexistência de outro órgão com quórum mais elevado.

Por fim, registre-se um receio fundado, com a inovação prevista no art. 942, do CPC, é que, a fim de evitar o prosseguimento do julgamento previsto neste artigo os tribunais passem a adotar *falsos consensos* em torno do julgamento colegiado (aquilo que DIERLE NUNES denomina de *pseudocolegialidade*).

10. JULGAMENTO ELETRÔNICO

O art. 945, na redação originária do CPC/15, permitia a realização de julgamentos de recursos ou processos originários, pelos tribunais, através de meios eletrônicos ("plenário virtual") quando incabível a sustentação oral. A interessante e adequada previsão (totalmente sintonizada como direito fundamental à celeridade processual) foi estranhamente revogada pela Lei 13.256/16, editada ainda durante a *vacatio legis* do novo estatuto processual.

A doutrina entende pela possibilidade desse mecanismo de julgamento, vez que totalmente compatível com a previsão legal da prática de atos processuais eletrônicos e a previsão constitucional sobre a autonomia dos tribunais para regulação e racionalização de seus procedimentos internos (SCARPINELLA BUENO, 2016, p. 762; NEVES, 2016, p. 1.338).

Afinal de contas, os artigos 193 e seguintes do CPC/15 disciplinam amplamente a prática de atos processuais por meios eletrônicos.

Em relação aos julgamentos de Tribunais através de meios eletrônicos, é importante registrar que o próprio STF há tempos aderiu ao julgamento eletrônico da análise de repercussão geral, que rotineiramente é efetuada através do *plenário virtual* – mecanismo eletrônico adotado por aquela Corte, que prescinde da realização de sessão presencial específica para a análise da repercussão geral do tema constitucional, sendo progressivamente colhidos os votos de todos os integrantes do Excelso Pretório ao longo de determinado período.

Vale sublinhar que a partir de 2020, sobretudo em virtude da paralisação de atividades presenciais nos fóruns e tribunais, em decorrência da crise sanitária objeto do Decreto Legislativo 6/2020, o Poder Judiciário aderiu totalmente à realização de sessões de julgamento realizadas virtualmente, isto é, através do uso de mecanismos de tecnologia da informação e comunicação – TIC.

11. JULGAMENTO PARCIAL DE MÉRITO NO ÂMBITO DOS TRIBUNAIS

Interessante indagação – relacionada aos julgamentos de recursos e ações de competência originária, com inegável importância prática – tem sido levantada com relativa frequência: podem os tribunais, ao proferir decisões, se valer da chamada técnica do "fatiamento"?

O questionamento faz todo sentido, afinal de contas o art. 356 do CPC permite, dentro do procedimento comum, o chamado julgamento antecipado parcial do mérito, como se conclui de sua redação:

> "Art. 356. O juiz decidirá parcialmente o mérito quando um ou mais dos pedidos formulados ou parcela deles:
>
> I - mostrar-se incontroverso;
>
> II - estiver em condições de imediato julgamento, nos termos do art. 355."

O mencionado dispositivo legal rompeu com um dogma, vigente na legislação anterior, de que para cada processo haveria em regra apenas um julgamento por grau de jurisdição (unidade do julgamento). Assim, modernamente é perfeitamente possível – e legalmente previsto – que os pedidos sejam julgados por partes, conforme se encontrem aptos a tanto. Daí porque se referir a julgamento "fatiado".

E não haveria mesmo razão para ser diferente. Um exemplo ajudará a compreender o que acaba de se sustentar. Imagine que o autor haja cumulado dois pedidos na petição inicial (tutela possessória e indenização por danos morais) e que o apenas o pedido possessório esteja apto para ser julgado (porque incontroversa a agressão à posse), mas não o pedido indenizatório (pois é preciso produzir prova oral em audiência a seu respeito). Não faz sentido "congelar" o julgamento do pedido possessório até que seja instruído o pedido indenizatório para só então proferir um único julgamento. Neste caso, com fundamento no art. 356, I, do CPC, procede-se de imediato ao julgamento do interdito e prossegue-se paralelamente com a instrução do pedido de danos morais. Com isso, o processo terá dois julgamentos de mérito, em dois momentos diferentes, "fatiando" aquilo que foi apresentado conjuntamente na petição inicial.

Pois bem. Seria tal técnica compatível com os julgamentos nos tribunais? Esta é, em outras palavras, a indagação apresentada no início deste tópico. E a sua resposta pode ser apresentada em duas etapas para uma melhor compreensão.

Em primeiro lugar (a primeira etapa da resposta), com relação às ações e incidentes processados originariamente nos tribunais, responde-se, em tese, positivamente. Evidentemente, é preciso saber se o caso concreto, por suas peculiaridades, comporta o fatiamento do julgamento, mas não há nada, à primeira vista, que permita desde logo afastar esta técnica. Isto porque, essencialmente, nestes casos o tribunal exerce verdadeira função de juízo de primeiro grau. Embora deva observar primordialmente as regras de processamento referidas no capítulo "da ordem dos processos no tribunal" (arts. 929 a 946 do CPC), seria ilógico que não tivesse à sua disposição a possibilidade de aplicar as técnicas tradicionais do processo de conhecimento (principalmente porque a atividade do tribunal, nestes casos, é de clássica cognição).

Em segundo lugar (a segunda etapa da resposta), com relação aos recursos, talvez o intérprete encontre mais dificuldades para aceitar a possibilidade de fatiamento do julgamento. Afinal de contas, no grau recursal, a atividade cognitiva é mais tímida, o que desencorajaria uma aplicação extensiva do art. 356 do CPC (regra típica do processo de conhecimento). Mas esta objeção não resiste a uma interpretação sistemática e finalística, "lendo o dispositivo a partir dos princípios e levando em conta a razoável duração e também a ideia de poderes implícitos. Afinal, se o Tribunal de segundo grau é instância revisora, na interpretação dos fatos e aplicação do direito, podendo manter, reformar ou cassar as decisões de primeiro grau, não haveria motivo para lhe cercear a possibilidade de utilização da regra do art. 356 do CPC/2015" (CORREIA; DELLORE, 2017).

Portanto, também no âmbito recursal pode-se falar em julgamento parcial, aplicando-se o que prevê o art. 356 do CPC. Naturalmente, aqui também, deve-se atentar às circunstâncias do caso concreto, inclusive da modalidade recursal, para uma correta aplicação da técnica do fatiamento. Mas, feita esta ressalva, é inegável que este julgamento parcial pode ser muito útil para concretizar os princípios inerentes à jurisdição.

Esse entendimento que aqui defendemos desde edições anteriores deste livro foi confirmado pelo STJ (REsp 1.845.542/PR, 3ª Turma, Rel. Min. Nancy Andrighi, j. 11.5.2021). Embora não se trate de recurso especial repetitivo, o entendimento pode ser empregado em outros processos, pois sua fundamentação é bastante elucidativa. Veja-se excerto do aresto:

> "3. O art. 356 do CPC/2015 prevê, de forma clara, as situações em que o juiz deverá proceder ao julgamento antecipado parcial do mérito. Esse preceito legal representa, portanto, o abandono do dogma da unicidade da sentença. Na prática, significa dizer que o mérito da causa poderá ser cindido e examinado em duas ou mais decisões prolatadas no curso do processo. Não há dúvidas de que a decisão interlocutória que julga parcialmente o mérito da demanda é proferida com base em cognição exauriente e ao transitar em julgado, produz coisa julgada material (art. 356, § 3º, do CPC/2015). 4. No entanto, o julgador apenas poderá valer-se dessa técnica, caso haja cumulação de pedidos e estes sejam autônomos e independentes ou, tendo sido deduzido um único pedido, esse seja decomponível. Além disso, é imprescindível que se esteja diante de uma das situações descritas no art. 356 do CPC/2015. Presentes tais requisitos, não há óbice para que os tribunais apliquem a técnica do julgamento antecipado parcial do mérito. Tal possibilidade encontra alicerce na teoria da causa madura, no fato de que a anulação dos atos processuais é a ultima ratio, no confinamento da nulidade (art. 281 do CPC/2015, segunda parte) e em princípios que orientam o processo civil, nomeadamente, da razoável duração do processo, da eficiência e da economia processual."

12. ENUNCIADOS DO FPPC

81. Por não haver prejuízo ao contraditório, é dispensável a oitiva do recorrido antes do provimento monocrático do recurso, quando a decisão recorrida: (a) indeferir a inicial; (b) indeferir liminarmente a justiça gratuita; ou (c) alterar liminarmente o valor da causa.

82. É dever do relator, e não faculdade, conceder o prazo ao recorrente para sanar o vício ou complementar a documentação exigível, antes de inadmitir qualquer recurso, inclusive os excepcionais.

83. Fica superado o enunciado 115 da súmula do STJ após a entrada em vigor do CPC (*"Na instância especial é inexistente recurso interposto por advogado sem procuração nos autos")*.

84. A ausência de publicação da pauta gera nulidade do acórdão que decidiu o recurso, ainda que não haja previsão de sustentação oral, ressalvada, apenas, a hipótese do §1° do art. 1.024, na qual a publicação da pauta é dispensável.

141. O disposto no art. 298, CPC, aplica-se igualmente à decisão monocrática ou colegiada do Tribunal.

197. Aplica-se o disposto no parágrafo único do art. 932 aos vícios sanáveis de todos os recursos, inclusive dos recursos excepcionais.

198. Identificada a ausência ou a irregularidade de publicação da pauta, antes de encerrado o julgamento, incumbe ao órgão julgador determinar sua correção, procedendo a nova publicação.

199. No processo do trabalho, constatada a ocorrência de vício sanável, inclusive aquele que possa ser conhecido de ofício pelo órgão jurisdicional, o relator determinará a realização ou a renovação do ato processual, no próprio tribunal ou em primeiro grau, intimadas as partes; cumprida a diligência, sempre que possível, prosseguirá no julgamento do recurso.

200. Fica superado o enunciado 320 da súmula do STJ ("*A questão federal somente ventilada no voto vencido não atende ao requisito do prequestionamento*").

462. É nula, por usurpação de competência funcional do órgão colegiado, a decisão do relator que julgar monocraticamente o mérito do recurso, sem demonstrar o alinhamento de seu pronunciamento judicial com um dos padrões decisórios descritos no art. 932.

463. O parágrafo único do art. 932 e o art. 933 devem ser aplicados aos recursos interpostos antes da entrada em vigor do CPC/2015 e ainda pendentes de julgamento.

464. A decisão unipessoal (monocrática) do relator em Turma Recursal é impugnável por agravo interno.

522. O relatório nos julgamentos colegiados tem função preparatória e deverá indicar as questões de fato e de direito relevantes para o julgamento e já submetidas ao contraditório.

550. A inexistência de repercussão geral da questão constitucional discutida no recurso extraordinário é vício insanável, não se aplicando o dever de prevenção de que trata o parágrafo único do art. 932, sem prejuízo do disposto no art. 1.033.

551. Cabe ao relator, antes de não conhecer do recurso por intempestividade, conceder o prazo de cinco dias úteis para que o recorrente prove qualquer causa de prorrogação, suspensão ou interrupção do prazo recursal a justificar a tempestividade do recurso.

591. O tribunal dará ampla publicidade ao acórdão que decidiu pela instauração do incidente de arguição de inconstitucionalidade, incidente de assunção de competência ou incidente de resolução de demandas repetitivas, cabendo, entre outras medidas, sua publicação em seção específica no órgão oficial e indicação clara na página do tribunal na rede mundial de computadores.

594. O art. 933 incide no controle concentrado-abstrato de constitucionalidade.

595. No curso do julgamento, o advogado poderá pedir a palavra, pela ordem, para indicar que determinada questão suscitada na sessão não foi submetida ao prévio contraditório, requerendo a aplicação do §1º do art. 933.

596. Será assegurado às partes o direito de sustentar oralmente no julgamento de agravo de instrumento que verse sobre tutela provisória e que esteja pendente de julgamento por ocasião da entrada em vigor do CPC de 2015, ainda que o recurso tenha sido interposto na vigência do CPC de 1973.

597. Ainda que o resultado do julgamento seja unânime, é obrigatória a inclusão no acórdão dos fundamentos empregados por todos os julgadores para dar base à decisão.

598. Cabem embargos de declaração para suprir a omissão do acórdão que, embora convergente na conclusão, deixe de declarar os fundamentos divergentes.

599. A revisão do voto, após a ampliação do colegiado, não afasta a aplicação da técnica de julgamento do art. 942.

645. Ao relator se conferem os poderes e os deveres do art. 139.

646. Constatada a necessidade de produção de prova em grau de recurso, o relator tem o dever de conversão do julgamento em diligência.

647. A tutela provisória pode ser concedida pelo relator liminarmente ou após justificação prévia.

648. Viola o disposto no art. 932 a previsão em regimento interno de tribunal que estabeleça a possibilidade de julgamento monocrático de recurso ou ação de competência originária com base em "jurisprudência dominante" ou "entendimento dominante".

649. A retomada do julgamento após devolução de pedido de vista depende de inclusão em nova pauta, a ser publicada com antecedência mínima de cinco dias, ressalvada a hipótese de o magistrado que requereu a vista declarar que levará o processo na sessão seguinte.

650. Os embargos de declaração, se não submetidos a julgamento na primeira sessão subsequente à sua oposição, deverão ser incluídos em pauta.

651. É admissível sustentação oral na sessão de julgamento designada para o juízo de admissibilidade do incidente de resolução de demandas repetitivas ou do incidente de assunção de competência, sendo legitimados os mesmos sujeitos indicados nos arts. 984 e 947, §1°.

652. Cada questão preliminar suscitada será objeto de votação específica no julgamento.

653. Divergindo os julgadores quanto às razões de decidir, mas convergindo na conclusão, caberá ao magistrado que primeiro deduziu o fundamento determinante vencedor redigir o acórdão.

654. Erro material identificado na ementa, inclusive decorrente de divergência com o acórdão, é corrigível a qualquer tempo, de ofício ou mediante requerimento.

681. Cabe sustentação oral no julgamento do agravo de instrumento interposto contra decisão que versa sobre efeito suspensivo em embargos à execução ou em impugnação ao cumprimento de sentença.

682. É assegurado o direito à sustentação oral para o colegiado ampliado pela aplicação da técnica do art. 942, ainda que não tenha sido realizada perante o órgão originário.

683. A continuidade do julgamento de recurso de apelação ou de agravo de instrumento pela aplicação do art. 942 exige o quórum mínimo de cinco julgadores.

684. Ofende o juiz natural a convocação de julgadores no caso do art. 942, ou no de qualquer substituição, sem critério objetivo estabelecido previamente em ato normativo.

700. O julgamento dos embargos de declaração contra o acórdão proferido pelo colegiado ampliado será feito pelo mesmo órgão com colegiado ampliado.

732. O relatório e os votos proferidos nos julgamentos no Plenário Virtual dos Tribunais Superiores devem ser publicizados em tempo real.

747. O pedido de concessão de efeito suspensivo a recurso extraordinário ou recurso especial poderá ser formulado por requerimento dirigido ao tribunal superior quando o pedido de mesmo conteúdo tiver sido analisado pelo presidente ou pelo vice-presidente do tribunal local.

752.O julgamento de recurso extraordinário sob a sistemática da repercussão geral ou de recurso especial sob o regime dos repetitivos deve conter manifestação sobre a modulação dos efeitos, seja para afastá-la seja para aplicá-la, delineando com precisão, nessa última hipótese, o seu alcance.

753. Ao designar audiência pública em tema afetado sob a sistemática da repercussão geral e dos casos repetitivos, 114 o relator deverá observar a capacidade de contribuição argumentativa das pessoas e entidades interessadas e assegurar a participação de pessoas ou de entidades que defendam diferentes opiniões relativas à matéria objeto da audiência pública.

754. Compete à Presidência ou à Vice-presidência do tribunal local delimitar a abrangência de suspensão de processos na decisão que admite o recurso como representativo da controvérsia.

13. QUADRO RESUMO

ORDEM DOS PROCESSOS NOS TRIBUNAIS	
Registro e distribuição	Interposto o recurso no tribunal, será registrado no protocolo e imediatamente distribuído, mediante sorteio eletrônico e alternância entre os relatores e o princípio da publicidade (art. 929).

Registro e distribuição	Admite-se o protocolo descentralizado O primeiro recurso protocolado no tribunal torna prevento o relator para outros eventuais recursos no mesmo processo ou em processo conexo (art. 930)
	Os autos serão imediatamente encaminhados ao gabinete do Relator, que em até 30 dias tomará a primeira decisão no processo, encaminhando o processo para pauta ou proferindo decisão monocrática. Não existe mais a figura do *revisor.*
Poderes do relator	O relator sorteado preside o recurso no tribunal, competindo-lhe (art. 932): a) determinar a produção de prova e homologar a autocomposição das partes; b) apreciar o pedido de tutela provisória; c) não admitir recurso inadmissível, em razão de questão processual (intempestividade ou deserção, p. ex.); d) negar provimento a recurso contrário ou dar provimento a recurso em conformidade com: súmula do STF, STJ ou do próprio tribunal, entendimento firmado no julgamento de recursos repetitivos ou em incidente de resolução de demandas repetitivas ou assunção de competência; e) decidir o incidente de desconsideração da personalidade jurídica, caso instalado no tribunal; f) requerer a manifestação do MP e determinar às partes, no prazo de 5 dias, o saneamento do processo. Identificando fato superveniente ou matéria apreciável de ofício, o relator intimará as partes para que se manifestem em 5 dias, antes de decidir, evitando a *decisão-surpresa.*
Designação de data de julgamento	A pauta deverá ser publicada no Diário Oficial, com antecedência mínima de 5 dias entre sua publicação e a data de realização da sessão de julgamento. No caso de adiamento do processo por uma sessão, não há dever de nova publicação de pauta. Se o processo for adiado sem previsão de conclusão do julgamento, há necessidade de nova publicação de pauta. Faculta-se às partes o acesso aos autos, mesmo após a publicação da pauta de julgamento. No dia da sessão de julgamento, a pauta ficará afixada na porta da sala do recinto onde ocorrer o julgamento.

Ordem dos julgamentos:	Os processos a serem julgados obedecem à seguinte ordem: a) processos com sustentação oral; b) com pedido de preferência; c) processos com julgamento iniciado na sessão anterior; demais casos. Devem ser observadas as prioridades legais, como processos com réus presos e pedidos de *habeas corpus*. O Agravo de Instrumento deverá ser julgado antes do recurso de apelação. Se forem pautados para a mesma sessão de julgamento, terá preferência.
Sustentação oral e pedido de vista	Após a leitura do relatório, falará o recorrente e após o recorrido; se for o caso, falará após o representante do MP. Todos pelo prazo improrrogável de 15 minutos. Cabe sustentação oral apenas nos julgamentos de: apelação, recursos excepcionais, embargos de divergência, ação rescisória, mandado de segurança, reclamação e agravos de instrumento quando se trate de tutelas provisórias. Também caberá nas hipóteses de recurso interposto contra decisão monocrática de relator (agravo interno ou embargos de declaração) que tenha apreciado o mérito ou não tenha conhecido as modalidades de recursos acima (Lei 14.365/2022). É viável a realização de sustentação oral por videoconferência, no caso do advogado residir em cidade diversa daquela onde está a sede do Tribunal. O pedido de vista passa a ter o prazo máximo de 10 dias, após o que será incluído na próxima sessão de julgamento. Caso o julgador que pediu vista ainda não se sinta habilitado a votar, será convocado outro membro do tribunal para compor quórum e votar em seu lugar. Os votos poderão ser alterados até o momento de declaração do resultado pelo presidente do órgão, salvo do juiz afastado ou substituído (art. 941) O conteúdo do voto vencido integra o acórdão para todos os fins, inclusive de prequestionamento (art. 941, § 3º).
Sustentação oral e pedido de vista	Todo acórdão conterá ementa, isto é, um breve resumo do que foi julgado. Caso não seja publicado o acórdão em até 30 dias a contar da sessão de julgamento, o presidente do órgão publicará as notas taquigráficas, que equivalerão ao acórdão e ementa, para todos os fins (art. 943).
Nulidades sanáveis no âmbito recursal	O CPC/15 adota a primazia do mérito e assim, caso surja questão preliminar (vício processual), ou necessidade de produção de provas, o relator ou o colegiado poderão decidir pelo saneamento das nulidades, determinando às partes que assim procedam. Após a realização da diligência determinada ou produzida a prova necessária, prosseguirá o julgamento do recurso.

Incidente de colegialidade qualificada (art. 942)	Os embargos infringentes forma extintos pelo CPC/15. Entretanto, em seu lugar criou-se uma *técnica de julgamento*, realizada de ofício pelos tribunais, aplicável quando não unânime o julgamento, a fim de que um quórum maior, que numericamente possa inverter o julgamento, analise a questão. Cabimento: apelação, agravo de instrumento e ação rescisória. Julgadores que já tenham votado poderão alterar seus votos por ocasião do prosseguimento do julgamento. Na apelação, não mais se exige que a divergência se dê em julgamento que reforme a sentença recorrida; bastará a ausência de unanimidade para ensejar o incidente previsto no art. 942. Na ação rescisória julgada sem unanimidade exige-se a rescisão da sentença; no agravo de instrumento, só caberá nas hipóteses de haver reforma da decisão que julga parcialmente o mérito (arts. 1.015, II, c.c. 356).
Julgamento eletrônico ("plenário virtual")	O art. 945, que admitia o julgamento por meio eletrônico, foi revogado pela Lei 13.256/16. Entretanto, entende-se que sua implementação pelos tribunais é válida quando previsto em Regimento Interno.
Julgamento parcial de mérito no âmbito dos tribunais	É possível aplicar a técnica do art. 356 do CPC extensivamente aos julgamentos dos tribunais. Isto vale tanto para os casos de sua competência originária quanto para as hipóteses de competência recursal, observadas as peculiaridades do caso concreto.

Capítulo III

PROCESSOS DE COMPETÊNCIA ORIGINÁRIA DOS TRIBUNAIS

I. INTRODUÇÃO

Os Tribunais, além do julgamento dos recursos propriamente ditos (recurso de apelação, agravo de instrumento etc.), também são responsáveis pelo julgamento de uma série de incidentes processuais que antecedem (ou de alguma forma interferem) à apreciação do mérito dos recursos, a exemplo do IAC – Incidente de Assunção de Competência ou do IRDR – Incidente de Resolução de Demandas Repetitivas.

É conveniente resgatarmos a definição de incidente trazida por DE PLÁCIDO E SILVA (2009, p. 726):

> "Derivado de incidir, do latim incidere (interromper, sobrevir), possui sentido equivalente a acidente. É, assim, a superveniência de fato ou de questão, que ocorre quando se trata de outro fato ou questão, de que se mostra acessório, e esta, a principal.
>
> Na técnica forense, em referência às questões, incidentalmente surgidas no curso do processo, a que se deva dar merecida atenção, dizem-se processos incidentes, causas incidentes ou meras questões incidentais.
>
> Segundo as circunstâncias, ou conforme a importância da matéria que forma o seu objeto, pode ser atendido no próprio curso do processo ou demanda, e quem aparece, como pode ser mandado processar em apartado. E aí é que se diz, propriamente, para o incidente, de processo incidente ou causa incidente, o que significa que derivou de outra, mas está dependente ou ligada a ela como coisa acessória."

Os incidentes processuais a cargo dos Tribunais podem ter como objetivo a declaração incidental de inconstitucionalidade (Incidente de Arguição de Inconstitucionalidade), a fixação da competência adequada para o julgamento do processo (Conflito de Competência) ou serem voltados para o escopo de uniformização de jurisprudência, conforme ditame dos artigos 926 e 927 do CPC (como é o caso do IRDR ou do IAC).

Tais incidentes estão vinculados ao tema geral da ordem do processo nos tribunais e, por esse motivo, o CPC trata destes assuntos logo na sequência das disposições existentes sobre o funcionamento dos Tribunais, a partir do artigo 947.

Além disso, os Tribunais também são responsáveis pela apreciação de algumas modalidades de ações originárias, isto é, ações judiciais cuja competência originária é estabelecida diretamente nos Tribunais e não no primeiro grau de jurisdição, cujo maior exemplo consiste na ação rescisória.

2. INCIDENTE DE ASSUNÇÃO DE COMPETÊNCIA

O IAC – Incidente de Assunção de Competência é um instituto criado pelo CPC/2015, não possuindo correspondência plena e direta no CPC/1973. Segundo Araken de ASSIS (2017, p. 417), o IAC possui uma relação de mera "inspiração" no art. 555, § 1°, do CPC/1973; conforme DUARTE (2021, p. 1346) há um amálgama do citado artigo 555, § 1°, do CPC/1973, com o instituto da uniformização de jurisprudência (artigos 476 a 479, do mesmo diploma legal).

De fato, embora houvesse uma regra semelhante no art. 555, § 1°, do CPC/1973 ("§ 1° Ocorrendo relevante questão de direito, que faça conveniente prevenir ou compor divergência entre câmaras ou turmas do tribunal, poderá o relator propor seja o recurso julgado pelo órgão colegiado que o regimento indicar; reconhecendo o interesse público na assunção de competência, esse órgão colegiado julgará o recurso"), o IAC é instituto novo e mais abrangente, considerado pela doutrina (BUENO, 2016, p. 763; NEVES, 2016, p. 1343) como um grande aprimoramento do procedimento previsto no sistema processual anterior.

O objetivo do IAC é, notoriamente, de evitar ou dirimir a divergência jurisprudencial sobre determinada relevante questão de direito entre câmaras ou turmas de um mesmo tribunal (art. 947, § 4° do CPC).

Tendo em vista que o texto legal não faz qualquer tipo de restrição, todos os tribunais (Tribunal de Justiça, Tribunal Regional Federal, Tribunais Trabalhistas, Tribunais Eleitorais e mesmo os Tribunais Superiores – STJ, TST, STM, TSE e o STF) comportam o IAC.

Considerando, por outro lado, que o IAC é direcionado à solução de divergência interna no âmbito de um "tribunal", compreendemos que esse instituto processual não se aplica em relação às Turmas Recursais de Juizados Especiais Cíveis (Lei 9.099/1995) e de Juizados Especiais Federais (Lei 10.259/2001), pois nesses casos não teremos verdadeiros "tribunais", mas tão somente colegiados de juízes de primeiro grau, conforme deixa claro o artigo 98, inciso I, da Constituição Federal.

Conforme NEVES (2016, p. 1344), o IAC exige um requisito positivo (relevante questão de direito) e um requisito negativo (que o tema não configure multiplicidade de processos que venha a ser tratada na sistemática dos recursos repetitivos).

Em primeiro lugar, registre-se que o IAC é cabível diante de questões de direito, com grande repercussão social.

Uma perspectiva que aparece de imediato é o ponto de que o IAC não se vincula a questões de fato, mas apenas a questões de direito (teses jurídicas). O conceito de grande repercussão social é um conceito juridicamente indeterminado e ainda não está completamente delimitado pela jurisprudência, mas compreendemos que esse requisito pode ser interpretado a partir de uma certa proximidade (mas sem que exista uma correspondência total) às ideias de repercussão geral (do recurso extraordinário) e de transcendência (do recurso de revista).

A questão de direito que pode ser discutida no IAC abrange tanto aspectos da admissibilidade dos recursos quanto de mérito; da mesma forma admite-se a apreciação de questões de direito material como de direito processual (ASSIS, 2017, p. 419).

O artigo 947, caput, do CPC, não exige que exista multiplicidade de processos para instauração do IAC. Basta que a questão de direito seja relevante e tenha grande repercussão social; o número expressivo de processos com o mesmo tema não é uma exigência estipulada pelo CPC. Todavia, pode-se cogitar que, se o objetivo do IAC é evitar ou solucionar divergência jurisprudencial, fica implícito que a tese jurídica discutida terá, no mínimo, algum potencial de se tornar repetitiva.

Entretanto, a existência de algum mecanismo de julgamento de recurso repetitivo (recurso especial, extraordinário ou IRDR) obstaculiza a instauração do IAC ou mesmo determina sua perda de objeto (DUARTE, 2021,

p. 1348), tendo em vista que o CPC determinou a primazia desse tipo de procedimento para fixação de teses jurídicas.

Diante destes motivos, DUARTE (2021, p. 1347) defende a interpretação do IAC em conjunto com as regras aplicáveis à formação dos precedentes qualificados (artigos 976 a 987 e 1036 a 1041 do CPC).

Há vários atores do processo que podem propor o IAC: o próprio Relator, de ofício ou mediante requerimento, que poderá ser das partes do processo, do Ministério Público ou da Defensoria Pública.

O Ministério Público, no exercício de suas atribuições constitucionais (art. 177 do CPC), sempre poderá requerer a instauração do IAC, tendo em vista que atua justamente em processos de interesse público ou social (art. 178, I, do CPC). Em relação à Defensoria Pública, poderá requerer o IAC apenas nos processos em que lhe competir atuar, devendo ser respeitado também seu rol de atribuições (conforme se trate de Defensoria Pública Estadual ou Federal).

O IAC pode ser requerido a qualquer tempo, desde que o processo ainda esteja pendente de julgamento, e, assim, pode ser pleiteado tanto em petição avulsa como nas próprias razões de recurso ou na fundamentação da ação originária de Tribunal (ASSIS, 2017, p. 421).

Em relação aos procedimentos que comportam o IAC, este incidente é aplicável a todas as modalidades de recursos (recurso de apelação, recurso especial etc.), à remessa necessária, bem como aos processos de competência originária do Tribunal (ação rescisória ou mandado de segurança originário, por exemplo).

Há necessidade de que exista uma causa pendente no âmbito do Tribunal, o que afasta a instauração do IAC relativamente aos processos em que já tenha ocorrido trânsito em julgado (se houver requisição de IAC no bojo de uma ação rescisória se compreende que esta é que será a causa pendente de julgamento no Tribunal, permitindo a instauração do procedimento).

ASSIS (2017, p. 418) destaca que é necessário que o recurso ou ação originária esteja em trâmite perante um dos órgãos fracionários do Tribunal (Câmaras ou Turmas), não fazendo sentido requerer-se IAC de feito que já se encontre no Órgão Especial ou Plenário do Tribunal.

O IAC será julgado pelo órgão colegiado que o regimento interno indicar, geralmente ficando essa atribuição a cargo do Plenário ou Órgão Especial ou, conforme o caso, também às Seções Especializadas em determinada matéria. Esse órgão colegiado superior exerce o juízo de admissibilidade do IAC e, caso reconheça o interesse público na assunção da competência, "julgará o recurso, a remessa necessária ou o processo de competência originária", aplicando no caso concreto a tese jurídica firmada no âmbito deste procedimento.

Embora o IAC não constitua mecanismo de julgamento de processos repetitivos, tais como aqueles previstos no art. 928 do CPC, não deixa de ser um instituto que se relaciona com a ideia de segurança jurídica e, assim, acaba por se aproximar daquele tipo de sistemática, sendo de se destacar que o art. 947, § 3º, estabelece que o acórdão proferido nesse tipo de procedimento "vinculará todos os juízes e órgãos fracionários, exceto se houver revisão de tese".

Há aqui, conforme compreensão da doutrina, um verdadeiro efeito vinculante (BUENO, 2016, p. 764; NEVES, 2016, p. 1343), que pode ser defendido inclusive mediante reclamação (art. 988, IV, do CPC).

Segundo BUENO (2016, p. 765), é necessária a participação do Ministério Público no julgamento do IAC e são de todo desejadas as técnicas de legitimação das decisões judiciais, como a admissão de amicus curiae ou realização de audiências públicas.

2.1. Enunciados do FPPC

167. Os tribunais regionais do trabalho estão vinculados aos enunciados de suas próprias súmulas e aos seus precedentes em incidente de assunção de competência ou de resolução de demandas repetitivas.

201. Aplicam-se ao incidente de assunção de competência as regras previstas nos arts. 983 e 984.

202. O órgão colegiado a que se refere o § 1º do art. 947 deve atender aos mesmos requisitos previstos pelo art. 978.

334. Por força da expressão "sem repetição em múltiplos processos", não cabe o incidente de assunção de competência quando couber julgamento de casos repetitivos.

335. O incidente de assunção de competência aplica-se ao processo do trabalho.

461. O disposto no §2º do art. 927 aplica-se ao incidente de assunção de competência.

467. O Ministério Público deve ser obrigatoriamente intimado no incidente de assunção de competência.

468. O incidente de assunção de competência aplica-se em qualquer tribunal.

469. A "grande repercussão social", pressuposto para a instauração do incidente de assunção de competência, abrange, dentre outras, repercussão jurídica, econômica ou política.

472. Aplica-se o inciso I do art. 985 ao julgamento de recursos repetitivos e ao incidente de assunção de competência.

558. Caberá reclamação contra decisão que contrarie acórdão proferido no julgamento dos incidentes de resolução de demandas repetitivas ou de assunção de competência para o tribunal cujo precedente foi desrespeitado, ainda que este não possua competência para julgar o recurso contra a decisão impugnada.

701. O pedido de revisão da tese jurídica firmada no incidente de assunção de competência pode ser feito pelas partes.

702. É possível a conversão de incidente de assunção de competência em incidente de resolução de demandas repetitivas e vice-versa, garantida a adequação do procedimento.

3. INCIDENTE DE ARGUIÇÃO DE INCONSTITUCIONALIDADE

O incidente de arguição de inconstitucionalidade tratado nos artigos 948 a 950 do CPC deve ser compreendido dentro da perspectiva de que no Brasil é adotado um sistema duplo de controle de constitucionalidade, coexistindo mecanismos de controle direito de constitucionalidade (movidos por ações diretamente endereçadas ao Supremo Tribunal Federal, nos termos dos artigos 102 e 103 da Constituição Federal) com a possibilidade de controle incidental da constitucionalidade, que pode ser praticado no bojo de qualquer processo judicial, mediante decisão de qualquer órgão judiciário nacional.

O tema do controle de constitucionalidade é essencial dentro das perspectivas de Estado de Direito e segurança jurídica. Por isso, o ordenamento jurídico estabelece cuidados bastante acentuados em relação aos procedimentos em que isto ocorrerá, o que pode ser observado tanto no trâmite do recurso extraordinário como no incidente que aqui será examinado.

A relevância deste tema possui raiz no próprio Texto Constitucional, que impõe a cláusula de reserva de plenário, conhecida na doutrina como *full bench clause*, cabendo transcrever a integralidade do artigo 97 da Constituição Federal:

> Art. 97. Somente pelo voto da maioria absoluta de seus membros ou dos membros do respectivo órgão especial poderão os tribunais declarar a inconstitucionalidade de lei ou ato normativo do Poder Público.

Esse dispositivo constitucional já foi objeto de intensos debates jurisprudenciais e, diante disto, foi editada a Súmula Vinculante 10:

> "Viola a cláusula de reserva de plenário a decisão de órgão fracionário de tribunal que, embora não declare expressamente a inconstitucionalidade de lei ou ato normativo do poder público, afasta sua incidência, no todo ou em parte."

Os artigos 948 e seguintes do CPC nada mais fazem do que regulamentar o procedimento exigido pelo artigo 97 da Constituição Federal e pela Súmula Vinculante 10.

A regra do art. 948 do CPC/2015 praticamente recapitula as disposições contidas no artigo 480 do CPC/1973, mas confere-lhe maior rigor técnico.

Um elemento importante reside na exigência de que o Relator ouvirá o Ministério Público e as partes em relação à arguição de inconstitucionalidade apresentada no processo, o que visa assegurar o efetivo contraditório, bem como respeitar a garantia de decisão não surpresa (art. 10 do CPC).

O CPC não fixa prazo específico para essa manifestação das partes e do parquet, aplicando-se, *a priori*, o prazo geral de 5 dias previsto no art. 933, do CPC, mas sendo recomendável, no caso concreto, que o Relator determine eventual prazo mais amplo levando em consideração o grau de complexidade da questão em debate.

Somente após a manifestação do parquet e das partes do processo é que a Turma ou Câmara submeterá a questão ao Tribunal Pleno ou Órgão

Especial, conforme definido no Regimento Interno (art. 96, I, da Constituição Federal).

Não há preclusão temporal para apresentar a arguição de inconstitucionalidade, podendo ser suscitada a todo momento, desde que anteriormente à conclusão do julgamento do processo (NEVES, 2016, p. 1348).

Os órgãos fracionários exercem apenas o juízo de admissibilidade em relação ao incidente, não podendo apreciar o mérito da alegação de inconstitucionalidade, sob pena de ofensa ao art. 97 da Constituição Federal e Súmula Vinculante 10. Ademais, conforme DUARTE (2021, p. 1351), esse tipo de decisão não pode ser praticada mediante decisão monocrática, não havendo previsão para tanto no artigo 932 do CPC.

Em termos procedimentais, há dois caminhos possíveis: a) se a arguição for rejeitada prosseguirá o julgamento no mesmo órgão fracionário em que o processo esteja sendo julgado; b) acolhida a arguição de inconstitucionalidade, a questão será submetida ao plenário do tribunal ou ao seu órgão especial, onde este existir.

Os órgãos fracionários dos tribunais (Câmaras, Turmas ou Seções) não submeterão ao plenário ou ao órgão especial a arguição de inconstitucionalidade quando já houver pronunciamento destes ou do plenário do Supremo Tribunal Federal sobre aquela questão (art. 949, p. único, do CPC). Temos aqui um impedimento à admissão da arguição de inconstitucionalidade, compreendida como desnecessária, tendo em vista já existir pronunciamento anterior a respeito da constitucionalidade do tema que estiver sub judice.

Após serem remetidas cópias do acórdão a todos os juízes que compõem o Tribunal Pleno ou Órgão Especial, o presidente do tribunal designará a sessão de julgamento (art. 950, do CPC).

As pessoas jurídicas de direito público responsáveis pela edição do ato questionado poderão manifestar-se no incidente de inconstitucionalidade se assim o requererem, observados os prazos e as condições previstos no regimento interno do tribunal (art. 950, § 1°, do CPC).

Todas as partes legitimadas à propositura das ações de controle concentrado de constitucionalidade (art. 103 da Constituição Federal) poderão se manifestar por escrito sobre a questão constitucional objeto de apreciação, no prazo previsto pelo regimento interno, sendo-lhe assegurado o direito de apresentar memoriais ou de requerer a juntada de documentos. Compreendemos, que não há qualquer óbice a que seja facultada possibilidade de sustentação oral a esses *amicus curiae*.

O art. 950, § 3°, do CPC, estabelece que, dada "a relevância da matéria e a representatividade dos postulantes, o relator poderá admitir, por despacho irrecorrível, a manifestação de outros órgãos ou entidades".

Ou seja, além das pessoas que podem promover ação direta de controle de constitucionalidade (aquelas capituladas no art. 103 da Constituição Federal), também outras entidades e órgãos poderão ingressar no processo como amicus curiae. Trata-se de previsão bem interessante, que visa ampliar as possibilidades de legitimação dessa decisão judicial.

O STF, na vigência do CPC/1973, possuía jurisprudência pacificada no sentido de que não cabiam embargos infringentes do julgamento realizado pelo Plenário ou Órgão Especial dos Tribunais em relação ao exame de constitucionalidade preconizado pelo art. 97 da Constituição Federal.

Nesse sentido haviam as Súmulas 293 ("São inadmissíveis embargos infringentes contra decisão em matéria constitucional submetida ao plenário dos Tribunais") e 455 do STF ("Da decisão que se seguir ao julgamento de constitucionalidade pelo Tribunal Pleno, são inadmissíveis embargos infringentes quanto à matéria constitucional").

A extinção dos embargos infringentes pelo CPC/2015 torna sem objeto esses antigos enunciados sumulares do STF. Todavia, a doutrina vem defendendo que não se aplica, em relação ao acórdão que decide incidente de arguição de inconstitucionalidade, a técnica de colegialidade ampliada do artigo 942 do CPC (BUENO, 2016, p. 768).

Contra o acórdão do Tribunal Pleno ou Órgão Especial que aprecie arguição de inconstitucionalidade caberá apenas a oposição de embargos de declaração.

Diferente é o caso da Súmula 513, também do STF: "513. A decisão que enseja a interposição de recurso ordinário ou extraordinário não é a do plenário, que resolve o incidente de inconstitucionalidade, mas a do órgão (Câmara, Grupo ou Turmas) que completa o julgamento do feito."

A Súmula 513 permanece válida e de interesse. Após a conclusão do julgamento do incidente de arguição de inconstitucionalidade, nos termos dos artigos 948 a 950 do CPC, o processo retorna do Tribunal Pleno (ou Órgão Especial) ao órgão fracionário para término do julgamento do processo, a partir da tese jurídica que foi fixada em controle de constitucionalidade. Somente desse acórdão posterior (lavrado pela Turma, Câmara ou Seção) é que caberá a interposição do recurso especial ou extraordinário, e não daquele acórdão anterior, lavrado pelo Órgão Especial ou Plenário.

4. CONFLITO DE COMPETÊNCIA

Competência, conforme clássica compreensão doutrinária, é "a medida da jurisdição", ou seja, configura os limites nos quais o juízo pode e deve exercer sua jurisdição, isto é, o poder de ditar o direito no caso concreto.

A definição legal de conflito de competência é trazida pelo art. 66 do CPC, enquanto o procedimento para que seja dirimido se encontra nos artigos 951 a 959, também do estatuto processual civil:

> Art. 66. Há conflito de competência quando:
>
> I - 2 (dois) ou mais juízes se declaram competentes;
>
> II - 2 (dois) ou mais juízes se consideram incompetentes, atribuindo um ao outro a competência;
>
> III - entre 2 (dois) ou mais juízes surge controvérsia acerca da reunião ou separação de processos.

A doutrina costuma definir conflito positivo de competência como a situação em que dois ou mais juízes se declaram competentes para o julgamento e como conflito negativo de competência o caso em que dois ou mais juízes se declarem incompetentes para o julgamento do processo.

O conflito de competência pode ser suscitado por qualquer das partes, pelo Ministério Público ou pelo juiz (art. 951, do CPC). Não pode suscitar conflito a parte que, no processo, arguiu incompetência relativa; porém, a parte que não o arguiu pode continuar a suscitar a incompetência do juízo (art. 952).

Conforme o art. 66, p. único, do CPC, o juiz que não acolher a competência declinada deverá suscitar o conflito, salvo se a atribuir a outro juízo.

O Ministério Público somente será ouvido nos conflitos de competência relativos aos processos previstos no art. 178 do CPC (ou seja, naquele tipo de demanda que é dotada de interesse público e impõe sua intervenção); contudo, terá qualidade de parte nos conflitos que venha a suscitar.

O conflito será suscitado ao tribunal: a) pelo juiz, por ofício; b) pela parte e pelo Ministério Público, mediante petição. Tanto o ofício como a petição serão instruídos com os documentos necessários à prova do conflito. Tais documentos correspondem às principais peças do processo que contenham o que for relevante à solução do conflito de competência (petição inicial, documentos apresentados pelo autor e réu etc.).

O relator do conflito de competência, após recebê-lo, determinará a oitiva dos juízes em conflito ou, se um deles for suscitante, apenas do suscitado (art. 954, do CPC). Embora o CPC não determine expressamente, a doutrina (BUENO, 2016, p. 770) também as partes poderão ser ouvidas a respeito da disputa sobre a definição de competência, nos termos dos artigos 6°, 9° e 10 do CPC.

O relator poderá, de ofício ou a requerimento de qualquer das partes, determinar, quando o conflito for positivo, o sobrestamento do processo e, nesse caso, bem como no de conflito negativo, designará um dos juízes para resolver, em caráter provisório, as medidas urgentes (art. 955, do CPC).

O deslinde do conflito de competência, que certamente é uma questão importante a ser decidida pelo Tribunal, não pode objetar ou postergar a análise de medidas urgentes constantes do processo principal. Compreensão diversa ofenderia a própria ideia de acesso à justiça (art. 5°, XXXV, da Constituição Federal), pois os bens jurídicos em disputa no processo ficariam sujeitos ao risco da demora indevida e derivada da própria atuação judicial.

Assim, o art. 955, caput, do CPC, apresenta uma medida de ordem cautelar e permite ao Relator do Conflito de Competência nomear um dos juízos em disputa para que aprecie as medidas urgentes em caráter provisório (isto é, que poderão ser revistas pelo juízo que se tornar definitivamente competente para o processo).

De outra parte, e na esteira do que dispõe o art. 932 do CPC (reforçando esse comando legal), o art. 955, p. único, estabelece que o relator do conflito de competência poderá julgá-lo de plano, por decisão monocrática, quando sua decisão se fundar em súmula do STF, do STJ ou do próprio tribunal (inciso I); ou tese firmada em julgamento de casos repetitivos ou em incidente de assunção de competência (inciso II). Dessa decisão fundada no art. 955, p. único, do CPC, caberá a interposição de agravo interno (art. 1.021, do CPC).

Após o decurso do prazo designado pelo relator do conflito de competência para que os juízes envolvidos no caso tenham apresentado suas informações e eventualmente cópias dos atos processuais, será ouvido o Ministério Público, no prazo de 5 dias e, ainda que as informações não tenham sido prestadas pelo parquet, na sequência o conflito será levado a julgamento (art. 956 do CPC).

O prazo para o Ministério Público apresentar sua manifestação é considerado como prazo impróprio, isto é, seu descumprimento não gera nenhuma consequência processual ao membro do parquet. Todavia, tendo em vista que não é adequado que o processo principal fique indefinidamente aguardando esse parecer para que seu curso seja retomado, o conflito de competência será levado a julgamento independentemente da apresentação da manifestação ministerial.

É válido anotar que a maior parte dos regimentos internos de Tribunais prevê que o Conflito de Competência não necessita ser pautado para julgamento (mediante publicação no Diário Oficial), sendo possível a mera "inclusão em mesa".

Ao decidir o conflito, o tribunal declarará qual o juízo competente, pronunciando-se também sobre a validade dos atos do juízo incompetente (art. 957, do CPC). Ademais, os autos do processo em que se manifestou o conflito serão remetidos ao juiz declarado competente.

Em relação ao procedimento de conflito de competência deve ser assinalado que os regimentos internos dos Tribunais são bastante relevantes, e devem ser necessariamente observados, porque determinam uma série de disposições importantes sobre os órgãos que serão acionados a dirimir os conflitos de jurisdição. Os regimentos internos, porém, não poderão jamais extrapolar o âmbito normativo que lhes é reservado pelo art. 96, inciso I, da Constituição Federal, consistente em mero papel regulamentar e procedimental; jamais poderá ser alterado o rol constitucional de competências jurisdicionais.

No conflito de competência que envolva órgãos fracionários dos tribunais, desembargadores e juízes em exercício no tribunal, deve ser observado o disposto no regimento interno do tribunal (art. 958 do CPC), que disporá sobre o rol de competências de cada julgador, bem como qual o órgão competente a dirimir o conflito (geralmente a Seção Especializada ou o Órgão Especial ou Plenário).

O rol de competências deve observar, obviamente, o que está estipulado no Texto Constitucional: quais competências são de ordem trabalhista, federal, eleitoral ou estadual. Porém, dentro de um mesmo Tribunal, pode haver dúvida quanto ao órgão competente para apreciar determinada matéria.

Um exemplo pode ajudar na compreensão desse tema. No âmbito de um Tribunal de Justiça (jurisdição estadual) pode haver dúvida sobre a competência interna para julgar um caso em que um servidor público municipal causa um dano patrimonial a um cidadão. A competência jurisdicional certamente é do Tribunal de Justiça, e não de um Tribunal Regional Federal ou Tribunal Regional do Trabalho. Contudo, deverá ser analisado o regimento interno do Tribunal, a fim de se averiguar se esse tema é contemplado na competência interna da Seção Especializada de Direito Privado ou na Seção Especializada em Direito Público.

Geralmente esse tipo de conflito de competência, envolvendo Seções especializadas em matérias diversas dentro de um mesmo Tribunal é dirimido pelo Tribunal Pleno ou Órgão Especial, sempre conforme molde estabelecido pelo Regimento Interno correspondente.

Dentro de uma mesma Seção Especializada de Tribunal (os Tribunais geralmente costumam dividir-se em Seções especializadas em Direito Privado e Direito Público, além das competências de natureza penal, observando-se também pequenas variações disso), poderá haver dúvida acerca da competência para processar e julgar determinado processo.

Exemplificando: dentro de uma Seção Especializada em Direito Privado, poderá haver conflito de competência entre julgadores tendo em vista o reconhecimento (ou não reconhecimento) de prevenção ou conexão de processos, e a Seção será chamada a dirimir esse conflito, dentro da mesma matéria jurídica, mas que ocorre diante de questões eminentemente processuais.

O regimento interno do tribunal também deverá regular o processo e o julgamento do conflito de atribuições entre autoridade judiciária e autoridade administrativa (art. 959 do CPC).

Athos Gusmão CARNEIRO (2007, p. 298) afirma que "é pressuposto para a ocorrência do conflito de atribuições que tanto a autoridade administrativa como a autoridade judiciária estejam em divergência a respeito da prática de ato administrativo, discutindo-se a qual delas compete praticar determinado ato ou conjunto de atos de administração".

5. HOMOLOGAÇÃO DE DECISÃO ESTRANGEIRA E CONCESSÃO DE *EXEQUATUR* À CARTA ROGATÓRIA

A jurisdição é exercida, essencialmente, em âmbito territorial nacional. Entretanto, há inúmeras situações, especialmente diante de um mundo cada vez mais globalizado, em que é exigida alguma sorte de cooperação judiciária internacional (artigos 26 a 41 do CPC).

A homologação de decisão estrangeira será requerida por meio de uma modalidade específica de ação, denominada pelo próprio CPC como ação de homologação de decisão estrangeira (art. 960), salvo se houver disposição especial em sentido contrário prevista em Tratado Internacional.

A decisão interlocutória estrangeira também poderá ser executada no Brasil (não somente a sentença), e isso se dará por meio de carta rogatória (art. 960, § 1º).

Além das questões procedimentais previstas no CPC, a homologação obedecerá ao que dispuserem os Tratados Internacionais em vigor no Brasil, assim como o Regimento Interno do Superior Tribunal de Justiça, órgão jurisdicional competente para esse tipo de demanda (art. 960, § 2º).

O STJ passou a ser competente para as ações de homologação de decisão estrangeira no Brasil, ocupando papel tradicionalmente exercido pelo STF, a partir da Emenda Constitucional 45/2004, conhecida como Reforma do Judiciário, que alterou a redação do art. 105, I, *i*, da Constituição Federal, definindo que compete ao STJ processar e julgar, originariamente, "a homologação de sentenças estrangeiras e a concessão de exequatur às cartas rogatórias".

A homologação de decisão arbitral estrangeira obedecerá ao disposto em Tratado e em lei (no caso a norma que disponha a respeito do instituto da arbitragem), aplicando-se, subsidiariamente, também as disposições do CPC (art. 960, § 3º).

A decisão estrangeira somente terá eficácia no Brasil após a homologação de sentença estrangeira ou a concessão do exequatur às cartas rogatórias, salvo disposição em sentido contrário prevista em lei ou Tratado Internacional (art. 961).

São sujeitas à homologação a decisão judicial definitiva, bem como a decisão não judicial que, pela lei brasileira, teria natureza jurisdicional (art. 961, § 1º).

É importante registrar que a decisão estrangeira poderá ser homologada apenas parcialmente (art. 961, § 2º).

A autoridade judiciária brasileira poderá deferir pedidos de urgência e realizar atos de execução provisória no processo de homologação de decisão estrangeira (art. 961, § 3º).

Haverá homologação de decisão estrangeira para fins de execução fiscal quando prevista em tratado ou em promessa de reciprocidade apresentada à autoridade brasileira (art. 961, § 4º).

A sentença estrangeira de divórcio consensual produz efeitos no Brasil, independentemente de homologação pelo Superior Tribunal de Justiça (art. 961, § 5º). Essa possibilidade, que validação do divórcio consensual pactuado no estrangeiro, independentemente de homologação pelo STJ encontra respaldo no art. 226, § 6º, com redação dada pela Emenda Constitucional 66/2010. Todavia, competirá a qualquer juiz examinar a validade da decisão estrangeira, em caráter principal ou incidental, quando essa questão for suscitada em processo de sua competência.

O art. 962 do CPC disciplina as hipóteses e condições em que o STJ poderá homologar a decisão estrangeira concessiva de medida de urgência: a) exigência de carta rogatória; b) admissão do cumprimento sem audiência do réu, desde que garantido o contraditório em momento posterior; c) o juízo sobre a urgência da medida compete exclusivamente à autoridade jurisdicional prolatora da decisão estrangeira; d) quando dispensada a homologação para que a sentença estrangeira produza efeitos no Brasil, a decisão concessiva de medida de urgência dependerá, para produzir efeitos, de ter sua validade expressamente reconhecida pelo juiz competente para dar-lhe cumprimento, dispensada a homologação pelo STJ.

O art. 963, por sua vez, estabelece os requisitos que serão analisados pelo STJ para homologação da decisão estrangeira: I - ser proferida por autoridade competente; II - ser precedida de citação regular, ainda que verificada a revelia; III - ser eficaz no país em que foi proferida; IV - não ofender a coisa julgada brasileira; V - estar acompanhada de tradução oficial, salvo disposição que a dispense prevista em tratado; VI - não conter manifesta ofensa à ordem pública. O mesmo nível de exigência será imposto para a concessão do exequatur às cartas rogatórias, que observarão também o art. 962, § 2º, do CPC.

Quanto a esse ponto, deve ser lembrada a Súmula 420 do STF: "Não se homologa sentença estrangeira proferida no estrangeiro sem prova do trânsito em julgado". Essa Súmula é válida também perante o STJ, diante da já referida alteração de competência praticada pela Emenda Constitucional 45/2004.

Não será homologada a decisão estrangeira na hipótese de competência exclusiva da autoridade judiciária brasileira, quer dizer, situações em que o ordenamento jurídico brasileiro impeça a incidência de decisão proferida no âmbito de outro sistema judicial. Esse tópico também se aplica à concessão do exequatur à carta rogatória.

As ações de competência exclusiva da autoridade judiciária brasileira consistem em alguns temas sensíveis que estão elencados no art. 23 do CPC:

> Art. 23. Compete à autoridade judiciária brasileira, com exclusão de qualquer outra:
>
> I - conhecer de ações relativas a imóveis situados no Brasil;
>
> II - em matéria de sucessão hereditária, proceder à confirmação de testamento particular e ao inventário e à partilha de bens situados no Brasil, ainda que o autor da herança seja de nacionalidade estrangeira ou tenha domicílio fora do território nacional;
>
> III - em divórcio, separação judicial ou dissolução de união estável, proceder à partilha de bens situados no Brasil, ainda que o titular seja de nacionalidade estrangeira ou tenha domicílio fora do território nacional.

O art. 965, do CPC, estabelece que o cumprimento de decisão estrangeira será feito perante a Justiça Federal, a requerimento da parte, conforme as normas estabelecidas para o cumprimento de decisão nacional. Embora cumpra ao STJ a homologação de sentença estrangeira, cabe aos órgãos jurisdicionais de primeiro grau da Justiça Federal a execução desse tipo de medida, conforme o art. 109, X, da Constituição Federal.

O art. 965, p. único, exige que o pedido de execução seja instruído com cópia autenticada da decisão homologatória ou do exequatur, conforme o caso.

5.1. Enunciados do FPPC

85. Deve prevalecer a regra de direito mais favorável na homologação da sentença arbitral estrangeira em razão do princípio da máxima eficácia (art. 7º da Convenção de Nova York – Decreto 4.311/2002).

86. Na aplicação do art. 964 considerar-se-á o disposto no parágrafo 3° do art. 960.

553. A sentença arbitral estrangeira submete-se ao regime de homologação.

6. AÇÃO RESCISÓRIA

6.1. Noções gerais e conceito

A atividade jurisdicional, particularmente aquela desenvolvida no chamado processo de conhecimento, tem como objetivo maior a obtenção da certeza jurídica sobre a existência ou não de um direito. Para tanto, trilha-se um longo caminho (procedimento), desde o momento de provocação da jurisdição (petição inicial) até a prolação de uma sentença.

Naturalmente, a decisão proferida pode ser objeto de questionamento pela via recursal – aspecto do qual este *Manual* se ocupa em grande parte, a propósito –, mas em algum momento não será mais possível recorrer, seja porque os recursos cabíveis foram esgotados, seja porque não há mais prazo disponível para fazê-lo. Neste momento, a decisão judicial produz a chamada *coisa julgada*, conclusão que se pode tirar do § 3° do art. 6° da LINDB. É ordinariamente neste instante que se forma a certeza jurídica, que é o objetivo maior da atividade jurisdicional cognitiva.

A estabilidade que resulta da coisa julgada é muito prestigiada pelo ordenamento jurídico. Basta mencionar que o instituto ostenta o caráter de direito fundamental pela Constituição (art. 5°, XXXVI) para evidenciar esta afirmação.[1]

Ainda assim, *a coisa julgada não é insuperável*. Observados os rígidos requisitos legais para tanto (e suas hipóteses de cabimento são taxativamente previstas na legislação), o sistema processual tolera que se pleiteie o seu desfazimento. A *ação rescisória* é justamente um meio legalmente previsto de fazê-lo.

Como o próprio *nomen juris* sugere, a ação rescisória tem natureza jurídica de ação judicial. Mais especificamente, trata-se de uma nova ação

---

1 A coisa julgada é um dos temas mais polêmicos do processo civil. Mas foge dos objetivos deste *Manual* – e, em especial, deste capítulo – o aprofundamento nas interessantíssimas questões que daí podem surgir.

(de conhecimento), diferente daquela em que se produziu a decisão judicial que transitou em julgado.

Rigorosamente por isso, a ação rescisória não tem natureza recursal, sendo comum a doutrina atribuir-lhe a qualidade de ação autônoma de impugnação (por todos: BARBOSA MOREIRA, 1974, p. 95).

Seu objetivo, como mencionado, é o desfazimento (ou a rescisão) da coisa julgada formada em outro processo. Por isso, a ação rescisória é corretamente rotulada como ação desconstitutiva (ou constitutiva negativa). Como será visto adiante, o autor poderá também cumular de forma sucessiva outros pedidos (de qualquer natureza), para que um novo julgamento seja proferido no lugar daquele que vier a ser rescindido, o que pode dar à ação rescisória natureza mista.

Assim, em conclusão parcial, pode-se conceituar a ação rescisória como *a ação judicial de conhecimento, de natureza desconstitutiva, cabível nas hipóteses taxativamente previstas em lei, cujo objetivo é o desfazimento da coisa julgada produzida em outro processo e, se o caso, o proferimento de nova decisão judicial julgando o caso concreto*.

No plano infraconstitucional, a ação rescisória é regulada pelos arts. 966 a 975 do CPC. De sua análise sistemática se ocupam os próximos itens.

6.2. Objeto

A ação rescisória tem como *objeto* uma *decisão judicial, de mérito ou não, transitada em julgado*.

Percebe-se, de partida, que só caberá ação rescisória diante de uma *decisão judicial*, isto é, o pronunciamento com conteúdo decisório. Este pronunciamento pode ser uma sentença (art. 203, § 1°, do CPC), um acórdão (art. 204 do CPC), uma decisão monocrática proferida pelo relator no âmbito dos tribunais ou até mesmo uma decisão interlocutória (art. 203, § 2°, do CPC). Os que militam cotidianamente sabem que mais habitualmente as ações rescisórias são ajuizadas diante de sentenças ou acórdãos.

Não basta, todavia, tratar-se de uma decisão judicial. Esta deve estar acobertada pela *coisa julgada*. A afirmação é até óbvia, já que o escopo da ação rescisória e desfazer exatamente a coisa julgada.

Portanto, se a decisão judicial não transitou em julgado, ela pode ser contrastada pela via recursal. Eventual propositura de ação rescisória diante de decisão que não tenha formado coisa julgada levará à extinção do processo sem apreciação do mérito por falta de interesse de agir (art. 485, VI, do CPC).

Vale mencionar que pouco importa, para fins de cabimento da ação rescisória, se contra a decisão judicial que formou coisa julgada foram ou não interpostos todos os recursos cabíveis no processo de origem. Este é um antigo e correto entendimento do STF enunciado em sua Súmula 514.

Esta decisão judicial transitada em julgado *pode ser de mérito ou não*. Parece claro que para o legislador a regra é a ação rescisória ser ajuizada diante de decisões de mérito, sendo excepcional a possibilidade de seu manejo em relação a decisões que não são de mérito. A previsão do *caput* do art. 966 do CPC não dá espaço para conclusão diversa.

Para a perfeita compreensão da classificação das decisões com base no seu conteúdo, é preciso lembrar que a decisão de mérito (ou definitiva) é aquela fundada numa das hipóteses do art. 487 do CPC, que se caracteriza por apreciar, direta ou indiretamente, o respectivo pedido articulado no processo, formando a chamada coisa julgada material. Exatamente por isso, impede o novo ajuizamento da ação, o que justifica o cabimento da ação rescisória diante das hipóteses legais.

Diferentemente, a decisão que não é de mérito (chamada de terminativa ou processual) tem fulcro numa das situações do art. 485 do CPC. Em tais situações, o pedido elaborado não é apreciado em razão de algum óbice de natureza processual e a decisão proferida produz apenas coisa julgada formal. Nestes casos, geralmente, a parte poderá propor novamente a ação, bastando, quando muito, que promova a correção do vício que levou à decisão sem resolução do mérito (art. 486, *caput* e § 1°, do CPC).

Ocorre, contudo, que mesmo não sendo de mérito, a decisão judicial pode impedir a nova propositura da demanda ou a admissibilidade do recurso correspondente. Em tais situações – e apenas nelas –, a decisão pode ser objeto de ação rescisória, embora não seja de mérito, como preveem, respectivamente, os incisos I e II do § 2° do art. 966 do CPC[2]. Fora disso, não se cogita de ação rescisória diante de decisões que não são de mérito.

---

2 O art. 966, § 2°, II, do CPC, deve ser interpretado no sentido de se admitir a rescisão de decisões que não admitem recursos (CÂMARA, 2017, p. 469). Por não admitir o recurso, a decisão impede a discussão da causa e, consequente-

Finalmente, ficam excluídos do âmbito da ação rescisória: (a) os atos de disposição de direitos, praticados pelas partes ou por outros participantes do processo e homologados pelo juízo; e (b) os atos homologatórios praticados no curso da execução. Para estas situações, será cabível a *ação anulatória*, como estipulado pelo § 4º do art. 966 do CPC, de competência do próprio juízo que proferiu a decisão atacada (NEVES, 2016, p. 1386).

6.3. Extensão

Quanto à sua *extensão*, a ação rescisória pode se referir à *totalidade da decisão* ou a *apenas um ou mais capítulos dela*, como se lê no art. 966, § 3º, do CPC.

Pode-se, por exemplo, ajuizar ação rescisória apenas quanto ao capítulo da decisão que fixou os honorários de sucumbência devidos ao vencedor, sem questionar o resultado em si (procedência ou improcedência).[3] Neste caso, a ação rescisória será direcionada a apenas um dos capítulos da decisão.

6.4. Hipóteses de cabimento (fundamentos)

O cabimento da ação rescisória não exige apenas uma decisão judicial transitada em julgado. Além disso, é preciso que a ação esteja fundada em pelo menos uma das hipóteses descritas num dos incisos do art. 966 do CPC.

Estas hipóteses são as *causas de pedir* da ação rescisória. Assim como ocorre com as ações em geral, a ação rescisória pode se fundar em mais de uma hipótese de cabimento (causa de pedir) concomitantemente. Embora

mente, a nova propositura da ação. O objeto da ação rescisória será, contudo, apenas a decisão que não admitiu o recurso. A procedência da ação rescisória neste caso permitirá apenas a retomada da tramitação regular do recurso até seu julgamento pelo tribunal *ad quem*.

3 "PROCESSUAL CIVIL. RECURSO ESPECIAL. AÇÃO RESCISÓRIA. SENTENÇA DE MÉRITO. PRETENSÃO DE SE RESCINDIR APENAS A PARTE RELATIVA AOS HONORÁRIOS ADVOCATÍCIOS. VIABILIDADE. 1. A parte relativa aos ônus sucumbenciais integra a sentença de mérito, de modo que é viável a utilização da ação rescisória, mesmo que a pretensão de desconstituir refira-se apenas a essa parte da sentença. 2. Recurso especial provido." (STJ, 1ª Turma, REsp 894.750, rel. Min. DENISE ARRUDA, j. 23/09/2008, v.u.)

altamente recomendável, o autor da ação rescisória não precisa apontar em qual (ou quais) dos incisos do art. 966 do CPC sua ação tem fundamento.

As possíveis causas que justificam o manejo da ação rescisória são previstas num *rol taxativo*. E assim deve ser, pois a desconstituição da coisa julgada, que é albergada como direito fundamental pela Constituição, só pode ser excepcional.

As hipóteses de cabimento da ação rescisória são analisadas adiante.

(a) prevaricação, concussão ou corrupção do juiz:

É previsto no inciso I do art. 966 do CPC que caberá ação rescisória se for verificado que a decisão judicial transitada em julgado foi proferida por força de *prevaricação*, *concussão* ou *corrupção* do juiz.

As três causas mencionadas são tipos penais previstos respectivamente nos arts. 319, 316 e 317 do Código Penal. Evidentemente, excluem qualquer isenção do julgamento, motivo pelo qual dão ensejo ao ajuizamento da ação.

(b) juiz impedido ou juízo absolutamente incompetente:

De acordo com o art. 966, II, do CPC, será cabível a ação rescisória se a decisão judicial transitada em julgado "for proferida por juiz impedido ou por juízo absolutamente incompetente".

A primeira situação descrita no dispositivo é o *impedimento do juiz*, assim entendido o magistrado considerado objetivamente parcial por se enquadrar numa das situações do art. 144 do CPC. Por lhe faltar a necessária imparcialidade, sua decisão será rescindível.

As hipóteses de suspeição do juiz (art. 145 do CPC) não foram contempladas no inciso II do art. 966 do CPC. Por isso, é correto concluir que não cabe ação rescisória se a decisão foi proferida por juiz suspeito.

A segunda situação prevista na norma diz respeito à *incompetência absoluta do juízo*. Esta hipótese de cabimento parece conflitar com aquilo que prevê o art. 64, § 4º, do CPC. O dispositivo determina que se conservem os efeitos de decisão proferida pelo juízo incompetente até que outra seja proferida, se for o caso, pelo juízo competente. Se a conservação dos efeitos da decisão for compreendida como uma forma de superação do vício processual de incompetência absoluta do juízo, o inciso II do art. 966 do CPC fica bastante esvaziado.

Por falta de previsão legal, eventual agressão a regras de competência relativa não serve de fundamento para a ação rescisória.

(c) dolo ou coação da parte vencedora em detrimento da parte vencida ou simulação ou colusão entre as partes com a finalidade de fraudar a lei:

O terceiro inciso do art. 966 do CPC estipula ser cabível a ação rescisória quando a decisão judicial transitada em julgado "resultar de dolo ou coação da parte vencedora em detrimento da parte vencida ou, ainda, de simulação ou colusão entre as partes, a fim de fraudar a lei."

De sua primeira parte, pode-se concluir pelo cabimento da ação rescisória sempre que o resultado do processo decorra diretamente de *dolo processual* ou *coação* de uma parte (vencedora) em relação à outra (derrotada). Nestes dois casos, uma parte age em detrimento da outra.

A segunda parte do dispositivo admite a ação rescisória quando as partes, agindo conjuntamente, objetivam fraudar a lei por *simulação* ou *colusão*. O que se espera em tais situações é que o magistrado, percebendo o ocorrido, aja conforme o art. 142 do CPC. Porém, passando a fraude despercebida, e sendo proferida decisão judicial que venha a transitar em julgado, esta poderá ser rescindida.

Vale repisar que nos casos de simulação ou colusão as partes se unem para fraudar a lei. A situação é das mais graves, tanto que a lei atribui ampla legitimidade para o ajuizamento da ação rescisória nestas circunstâncias, conferindo-a não apenas ao terceiro prejudicado (art. 967, II, do CPC), mas também ao Ministério Público (art. 967, III, *b*, do CPC), que têm uma fixação diferenciada do termo inicial do prazo (art. 975, § 3º, do CPC).

(d) ofensa à coisa julgada:

Em quarto lugar, caberá ação rescisória sempre que a decisão judicial transitada em julgado "ofender a coisa julgada".

Esta hipótese de cabimento pode parecer estranha à primeira vista, mas é facilmente compreensível. Uma vez transitada em julgado uma determinada decisão, não será admissível que a mesma ação seja reproduzida. Se isso acontecer, caberá ao juiz da segunda ação, de ofício ou por provocação, extinguir o processo sem apreciação do mérito (art. 485, V, do CPC). Todavia, pode ocorrer uma situação inusitada: na segunda ação não se ventila a ocorrência de anterior coisa julgada e o processo prossegue normalmente até que seja proferida outra decisão que posteriormente também produz coisa julgada. Neste caso, esta segunda decisão transitada em julgado, por ofender a coisa julgada formada na primeira ação, pode ser objeto de ação rescisória. É disso que cuida o art. 966, IV, do CPC.

Interessante questão prática resulta desta hipótese de cabimento da ação rescisória referente à coexistência de coisas julgadas antagônicas após o decurso do prazo para rescindir o segundo julgado. Com efeito, imaginemos que tenha sido proferida uma segunda decisão, que também produza coisa julgada, e que tenha transcorrido o prazo de dois anos para o ajuizamento da respectiva ação rescisória (art. 975 do CPC). Qual decisão transitada em julgado deve prevalecer: a primeira ou a segunda?

De um lado, pode-se argumentar que a primeira coisa julgada deve prevalecer em relação à segunda, mesmo que superado o prazo para a rescisão desta, pois nenhum efeito pode resultar de uma decisão judicial que afronte uma anterior e regular coisa julgada. Neste sentido já se posicionou um dos coautores deste *Manual* (DONOSO, 2003).

Por outro lado, defende-se que a segunda coisa julgada prevalecerá sobre a primeira. Ora, se a lei menciona um prazo (de dois anos) para a rescisão da coisa julgada posterior, é porque quis que ela prevalecesse àquela primeira após o transcurso deste lapso temporal. A inação da parte interessada em rescindir a segunda coisa julgada deve ser interpretada como conformismo. Esta posição parece encontrar maior adesão no âmbito doutrinário (por todos, consultar: PONTES DE MIRANDA, 2003, p. 256-267).

A Corte Especial do STJ sinalizou simpatizar com a segunda posição ao julgar, por maioria de votos, o EAREsp 600.811/SP (rel. Min. OG FERNANDES, j. 04/12/2019), ressalvando, entretanto, que prevalecerá a primeira coisa julgada formada se esta já foi executada ou se ao menos se iniciou sua execução (no mesmo sentido, consultar o julgamento, pela 2ª Turma do STJ, do AgInt nos EDcl no REsp n. 1.930.955, rel. Min. MAURO CAMPBELL MARQUES, j. 08/3/2022, v.u.).

(e) manifesta violação de norma jurídica:

A quinta e mais comum hipótese de cabimento da ação rescisória vem prevista no art. 966, V, do CPC. Cabe ação rescisória quando a decisão judicial transitada em julgado "violar manifestamente norma jurídica".

A *violação* deve ser entendida como o erro na aplicação do direito no caso concreto, contrariando o sentido atribuído a um texto normativo pela via interpretativa.

Contudo, não é qualquer violação que justifica a ação rescisória. Como se extrai do texto legal, ela deve ser *manifesta*. O STJ, aliás, reiteradamente tem decidido que "a ação rescisória fundada no art. 966, V, do CPC/2015 pressupõe violação frontal e direta de literal disposição de lei, de forma que seja possível extrair tal ofensa do próprio conteúdo do julgado que se pretende rescindir" (STJ, 4ª Turma, AgInt no AREsp 1.700.588, rel. Min. ANTONIO CARLOS FERREIRA, j. 08/03/2021, v.u.).

Justamente por esse motivo que a demonstração de tal violação não pode depender do reexame das provas da ação originária.

Mas não é só. É correto o entendimento de que a ação rescisória não é a medida adequada para a aferição da existência de justiça ou injustiça do julgado, tampouco para corrigir interpretação equivocada dos fatos, reexaminar ou complementar as provas produzidas no processo originário. Neste sentido, vale conferir o julgamento da Ação Rescisória 5.166 pela 1ª Turma do STJ (rel. Min. BENEDITO GONÇALVES, j. 10/06/2020, v.u.).

Não se considera que há violação manifesta de norma jurídica – e, portanto, não caberá ação rescisória – quando a decisão rescindenda for baseada em texto legal de interpretação controvertida nos tribunais. Isso é o que enuncia a Súmula 343 do STF. A orientação deve ser seguida mesmo que posteriormente a matéria venha a ser pacificada pela jurisprudência, porque "O momento a ser considerado como de pacificação jurisprudencial, para efeito de incidência da Súmula 343/STF, é o da publicação da decisão rescindenda, e não do seu trânsito em julgado." Com efeito, "A data do trânsito em julgado da fase de conhecimento da demanda serve tão somente como termo inicial para contagem do prazo para ingresso de ação rescisória, não interferindo na pretensão de rescindir o julgado que, supostamente, teria infringido disposição de lei federal ao interpretá-la de forma diversa da posteriormente consolidada pela Corte Superior." (STJ, 3ª Turma, REsp n. 1.742.236, rel. Min. PAULO DE TARSO SANSEVERINO, j. 19/6/2018, v.u.).

Havia entendimento que afastava a aplicação da Súmula 343 do STF a matérias constitucionais, já que a decisão da Suprema Corte nesses casos sempre seria a melhor decisão. Mais recentemente, o próprio STF confirmou que a referida súmula também se aplica a discussões constitucionais, pondo fim à controvérsia (Pleno, RExtra 590.809, rel. Min. MARCO AURÉLIO, j. 22/10/2014).

O objeto da violação manifesta é uma *norma jurídica*. Tem-se entendido que é ônus do autor a indicação precisa da norma jurídica que foi violada na petição inicial da ação rescisória (STJ, 3ª Turma, REsp 1.663.326, rel. Min. NANCY ANDRIGHI, j. 11/02/2020, v.u.).

O termo "norma jurídica" tem merecido interpretação ampla da doutrina, nele incluindo normas de direito material ou processual, bem como as constitucionais ou infraconstitucionais.

A propósito, o § 5º do art. 966 do CPC dispõe que "Cabe ação rescisória, com fundamento no inciso V do *caput* deste artigo, contra decisão baseada em enunciado de súmula ou acórdão proferido em julgamento de casos repetitivos que não tenha considerado a existência de distinção entre a questão discutida no processo e o padrão decisório que lhe deu fundamento." Nestes casos – complementa o subsequente § 6º – "caberá ao autor, sob pena de inépcia, demonstrar, fundamentadamente, tratar-se de situação particularizada por hipótese fática distinta ou de questão jurídica não examinada, a impor outra solução jurídica."

O dispositivo mencionado (art. 966, § 5º, do CPC) permite o manejo de ação rescisória diante da má aplicação do padrão decisório, o que não é raro de acontecer num sistema em que seus operadores não estão habituados a trabalhar com precedentes.

Para além disso, nota-se no âmbito doutrinário a disposição para admitir a ação rescisória mais amplamente, incluindo qualquer hipótese de contrariedade a tese firmada em padrões jurisprudenciais vinculantes. Isto porque tais teses se equiparam a normas jurídicas, de modo que sua manifesta violação atrai a hipótese do inciso V do art. 966 do CPC. Quando menos, a rebeldia judicial, que contraria a eficácia vinculante dessas teses, é por si só uma violação da norma que justifica o ajuizamento da ação (CÂMARA, 2017, p. 473). Não demorará para que o assunto ultrapasse os limites da discussão acadêmica e venha a ser recorrente na prática do foro, exigindo que os tribunais passem a se manifestar sobre o assunto.

(f) falsidade apurada em processo criminal ou demonstrada na própria ação rescisória:

O art. 966, VI, do CPC, permite que se promova ação rescisória quando a decisão judicial transitada em julgado "for fundada em prova cuja falsidade tenha sido apurada em processo criminal ou venha a ser demonstrada na própria ação rescisória."

É preciso que a prova (falsa) tenha sido fator determinante e bastante para a decisão que se pretenda rescindir. Se não influenciou o conteúdo da decisão ou se esta também se ampara em outras provas legítimas, não caberá ação rescisória.

O dispositivo legal menciona que a falsidade da prova pode ser apurada em processo criminal ou pode ser demonstrada na própria ação rescisória (em sua fase instrutória).

A prova tem como objetivo, em regra, a demonstração de fatos. Mas também se admite excepcionalmente a prova do direito (art. 376 do CPC). Em qualquer caso, dando-se a falsidade da prova, caberá a ação rescisória (PONTES DE MIRANDA, 2003, p. 318).

(g) prova nova:

Em sétimo lugar (art. 966, VII, do CPC), será rescindível a decisão judicial transitada em julgado quando "obtiver o autor, posteriormente ao trânsito em julgado, prova nova cuja existência ignorava ou de que não pôde fazer uso, capaz, por si só, de lhe assegurar pronunciamento favorável".

A prova nova, que fundamenta a ação rescisória neste caso, pode ser de *qualquer modalidade* (documental, testemunhal, pericial etc.).

Entende-se por *prova nova* aquela obtida pela parte após o trânsito em julgado da decisão a ser rescindida. Se a obteve antes e não a usou no processo de origem, terá ocorrido preclusão, o que ocasionará a rejeição da ação rescisória.

Além disso, a prova deve ser de *existência ignorada pela parte*. Pelo menos, alternativamente, que *não se tenha podido fazer uso dela*. Para os fins deste dispositivo, a prova nova corresponde àquela *já existente ao tempo da instrução do processo original*, mas de que o autor não pôde fazer uso ou cuja existência ignorava naquele momento, por motivo que não lhe pode ser imputável (STJ, 1ª Seção, AR 5.196, rel. Min. Mauro Campbell Marques, j. 14/12/2022, v.u.). Cabe ao autor o ônus de provar estas circunstâncias. Do contrário, deve-se considerar que houve preclusão do direito de produzir a prova.

A descoberta de fato novo, cuja existência era ignorada, não atende a esta exigência e não justifica a desconstituição da coisa julgada (STJ, 2ª Seção, AR 5.905, rel. Min. NANCY ANDRIGHI, j. 28/04/2021, v.u.).

A prova nova deve ainda ser *suficiente para, por si só, assegurar pronunciamento favorável* ao autor da ação rescisória. Deve-se ler com ressalvas este requisito, considerando o *potencial em tese* da prova em garantir resultado favorável à ação rescisória. Saber se ela efetivamente produzirá o efeito desejado pelo autor – que é o acolhimento da ação rescisória – é algo que ocorrerá apenas na fase decisória, após regular contraditório.

Para as ações rescisórias fundadas no inciso VII do art. 966 do CPC a lei prevê uma regra inicial de fixação do termo inicial do prazo para ajuizamento da ação: a data de descoberta da prova nova, observado o prazo máximo de cinco anos, contado do trânsito em julgado da última decisão proferida no processo (art. 975, § 2°, do CPC).

(h) erro de fato verificável do exame dos autos:

A última hipótese de cabimento da ação rescisória está prevista no art. 966, VIII, do CPC, segundo o qual será rescindível a decisão judicial transitada em julgado que "for fundada em erro de fato verificável do exame dos autos".

O próprio CPC, no § 1° do art. 966, delimita o quando há erro de fato: "Há erro de fato quando a decisão rescindenda admitir fato inexistente ou quando considerar inexistente fato efetivamente ocorrido, sendo indispensável, em ambos os casos, que o fato não represente ponto controvertido sobre o qual o juiz deveria ter se pronunciado."

Por isso, para fins de cabimento da ação rescisória, não configura erro de fato a alegação de equívoco interpretativo ou na qualificação jurídica dos fatos (STJ, 2ª Seção, AgInt na AR 6.685, rel. Min. PAULO DE TARSO SANSEVERINO, j. 09/06/2021, v.u.).

6.5. Prazo

O art. 975 do CPC cuida do prazo para o ajuizamento da ação rescisória, que é de dois anos. Sua natureza é decadencial (como bem explica BARBOSA MOREIRA, 1974, p. 178).

O que pode gerar alguma dúvida a respeito não é o prazo em si ou sua natureza, mas sim seu *termo inicial*. O prazo decadencial de dois anos se conta a partir de quando?

Como regra geral, o termo inicial é o trânsito em julgado da última decisão proferida no processo, como prevê o *caput* do art. 975 do CPC.

Em harmonia com aquilo que já foi mencionado anteriormente – especialmente quando se tratou do efeito obstativo –, *basta a interposição do recurso para impedir o trânsito em julgado da decisão*. Por isso, *ainda que este não seja admitido ao final*, não se deflagará o prazo para o ajuizamento da ação rescisória enquanto não precluir a última decisão. A exceção se dá naquelas situações em que o próprio recurso é intempestivo (a declaração de intempestividade apenas confirma o trânsito em julgado anteriormente ocorrido) ou quando há comprovada má-fé da parte (a respeito, consultar: STJ, 3ª Turma, REsp 1.887.912, rel. Min. MARCO AURÉLIO BELLIZZE, j. 21/09/2021, v.u.).

Um fato não pode passar despercebido: o citado dispositivo menciona que o prazo tem início a partir do trânsito em julgado da *última decisão proferida no processo*. A previsão legal está em absoluta harmonia com a possibilidade de fracionamento do julgamento de pedidos, que proporciona a formação sucessiva de coisas julgadas.

Imagine-se, por exemplo, uma ação em que são cumulados os pedidos 01 e 02 e o magistrado aplica o julgamento antecipado e parcial do mérito (art. 356 do CPC) quanto ao pedido 01, que transita em julgado no ano de 2020. O processo continua normalmente em relação ao pedido 02, até que é decidido e transita em julgado no ano de 2022. A ação rescisória pode ser ajuizada até dois anos depois do trânsito em julgado da decisão referente ao pedido 02 (2024), ainda que se inclua no pedido a desconstituição da coisa julgada formada em relação ao pedido 01 (que se deu em 2020).

Assim, embora as coisas julgadas no mesmo processo se formem sucessivamente, o termo inicial do prazo da a ação rescisória é o mesmo para todos eles: o trânsito em julgado da última decisão proferida no processo.

As exceções em relação ao termo inicial ficam por conta dos §§ 2º e 3º do dispositivo legal, sobre os quais já foram feitos apontamentos quando da análise das hipóteses de cabimento da ação rescisória.

Assim, quando fundada a ação no art. 966, VII, do CPC (prova nova), "o termo inicial do prazo será a data de descoberta da prova nova, observado o prazo máximo de 5 (cinco) anos, contado do trânsito em julgado da última decisão proferida no processo" (art. 975, § 2°, do CPC).

Quanto às hipóteses de simulação ou de colusão das partes (art. 966, III, do CPC), "o prazo começa a contar, para o terceiro prejudicado e para o Ministério Público, que não interveio no processo, a partir do momento em que têm ciência da simulação ou da colusão" (art. 975, § 3°, do CPC).

Deve-se mencionar, ainda, aquilo que preveem o art. 525, § 15; e art. 535, § 8°, do CPC. Estes dispositivos, ligados às técnicas de cumprimento da sentença, estabelecem um termo inicial diferenciado para a ação rescisória nas hipóteses em que o Supremo Tribunal Federal haja declarado a inconstitucionalidade de lei ou ato normativo em que se amparou a decisão judicial transitada em julgado. Nestes casos, o prazo será contado do trânsito em julgado da decisão proferida pelo Supremo Tribunal Federal. Estas regras parecem criar uma criticável situação em que não há limite temporal para o exercício do direito à rescisão, em evidente contrariedade ao princípio da segurança jurídica (CÂMARA, 2017, p. 481-482).

Finalmente, nada obstante se tratar de prazo decadencial, o art. 975, § 1°, do CPC, prevê que haverá sua prorrogação "até o primeiro dia útil imediatamente subsequente o prazo a que se refere o *caput*, quando expirar durante férias forenses, recesso, feriados ou em dia em que não houver expediente forense."

6.6. Competência

A competência para o julgamento da ação rescisória – que sempre será de tribunal – varia conforme a instância judicial em que ocorreu o trânsito em julgado. Como princípio geral, a ação rescisória será julgada por juízo igual ou superior (*par maiorve potestas*) (PONTES DE MIRANDA, 2003, p. 101).

Assim, se a ação rescisória tem como objeto uma decisão que passou em julgado em *primeiro grau*, terá competência o tribunal a quem caberia apreciar eventual recurso (que poderia ter sido, mas não foi interposto) contra aquela decisão. Por exemplo, imagine que uma sentença haja sido proferida pela 1ª Vara da Comarca de Poços de Caldas-MG e contra ela não tenha a parte interposto recurso. Vindo a decisão transitar em julgado na instância de origem, eventual ação rescisória deve ser ajuizada perante o Tribunal de Justiça do Estado de Minas Gerais.

Para as ações rescisórias ajuizadas contra acórdãos transitados em julgado no *âmbito do tribunal*, a competência será do próprio tribunal que proferiu o julgado. No exemplo acima, se uma das partes houvesse interposto apelação da sentença, tendo esta sido julgada e transitado em julgado no próprio tribunal, caberia ao Tribunal de Justiça do Estado de Minas Gerais julgar eventual ação rescisória.

Nestes casos, caberá ao regimento interno de cada tribunal definir, dentro de sua estrutura, qual será o órgão competente para tanto.

Se o acórdão transitou em julgado no STJ, é deste tribunal a competência para processar e julgar a ação rescisória (art. 105, I, *e*, da Constituição). Tendo ocorrido o trânsito em julgado no STF, a competência será desta corte (art. 102, I, *j*, da Constituição). Isso pressupõe, contudo, que o recurso que originou o acórdão tenha sido admitido pelo STJ ou pelo STF; do contrário, a competência será do tribunal *a quo*.

A competência para a ação rescisória, em qualquer caso, é absoluta.

Eventual reconhecimento da incompetência do tribunal para julgar a ação rescisória não poderá acarretar a extinção do processo. Nestes casos, é imperativo observar-se o que dispõem os §§ 5º e 6º do art. 968 do CPC. Estes dispositivos, em tudo compatíveis com o princípio da primazia do julgamento de mérito, preveem mecanismos para se corrigir possíveis equívocos a respeito.

6.7. Legitimidade

A legitimação ativa *ad causam* para a ação rescisória é regulada pelo art. 967 do CPC.

Assim, têm legitimidade para propor a ação rescisória: (i) quem foi parte no processo ou o seu sucessor a título universal ou singular; (ii) o terceiro juridicamente interessado; (iii) o Ministério Público; e (iv) aquele que não foi ouvido no processo em que lhe era obrigatória a intervenção.

A legitimação daquele que foi parte no processo – ou do seu sucessor – se dá por razões óbvias, porque estes são os atingidos pela coisa julgada. Nada mais lógico do que os destinatários do comando judicial supostamente viciado pretenderem sua desconstituição.

O terceiro que pode promover ação rescisória é, como se extrai do próprio texto legal, aquele *juridicamente interessado*. Não é qualquer interesse que autoriza o terceiro ajuizar esta ação, como o moral ou econômico. Encaixa-se nesta hipótese aquele que poderia intervir no processo original como assistente.[4]

A legitimação do Ministério Público se limita às situações em que (i) não foi ouvido no processo em que lhe era obrigatória a intervenção; (ii) a decisão rescindenda é o efeito de simulação ou de colusão das partes, a fim de fraudar a lei; e (iii) em outros casos em que se imponha sua atuação.

Se não for parte, mas houver alguma situação aludida no art. 178 do CPC, o Ministério Público será intimado para intervir como fiscal da ordem jurídica (art. 967, parágrafo único, do CPC).

A legitimação passiva será daquele que foi parte na ação originária, mas não figura como autor da ação rescisória. Assim, nas hipóteses dos incisos II, III e IV do art. 967 do CPC, acabará sendo formado um litisconsórcio passivo necessário entre aqueles que foram partes anteriormente.

O terceiro (aquele que não foi parte na ação originária), como regra, não tem legitimação passiva para a ação rescisória, salvo se a decisão a ser tomada for apta a afetar sua esfera de direitos (neste sentido: STJ, 1ª Seção, AR 6.359, rel. Min. Sérgio Kukina, j. 14/6/2023, v.u.).

Esta última questão levantada convida a refletir sobre a legitimidade passiva *ad causam* do advogado em ações rescisórias, diante de seu inegável interesse em relação ao capítulo relativo aos honorários de sucumbência.

Se a ação rescisória versar *exclusivamente* sobre o direito aos honorários fixados a favor do advogado, não há como recusar sua legitimidade, assim como a ilegitimidade da própria parte da ação originária.

Há controvérsias, contudo, nas situações em que a ação rescisória ajuizada pretende desconstituir não apenas o capítulo da decisão que fixou a verba sucumbencial, mas todo julgado.

Na jurisprudência prevalece o entendimento de que o advogado a favor de quem foram fixados honorários sucumbenciais *não* tem legitimidade para figurar no polo passivo de ação rescisória, pois não possui interesse

4 O assunto foi objeto de profundas considerações pela 3ª Turma do STJ no REsp 1.844.690, rel. Min. Ricardo Villas Bôas Cueva, j. 14/02/2023, v.u.

jurídico no objeto da ação que deu origem à sentença rescindenda. Assim decidiu, por exemplo, a 4ª Turma do STJ (AgInt no AREsp 1.446.886, rel. Min. Marco Buzzi, j. 29/10/2019, v.u.). Em geral, sustentam os julgados que o advogado não foi parte, mas sim terceiro, na ação original, de modo que não deve figurar no polo passivo de ação rescisória.

Para este Manual, contudo, a melhor interpretação é no sentido inverso. Com efeito, os honorários de sucumbência são um *direito do advogado* (art. 85, caput, do CPC; art. 23 da Lei 8.906/1994). A mera possibilidade de desconstituição do seu direito, via ação rescisória, é fator suficiente para que o advogado deixe de ser considerado um terceiro ou mero coadjuvante, pois a decisão que será proferida é apta a interferir diretamente no seu direito subjetivo, prejudicando sua livre disposição. Por isso, se o objetivo da ação rescisória inclui o desfazimento do capítulo relativo aos honorários, é indiscutível o *interesse jurídico* do advogado. Deste modo, embora se trate de polos diversos, o mesmo raciocínio que vale para reconhecer a legitimação ativa do terceiro (art. 967, II, do CPC) é útil aqui.

6.8. Petição inicial: requisitos, depósito prévio e admissibilidade

A petição inicial da ação rescisória será elaborada com observância dos requisitos essenciais do art. 319 do CPC[5], observadas as particularidades do art. 968 do CPC.

Assim, além de elaborar o pedido de desconstituição da coisa julgada, o autor deverá *cumular sucessivamente o pedido para que seja proferido novo julgamento*. Esta é a previsão do art. 968, I, do CPC, sobre a qual se tratará com mais detalhes abaixo.

Ademais, cabe ao autor, também por ocasião da apresentação da sua petição inicial, comprovar que efetuou o *depósito da importância de cinco por cento sobre o valor da causa*. Esta exigência é decorrente do art. 968, II, do CPC.

Seu objetivo é esclarecido pelo próprio dispositivo legal: o depósito se converterá em multa devida à parte contrária, caso a ação seja, por unanimidade de votos, declarada inadmissível ou improcedente. Sobre este assunto, volta-se em pormenores adiante.

5 O dispositivo ficou aquém do necessário. O autor também deve se atentar ao art. 320 do CPC e instruir a petição inicial da ação rescisória com os documentos indispensáveis à propositura da ação.

Não há como recusar que este depósito aludido no inciso II do art. 968 do CPC deve ser realizado *em dinheiro*, sendo inadmissível sua substituição por qualquer outro bem. Com efeito, não custa relembrar que esta quantia poderá se converter em multa à parte contrária, sendo, por isso mesmo, imperativo sua prestação em espécie. Ademais, trata-se de um indisfarçável instrumento que visa desestimular o ajuizamento indiscriminado de uma ação com objetivo excepcional. Neste sentido, a propósito, a 4ª Turma do STJ já se pronunciou nos seguintes termos: "(...) 2. O ajuizamento de ação rescisória pressupõe a demonstração efetiva, concreta e objetiva de seus requisitos legais, também o cumprimento da condição de procedibilidade prevista no art. 968, inciso II, do CPC/15, consubstanciada na necessidade de o autor realizar o depósito judicial da importância de 5% (cinco) por cento sobre o valor da causa, o qual se converterá em multa caso a ação seja, por unanimidade de votos, declarada inadmissível ou improcedente. 2.1. A exegese do referido artigo impõe que o preceito seja inexoravelmente interpretado como dinheiro em espécie, a fim de salvaguardar a segurança jurídica e a natureza excepcional da demanda. 2.2. A admissão de meios alternativos deturparia o objetivo primário do preceito legal, qual seja, o desestímulo ao ajuizamento temerário e desmedido do pleito rescisório." (REsp 1.871.477, rel. Min. Marco Buzzi, j. 13/12/2022, v.u.).

Este depósito prévio não será devido quando a ação rescisória for promovida pela União, pelos Estados, pelo Distrito Federal, pelos Municípios, por suas respectivas autarquias e fundações de direito público, pelo Ministério Público, pela Defensoria Pública e pelos que tenham obtido o benefício de gratuidade da justiça (art. 968, § 1º, do CPC).

A lei também prevê um limite máximo para o valor do depósito, que é de mil salários-mínimos (art. 968, § 2º, do CPC). Pouco importa qual seja o valor da causa, o depósito prévio não ultrapassará o teto legal.

De resto, ajuizada a ação rescisória, caberá ao relator designado realizar seu juízo prévio de admissibilidade (que poderá ser revisto pelo órgão colegiado posteriormente, se for o caso), abrindo-se aqui todas as possibilidades legais previstas para a fase de recebimento da petição inicial de qualquer ação.

Poderá o relator, assim, pura e simplesmente receber a petição inicial (juízo positivo de admissibilidade), ordenando a citação do réu (art. 970 do CPC). Se o autor elaborou pedido de tutela provisória na sua petição inicial, este será o momento de sua apreciação.

Por outro lado, embora não haja expressa referência neste sentido, nada impede que o relator determine a emenda ou complementação da petição inicial nas hipóteses do art. 321 do CPC. Não há como duvidar que se incluem nesta hipótese aquelas situações em que o autor deixa de realizar o depósito prévio exigido pelo art. 968, II, do CPC.

A petição inicial também pode ser indeferida, como prevê o art. 968, § 3°, do CPC. O indeferimento poderá ser (i) *in limine*, quando a peça apresentar vícios insanáveis (situação excepcional, mas possível); ou (ii) após concedida a oportunidade para emenda ou complementação, que não tenha sido devidamente aproveitada pelo autor (art. 321, parágrafo único, do CPC).

Até mesmo o julgamento liminar de improcedência do pedido tem cabimento no âmbito da ação rescisória, observadas as hipóteses do art. 332 do CPC, o que é destacado pelo § 4° do art. 968 do CPC.

6.9. Juízo rescisório e rescindendo

Ao promover a ação rescisória, o autor deverá invariavelmente formular pedido de desconstituição da coisa julgada, fundado numa das hipóteses legais. Esta é a sua principal razão de ser.

Mas, como mencionado antes, o art. 968, I, do CPC, impõe que o autor faça uma cumulação sucessiva de pedidos, requerendo também que se realize um novo julgamento do processo, considerando a possibilidade de o julgamento anterior ser desconstituído.

O primeiro pedido – de desconstituição da coisa julgada – é chamado de juízo rescindendo (*judicium rescindens*) e tem natureza desconstitutiva (ou constitutiva negativa). O segundo pedido – para que haja um novo julgamento do processo – é denominado de juízo rescisório (*judicium rescissorium*) e pode ser de qualquer modalidade (condenatório, declaratório, constitutivo etc.).

É importar frisar que a cumulação, se ocorrer, será sucessiva. Isto porque o pedido de novo julgamento do processo (juízo rescisório) só será apreciado se o pedido de desconstituição da coisa julgada (juízo rescindendo) for acolhido. Na hipótese de este ser rejeitado (por improcedência ou por extinção sem apreciação do mérito), sequer será analisado o pedido articulado naquele. Há, portanto, uma relação de prejudicialidade entre eles.

Se e quando avançar ao juízo rescisório, contudo, o tribunal pode julgar a causa livremente. Isto significa dizer que o resultado do juízo rescisório pode ser de procedência ou improcedência.

Eis um resumo esquemático:

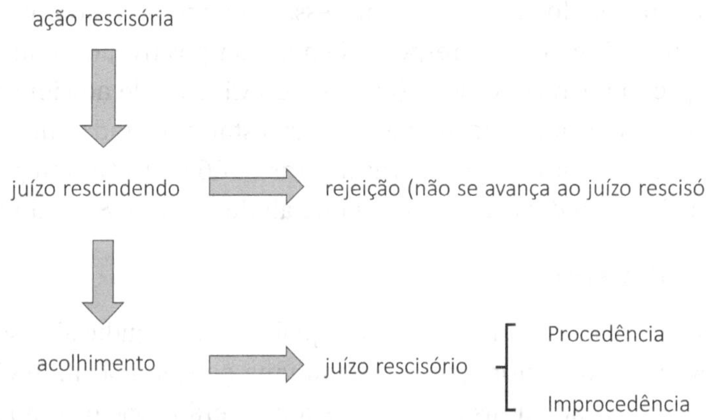

Nem sempre terá cabimento formular o pedido do juízo rescisório. Há situações em que simplesmente não faz sentido pleitear-se novo julgamento da causa, a exemplo do que ocorre com a ação rescisória fundada no inciso IV do art. 966 do CPC. A simples desconstituição da coisa julgada que ofendeu outra coisa julgada já é juridicamente suficiente.

Ademais, o pedido de novo julgamento (juízo rescisório) deve observar os limites da decisão rescindenda. Assim, se a rescisão se refere a decisão judicial que resolveu um contrato, o pedido do *judicium rescissorium* deve se limitar à questão da resolução contratual, não sendo possível a cumulação com pedido estranho (por exemplo, uma indenização ligada ao referido contrato).

O novo julgamento da causa (juízo rescisório) deve resultar de expresso pedido da parte, não sendo possível seu enfrentamento de ofício sem que haja agressão ao princípio da inércia da jurisdição e a prolação de decisão *extra petita* (no mesmo sentido: SCARPINELLA BUENO, 2020, p. 468).

Cabe indagar se o autor *pode ou deve* formular o pedido de novo julgamento (quando for o caso). O *caput* do art. 968 do CPC sugere que a cumulação é obrigatória (neste sentido: BARBOSA MOREIRA, 1974, p. 149). Se esta orientação for seguida – considerando também a vedação do seu enfrentamento *ex officio* –, deve-se determinar a complementação da petição inicial nas hipóteses em que este pedido não for articulado, sob pena de seu indeferimento (art. 968, § 3º, do CPC).

Uma interessante questão pode ser colocada neste contexto: poderia o *réu* na ação rescisória formular o pedido de novo julgamento para a hipótese de procedência do pedido rescindendo? A pergunta só faz sentido para aqueles que entendem que a formulação do pedido pelo autor é facultativa (pois, se for obrigatória, necessariamente terá sido articulado anteriormente). Neste caso, a resposta só pode ser positiva, devendo o réu, contudo, apresentar reconvenção (art. 343 do CPC). Vale adicionar que a reconvenção com esta finalidade não precisa estar amparada em uma das hipóteses de cabimento da ação rescisória (art. 966 do CPC), tampouco se pode exigir do réu o depósito prévio a que alude o art. 968, II, do CPC.

6.10. Procedimento

A ação rescisória – como, de resto, qualquer ação judicial – se inicia com a provocação do autor, que apresenta uma petição inicial. Registrado o protocolo e realizada a distribuição, os autos serão conclusos ao relator designado, passando-se ao juízo de admissibilidade. Estas questões referentes à petição inicial e seu recebimento, observado o que dispõem os arts. 929 a 931 do CPC, já foram analisadas anteriormente.

Vale registrar, de qualquer maneira, que "A escolha de relator recairá, sempre que possível, em juiz que não haja participado do julgamento rescindendo." Esta é a previsão do parágrafo único do art. 971 do CPC, que não conflita com a Súmula 252 do STF.[6]

Se recebida a petição inicial, o relator ordenará a citação do réu para que este apresente sua resposta (art. 970 do CPC). O ato citatório será realizado por qualquer uma das modalidades previstas em lei, valendo atentar-se ao que preveem os arts. 246 e 247 do CPC (com a redação que lhes foi dada pela Lei 14.195/2021).

Ao contrário das ações em geral, cujo prazo de resposta é previamente previsto de forma inflexível pela lei, na ação rescisória o relator designará prazo nunca inferior a quinze dias nem superior a trinta dias para tanto. Serão computados apenas os dias úteis (art. 219 do CPC).

Qualquer modalidade de resposta pode ser apresentada pelo réu. A contestação é a mais tradicional delas, até porque sua ausência significará

6 "Na ação rescisória, não estão impedidos juízes que participaram do julgamento rescindendo."

a revelia, podendo implicar em sérios prejuízos. Aqui, aplicam-se, no que couber, tudo o que preveem os arts. 335 a 342 do CPC.

O réu também poderá apresentar reconvenção, observado o que dispõe o art. 343 do CPC. A reconvenção pode pleitear a desconstituição da coisa julgada, fundando-se numa das hipóteses de cabimento da ação rescisória (art. 966 do CPC). Ademais, com as ressalvas feitas anteriormente, também poderá objetivar a formulação, pelo réu, de pedido de novo julgamento para a hipótese de procedência do pedido rescindendo.

Ao término do prazo para resposta – com ou sem a sua apresentação –, segue-se nas etapas seguintes, naquilo que couber, as previsões do procedimento comum. Isso significa dizer, grosso modo, que o processo avançará às fases ordinatória, instrutória e decisória.

Vale realçar que não há que se falar na designação da audiência de mediação ou conciliação, regulada pelo art. 334 do CPC. Esta audiência é típica da fase postulatória do procedimento comum e não se compatibiliza com a dinâmica da ação rescisória.

A produção de provas, a propósito, não apenas é possível como também é muito comum nas ações rescisórias. Neste particular, permite-se que o relator delegue a competência da fase instrutória ao órgão que proferiu a decisão rescindenda, fixando prazo para a devolução dos autos que pode variar de um a três meses (art. 972 do CPC). Em que pesem os termos da redação legal, entende-se majoritariamente que esta delegação pode ser feita a juízo diverso, como nos casos em que a prova deve ser colhida em comarca distinta daquela que tramitou o processo (CÂMARA, 2017, p. 479).

Concluída a instrução, será aberta vista ao autor e ao réu para apresentação de razões finais, sucessivamente, pelo prazo de dez dias. Em seguida, os autos serão conclusos ao relator, procedendo-se ao julgamento pelo órgão competente. Assim estipulam o *caput* e o parágrafo único do art. 973 do CPC.

Ao julgar a ação rescisória, o tribunal analisará o pedido de desconstituição da coisa julgada, acolhendo-o ou não (*judicium rescindens*). Na hipótese de procedência do pedido – e desde que seja o caso – será proferido novo julgamento (*judicium rescissorium*), assunto sobre o qual já se ocupou anteriormente. Para cada uma das etapas de julgamento, fixará as verbas sucumbenciais, inclusive os honorários advocatícios.

Assim como em qualquer ação, a parte vencida será condenada nas verbas sucumbenciais. Em relação aos honorários advocatícios, em particular, sua base de cálculo terá como parâmetro os valores envolvidos na própria ação rescisória, e não na ação originária (neste sentido: STJ, 3ª Turma, REsp 2.068.654, rel. Min. Nancy Andrighi, j. 12/9/2023, v.u.)

O incidente de colegialidade qualificada deverá ser observado sempre que for acolhido, em julgamento não unânime, o pedido de desconstituição da coisa julgada (*judicium rescindens*). Esta é a previsão do art. 942, § 3º, I, do CPC. Este assunto é objeto de análise mais detalhada em capítulo específico deste *Manual*.

Também caberá ao tribunal, ao julgar a ação rescisória, definir o destino do depósito prévio que se exige do autor quando do seu ajuizamento (art. 968, II, do CPC).

De uma leitura cuidadosa do *caput* e do parágrafo único do art. 974 do CPC, pode-se concluir que (a) se o pedido de desconstituição da coisa julgada (*judicium rescindens*) for julgado procedente, o valor do depósito será restituído ao autor; (b) a restituição ocorrerá mesmo que o autor não saia vencedor na hipótese de haver novo julgamento (*judicium rescissorium*); (c) se o pedido de desconstituição da coisa julgada (*judicium rescindens*) for julgado improcedente ou inadmissível, mas sem unanimidade, o valor do depósito também será restituído ao autor; e (d) se o pedido de desconstituição da coisa julgada (*judicium rescindens*) considerado, por unanimidade, inadmissível ou improcedente, o tribunal determinará a reversão do depósito em favor do réu, sem prejuízo do disposto no § 2º do art. 82 do CPC.

Qualquer que seja a destinação do depósito prévio, o tribunal também poderá aplicar às partes, se o caso, as sanções processuais previstas em lei, tais como a multa por litigância de má-fé.

Não custa adicionar, ainda, que as decisões proferidas no âmbito da ação rescisória são recorríveis. Os embargos de declaração, o agravo interno e os recursos especial e extraordinário são as modalidades recursais cujo cabimento pode ser cogitado. Cada um desses recursos será objeto de análise, cada qual em seu capítulo próprio, neste *Manual*.

6.11. Tutela provisória

A tutela provisória, regulada pelos arts. 294 a 311 do CPC, é amplamente admissível no âmbito da ação rescisória. É o que se extrai do art. 969 do CPC: "A propositura da ação rescisória não impede o cumprimento da decisão rescindenda, ressalvada a concessão de tutela provisória."

Pode-se concluir que o ajuizamento da ação rescisória, por si só, não basta para impedir que a decisão rescindenda seja objeto de cumprimento da sentença ou que surta normalmente seus efeitos (para os casos em que se dispensa a fase executiva).[7] É perfeitamente possível que a decisão judicial transitada em julgado esteja sendo questionada na ação rescisória ao mesmo tempo em que sua execução esteja em andamento ou que seus efeitos estejam sendo produzidos normalmente.

Não são raros, portanto, os casos em que o autor da ação rescisória pleiteia a concessão da tutela provisória. O objetivo, na maior parte das vezes, é justamente obstar o cumprimento da decisão judicial transitada em julgado que se pretende desconstituir.

O fato do pedido de tutela provisória na ação rescisória ser cabível e frequente não significa que seu deferimento seja a regra na prática do foro. Muito pelo contrário, aliás. Considerando que a concessão de qualquer modalidade de tutela provisória pressupõe algum grau de certeza, percebe-se facilmente a dificuldade em se obter a respectiva providência, já que o objetivo desta demanda é desconstituir uma decisão judicial sobre a qual se formou coisa julgada (e sobre a qual repousa, consequente e teoricamente, grau maior de certeza).

Finalmente, é correto afirmar que todas as modalidades de tutela provisória são possíveis na ação rescisória (antecipada ou cautelar, de urgência ou de evidência). Até mesmo a tutela antecipada requerida em caráter antecedente (art. 303 do CPC) é compatível. O que não parece compatível com a ação rescisória é a estabilização da tutela antecipada requerida em caráter antecedente, no regime estabelecido pelo art. 304 do CPC, pois não faz sentido que uma decisão fundada em cognição sumária possa prevalecer

7 Procede a crítica doutrinária à redação do dispositivo legal. Melhor seria que o art. 969 do CPC tivesse previsto a possibilidade da tutela provisória impedir a ***geração de efeitos*** da decisão rescindenda (NEVES, 2016, p. 1391).

sobre a uma decisão fruto de cognição exauriente e transitada em julgado (SCARPINELLA BUENO, 2020, p. 488).

6.12. Enunciados do FPPC

33. Não cabe ação rescisória nos casos estabilização da tutela antecipada de urgência.

137. Contra sentença transitada em julgado que resolve partilha, ainda que homologatória, cabe ação rescisória.

138. A partilha amigável extrajudicial e a partilha amigável judicial homologada por decisão ainda não transitada em julgado são impugnáveis por ação anulatória.

203. Não se admite ação rescisória de sentença arbitral.

284. Aplica-se à ação rescisória o disposto no art. 321, ainda que o vício seja a indicação incorreta da decisão rescindenda.

336. Cabe ação rescisória contra decisão interlocutória de mérito.

337. A competência para processar a ação rescisória contra capítulo de decisão deverá considerar o órgão jurisdicional que proferiu o capítulo rescindendo.

338. Cabe ação rescisória para desconstituir a coisa julgada formada sobre a resolução expressa da questão prejudicial incidental.

339. O CADE e a CVM, caso não tenham sido intimados, quando obrigatório, para participar do processo (art. 118, Lei n. 12.529/2011; art. 31, Lei n. 6.385/1976), têm legitimidade para propor ação rescisória contra a decisão ali proferida, nos termos do inciso IV do art. 967.

340. Observadas as regras de distribuição, o relator pode delegar a colheita de provas para juízo distinto do que proferiu a decisão rescindenda.

341. O prazo para ajuizamento de ação rescisória é estabelecido pela data do trânsito em julgado da decisão rescindenda, de modo que não se aplicam as regras dos §§ 2 º e 3º do art. 975 do CPC à coisa julgada constituída antes de sua vigência.

421. Não cabe estabilização de tutela antecipada em ação rescisória.

535. Cabe ação rescisória contra a decisão prevista no inciso III do art. 548.

554. Na ação rescisória fundada em violação ao efeito positivo da coisa julgada, haverá o rejulgamento da causa após a desconstituição da decisão rescindenda.

555. Nos casos em que tanto a decisão de inadmissibilidade do recurso quanto a decisão recorrida apresentem vícios rescisórios, ambas serão rescindíveis, ainda que proferidas por órgãos jurisdicionais diversos.

602. A prova nova apta a embasar ação rescisória pode ser produzida ou documentada por meio do procedimento de produção antecipada de provas.

603. Não se converterá em multa o depósito inicial efetuado pelo autor, caso a extinção da ação rescisória se dê por decisão do relator transitada em julgado.

656. A expressão "prova nova" do inciso VII do art. 966 do CPC/2015 engloba todas as provas típicas e atípicas.

679. A anotação da propositura da ação à margem do título protestado não se restringe à ação rescisória, podendo abranger outros meios de desfazimento da coisa julgada.

7. INCIDENTE DE RESOLUÇÃO DE DEMANDAS REPETITIVAS

7.1. Aspectos gerais e conceito

O incidente de resolução de demandas repetitivas (IRDR), regulado pelos arts. 976 a 987 do CPC, é um dos mais notáveis avanços do Código vigente em relação ao seu antecessor (o CPC de 1973).

A ideia do IRDR é simples e até mesmo óbvia. Por inúmeras razões – e a falta de cultura das ações coletivas é apenas uma delas –, o sistema legal brasileiro propicia a reprodução irracional de demandas que discutem rigorosamente a mesma tese jurídica. Tais ações se multiplicam nos mais variados foros do Brasil, não raramente gerando decisões diferentes para casos análogos.

Estas duas situações são indesejáveis. A reprodução de casos que discutem a rigorosamente mesma tese jurídica, impondo que um mesmo trabalho seja repetido exaustivamente, implica num insano desperdício de tempo e de dinheiro, o que é especialmente grave num país cujo Poder Judiciário tem uma estrutura notadamente insuficiente. Pior ainda, as decisões que resultam dos inúmeros processos podem ser conflitantes, criando soluções diferentes para casos iguais, gerando um inegável incômodo à atividade jurisdicional ao romper com a segurança jurídica.

O objetivo da IRDR é justamente atuar na raiz dessas situações. Sempre que identificada a repetição de casos que contenham controvérsia sobre a mesma questão de direito, gerando o risco de ofensa à isonomia e à segurança jurídica, os processos serão suspensos e a tese será julgada uma única vez. A decisão proferida valerá para todos os casos existentes (que foram suspensos) e para novos casos que aparecerem no futuro. Ao invés de se julgar milhares de processos, julga-se a tese uma única vez, que será aplicada os casos que nela se enquadrem.

Bem por isso, o IRDR tem se notabilizado como um instrumento aplicável nas causas dos chamados *grandes litigantes*, ou seja, aqueles sujeitos que mais aparecem em ações judiciais (no polo ativo ou passivo), entre os quais a Fazenda Pública aflora. Bem por isso, Teresa Arruda Alvim e Bruno Dantas incluem o IRDR entre as técnicas que denominam de "tutela pluri-individual", que objetivam exatamente resguardar a isonomia de direitos individuais homogêneos (ARRUDA ALVIM; DANTAS, 2023, p. 355).

Os ganhos do IRDR são irrecusáveis. Para dizer o mínimo, há uma maior eficiência na prestação jurisdicional, com garantia de isonomia, segurança jurídica e de razoável duração do processo.

Visto sob outro enfoque, o IRDR é uma técnica de gestão processual cujo objetivo é racionalizar a prestação jurisdicional. Os litígios se massificaram, impondo que a lei criasse mecanismos de solução em massa. Ele está inserido no contexto mais amplo do julgamento de casos repetitivos (art. 928, I, do CPC) e, para que não restem dúvidas, lembre-se que as decisões nele proferidas têm caráter vinculante (art. 927, III, do CPC).

Assim, parece certo concluir que há dois aspectos que inspiram o IRDR: (i) *repressivo*, que tem a finalidade de gerir e julgar casos repetitivos, atuando diretamente no problema quando identificada a multiplicação de demandas; e (ii) *preventivo*, ao formar precedentes obrigatórios, que poderão pautar as posturas das partes em situações novas, muitas vezes evitando o manejo de ações cujo deslinde já é sabido de antemão.

Em resumo, pode-se conceituar o IRDR como o *incidente processual cabível quando identificada a repetição de casos que contenham controvérsia sobre a mesma questão de direito, gerando o risco de ofensa à isonomia e à segurança jurídica, objetivando uma decisão igual e vinculante a todos os processos presentes e futuros que versem sobre o mesmo objeto.*

7.2. Requisitos

Conforme prevê o art. 976 do CPC, o IRDR pode ser instaurado quando se der, simultaneamente, (i) a efetiva repetição de processos que contenham controvérsia sobre a mesma questão unicamente de direito; e (ii) risco de ofensa à isonomia e à segurança jurídica.

Frise-se, de antemão, que os requisitos acima são *cumulativos*. Um *e* outro devem estar presentes para que seja cabível o IRDR.

Comecemos tratando do primeiro requisito de cabimento: a efetiva repetição de processos que contenham controvérsia sobre a mesma questão unicamente de direito.

Percebe-se, em primeiro lugar, que a lei exige que a *repetição de processos* seja *efetiva*. Ou seja, deve estar acontecendo, não bastando a mera possibilidade de que venha a ocorrer no futuro, pois o incidente não tem caráter preventivo (DIDIER; CUNHA, 2016, p. 627). Se não houver a efetiva repetição, ou mesmo se ela for apenas potencial, não caberá o IRDR (situação em que se pode pensar no incidente de assunção de competência, por exemplo).

A lei não estabelece, todavia, um número mínimo de casos. Caberá ao tribunal competente para admitir o IRDR estabelecer, no caso concreto, se há uma quantidade suficiente de casos a justificar o processamento do incidente. É irrecusável que há uma elevada carga de subjetividade neste particular.

De igual modo, o CPC não esclarece se a repetição de casos deve estar ocorrendo em grau recursal (com causas pendentes no tribunal) ou se seria bastante que esta multiplicidade se observasse apenas em primeiro grau. Esta não é uma resposta simples, até porque a lei tem disposições contraditórias a respeito. À primeira vista, não há motivos para recusar o cabimento do IRDR a partir de processos em primeiro grau de jurisdição, sem que existam causas pendentes no tribunal, apesar do risco que esta opção representa em razão da ausência de um amadurecimento mínimo e anterior da matéria que é seu objeto (MENDES; TEMER, 2017, p. 213).[8]

Em segundo lugar, em todos estes processos replicados há um ponto em comum: *a controvérsia neles contida é sobre a mesma questão unicamente de direito*. E aqui interessa notar que a repetição não é propriamente de demandas, mas sim de *questões jurídicas* idênticas em diversas demandas (MARINONI, 2019, p. 101). É comum ler-se esta crítica na doutrina, inclusive a sugestão de que o instituto deveria ser batizado como incidente de resolução de *questões* repetitivas (por todos, consultar: MENDES; TEMER, 2017, p. 201).

A lei ainda exige que tais questões sejam *unicamente de direito*. Ocorre que, a rigor, não existe questão unicamente de direito. Sempre existirão fatos, dos quais decorrem consequências jurídicas. Não se pode ir a juízo sem que absolutamente nada tenha acontecido. Para fins do IRDR, considera-se questão unicamente de direito como aquela atividade de pura subsunção dos fatos ao direito. Nada impede, portanto, que o IRDR se refira à qualificação jurídica de fatos incontroversos (que podem ser idênticos ou equivalentes), embora esteja fora de seu âmbito considerações sobre como se deram os fatos (MARINONI, 2019, p. 104; MEDINA, 2020, p. 1493).

Para se ilustrar, imagine que uma determinada associação de moradores de um loteamento fechado tenha ajuizado ação para cobrar taxas em atraso de um morador associado. Saindo vencedora na ação, a associação, na fase de cumprimento da sentença, pede a penhora do bem imóvel do associado inadimplente, mesmo sabendo tratar-se de bem de família, ventilando o que prevê o art. 3º, IV, da Lei 8.009/1990. O executado, por sua vez, apresenta resistência ao pedido de constrição, argumentando que o referido dispositivo legal apenas se aplica em relações condominiais, o que não é o caso.

Havendo a efetiva repetição desta mesma questão de direito – a possibilidade ou não de penhora de bem de família, quando a dívida for oriunda

---

8 Há, na doutrina, respeitáveis opiniões em sentido contrário (por exemplo: NEVES, 2016, p. 1399; DIDIER; CUNHA, 2016, p. 625).

de cobrança de taxa de associação de moradores em loteamento fechado –, é possível a instauração do IRDR.

Perceba que o caso concreto apresentado tem muitos fatos. O inadimplemento da obrigação, a circunstância do imóvel ser bem de família, a residência familiar etc. A atividade desenvolvida no IRDR, todavia, não diz respeito a tais fatos (que são incontroversos ou cuja controvérsia já foi superada), mas sim à sua rotulação jurídica.

Ainda tomando por base o exemplo, percebe-se que os fatos dos diversos casos concretos que justificam a instauração do IRDR não são propriamente idênticos. Em cada caso, haverá individualmente uma obrigação não cumprida, um imóvel que serve como residência da família e assim sucessivamente. Mas tais fatos são equivalentes ou padronizados. É o que basta para que se tenha aquilo que a lei chama de *mesma questão* (MARINONI, 2019, p. 109).

A tese debatida no IRDR, a propósito, pode ser de direito material ou de direito processual, conforme prevê o art. 928, parágrafo único, do CPC.

O segundo requisito – isto é, o risco de ofensa à isonomia e à segurança jurídica –, na verdade, se aproxima muito mais do objetivo do IRDR (MARINONI, 2019, p. 117). Decisões iguais para casos iguais é o que se espera de um sistema coerente. Apenas assim haverá previsibilidade das decisões judiciais, traduzida em segurança jurídica.

De resto, o § 4º do art. 976 do CPC exclui o cabimento do IRDR "quando um dos tribunais superiores, no âmbito de sua respectiva competência, já tiver afetado recurso para definição de tese sobre questão de direito material ou processual repetitiva." A ressalva faz todo sentido, já que o iminente julgamento da questão pelo STF ou pelo STJ também será dotado de efeito vinculante (art. 927, III, do CPC). Não seria vantajoso, tampouco conveniente, instaurar o IRDR num tribunal de segundo grau quando o assunto estiver na pauta de um dos tribunais superiores.

7.3. Legitimidade

De acordo com o art. 977 do CPC, o pedido de instauração do IRDR poderá ser formulado (i) pelo juiz da causa em primeiro grau de jurisdição; (ii) pelo relator, quando em grau recursal, em remessa necessária ou qualquer processo de competência originária; (iii) por qualquer uma das partes do processo; (iv) pelo Ministério Público; e (v) pela Defensoria Pública.

Especificamente em relação ao Ministério Público, sua legitimação se dará tanto quando atuar como fiscal da ordem jurídica como quando exercer o papel de parte. Nos incidentes que não forem provocados por iniciativa do Ministério Público, este intervirá como fiscal da ordem jurídica. Mas não é só. Caso o requerente desista ou abandone o IRDR, caberá ao Ministério Público assumir a sua titularidade (art. 976, § 2º, do CPC).

A legitimação da Defensoria Pública também merece interpretação elástica (SCARPINELLA BUENO, 2020, p. 504). Pode ocorrer no exercício de sua função típica ou de funções atípicas.

7.4. Competência

O IRDR é de competência do Tribunal de Justiça ou do Tribunal Regional Federal onde se originou a multiplicação de demandas.[9]

Ao contrário do que muitos pensam, portanto, o IRDR não será inaugurado nos tribunais superiores (STF ou STJ), que dele conhecerão apenas pela via recursal.[10] Se a multiplicidade de casos repetitivos for identificada apenas no âmbito do STF ou do STJ, o caso será de se aplicar a técnica do julgamento dos recursos especial e extraordinário repetitivos (arts. 1.036 e seguintes do CPC), assunto do qual este *Manual* se ocupa em item próprio.

O IRDR, ademais, será dirigido ao presidente do tribunal (art. 977, *caput*, do CPC) e seu julgamento caberá ao órgão indicado pelo regimento interno dentre aqueles responsáveis pela uniformização de jurisprudência do tribunal (art. 978, *caput*, do CPC). Naturalmente, por força do que prevê o art. 97 da Constituição, se o caso envolver a constitucionalidade de lei ou de ato normativo do Poder Público, incidirá o princípio da reserva de plenário.

9 Pode ser, também, de Tribunal Regional do Trabalho ou de Tribunal Regional Eleitoral, dentro de seus limites de competência.

10 Pode-se vislumbrar a instauração do IRDR diretamente nos tribunais superiores nas hipóteses excepcionais de competência originária ou de competência recursal ordinária daquelas cortes. Há, mais amplamente, quem sustente o cabimento do IRDR em tribunal superior (DIDIER; CUNHA, 2016, p. 630-631).

De resto, finalizado o julgamento da tese jurídica, o respectivo órgão colegiado competente julgará igualmente o recurso, a remessa necessária ou o processo de competência originária de onde se originou o incidente (art. 978, parágrafo único, do CPC). O dispositivo legal, embora tenha inegável intenção de otimizar a prestação jurisdicional, não está isento de críticas quanto à sua constitucionalidade, pois o art. 96, I, da Constituição, atribui privativamente aos tribunais a elaboração de seus regimentos internos, dispondo sobre a competência e o funcionamento dos respectivos órgãos jurisdicionais.

7.5. Pedido de instauração

A lei não impõe maiores formalidades para se articular o pedido de instauração do IRDR.

Inicialmente, como dito acima, ele será dirigido ao presidente do tribunal.

Quanto ao meio de se veicular o pedido, este pode se dar por ofício (quando o requerente for o juiz ou o relator) ou por petição (se pleiteado pelas partes, Ministério Público ou Defensoria Pública).

Não importa o meio – ofício ou petição – este será instruído com os documentos necessários à demonstração do preenchimento dos pressupostos para a instauração do incidente. Em outras palavras, deve-se comprovar documentalmente – este é o único meio de prova admitido – os requisitos mencionados pelo art. 976 do CPC.

De resto, o § 5º do art. 976 do CPC dispõe que "Não serão exigidas custas processuais no incidente de resolução de demandas repetitivas." Como se verá adiante, tampouco os honorários de sucumbência serão devidos. A isenção, todavia, não alcança a interposição de recurso extraordinário ou especial (DIDIER; CUNHA, 2016, p. 635).

7.6. Dinâmica procedimental

O IRDR tem um procedimento relativamente simples.

Como visto anteriormente, ele se inicia com o *pedido de instauração* de algum legitimado por ofício ou petição dirigido ao presidente do tribunal competente (art. 977 do CPC).

Em seguida, o incidente será distribuído ao órgão competente (art. 978 do CPC), que procederá ao seu *juízo de admissibilidade*, ou seja, analisará se estão ou não presentes os pressupostos de admissibilidade previstos no art. 976 do CPC. Embora o IRDR tenha um relator sorteado, este juízo de admissibilidade necessariamente será colegiado, como se deduz do *caput* do art. 981 do CPC (no mesmo sentido: MARINONI, 2019, p. 148; DIDIER; CUNHA, 2016, p. 629).

O IRDR não será admitido caso se constate a ausência dos seus requisitos. Embora a decisão que inadmita o incidente seja irrecorrível[11], este pode ser suscitado posteriormente caso o requisito venha a ser satisfeito (art. 976, § 3º, do CPC).

Parece correto concluir que deve ser assegurado ao requerente o direito de corrigir eventuais vícios ou complementar informações faltantes, conforme o caso e se possível, antes de ver seu pedido considerado inadmissível. Esta conclusão encontra repouso em diversas normas do CPC (os arts. 4º e 321 são apenas dois exemplos).

Por outro lado, se presentes os pressupostos exigidos por lei, será admitido o IRDR. Neste caso, caberá ao relator – e, neste momento, em atuação monocrática – atentar-se às providências aludidas pelo art. 982 do CPC, isto é: (i) suspenderá os processos pendentes, individuais ou coletivos, que tramitam no Estado ou na região, conforme o caso; (ii) poderá requisitar informações a órgãos em cujo juízo tramita processo no qual se discute o objeto do incidente, que as prestarão no prazo de quinze dias; e (iii) intimará o Ministério Público para, querendo, manifestar-se no prazo de quinze dias.

Uma vez admitido o IRDR, a desistência ou o abandono do processo não impede o exame de mérito do incidente (art. 976, § 1º, do CPC).

Superadas as providências do relator, ingressa-se na fase do *contraditório*, que é o mais amplo possível, ainda sob a condução do relator.

Com efeito, de acordo com o art. 983 do CPC, "O relator ouvirá as partes e os demais interessados, inclusive pessoas, órgãos e entidades com interesse na controvérsia, que, no prazo comum de 15 (quinze) dias, poderão requerer a juntada de documentos, bem como as diligências necessá-

11 Exceção feita aos embargos de declaração.

rias para a elucidação da questão de direito controvertida, e, em seguida, manifestar-se-á o Ministério Público, no mesmo prazo."

Além disso, o relator poderá designar data para, em audiência pública, ouvir depoimentos de pessoas com experiência e conhecimento na matéria (art. 983, § 1º, do CPC).

Uma vez concluídas as diligências, o relator solicitará dia para o *julgamento do incidente* (art. 983, § 2º, do CPC), o que deverá acontecer no prazo máximo de um ano (art. 980 do CPC).

A sessão de julgamento deve observar o que dispõe o art. 984 do CPC, inclusive o direito de sustentação oral pelos sujeitos descritos nas alíneas *a* e *b* do inciso II do mencionado dispositivo legal.

Alinhado com o amplo dever de motivação das decisões judiciais, em especial com aquilo que o CPC prevê no § 1º do seu art. 489, exige-se que o acórdão do IRDR abranja a análise de todos os fundamentos suscitados concernentes à tese jurídica discutida, sejam favoráveis ou contrários (art. 984, § 2º, do CPC).

Ainda que o julgamento do IRDR não seja unânime, não se aplica o incidente de colegialidade qualificada (art. 942, § 4º, I, do CPC).

A decisão proferida pelo tribunal a quo pode ser objeto de *recursos*, conforme o art. 987 do CPC, assunto sobre o qual se volta adiante.

Como já antecipado, o julgamento do IRDR tem *caráter vinculante*. A previsão do art. 927, III, do CPC, já seria mais do que suficiente para deixar esta característica muito clara. Ainda assim, o CPC preferiu pecar pelo excesso, prevendo no seu art. 985 que a tese jurídica definida no incidente será aplicada não apenas aos processos individuais ou coletivos existentes (e suspensos), como também aos casos futuros que versem sobre idêntica questão de direito.

A decisão proferida no IRDR pode ser objeto de *recurso*, na forma do art. 987 do CPC, observadas as considerações específicas que serão feitas adiante.

Não serão devidos honorários advocatícios de sucumbência no IRDR, até porque se trata de mero incidente. Eventuais honorários, se cabíveis, serão devidos nos processos individuais em que a decisão padronizada for aplicada.

O seguinte esquema sintetiza o procedimento do IRDR:

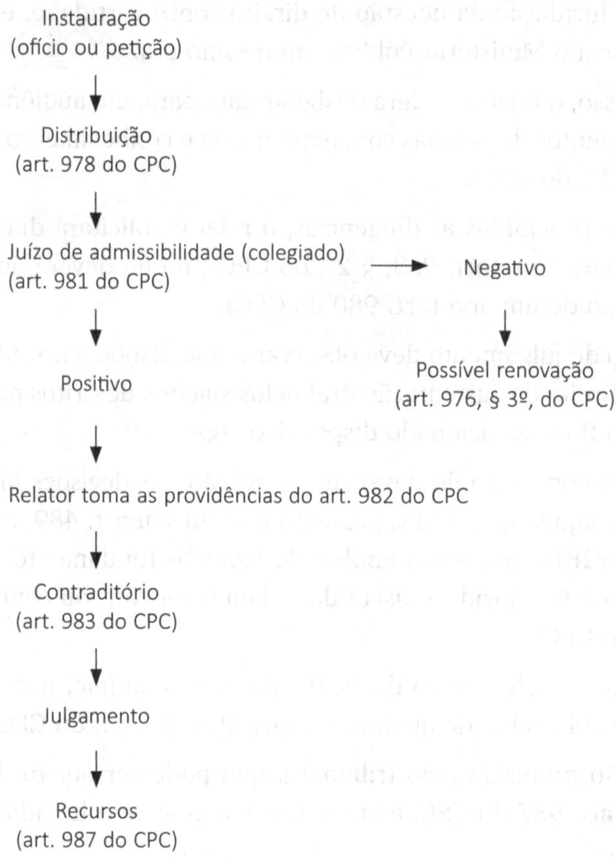

7.7. Suspensão dos processos pendentes

Conforme exposto no item anterior, uma das providências que incumbem ao relator é determinar a suspensão dos processos pendentes, individuais ou coletivos, que tramitam no Estado ou na Região, conforme o caso (art. 982, I, do CPC). A regra é repetida pelo art. 313, IV, do CPC.

A suspensão não é uma faculdade, mas sim uma imposição legal. O art. 982, I, do CPC, é claro ao mencionar que o relator *suspenderá* os processos pendentes (em sentido contrário, SCARPINELLA BUENO, 2020, p. 508).

A suspensão se justifica pelo fato de que a decisão que será proferida no IRDR terá caráter vinculante (art. 985 do CPC), sendo, portanto, razoável que os processos que versem sobre questão idêntica aguardem o desfecho do incidente.

A decisão do relator, como regra, limita-se geograficamente, isto é, vale apenas para os processos que tramitam no Estado (no caso de IRDR de competência de Tribunal de Justiça) ou na Região (no caso de IRDR de competência de Tribunal Regional Federal). Como expõem Teresa Arruda Alvim e Bruno Dantas, "O sistema federalista adotado pelo Brasil impôs limitações territoriais aos efeitos do Incidente de Resolução de Demandas Repetitivas, de modo que a admissão de um incidente pelo Tribunal de Justiça de São Paulo não suspende os processos em tramitação no Paraná ou na Bahia" (ARRUDA ALVIM; DANTAS, 2023, p. 363).

Todavia, o § 3º do art. 982 do CPC permite que qualquer das partes, o Ministério Público ou a Defensoria Pública requeira a suspensão de todos os processos individuais ou coletivos em curso no território nacional que versem sobre a questão objeto do incidente já instaurado. Este requerimento deve ser endereçado ao STF ou STJ.

E se houver a necessidade, por alguma das partes dos processos suspensos, de pleitear tutela de urgência? O pedido poderá ser formulado normalmente e deverá ser dirigido ao próprio juízo onde tramita o processo suspenso (art. 982, § 2º, do CPC).

Os processos permanecerão suspensos até o julgamento do IRDR pelo tribunal competente. Mas a suspensão permanecerá caso seja interposto recurso especial ou recurso extraordinário contra a decisão proferida no incidente (art. 982, § 5º, do CPC). Todavia, o julgamento do IRDR deve se dar no prazo máximo de um ano, após o qual cessará *ope legis* a suspensão dos processos, a não ser que o relator decida de forma fundamentada em sentido contrário (art. 980, parágrafo único, do CPC).

7.8. Recorribilidade

Da decisão do tribunal que julga o mérito do IRDR caberá recurso extraordinário ou especial, conforme o caso. Esta é a previsão do *caput* do art. 987 do CPC. Não se deve descartar, ainda, a possibilidade de oposição de embargos de declaração.

As hipóteses de cabimento de cada um destes recursos são objeto de estudo de itens próprios deste *Manual*.

Convém antecipar, de todo modo, que o art. 987, § 1º, do CPC, atribui efeito suspensivo aos recursos extraordinário e especial interpostos para contrastar a decisão do incidente. A opção legislativa é digna de nota, posto que tal efeito não se verifica ordinariamente em tais recursos (art. 995 do CPC).

Especificamente em relação ao recurso extraordinário, o art. 987, § 1º, do CPC, cria uma presunção legal da repercussão geral de questão constitucional eventualmente discutida.

Existe viva controvérsia sobre quem seriam os legitimados para recorrer da decisão proferida no IRDR. O *amicus curiae* tem legitimidade prevista expressamente (art. 138, § 3º, do CPC). Quanto às partes do incidente e o Ministério Público, também parecem não pairar dúvidas. Mas e os terceiros prejudicados, especialmente aqueles que tiveram seus processos suspensos para aguardar a fixação da tese? Este *Manual* compartilha o entendimento de que a legitimação recursal, neste caso, deve ser ampla, na mesma linha daquilo que o Enunciado 94 do FPPC propõe.

7.9. Formação de precedente obrigatório, sua abrangência, formação de coisa julgada e força executiva

O julgamento proferido no IRDR tem *caráter vinculante*. Esta é uma característica dos julgamentos de casos repetitivos prevista pelo inciso III do art. 927 e reforçada pelo art. 985, ambos do CPC.

Neste contexto, a tese jurídica definida no incidente será necessariamente aplicada (i) a processos *individuais e coletivos*; e (ii) aos *casos futuros* que versem sobre idêntica questão de direito.

Este efeito vinculante, entretanto, se limita territorialmente aos processos que tramitem ou que venham a tramitar na área de jurisdição do respectivo tribunal (TJ ou TRF), inclusive àqueles que tramitem nos juizados especiais do respectivo Estado ou Região.

Pode ocorrer, todavia, que seja interposto recurso extraordinário ou especial da decisão que julga o IRDR. Neste caso, se o mérito de tais recursos for julgado, haverá uma ampliação da eficácia da decisão para todo território nacional. Esta é a previsão do art. 987, § 2º, do CPC.

Interessante anotar, por fim, que aquilo que ficar decidido no IRDR tem força vinculativa, mas não produz coisa julgada material, tampouco tem força executiva. Isto porque no incidente haverá a mera fixação abstrata de uma tese, sem a composição de uma lide concreta ou a certificação da existência de direito ou obrigação de alguém (THEODORO JR., 2016, p. 913). Esta tese deverá ser aplicada em cada um dos casos concretos, nos quais – aí sim – haverá a formação de coisa julgada, gerando um título executivo. Deste modo, as técnicas clássicas do processo coletivo não se aplicam aqui.

E se a tese jurídica vinculante deixar de ser adotada por qualquer órgão? A resposta é dada pelo § 1º do art. 985 do CPC: será cabível reclamação, regulada pelos arts. 988 a 993 do CPC.

7.10. Efeitos processuais práticos da tese fixada

A tese firmada no julgamento do IRDR – e não poderia ser diferente – é considerada suficientemente madura pelo sistema processual. Por isso, o CPC prevê diversos efeitos processuais práticos daí resultantes.

Sem prejuízo de muitos desses efeitos sobre os quais já se falou anteriormente, eis alguns outros que merecem destaque:

(i) É possível o julgamento de improcedência liminar de pedidos que contrariem a tese firmada no IRDR (art. 332, III, do CPC);

(ii) Dispensa-se a remessa necessária de sentenças fundadas na tese do IRDR (art. 496, § 4º, III, do CPC);

(iii) No âmbito recursal, permite-se que o relator, em decisão singular, negue provimento a recurso que for contrário ao entendimento firmado no IRDR (art. 932, IV, *c*, do CPC);

(iv) Ainda no âmbito recursal, o relator pode, depois de facultada a apresentação de contrarrazões, dar provimento de forma monocrática ao recurso se a decisão recorrida for contrária à tese do IRDR;

(v) No que se refere às tutelas provisórias, é cabível o deferimento de antecipação de tutela por evidência quando as alegações de fato puderem ser comprovadas apenas documentalmente e houver tese firmada em julgamento de IRDR (art. 311, II, do CPC); e

(vi) No cumprimento provisório de sentença, o exequente poderá ser dispensado de prestar caução se a decisão subjacente estiver em consonância com acórdão proferido no IRDR.

7.11. Revisão de tese

A tese jurídica firmada no IRDR pode ser revista. Esta é a salutar previsão do art. 986 do CPC e está na mais absoluta sintonia com os princípios que moldaram o direito jurisprudencial, sobretudo com os §§ 2º a 4º do art. 927 do CPC (que devem ser observados no procedimento de revisão).

A competência para a revisão é do mesmo tribunal que fixou originariamente a tese.

A revisão pode se dar *ex officio* ou por requerimento do Ministério Público ou da Defensoria Pública. É curioso notar que o legislador excluiu das partes a legitimidade para pleitear esta revisão, opção que tem merecido severas e merecidas críticas da doutrina.

7.12. Enunciados do FPPC

87. A instauração do incidente de resolução de demandas repetitivas não pressupõe a existência de grande quantidade de processos versando sobre a mesma questão, mas preponderantemente o risco de quebra da isonomia e de ofensa à segurança jurídica.

88. Não existe limitação de matérias de direito passíveis de gerar a instauração do incidente de resolução de demandas repetitivas e, por isso, não é admissível qualquer interpretação que, por tal fundamento, restrinja seu cabimento.

89. Havendo apresentação de mais de um pedido de instauração do incidente de resolução de demandas repetitivas perante o mesmo tribunal todos deverão ser apensados e processados conjuntamente; os que forem oferecidos posteriormente à decisão de admissão serão apensados e sobrestados, cabendo ao órgão julgador considerar as razões neles apresentadas.

90. É admissível a instauração de mais de um incidente de resolução de demandas repetitivas versando sobre a mesma questão de direito perante tribunais de 2º grau diferentes.

91. Cabe ao órgão colegiado realizar o juízo de admissibilidade do incidente de resolução de demandas repetitivas, sendo vedada a decisão monocrática.

92. A suspensão de processos prevista neste dispositivo é consequência da admissão do incidente de resolução de demandas repetitivas e não depende da demonstração dos requisitos para a tutela de urgência.

93. Admitido o incidente de resolução de demandas repetitivas, também devem ficar suspensos os processos que versem sobre a mesma questão objeto do incidente e que tramitem perante os juizados especiais no mesmo estado ou região.

94. A parte que tiver o seu processo suspenso nos termos do inciso I do art. 982 poderá interpor recurso especial ou extraordinário contra o acórdão que julgar o incidente de resolução de demandas repetitivas.

95. A suspensão de processos na forma deste dispositivo depende apenas da demonstração da existência de múltiplos processos versando sobre a mesma questão de direito em tramitação em mais de um estado ou região.

205. Havendo cumulação de pedidos simples, a aplicação do art. 982, I e §3°, poderá provocar apenas a suspensão parcial do processo, não impedindo o prosseguimento em relação ao pedido não abrangido pela tese a ser firmada no incidente de resolução de demandas repetitivas.

342. O incidente de resolução de demandas repetitivas aplica-se a recurso, a remessa necessária ou a qualquer causa de competência originária.

343. O incidente de resolução de demandas repetitivas compete a tribunal de justiça ou tribunal regional.

345. O incidente de resolução de demandas repetitivas e o julgamento dos recursos extraordinários e especiais repetitivos formam um microssistema de solução de casos repetitivos, cujas normas de regência se complementam reciprocamente e devem ser interpretadas conjuntamente.

348. Os interessados serão intimados da suspensão de seus processos individuais, podendo requerer o prosseguimento ao juiz ou tribunal onde tramitarem, demonstrando a distinção entre a questão a ser decidida e aquela a ser julgada no incidente de resolução de demandas repetitivas, ou nos recursos repetitivos.

452. Durante a suspensão do processo prevista no art. 982 não corre o prazo de prescrição intercorrente.

471. Aplica-se no âmbito dos juizados especiais a suspensão prevista no art. 982, §3°.

473. A possibilidade de o tribunal revisar de ofício a tese jurídica do incidente de resolução de demandas repetitivas autoriza as partes a requerê-la.

481. O disposto nos §§ 9º a 13 do art. 1.037 aplica-se, no que couber, ao incidente de resolução de demandas repetitivas.

556. É irrecorrível a decisão do órgão colegiado que, em sede de juízo de admissibilidade, rejeita a instauração do incidente de resolução de demandas repetitivas, salvo o cabimento dos embargos de declaração.

558. Caberá reclamação contra decisão que contrarie acórdão proferido no julgamento dos incidentes de resolução de demandas repetitivas ou de assunção de competência para o tribunal cujo precedente foi desrespeitado, ainda que este não possua competência para julgar o recurso contra a decisão impugnada.

591. O tribunal dará ampla publicidade ao acórdão que decidiu pela instauração do incidente de arguição de inconstitucionalidade, incidente de assunção de competência ou incidente de resolução de demandas repetitivas, cabendo, entre outras medidas, sua publicação em seção específica no órgão oficial e indicação clara na página do tribunal na rede mundial de computadores.

605. Os juízes e as partes com processos no Juizado Especial podem suscitar a instauração do incidente de resolução de demandas repetitivas.

606. Deve haver congruência entre a questão objeto da decisão que admite o incidente de resolução de demandas repetitivas e a decisão final que fixa a tese.

608. O acórdão que revisar ou superar a tese indicará os parâmetros temporais relativos à eficácia da decisão revisora.

651. É admissível sustentação oral na sessão de julgamento designada para o juízo de admissibilidade do incidente de resolução de demandas repetitivas ou do incidente de assunção de competência, sendo legitimados os mesmos sujeitos indicados nos arts. 984 e 947, §1º.

657. O relator, antes de considerar inadmissível o incidente de resolução de demandas repetitivas, oportunizará a correção de vícios ou a complementação de informações.

658. O dever de comunicação previsto no inciso X do art. 139 não impede nem condiciona que o juiz suscite a instauração de incidente de resolução de demandas repetitivas nos termos do inciso I do art. 977.

702. É possível a conversão de incidente de assunção de competência em incidente de resolução de demandas repetitivas e vice-versa, garantida a adequação do procedimento.

8. RECLAMAÇÃO

8.1. Introdução

A reclamação está prevista no CPC em seus arts. 988 a 993, dedicando-lhe integralmente o último Capítulo do Título I do Livro III da sua Parte Especial.

Embora a previsão da reclamação seja uma novidade no CPC, o instituto em si já faz parte dos instrumentos processuais disponíveis há muito tempo, como sublinham estudos mais aprofundados a seu respeito. Apenas para se citar a história mais recente, a reclamação está prevista em diversas passagens da Constituição (art. 102, I, *l*; art. 103-A, § 3º; art. 105, I, *f*; e art. 111-A, § 3º), assim como era disciplinada pelos arts. 13 a 18 da Lei 8.038/1990 (que acabaram expressamente revogados pelo art. 1.072, IV, do CPC vigente).

A função primordial da reclamação é garantir a competência e autoridade de decisões dos tribunais (como se verá adiante com maior riqueza de detalhes). Esta "proteção" ou "blindagem" se dá em relação a atos administrativos ou judiciais, indiferentemente.

Fato curioso é que a reclamação não encontra instituto semelhante no direito estrangeiro, sendo, por isso, considerado genuinamente brasileiro (MORATO, 2007, p. 31-36). Esta anotação é preocupante, porque permite concluir que no Brasil – e aqui os motivos pouco importam – há, no mínimo, a possibilidade concreta de se romper estas regras (competência e autoridade).

8.2. Natureza jurídica

Quanto à sua natureza jurídica, é amplamente majoritário o entendimento – assumido expressamente por este *Manual* – de que a reclamação não apenas tem caráter jurisdicional (não administrativo), mas também de que é uma *ação* (SCARPINELLA BUENO, 2020, p. 527; ARRUDA ALVIM;

DANTAS, 2023, p. 387), constatação que tem impactos práticos relevantes, o que será visto não apenas neste item, mas também nos que se seguirão.

Sendo assim, a reclamação não é mero incidente processual, de tal modo seu manejo não pressupõe uma ação judicial em andamento.

Ademais, a reclamação não é um recurso. Por isso, não tem prazo preclusivo, embora não possa ser proposta depois do trânsito em julgado da decisão reclamada, conforme art. 985, § 5º, I, do CPC (e na linha daquilo que já preconizava a Súmula 734 do STF).

Por não ser recurso, não impede que eventual decisão judicial produza coisa julgada. Não há óbice legal, a propósito, para o manejo simultâneo de recurso e reclamação em face de decisão judicial. Embora curiosa – e potencialmente hábil a gerar situações de difícil solução[12] – a possibilidade parece vir contemplada timidamente no art. 988, § 6º, do CPC: "A inadmissibilidade ou o julgamento do recurso interposto contra a decisão proferida pelo órgão reclamado não prejudica a reclamação."

8.3. Cabimento

Em termos gerais, e como dito linhas acima, a função primordial da reclamação é garantir a competência e autoridade de decisões dos tribunais, criando uma blindagem em relação a atos administrativos ou judicial eventualmente "rebeldes".

Esta afirmação fica muito clara quando são lidas as hipóteses de cabimento previstas no art. 988 do CPC:

> "I - preservar a competência do tribunal;
>
> II - garantir a autoridade das decisões do tribunal;

---

12 Basta imaginar a hipótese de uma decisão judicial transitar em julgado enquanto esteja tramitando a reclamação. Qual seria a solução, especialmente se as decisões forem conflitantes? Poder-se-ia pensar num "efeito rescisório" da decisão proferida na reclamação? Há antiga decisão do Pleno do STF tratando desta questão nos seguintes termos: "Reclamação: subsistência à coisa julgada formada na sua pendência. Ajuizada a reclamação antes do trânsito em julgado da decisão reclamada, e não suspenso liminarmente o processo principal, a eficácia de tudo quanto nele se decidir ulteriormente, incluído o eventual trânsito em julgado do provimento que se tacha de contrário à autoridade de acórdão do STF, será desconstituído pela procedência da reclamação." (STF, Pleno, Rcl 509, rel. Min. SEPÚLVEDA PERTENCE, j. 17/12/1999, m.v.)

> III – garantir a observância de enunciado de súmula vinculante e de decisão do Supremo Tribunal Federal em controle concentrado de constitucionalidade;
>
> IV – garantir a observância de acórdão proferido em julgamento de incidente de resolução de demandas repetitivas ou de incidente de assunção de competência;"

A primeira hipótese de cabimento é a *preservação da competência do tribunal*. O objetivo claro da regra é evitar que órgãos jurisdicionais inferiores usurpem a competência dos que lhe forem superiores.

É o que ocorreria, por exemplo, se um Tribunal de Justiça julgasse uma ação rescisória de um acórdão proferido pelo STJ (o que violaria a competência do próprio STJ, conforme art. 105, I, *e*, da Constituição) ou se o juízo de primeiro grau obstasse o processamento de um recurso de apelação por entender ausente algum requisito de admissibilidade (agredindo a competência exclusiva do tribunal para tal análise, como se extrai do art. 1.010, § 3º, do CPC).

Em segundo lugar, cabe reclamação para *garantir a autoridade das decisões do tribunal*. Se um tribunal proferiu uma decisão, ela deve simplesmente ser cumprida pelos órgãos inferiores. Por exemplo, se no conflito de competência entre os juízos A e B o tribunal define pelo primeiro, não pode este, quando os autos lhe forem remetidos, simplesmente voltar a declinar a competência ao segundo.

Em terceiro lugar, caberá reclamação para *garantir a observância de enunciado de súmula vinculante*, situação que já era prevista, com maior riqueza de detalhes, pela Lei da Súmula Vinculante (Lei 11.417/2006).

O termo "garantir a observância" merece interpretação elástica, incluindo os casos de contrariedade, negativa de vigência e aplicação indevida da súmula vinculante (como, aliás, prevê o art. 7º da Lei 11.417/2006), bem como a aplicação indevida da tese jurídica e sua não aplicação aos casos que a ela correspondam (art. 988, § 4º, do CPC).

Ainda no que se refere ao microssistema das súmulas vinculantes, há de se destacar a regra restritiva do art. 7º, § 1º, da Lei 11.417/2006, pela qual "Contra omissão ou ato da administração pública, o uso da reclamação só será admitido após esgotamento das vias administrativas." Embora seja tentador questionar a constitucionalidade do referido dispositivo legal, o próprio STF já se manifestou em diversas ocasiões por sua compatibilidade com a Constituição (consultar, por exemplo, a Rcl 39.889-DF).

Em quarto lugar, a reclamação terá cabimento para *garantir a observância de decisão do Supremo Tribunal Federal em controle concentrado de constitucionalidade*. Tais decisões – que podem resultar de ação direta de inconstitucionalidade, ação declaratória de constitucionalidade e arguição de descumprimento de preceito fundamental – têm caráter vinculante, como prevê o art. 927, I, do CPC.

Incluem-se nesta quarta hipótese de cabimento da reclamação a aplicação indevida da tese jurídica e sua não aplicação aos casos que a ela correspondam (art. 988, § 4º, do CPC).

Em quinto lugar, a reclamação tem cabimento para garantir a observância de acórdão proferido em julgamento de incidente de resolução de demandas repetitivas ou de incidente de assunção de competência. Tais decisões também têm efeito vinculante (art. 927, III, do CPC). E igualmente aqui haverá uma interpretação elástica, admitindo-se a reclamação para os casos a aplicação indevida da tese jurídica e sua não aplicação aos casos que a ela correspondam (art. 988, § 4º, do CPC).

Pode-se, ainda, aventar uma sexta hipótese de cabimento. Por razões didáticas, contudo, esta análise será feita adiante.

Para além destas hipóteses de cabimento, o CPC destaca, no § 5º do art. 988, duas situações em que a reclamação seria inadmissível:

> "É inadmissível a reclamação:
>
> I – proposta após o trânsito em julgado da decisão reclamada;
>
> II – proposta para garantir a observância de acórdão de recurso extraordinário com repercussão geral reconhecida ou de acórdão proferido em julgamento de recursos extraordinário ou especial repetitivos, quando não esgotadas as instâncias ordinárias."

Sobre a primeira situação – que afasta a reclamação ajuizada após o trânsito em julgado – já se tratou acima.

Quanto à segunda, percebe-se que a reclamação não tem cabimento para garantir a observância de acórdão de recurso extraordinário com repercussão geral reconhecida ou de acórdão proferido em julgamento de recursos extraordinário ou especial repetitivos, *quando não esgotadas as instâncias ordinárias*.

E se as instâncias ordinárias já tiverem sido esgotadas? Conforme antecipado linhas acima, parece correto concluir que esta seria uma sexta hipótese de cabimento da reclamação, como relata a doutrina (SCARPINELLA BUENO, 2020, p. 530). Trata-se de uma interpretação lógica da norma.

O objetivo do art. 988, § 5º, do CPC, é isentar de qualquer dúvida o descabimento da reclamação nos casos ali apontados. Mas o fato é que este instrumento deve ser rejeitado em qualquer outra hipótese não contemplada pela lei. Por isso, é correto concluir pelo seu não cabimento, por exemplo:

(i) Contra decisão que defere ou indefere o sobrestamento do feito em razão de processamento de pedido de uniformização ou recurso especial repetitivo (STJ, 1ª Seção, AgInt na Rcl 31.193, rel. Min. REGINA HELENA COSTA, j. 16/9/2021, v.u.);

(ii) Para reformar julgado que não observa jurisprudência definida no âmbito dos recursos especiais repetitivos (STJ, 1ª Seção, AgInt na Rcl 38.699, rel. Min. MAURO CAMPBELL MARQUES, j. 11/05/2022, v.u.).

8.4. Competência

O art. 988, § 1º, do CPC, dispõe que "A reclamação pode ser proposta perante qualquer tribunal, e seu julgamento compete ao órgão jurisdicional cuja competência se busca preservar ou cuja autoridade se pretenda garantir."

Como se vê, a ação é ajuizada perante o *tribunal*. Por isso, e na linha das considerações sobre sua natureza jurídica, é correto concluir que a reclamação é uma *ação de competência originária dos tribunais*.

O dispositivo legal ainda menciona que a reclamação pode ser proposta perante *qualquer tribunal*. Isso evidentemente não significa que a parte pode escolher livremente o tribunal em que proporá a reclamação. Há regras de competência que devem ser observadas.

A expressão *qualquer tribunal* significa que a reclamação não é uma ação cabível apenas no âmbito dos tribunais superiores, sendo igualmente possível seu manejo perante tribunais locais (TJ, TRF etc.).

Mas, no caso concreto, qual seria o tribunal competente? A resposta é simples: do órgão cuja decisão justifica a medida (SCARPINELLA BUENO, 2020, p. 533). Por exemplo, suponha que o Tribunal de Justiça do Estado do Maranhão decida um conflito negativo de competência e determine a remessa dos autos à Comarca de Cândido Mendes para processamento e julgamento da causa. Na hipótese do juízo local declinar sua competência, apesar da decisão advinda da instância superior, caberá reclamação ao próprio Tribunal de Justiça do Estado do Maranhão para garantir a autoridade de sua decisão.

De resto, vale registrar que a competência na reclamação é funcional. Deste modo, é absoluta (BARROS, 2017, p. 244).

8.5. Legitimidade

O *caput* do art. 988 do CPC define quem tem legitimidade ativa para a reclamação: a parte interessada ou o Ministério Público. A propósito, aquele que promove a reclamação pode ser rotulado indiferentemente como autor ou reclamante.

Por *parte interessada* deve-se entender não apenas quem seja parte no processo judicial em que ocorreu alguma hipótese de cabimento da reclamação. O termo também pode contemplar o *terceiro interessado*, na hipótese em que o resultado do julgamento proferido pela decisão impugnada vier a atingir interesse jurídico do qual é titular (STJ, 2ª Seção, Rcl 25.903/MS, rel. Min. MARCO AURÉLIO BELLIZZE, j. 13/04/2016, v.u.).

Aliás, considerando que a reclamação pode ser promovida em razão de atos administrativos – que não pressupõem processo judicial, portanto –, parece correto afirmar que o termo *parte*, utilizado pelo dispositivo legal, não tem um sentido estritamente processual.

Quanto ao Ministério Público, sua legitimidade ativa para reclamações advindas de atos judiciais se limita às situações em que este seja parte no processo ou fiscal da ordem jurídica.

De todo modo, prevê o art. 991 do CPC que "Na reclamação que não houver formulado, o Ministério Público terá vista do processo por 5 (cinco) dias, após o decurso do prazo para informações e para o oferecimento da contestação pelo beneficiário do ato impugnado."

Deve figurar no polo passivo da reclamação – assumindo o papel de réu ou reclamado –, a princípio, a autoridade (judicial ou não) que tenha dado ensejo à medida (MORATO, 2007, p. 121). Assim sendo, no caso de reclamação decorrente de ato judicial, a legitimidade não é da parte contrária, mas sim da autoridade judicial que proferiu a decisão.

Aparentemente, contudo, o próprio sistema processual parece não ter absoluta convicção a respeito da legitimação passiva na reclamação.

Com efeito, o art. 989, I, do CPC, determina que o relator "requisitará *informações* da autoridade a quem for imputada a prática do ato impugnado", reproduzindo na reclamação uma antiga polêmica existente no mandado de segurança.

Mas não é só. O art. 989, III, do CPC também impõe ao relator que determine "a citação do beneficiário da decisão impugnada, que terá prazo de 15 (quinze) dias para apresentar a sua contestação." Ora, se o *beneficiário* apresentará *contestação*, ele é parte. Mas quem é o beneficiário? A pergunta a esta resposta pode ser mais complexa do que parece.

E há mais: o art. 990 do CPC define que "qualquer interessado poderá impugnar o pedido do reclamante".

Pode-se concluir que o CPC não foi suficientemente claro quanto ao legitimado passivo para a reclamação. De todo modo, merece aplausos a iniciativa legal de dar a maior amplitude possível ao contraditório, permitindo a efetiva participação não apenas da autoridade responsável pelo ato, como também das demais partes processuais, de eventuais beneficiários e de qualquer interessado, mesmo porque a decisão a ser proferida é potencialmente capaz de influenciar a esfera jurídica de todos estes sujeitos.

8.6. Processamento

Os arts. 989 a 993 do CPC se ocupam de regular de forma simples o processamento da reclamação.

Por ter natureza jurídica de ação judicial, a reclamação se inicia apenas se houver *provocação* de algum legitimado, vedada a atuação *ex officio* do órgão judicial.

Tal provocação, que tira o Judiciário da inércia, se faz por *petição inicial*. Esta peça observará essencialmente os requisitos previstos nos arts. 319 e 320 do CPC. Observando-se o art. 988, § 2º, do CPC, percebe-se especificamente que a reclamação será endereçada ao presidente do tribunal competente. O mesmo dispositivo legal esclarece que o autor deve instruir sua inicial com prova documental, a saber, os documentos que provam ter ocorrido alguma das hipóteses de cabimento descritas no art. 988 do CPC.

Ato seguinte, tão logo seja recebida, "a reclamação será autuada e distribuída ao relator do processo principal, sempre que possível" (art. 988, § 3º, do CPC).

O relator, por sua vez, tomará as atitudes referidas no art. 989 do CPC, isto é, (i) requisitará informações da autoridade a quem for imputada a prática do ato impugnado, que as prestará no prazo de dez dias; (ii) se necessário, ordenará a suspensão do processo ou do ato impugnado para evitar dano irreparável; e (iii) determinará a citação do beneficiário da decisão impugnada, que terá prazo de quinze dias para apresentar a sua contestação.

O ato citatório será realizado por qualquer uma das modalidades previstas em lei, valendo atentar-se ao que preveem os arts. 246 e 247 do CPC (com a redação que lhes foi dada pela Lei 14.195/2021).

Transcorrido o prazo para as informações e contestação, o Ministério Público terá vista do processo por cinco dias, a não ser que ele próprio seja o autor da reclamação (art. 991 do CPC).

Finalmente, julga-se a reclamação. Se procedente, o tribunal cassará a decisão exorbitante de seu julgado ou determinará medida adequada à solução da controvérsia (art. 992 do CPC), revelando que a ação poderá ter caráter desconstitutivo e mandamental (MEDINA, 2020, p. 1512). Nada impede que a decisão na reclamação seja monocrática, embora esta não deva ser a regra.

A decisão pode ser contrastada pela via recursal. Além dos embargos de declaração, o recurso cabível variará conforme o caso (sobretudo se a decisão é colegiada ou não, assim como o tribunal que a prolatou), como se verá adiante neste mesmo *Manual*.

De todo modo, a recorribilidade da decisão não subtrai sua eficácia imediata. Isto porque, conforme o art. 993 do CPC, "O presidente do tribunal determinará o imediato cumprimento da decisão, lavrando-se o acórdão posteriormente." Ou seja, sequer há necessidade de lavratura de acórdão, devendo-se determinar desde logo o cumprimento daquilo que ficou decidido.

Em síntese, o seguinte quadro dá uma visão sobre o processamento da reclamação:

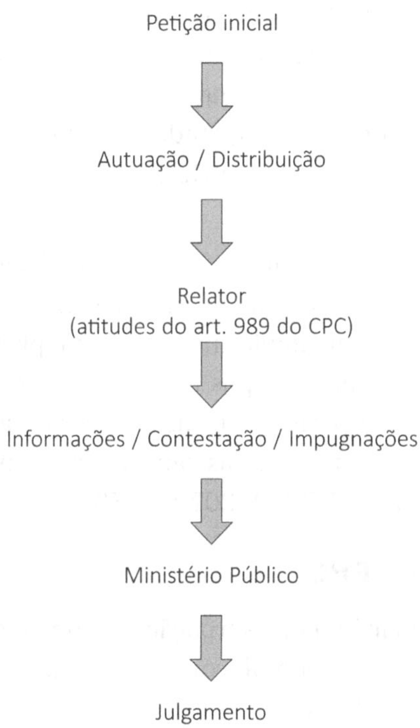

Algumas últimas colocações ainda podem ser feitas.

A primeira delas diz respeito à produção de provas. Há certo consenso na doutrina no sentido de que na reclamação deve haver prova pré-constituída, na linha do que exige o § 2º do art. 988 do CPC. Deste modo, de antemão e em regra, o autor deve estar munido de prova documental, a ser produzida com a petição inicial. Nenhuma outra modalidade de prova se admite (BARROS, 2017, p. 242). Por isso não se fala numa fase instrutória na reclamação.

A segunda se refere à sucumbência. Por se tratar de uma ação judicial, não há motivos para recusar a aplicação à reclamação do art. 82, § 2º, e do art. 85, *caput*, ambos do CPC. Deste modo, o vencido será condenado a pagar ao vencedor as despesas que antecipou, bem como pagará ao advogado do vencedor os honorários de sucumbência, que serão fixados conforme os parâmetros legais (neste sentido: STJ, 2ª Seção, AgInt nos EDcl na Rcl n.

41.569, rel. Min. RICARDO VILLAS BÔAS CUEVA, j. 09/2/2022, v.u.). A propósito: "O CPC/2015 promoveu modificação essencial no procedimento da reclamação, ao instituir o contraditório prévio à decisão final (art. 989, III). Neste novo cenário, a observância do princípio da causalidade viabiliza a condenação da sucumbente na reclamação ao pagamento dos respectivos honorários, devendo o respectivo cumprimento da condenação ser realizado nos autos do processo de origem, quando se tratar de impugnação de decisão judicial" (STF, 1ª Turma, AgInt Rcl 24.417, rel. Min. LUIS ROBERTO BARROSO, j. 07/03/2017, v.u.).

Finalmente, cabe mencionar a efetivação da decisão proferida na reclamação. A bem da verdade, esta sequer deveria ser uma questão, pois as decisões judiciais devem simplesmente ser cumpridas. Mas, não sendo exagero imaginar que a relutância possa se manter, será possível a utilização de medidas executivas atípicas, conforme autoriza o art. 139, IV, do CPC, sem prejuízo da imposição de outras sanções, inclusive administrativas e criminais (SCARPINELLA BUENO, 2020, p. 536).

8.7. Enunciados do FPPC

207. Cabe reclamação, por usurpação da competência do tribunal de justiça ou tribunal regional federal, contra a decisão de juiz de 1° grau que inadmitir recurso de apelação.

208. Cabe reclamação, por usurpação da competência do Superior Tribunal de Justiça, contra a decisão de juiz de 1° grau que inadmitir recurso ordinário, no caso do art. 1.027, II, 'b'.

209. Cabe reclamação, por usurpação da competência do Superior Tribunal de Justiça, contra a decisão de presidente ou vice-presidente do tribunal de 2° grau que inadmitir recurso ordinário interposto com fundamento no art. 1.027, II, "a".

210. Cabe reclamação, por usurpação da competência do Supremo Tribunal Federal, contra a decisão de presidente ou vice-presidente de tribunal superior que inadmitir recurso ordinário interposto com fundamento no art. 1.027, I.

363. O procedimento do incidente de resolução de demandas repetitivas a aplica-se às causas repetitivas de competência originária dos tribunais superiores, como a reclamação e o conflito de competência, e aos recursos ordinários a eles dirigidos.

558. Caberá reclamação contra decisão que contrarie acórdão proferido no julgamento dos incidentes de resolução de demandas repetitivas ou de assunção de competência para o tribunal cujo precedente foi desrespeitado, ainda que este não possua competência para julgar o recurso contra a decisão impugnada.

661. É cabível a fixação de honorários advocatícios na reclamação, atendidos os critérios legais.

685. Cabe reclamação, por usurpação de competência do Tribunal Superior, contra decisão do tribunal local que não admite agravo em recurso especial ou em recurso extraordinário.

703. É admissível a reclamação contra acórdão de órgão fracionário que viole entendimento vinculante do próprio tribunal.

704. Cabe reclamação baseada nos fundamentos determinantes da decisão vinculante.

721. É permitido ao tribunal local suspender, em vez de extinguir, o incidente de resolução de demandas repetitivas já admitido e pendente, quando houver afetação superveniente de tema idêntico pelos tribunais superiores.

742. A procedência de reclamação exige contraditório prévio.

9. QUADRO RESUMO

Incidente de assunção de competência	Instituto aplicável a qualquer Tribunal (TJ, TRF, STJ, STF, Trabalhista ou Eleitoral). Objetiva evitar ou solucionar divergência jurisprudencial entre turmas/câmaras do mesmo Tribunal. Exige relevante questão de direito e que esta não configure multiplicidade de processos. Pode ser requerido de ofício pelo juízo, ou mediante pedido das partes, Ministério Público e Defensorias. O processo será remetido ao órgão colegiado indicado no Regimento Interno, que fará: a) o juízo de admissibilidade do IAC, examinando a existência de interesse público e, b) aplicará a tese jurídica fixada ao caso concreto, com efeito vinculante.
Incidente de arguição de inconstitucionalidade	O Brasil adota o controle misto de constitucionalidade, coexistindo as ações concentradas de constitucionalidade com o controle difuso, exercido em qualquer órgão jurisdicional. Mas o art. 97 da CF exige que a declaração de inconstitucionalidade no âmbito dos Tribunais seja exercida mediante um procedimento específico, previsto nos arts. 948 a 950 do CPC. Pode ser aventado de ofício pelo Relator ou mediante pedido das partes e Ministério Público. Admite amicus curiae, a começar das entidades legitimadas para propositura da ação direta de

Incidente de arguição de inconstitucionalidade	constitucionalidade (art. 103 da CF). O processo será remetido ao Tribunal Pleno ou Órgão Especial (conforme Regimento Interno), que examina a constitucionalidade da norma impugnada e, após fixar a tese jurídica, devolve o processo ao órgão fracionário para decisão do caso concreto. Da decisão do Órgão Especial ou Plenário que decidir sobre a constitucionalidade da norma não caberá a ampliação do colegiado prevista no art. 942, tampouco recurso especial ou extraordinário (Súmula 513 do STF), apenas embargos de declaração.
Conflito de competência	As hipóteses de conflito de competência estão definidas no art. 66 do CPC, sendo que conflito positivo de competência é a situação em que 2 ou mais juízes se declaram competentes para o julgamento e conflito negativo de competência o caso em que 2 ou mais juízes se declarem incompetentes para o julgamento do processo. Pode ser suscitado de ofício pelo juízo, ou mediante pedido das partes e do Ministério Público. O Relator do Conflito de Competência, no Tribunal, pode atribuir, provisoriamente, a um dos juízes envolvidos no conflito a atribuição de apreciar as medidas urgentes do processo. Serão prestadas informações pelos juízes envolvidos, bem como apresentação de documentos. Decidido o conflito de competência pelo Tribunal, este deve decidir sobre os atos praticados pelo juízo incompetente. O regimento interno do Tribunal deve dispor a respeito do órgão competente para a solução do Conflito de Competência.
Homologação de decisão estrangeira e concessão do exequatur à carta rogatória	Dentro de uma perspectiva de cooperação judiciária internacional (arts. 26 a 41 do CPC) surgem os temas da homologação de decisão estrangeira e concessão do exequatur à carta rogatória. Trata-se de uma modalidade específica de ação constitutiva prevista nos arts. 960 a 965 do CPC. A competência para essa demanda é do STJ e sua execução compete ao juízo de primeiro grau da Justiça Federal (art. 109, X, da CF). É possível a homologação parcial de decisão estrangeira, bem como aquelas que deferem medidas de urgência. Não será homologada a decisão estrangeira na hipótese de competência exclusiva da autoridade judiciária brasileira, que consistem nos temas sensíveis relacionados no art. 23 do CPC.
Ação rescisória	Trata-se de ação judicial de competência originária dos tribunais (sem natureza recursal, portanto), cujo objetivo é a desconstituição da coisa julgada produzida em outro processo, regulada pelos arts. 966 a 975 do CPC. Será cabível quando a decisão judicial, de mérito ou não, transitada em julgado, se enquadrar numa das hipóteses taxativas do art. 966 do CPC, sujeitando-se ao prazo decadencial de dois anos contados do trânsito em julgado da última decisão proferida no processo.

Ação rescisória	A petição inicial deve observar os requisitos específicos do art. 968 do CPC, cabendo ao autor (i) cumular ao pedido de rescisão, se for o caso, o de novo julgamento do processo; e (ii) depositar a importância de cinco por cento sobre o valor da causa, que se converterá em multa caso a ação seja, por unanimidade de votos, declarada inadmissível ou improcedente. No julgamento, o tribunal analisará o pedido de desconstituição da coisa julgada e, sendo este procedente, se o caso, será proferido novo julgamento.
Incidente de resolução de demandas repetitivas (IRDR)	O IRDR é um incidente previsto nos arts. 976 a 987 do CPC que tem como objetivo a racionalização da prestação jurisdicional. Sempre que identificada a repetição de casos que contenham controvérsia sobre a mesma questão de direito, gerando o risco de ofensa à isonomia e à segurança jurídica, os processos serão suspensos e a tese será julgada uma única vez. A decisão proferida valerá, de forma vinculante para todos os casos existentes (que foram suspensos) e para novos casos que aparecerem no futuro.
Reclamação	Trata-se de ação judicial de competência originária dos tribunais, com natureza constitutiva-mandamental, cabível para I - preservar a competência do tribunal; II- garantir a autoridade das decisões do tribunal; III – garantir a observância de enunciado de súmula vinculante e de decisão do Supremo Tribunal Federal em controle concentrado de constitucionalidade; IV – garantir a observância de acórdão proferido em julgamento de incidente de resolução de demandas repetitivas ou de incidente de assunção de competência. Aventa-se, ainda, seu cabimento para garantir a observância de acórdão de recurso extraordinário com repercussão geral reconhecida ou de acórdão proferido em julgamento de recursos extraordinário ou especial repetitivos, mas apenas após esgotadas as instâncias ordinárias.

Parte II

RECURSOS CÍVEIS EM ESPÉCIE

Capítulo I

APELAÇÃO

I. INTRODUÇÃO

A apelação é, sem espaço para dúvidas, o recurso mais comum do sistema processual brasileiro. O adjetivo *comum*, aliás, não deve ser interpretado de forma jocosa. Muito pelo contrário. É a apelação a forma mais usual de que dispõem os jurisdicionados de exercer na plenitude o devido processo legal, notadamente o duplo grau de jurisdição, razão pela qual se revela como um valioso dente na engrenagem processual.

Como elegantemente aduz ARAKEN DE ASSIS, "A apelação representa o modelo típico e basilar de recurso 'ordinário'. Nenhum outro recurso exige igual majestade", sendo dificilmente substituível por mecanismo diverso, encontrando-se previsto na maioria das legislações, tendo raramente sido ofuscado em sua vitoriosa história (2007, p. 365).

Que fique claro, porém, que não se pretende convencer o leitor de que os demais recursos são de menor importância ou, para usar uma terminologia íntima ao Direito, estão hierarquicamente abaixo da apelação. Nada disso. O destaque que merece ser feito é outro. Cada recurso tem sua importância, como será demonstrado nos respectivos capítulos.

Mas, por diversas razões, é inegável o protagonismo da apelação entre os recursos cíveis em espécie. Isto porque se trata do recurso cabível contra a decisão que põe fim à fase cognitiva do procedimento comum – etapa pela qual praticamente todas as ações passarão. Além disso, uma parte das regras sobre a apelação se aproveita como verdadeiras normas de teoria geral dos recursos, aplicáveis às demais modalidades recursais, em que pese a existência de um capítulo geral, a exemplo da previsão sobre o efeito devolutivo (vide §§ 1º e 2º do art. 1.013 do CPC), circunstância que era ainda mais nítida no revogado CPC/73 (DIDIER JR.; CUNHA, 2016, p. 162). Inevitável lembrar, igualmente, que as hipóteses de cabimento do agravo de instrumento são reduzidas (vide art. 1.015 do CPC, sobre o qual se ocupará no capítulo sobre o recurso de agravo de instrumento), cabendo à apelação o papel de veicular a irresignação da parte contra a maioria das decisões interlocutórias, como se vê no art. 1.009, § 1°, do CPC (sobre o qual também se comentará adiante).

O fato é que a apelação é o recurso que desperta a atenção não apenas no meio acadêmico, mas também no cotidiano forense.

Dito isso, finalmente, pode-se dizer que *apelar*, genericamente, significa tomar uma providência no sentido de solicitar a alguém a solução a uma dada situação negativa, como se fosse um pedido de socorro. Processualmente, a apelação é o recurso cabível nas hipóteses legalmente previstas, essencialmente aquelas do art. 1.009 do CPC, em que o recorrente (denominado de apelante) solicita ao segundo grau de jurisdição (instância superior do Poder Judiciário) a reforma ou anulação de uma determinada decisão judicial desfavorável proferida em primeiro grau de jurisdição.

Que fique claro desde logo: quem interpõe o recurso de apelação se chama *apelante*; a parte contrária, ou recorrido, é denominado de *apelado*.

2. REQUISITOS DE ADMISSIBILIDADE

Na linha daquilo que se expôs na apreciação da teoria geral dos recursos, o exercício do direito de apelar depende, assim como tantos outros direitos de natureza processual, da reunião de determinadas condições, sem as quais o órgão competente não poderá verificar se assiste ou não razão ao apelante. Fala-se, assim, dos *requisitos de admissibilidade da apelação*. Presentes todos os requisitos, o órgão jurisdicional *declara* que conhece da apelação e prossegue no julgamento de seu mérito.

Vejamos, especificamente, os requisitos para a admissão do recurso de apelação.

2.1. Cabimento

Existem hipóteses *típicas* e hipóteses *atípicas* de cabimento do recurso de apelação.

Como regra geral, a apelação é o recurso cabível contra *sentença*, conforme dispõe o *caput* do art. 1.009 do CPC. Esta é a hipótese *típica* de cabimento.

De outro lado, há outras hipóteses, denominadas atípicas, que são excepcionais (mas não raras, ressalve-se) e também indicam o cabimento do recurso de apelação diante de *decisões interlocutórias*. Assim, também caberá apelação contra: (i) *decisões interlocutórias* previstas no art. 1.015 do CPC que tenham sido proferidas *dentro da sentença* (capítulo de uma sentença), conforme art. 1.009, § 3°, do CPC; (ii) o *capítulo da sentença que confirma, concede ou revoga tutela provisória*, na letra do art. 1.013, § 5°, do CPC; e (iii) *decisões interlocutórias que não se sujeitam ao regime de preclusão*, como prevê o art. 1.009, § 1°, do CPC, interpretado em consonância com a tese firmada pela Corte Especial do STJ (Tema 988 dos Recursos Repetitivos)[1], acerca do qual se ocupará, com a necessária profundidade, o Capítulo II seguinte (dedica ao estudo do recurso de agravo de instrumento).

Ausente qualquer uma das hipóteses acima descritas, a apelação não será cabível. Se interposta, seu destino será o não conhecimento.

Assim sendo, resumidamente:

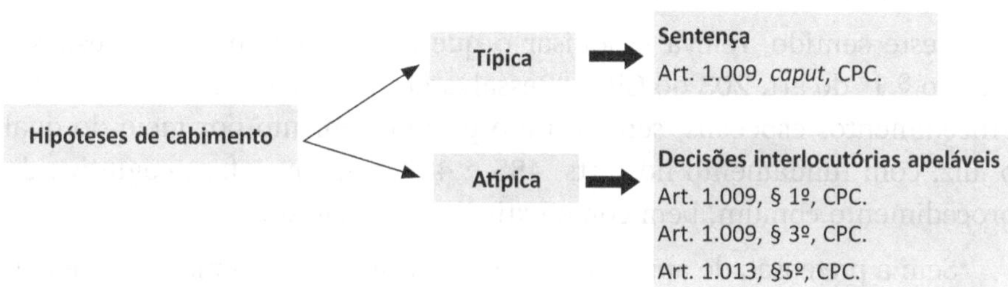

Convém apontar que a lei prevê casos excepcionais, sempre lembrados pela doutrina, em que não caberá apelação contra sentença. Assim se dá com:

(i) os embargos infringentes cabíveis contra *sentença* proferidas em primeira instância, no âmbito das execuções fiscais de valor igual ou inferior a 50 (cinquenta) Obrigações do Tesouro Nacional – OTN, no prazo de dez dias, perante o mesmo juízo, conforme art. 34, *caput* e § 2°, da Lei 6.830/1980 Lei de Execuções Fiscais, já citado anteriormente.

(ii) o cabimento de agravo de instrumento contra a *sentença* que decreta a falência (art. 100 da Lei 11.101/2005). Aliás, a decisão que decreta

1. Tese firmada pela Corte Especial do STJ (Tema 988), por ocasião do julgamento do REsp 1.696.396-MT e do REsp 1.704.520-MT: "O rol do art. 1.015 do CPC é de taxatividade mitigada, por isso admite a interposição de agravo de instrumento quando verificada a urgência decorrente da inutilidade do julgamento da questão no recurso de apelação."

a falência – disso não se pode duvidar – tem mesmo natureza de sentença, como se lê claramente no art. 99 da Lei 11.101/2005, daí porque não convence o argumento de que o ato teria natureza de decisão interlocutória.

(iii) o cabimento de recurso ordinário constitucional contra a sentença referida no art. 1.027, II, *b*, do CPC (NEVES, 2016, p. 1542).

Embora as duas primeiras exceções acima mencionadas sejam previstas em leis anteriores ao CPC/2015 (lei geral), devem ser respeitadas, uma vez que constam de legislação especial.

Feitas estas ressalvas, cumpre estudar com mais detalhes cada uma das hipóteses de cabimento da apelação.

2.1.1. Sentença (art. 1.009, caput*, do CPC)*

A apelação é, por excelência, o recurso cabível contra sentença, conforme dispõe o *caput* do art. 1.009 do CPC.

Neste sentido, releva pesquisar o que é uma sentença. E a resposta está no § 1º do art. 203 do CPC: "Ressalvadas as disposições expressas dos procedimentos especiais, sentença é o pronunciamento por meio do qual o juiz, com fundamento nos arts. 485 e 487, põe fim à fase cognitiva do procedimento comum, bem como extingue a execução."

Sem a pretensão de aprofundar-se excessivamente no tema, pode-se afirmar que a decisão judicial, para se caracterizar como sentença, deve ter embutida em si uma *consequência* (colocar fim à fase cognitiva do procedimento comum ou extinguir a execução) e um *conteúdo* (ter como fundamento o art. 485 ou o art. 487 do CPC, isto é, não resolver ou resolver o mérito nas hipóteses legalmente previstas). Em outras palavras, se o juiz profere uma decisão que tem como fundamento o art. 485 ou o art. 487 e esta decisão acaba por colocar fim à fase cognitiva do procedimento comum ou extinguir a execução, está-se diante de uma sentença. Caso contrário, o ato não será sentença.

Uma ilustração prática será útil para compreender esta hipótese de cabimento da apelação. Imagine que "A" promova ação judicial contra "B" e tenha elaborado os pedidos 01 e 02. Verifica o magistrado, no entanto, que o autor não tem interesse processual quanto ao pedido 02, mas apenas quanto ao pedido 01, indeferindo parcialmente a petição inicial. Note-se: neste caso, a decisão tem como conteúdo uma situação do art. 485 (especificamente a do inciso I), mas não tem como consequência colocar fim à fase cognitiva do procedimento comum (tampouco extinguir a execução). Logo, não se trata de sentença e, consequentemente, o ato decisório não desafia apelação (não, pelo menos, pela hipótese do *caput* do art. 1.009 do CPC).

Neste contexto, aliás, parece acertado o entendimento do enunciado n. 154 do Fórum Permanente de Processualistas Civis no sentido de que, neste caso, o recuso adequado seria o de agravo de instrumento: "É cabível agravo de instrumento contra ato decisório que indefere parcialmente a petição inicial ou a reconvenção." Este assunto será objeto de estudo no capítulo sobre agravo de instrumento.

Ademais, a confirmar tudo que até agora se expôs, o § 5° do art. 356 do CPC aduz que contra a decisão que julga parcialmente o mérito caberá agravo de instrumento (THEODORO JÚNIOR, 2016, p. 1009). Corretíssimo. Se julgou *parcialmente* o mérito, há uma parte ainda pendente de julgamento. Logo, a decisão judicial não teve como consequência colocar fim à fase cognitiva do procedimento comum (tampouco extinguir a execução).

Pegando carona no mesmo caso prático acima proposto, imagine que, tempos depois, o juiz (que já havia afastado o pedido 02) profira decisão julgando improcedente o pedido 01. Agora, ao contrário de antes, está-se diante de uma sentença, porque o ato tem como fundamento a hipótese do inciso I do art. 487 e, ao mesmo tempo, coloca fim à fase cognitiva do procedimento comum, isto é, encerra a atividade jurisdicional no primeiro grau. O recurso, para questionar a decisão em comento, será o de apelação, na forma do *caput* do art. 1.009 do CPC.

Outra situação que pode ser trazida para discussão diz respeito à produção antecipada de provas (arts. 381 a 383 do CPC). Neste procedimento, há expressa previsão de que "não se admitirá defesa ou recurso, salvo contra decisão que *indeferir totalmente* a produção da prova pleiteada pelo requerente originário" (art. 382, § 4°, do CPC – não grifado no original). Pois bem, se o indeferimento da prova pleiteada for total, o ato judicial será uma sentença, motivo pelo qual o recurso adequado será a apelação. E se o indeferimento for parcial (por exemplo, foram requeridas duas provas, mas apenas a produção de uma delas foi deferida)? Neste caso, não teremos sentença, porque o procedimento prosseguirá em primeiro grau (quanto à prova deferida). Assim, seguramente *não caberá apelação contra decisão que indefere parcialmente a produção de provas no procedimento de produção antecipada de provas*. Pode-se cogitar do cabimento de agravo de instrumento, assunto sobre o qual remetemos o leitor às considerações do capítulo específico.

Uma dúvida comum na prática do foro diz respeito à recorribilidade da decisão que julga a primeira fase da ação de exigir contas (arts. 550-553 do CPC). Resumidamente, pode-se dizer que caberá apelação somente se a decisão acarretar extinção do processo – com ou sem resolução do mérito (arts. 485 ou 487 do CPC) –, pois somente neste caso haverá a conjunção de *consequência e conteúdo* (ou seja, uma *sentença*). Do contrário, o recurso cabível será o agravo de instrumento. Assim, por exemplo, se a decisão que julga a primeira fase da ação de exigir contas julgar procedente o pedido (art. 550, § 5º, do CPC), caberá agravo de instrumento, porque nesta hipótese não terá ocorrido a *consequência* (colocar fim à fase cognitiva do procedimento). Esta orientação foi assumida, por maioria de votos, pela 4ª Turma do STJ (REsp 1.680.168-SP, rel. p/ Acórdão Min. RAUL ARAÚJO, j. 09/04/2019). O assunto voltará a ser tratado no capítulo sobre agravo de instrumento (Capítulo 2 da Parte II).

Observe-se, finalmente, que a apelação será cabível, à luz do *caput* do art. 1.009 do CPC, contra qualquer modalidade de sentença, isto é, *terminativa* (hipóteses do art. 485 do CPC) ou *definitiva* (situações do art. 487 do CPC), conclusão que resulta da conjugação do art. 1.009, *caput*, com o art. 203, § 1º, ambos do CPC.

2.1.2. Decisões interlocutórias previstas no art. 1.015 do CPC que integrarem capítulo da sentença (art. 1.009, § 3º, do CPC)

Conforme o § 3º do art. 1.009 do CPC, "O disposto no *caput* deste artigo aplica-se mesmo quando as questões mencionadas no art. 1.015 integrarem capítulo da sentença."

Para compreender perfeitamente o que pretendeu dispor o legislador, é preciso adiantar que decisões interlocutórias são os *pronunciamentos judiciais de natureza decisória que não se enquadrem no conceito de sentença*, isto é, que essencialmente *não* encerrem a fase cognitiva do procedimento comum ou extinga a execução (art. 203, § 2º, CPC).

Pois bem, essencialmente, contra as decisões interlocutórias poderão caber[2]:

(i) *apelação*, sempre que a decisão interlocutória não se enquadre em alguma das situações descritas no art. 1.015 do CPC; ou

---

2. Conclusões que – repita-se – devem ser lidas em conjunto com a tese firmada pela Corte Especial do STJ (Tema 988), por ocasião do julgamento do REsp 1.696.396-MT e do REsp 1.704.520-MT: "O rol do art. 1.015 do CPC é de taxatividade mitigada, por isso admite a interposição de agravo de instrumento quando verificada a urgência decorrente da inutilidade do julgamento da questão no recurso de apelação."

(ii) *agravo de instrumento*, desde que a decisão interlocutória se refira a alguma das situações do art. 1.015 do CPC.

Ocorre que quanto a esta última hipótese – a do cabimento de agravo de instrumento, porque a decisão interlocutória versa sobre uma das situações do art. 1.015 do CPC – o legislador fez uma ressalva, qual seja, *se a decisão interlocutória for um capítulo da sentença*. Assim, embora se trate de interlocutória agravável (em regra), excepcionalmente neste caso será apelável. Isto porque se encontra "dentro" da sentença, tendo o legislador optado pelo cabimento da apelação.

Um exemplo sempre auxilia no entendimento: "A" promove ação contra "B" e contra "C" (litisconsórcio passivo) articulando um determinado pedido. Ao proferir sentença (e colocar fim à fase cognitiva do procedimento), o magistrado entende que "C" é parte ilegítima, excluindo-o, mas acolhendo o pedido contra "B". Teoricamente, o que se tem no caso é uma decisão com dois capítulos, a saber, um que exclui o litisconsorte "C" do processo e outro que acolhe o pedido de "A" em relação a "B". Contra o primeiro poder-se-ia cogitar do cabimento de agravo de instrumento (haja vista a previsão do art. 1.015, VII, do CPC), mas, por estar a decisão de exclusão de litisconsorte fisicamente "dentro" de uma sentença, o correto será manejar apelação para confrontá-lo.

Sendo assim, deve-se fazer coro à conclusão do Enunciado 390 do FPPC: "Resolvida a desconsideração da personalidade jurídica na sentença, caberá apelação." O caso seria, ordinariamente, de agravo de instrumento (art. 1.015, IV, do CPC), mas desafia o recurso de apelação exatamente porque a decisão está "dentro" da sentença.

E melhor que seja assim mesmo. Estranho e confuso seria admitir ao mesmo tempo o agravo de instrumento para questionar a exclusão do litisconsorte e a apelação para argumentar contra a procedência do pedido em desfavor de "B". Isso seria uma verdadeira afronta ao princípio da singularidade, antes desenvolvido.

2.1.3. Capítulo da sentença que confirma, concede ou revoga tutela provisória (art. 1.013, § 5º, do CPC)

Como se lê no § 5º do art. 1.013, "O capítulo da sentença que confirma, concede ou revoga a tutela provisória é impugnável na apelação."

Aponte-se, em primeiro lugar, que esta previsão confirma jurisprudência firmada no STJ, ainda na vigência do CPC/73, sobre o cabimento de apelação quando a decisão acerca da tutela antecipada fosse proferida conjuntamente com a sentença.

O dispositivo legal apenas confirma tudo que se dispôs no item anterior. O que se tem é uma matéria típica de decisão interlocutória agravável (art. 1.015, I, do CPC), mas que, se fisicamente localizada "dentro" da sentença, desafia recurso de apelação.

Verdade seja dita, portanto, esta regra nem precisaria ser expressa, porque é absorvida integralmente pelo art. 1.009, § 3°, do CPC. Mas percebe-se que o legislador quis pecar pelo excesso, não deixando espaço para dúvidas.

2.1.4. Decisões interlocutórias que não se sujeitam ao regime de preclusão (art. 1.009, § 1°, do CPC)

Por último, lê-se no § 1° do art. 1.009 do CPC: "As questões resolvidas na fase de conhecimento, se a decisão a seu respeito não comportar agravo de instrumento, não são cobertas pela preclusão e devem ser suscitadas em preliminar de apelação, eventualmente interposta contra a decisão final, ou nas contrarrazões."

Ao tratar do cabimento de apelação na hipótese do art. 1.009, § 3°, do CPC, anteriormente, já se adiantou que decisões interlocutórias são os *pronunciamentos judiciais de natureza decisória que não se enquadrem no conceito de sentença*, isto é, que essencialmente *não* encerrem a fase cognitiva do procedimento comum ou extinga a execução (art. 203, § 2°, CPC).

Na mesma oportunidade, também ficou esclarecido o seguinte regime de recorribilidade de tais decisões interlocutórias:

(i) cabimento do *agravo de instrumento*, desde que a decisão interlocutória se refira a alguma das situações do art. 1.015 do CPC;

(ii) cabimento de *apelação*, quando a decisão interlocutória se refira a alguma das situações do art. 1.015 do CPC, mas integrar um capítulo da sentença; ou

(iii) cabimento de *apelação*, sempre que a decisão interlocutória não se enquadre em alguma das situações descritas no art. 1.015 do CPC (art. 1.009, § 1°, do CPC).

É desta terceira situação que trata o art. 1.009, § 1°, do CPC. Proferindo o magistrado uma decisão interlocutória qualquer – fora do regime do art. 1.015 do CPC (agravável) – esta decisão não se sujeita a preclusão e será objeto de recurso posteriormente.[3]

E quando que tal decisão poderá ser ventilada pela parte prejudicada? A resposta é dada pelo próprio § 1° do art. 1.009 do CPC: tais questões devem ser suscitadas em preliminar de apelação, eventualmente interposta contra a decisão final, ou nas contrarrazões.

Não há necessidade de que a parte (ou terceiro) que se sinta prejudicada tome qualquer providência após a prolação da decisão interlocutória (e sua respectiva intimação). A afirmação pode parecer estranha aos advogados mais combativos, mas a verdade é que, após a prolação da decisão desfavorável, a postura processual correta é não fazer nada, aguardando a fase da apelação (razões ou contrarrazões) para só então ventilar a irresignação.

É preciso sublinhar, neste ponto em particular, que o sistema processual civil brasileiro desconhece a figura denominada comumente de *protesto* (neste sentido, na doutrina: SCARPINELLA BUENO, Cassio, 2020, p. 600-601), que é uma simples manifestação de discordância após a prolação de uma decisão. Se a parte ou terceiro assim agirem (apresentarem um protesto, oral ou escrito), seu ato não produzirá qualquer efeito prático no plano processual, simplesmente porque inexiste previsão legal. Por outro lado, e pelo mesmo motivo, o órgão jurisdicional não pode, em hipótese alguma, impor o protesto (ou qualquer ato análogo) como condição para o futuro exercício do direito de recorrer na forma do § 1° do art. 1.009 do CPC.

Pode ocorrer, inclusive, a hipótese de a apelação ventilar apenas inconformismo contra decisão interlocutória não sujeita ao recurso de agravo de instrumento, embora não traga qualquer insurgência quanto à sentença em si.

---

3. Repita-se: estas conclusões devem ser lidas em conjunto com a tese firmada pela Corte Especial do STJ (Tema 988), por ocasião do julgamento do REsp 1.696.396-MT e do REsp 1.704.520-MT: "O rol do art. 1.015 do CPC é de taxatividade mitigada, por isso admite a interposição de agravo de instrumento quando verificada a urgência decorrente da inutilidade do julgamento da questão no recurso de apelação." A respeito, remete-se o leitor para as considerações feitas no Capítulo II adiante, dedica ao estudo do recurso de agravo de instrumento.

Com isso, pode-se concluir que a apelação poderá ter cabimento *exclusivamente* conta uma decisão interlocutória não agravável. A esta conclusão também chegaram o Enunciado 662 do FPPC ("É admissível impugnar, na apelação, exclusivamente a decisão interlocutória não agravável") e o Enunciado 67 da I Jornada de Direito Processual Civil ("Há interesse recursal no pleito da parte para impugnar a multa do art. 334, § 8°, do CPC por meio de apelação, embora tenha sido vitoriosa na demanda").

Por exemplo, imagine que o autor seja condenado, no curso do processo em primeiro grau, a pagar multa por litigância de má-fé, embora obtenha, ao final, sentença de procedência do pedido. Nesta hipótese, não terá interesse para recorrer da sentença (que lhe é favorável), mas ainda assim poderá (na verdade, terá o ônus de) *apelar de forma autônoma apenas para questionar uma decisão interlocutória desfavorável.*

Que fique claro, portanto: o interesse recursal na apelação pode se limitar, no caso do § 1° do art. 1.009 do CPC, ao pedido de reforma ou anulação de uma decisão interlocutória. Naturalmente, neste caso, sequer é necessário carrear a matéria em preliminar de apelação, pois este será o único ponto do recurso (não haverá insurgência quanto à sentença em si). O entendimento conta com amplo apoio na doutrina, valendo a citação, por todos, dos comentários de WILLIAM SANTOS FERREIRA acerca do art. 1.009 do CPC (FERREIRA, 2017, p. 424).

Na carona de tudo que acaba de se alegar, inclusive do exemplo fornecido, lembre-se que a parte poderá, ao invés de apelar autonomamente, arguir sua irresignação contra a decisão interlocutória nas contrarrazões da apelação interposta pelo seu adversário (hipótese expressamente admitida pelo § 1° do art. 1.009 do CPC). Mas, ao assumir esta postura, corre o risco de ver a parte contrária não recorrer e com isso ocorrer a preclusão da decisão interlocutória.

Assim sendo, em resumo articulado, a questão será suscitada em:

(i) *preliminar de apelação* quando o *apelante* for o prejudicado pela decisão interlocutória e, por isso, pretende insurgir-se contra ela[4] (salvo se a insurgência contra a decisão interlocutória for a *única* matéria ventilada na apelação); ou

4. Evidentemente, levantadas tais questões em sede de apelação, deverá se formar contraditório. Este acontecerá nas próprias contrarrazões do apelado.

(ii) *contrarrazões de apelação* quando o *apelado* tenha sido prejudicado pela interlocutória e não pretende que ela preclua[5].

Como consequência, parece indiscutível que *as contrarrazões de apelação assumem, neste particular, natureza jurídica de recurso* (no mesmo sentido: SCARPINELLA BUENO, 2020, p. 601), porque servem como veículo para manifestação formal de irresignação diante de uma decisão judicial, com inegável objetivo de obter sua anulação ou reforma dentro de um mesmo processo, evitando sua preclusão. Exatamente por isso, sujeitam-se ao regime jurídico recursal geral, inclusive aos requisitos de admissibilidade dos recursos. Se é assim, devem observar igualmente a necessidade do preparo recursal, desde que haja previsão legal específica, sendo vedada a analogia com a apelação ou com o agravo de instrumento neste particular[6].

E se não houver alegações de tais questões na preliminar da apelação ou em suas contrarrazões? Haverá, agora sim, preclusão (DIDIER JR.; CUNHA, 2016, p. 165), como dito logo acima

Quem milita no foro há mais tempo certamente ligou esta hipótese de cabimento da apelação ao extinto agravo retido, previsto no CPC/73 em sua derradeira versão. Esta analogia é absolutamente correta. O que o CPC/2015 fez foi apenas simplificar o procedimento para se arguir a inconformidade com decisões interlocutórias não sujeitas a preclusão no curso do processo, porque não mais será necessário interpor imediatamente o agravo retido (para evitar a preclusão) e depois reiterar o interesse de vê-lo julgado em sede de apelação.

---

5. Neste caso, quanto ao contraditório, deve-se observar a previsão do art. 1.009, § 2º, do CPC: "Se as questões referidas no § 1º forem suscitadas em contrarrazões, o recorrente será intimado para, em 15 (quinze) dias, manifestar-se a respeito delas."

6. A natureza recursal das contrarrazões traz à tona uma diversidade de outras questões, como a modalidade recursal de que se trata e a sua regularidade formal, apenas para citar dois exemplos. O desenvolvimento destes assuntos, porém, escapa dos limites propostos por este Manual. Mas vale antecipar que estas e tantas outras considerações sobre o papel das contrarrazões de apelação no sistema processual civil devem ganhar algum protagonismo nos próximos anos. Para saber quais seriam estas questões, mesmo que sem maior aprofundamento, remetemos nosso leitor ao texto publicado por um dos coautores deste Manual logo após o CPC/2015 entrar em vigor (consultar: DONOSO, Denis. ***Recurso nas contrarrazões de apelação: uma "mensagem subliminar" do CPC/2015***, http://www.justificando.com/2016/07/04/recurso-nas-contrarrazoes-de-apelacao-uma-mensagem-subliminar-do-novo-cpc/).

Vale acrescentar, oportunamente, o que prevê o Enunciado 559 do FPPC: "O efeito suspensivo *ope legis* do recurso de apelação não obsta a eficácia das decisões interlocutórias nele impugnadas". Como será visto adiante, o recurso de apelação tem efeito suspensivo automático, mas esta regra não alcança as decisões interlocutórias ventiladas na apelação por força do § 1º do art. 1.009 do CPC. Estas, que já estavam produzindo efeitos, continuarão a fazê-lo normalmente, salvo decisão judicial em sentido contrário. Disso se ocupará o item 3.2, mais adiante neste mesmo Capítulo.

De resto, nota-se que redação do § 1º do art. 1.009 do CPC não é das mais felizes. Isto porque não basta à parte suscitar sua irresignação na apelação ou nas contrarrazões, devendo, para além disso, elaborar sua insurgência de forma fundamentada (NEVES, 2016, p. 1543), o que é uma decorrência da dialeticidade.

2.2. Legitimidade recursal

A legitimidade recursal na apelação está alinhada, em essência, com a legitimidade recursal em geral, sobre a qual já se tratou no capítulo sobre a teoria geral dos recursos. Assim, são legitimados a apelar de uma decisão, na forma do art. 996 do CPC, a parte, o terceiro prejudicado e o Ministério Público (como parte ou como fiscal da ordem jurídica).

2.3. Interesse recursal

O interesse recursal, como visto antes no capítulo sobre a teoria geral dos recursos, é a manifestação do interesse de agir (condição da ação). Não basta estar legitimado a recorrer, é preciso ter interesse para praticar o ato. Tudo que lá se expôs aqui se aproveita.

2.4. Inexistência de fatos impeditivos ou extintivos do poder de recorrer

Igualmente, tudo que se articulou no capítulo sobre a teoria geral dos recursos acerca da inexistência de fatos impeditivos ou extintivos ao direito de recorrer pode ser aproveitado no âmbito da apelação. A desistência, a renúncia e a aquiescência, portanto, impedirão que o órgão julgador aprecie o mérito da apelação.

Naturalmente, na hipótese do § 1º do art. 1.009 do CPC, suscitada a inconformidade com a decisão interlocutória pelo vencedor (apelado), eventual desistência da apelação pelo vencido (apelante) fará com que a apelação do vencedor perca o sentido (DIDIER JR.; CUNHA, 2016, p. 170).

2.5. Tempestividade

A apelação, seguindo a regra geral dos recursos, deve ser interposta no prazo de quinze dias, a teor do § 5° do art. 1.003 do CPC. Este é o prazo, aliás, que o apelado tem para apresentar suas contrarrazões. Todo regime jurídico dos prazos recursais, sobre os quais já se ocupou no capítulo da teoria geral dos recursos, à apelação se aproveita, inclusive – o destaque nunca é excessivo – sua contagem em *dias úteis*.

2.6. Preparo

Como qualquer recurso, a apelação se sujeita ao preparo recursal. Uma vez mais aqui se aproveitam as considerações tecidas no capítulo sobre teoria geral dos recursos.

Adicione-se, no entanto, uma informação: no caso de apelação interposta na situação do art. 1.009 § 1° do CPC pelo vencedor (isto é, em contrarrazões do recurso do apelante-vencido para insurgir-se contra interlocutórias que não se sujeitaram à preclusão), a regra também valerá normalmente. Tratando-se de verdadeiro *recurso*, e não de meras contrarrazões[7], esta apelação do vencido, subordinada e eventual, se sujeita a toda teoria geral dos recursos, daí porque deve estar acompanhada de preparo, sob pena de deserção.

2.7. Regularidade formal

Sem prejuízo de todas as considerações traçadas no capítulo sobre a teoria geral dos recursos, aproveitáveis especificamente à apelação, necessário apontar que este recurso, no que se refere à sua regularidade formal, deve se alinhar à previsão do art. 1.010 do CPC.

Assim sendo, sua apresentação se fará por petição escrita (jamais oral) dirigida ao juízo de primeiro grau.

Como se demonstrará em item específico, é praxe forense apresentar a apelação em duas peças distintas, mas conjuntamente protocoladas: uma

7. A honestidade acadêmica exige uma confissão: esta conclusão que não está isenta de críticas no âmbito doutrinário. Para alguns, não se trata de recurso, mas de contrarrazões, pura e simplesmente.

de interposição e outra com as razões recursais. Não há nada, porém, que exija esta prática, razão pela qual a interposição em peça única deve ser aceita normalmente.

Os elementos mínimos da petição de apelação, previstos no art. 1.010 do CPC, são: I – os nomes e a qualificação das partes; II – a exposição do fato e do direito; III – as razões do pedido de reforma ou de decretação de nulidade; IV – o pedido de nova decisão.

A qualificação das partes pode ser dispensada se estas já tiverem sido devidamente qualificadas na petição inicial ou na contestação, hipótese em que a mera menção de seus nomes será suficiente (BRUSCHI, 2010, p. 147).

A propósito das razões recursais, em decisão proferida na vigência do CPC/73, cujo entendimento é aplicável ao CPC/2015, o STJ definiu que "A reprodução na apelação das razões já deduzidas na contestação não determina a negativa de conhecimento do recurso, especialmente quando as razões ali esposadas são suficientes à demonstração do interesse pela reforma da sentença" (STJ, REsp 742.027-PR, rel. Min. FERNANDO GONÇALVES). Deste modo, o que não se tolera é a *mera reprodução*, na apelação, daquilo que consta na petição inicial ou na contestação. Mas, estando esta reprodução de argumentos acompanhada das razões do pedido de reforma ou de decretação de nulidade, além de um pedido de nova decisão, não há que se falar em irregularidade formal.

Repise-se que o pedido de reforma da decisão terá cabimento quando se alegar *error in judicando*. De seu turno, o pedido de decretação de nulidade (anulação ou invalidade) se reserva aos casos em que a apelação tenha sido interposta diante de alegado *error in procedendo* (MONTENEGRO FILHO, 2014, p. 103).

Finalmente, lembre-se que eventual vício de forma será sanável, à luz da previsão do art. 932, parágrafo único, do CPC: "Antes de considerar inadmissível o recurso, o relator concederá o prazo de 5 (cinco) dias ao recorrente para que seja sanado vício ou complementada a documentação exigível."

3. EFEITOS

Efeitos da apelação – isso já foi dito antes – são as consequências decorrentes não apenas de sua interposição, mas também de seu julgamento.

Naturalmente, toda exposição sobre os efeitos recursais, articulada no capítulo sobre a teoria geral dos recursos, se aproveita aqui. Este item, portanto, cuidará apenas dos principais efeitos da apelação (devolutivo e suspensivo), agregando as informações que lhe são pertinentes.

3.1. Devolutivo

Efeito devolutivo significa, como sugere sua própria nomenclatura, a devolução da matéria impugnada na apelação ao Poder Judiciário (especificamente, ao órgão competente para julgar o recurso). Trata-se inegavelmente de um efeito decorrente de sua interposição, mas com consequências no âmbito de seu julgamento (pois o julgamento da apelação retratará aquilo que foi objeto do recurso).

3.1.1. Profundidade e extensão

Sem prejuízo, lembre-se que o efeito devolutivo é estudado sob duas vertentes distintas: *extensão* e *profundidade*. Esta conclusão ganha interessantes contornos quando o recurso estudado é a apelação.

A *extensão* liga-se à ideia daquilo que é ou não impugnada pelo apelante. Assim, a matéria impugnada, e apenas esta, é devolvida ao conhecimento judicial, cabendo ressaltar que o órgão *ad quem* fica adstrito a examinar apenas a matéria que foi objeto do recurso (*tantum devolutum quantum apellatum*). É o apelante que definirá qual o capítulo da sentença apelada que pretende seja reexamina pelo tribunal, até porque nada impede que o recurso seja parcial (art. 1.002 do CPC).

A extensão do efeito devolutivo é, assim, limitada pelo *pedido* do apelante (THEODORO JR., 2016, p. 1.013).

Assim, se a sentença de procedência acolhe dois pedidos – um de reintegração de posse e outro de indenização por danos morais –, eventual apelação do réu insurgindo-se apenas com relação à parcela condenatória implica no reconhecimento de que o pedido de reintegração de posse não foi devolvido. O tribunal ficará adstrito ao pedido de indenização por danos morais (mas, como será visto, estará livre, nestes limites, para avançar em todas as questões e fundamentos a ele atinentes, mesmo que não considerados na decisão.

Bem por isso, correta é a afirmação de que o recurso só devolve ao conhecimento do Judiciário aquilo que efetivamente tenha sido impugnado, ou seja, *matérias não impugnadas não são devolvidas*.

Neste sentido, o *caput* do art. 1.013 do CPC: "A apelação devolverá ao tribunal o conhecimento da matéria impugnada".

A *profundidade* refere-se às questões ou aos fundamentos que serão analisados na apelação, ainda que não considerados pela decisão recorrida. Assim, o tribunal, ao julgar a apelação, apreciará todas as questões suscitadas e discutidas no processo, ainda que não tenham sido solucionadas, desde que relativas ao capítulo impugnado (art. 1.013, § 1°, do CPC).

A parte final do § 1° do art. 1.013 merece ser destacada ("desde que relativas ao capítulo impugnado"). Deve-se deixar claro que é vedado ao tribunal conhecer de matérias vinculadas ao capítulo não impugnado, porque se considera que o respectivo pedido transitou em julgado exatamente pela ausência de impugnação (à mesma conclusão chegou o Enunciado 100 do FPPC). Trata-se de uma relevante inovação do CPC vigente, que expressamente reconhece a coisa julgada parcial.

Ressalvas feitas, possibilita-se o conhecimento pelo tribunal de todos os elementos que estavam à disposição do juízo de primeiro grau no momento em que este proferiu a sentença (BARIONI, 2007, p. 150). Até mesmo o pedido alternativo (art. 325 do CPC) ou o subsidiário (art. 326 do CPC) que não tenha sido apreciado pelo juiz – que acolheu o pedido principal – é devolvido ao tribunal com a apelação interposta pelo réu (Enunciado 102 do FPPC). Esta afirmação reforça o argumento daqueles que qualificam o efeito devolutivo da apelação de "amplíssimo".

Também pegam carona no efeito devolutivo todos os fundamentos do pedido ou da defesa, embora o juiz haja acolhido apenas um deles (art. 1.013, § 2°, do CPC). É o caso da multiplicidade de fundamentos para o pedido ou para a defesa.

É importante reforçar, ainda tratando da profundidade, que somente integração o efeito devolutivo da apelação aquelas questões ligadas ao capítulo impugnado, o que está em consonância com o próprio *caput* do art. 1.013 do CPC.

Tomemos de empréstimo uma situação anteriormente proposta: "A" promove uma ação contra "B" e elabora dois pedidos: (i) a rescisão de um contrato tendo como fundamento uma infração contratual (culpa) e uma causa qualquer de anulabilidade (vício de consentimento) e (ii) indenização por danos morais. A sentença acolhe ambos, sendo que o pedido de rescisão é procedente porque reconhecido o vício de consentimento (sem adentrar na análise da culpa contratual). "B" interpõe apelação apenas com relação ao pedido de rescisão, e não quanto à indenização. Consequentemente, quanto à extensão, apenas se devolve o pedido de rescisão contratual (*tantum devolutum quantum apellatum*). No entanto, no que se refere à profundidade, todos os argumentos do pedido de rescisão devem ser considerados, até mesmo aquele referente à culpa contratual, que não havia sido considerada na sentença.

Ainda neste último exemplo proposto: o capítulo não impugnado (indenização), portanto não devolvido, produzirá coisa julgada? A tendência da doutrina, máxime com a vigência do CPC/2015, é dar resposta positiva para esta questão.

3.1.2. Julgamento do mérito diretamente pelo tribunal (causa madura)

A apelação é um recurso cujo julgamento é de competência funcional de tribunais de segundo grau de jurisdição (tribunal de justiça ou tribunal regional federal) e, como visto, tem como principal escopo a *reapreciação* de sentenças ou de determinadas decisões interlocutórias que foram *anteriormente proferidas* pelos juízos do grau inferior.

Como se vê, especialmente pelos destaques acima (reapreciação de decisões anteriormente proferidas), conclui-se que a apelação tem vocação para controlar e corrigir de erros porventura ocorridos na instância inferior (*revisio prioris instantiae*) e não para, via de regra, decidir ineditamente sobre alguma questão.

Acontece que, excepcionalmente, reconhece a lei a competência funcional do tribunal para julgar de forma inédita determinadas questões que não foram objeto de julgamento pela instância inferior. Note bem, leitor: quem dá permissão ao tribunal para fazê-lo é a *lei*, que prevê as hipóteses em que isso será possível.

E tais hipóteses são aquelas elencadas no § 3º do art. 1.013 do CPC, que assim dispõe:

> "§ 3º Se o processo estiver em condições de imediato julgamento, o tribunal deve decidir desde logo o mérito quando:
>
> I – reformar sentença fundada no art. 485;

> II – decretar a nulidade da sentença por não ser ela congruente com os limites do pedido ou da causa de pedir;
>
> III – constatar a omissão no exame de um dos pedidos, hipótese em que poderá julgá-lo;
>
> IV – decretar a nulidade de sentença por falta de fundamentação."

Importante destacar que esta previsão legal não se confunde com aquelas dos §§ 1º e 2º do art. 1.013 do CPC. Lá, como visto no item anterior, o efeito devolutivo abrange não apenas os capítulos da sentença efetivamente impugnados, mas também todas as questões suscitadas e discutidas no processo e os fundamentos do pedido ou da defesa, desde que relativos ao capítulo impugnado. Aqui no caso do § 3º, diferentemente, o que se tem é a autorização para que o tribunal julgue de forma inédita o próprio *mérito* da causa, que por alguma razão *não foi julgado pelo juízo a quo, mas pode sê-lo agora*.

Não há dúvidas, destarte, de que se está tratando de um aspecto do efeito devolutivo da apelação, substancialmente ampliado pela norma. Além da devolução promovida ordinariamente, conforme o *caput* e §§ 1º e 2º do art. 1.013 do CPC, tem-se a excepcional devolução do § 3º, que permite ao tribunal adentrar pela primeira vez no mérito da causa, o que acaba por prestigiar a economia processual (THEODORO JÚNIOR, 2016, p. 1016).

Deste modo, a apelação, no sistema recursal brasileiro, deixa de ter natureza de *revisio prioris instantiae* e passa a ser concebida com um *novum iudicium*, no qual ao órgão *ad quem* é lícito o mais amplo reexame da causa, em todos os seus aspectos de fato e de direito, inclusive avançando no mérito da causa (CRUZ E TUCCI, 2002, p. 99).

A regra não é novidade no ordenamento processual brasileiro. Já existia previsão similar no CPC revogado (desde a reforma operada pela Lei 10.352/2001) e a experiência decerto foi positiva, tanto que o legislador do CPC vigente ampliou as hipóteses de cabimento da técnica.

O julgamento do mérito diretamente pelo tribunal (teoria da causa madura) permite, em outras palavras, perceber que ocorre a *supressão de um grau jurisdicional* (ou *supressão de instância*, como prefere denominar a doutrina), autorizando que o tribunal destinatário da apelação dê um passo adiante para decidir sobre tema que não fora objeto de julgamento pelo juiz (DINAMARCO, 2004, p. 156).

Isto posto, quando será possível ao tribunal decidir diretamente o mérito? Em resumo, sempre que (a) a causa estiver em condições de imediato julgamento e (b) presente alguma situação legal autorizadora.

(a) A causa deve estar em condições de imediato julgamento

Como se lê no § 3° do art. 1.013 do CPC, é condição *sine qua non* que o processo esteja em *condições de imediato julgamento*. Isto significa, essencialmente, a desnecessidade de se praticar qualquer ato processual antes do julgamento da apelação, estando a causa pronta. Daí porque a denominação de *teoria da causa madura*.

Assim, não se aplica a regra quando, por exemplo, exista a necessidade de produzir provas ou quando houver necessidade de contraditório efetivo, inclusive em razão do que prevê o art. 10 do CPC.

Importante lembrar que nada impede o julgamento direto do mérito pelo tribunal em causas que envolvam matéria de fato. Basta que o processo esteja em condições de imediato julgamento, sem que exista referência legal à natureza das questões presentes, se de fato ou de direito (NEVES, 2015, p. 553; MEDINA, 2023, p. 156). A única restrição é que tais matérias fáticas não demandem a produção de provas. Se existir esta necessidade, a causa não estará madura (não estará em condições de imediato julgamento) e, pois, não se aplica o § 3° do art. 1.013 do CPC.

(b) situação legal autorizadora

Não basta a causa estar madura. Necessário, ainda, que se esteja diante de alguma das situações legais que autorizam a incidência da regra, previstas nos incisos do § 3° do art. 1.013 do CPC e também no subsequente § 4°. São elas:

(b.1) *o tribunal reforma sentença terminativa*, ou seja, aquela proferida com fundamento no art. 485 do CPC, isto é, aquela que *não aprecia o mérito* (que, note-se, será apreciado ineditamente pelo tribunal).

(b.2) *o tribunal decreta a nulidade da sentença por não ser ela congruente com os limites do pedido ou da causa de pedir*. Assim, sendo a sentença *extra petita* ou *ultra petita*, a atuação do tribunal não se limitará a anular a correção para então determinar que o juízo *a quo* profira nova decisão. O próprio tribunal, que anula a sentença, já profere nova sentença adequada aos limites do pedido ou da causa de pedir.

(b.3) *o tribunal constata a omissão no exame de um dos pedidos*, ou seja, a sentença apelada é *citra petita*, hipótese em que o próprio poderá julgá-lo, sem necessidade de baixar os autos ao primeiro grau para tanto.

(b.4) *o tribunal decreta a nulidade de sentença por falta de fundamentação*, vale dizer, o juízo *a quo* não se atenta ao comando que exige fundamentação completa (art. 489, § 1º, do CPC). Neste caso, a falta será suprida pelo próprio tribunal ao julgar a apelação.

(b.5) finalmente, *o tribunal reforma sentença que reconheça prescrição ou decadência*, é dizer, a sentença fundada no art. 487, II, do CPC. Neste caso, desnecessário determinar o retorno do processo ao juízo de primeiro grau. Poderá o tribunal, desde que possível, julgar diretamente o mérito.

Esta última hipótese, aliás, vem consagrada no art. 1.013, § 4º, do CPC, segundo o qual: "Quando reformar sentença que reconheça a decadência ou a prescrição, o tribunal, se possível, julgará o mérito, examinando as demais questões, sem determinar o retorno do processo ao juízo de primeiro grau." Trata-se da positivação de entendimento amplamente majoritário que já se aplicava no âmbito do CPC/73.

Finalmente, uma questão de importante consideração: o julgamento direto do mérito é uma *possibilidade* ou um *dever* do tribunal? A resposta correta, sem espaço para dúvidas, é aquela que aponta o comando como uma imposição ao tribunal. Isso decorre da leitura dos §§ 3º e 4º do art. 1.013 do CPC, sendo que o § 3º utiliza a expressão "deve" e o § 4º indica que o tribunal "julgará" o mérito.

Consequentemente, é *indiferente que exista pedido do apelante* para que o tribunal aplique a referida técnica de julgamento. O tribunal deverá fazê-lo *ex officio*, atentando-se apenas para os requisitos legais, uma vez que o dispositivo prevê uma regra de julgamento, aceitando ser uma exceção ao princípio dispositivo que orienta o próprio *caput* do art. 1.013 do CPC (SIQUEIRA, 2016, p. 863). A conclusão exposta, contudo, não é pacífica, rendendo, ainda atualmente, intensos debates doutrinários.

3.2. Suspensivo

O efeito suspensivo – disso já se ocupou anteriormente – é aquele pelo qual a eficácia da decisão fica suspensa, obstando, consequentemente, a decisão de produzir efeitos.

A apelação tem o chamado efeito suspensivo *ope legis*, ou seja, aquele que decorre direta e automaticamente de lei, não dependendo de requerimento do apelante, tampouco de decisão judicial que atribua tal efeito ao recurso. Inversamente, caberá ao apelado, se quiser, lançar mão dos meios legais para subtrair o efeito suspensivo da apelação (por exemplo, requerendo tutela provisória).

Lembre-se daquilo que já foi dito antes no sentido de que o efeito suspensivo é, na verdade, um efeito da própria recorribilidade e não do recurso em si mesmo. O recurso com efeito suspensivo, portanto, não suspende propriamente os efeitos da decisão, mas impede que estes se produzam. No caso da apelação, com acerto afirma GILBERTO GOMES BRUSCHI que "o efeito suspensivo não enseja a suspensão dos efeitos da sentença, mas a manutenção da suspensão, não estando ligado ao recurso, mas ao ato recorrido" (2012, p. 194).

Vale reforçar, no que se refere ao efeito suspensivo, que *o recurso de apelação é uma exceção à regra*. Ordinariamente – insista-se – os recursos não são dotados de efeito suspensivo, como se conclui pela leitura do art. 995 do CPC: "Os recursos não impedem a eficácia da decisão, salvo disposição legal ou decisão judicial em sentido diverso."

Quanto à apelação, porém, vale o que vem previsto especificamente a este recurso no *caput* do art. 1.012 do CPC: "A apelação terá efeito suspensivo."

Na apelação, consequentemente, pode-se fazer uma curiosa afirmação: *a exceção é a regra*. Em outras palavras, *a exceção é justamente a ausência de efeito suspensivo*.

A regra da suspensividade, todavia, parece alcançar apenas a hipótese *típica* de cabimento da apelação, isto é, aquela descrita no *caput* do art. 1.009 do CPC (é útil relembrar a diferenciação entre as hipóteses típicas e atípicas do cabimento da apelação, como tratado no item 2.1 deste mesmo Capítulo). Diante de hipóteses atípicas de cabimento da apelação, o efeito suspensivo não será automático (*ope legis*), devendo a parte requerê-lo na forma e condições previstas pelo próprio CPC (e aqui se incluem aquelas situações em que as decisões interlocutórias são confrontadas na apelação).

Daí porque é correta a conclusão do Enunciado 559 do FPPC, dedicado ao § 1º do art. 1.009 do CPC, já referido anteriormente no item 2.1.4 ("O efeito suspensivo *ope legis* do recurso de apelação não obsta a eficácia das decisões interlocutórias nele impugnadas"). O que é alcançado pelo efeito suspensivo é apenas a matéria contida na sentença que seja tipicamente apelável. As demais questões (as decisões interlocutórias) são atipicamente apeláveis, de modo que não merecem se enquadrar na regra excepcional do art. 1.012, *caput*, do CPC.

Pelas mesmas razões, e conforme tudo que já se desenvolveu no item 2.1.3 supra, não merece reparos aquilo que prevê o Enunciado 144 da II Jornada de Direito Processual Civil: "No caso de apelação, o deferimento de tutela provisória em sentença retira-lhe o efeito suspensivo referente ao capítulo atingido pela tutela." O verbete apenas confirma a previsão expressa e específica do art. 1.012, § 1º, V, do CPC, de que se trata adiante.

Pois bem. Os casos de apelação despida de efeito suspensivo são aqueles descritos no § 1º do art. 1.012, que assim dispõe:

> "Além de outras hipóteses previstas em lei, começa a produzir efeitos imediatamente após a sua publicação a sentença que:
>
> I – homologa divisão ou demarcação de terras;
>
> II – condena a pagar alimentos[8];
>
> III – extingue sem resolução do mérito ou julga improcedentes os embargos do executado;
>
> IV – julga procedente o pedido de instituição de arbitragem;
>
> V – confirma, concede ou revoga tutela provisória;
>
> VI – decreta a interdição."

8. FERNANDA TARTUCE (2017, p. 238) sintetiza com clareza a questão dos efeitos da apelação em ações judiciais sobre alimentos. Partindo do pressuposto de que o ordenamento jurídico tem como escopo proteger quem tem direito a receber pensão alimentícia, conclui que a apelação contra sentença que (a) fixa originariamente o valor dos alimentos é recebida apenas no efeito devolutivo; (b) majora o valor original dos alimentos (ação revisional) é recebida apenas no efeito devolutivo; (c) reduz o valor original dos alimentos (ação revisional) é recebida no duplo efeito (devolutivo e suspensivo); e (d) exonera o valor original dos alimentos (ação de exoneração de alimentos) é recebida no duplo efeito (devolutivo e suspensivo). A título de informação, adicione-se a isso o entendimento manifestado pela 2ª Seção do STJ ao julgar o EREsp 1.181.119-RJ: "Os efeitos da sentença proferida em ação de revisão de alimentos - seja em caso de redução, majoração ou exoneração - retroagem à data da citação (Lei 5.478/68, art. 13, § 2º), ressalvada a irrepetibilidade dos valores adimplidos e a impossibilidade de compensação do excesso pago com prestações vincendas. (rel. Min. LUIS FELIPE SALOMÃO, rel. p/ acórdão Min. MARIA ISABEL GALLOTTI, j. 27.11.2013, m.v.).

Como se denota da leitura acima, o rol do § 1º do art. 1.012 do CPC não é exaustivo. Existem outras situações, além daquelas dos seis incisos do dispositivo, em que a apelação não terá efeito suspensivo. É o caso, por exemplo, da apelação em ações regidas pela Lei 8.245/91 (Lei de Locações de Imóveis Urbanos), conforme seu art. 58, V.[9]

De resto, diante de alguma das situações acima elencadas, o recurso de apelação excepcionalmente será recebido sem o efeito suspensivo (ou, como se consagrou no jargão utilizado na prática do foro, "apenas no efeito devolutivo"). Como diz a lei, aliás, nos casos do § 1º do art. 1.012 do CPC *a sentença começa a produzir efeitos imediatamente após a sua publicação.*

O fato da apelação não ser recebida no efeito suspensivo tem uma consequência indisfarçável: a possibilidade de se proceder ao cumprimento provisório da sentença, conforme os arts. 520 a 522 do CPC.

Com efeito, prevê o art. 1.012, § 2º, do CPC que "Nos casos do § 1º, o apelado poderá promover o pedido de cumprimento provisório depois de publicada a sentença."

---

9. Conforme o art. 58, V, da Lei 8.245/1991 (Lei de Locações), a apelação será recebida apenas no efeito devolutivo nas ações locatícias típicas, quais sejam: despejo, consignação em pagamento de aluguel e acessório da locação, revisionais de aluguel e renovatórias de locação. Acontece que, na prática, não raramente a ação de despejo (por falta de pagamento) é cumulada com cobrança de débitos locatícios atrasados (hipótese expressamente prevista no art. 62, I, da Lei de Locações). A respeito, é bem verdade que o STJ consolidou o entendimento de que "o recurso de apelação que ataca sentença proferida em ação de despejo, ainda que cumulada com ação de cobrança de débitos atrasados, deve ser recebido somente no efeito devolutivo" (STJ, 4ª Turma, AgInt no AREsp 781.068-RJ, rel. Min. MARCO BUZZI, j. 19.09.2017, v.u.). Por outro lado, é razoável entender que o efeito meramente devolutivo, em tais situações, se limita à "parcela locatícia" da sentença (isto é, à parte da decisão que decretou o despejo). Com relação ao pedido de cobrança de débitos locatícios atrasados, no entanto, a apelação deverá ser recebida também no efeito suspensivo, porque este pedido condenatório não está previsto expressamente no *caput* do art. 58 da Lei de Locações. Assim, não há como censurar a lição de ROGÉRIO LICASTRO TORRES DE MELLO, para quem "a apelação manejada em face de sentença que aprecia o pedido de despejo cumulado com cobrança de aluguéis e encargos será recebida no efeito exclusivamente devolutivo relativamente ao despejo, e no duplo efeito (devolutivo e suspensivo) relativamente à cobrança de aluguéis e acessórios." (ZARIF; FERNANDES; MELLO, 2010, p. 48).

Reforce-se: basta a *publicação* da sentença numa daquelas situações excepcionais do § 1º do art. 1.012 do CPC e esta já começa a produzir efeitos, podendo ser objeto de cumprimento provisório.

E se, diante de uma das situações a que alude o § 1º do art. 1.012 do CPC, o apelante pretender obter excepcionalmente o efeito suspensivo? Isso será possível, *desde que o apelante consiga demonstrar a probabilidade de provimento do recurso ou se, sendo relevante a fundamentação, houver risco de dano grave ou de difícil reparação.*

Assim prevê, aliás, o art. 1.012, § 4º, do CPC: "Nas hipóteses do § 1º, a eficácia da sentença poderá ser suspensa pelo relator se o apelante demonstrar a probabilidade de provimento do recurso ou se, sendo relevante a fundamentação, houver risco de dano grave ou de difícil reparação."

Em resumo, a obtenção de efeito suspensivo para a apelação naqueles casos excepcionais do § 1º do art. 1.012 do CPC (hipóteses em que a apelação não tem efeito suspensivo) exige:

(i) Demonstração de probabilidade de provimento da apelação, ou, em outros termos, o *fumus boni juris* no âmbito recursal; *ou*

(ii) Fundamentação relevante, acompanhada de um risco de dano grave ou de difícil reparação resultante da não concessão de efeito suspensivo.

Perceba-se que tais requisitos são *alternativos*, vez que a lei utiliza a partícula "ou". Basta que se verifique o que está previsto no item (i) *ou* no item (ii), sendo desnecessário sua concorrência.

No primeiro caso (i), está-se diante de uma espécie de *tutela da evidência*. Não é necessário demonstrar *periculum in mora*, mas "apenas" que é provável o provimento da apelação. Ora, se existe mesmo esta probabilidade, não se justifica que a sentença, em vias de ser reformada ou anulada, surta efeitos, o que certamente pode gerar transtornos diversos. Tal situação ocorrerá, por exemplo, sempre que a decisão apelada hostilize entendimento sumulado (MELLO, 2015, p. 2243).

No segundo caso (ii), tem-se a clássica *tutela de urgência*, porque o dispositivo nitidamente exige a conjugação do *fumus boni juris* e do *periculum in mora*, representado pela demonstração do risco de dano grave ou de difícil reparação resultante da não concessão de efeito suspensivo. Neste caso, o *fumus boni juris*, ressalte-se, se dá em grau menor do que aquela hipótese da tutela de evidência (i), porque aqui a lei se satisfaz com a *relevância da fundamentação*, e não necessariamente com a *probabilidade de provimento* da apelação, o que é bem diferente e, salvo melhor juízo, mais intenso.

Denote-se, ainda, que esta regra específica afasta a incidência da norma geral do parágrafo único do art. 995 do CPC[10], aplicável aos demais recursos.

Independentemente, sempre será exigido também o *requerimento* do apelante, sendo certo que o efeito suspensivo não poderá ser concedido *ex officio* pelo órgão jurisdicional. Tal conclusão decorre do § 3º do art. 1.012 do CPC, que traça as regras de competência para a apreciação do pedido de efeito suspensivo, sendo notável em sua redação a menção ao *pedido* do apelante, o que acaba não deixando dúvidas a este respeito.

Dito isso, a questão inevitável que se coloca é: a quem deve ser dirigido o pedido de efeito suspensivo? E de quem é a competência para sua apreciação? A resposta para tais questionamentos está nos incisos do § 3º do art. 1.013 do CPC, segundo os quais o requerimento de efeito suspensivo deve ser dirigido ao:

> "I – tribunal, no período compreendido entre a interposição da apelação e sua distribuição, ficando o relator designado para seu exame prevento para julgá-la;
>
> II – relator, se já distribuída a apelação."

Algumas conclusões preliminares podem ser tiradas desta norma. A primeira delas é que inegavelmente o requerimento de efeito suspensivo não será dirigido, muito menos apreciado, pelo juízo *a quo*. Uma vez que o órgão de primeiro grau não tem competência para realizar o juízo de admissibilidade da apelação, também não terá para tratar de questões ligadas aos seus efeitos.[11]

Percebe-se, neste particular, que o legislador acabou escolhendo o caminho que já vinha sendo proposto desde sempre por ARAKEN DE ASSIS

---

10. Art. 995, parágrafo único. "A eficácia da decisão recorrida poderá ser suspensa por decisão do relator, se da imediata produção de seus efeitos houver risco de dano grave, de difícil ou impossível reparação, e ficar demonstrada a probabilidade de provimento do recurso."
11. Em sentido contrário, GILBERTO GOMES BRUSCHI e MARCIO MANOEL MAIDAME sustentam que o pedido de efeito suspensivo pode ser dirigido ao juízo *a quo*, que poderá decidir a seu respeito, em razão do poder geral de cautela (2016, p. 797).

(2007, p. 423), isto é, o pedido de efeito suspensivo há de ser dirigido por petição endereçada diretamente ao tribunal, por iniciativa do apelante.

A segunda conclusão preliminar está ligada a um aspecto temporal: *antes da interposição da apelação não cabe falar-se na elaboração de pedido de efeito suspensivo*. Se o apelante, num dos casos do art. 1.012, § 1º, do CPC, pretender obter efeito suspensivo, *deve antes interpor a apelação* e só depois veicular seu pedido diretamente à instância superior. Isto porque, da conjugação dos dois incisos, verifica-se que o ponto inicial na linha processual para a elaboração do pedido é a interposição do recurso de apelação. Esta é a *interpretação literal* da norma.

A limitação faz algum sentido, uma vez que não parece razoável pedir efeito suspensivo a um recurso que, pelo menos por enquanto, não existe. Por outro lado, no entanto, gera uma séria dificuldade ao apelante, que muitas vezes se encontra em situação de urgência, necessitando suspender o mais rápido possível os efeitos da decisão, mas precisa previamente interpor o recurso, o que – quem milita na prática sabe disso – nem sempre é fácil ou rápido.

Assim sendo, *especificamente quando se tratar de pedido de efeito suspensivo fundado na urgência, parece razoável admitir sua formulação imediata, independentemente da prévia interposição do recurso*. Isto porque, em que pese a redação do art. 1.012, § 3º, I, do CPC (que não prevê a possibilidade de articular o pedido em momento anterior à interposição do recurso), é forçoso reconhecer que a tutela de urgência pode ser concedida em caráter antecedente (art. 294, parágrafo único, do CPC), argumento muito bem defendido por BRUNO GARCIA REDONDO (2012, p. 135-151).

Em terceiro lugar, embora a decisão sobre o pedido de efeito suspensivo possa se dar *inaudita altera pars*, é irrecusável que deve haver contraditório, intimando-se o apelado para se manifestar sobre o requerimento do apelante (arts. 9º e 10 do CPC).

Deste modo, se ainda não foi distribuída a apelação, o pedido deve ser levado diretamente ao tribunal, em requerimento dirigido ao seu presidente. Lá no tribunal o requerimento será distribuído livremente (arts. 929 e 930 do CPC), ficando o relator designado para seu exame prevento para julgar a própria apelação (que, lembre-se, ainda não havia sido distribuída, e não mais será, dada a prevenção gerada pelo pedido de efeito suspensivo). A prevenção, convém adicionar, se estende ao próprio órgão fracionário do tribunal do qual faz parte o relator sorteado.

Assim sendo, no caso do inciso I (apelação ainda não distribuída), o requerimento é dirigido ao tribunal e a apreciação será feita monocraticamente pelo relator sorteado ao caso.

Perceba, ainda, que nesta primeira hipótese – quando a apelação ainda não foi distribuída – os autos também não estão no tribunal (física ou virtualmente). Como poderá o relator designado apreciar o pedido de efeito suspensivo se sequer conhece o que aconteceu na respectiva causa? Parece não haver dúvidas de que o requerimento de efeito suspensivo deverá ser instruído, tal como se fosse um agravo de instrumento, com as peças necessárias à compreensão do processo. Pode-se até mesmo cogitar da aplicação analógica do § 5° do art. 1.017 do CPC para dispensar a instrução do pedido de efeito suspensivo quando os autos forem eletrônicos.

Mais fácil, embora mais rara, será a situação em que a apelação já tinha anteriormente sido distribuída. Neste caso, já existe um órgão fracionário e um relator designados. Assim, o requerimento de efeito suspensivo será endereçado a tal relator, componente daquele determinado colegiado. Neste caso, ao relator, monocraticamente, competirá a apreciação do pedido de efeito suspensivo.

Interessante lembrar, ainda quanto ao requerimento de efeito suspensivo, conforme o art. 930, parágrafo único, do CPC, que "O primeiro recurso protocolado no tribunal tornará prevento o relator para eventual recurso subsequente interposto no mesmo processo ou em processo conexo." Esta prevenção de que trata a norma em comento se estende também ao eventual e futuro pedido de efeito suspensivo na apelação (DIDIER JR.; CUNHA, 2016, p. 188).

Imagine-se, então, que em determinada causa, no curso da ação em primeiro grau, houve a interposição de um recurso de agravo de instrumento (art. 1.015 do CPC), distribuído ao relator "X" da Câmara "Y". Posteriormente, proferida sentença, sobrevém apelação sem efeito suspensivo (art. 1.012, § 1°, do CPC), pretendendo o apelante formular requerimento para que tal efeito seja concedido. Tal pedido deverá ser dirigido ao relator "X", componente da Câmara "Y", após a interposição da apelação.

Finalmente, nada impede que capítulos diversos de uma mesma sentença sejam recebidos com efeitos diferentes, desde que apenas um desses capítulos, mas não o outro, encontre previsão numa das hipóteses do art. 1.012, § 1°, do CPC (THEODORO JR., 2016, p. 1026-1027). Assim, por exemplo, deferida tutela provisória na sentença apenas quanto a uma parcela do pedido, apenas esta parte de eventual apelação será despido de efeito suspensivo (art. 1.012, § 1º, V, do CPC). A outra parte, sendo objeto da apelação também, terá eficácia suspensa.

4. INTERPOSIÇÃO E PROCESSAMENTO

O processamento da apelação é, resumidamente, bifásico. Inicia com sua interposição e recebimento no juízo *a quo* e termina com sua admissibilidade e julgamento de mérito no tribunal *ad quem*.

4.1. No juízo *a quo*

A apelação será interposta em petição escrita dirigida ao juízo de primeiro grau (*a quo*), ou seja, ao mesmo órgão prolator da decisão recorrida, conforme art. 1.010 do CPC.

Interposta a apelação, ela será recebida pelo juízo *a quo*, onde, ordinariamente, será determinada a intimação do apelado, que então poderá:

(i) Apresentar contrarrazões no prazo de quinze dias (art. 1.010, § 1º do CPC);

(ii) Interpor apelação adesiva (art. 997, §§ 1º e 2º, do CPC).

No primeiro caso – apresentação de contrarrazões – deverá o apelado alegar, preliminarmente, a falta dos requisitos de admissibilidade da apelação, se for o caso. No mérito, deve combater, conforme o caso, a pretensão recursal. A ausência de resposta ao recurso de apelação, embora nada recomendável, não acarreta ao apelado consequências drásticas como a aplicação dos efeitos da revelia ao réu. Com ou sem as contrarrazões, a apelação será remetida ao tribunal *ad quem* para os juízos de admissibilidade e de mérito.

Ademais, também poderá o apelado, nas contrarrazões, recorrer contra as decisões interlocutórias não agraváveis (e, portanto, ainda não preclusas), na forma do art. 1.009, § 1º, parte final, do CPC. Especificamente neste caso, rente ao que dispõe o art. 1.009, § 2º, do CPC, o apelante será intimado para manifestar-se a respeito no prazo de quinze dias.

Finalmente, o apelado pode interpor apelação adesiva, sobre a qual já se ocupou anteriormente. Neste caso, o juiz intimará o apelante para apresentar contrarrazões (art. 1.010, § 2º, do CPC). As contrarrazões da apelação adesiva limitar-se-ão, também, às questões preliminares e de mérito. Não poderão, todavia, veicular inconformidade com interlocutórias não agraváveis, pois sobre elas o apelante já deve ter se manifestado "preliminarmente" nas razões de apelação. Se não o fez antes, então, ocorreu preclusão.

Após as formalidades previstas nos §§ 1° e 2° do art. 1.010 do CPC, os autos serão remetidos ao tribunal *ad quem* pelo juízo *a quo*, *independentemente de juízo de admissibilidade* (art. 1.010, § 3°, do CPC).

Perceba-se, pois, que as funções eminentemente jurisdicionais do juízo *a quo* se encerraram quando foi prolatada a sentença. Depois disso, salvo alguma exceção (como o da oposição de embargos de declaração), os atos praticados pelo juízo de primeira instância, no que se refere ao processamento do recurso de apelação, são essencialmente de gestão processual. Em outras palavras, não se decidirá nada – nem mesmo acerca da admissibilidade ou dos efeitos do recurso – na instância de origem.

Destarte, é correto o que preconiza o Enunciado 99 do FPPC: "O órgão *a quo* não fará juízo de admissibilidade da apelação." É digno de nota, ainda, o entendimento de que a mesma regra se aplica no âmbito dos juizados especiais, conforme o Enunciado 474 do FPPC ("O recurso inominado interposto contra sentença proferida nos juizados especiais será remetido à respectiva turma recursal independentemente de juízo de admissibilidade").

Caso o juízo *a quo*, qualquer que seja o motivo, deixe de receber a apelação (por exemplo, sob o argumento de que lhe falta algum requisito de admissibilidade, como a tempestividade recursal), estará usurpando uma competência exclusiva do tribunal *ad quem*, ensejando o manejo de reclamação (art. 988, I, do CPC).

Também quanto aos *efeitos* do recurso de apelação, como dito, não é incumbência do órgão *a quo* manifestar-se a seu respeito. Mais uma vez, a indevida incursão nesta seara implicará no cabimento de reclamação (art. 988, I, do CPC), via de regra.[12]

---

12 Vale fazer uma pausa, no entanto, para analisar uma interessante situação prática. Em determinada ação, o magistrado da primeira instância recebeu o recurso de apelação "apenas no efeito devolutivo" (invadindo a competência exclusiva do tribunal *ad quem*). A parte prejudicada, possivelmente "contaminada" pelo CPC/73, interpôs recurso de agravo de instrumento, manifestamente descabido. Ainda assim, ao receber o recurso, o tribunal houve por bem anular de ofício a decisão agravada, por violação de regra de competência absoluta, prejudicando a análise do próprio agravo de instrumento. Conforme se lê no voto condutor: "Tratando-se

O seguinte esquema sintetiza o processamento da apelação no juízo de origem:

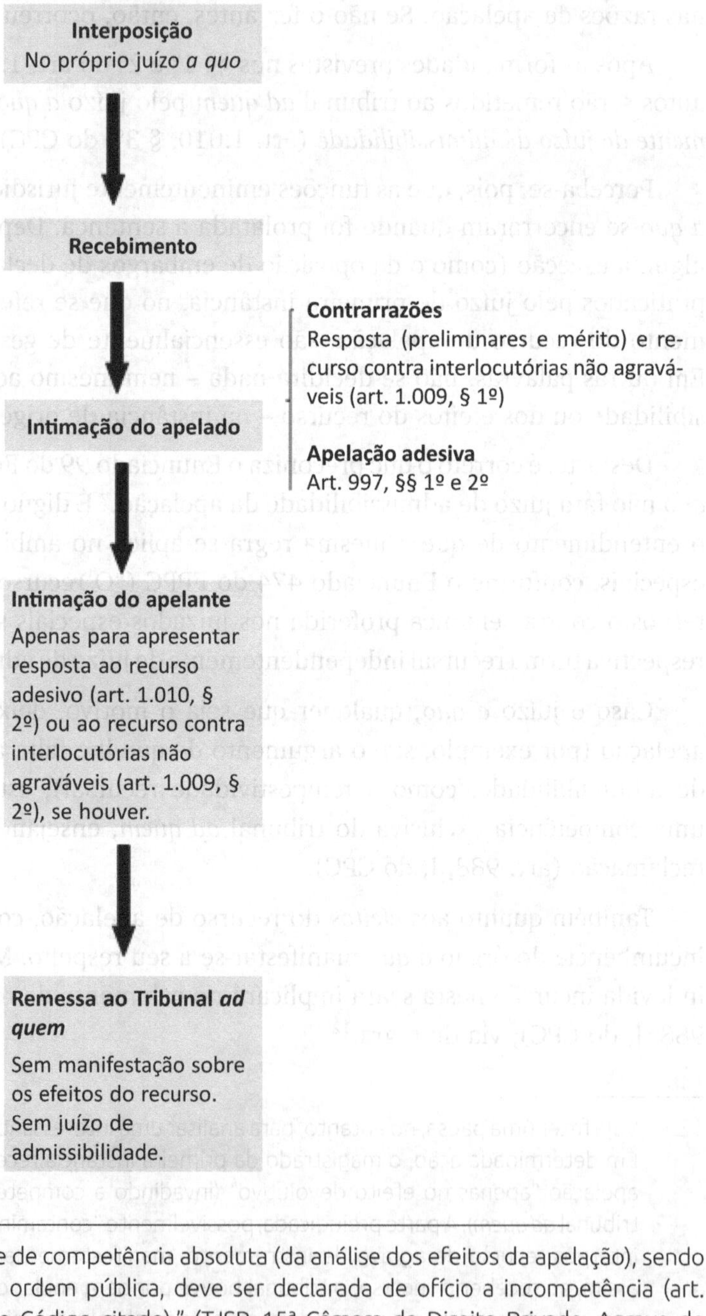

de hipótese de competência absoluta (da análise dos efeitos da apelação), sendo matéria de ordem pública, deve ser declarada de ofício a incompetência (art. 64, § 1º, do Código citado)." (TJSP, 15ª Câmara de Direito Privado, Agravo de Instrumento 2122777-94.2016.8.26.0000, rel. Des. Luiz Arcuri, j. 02.12.2016, v.u.)

De resto, aproveita-se aqui tudo que se considerou em item específico, desenvolvido no capítulo da teoria geral dos recursos, sobre o juízo de admissibilidade.

4.2. No juízo *ad quem*

Com a chegada dos autos ao tribunal, a apelação reger-se-á conforme o art. 1.011 do CPC e, mais genericamente, à luz do regramento geral referente à ordem dos processos no tribunal, já analisado anteriormente.

Embora a lei não seja expressa, não se pode recusar que o relator deverá, logo no ato de recebimento da apelação, proceder ao seu exame de admissibilidade e também declarar os efeitos em que a recebe.

Sendo assim, é neste momento, por exemplo, que o relator fará aplicar a previsão do art. 1.007, § 4º, do CPC ("O recorrente que não comprovar, no ato de interposição do recurso, o recolhimento do preparo, inclusive porte de remessa e de retorno, será intimado, na pessoa de seu advogado, para realizar o recolhimento em dobro, sob pena de deserção"), sendo inadequada que esta determinação provenha do juízo de primeira instância (TJSP, 25ª Câmara de Direito Privado, AI 2225531-17.2016.8.26.0000, rel. Des. HUGO CREPALDI, j. 16.3.2017, v.u.).

Registre-se apenas que o relator estará autorizado a julgar monocraticamente o recurso quando presente alguma das circunstâncias do art. 932, incisos III a V, do CPC, conclusão que resulta do próprio art. 1.011, I, do mesmo código. Esta decisão monocrática desafia recurso de agravo interno (art. 1.021 do CPC).

Não sendo o caso de julgamento monocrático, contudo, o relator elaborará seu voto para julgamento do recurso pelo órgão colegiado (art. 1.011, II, do CPC). Nada impede, aliás, que o colegiado volte a analisar a admissibilidade e os efeitos do recurso (o que, até então, foi feito pelo relator apenas).

Ademais, eventuais agravos de instrumentos pendentes devem ser julgados antes da apelação (art. 946 do CPC), ainda que na mesma sessão de julgamento (art. 946, parágrafo único, do CPC). Trata-se de uma forma de "trancamento de pauta" da apelação.

De resto, insista-se, o processamento deste recurso no tribunal se dará conforme regramento geral referente à ordem dos processos no tribunal.

5. QUESTÕES DE FATO NÃO INVOCADAS NO JUÍZO INFERIOR

Prevê o art. 1.014 do CPC que "As questões de fato não propostas no juízo inferior poderão ser suscitadas na apelação, se a parte provar que deixou de fazê-lo por motivo de força maior." Esta regra excepciona o sistema de preclusões em que se baseia o processo civil, mas exige, para sua incidência, a prova de que a questão de fato não foi suscitada por motivo de força maior.

Note-se um importante detalhe: o art. 1.014 do CPC *não trata da alegação de fatos novos (supervenientes)*. Estes podem ser veiculados, na apelação ou outro momento, porque o art. 493 do CPC assim autoriza expressamente.

O objeto da norma são os *fatos antigos que não foram alegados a seu tempo*. Se houver justo motivo, podem ser veiculados de forma inédita na apelação. Atente-se apenas para a necessidade de contraditório.

Por fim, a restrição alcança apenas as questões de fato, mas não as de direito, que podem ser alegadas a qualquer tempo, em razão do princípio processual *juria novit curia*; igualmente, não limita a possibilidade de levantar aquelas questões não alcançadas pela preclusão (PINTO, 2001, p. 99-100).

6. APELAÇÃO EM CASO DE INDEFERIMENTO DA PETIÇÃO INICIAL

Como já visto em item específico no capítulo sobre a teoria geral dos recursos, na apelação, são três as manifestações do efeito regressivo. A primeira delas está no art. 331 do CPC, onde se lê: "Indeferida a petição inicial, o autor poderá apelar, facultado ao juiz, no prazo de 5 (cinco) dias, retratar-se."

O CPC cria, assim, um sistema específico de processamento da apelação reservado aos casos de indeferimento da petição inicial. Nestes casos, a apelação, após interposta perante o juízo *a quo*, será encaminhada ao juiz de primeiro grau, prolator da decisão apelada, que poderá retratar-se.

Caso haja retratação, a decisão de indeferimento da petição inicial será substituída por outra de deferimento, seguindo o processo seu curso normal. Não tendo o réu ainda sido citado, o contraditório apenas será formado após sua integração no regular procedimento em primeiro grau. Importante asseverar que o procedimento específico de que se ocupa agora se aplica no caso de indeferimento da petição inicial *sem a prévia citação do réu*. Caso o indeferimento, por qualquer razão, aconteça após a citação do réu (ou seja, após a formação de contraditório), aplica-se o sistema do art. 485, § 7°, do CPC, abaixo analisado.

Tendo em vista as considerações feitas nos itens 4.1 e 4.2 supra – segundo as quais não cabe ao juízo *a quo* realizar a admissibilidade do recurso de apelação – *não parece um despropósito que o juízo de primeiro grau tenha possibilidade de se retratar mesmo diante de qualquer vício que em tese importe a inadmissibilidade da apelação interposta*. Esta orientação se justifica especialmente porque a retratação faz presumir o reconhecimento de um equívoco pelo magistrado *a quo* ao excepcionalmente indeferir de forma liminar a inicial. Ao escolher entre a aplicação das regras de admissibilidade do recurso de apelação ou o normal processamento do feito, com amplo contraditório, deve-se optar pelo último. Esta é uma imposição natural do modelo constitucional do processo.

Pensar de forma diferente significaria agredir o princípio da primazia do julgamento de mérito (art. 4° do CPC), que, em última análise, impõe ao órgão jurisdicional viabilizar o saneamento de vícios para examinar o mérito sempre que seja possível a sua correção. Sobre estas considerações, este Manual se aprofundou no item 9.1.2 de sua Parte I e para lá remete o leitor.

Nada obstante, ressalve-se que é amplamente majoritário o entendimento de que *a intempestividade da apelação impede o exercício do juízo de retratação*. Este á a tese do Enunciado 293 do FPPC ("Se considerar intempestiva a apelação contra sentença que extingue o processo sem resolução de mérito ou julga liminarmente improcedente o pedido, não pode o juízo a quo retratar-se") e do Enunciado 68 da I Jornada de Direito Processual Civil ("A intempestividade da apelação desautoriza o órgão *a quo* a proferir juízo positivo de retratação").

Do contrário, sem que haja retratação, o juiz mandará citar o réu para responder ao recurso (art. 331, § 1°, do CPC), o que implica no reconhecimento de que o contraditório acontecerá e se dará no primeiro grau de jurisdição. Destaque-se, ademais, que o ato do apelado será a *resposta ao recurso (contrarrazões)*, e não contestação. Em seguida, os autos serão encaminhados ao tribunal para o julgamento do apelo.

No tribunal, pode ser mantida a decisão de indeferimento da petição inicial ou esta pode ser reformada (entendendo o tribunal que a petição inicial merece trânsito). Neste último caso, os autos retornarão ao primeiro grau e "o prazo para a contestação começará a correr da intimação do retorno dos autos, observado o disposto no art. 334 do CPC" (art. 331, § 2º do CPC). Ou seja, o apelado, que até então não contestou (apenas respondeu ao recurso), deverá fazê-lo na instância de origem.

7. APELAÇÃO EM CASO DE IMPROCEDÊNCIA LIMINAR DO PEDIDO

Hipótese também tratada em item específico no capítulo sobre a teoria geral dos recursos, manifesta-se o efeito regressivo da apelação no § 3º do art. 332 do CPC, que versa sobre a improcedência liminar do pedido.

Igualmente aqui, o CPC cria um sistema específico de processamento da apelação reservado aos casos de improcedência liminar do pedido, técnica aplicada nos casos do seu art. 332. Nestes casos, a apelação, após interposta perante o juízo *a quo*, será encaminhada ao juiz de primeiro grau, prolator da decisão apelada, que poderá retratar-se em cinco dias (art. 332, § 3º, do CPC).[13]

Caso haja retratação, a decisão de improcedência liminar do pedido será substituída por outra de deferimento da petição inicial, seguindo o processo seu curso normal, com a citação do réu. Desnecessário, até aqui, que haja prévio contraditório, porque ao réu está assegurada a participação no processo no seu desenvolvimento regular que se dará posteriormente.

Na linha do que já se sustentou no item anterior, e tendo em vista as considerações feitas nos itens 4.1 e 4.2 supra – segundo as quais não cabe ao juízo *a quo* realizar a admissibilidade do recurso de apelação – *não parece um despropósito que o juízo de primeiro grau tenha possibilidade de se retratar mesmo diante de qualquer vício que em tese importe a inadmissibilidade da apelação interposta*. Esta orientação se justifica especialmente porque a retratação faz presumir o reconhecimento de um equívoco pelo magistrado *a quo* ao excepcionalmente indeferir de forma liminar a inicial. Ao escolher entre a aplicação das regras de admissibilidade do recurso de apelação ou o normal processamento do feito, com amplo contraditório, deve-se optar pelo último. Esta é uma imposição natural do modelo constitucional do processo.

13. Sugere o Enunciado 508 do FPPC que a regra se aplica inclusive no âmbito dos juizados especiais: "Interposto recurso inominado contra sentença que julga liminarmente improcedente o pedido, o juiz pode retratar-se em cinco dias."

Pensar de forma diferente significaria agredir o princípio da primazia do julgamento de mérito (art. 4º do CPC), que, em última análise, impõe ao órgão jurisdicional viabilizar o saneamento de vícios para examinar o mérito, sempre que seja possível a sua correção. Sobre estas considerações, este Manual se aprofundou no item 9.1.2 de sua Parte e para lá remete o leitor.

Nada obstante, ressalve-se que é amplamente majoritário o entendimento de que *a intempestividade da apelação impede o exercício do juízo de retratação*. Este á a tese do Enunciado 293 do FPPC ("Se considerar intempestiva a apelação contra sentença que extingue o processo sem resolução de mérito ou julga liminarmente improcedente o pedido, não pode o juízo a quo retratar-se") e do Enunciado 68 da I Jornada de Direito Processual Civil ("A intempestividade da apelação desautoriza o órgão *a quo* a proferir juízo positivo de retratação").

De outro lado, optando o juiz por manter a decisão de improcedência liminar do pedido, será determinada a citação do réu "para apresentar contrarrazões, no prazo de 15 (quinze) dias" (art. 332, § 4º, do CPC). Tal qual no caso de indeferimento da petição inicial, o ato de réu apelado se limitará à resposta da apelação, não se cogitando da contestação.

Em seguida, em que pese um inexplicável silêncio do CPC, os autos serão encaminhados ao tribunal para o julgamento do apelo. A decisão pode ser mantida (o pedido de improcedência é confirmado pelo tribunal) ou reformada.

Neste último caso, porém, parece inevitável que os autos deverão retornar ao primeiro grau para novo julgamento que siga rigorosamente o procedimento comum, não sendo lícito a simples substituição da sentença de improcedência por uma de procedência, pois o réu ainda não teve a oportunidade de apresentar contestação. A reforma ampla da sentença, convertendo-a em procedência, encontraria óbice no princípio contraditório (arts. 9º e 10 do CPC).

Retornando os autos à origem, portanto, para julgamento que siga rigorosamente o procedimento comum, parece razoável aplicar-se por analogia o art. 331, § 2º do CPC, de tal modo que "o prazo para a contestação começará a correr da intimação do retorno dos autos, observado o disposto no art. 334 do CPC".

8. APELAÇÃO EM CASO DE SENTENÇA TERMINATIVA

A última das hipóteses em que se manifesta o efeito regressivo na apelação é aquela prevista no art. 485, § 7º, do CPC. Assim, uma vez proferida sentença terminativa, interposta apelação pela parte, o juiz também terá, nestes casos, o prazo de 5 (cinco) dias para retratar-se.

Diferentemente dos casos de apelação contra sentença de indeferimento da petição inicial e contra sentença de improcedência liminar do pedido, nas quais algum regramento procedimental existe, a hipótese do art. 485, § 7º, do CPC, não tem qualquer previsão específica a respeito do processamento da apelação.

A única peculiaridade é, como visto, a possibilidade de retratação no prazo de cinco dias. Assim, interposta a apelação, poderá o juiz exercer tal faculdade, exigindo-se apenas que se respeite o contraditório, o que pode acontecer nas próprias contrarrazões do recurso.

Na excepcional hipótese de sentença terminativa proferida antes da citação do réu (por exemplo, quando se reconheça a coisa julgada *in limine*), é tolerável fazer uma analogia desta situação com o caso de indeferimento *prima facie* da petição inicial e assim aplicar as regras dos §§ 1º a 3º do art. 331 do CPC quanto ao processamento da apelação no juízo *a quo*.

De resto, inspirando-se nas mesmas ideias expostas nos dois itens anteriores, e tendo em vista as considerações feitas nos itens 4.1 e 4.2 supra – segundo as quais não cabe ao juízo *a quo* realizar a admissibilidade do recurso de apelação – *não parece um despropósito que o juízo de primeiro grau tenha possibilidade de se retratar mesmo diante de qualquer vício que em tese importe a inadmissibilidade da apelação interposta*. Esta orientação se justifica especialmente porque a retratação faz presumir o reconhecimento de um equívoco pelo magistrado *a quo* ao excepcionalmente indeferir de forma liminar a inicial. Ao escolher entre a aplicação das regras de admissibilidade do recurso de apelação ou o normal processamento do feito, com amplo contraditório, deve-se optar pelo último. Esta é uma imposição natural do modelo constitucional do processo.

Pensar de forma diferente significaria agredir o princípio da primazia do julgamento de mérito (art. 4º do CPC), que, em última análise, impõe ao órgão jurisdicional viabilizar o saneamento de vícios para examinar o mérito, sempre que seja possível a sua correção. Sobre estas considerações, este Manual se aprofundou no item 9.1.2 de sua Parte e para lá remete o leitor.

Nada obstante, ressalve-se que é amplamente majoritário o entendimento de que *a intempestividade da apelação impede o exercício do juízo de retratação*. Este á a tese do Enunciado 293 do FPPC ("Se considerar intempestiva a apelação contra sentença que extingue o processo sem resolução de mérito ou julga liminarmente improcedente o pedido, não pode o juízo a quo retratar-se") e do Enunciado 68 da I Jornada de Direito Processual Civil ("A intempestividade da apelação desautoriza o órgão *a quo* a proferir juízo positivo de retratação").

9. ENUNCIADOS DO FPPC

99. O órgão *a quo* não fará juízo de admissibilidade da apelação.

100. Não é dado ao tribunal conhecer de matérias vinculadas ao pedido transitado em julgado pela ausência de impugnação.

102. O pedido subsidiário ou alternativo não apreciado pelo juiz é devolvido ao tribunal com a apelação.

217. A apelação contra o capítulo da sentença que concede, confirma ou revoga a tutela antecipada da evidência ou de urgência não terá efeito suspensivo automático. *(Observação: este enunciado foi formulado com base na versão da Câmara dos Deputados, aprovada em 26.03.2014; na versão final do CPC-2015, a redação do dispositivo foi alterada. Na redação, final, o termo "tutela antecipada", tal como constava da versão da Câmara, foi substituído por "tutela provisória"; de outro lado, o termo "satisfativa", que constava da versão da Câmara, foi substituído por "antecipada".)*

293. Se considerar intempestiva a apelação contra sentença que extingue o processo sem resolução de mérito ou julga liminarmente improcedente o pedido, não pode o juízo *a quo* retratar-se.

307. Reconhecida a insuficiência da sua fundamentação, o tribunal decretará a nulidade da sentença e, preenchidos os pressupostos do §3° do art. 1.013, decidirá desde logo o mérito da causa.

354. O art. 1009, §1°, não se aplica às decisões publicadas em cartório ou disponibilizadas nos autos eletrônicos antes da entrada em vigor do CPC.

355. Se, no mesmo processo, houver questões resolvidas na fase de conhecimento em relação às quais foi interposto agravo retido na vigência do CPC/1973, e questões resolvidas na fase de conhecimento em relação às quais não se operou a preclusão por força do art. 1.009, §1°, do CPC, aplicar-se-á ao recurso de apelação o art. 523, §1°, do CPC/1973 em relação àquelas, e o art. 1.009, §1°, do CPC em relação a estas.

356. Aplica-se a regra do art. 1.010, § 3°, às apelações pendentes de admissibilidade ao tempo da entrada em vigor do CPC, de modo que o exame da admissibilidade destes recursos competirá ao Tribunal de 2° grau.

357. Aplicam-se ao recurso ordinário os arts. 1.013 e 1.014.

390. Resolvida a desconsideração da personalidade jurídica na sentença, caberá apelação.

465. A concessão do efeito suspensivo ao recurso inominado cabe exclusivamente ao relator na turma recursal.

474. O recurso inominado interposto contra sentença proferida nos juizados especiais será remetido à respectiva turma recursal independentemente de juízo de admissibilidade.

508. Interposto recurso inominado contra sentença que julga liminarmente improcedente o pedido, o juiz pode retratar-se em cinco dias.

559. O efeito suspensivo *ope legis* do recurso de apelação não obsta a eficácia das decisões interlocutórias nele impugnadas.

611. Na hipótese de decisão parcial com fundamento no art. 485 ou no art. 487, as questões exclusivamente a ela relacionadas e resolvidas anteriormente, quando não recorríveis de imediato, devem ser impugnadas em preliminar do agravo de instrumento ou nas contrarrazões.

662. É admissível impugnar, na apelação, exclusivamente a decisão interlocutória não agravável.

10. MODELOS DE PETIÇÃO

10.1. Apelação pedindo a reforma da sentença

EXCELENTÍSSIMO SENHOR DOUTOR JUIZ DE DIREITO DA 2ª VARA CÍVEL DA COMARCA DE ITU.

Processo n° ....

COMPANHIA DE SEGURO MÉDICO, ré e já devidamente qualificada nos autos do processo em epígrafe que lhe move SILVANA MARIA, também já qualificada, vem respeitosamente à presença de Vossa Excelência, por seus advogados que assinam, interpor RECURSO DE APELAÇÃO, com fundamento nos arts. 1.009 e seguintes do CPC, em razão de sua inconformidade com a respeitável sentença de fls. (...), o que faz nos termos das razões adiante articuladas.

Isto posto, presentes os pressupostos de admissibilidade, requer seu recebimento e a intimação da parte apelada, facultando-lhe a apresentação de contrarrazões recursais no prazo legal (art.1.010, § 1º, do CPC). Ocorrido o respectivo fato gerador, comprova neste ato o recolhimento do preparo recursal. Deixa, contudo, de recolher o porte de remessa e retorno porque os autos são eletrônicos (art. 1.007, § 3º, do CPC). Ao final, requer sua remessa ao tribunal *ad quem* competente, independentemente de juízo de admissibilidade, para o reexame da matéria.

Nestes termos,

Pede deferimento.

Local e data.

Nome do advogado

Inscrição na OAB

....

RAZÕES DO RECURSO DE APELAÇÃO

Origem: Processo nº ... da 2ª Vara Cível da Comarca de Itu.

Apelante: COMPANHIA DE SEGURO MÉDICO

Apelada: SILVANA MARIA

EGRÉGIO TRIBUNAL,

COLENDA CÂMARA,

DOUTOS DESEMBARGADORES.

1. Objeto deste recurso

Insurge-se o presente recurso de apelação contra a respeitável sentença de fls. ..., que julgou procedente o pedido da apelada para condenar a apelante a pagar-lhe o valor de R$ 5.000,00 (cinco mil reais) a título de repetição de indébito por cobrança em quantia indevida, conforme o art. 42, parágrafo único, da Lei 8.078/90 (Código de Defesa do Consumidor – CDC), além de verba honorária de sucumbência equivalente a 10% (dez por cento) sobre o valor da condenação.

A decisão apelada, com todo respeito, é fruto de *error in judicando*, merecendo ser reformada, como será demonstrado adiante.

2. Breve síntese do processo

Trata-se de ação condenatória promovida pela apelada em face da apelante, na qual a primeira alega que foi cobrada indevidamente pela quantia de R$ 2.500,00 (dois mil e quinhentos reais), pois já havia manifestado seu desligamento da assistência prestada pela apelada.

Citada, a apelante deixou de comparecer à audiência de conciliação designada, tendo demonstrado documentalmente que não o fez em razão de internação hospitalar emergencial de seu preposto. Mesmo assim, foi-lhe aplicada multa de 2% (dois por cento) sobre o valor da causa (art. 334, § 8º, do CPC), conforme decisão de fls. ....

De resto, a apelante apresentou contestação (fls. ...), reconhecendo a cobrança indevida, mas demonstrando documentalmente que se retratou da cobrança imediatamente após ter sido comunicada pela apelada sobre o ocorrido. Também afirmou que nenhum valor foi indevidamente desembolsado pela apelada, de modo que não incidiria a regra do parágrafo único do art. 42 do CDC.

Nada obstante, a sentença proferida pelo magistrado de primeiro grau houve por bem julgar o pedido procedente para condenar a apelante a pagar à apelada o valor de R$ 5.000,00 (cinco mil reais) a título de repetição de indébito por cobrança em quantia indevida, na forma do dispositivo legal mencionado (fls. ...).

4. Preliminarmente (art. 1.009, § 1º, do CPC)

Como se vê, a apelante foi condenada a pagar multa de 2% (dois por cento) sobre o valor da causa (art. 334, § 8º, do CPC), conforme decisão de fls. ...., por ter deixado de comparecer à audiência de conciliação designada.

Ocorre, todavia, que a apelante apresentou justificativa para sua ausência, qual seja, a internação hospitalar emergencial de seu preposto.

Ora, a multa a que alude o art. 334, § 8º, do CPC, só tem cabimento quando a ausência da parte é "injustificada", conforme o próprio dispositivo legal aduz. No caso, havendo justificativa, descabida sua aplicação.

Pelo exposto, requer de Vossas Excelências o provimento deste recurso e a reforma da decisão que aplicou a referida multa, isentando a apelante de seu pagamento, em razão das justificativas apresentadas.

5. Razões para a reforma da sentença

Sem prejuízo, quanto ao julgamento do mérito, andou mal o julgador da primeira instância ao acolher o pedido da autora, ora apelada.

Isto porque, pelo que se lê no parágrafo único do art. 42 do CDC, a repetição do indébito nas relações de consumo só tem cabimento quando o consumidor haja efetivamente desembolsado a quantia devida.

No caso em tela, porém, apenas houve a cobrança da quantia, sem qualquer desembolso pelo consumidor.

De mais a mais, tão logo a cobrança indevida fora noticiada, a apelante imediatamente providenciou o necessário para cessar o ato, tendo se retratado perante a apelada, que nenhum, absolutamente nenhum, prejuízo sofreu.

Por tais motivos, adequado será Vossas Excelências darem provimento a este recurso para reformar a sentença condenatória.

6. Pedido

Pelo exposto, requer seja o presente recurso conhecido e, no mérito, provido, para os fins de:

(a) reformar a decisão interlocutória de fls. ..., que aplicou a multa pelo não comparecimento da apelante à audiência de conciliação; e

(b) reformar a sentença de fls. ..., que condenou a apelante à repetição de indébito, invertendo-se os ônus da sucumbência, bem como adicionando percentual extra de honorários recursais, na forma de art. 85, § 11, do CPC.

Nestes termos,

Pede deferimento.

Local e data.

Nome do advogado

Inscrição na OAB

10.2. Apelação pedindo a anulação da sentença

EXCELENTÍSSIMO SENHOR DOUTOR JUIZ DE DIREITO DA 1ª VARA CÍVEL DA COMARCA DE MARINGÁ.

Processo nº ....

APARÍCIO CONSTANTINO, réu e já devidamente qualificado nos autos do processo em epígrafe que lhe move CARLOTA JOAQUINA, também já qualificada, vem respeitosamente à presença de Vossa Excelência, por seus advogados que assinam, interpor RECURSO DE APELAÇÃO, com fundamento nos arts. 1.009 e seguintes do CPC, em razão de sua inconformidade com a respeitável sentença de fls. (...), o que faz nos termos das razões adiante articuladas.

Isto posto, presentes os pressupostos de admissibilidade, requer seu recebimento e a intimação da parte apelada, facultando-lhe a apresentação de contrarrazões recursais no prazo legal (art.1.010, § 1º, do CPC).

Ocorrido o respectivo fato gerador, comprova neste ato o recolhimento do preparo recursal. Deixa, contudo, de recolher o porte de remessa e retorno porque os autos são eletrônicos (art. 1.007, § 3º, do CPC).

Ao final, requer sua remessa ao tribunal *ad quem* competente, independentemente de juízo de admissibilidade, para o reexame da matéria.

Nestes termos,

Pede deferimento.

Local e data.

Nome do advogado

Inscrição na OAB

....

RAZÕES DO RECURSO DE APELAÇÃO

Origem: Processo nº ... da 1ª Vara Cível da Comarca de Maringá.

Apelante: APARÍCIO CONSTANTINO

Apelada: CARLOTA JOAQUINA

EGRÉGIO TRIBUNAL,

COLENDA CÂMARA,

DOUTOS DESEMBARGADORES.

1. Objeto deste recurso

Insurge-se o presente recurso de apelação contra a respeitável sentença de fls. ..., que julgou procedente o pedido da apelada para condenar o apelante a pagar-lhe o valor de R$ 11.000,00 (onze mil reais) a título de indenização por danos causados ao seu estabelecimento comercial, conforme os arts. 186 e 927 do Código Civil.

A decisão recorrida, com as vênias de estilo, é fruto de *error in procedendo*, merecendo ser anulada, como será demonstrado adiante.

2. Breve síntese do processo

Trata-se de ação condenatória promovida pela apelada em face da apelante, na qual a primeira alega que a segunda colidiu com seu veículo na porta principal do seu estabelecimento comercial, causando-lhe danos emergentes no valor de R$ 8.000,00 (oito mil reais).

Citada, a apelante compareceu à audiência de conciliação designada, da qual não resultou transação. Ato seguinte, apresentou contestação (fls. ...), reconhecendo que trafegava próximo ao referido estabelecimento quando perdeu o controle de seu veículo e colidiu com a porta principal deste, porém demonstrou que o valor alegado não condizia com as avaliações realizadas por profissional, anexando três orçamentos diferentes à sua defesa que, em média, avaliaram o prejuízo sofrido pela apelada em R$ 6.000,00 (seis mil reais).

Finalmente, sobreveio sentença proferida pelo magistrado de primeiro grau, que houve por bem julgar o pedido procedente para condenar a apelante a pagar à apelada não apenas o valor de R$ 6.000,00 (seis mil reais), a título de indenização pelos danos emergentes, mas também o valor de R$ 5.000,00 (cinco mil reais), a título de lucros cessantes (fls. ...).

3. Razões para a decretação da nulidade da sentença

Ao prolatar a sentença, o julgador da primeira instância se equivocou ao condenar a apelante ao pagamento de indenização por lucros cessantes, uma vez que o pedido da autora, ora apelada, se limitou ao pedido de indenização por danos emergentes sofridos.

Como se vê, trata-se de decisão *extra petita*, porque condenou a parte em objeto diverso do que foi demandado, agredindo a norma de congruência prevista no art. 492 do CPC, que prevê:

> Art. 492. "É vedado ao juiz proferir decisão de natureza diversa da pedida, bem como condenar a parte em quantidade superior ou em objeto diverso do que lhe foi demandado."

No caso em tela, o julgador extrapolou os limites fixados pelo pedido da autora, ora apelada, condenando o réu, ora apelante, ao pagamento de lucros cessantes, pedido inexistente. Incorreu, portanto, em *error in procedendo*, consistente em julgamento *extra petita*, ensejando a anulação parcial da decisão neste capítulo específico.

4. Pedido

Pelo exposto, requer de Vossas Excelências seja o presente recurso conhecido e, no mérito, provido, para os fins de anular a sentença de fls. ... apenas no que se refere ao capítulo da condenação por lucros cessantes, decidindo desde logo o mérito, na forma do art. 1.013, § 3º, II, do CPC, bem como adicionando percentual extra de honorários recursais, na forma de art. 85, § 11, do CPC.

Nestes termos,

Pede deferimento.

Local e data.

Nome do advogado

Inscrição na OAB

10.3. Apelação contra sentença terminativa

EXCELENTÍSSIMO SENHOR DOUTOR JUIZ DE DIREITO DA 51ª VARA CÍVEL DA COMARCA DE BELO HORIZONTE-MG.

Processo ...

MARIO, autor e já devidamente qualificado nos autos do processo em epígrafe que move em face de **ESTER**, também qualificada, vem respeitosamente à presença de Vossa Excelência, por seu advogado ao final assinado, interpor **RECURSO DE APELAÇÃO**, com fundamento nos arts. 1.009 e seguintes do CPC, em razão de sua inconformidade com a respeitável sentença de fls. ..., nos termos das razões adiante anexadas.

O apelante comprova, neste ato, o recolhimento do preparo recursal, com a juntada das respectivas guias, nos termos do art. 1.007 do CPC. Deixa, contudo, de recolher os portes de remessa e retorno porque os autos são eletrônicos (art. 1.007, § 3º, do CPC).

Requer, ainda, a intimação da parte contrária, facultando-lhe a apresentação de contrarrazões recursais no prazo legal (art. 1.010, § 1º, do CPC).

Finalmente, requer sua remessa ao órgão *ad quem* competente, a saber, Tribunal de Justiça do Estado de São Paulo, para o reexame da matéria.

Nestes termos,

Pede deferimento.

Local e data.

Advogado

Inscrição na OAB

....

RAZÕES DE RECURSO DE APELAÇÃO

Origem: Processo ... da 51ª Vara Cível da Comarca de Belo Horizonte-MG.

Apelante: Mario.

Apelado: Ester.

EGRÉGIO TRIBUNAL,

COLENDA CÂMARA,

NOBRES DESEMBARGADORES.

Insurge-se o presente recurso contra a respeitável sentença que acolheu a preliminar de ilegitimidade ativa *ad causam* ventilada pela apelada (ré) e extinguiu o feito sem resolução do mérito, na forma do art. 485, VI, do CPC.

Com todo respeito, a sentença terminativa recorrida equivoca-se ao aplicar a lei. Ademais, deve ser substituída por decisão de mérito que acolha o pedido do apelante, da lavra do próprio tribunal, na forma do art. 1.013, § 3º, I, do CPC, conforme será demonstrado adiante.

Síntese da demanda

O apelante (autor) adquiriu um bem imóvel de Alessandro, mediante compra e venda devidamente formalizada perante o Cartório de Registro de Imóveis.

Como o imóvel era ocupado pela apelada (ré), a título de locatária, o apelante providenciou a regular denúncia do contrato, outorgando-lhe o prazo legal para desocupação.

Vencido o prazo, sem que a apelada tenha entregado a posse do bem, o apelante propôs ação de despejo. Em contestação, a apelada limitou-se a arguir, em preliminar, a ilegitimidade ativa *ad causam* do apelante, pois sua relação jurídica foi firmada com Alessandro; e no mérito alegou o princípio do *pacta sunt servanda.*

Para a surpresa do apelante, porém, o magistrado *a quo*, acolheu a preliminar arguida para extinguir a ação sem resolução de mérito, condenando o apelado ao pagamento das custas processuais e de verba honorária.

É desta decisão que resulta a irresignação do apelante, conforme se demonstra a seguir.

Da legitimidade ativa do apelante e do consequente descabimento de sentença terminativa

Com todo respeito, ao contrário do que ficou decidido, o apelante é parte legítima para figurar no polo ativo da presente ação.

De fato, ao adquirir a propriedade de bem imóvel dado em locação a terceiro, o apelante (adquirente) passa a ostentar a condição de locador, conforme pacífico entendimento de nossos tribunais.

Aliás, não é por outra razão que o art. 8º da Lei 8.245/91 permite que o adquirente (caso do apelante) denuncie o contrato:

> **Art. 8º** "Se o imóvel for alienado durante a locação, o adquirente poderá denunciar o contrato, com o prazo de noventa dias para a desocupação, salvo se a locação for por tempo determinado e o contrato contiver cláusula de vigência em caso de alienação e estiver averbado junto à matrícula do imóvel."

Este argumento é o que basta para afastar as conclusões da sentença recorrida, que deverá ser afastada, reconhecendo-se a legitimação ativa do apelante.

Do pedido de novo julgamento

Uma vez constatado que a sentença terminativa é inadequada, cumpre consignar que devem Vossas Excelências julgar diretamente o mérito da ação, pois presentes as hipóteses do art. 1.013, § 3º, I, do CPC.

Conforme prevê o citado dispositivo legal:

> Art. 1.013 (...)
>
> § 3º "Se o processo estiver em condições de imediato julgamento, o tribunal deve decidir desde logo o mérito quando:
>
> I – reformar sentença fundada no art. 485;"

Esta é justamente a hipótese dos autos, em que o juiz proferiu sentença terminativa (art. 485 do CPC), que pode ser convertida em sentença de mérito (art. 487 do CPC), pois o processo está em condições de imediato julgamento.

Neste contexto, releva destacar que o pedido deve ser julgado totalmente procedente, na medida em que o princípio "pacta sunt servanda" deve ser mitigado em casos como este.

Com efeito, o novo proprietário – e agora "novo locador" – não está obrigado a manter o anterior pacto locatício, a não ser nas hipóteses excepcionais expressamente previstas em lei.

Esta é a regra prevista no já mencionado art. 8º da Lei 8.245/91.

Ora, sendo assim, nada mais correto do que acolher a pretensão inicial do recorrente, julgando seu pedido totalmente procedente.

Do pedido

Por todo o exposto, requer seja o presente recurso conhecido e, no mérito, provido, para os fins de:

(i) reformar a sentença monocrática, reconhecendo a legitimidade ativa *ad causam* do apelante; e, ato seguinte,

(ii) na forma do art. 1.013, § 3º, I, do CPC, ser julgado procedente o pedido de despejo formulado pelo apelante; invertendo-se, em qualquer hipótese, os ônus da sucumbência, com majoração dos honorários advocatícios inicialmente fixados (art. 85, § 11, do CPC).

Nestes termos,

Pede deferimento.

Local e data.

Advogado ...

Inscrição na OAB ...

10.4. Pedido de efeito suspensivo ao recurso de apelação

EXCELENTÍSSIMO SENHOR DOUTOR DESEMBARGADOR PRESIDENTE DO EGRÉGIO TRIBUNAL DE JUSTIÇA DO ESTADO DE SÃO PAULO.

Processo nº .... (apelação ainda não distribuída)

SEGURADORA "X" COMPANHIA DE SEGUROS, (qualificação e endereço), por seu advogado que assina digitalmente, vem respeitosamente à presença de Vossa Excelência, com fundamento nos §§ 3º e 4º do art. 1.012, do CPC, requerer a concessão de EFEITO SUSPENSIVO ao recurso de apelação que interpôs em razão de sua inconformidade com a respeitável sentença de fls. (...), proferida nos autos do processo (...) que tramita perante a 4ª Vara Cível da Comarca de Guarulhos-SP, em que litiga com DESIDÉRIO ARISTIDES, (qualificação e endereço), em razão dos fatos e fundamentos que adiante expõe:

A ora requerente, empresa que atua no ramo de seguros de veículos, é ré em ação promovida pelo ora requerido, com quem firmou contrato de seguro do veículo (...).

Na referida ação judicial, o ora requerido DESIDÉRIO ARISTIDES aduziu que (i) é segurado da requerente; (ii) causou acidente de trânsito, do qual teve que pagar danos materiais e morais às vítimas; e (iii) a ora requerente apenas ressarciu os danos materiais, recusando-se a reembolsá-lo pelos danos morais desembolsados; conforme petição inicial de fls. (...).

Citada, a ora requerente apresentou contestação tempestivamente, alegando que o contrato de seguro firmado entre as partes tem cláusula expressa de exclusão de danos morais, o que não agride a lei, especialmente à luz do que dispõe a Súmula 402 do STJ (fls. ...).

Nada obstante, o magistrado de primeira instância proferiu sentença acolhendo o pedido formulado pelo ora requerido (fls. ...), condenando a ora requerente a reembolsá-lo pelos danos morais que comprovadamente desembolsou às vítimas. Além disso, mesmo sem que tenha havido pedido expresso da parte autora, concedeu, na própria sentença, tutela provisória de urgência de natureza antecipada, de modo a tornar exigível o pagamento da quantia desde a publicação da decisão (art. 1.012, § 2º, do CPC).

Inconformada, a ora requerente interpôs, tempestivamente, recurso de apelação contra a mencionada decisão (fls. ...). O apelado, que aqui é requerido, foi intimado a apresentar contrarrazões (fls. ...) e seu prazo ainda está fluindo.

Vale insistir que o recurso interposto pela requerente é despido de efeito suspensivo, justamente porque foi concedida tutela provisória de natureza antecipada (art. 1.012, § 1º, V, do CPC), o que, como dito anteriormente, autoriza o pedido de cumprimento de sentença desde logo.

Ocorre, todavia, que o caso em tela sugere ser plausível a concessão do referido efeito suspensivo, impedindo a imediata execução da decisão. Isto porque:

> (i) o pedido de tutela provisória de natureza antecipada, além de concedido *ex officio* (possibilidade controvertida, para dizer o menos), não reúne nenhum dos requisitos exigidos no art. 300, *caput*, do CPC; e
>
> (ii) É inegavelmente válida a cláusula que exclui expressamente a cobertura de danos morais em contrato de seguros, conforme a Súmula 402 do STJ.

Portanto, incide no caso a previsão do art. 1.012, § 4º, 1ª parte, do CPC, onde se lê:

> "Nas hipóteses do § 1º, a eficácia da sentença poderá ser suspensa pelo relator se o apelante demonstrar a probabilidade de provimento do

> recurso ou se, sendo relevante a fundamentação, houver risco de dano grave ou de difícil reparação."

Percebe-se, deste modo, que existe elevada probabilidade de provimento do recurso de apelação interposto pela ora requerente, independentemente da existência de *periculum in mora*, o que autoriza a concessão do pretendido efeito suspensivo.

Diante de todo o exposto, com fundamento art. 1.012, § 4º, 1ª parte, do CPC, requer seja concedido efeito suspensivo ao recurso de apelação interposto pela ora requerente.

Requer, ainda:

> (i) Seja determinada a distribuição com urgência deste pedido, na forma do art. 1.012, § 3º, I, do CPC, gerando a prevenção do órgão fracionário e relator sorteado para o julgamento da apelação já interposta;
>
> (ii) A intimação do requerido sobre este pedido formulado pela requerente (apelante), dando-lhe a oportunidade de se manifestar a seu respeito; e
>
> (iii) Seja dispensada a instrução do presente pedido com cópias do processo, aplicando-se por analogia o art. 1.017, § 5º, do CPC, tendo em vista que os autos são eletrônicos.

Nestes termos,

Pede deferimento.

Local e data.

Nome do advogado

Inscrição na OAB

10.5. Resposta ao recurso de apelação

EXCELENTÍSSIMO SENHOR DOUTOR JUIZ DE DIREITO DA 1ª VARA CÍVEL DA COMARCA DE ANGRA DOS REIS-RJ.

Processo ...

C.A.P., autor-apelado e já devidamente qualificado nos autos do processo em epígrafe que promoveu em face de L.F.S., ora apelante e também qualificado, vem respeitosamente à presença de Vossa Excelência, por seu advogado que assina, apresentar CONTRARRAZÕES ao recurso de apelação interposto pelo seu adversário (fls. ...), na forma e no prazo a que faz menção o art. 1.010, § 1º, do CPC, conforme argumentação anexa.

Apresenta também, nesta oportunidade, sua insurgência contra a respeitável decisão interlocutória de fls. (...), conforme art. 1.009, § 1º, parte final, do CPC, a respeito da qual requer a intimação do recorrente para manifestar-se a seu respeito no prazo legal (art. 1.009, § 2º, do CPC).

Ao final, requer a remessa dos autos ao tribunal *ad quem* competente, independentemente de juízo de admissibilidade, para o reexame da matéria.

Nestes termos,

Pede deferimento.

Local e data.

Nome do advogado
Inscrição na OAB

....

CONTRARRAZÕES AO RECURSO DE APELAÇÃO

Origem: Processo nº ... da 1ª Vara Cível da Comarca de Angra dos Reis.

Apelado/peticionante: C.A.P.

Apelante: L.F.S.

EGRÉGIO TRIBUNAL,

COLENDA CÂMARA,

DOUTOS DESEMBARGADORES.

1. Breve síntese do necessário

Trata-se de ação de cobrança, decorrente de contrato de mútuo celebrado entre as partes, tendo o pedido sido julgado procedente pelo juízo de primeiro grau, que reconheceu a relação contratual entre as partes e condenou o réu, ora apelante, a pagar o saldo devido, bem como verba honorária equivalente a 10% (dez por cento) sobre o valor da causa, conforme sentença de fls. ..., contra a qual o apelante recorreu.

No decorrer da ação, ademais, o autor, ora apelado, foi multado em 2% (dois por cento) sobre o valor da causa por ter se ausentado da audiência de conciliação designada (art. 334, § 8º, do CPC), conforme decisão interlocutória de fls. ....

2. Do pedido de reforma da decisão interlocutória de fls. ...

Como prevê o § 1º do art. 1.009 do CPC, este é o momento adequado para o autor, ora apelado, suscitar sua inconformidade com a decisão interlocutória de fls. ..., que o condenou a pagar multa por se ausentar da audiência de conciliação designada.

Pois bem. Como comprovam os documentos juntados pelo autor, ora apelado, logo depois da audiência, sua ausência se justificou em razão de internação hospitalar emergencial que o impedia de se deslocar até o juízo.

Ora, a multa a que alude o art. 334, § 8º, do CPC, só tem cabimento quando a ausência da parte é "injustificada", conforme o próprio dispositivo legal aduz. No caso, havendo justificativa, descabida sua aplicação.

Pelo exposto, requer de Vossas Excelências sejam acolhidas as razões aqui articuladas para, reformando a decisão interlocutória de fls. ..., isentar o autor, ora apelado, de seu pagamento.

3. Da manutenção da sentença apelada

Quanto ao mérito recursal, vale ressaltar que a sentença recorrida não merece qualquer censura.

Com efeito, e como bem justificou o julgador da instância de origem, ficou mais do que comprovada a relação contratual entre as partes. Isto porque, embora o mútuo tenha sido verbal, existem provas documentais do repasse de quantia em dinheiro à conta do réu, assim como nada indica que tenha se tratado de doação.

Assim sendo, a sentença recorrida deve ser mantida na íntegra, majorando-se os honorários advocatícios por conta da abertura da instância recursal, conforme art. 85, § 11, do CPC.

4. Do pedido

Pelo exposto, requer (a) a reforma da decisão interlocutória de fls. ..., isentando o autor, ora apelado, do pagamento da multa imposta e (b) a manutenção da sentença recorrida.

Requer, também, seja majorada a verba honorária fixada em sentença, conforme art. 85, § 11, do CPC.

Nestes termos,

Pede deferimento.

Local e data.

Nome do advogado

Inscrição na OAB

11. QUADRO RESUMO

APELAÇÃO	
Cabimento	Como regra geral, a apelação é o recurso cabível contra sentença (art. 1.009, *caput*, do CPC). Mas há outras hipóteses excepcionais de cabimento de apelação diante de decisões interlocutórias, quais sejam: (i) decisões interlocutórias previstas no art. 1.015 do CPC que tenham sido proferidas dentro da sentença (capítulo de uma sentença), conforme art. 1.009, § 3º, do CPC; (ii) o capítulo da sentença que confirma, concede ou revoga tutela provisória, na letra do art. 1.013, § 5º, do CPC; e (iii) decisões interlocutórias que não se sujeitam ao regime de preclusão, como prevê o art. 1.009, § 1º, do CPC, observada a tese fixada pela Corte Especial do STJ quanto à taxatividade mitigada das hipóteses de cabimento do agravo de instrumento.
Legitimidade recursal	Conforme exposto na teoria geral dos recursos.
Interesse recursal	Conforme exposto na teoria geral dos recursos.
Inexistência de fatos impeditivos ou extintivos do poder de recorrer	Conforme exposto na teoria geral dos recursos. Na hipótese do § 1º do art. 1.009 do CPC, suscitada a inconformidade com a decisão interlocutória pelo vencedor (apelado), eventual desistência da apelação pelo vencido (apelante) fará com que a apelação do vencedor perca o sentido.
Tempestividade	A apelação deve ser interposta no prazo de quinze dias. O mesmo prazo terá o apelado para apresentar contrarrazões e, se o caso, conjuntamente ventilar as questões do art. 1.009, § 1º, do CPC.
Preparo	A apelação se sujeita a preparo, seguindo tudo o que foi exposto na teoria geral dos recursos a respeito. Idêntica conclusão se aplica no caso de apelação interposta na situação do art. 1.009 § 1º do CPC pelo vencedor.

Regularidade formal	As considerações traçadas no capítulo sobre a teoria geral dos recursos são aproveitáveis na apelação. Sua apresentação se fará por petição escrita dirigida ao juízo de primeiro grau. Os elementos mínimos da petição de apelação, previstos no art. 1.010 do CPC, são: I – os nomes e a qualificação das partes; II – a exposição do fato e do direito; III – as razões do pedido de reforma ou de decretação de nulidade; IV – o pedido de nova decisão. Não se tolera a mera reprodução, na apelação, daquilo que consta na petição inicial ou na contestação.
Efeito devolutivo	O efeito devolutivo deve ser analisado sob duas vertentes, isto é, (i) quanto à extensão, apenas a matéria impugnada é devolvida à apreciação do tribunal (tantum devolutum quantum apellatum), de modo que é o pedido do apelante que limitará a devolução, sendo certo concluir que matérias não impugnadas não serão devolvidas; e (ii) quanto á profundidade, que permite ao tribunal apreciar todas as questões suscitadas e discutidas no processo, ainda que não tenham sido solucionadas, desde que relativas ao capítulo impugnado (art. 1.013, § 1º, do CPC), assim como todos os fundamentos do pedido ou da defesa, embora o juiz haja acolhido apenas um deles (art. 1.013, § 2º, do CPC).
Julgamento do mérito diretamente pelo tribunal (causa madura)	Excepcionalmente, impõe a lei que o tribunal julgue de forma inédita determinadas questões que não foram objeto de apreciação pela instância inferior, ainda que não haja pedido expresso da parte, desde que o processo esteja em condições de imediato julgamento e se esteja diante de alguma situação legal autorizadora do art. 1.013, § 3º, do CPC, ou seja: I – reformar sentença fundada no art. 485; II – decretar a nulidade da sentença por não ser ela congruente com os limites do pedido ou da causa de pedir; III – constatar a omissão no exame de um dos pedidos, hipótese em que poderá julgá-lo; IV – decretar a nulidade de sentença por falta de fundamentação. Também é possível ao tribunal adentrar em questões não apreciadas pelo juízo de primeiro grau quando reformar sentença que reconheça a decadência ou a prescrição (art. 1.013, § 4º, do CPC).
Efeito suspensivo	A apelação tem efeito suspensivo ope legis (art. 1.012, *caput*, do CPC), salvo nos casos excepcionais previsto no § 1º do art. 1.012 ou em legislação especial, hipóteses em que o apelado poderá promover o pedido de cumprimento provisório logo depois de publicada a sentença. Nestes casos, o apelante deverá requerer a concessão de efeito suspensivo à apelação em petição elaborada conforme os §§ 3º e 4º do art. 1.012 do CPC.
Interposição e processamento	A apelação será interposta perante o juízo a quo, onde será aberto contraditório. Ato seguinte, sem fazer juízo de admissibilidade, o recurso será encaminhado ao tribunal, onde se procederá conforme o art. 1.011 do CPC.

Questões de fato não invocadas no juízo inferior	Prevê o art. 1.014 do CPC que "As questões de fato não propostas no juízo inferior poderão ser suscitadas na apelação, se a parte provar que deixou de fazê-lo por motivo de força maior."
Efeito regressivo na apelação	Existem três manifestações do efeito regressivo na apelação: a) Apelação em caso de indeferimento da petição inicial: conforme art. 331 do CPC, "Indeferida a petição inicial, o autor poderá apelar, facultado ao juiz, no prazo de 5 (cinco) dias, retratar-se."; b) Apelação em caso de improcedência liminar do pedido: como prevê o § 3º do art. 332 do CPC, igualmente aqui poderá o juiz retratar-se no prazo de 5 (cinco) dias; c) Apelação em caso de sentença terminativa: a última do efeito regressivo na apelação é aquela prevista no art. 485, § 7º, do CPC, pelo qual, uma vez proferida sentença terminativa, interposta apelação pela parte, o juiz também terá, nestes casos, o prazo de 5 (cinco) dias para retratar-se.

Capítulo II

AGRAVO DE INSTRUMENTO

1. INTRODUÇÃO

Como será visto adiante, em essência o agravo de instrumento é o recurso cabível contra as decisões interlocutórias proferidas em primeiro grau de jurisdição elencadas em um rol pretensamente taxativo previsto no art. 1.015 do CPC.

Não há como recusar, contudo, que o agravo de instrumento é um recurso que já passou por incontáveis idas e vindas ao longo da história do Processo Civil brasileiro. Definitivamente, o legislador pátrio não sabe aonde ir quando o assunto é a recorribilidade das decisões interlocutórias proferidas em primeiro grau de jurisdição.

Os itens seguintes procurarão demonstrar suscintamente o que acaba de se afirmar.

1.1. Recorribilidade das decisões interlocutórias de primeiro grau

A recorribilidade ou irrecorribilidade das decisões interlocutórias proferidas no primeiro grau de jurisdição parece, antes de qualquer coisa, uma questão de *política legislativa*. O legislador definirá *se* e *como* as decisões interlocutórias poderão ser objeto de recursos. Deste modo, surgem basicamente três sistemas: *irrecorribilidade, recorribilidade imediata e intermediário* (BARBOSA MOREIRA, 1974, p. 373-374).

Pelo sistema da *irrecorribilidade*, nega-se qualquer possibilidade de impugnação de uma decisão interlocutória, o que fica postergado ao momento do recurso contra a decisão final, que acumulará todos os questionamentos surgidos no curso do processo. Assim, a rigor, as decisões interlocutórias não podem precluir no curso do processo.

A irrecorribilidade tem seu lado positivo, vez que contribui para uma rápida solução do litígio, desburocratizando e simplificando a marcha processual.

Em contrapartida, a irrecorribilidade pode gerar situações em que um dano irreparável ou de difícil reparação fique sem a devida proteção (imagine o indeferimento de um pedido de tutela provisória de urgência em que se pede ao plano de saúde a cobertura de uma determinada cirurgia, sem a qual o paciente fatalmente morrerá). Como consequência, o sistema da irrecorribilidade aumenta os poderes (e as responsabilidades) do juiz de primeiro grau, bem como abre espaço para que medidas paralelas sejam adotadas (como a impetração de mandado de segurança).

A *recorribilidade imediata*, de seu turno, preconiza que cada decisão interlocutória proferida desafia, por si só, um recurso de agravo, de sorte que o juízo *ad quem* analisará tais questões paulatinamente, na medida em que se forem apresentando. Proferida a decisão, o recurso deve ser interposto imediatamente, sob pena de preclusão. É inversamente proporcional ao sistema das irrecorribilidades, porque os defeitos daquele são as virtudes deste e vice-versa.

O ordenamento jurídico que adota o sistema da *recorribilidade imediata* não necessariamente tolera a suspensão do processo a cada recurso de agravo. Trata-se de mais uma questão de política legislativa, embora não pareça conveniente que a cada decisão interlocutória recorrida se paralisasse todo procedimento até que fosse dada solução àquela questão pontualmente.

Finalmente, o sistema *intermediário* é o que discrimina, entre as numerosas decisões interlocutórias, as que exigem pronto exame e as que podem aguardar julgamento futuro. Quanto às decisões que podem aguardar julgamento futuro, o legislador pode lhes atribuir um dos seguintes subsistemas: a) *irrecorribilidade*, hipótese em que sua apreciação ficaria postergada para o momento do julgamento do recurso contra a decisão final; ou b) *recorribilidade imediata mitigada*, em que o recurso deve ser imediatamente interposto, mas sua apreciação ocorrerá apenas por ocasião do julgamento do recurso contra a decisão final.

Para eleger um sistema de recorribilidade de decisões interlocutórias, o legislador deve estar alinhado não apenas com a Constituição (modelo constitucional do processo), mas também com a estrutura do procedimento em grau inferior.

No que se refere à estrutura do procedimento em grau inferior, especificamente, registre-se que a recorribilidade das decisões interlocutórias deve estar em harmonia com o "grau de concentração dos atos processuais". Quanto mais concentrado for o procedimento, menor será o grau de recorribilidade; ao contrário, quanto menos concentrado, maior será a tendência do procedimento prever a recorribilidade das decisões interlocutórias.

Destarte, num processo de em que seus atos são *verdadeiramente concentrados*, é natural que se restrinja o elenco dos recursos cabíveis contra as decisões de primeira instância.[1]

O Processo Civil brasileiro, no entanto, classicamente não tem uma estrutura concentrada, especialmente o processo de conhecimento em primeiro grau de jurisdição, o que torna pouco recomendável um sistema recursal reduzido. Esta afirmação se tornou ainda mais verdadeira após o advento do CPC/2015, que aboliu a figura do procedimento comum sumário (teoricamente mais concentrado), adotando um procedimento comum único.

Bem por isso – e muito possivelmente também pelo temor de se desconectar do modelo constitucional do processo – é que no Processo Civil brasileiro a tendência sempre (ou quase sempre) foi a da *recorribilidade imediata* ou o *intermediário*. Este último, aliás, é presente no CPC vigente.

1.2. Perspectiva histórica da recorribilidade das decisões interlocutórias de primeiro grau[2]

Em termos de recorribilidade das decisões interlocutórias, o Processo Civil brasileiro sempre deu incontáveis voltas em torno do nada e jamais chegou perto de um destino que se possa dizer "final".

Lei após lei, reforma após reforma, o agravo foi substancialmente alterado e já teve as mais diferentes faces. Inúmeros rótulos já foram atribuídos

---

1. Daí porque no Processo do Trabalho não há previsão de recursos contra as decisões interlocutórias proferidas no seu curso. O mesmo se diga quanto aos Juizados Especiais (Cíveis, Federais e da Fazenda Pública), concebidos no espírito do princípio da concentração dos atos processuais.
2. Uma das fontes mais completas sobre o perfil histórico do recurso de agravo é a obra de TERESA ARRUDA ALVIM WAMBIER, de onde boa parte das ideias aqui lançadas foram extraídas (WAMBIER, 2006, p. 25-101).

ao agravo: instrumento, retido, de petição, nos autos do processo e por aí vai. Cada qual deles tem ou teve um regime jurídico próprio (cabimento, processamento etc.), que variou – e muito – ao longo dos anos de sua existência. Alguns já foram extintos, outros não; o regime algumas vezes foi uma imposição; noutras uma opção. E na histórica (nem tão) recente do Processo Civil o agravo é um clássico caso de instabilidade.

Os objetivos desta obra certamente limitam o aprofundamento nesta jornada histórica do recurso de agravo, mas pode-se dizer que a instabilidade do recurso se verifica desde os períodos mais remotos, continuou sob a égide do CPC de 1939 e se mostrou mais forte do que nunca no CPC de 1973.

Em termos gerais, pode-se dizer que o CPC/39 mesclava os sistemas da *irrecorribilidade, recorribilidade imediata* e o *intermediário*. Era, de fato, um Código confuso e imperfeito.

Com a entrada em vigor do CPC de 1973, o recurso de agravo inicialmente se sujeitou a um regime de recorribilidade imediata, com a adoção de um recurso único, o agravo de instrumento. Mas, ainda na *vacatio legis*, o CPC de 1973 foi reformulado pela Lei 5.925/73, que restaurou o regime duplo adotado no CPC de 1939: instrumento e retido. Posteriormente, passou por mais três importantes reformas, concretizadas pelas Leis 9.139/95, 10.352/2001 e 11.187/2005, que imprimiu os mais diferentes regimes ao recurso.

A última reforma do agravo ao tempo do CPC de 1973 foi a da Lei 11.187/2005, que teve como objetivo lapidar algumas das alterações realizadas pela anterior alteração da Lei 10.352/2001. Ficou mantido o vigente duplo regime do agravo (instrumento e retido), mas, desde então impondo, para cada caso, qual a modalidade de agravo adequada (DONOSO, 2013, p. 09-25).

A regra, então, era a interposição do agravo retido, que só seria julgado por ocasião do futuro e eventual recurso de apelação de alguma das partes, desde que houvesse requerimento expresso neste sentido nas respectivas razões (do apelante) ou resposta (do apelado). Apenas excepcionalmente caberia o recurso de agravo de instrumento, interposto diretamente no juízo *ad quem*, conforme o art. 522 do CPC de 1973. O agravo retido, de seu turno, era sujeito a um duplo regime (a depender da decisão agravada ter sido proferida ou não em audiência de instrução).

A doutrina, porém, logo tratou de demonstrar que as hipóteses legais e supostamente taxativas de cabimento do agravo de instrumento não abarcavam todas as situações em que logicamente o recurso deveria ser interposto neste regime, como no caso das decisões proferidas no âmbito do processo de execução (ou cumprimento de sentença), por exemplo (NOTARIANO JR.; BRUSCHI, 2015, p. 91-106), no que foi seguida pela jurisprudência, que abrandou o rigor da norma.

Sobreveio, então, o projeto de lei que resultou no vigente CPC de 2015. Neste projeto, desde os seus primórdios, parece não ter havido unanimidade quanto aos destinos do recurso de agravo. A opção final, que acabou sendo sancionada, foi a escolha de um sistema intermediário.

Em primeiro lugar, foram abolidas as múltiplas figuras do recurso de agravo contra decisões de primeiro grau. No CPC vigente, só existe uma modalidade deste recurso: *o agravo de instrumento*. Comparativamente ao revogado CPC/73, o destaque é a exclusão do agravo retido.

Em segundo lugar, o art. 1.015 do CPC elenca quais decisões interlocutórias estão sujeitas ao recurso de agravo de instrumento, que deve ser interposto imediatamente (ou, mais especificamente, no prazo de quinze dias). Às demais, reservou-se um regime de *irrecorribilidade*, pois sua apreciação fica postergada para o momento do julgamento do recurso de apelação, o que já se demonstrou no capítulo específico na tratativa das hipóteses de cabimento do recurso de apelação (art. 1.009, § 1º, do CPC).

Mais recentemente, em um julgamento muito aguardado pela comunidade jurídica, o STJ afetou dois recursos especiais para que fossem julgados sob o rito dos recursos repetitivos (arts. 1.036 e seguintes do CPC). A questão submetida a julgamento foi exatamente a possibilidade de se interpretar extensivamente as hipóteses de cabimento do agravo de instrumento e definir se este recurso será cabível em hipóteses não expressamente versadas no art. 1.015 do CPC.

Como será visto com o necessário detalhamento adiante (consultar o item que trata da taxatividade do art. 1.015 do CPC), a Corte Especial do STJ fixou a seguinte tese: "O rol do art. 1.015 do CPC é de taxatividade mitigada, por isso admite a interposição de agravo de instrumento quando verificada a urgência decorrente da inutilidade do julgamento da questão no recurso de apelação."

Assim, antes do CPC completar três anos de vigência, o STJ ampliou as hipóteses de cabimento do agravo de instrumento, incluindo nelas, além das situações expressamente contempladas nos incisos e parágrafo único do art. 1.015 do CPC, os casos em que for "verificada a urgência decorrente da inutilidade do julgamento da questão no recurso de apelação".

Chegamos, finalmente, à estabilidade quanto à recorribilidade das decisões interlocutórias de primeiro grau? Seguramente não. A história prova a verdadeira gangorra que é este assunto. Mais ainda, a tese mais recente fixada pelo STJ parece ser excessivamente abstrata, sendo difícil imaginar a quais casos concretos se aplicará. É curioso, mas precisaremos aguardar como a jurisprudência interpretará a jurisprudência. O futuro promete fortes emoções!

2. REQUISITOS DE ADMISSIBILIDADE

2.1. Cabimento

2.1.1. Considerações iniciais

Desde as mais primitivas redações legais, mesmo na legislação de outros países, o agravo é o recurso adequado para atacar as decisões judiciais proferidas no curso do processo que não implicam no seu encerramento, tampouco finalizam de uma de suas fases. A tais decisões convencionou-se chamar de *interlocutórias*. O agravo de instrumento, portanto e via de regra, é o recurso adequado para atacar uma decisão interlocutória, conclusão reforçada pelo *caput* do art. 1.015 do CPC.

A decisão interlocutória incide sobre questões que são resolvidas para uma adequada preparação do julgamento final, ou para completá-lo (FREDERICO MARQUES, 1987, p. 345), mas não representam o próprio julgamento final.[3]

Esta concepção – que é clássica – foi assumida expressamente pelo art. 203, § 2°, do CPC no qual se lê que "Decisão interlocutória é todo pronunciamento judicial de natureza decisória que não se enquadre no § 1°". Conclui-se que a decisão interlocutória é definida de forma residual, pois é aquela que *não é sentença*, ou seja, que não põe fim à fase cognitiva do

3. Releva destacar que no curso da marcha processual, inevitavelmente, o julgador proferirá algumas, ou muitas, decisões que antecedem a decisão final (sentença). Provas são ou não deferidas, pedidos de tutela provisória são ou não concedidos, um requerimento de gratuidade de justiça pode ou não ser rejeitado e assim por diante. Por isso é que se dá a tais decisões a denominação de *interlocutórias*. É que tais decisões representam *interlocuções*, isto é, *locuções judiciais postas internamente, entre a petição inicial (locução do autor posta no extremo inicial) e a decisão final (locução judicial localizada no extremo final).*

procedimento comum ou extingue a execução com fundamento nos arts. 485 ou 487 do CPC, como já ficou assentado no capítulo sobre apelação.

Ocorre que, por expressa opção legislativa – conforme manifestação traçada anteriormente –, não só foram abolidas as múltiplas figuras do recurso de agravo (restando apenas o agravo de instrumento), como também *foi previsto um rol pretensamente exaustivo de decisões interlocutórias agraváveis* (art. 1.015 do CPC), sendo que para as demais se reservou um regime de *irrecorribilidade* (cuja apreciação fica postergada para o momento do julgamento do recurso de apelação, na forma do art. 1.009, § 1°, do CPC).

Por expressa opção legislativa, não só foram abolidas as múltiplas figuras do recurso de agravo (restando apenas o agravo de instrumento), como também *foi previsto um rol pretensamente exaustivo de decisões interlocutórias agraváveis* (art. 1.015 do CPC). No entanto, como visto logo acima, observado aquilo que decidiu o STJ ao tratar da questão da taxatividade das hipóteses de cabimento do agravo de instrumento: "O rol do art. 1.015 do CPC é de taxatividade mitigada, por isso admite a interposição de agravo de instrumento quando verificada a urgência decorrente da inutilidade do julgamento da questão no recurso de apelação."

Resumindo: na concepção do CPC vigente interpretado pelo STJ, existem três tipos de decisão interlocutória, quais sejam:

(i) as *agraváveis*, dispostas expressamente no rol do art. 1.015 do CPC, que precluirão se não forem objeto de recurso de agravo de instrumento;

(ii) as também *agraváveis* que, embora não contempladas expressamente pelo dispositivo legal, revelam a urgência decorrente da inutilidade do julgamento da questão no recurso de apelação; hipótese em que não haverá preclusão pelo não manejo do agravo de instrumento (ver considerações no item 2.1.3 infra); e

(iii) as *não agraváveis*, que, justamente por não estarem inseridas nas duas situações anteriores, e não sujeitas à imediata preclusão, serão apreciadas se e quando houver futuro recurso de apelação, por provocação da parte, na forma do art. 1.009, § 1°, do CPC.

É impróprio, então, afirmar que há decisões irrecorríveis no sistema do CPC vigente (THEODORO JÚNIOR, 2016, p. 1036). O que pode acontecer é uma situação de irrecorribilidade momentânea das decisões interlocutórias não previstas no art. 1.015 do CPC, que poderão, contudo, ser ventiladas na fase de apelação (nas razões ou contrarrazões).

O agravo de instrumento, deste modo, pode ser conceituado como o *recurso adequado para atacar uma decisão interlocutória agravável, esteja ela ou não elencada expressamente no art. 1.015 do CPC.*

O estudo desta questão, doravante, passa por algumas etapas necessárias: a primeira é analisar as hipóteses do art. 1.015 do CPC; a segunda, fazer ponderações críticas à tentativa do legislador de limitar as hipóteses de cabimento do agravo de instrumento; e, por fim, tecer considerações sobre o posicionamento do STJ a respeito do assunto.

2.1.2. O rol do art. 1.015 do CPC

Seguindo a proposta de estudo acima exposta, este item se ocupa da análise das hipóteses de cabimento de agravo de instrumento expressamente previstas no art. 1.015 do CPC.

2.1.2.1. Tutelas provisórias

Toda decisão interlocutória que versar sobre tutela provisória desafiará o agravo de instrumento, a princípio.

As tutelas provisórias estão reguladas de forma genérica nos arts. 294 a 311 do CPC. Como o próprio *nomen juris* sugere, são provimentos não definitivos, concedidos em razão de urgência ou de evidência (art. 294, *caput*, do CPC).

As tutelas provisórias de urgência, reservadas àquelas situações em que existe premência na concessão de determinado provimento (por exemplo, a realização de uma cirurgia ou o fornecimento de medicamentos), podem ser de natureza antecipada ou de natureza cautelar. Seu regime jurídico está previsto nos arts. 300 a 310 do CPC.

A tutela da evidência, prevista genericamente no art. 311 do CPC, tem como objetivo principal antecipar os efeitos da tutela à parte em razão de um estado de "quase certeza" de seu direito, numa das hipóteses descritas na lei (não apenas no art. 311, mas também em outros dispositivos esparsos, como o art. 562, o art. 678 e o art. 700, por exemplo). Não há, necessariamente, urgência (*periculum in mora*), mas certamente o grau de probabilidade do direito (*fumus boni juris*) é elevado, o que leva o sistema a tolerar o risco da antecipação dos efeitos da tutela que seria concedida apenas ao final.

Pois bem, *em qualquer uma das situações em que se decide o pedido de tutela provisória, caberá agravo de instrumento*. A interpretação que merece o inciso I do art. 1.015 não pode ser restritiva.

Note-se, aliás, que a lei não distingue se a decisão concede ou rejeita o pedido, de tal modo que em qualquer caso (deferimento, indeferimento, deferimento parcial, revogação, modificação etc.) o recurso será cabível.

Também será cabível o agravo de instrumento quando a decisão interlocutória disser respeito a outras questões diversas sobre a tutela provisória – mas que a ela se referem –, como, por exemplo, aquelas que digam respeito (i) ao seu prazo ou modo de cumprimento; (ii) à adequação, suficiência, proporcionalidade ou razoabilidade da sua técnica de efetivação; ou (iii) à necessidade ou dispensa de garantias para a sua concessão, revogação ou alteração.

Esta orientação, que dilata as possibilidades de cabimento de agravo de instrumento contra as decisões interlocutórias que versarem sobre tutelas provisórias, está sedimentada na jurisprudência do STJ, como se constata, por exemplo, no seguinte julgado: "O conceito de 'decisão interlocutória que versa sobre tutela provisória' abrange as decisões que examinam a presença ou não dos pressupostos que justificam o deferimento, indeferimento, revogação ou alteração da tutela provisória e, também, as decisões que dizem respeito ao prazo e ao modo de cumprimento da tutela, a adequação, suficiência, proporcionalidade ou razoabilidade da técnica de efetiva da tutela provisória e, ainda, a necessidade ou dispensa de garantias para a concessão, revogação ou alteração da tutela provisória. (...)" (STJ, 3ª Turma, REsp 1.752.049-PR, rel. Min. NANCY ANDRIGHI, j. 12.03.2019, v.u.)

Por isso, é correto entender que cabe agravo de instrumento, com fundamento no inciso I do art. 1.015 do CPC, contra a decisão interlocutória que majora a multa fixada para a hipótese de descumprimento de decisão antecipatória de tutela anteriormente proferida (STJ, 3ª Turma, REsp 1.827.553-RJ, rel. Min. NANCY ANDRIGHI, j. 27.08.2019, v.u.).

Da mesma forma, merece aplausos a previsão do Enunciado 70 da I Jornada de Direito Processual Civil, segundo o qual "É agravável o pronunciamento judicial que postergar a análise de pedido de tutela provisória ou condicioná-la a qualquer exigência." Idêntica orientação é de se aplicar quando o juiz condicionar a apreciação do pedido de tutela provisória a qualquer exigência que não esteja prevista na lei. Neste sentido, como acertadamente prevê o enunciado 29 do FPPC: "A decisão que condicionar a apreciação da tutela antecipada incidental ao recolhimento de custas ou a outra exigência não prevista em lei equivale a negá-la, sendo impugnável por agravo de instrumento." A prática do foro revela o quanto são comuns estas decisões, que não podem deixar de ser albergadas pela previsão do art. 1.015, I, do CPC.

E mais: o mesmo raciocínio serve para as decisões interlocutórias que versarem sobre tutelas provisórias reguladas por leis especiais.

De fato, como escrito linhas atrás, os arts. 294 a 311 do CPC tratam *genericamente* das tutelas provisórias, o que não afasta a possibilidade de a legislação especial prever regras *específicas* sobre o tema. É o caso da liminar em mandado de segurança (art. 7º, III, da Lei 12.016/2009), dos alimentos provisórios nas ações de alimentos (art. 4º da Lei 5.478/68), do despejo liminar (art. 59, § 1º, da Lei 8.245/91), entre tantos outros exemplos que poderiam ser citados. Independentemente do interessantíssimo debate acerca do alcance das regras gerais do CPC sobre tutela provisória a tais hipóteses específicas – estudo reservado às obras que se dedicam ao tema de forma mais aprofundada –, não se pode recusar que estas têm um ponto em comum: *são casos de tutela provisória* (com as mais variadas peculiaridades, reconheça-se), razão pela qual lhes é perfeitamente aplicável a previsão do inciso I do art. 1.015 do CPC , isto é, as decisões que lhes digam respeito devem ser contratadas por agravo de instrumento.

Esta foi, seguramente, a linha condutora do raciocínio que desencadeou no Enunciado 560 do FPPC: "As decisões de que tratam os arts. 22, 23 e 24 da Lei 11.340/2006 (Lei Maria da Penha), quando enquadradas nas hipóteses do inciso I, do art. 1.015, podem desafiar agravo de instrumento." Enquadrando-se tais medidas no conceito de tutelas provisórias, aplicando-se ao caso a sistemática do Código de Processo Civil, inegável que encontram encaixe na hipótese de cabimento do agravo de instrumento, tal como alude o art. 1.015, I, do CPC.

Sem prejuízo de tudo que se expôs até agora, é digna de nota uma situação peculiar envolvendo a recorribilidade da decisão interlocutória sobre tutela provisória. É que, na letra do *caput* do art. 304 do CPC, caso seja deferida a tutela antecipada de urgência requerida em caráter antecedente, a parte contrária deverá "necessariamente" interpor agravo de instrumento, porque, se não o fizer, a decisão se torna estável. Deixando de lado o interessante debate que esta regra seguramente proporciona, empiricamente se pode afirmar que não são raros os recursos interpostos com a finalidade principal de evitar a chamada estabilização e garantir o amplo contraditório na fase cognitiva no intuito de reverter a situação.

Interessante apontar, ademais, que esta é a única hipótese de cabimento do agravo de instrumento que admitirá a sustentação oral no tribunal, tal qual se lê no art. 937, VIII, do CPC. Em todas as demais hipóteses de agravo de instrumento, a sustentação oral não será admitida.

É usual a situação em que o juiz, diante do pedido de tutela provisória, posterga sua apreciação (para após a contestação ou qualquer outro momento). À primeira vista, não concede ou rejeita o pedido, mas simplesmente adia sua análise (não decide). Realmente, com alguma variação, não são raras as decisões em se dispõe, por exemplo, que "O pedido de antecipação de tutela será analisado após a contestação, pois, com a formação do contraditório, o juízo terá mais elementos para formar sua convicção".

Sobre esta casuística, há diversos precedentes que entendem que tal postura seria irrecorrível, porque o ato judicial seria um mero despacho (que é irrecorrível, conforme o art. 1.001 do CPC) ou até mesmo porque não existiria interesse recursal.[4]

Todavia, neste caso, ao que parece, o que se tem é verdadeiro *indeferimento do pedido*, o que faria cabível o agravo de instrumento. Ainda que ficasse ressalvada a possibilidade de posterior apreciação, o fato é que o requerente pretende que o provimento seja concedido imediatamente e isso lhe foi negado. É o que basta para concluir que se está diante de uma decisão interlocutória que versa sobre tutela provisória. Neste sentido: "O ato judicial que posterga a apreciação de pedido de tutela antecipada para momento posterior à apresentação de contestação se trata de decisão interlocutória e, portanto, recorrível." (TJRS, 17ª Câmara Cível, Agravo de Instrumento 70065656985, rel. Des. Gelson Rolim Stocker, j. 15.7.2015, decisão monocrática).

4. Consultar o Agravo de Instrumento 0134832-53.2012.8.26.0000, não conhecido por unanimidade em julgamento datado de 24 de julho de 2012 pela 2ª Câmara de Direito Privado do Tribunal de Justiça de São Paulo, com relatoria do Desembargador ÁLVARO PASSOS.

Duas ressalvas, ao final, se impõem. São elas:

(i) a decisão sobre tutela provisória que se encontre *na* sentença deverá ser objeto de apelação, conforme o que ficou assentado no capítulo específico e também a previsão do art. 1.013, § 5°, do CPC; e

(ii) O pedido de tutela provisória pode ser dirigido ao *relator*, seja nos casos de ações de competência originária do tribunal, seja quando o pleito se faz apenas no âmbito recursal (art. 932, II, do CPC). Neste caso, como ficará demonstrado no capítulo respectivo, o recurso cabível será o agravo interno, e não o agravo de instrumento (art. 1.021 do CPC).

2.1.2.2. Mérito do processo

Durante muito tempo a ciência processual ensaiou o reconhecimento de que questões de mérito poderiam ser objeto de decisões interlocutórias, e não apenas da sentença (como ato final do julgamento em primeiro grau).

O art. 1.015, II, do CPC confirma a consagração desta hipótese (NEVES, 2015, p. 554). É possível haver decisões de mérito no curso do procedimento (decisões interlocutórias, portanto). E, neste caso, caberá agravo de instrumento.

Vale lembrar: questão de mérito é qualquer ponto controvertido que interfira no objeto principal do processo, retratado no pedido e na causa de pedir (THEODORO JÚNIOR, 2016, p. 1038).

Imagine-se um exemplo: numa determinada ação, o autor formula, em cumulação simples, dois pedidos: pedido 01 e pedido 02. O pedido 01, contudo, prescreveu, mas o pedido 02 pode ser processado normalmente até decisão final de acolhimento ou rejeição. Neste caso, por decisão interlocutória, será pronunciada a prescrição do pedido 01, prosseguindo-se o processo quanto ao pedido 02.

É inegável que a decisão proferida no exemplo acima é interlocutória (art. 203, § 2°, do CPC), porque simplesmente não encontra encaixe no conceito de sentença (art. 203, § 1°, do CPC). É igualmente irrecusável que se trata de uma decisão que versa sobre o mérito do processo, especialmente por conta do que prevê o art. 487, II, do CPC. Postas tais premissas, conclui-se pelo cabimento de agravo de instrumento (art. 1.015, II, do CPC).

A propósito, esclareça-se desde logo que as decisões interlocutórias que versem sobre prescrição ou decadência desafiam o recurso de agravo de instrumento, justamente porque a situação encontra respaldo no inciso II do art. 1.015 do CPC, como tem decidido o STJ. A propósito: "Embora a ocorrência ou não da prescrição ou da decadência possam ser apreciadas somente na sentença, não há óbice para que essas questões sejam examinadas por intermédio de decisões interlocutórias, hipótese em que caberá agravo de instrumento com base no art. 1.015, II, do CPC/2015, sob pena de formação de coisa julgada material sobre a questão." (STJ, 3ª Turma, REsp 1.738.756-MG, rel. Min. NANCY ANDRIGHI, j. 19/02/2019, v.u.)

Outros exemplos podem ser citados.

Assim, conforme o enunciado 103 do Fórum Permanente de Processualistas Civis, "A decisão parcial proferida no curso do processo com fundamento no art. 487, I, sujeita-se a recurso de agravo de instrumento." Enquadra-se, aqui, a hipótese de improcedência liminar parcial do pedido (art. 332 do CPC).

A 3ª Turma do STJ proferiu interessante julgado definindo que cabe agravo de instrumento contra a decisão interlocutória que trata da (im) possibilidade jurídica do pedido, pois tal situação se amolda à previsão do inciso II do art. 1.015 do CPC (REsp 1.757.123-SP, rel. Min. NANCY ANDRIGHI, j. 13.08.2019, v.u.). Com efeito, após a edição do CPC vigente, a possibilidade jurídica do pedido definitivamente deixou de ser uma condição da ação, passando a ser considerada uma questão de mérito. Considerando que o julgamento de mérito pode ser fracionado no processo, conforme as circunstâncias, pode ocorrer de que em determinado momento da marcha processual o magistrado analise a questão da possibilidade jurídica de um ou alguns pedidos. Caracterizando-se tal decisão como interlocutória, contra ela caberá agravo de instrumento, exatamente por se tratar de questão de mérito. Naturalmente, o "rótulo" dado à matéria (possibilidade jurídica do pedido) pode parecer estranho, sobretudo àqueles manejavam o revogado CPC/1973. Mas, de fato, não há como escapar das conclusões expostas no acórdão mencionado.

Tema interessante diz respeito à recorribilidade da decisão que julga a primeira fase da ação de exigir contas (art. 550 a 553 do CPC). Particularmente, o art. 550, § 5º, do CPC "não deixa dúvida quanto à natureza jurídica do decreto judicial determinando a prestação de contas pelo réu: trata-se de *decisão interlocutória de mérito*, impugnável por agravo de instrumento (art. 1.015, inc. II)." (MARCATO, 2017, p. 110). À mesma conclusão chegou o enunciado 177 do Fórum Permanente de Processualistas Civis: "A decisão interlocutória que julga procedente o pedido para condenar o réu a prestar contas, por ser de mérito, é recorrível por agravo de instrumento". Por fim, esta orientação acabou sendo confirmada, posteriormente, pela 4ª Turma do STJ, valendo destacar o seguinte trecho da ementa: "Não acarretando a decisão o encerramento do processo, o recurso cabível será o agravo de instrumento (CPC/2015, arts. 550, § 5º, e 1.015, II). No caso contrário, ou seja, se a decisão produz a extinção do processo, sem ou com resolução de mérito (arts. 485 e 487), aí sim haverá sentença e o recurso cabível será a apelação." (STJ, 4ª Turma, REsp 1.680.168-SP, rel. p/ Acórdão Min. RAUL ARAÚJO, j. 09/04/2019, m.v.).

Outra situação, cotidiana nas ações relativas ao Direito de Família, diz respeito à decisão interlocutória que fixa a data da separação de fato do casal para fins de partilha de bens. Seria o ato atacável por agravo de instrumento? Não há dúvidas que a referida decisão diz respeito ao mérito, porque influencia diretamente a extensão da eventual partilha de bens do casal. Logo, a decisão interlocutória é atacável por agravo de instrumento, conforme o art. 1.015, II, do CPC. Neste sentido, a propósito, decidiu corretamente o STJ: "Na hipótese, a decisão que fixou a data da separação de fato do casal para fins de partilha de bens versa sobre o mérito do processo, na medida em que se refere a um diferente fragmento de um mesmo pedido e de um mesmo objeto litigioso – a partilha de bens das partes –, especialmente porque a pretensão de partilha de bens deduzida em juízo pressupõe a exata definição 'do quê' se partilha, o que somente se pode delimitar a partir do exame dos bens suscetíveis de divisão em um determinado lapso temporal." (STJ, 3ª Turma, REsp 1.798.975-SP, rel. Min. NANCY ANDRIGHI, j. 02/04/2019, v.u.)

Ressalte-se que é indiferente o conteúdo da decisão interlocutória de mérito. Pode o juiz conceder ou rejeitar o pedido relativo ao mérito no curso do procedimento. O agravo será cabível em qualquer hipótese. Basta que a decisão seja *interlocutória* e seja de *mérito*.

2.1.2.3. Rejeição da alegação de convenção de arbitragem

Desde que observados os limites legais, como regulado pela Lei de Arbitragem (Lei 9.307/96), "As partes interessadas podem submeter a solução de seus litígios ao juízo arbitral mediante convenção de arbitragem, assim entendida a cláusula compromissória e o compromisso arbitral" (art. 3º da Lei 9.307/96).

A convenção de arbitragem, portanto, é um gênero do qual decorrem duas espécies: (i) a cláusula compromissória, assim entendida "a convenção através da qual as partes em um contrato comprometem-se a submeter à arbitragem os litígios que possam vir a surgir, relativamente a tal contrato" (art. 4º da Lei 9.307/96); e (ii) o compromisso arbitral, isto é, "a convenção através da qual as partes submetem um litígio à arbitragem de uma ou mais pessoas, podendo ser judicial ou extrajudicial" (art. 9º da Lei 9.307/96).

Suponha, assim, que em determinada situação exista uma convenção de arbitragem estipulada pelas partes em litígio ("A" e "B"). Neste caso, as partes renunciaram à jurisdição estatal, comprometendo-se a solucionar a questão pela via arbitral.

E se uma das partes ("A"), apesar da convenção, acaba promovendo ação judicial perante o Poder Judiciário? Evidentemente, rompeu com aquilo que pactuou. O réu ("B") deverá, por ocasião da contestação, alegar a existência da convenção de arbitragem em preliminar (art. 337, X, do CPC). Aliás, vale anotar que o juiz não poderá reconhecer de ofício a matéria (art. 337, § 5º, do CPC) e, em caso de ausência de alegação da existência de convenção de arbitragem por "B", significará aceitação da jurisdição estatal e renúncia ao juízo arbitral (art. 337, § 6º, do CPC). É fundamental, portanto, que o réu "B" ventile a preliminar de convenção de arbitragem caso pretenda fazer valer aquilo que avençou.

Uma vez alegada a questão em preliminar, evidentemente caberá ao juiz decidir sobre a alegação de convenção de arbitragem.

Caso o juiz *rejeite* a alegação, caberá *agravo de instrumento* (na dicção do art. 1.015, III, do CPC). De outro lado, caso o juiz *acolha* o pedido, caberá *apelação* (art. 1.009, *caput*, do CPC), porque neste último caso estar-se-á diante de sentença terminativa (art. 485, VII, do CPC).

2.1.2.4. Incidente de desconsideração da personalidade jurídica

Cabe ao direito material regular se e em quais hipóteses será possível acontecer a desconsideração da personalidade jurídica.

O ordenamento brasileiro é pródigo na previsão de hipóteses de aplicação do instituto, sendo vários os casos mencionados, como por exemplo o art. 50 do Código Civil, o art. 28 do Código de Defesa do Consumidor (Lei 8.078/90), o art. 34 da Lei de Defesa da Ordem Econômica (Lei 12.529/2011), o art. 14 da Lei Anticorrupção (Lei 12.846/2013) e o art. 4º da Lei de Defesa ao Meio Ambiente (Lei 9.605/98), entre outros (BRUSCHI; NOLASCO; AMADEO, 2016, p. 141-142).

Cabe ao Código de Processo Civil regulamentar o procedimento para aplicação da teoria no processo. E isso está definido nos arts. 133 a 137 do CPC.

Da leitura de tais dispositivos, conclui-se que a desconsideração da personalidade jurídica pode ser requerida (i) logo na petição inicial ou (ii) no curso do processo.

Na primeira hipótese – requerimento logo na petição inicial – cabe ao autor pura e simplesmente formar um litisconsórcio entre a pessoa jurídica e os seus sócios, dispensando a instauração de incidente processual (art. 134, § 2º, do CPC). Não haverá a suspensão do processo e a questão da responsabilidade será decidida, via de regra, na sentença. Neste caso, então, caberá apelação (art. 1.009, *caput*, do CPC).

No segundo caso – requerimento no curso do processo, a qualquer instante após a fase da petição inicial –, instaurar-se-á um *incidente* de desconsideração da personalidade jurídica, que suspenderá o processo (art. 134, § 3º, do CPC) para o processamento exclusivo do incidente (art. 135 do CPC) até que este seja finalmente julgado por decisão interlocutória (art. 136 do CPC). Contra tal decisão – apenas neste caso, portanto – caberá *agravo de instrumento* (art. 1.015, IV, do CPC).

Destaque-se, de novo, que o agravo de instrumento só terá cabimento na hipótese de formação de *incidente* de desconsideração da personalidade jurídica. Se não foi formado o incidente, porque o pedido foi elaborado na petição inicial (art. 134, § 2º, do CPC), o regime recursal será diverso, como dito antes.

Ademais, o agravo de instrumento caberá contra *qualquer decisão* que resolva o incidente de desconsideração da personalidade jurídica, *independentemente de seu conteúdo*. Pode ser uma decisão que acolha ou rejeite o pedido, tanto faz.

De resto, se o incidente se processou no tribunal – seja em ação de competência originária, seja porque o incidente foi deflagrado apenas no âmbito recursal – a decisão será de competência do relator (art. 932, VI, do CPC), contra a qual caberá agravo interno (art. 136, parágrafo único, e art. 1.021, ambos do CPC).

2.1.2.5. Rejeição do pedido de gratuidade da justiça ou acolhimento do pedido de sua revogação

Prevê o art. 98 do CPC que "A pessoa natural ou jurídica, brasileira ou estrangeira, com insuficiência de recursos para pagar as custas, as despesas processuais e os honorários advocatícios tem direito à gratuidade da justiça, na forma da lei."

Assim sendo o caso, a parte formulará o pedido de gratuidade da justiça no processo, hipótese da qual resultam alguns desdobramentos. São eles, resumidamente:

(i) Se o pedido for rejeitado *prima facie*, caberá agravo de instrumento (art. 1.015, V, e art. 101, ambos do CPC);

(ii) Se o pedido for deferido, a parte contrária poderá impugnar, na letra do art. 100 do CPC[5]. Vale destacar, então, que o meio específico e adequado para atacar a decisão de concessão da gratuidade *não* é o recurso de agravo de instrumento, e sim a impugnação;

(iii) Deferido o pedido e apresentada a impugnação pela parte contrária, caberá agravo de instrumento contra a decisão que acolher os argumentos e revogar os benefícios da gratuidade (art. 1.015, V, e art. 101, ambos do CPC). Se, de outro lado, a decisão da impugnação mantiver a gratuidade (rejeitando a impugnação), não caberá agravo de instrumento;

(iv) Em qualquer um dos casos, se a decisão sobre a gratuidade constar da *sentença*, o recurso adequado é a *apelação* (art. 1.009, *caput*, e art. 101, ambos do CPC).

De resto, remete-se o leitor à parte geral desta obra, quando foram tecidos comentários sobre o preparo recursal e sua dispensa pelo beneficiário da gratuidade da justiça.

5. Art. 100. Deferido o pedido, a parte contrária poderá oferecer impugnação na contestação, na réplica, nas contrarrazões de recurso ou, nos casos de pedido superveniente ou formulado por terceiro, por meio de petição simples, a ser apresentada no prazo de 15 (quinze) dias, nos autos do próprio processo, sem suspensão de seu curso.

Ainda quanto a esta hipótese de cabimento, vale transcrever o Enunciado 612 do FPPC: "Cabe agravo de instrumento contra decisão interlocutória que, apreciando pedido de concessão integral da gratuidade da Justiça, defere a redução percentual ou o parcelamento de despesas processuais." Não se pode duvidar de que a concessão da gratuidade de forma "incompleta" (art. 98, §§ 5º e 6º, do CPC), quando se pretende a isenção total, é situação análoga ao indeferimento. Ao aderir ao entendimento do referido enunciado, estar-se-á recusando a taxatividade do rol do art. 1.015 do CPC, posição o que ganha força após a Corte Especial do STJ ter firmado a tese neste exato sentido (consultar item 2.1.3 adiante).

2.1.2.6. Exibição ou posse de documento ou coisa

Promovido o incidente processual de exibição de documento ou coisa em face da parte contrária (arts. 396 a 400 do CPC), será proferida decisão interlocutória, contra a qual caberá agravo de instrumento. Esta é a hipótese a que se refere o art. 1.015, VI, do CPC.

Cumpre o destaque: *qualquer que seja o conteúdo da decisão* neste incidente, o agravo será o recurso adequado.

De resto, se o pedido se dirigir contra terceiro – e não contra a parte contrária – o caso não será de incidente processual, mas sim de formação de processo incidental, resolvido por sentença, contra a qual caberá apelação, na forma do art. 1.009, *caput*, do CPC (DIDIER JR.; CUNHA, 2016, p. 220).

2.1.2.7. Exclusão de litisconsorte

Uma vez formado um litisconsórcio (arts. 113 a 118 do CPC), em qualquer das suas modalidades, desafiará agravo de instrumento a decisão interlocutória que determinar a exclusão do litisconsorte do feito. Esta é a hipótese de que cuida do art. 1.015, VII, do CPC.

Note que o dispositivo é claro ao limitar o cabimento do agravo para a decisão de *exclusão* do litisconsorte, não alcançando, portanto, a inclusão.

Por outro lado, o STJ apenas admite o recurso quando a decisão *efetivamente excluir o litisconsorte*. Assim, se o litisconsorte pleiteia sua exclusão, mas o pedido é indeferido em decisão interlocutória, não caberá agravo de instrumento. Isto porque a manutenção de parte supostamente ilegítima – situação que poderá ser reexaminada futuramente, quando se proferir sentença – não gera nulidade ou ineficácia processual.

Neste sentido: "Considerando que, nos termos do art. 115, I e II, do CPC/15, a sentença de mérito proferida sem a presença de um litisconsorte necessário é, respectivamente, nula ou ineficaz, acarretando a sua invalidação e a necessidade de refazimento de atos processuais com a presença do litisconsorte excluído, admite-se a recorribilidade desde logo, por agravo de instrumento, da decisão interlocutória que excluir o litisconsorte, na forma do art. 1.015, VII, do CPC/15, permitindo-se o reexame imediato da questão pelo Tribunal. A decisão interlocutória que rejeita excluir o litisconsorte, mantendo no processo a parte alegadamente ilegítima, todavia, não é capaz de tornar nula ou ineficaz a sentença de mérito, podendo a questão ser reexaminada, sem grande prejuízo, por ocasião do julgamento do recurso de apelação. Por mais que o conceito de 'versar sobre' previsto no art. 1.015, caput, do CPC/15 seja abrangente, não se pode incluir no cabimento do agravo de instrumento uma hipótese ontologicamente distinta daquela expressamente prevista pelo legislador, especialmente quando a distinção está teoricamente justificada pelas diferentes consequências jurídicas causadas pela decisão que exclui o litisconsorte e pela decisão que rejeita excluir o litisconsorte." (STJ, 3ª Turma, REsp 1.724.453-SP, rel. Min. NANCY ANDRIGHI, j. 19/03/2019, v.u.)

De resto, como é cediço, se a decisão de exclusão do litisconsorte constar da sentença, caberá apelação (art. 1.009, § 3º, do CPC).

2.1.2.8. Rejeição do pedido de limitação do litisconsórcio

De acordo com a previsão do § 1º do art. 113 do CPC, "O juiz poderá limitar o litisconsórcio facultativo quanto ao número de litigantes na fase de conhecimento, na liquidação de sentença ou na execução, quando este comprometer a rápida solução do litígio ou dificultar a defesa ou o cumprimento da sentença."

O dispositivo trata do chamado litisconsórcio multitudinário, que pode ser fracionado (desmembrando a causa), desde que se trate de litisconsórcio facultativo, para atender aos comandos legais.

Feito o requerimento de desmembramento – que interromperá o prazo para manifestação ou resposta, retomando-se da intimação da decisão que o solucionar (art. 113, § 2º, do CPC) – caberá ao juízo proferir decisão. Se esta for negativa, isto é, rejeitado o pedido de limitação do litisconsórcio multitudinário, caberá agravo de instrumento. É esta a previsão do art. 1.015, VIII, do CPC.

De outro lado, deferido o pedido (desmembrado o litisconsórcio), não terá cabimento o agravo de instrumento.

2.1.2.9. Admissão ou inadmissão de intervenção de terceiros

O Código de Processo Civil prevê diversas hipóteses de intervenção de terceiros. Não apenas aquelas previstas nos arts. 119 a 138 do CPC (assistência, denunciação da lide, chamamento ao processo, desconsideração da personalidade jurídica e *amicus curiae*), mas também outras esparsas no próprio CPC e em outras leis.

O ingresso do terceiro no feito pode ser espontâneo (quando o terceiro se apresenta e pede o próprio ingresso no processo) ou provocado (quando alguma parte pede para que o terceiro seja instado a ingressar no processo).

Em qualquer caso, a decisão do juiz que admite ou rejeita o pedido de intervenção de terceiros desafia o recurso de agravo de instrumento. Esta é a previsão do art. 1.015, IX, do CPC.

A exceção fica por conta do *amicus curiae*. De acordo com o *caput* do art. 138 do CPC, "O juiz ou o relator, considerando a relevância da matéria, a especificidade do tema objeto da demanda ou a repercussão social da controvérsia, poderá, por decisão irrecorrível, de ofício ou a requerimento das partes ou de quem pretenda manifestar-se, solicitar ou admitir a participação de pessoa natural ou jurídica, órgão ou entidade especializada, com representatividade adequada, no prazo de 15 (quinze) dias de sua intimação."

Percebe-se que a decisão que *defere* a intervenção do *amicus curiae* é irrecorrível (DIDIER JR.; CUNHA, 2016, p. 223). O agravo de instrumento só se cogita, portanto, contra a decisão que *indefere* a participação deste terceiro.

2.1.2.10. Concessão, modificação ou revogação do efeito suspensivo aos embargos à execução

Os embargos à execução – modalidade típica de defesa do executado na execução de título extrajudicial regulada nos arts. 914 a 920 do CPC – não são dotados de efeito suspensivo (art. 919, *caput*, do CPC).

De qualquer forma, a teor do § 1º do art. 919 do CPC, é possível ao juiz atribuir efeito suspensivo aos embargos, a requerimento do embargante, quando verificados os requisitos para a concessão da tutela provisória e desde que a execução já esteja garantida por penhora, depósito ou caução suficientes.

Contra a decisão que concede o efeito suspensivo aos embargos à execução caberá agravo de instrumento, como prevê o art. 1.015, X, do CPC.

Ocorre que, uma vez cessadas as circunstâncias que a motivaram, "a decisão relativa aos efeitos dos embargos poderá, a requerimento da parte, ser modificada ou revogada a qualquer tempo, em decisão fundamentada" (art. 919, § 2º, do CPC).

Contra tal decisão que modifica ou revoga o efeito suspensivo dos embargos à execução, uma vez mais prevê o art. 1.015, X, do CPC, caberá agravo de instrumento.

O que não é previsto expressamente pela norma em análise é a recorribilidade da decisão que não concede (ou indefere) o efeito suspensivo requerido pelo embargante. Tende-se a admitir o cabimento do agravo de instrumento também nesta hipótese. Isto porque, apesar de não prevista expressamente no inciso X do art. 1.015 do CPC, é inquestionável seu conteúdo de tutela de urgência (o que decorre da própria redação do art. 919, § 1º, do CPC), de modo a atrair a incidência do inciso I do art. 1.015 do CPC (DIDIER JR.; CUNHA, 2016, p. 222).

A esta conclusão também chegou o Enunciado 71 da I Jornada de Direito Processual Civil, reconhecendo, inclusive, que a hipótese de cabimento do agravo de instrumento é o inciso X do art. 1.015 do CPC: "É cabível o recurso de agravo de instrumento contra a decisão que indefere o pedido de atribuição de efeito suspensivo a Embargos à Execução, nos termos do art. 1.015, X, do CPC."

A expectativa acabou se confirmando no âmbito jurisprudencial, tendo o STJ definido expressamente pelo cabimento do agravo de instrumento na hipótese de indeferimento do pedido de efeito suspensivo aos embargos à execução por se enquadrar a hipótese no caso do inciso I do art. 1.015. Assim: "A decisão que versa sobre a concessão de efeito suspensivo aos embargos à execução de título extrajudicial é uma decisão interlocutória que versa sobre tutela provisória, como reconhece o art. 919, §1º, do CPC/2015, motivo pelo qual a interposição imediata do agravo de instrumento em face da decisão que indefere a concessão do efeito suspensivo é admissível com base no art. 1.015, I, do CPC/2015, tornando inadequado o uso de interpretação extensiva ou analogia sobre a hipótese de cabimento prevista no art. 1.015, X, do CPC/2015." (STJ, 3ª Turma, REsp 1.745.358-SP, rel. Min. NANCY ANDRIGHI, j. 26/02/2019, v.u.).

2.1.2.11. Redistribuição do ônus da prova nos termos do art. 373, § 1°

A forma de distribuição do ônus da prova está regulada pelo art. 373 do CPC. Em resumo, existem duas formas de distribuição do ônus da prova: estático e dinâmico (FERREIRA, 2015, p. 1005).

O ônus estático é a regra e está previsto nos incisos do art. 373 do CPC. Destarte, o ônus da prova incumbe (i) ao autor, quanto ao fato constitutivo de seu direito; e (ii) ao réu, quanto à existência de fato impeditivo, modificativo ou extintivo do direito do autor.

De outro lado, a distribuição dinâmica do ônus da prova acontecerá na forma do § 1° do art. 373: "Nos casos previstos em lei ou diante de peculiaridades da causa relacionadas à impossibilidade ou à excessiva dificuldade de cumprir o encargo nos termos do *caput* ou à maior facilidade de obtenção da prova do fato contrário, poderá o juiz atribuir o ônus da prova de modo diverso, desde que o faça por decisão fundamentada, caso em que deverá dar à parte a oportunidade de se desincumbir do ônus que lhe foi atribuído."

Caberá ao juiz decidir, no caso concreto, pela distribuição estática ou dinâmica do ônus da prova na fase de saneamento do processo (art. 357, III, do CPC).

A atribuição estática do ônus da prova, forma de aplicação da regra geral, não pode ser objeto de agravo de instrumento.

Por outro lado, feita a distribuição dinâmica, na forma do § 1° do art. 373 do CPC – e apenas neste caso –, caberá agravo de instrumento pela parte prejudicada (art. 1.015, XI, do CPC).

Quando poderá, por decisão judicial, ocorrer a distribuição dinâmica do ônus da prova? O § 1° do art. 373 do CPC esclarece que isso será possível em duas situações: (i) nos casos previstos em lei ou (ii) diante de peculiaridades da causa relacionadas à impossibilidade ou à excessiva dificuldade de cumprir o encargo na forma estática ou à maior facilidade de obtenção da prova do fato contrário.

Note-se, apenas, que a decisão que determina a redistribuição do ônus da prova na forma do dispositivo citada deve ser antecedida de uma oportunidade concedida à parte para que se desincumba do ônus atribuído, valendo destacar que "A decisão prevista no § 1° deste artigo não pode gerar situação em que a desincumbência do encargo pela parte seja impossível ou excessivamente difícil" (art. 373, § 2°, do CPC). Tais argumentos certamente poderão ser úteis ao agravante.

Pois bem. Em qualquer uma das hipóteses de distribuição dinâmica previstas no § 1° do art. 373 do CPC (casos previstos em lei ou peculiaridades da causa), caberá agravo de instrumento com fundamento no art. 1.015, XI, do CPC).

Situação clássica de distribuição dinâmica do ônus da prova, lastreada em caso previsto em lei, diz respeito às ações fundadas em relações de consumo (art. 6°, VIII, do Código de Defesa do Consumidor – CDC), embora existam outras esparsas na legislação.

Para fins de cabimento do agravo de instrumento, pouco importa se a questão da redistribuição tem lastro nos casos previstos em lei ou nas peculiaridades da causa. Ambos, indistintamente, se encaixam na norma em exame.

Neste sentido, vale transcrever alguns trechos de ementa de um esclarecedor julgado da 3ª Turma do STJ: "(...) O art. 373, §1°, do CPC/15, contempla duas regras jurídicas distintas, ambas criadas para excepcionar à regra geral, sendo que a primeira diz respeito à atribuição do ônus da prova, pelo juiz, em hipóteses previstas em lei, de que é exemplo a inversão do ônus da prova prevista no art. 6°, VIII, do CDC, e a segunda diz respeito à teoria da distribuição dinâmica do ônus da prova, incidente a partir de peculiaridades da causa que se relacionem com a impossibilidade ou com a excessiva dificuldade de se desvencilhar do ônus estaticamente distribuído ou, ainda, com a maior facilidade de obtenção da prova do fato contrário. (...) Nesse cenário, é cabível a impugnação imediata da decisão interlocutória que verse sobre quaisquer das exceções mencionadas no art. 373, §1°, do CPC/15, pois somente assim haverá a oportunidade de a parte que recebe o ônus da prova no curso do processo dele se desvencilhar, seja pela possibilidade de provar, seja ainda para demonstrar que não pode ou que não deve provar, como, por exemplo, nas hipóteses de prova diabólica reversa ou de prova duplamente diabólica." (REsp 1.729.110-CE, rel. Min. NANCY ANDRIGHI, j. 02/04/2019, v.u.)

Há, ainda, uma dúvida muito comum – interessantíssima e de inegável impacto prático – que surge a respeito do alcance do inciso XI do art. 1.015 do CPC: o agravo do agravo de instrumento seria cabível apenas quando há o *deferimento* da redistribuição do ônus da prova ou também seria cabível quando o pedido é *indeferido*?

Da leitura pura e simples do texto de lei, percebe-se que caberá agravo de instrumento contra as decisões interlocutórias que versarem sobre redistribuição do ônus da prova nos termos do art. 373, § 1º.

É possível concluir, então, que o legislador, ao criar a regra do inciso XI, não teve preocupação com o *resultado* da decisão (deferimento ou indeferimento, concessão ou rejeição etc.), ao contrário de outras hipóteses típicas de cabimento do recurso previstas no art. 1.015 do CPC (a exemplo dos incisos III, V, VIII e X), nos quais o resultado da decisão é determinante para saber se o recurso é cabível. Para fins de cabimento do recurso – este é o entendimento assumido por este Manual –, *basta que a decisão verse sobre a redistribuição, sendo indiferente se o pedido respectivo foi ou não acolhido.*

Sendo assim, não há motivos para discordar do entendimento de que o agravo de instrumento será cabível não apenas quando eventual pedido de distribuição dinâmica venha a ser deferido, mas também quando este for indeferido, pois, a despeito do conteúdo negativo, trata-se de decisão interlocutória que versa sobre a redistribuição (neste sentido: DIDIER JR.; CUNHA, 2016, p. 224).

Pelas mesmas razões, é de se enaltecer que o STJ venha consolidando este mesmo entendimento, dando a merecida interpretação ampla ao inciso XI do art. 1.015 do CPC, como se vê, por exemplo, no seguinte trecho de bem articulada ementa: "(...) 2- O propósito recursal é definir se a decisão interlocutória que indefere o requerimento de inversão do ônus da prova em ação de consumo é imediatamente recorrível por agravo de instrumento com fundamento no art. 1.015, XI, do CPC/15. (...) 4- A partir do exame dos arts. 1.015, XI, e 373, §1º, ambos do CPC/15, as decisões interlocutórias que deferem e também as decisões que indeferem a modificação judicial do ônus da prova são imediatamente recorríveis por agravo de instrumento, tendo em vista que o conteúdo normativo da referida hipótese de cabimento – 'versar sobre redistribuição do ônus da prova nos termos do art. 373,

§1º' - não foi objeto de limitação pelo legislador. (...)" (STJ, 3ª Turma, REsp 1.802.025, rel. Min. NANCY ANDRIGHI, j. 17/09/2019, v.u.).

O Enunciado 72 da I Jornada de Direito Processual Civil segue a mesma orientação: "É admissível a interposição de agravo de instrumento tanto para a decisão interlocutória que rejeita a inversão do ônus da prova, como para a que a defere."

Por fim, vale esclarecer que esta orientação em nada conflita com a afirmação feita acima, no sentido de que a atribuição estática do ônus da prova (regra geral) não pode ser objeto de agravo de instrumento. Uma coisa é o juiz distribuir o ônus da prova na forma ordinária (estática), automaticamente. Outra, bem diferente, é definir pela distribuição dinâmica (atuando de ofício ou atendendo a pedido da parte) ou então decidir (indeferindo) um pedido de distribuição dinâmica. O traço diferencial destas duas últimas hipóteses é que ambas versam sobre a redistribuição do ônus da prova. Exatamente por isso desafiam agravo de instrumento.

2.1.2.12. Outros casos expressamente referidos em lei

O rol do art. 1.015 do CPC não é exaustivo, porque o inciso XIII do art. 1.015 do CPC dispõe que caberá agravo de instrumento em outros casos previstos em lei.

Muitas situações podem ser apontadas. A primeira delas é a prevista no art. 354, parágrafo único, do CPC, que trata da extinção parcial do processo.

Outra, também prevista no próprio CPC, é a contemplada no art. 356, § 5º, do CPC (julgamento antecipado e parcial do mérito). É o que ocorre, por exemplo, no caso do "fatiamento" do julgamento do pedido de divórcio. Situação nada rara no cotidiano forense, por vezes o casal está de acordo quanto à dissolução do casamento, mas não quanto a outras questões subjacentes, como a partilha de bens. Neste caso, poderá o juiz julgar de forma antecipada e parcial o mérito, com fundamento no art. 356 do CPC, sem prejuízo do prosseguimento do feito para julgar as demais questões pendentes. Independentemente da natureza desta decisão (sentença ou interlocutória), inegavelmente contra ela caberá agravo de instrumento (§ 5º do art. 356 do CPC), pondo fim a uma incômoda dúvida gerada no âmbito do CPC revogado (TARTUCE, 2017, p. 293-294).

Há casos em que o cabimento do agravo de instrumento está previsto fora do CPC. Os exemplos mais lembrados pela doutrina são: (a) o do art.

17, § 21, da Lei de Improbidade Administrativa (Lei 8.429/92), que admite o cabimento do agravo de instrumento contra decisões interlocutórias proferidas em ação de improbidade administrativa[6]; e (b) o do art. 189, II, da Lei 11.101/2005, com a redação que lhe foi dada pela Lei 14.112/2020, estipulando que "as decisões proferidas nos processos a que se refere esta Lei serão passíveis de agravo de instrumento, exceto nas hipóteses em que esta Lei previr de forma diversa".[7]

Também podem encontrar repouso aqui aquelas situações previstas em leis especiais e extravagantes anteriores ao CPC/2015 que *induzem* ao entendimento do cabimento de agravo de instrumento, embora não o façam expressamente. Em tais hipóteses, o cabimento do agravo de justifica diante de uma interpretação histórica e sistemática (NOTARIANO; BRUSCHI, 2015, p. 127-128).

É o que se dá, por exemplo, no caso de recurso contra decisão que fixa aluguel provisório em ação revisional de aluguel (art. 68, V, da Lei de Locações).

Tal interpretação está em absoluta harmonia com a tese firmada pela Corte Especial do STJ, que vê uma taxatividade mitigada nas hipóteses de cabimento do agravo de instrumento (situação da qual se ocupa o item 2.1.3 infra).

---

6. Como mencionado em edições anteriores deste *Manual*, o STJ já sinalizava, antes mesmo da edição da Lei 14.230/2021 (que realizou profundas transformações na Lei 8.429/1992), no sentido da admissão do agravo de instrumento contra qualquer decisão interlocutória proferida no âmbito de ações de improbidade administrativa. É o que se lê na decisão de sua 2ª Turma no REsp 1.925.492-RJ, rel. Min. HERMAN BENJAMIN, j. 04/05/2021, v.u.

7. O Tema Repetitivo 1.022 do STJ estabeleceu que "É cabível agravo de instrumento contra todas as decisões interlocutórias proferidas nos processos de recuperação judicial e nos processos de falência, por força do art. 1.015, parágrafo único, CPC". A tese firmada pelo STJ, quase concomitantemente com a edição da Lei 14.112/2020, deve ser lida em conjunto com a ressalva do dispositivo legal mencionado, isto é, o agravo de instrumento apenas não será cabível quando a própria lei contiver previsão em sentido contrário.

2.1.2.12.1. A situação específica do sobrestamento de causas em decorrência do julgamento dos recursos especial e extraordinário repetitivos

Outra hipótese de cabimento de agravo de instrumento fora do rol do art. 1.015 do CPC, que merece algumas considerações em apartado, é aquela prevista no art. 1.037, § 13, I, do CPC.

A situação deve ser analisada no contexto do julgamento dos recursos especial e extraordinário repetitivos, assunto do qual se ocupa o Capítulo VI da Parte II deste Manual, para o qual se remete o leitor.

Em resumo, a parte que teve seu recurso indevidamente sobrestado, porque há distinção entre a questão a ser decidida no processo e aquela a ser julgada no recurso especial ou extraordinário afetado, poderá requerer o prosseguimento do seu processo (art. 1.037, § 9º, do CPC).

A regra é complementada pelo inciso I do § 13 do mesmo art. 1.037, que define o cabimento do agravo de instrumento contra a decisão judicial que resolver o requerimento de prosseguimento do feito, se o processo estiver em primeiro grau (se a decisão for de relator, caberá agravo interno, conforme o inciso II do § 13 do art. 1.037 do CPC).

Para melhor ilustrar, imaginemos que um determinado processo está tramitando em primeiro grau de jurisdição e o magistrado profere decisão suspendendo o andamento do feito porque, supostamente, a matéria tratada na ação é a mesma discutida em recurso especial ou extraordinário instaurado perante o tribunal competente (teoricamente atendendo a uma determinação superior com fundamento no art. 1.037, II, do CPC). Caso a parte discorde da suspensão, porque a seu ver não há a coincidência que autorize o sobrestamento do andamento processual, poderia interpor agravo de instrumento. Esta é a interpretação contextualizada do art. 1.037, § 13, I, do CPC.

A previsão legal é clara. Mesmo assim teve que ser confirmada pelo STJ em determinado caso concreto em que o juízo recorrido aplicou regra do revogado CPC. Eis a ementa do julgado:

> "RECURSO ESPECIAL. PROCESSUAL CIVIL. RECURSO ESPECIAL REPETITIVO. ORDEM DE SUSPENSÃO DOS PROCESSOS NA ORIGEM. REQUERIMENTO DE DISTINÇÃO. INDEFERIMENTO. INTERPOSIÇÃO DE AGRAVO DE INSTRUMENTO. CABIMENTO. 1. Controvérsia em torno do cabimento do recurso de agravo de instrumento contra decisão

> do juízo de primeiro grau indeferitória do pedido de reconsideração da decisão de sobrestamento do processo em razão do reconhecimento pelo Superior Tribunal de Justiça de matéria repetitiva. 2. O Superior Tribunal de Justiça, na vigência do Código de Processo Civil/73, consolidou entendimento de que a decisão que determinava o sobrestamento dos recursos extraordinários e recursos especiais repetitivos não selecionados como paradigmas era irrecorrível. 3. Com a entrada em vigor, porém, do novo Estatuto Processual, a decisão que indefere ou defere o requerimento de distinção passou a ser agravável, conforme expressamente previsto pelo art. 1.037, § 13, inciso I, do novo Código de Processo Civil. 4. RECURSO ESPECIAL PROVIDO. (STJ, 3ª Turma, REsp 1.717.387-PB, rel. Min. PAULO DE TARSO SANSEVERINO, j. 08/10/2019, v.u.)

É importantíssimo, no entanto, fazer uma ressalva. O agravo de instrumento será cabível sim, *mas não imediatamente*, contra a decisão que determina o sobrestamento da ação em primeiro grau em razão da aplicação da sistemática dos recursos especial e extraordinário repetitivos.

Vamos às explicações.

O agravo de instrumento será cabível, mas *somente após o cumprimento de todas as etapas previstas nos §§ 9º a 13 do art. 1.037 do CPC*, sobre as quais se ocupa em detalhes o Capítulo VI da Parte II deste Manual.

Assim sendo, uma vez proferida a decisão que suspende o andamento do processo, a parte inconformada deve demonstrar ao próprio juízo monocrático a distinção entre a questão a ser decidida no processo e aquela a ser julgada no recurso repetitivo (art. 1.037, § 9º e § 10, I; do CPC). Será aberto contraditório, ouvindo-se a parte contrária acerca do requerimento (art. 1.037, § 11, do CPC) e só então, finalmente, o pedido de distinção será julgado. Desta decisão caberá o agravo de instrumento (art. 1.037, § 13, I, do CPC).

Percebe-se, portanto, que o agravo de instrumento não é cabível contra aquela primeira decisão (se é que o ato pode, realmente, ser rotulado como tal), acima mencionada, que determinou a suspensão do andamento processual (atendendo, em tese, a uma determinação superior com fundamento no art. 1.037, II, do CPC), mas *apenas contra a decisão do mesmo juízo, que confirma a suspensão do processo, após o cumprimento das etapas descritas nos §§ 9º a 13 do art. 1.037 do CPC.*

O rito, instituído pelo CPC, é de todo relevante, não apenas porque possibilita a instauração de contraditório na instância de origem (para um eventual melhor enquadramento do caso concreto à situação), mas também porque possibilita que seja efetivamente proferida uma decisão interlocutória individualizada ao caso concreto (esta sim agravável), prevenindo a interposição desenfreada de recursos que a situação pode ocasionar.

A interposição prematura do agravo de instrumento, sem respeitar as etapas preliminares mencionadas, seguramente acarretará a sua inadmissão.

De resto, anote-se precedente do STJ que estende esta mesma sistemática, aplicável aos recursos especial e extraordinário repetitivos, ao incidente de resolução de demandas repetitivas (STJ, 3ª Turma, REsp 1.846.109-SP, rel. Min. NANCY ANDRIGHI, j. 10/12/2019, v.u.), na linha daquilo que já definia o Enunciado 142 da II Jornada de Direito Processual Civil.

2.1.2.13. Decisões interlocutórias proferidas na fase de liquidação de sentença, na fase de cumprimento de sentença, no processo de execução e no processo de inventário

O Código de Processo Civil *generalizou* o cabimento do agravo de instrumento diante de decisões interlocutórias proferidas na fase de liquidação de sentença, na fase de cumprimento de sentença, no processo de execução e no processo de inventário.

É dizer, em outras palavras, que o regime do art. 1.015, *caput* e parágrafos, do CPC – que é restritivo quanto às hipóteses de cabimento do agravo de instrumento –, não se aplica a estes casos específicos (decisões interlocutórias proferidas na fase de liquidação de sentença, na fase de cumprimento de sentença, no processo de execução e no processo de inventário). Nestes casos, ao contrário, há um sistema particular de *recorribilidade imediata das interlocutórias*, sob pena de preclusão.

O Enunciado 69 da I Jornada de Direito Processual Civil sugere interpretação ampla ao parágrafo único do art. 1.015 do CPC. Eis a sua redação: "A hipótese do art. 1.015, parágrafo único, do CPC abrange os processos concursais, de falência e recuperação."

Vejamos algumas particularidades de cada uma das hipóteses previstas no parágrafo único do art. 1.015 do CPC.

2.1.2.13.1. Na liquidação de sentença

A liquidação de sentença é um procedimento previsto nos arts. 509 a 512 do CPC. Em essência, a execução só pode ser instaurada se estiver amparada em obrigação consubstanciada em título executivo e que esteja acobertada pela certeza, *liquidez* e exigibilidade (art. 786 do CPC). Se o credor quiser dar início à execução cuja obrigação seja ilíquida, deverá previamente proceder à sua liquidação. Eis a finalidade da liquidação de sentença.

Pois bem. Contra as decisões interlocutórias proferidas na liquidação de sentença – assim prevê o parágrafo único do art. 1.015 do CPC – caberá agravo de instrumento.

E qual é o recurso cabível contra a decisão que julga a própria liquidação de sentença (ou seja, que agrega liquidez ao título)?

A resposta a tal indagação exige o enfrentamento prévio sobre qual é a natureza de tal decisão (sentença ou interlocutória). E para parcela respeitável da doutrina o ato é uma sentença, de modo que contra ela caberia apelação (art. 1.009 do CPC) (DIDIER; et ali, 2017, p. 251), sendo que o parágrafo único do art. 1.015 apenas prevê o cabimento de agravo de instrumento contra quaisquer decisões interlocutórias proferidas no curso da liquidação de sentença (por exemplo, o indeferimento de produção de uma determinada prova).

Não é este o melhor entendimento, todavia. Para este *Manual, contra a decisão que julga a liquidação de sentença cabe agravo de instrumento.*

Esta também é a conclusão do Enunciado n. 145 da II Jornada de Direito Processual Civil, onde se lê: "O recurso cabível contra a decisão que julga a liquidação de sentença é o Agravo de Instrumento".

O próprio STJ já sinaliza neste sentido também, como se vê no julgamento, pela sua 4ª Turma, do AgInt no REsp 1.776.299, relatado pelo Min. MARCO BUZZI e julgado por unanimidade em 26.11.2019.

Qual a justificativa para sustentar o cabimento do agravo de instrumento, e não da apelação, contra a decisão que julga a liquidação de sentença? Porque se trata não apenas de uma decisão interlocutória, mas porque é decorrência de uma interpretação lógico-sistemática do dispositivo legal.

Vejamos:

(a) A decisão que julga a liquidação de sentença é interlocutória

O debate sobre a natureza da decisão que julga a liquidação de sentença, embora relevante e interessantíssimo, ultrapassa os limites propostos por este Manual.

De todo modo, vale o singelo registro de que referido ato tem contornos nítidos de decisão interlocutória, pois não põe fim à fase cognitiva do procedimento comum, tampouco extingue a execução (ou seja, não se encaixa com exatidão no conceito do § 1° do art. 203 do CPC), mas meramente complementa a sentença (ilíquida) anteriormente proferida.

Se é decisão interlocutória, incide a previsão do art. 1.015, parágrafo único, do CPC. O recurso adequado é o agravo de instrumento.

(b) Interpretação lógico-sistemática do art. 1.015, parágrafo único, do CPC

Não faria o menor sentido o legislador prever o cabimento de agravo de instrumento contra interlocutórias proferidas na liquidação de sentença se esta fosse julgada por sentença apelável.

Como dito acima, a ampla recorribilidade das interlocutórias previstas no parágrafo único do art. 1.015 do CPC resulta do fato de que tais procedimentos terminam por decisões que não comportam apelação, esvaziando a hipótese do § 1° do art. 1.009 do CPC.

Se a decisão que julga a liquidação de sentença fosse uma sentença (apelável, por força do art. 1.009 do CPC), por qual motivo as respectivas decisões interlocutórias seriam agraváveis, se poderiam ser ventiladas em eventual preliminar de apelação ou contrarrazões que impugnariam a decisão que resolve a liquidação (conforme o § 1° do art. 1.009 do CPC)? (ARAÚJO; LEMOS, 2018, p. 444).

O legislador, seguramente, perdeu a chance de transplantar para o CPC vigente a regra do antigo CPC (art. 475-H), que previa expressamente o cabimento de agravo de instrumento contra a decisão que julgava a liquidação de sentença (independentemente da natureza jurídica desta decisão).

De resto, a situação parece ser propícia para a aplicação do princípio da fungibilidade (na doutrina: FERRARI NETO, 2018, p. 540), assunto sobre o qual se discorreu na parte geral deste Manual e para o qual se remete o leitor. Neste sentido, aplicando a fungibilidade entre agravo de instrumento e apelação para recorrer da decisão que julga a liquidação de sentença, há interessante precedente da 6ª Câmara de Direito Público do Tribunal de Justiça de São Paulo (Agravo Interno nº 2125469-95.2018.8.26.0000/50000, rel. Des. SIDNEY ROMANO DOS REIS, j. 22.11.2018, v.u.).

2.1.2.13.2. No cumprimento de sentença

No âmbito do cumprimento de sentença (arts. 513 e seguintes do CPC), caberá agravo de instrumento contra *qualquer decisão interlocutória* proferida no seu curso.

Justifica-se a regra que generaliza o cabimento deste recurso pelo fato de que eventual apelação contra a sentença de extinção do cumprimento de sentença (art. 925 do CPC) muito possivelmente será inútil para contrastar as diversas decisões interlocutórias proferidas no curso desta fase, sobretudo sob o enfoque do executado, que terá sofrido com a expropriação de bens ou entrega de coisa, por exemplo, gerando situações irreversíveis (GONZALEZ, 2016, p. 359).

Ademais, vale repisar que o agravo de instrumento será cabível contra *qualquer decisão interlocutória* proferida no cumprimento de sentença. Esta parece ser a única interpretação que admite o parágrafo único do art. 1.015 do CPC.

Sendo assim, não merece reparos o julgado do STJ que definiu o cabimento do agravo de instrumento contra o pronunciamento judicial que, na fase de cumprimento de sentença, determinou a intimação do executado para cumprir obrigação de fazer, sob pena de multa, na pessoa do seu advogado (contrariando, portanto, a necessidade de intimação *pessoal* da parte) (STJ, 3ª Turma, REsp 1.758.800-MG, rel. Min. NANCY ANDRIGHI, j. 18.02.2020, v.u.).

Pelas mesmas razões, é criticável o julgado oriundo da 2ª Turma do STJ (REsp 1.700.305-PB) que busca limitar a recorribilidade de interlocutórias na execução, assunto do qual se ocupa em pormenores o item seguinte.

Merecem especial atenção algumas questões ligadas à recorribilidade de decisões proferidas por ocasião da apresentação de impugnação (art. 525 do CPC).

Acima foi visto que cabe agravo de instrumento contra as decisões sobre o excepcional efeito suspensivo nos embargos à execução (art. 1.015, X, do CPC). E no caso da impugnação ao cumprimento de sentença? Cabe recurso contra a decisão que concede, não concede, modifica ou revoga o efeito suspensivo, que também lá é excepcional? A resposta é positiva, tendo em vista que se trata de uma decisão interlocutória proferida na fase de cumprimento de sentença.

E qual é o recurso cabível contra a decisão que julga a própria impugnação ao cumprimento de sentença? A resposta variará de acordo com o conteúdo da decisão. Como regra geral, não há como recusar o acerto daquilo que decidiu didaticamente a 4ª Turma do STJ: "No sistema regido pelo NCPC, o recurso cabível da decisão que acolhe impugnação ao cumprimento de sentença e extingue a execução é a apelação. As decisões que acolherem parcialmente a impugnação ou a ela negarem provimento, por não acarretarem a extinção da fase executiva em andamento, tem natureza jurídica de decisão interlocutória, sendo o agravo de instrumento o recurso adequado ao seu enfrentamento." (REsp 1.698.344-MG, rel. Min. LUIS FELIPE SALOMÃO, j. 22/05/2018, v.u.)

2.1.2.13.3. No processo de execução

Caberá agravo de instrumento contra *qualquer decisão interlocutória* proferida no processo de execução. Esta parece ser a única interpretação adequada ao parágrafo único do art. 1.015 do CPC.

Repetem-se, aqui, as mesmas razões que justificam a recorribilidade imediata das decisões interlocutórias no cumprimento de sentença: eventual apelação contra a sentença de extinção da execução (art. 925 do CPC) muito possivelmente será inútil para contrastar as diversas decisões interlocutórias proferidas no curso do processo, sobretudo sob o enfoque do executado, que terá sofrido com a expropriação de bens ou entrega de coisa, por exemplo, gerando situações irreversíveis

Igualmente aqui, vale realçar que o cabimento do agravo de instrumento é generalizado, isto é, será adequado contra *toda e qualquer decisão interlocutória proferida no curso do processo de execução.*

Nada obstante, conforme destaque feito no item anterior, merece registro um julgado proveniente da 2ª Turma do STJ, segundo o qual "para a otimização do Código de Processo Civil, deve o exegeta interpretar restritivamente o dispositivo legal no sentido de que o Agravo de Instrumento não pode ser utilizado como meio de impugnação de toda e qualquer decisão interlocutória proferida no Processo de Execução, porquanto tal liberdade iria de encontro à celeridade que se espera do trâmite processual. Ademais, se, a cada decisão proferida pelo juiz *a quo*, o Tribunal de revisão for instado a se manifestar imediatamente sobre o seu acerto ou desacerto, haverá drástica diminuição na efetividade do processo. (REsp 1.700.305-PB, rel. Min. HERMAN BENJAMIN, j. 25.09.2018, v.u.).

Com todas as vênias, porém, a decisão acima destacada agride a tese fixada pela Corte Especial do próprio STJ ao julgar o REsp 1.696.396/MT (conforme o rito dos recursos repetitivos – arts. 1.036 e ss. do CPC). Vale antecipar que neste julgamento a Corte Especial do STJ flexibilizou a taxatividade das hipóteses de cabimento do agravo de instrumento[8].

A defesa do executado, na execução, se dá, como regra, pela oposição de embargos à execução, cuja recorribilidade se dá, em linhas gerais, da seguinte forma: (a) contra decisões que versem sobre o pedido de efeito suspensivo, na linha do que se tratou no item específico acima, caberá agravo de instrumento; (b) contra a sentença que os julga, caberá apelação; e (c) contra as demais decisões interlocutórias, aplica-se o regime geral de recorribilidade das decisões interlocutórias.

2.1.2.13.4. No processo de inventário

A última hipótese contemplada no parágrafo único do art. 1.015 do CPC diz respeito ao processo de inventário. Neste, caberá agravo de instrumento contra qualquer decisão interlocutória que venha a ser proferida.

Alguns apontamentos são oportunos sobre esta hipótese específica de cabimento.

O primeiro deles é no sentido de que o dispositivo não se aplica aos casos de inventários realizados por escritura pública (art. 610, §§ 1º e 2º, do CPC), exatamente pelo óbvio motivo de que se trata de um ato extrajudicial (no qual não há propriamente uma decisão judicial que possa ser objeto de recurso).

O segundo deles refere-se à amplitude do dispositivo. Assim, onde se lê "processo de inventário" deve-se compreender todos os procedimentos judi-

8. Sobre este julgamento, e seus impactos no cabimento do agravo de instrumento, remete-se o leitor ao item 2.1.3 infra.

ciais de inventário e partilha respectivos, quais sejam, o inventário litigioso, o arrolamento sumário e o arrolamento simples (GONZALEZ, 2016, p. 362).

Finalmente, contra sentença proferida no "processo de inventário" caberá apelação (art. 1.009, *caput*, do CPC).

2.1.3. Taxatividade (ou não) do art. 1.015 do CPC

Antes de iniciar o estudo sobre a taxatividade (ou não) das hipóteses de cabimento do agravo de instrumento previstas no art. 1.015 do CPC, convém relembrar algumas conclusões que foram construídas neste capítulo.

Assim, ficou assentado que o CPC vigente adota o sistema *intermediário* de recorribilidade das decisões interlocutórias, de modo que algumas devem ser contrastadas imediatamente (agravo de instrumento) e outras serão apreciadas, por provocação da parte, se e quando houver futuro recurso de apelação (na forma do art. 1.009, § 1°, do CPC).

Desde que o CPC vigente foi editado, uma dúvida passou a incomodar a doutrina: o rol do art. 1.015 do CPC é taxativo? Na tentativa de dar resposta a tal indagação, algumas correntes se formaram.

(i) Rol meramente exemplificativo ("numerus apertus")

Pode-se dizer, em primeiro lugar, que o rol é *meramente exemplificativo*, única solução possível para um procedimento de estrutura não concentrada como o nosso. Esta seria, sem dúvida, a melhor escolha que o legislador poderia fazer, especialmente quando se toma em consideração aquilo que foi dito na parte introdutória deste capítulo. Mas, lamentavelmente, não fez. O texto legal parece suficientemente claro – e *in claris cessat interpretatio* –, para que pura e simplesmente se pretenda contrariá-lo.

(ii) Rol exaustivo ("numerus clausus")

Em segundo lugar, sustenta-se, pura e simplesmente a *taxatividade* das hipóteses de cabimento do agravo de instrumento. E, neste caso, ao prejudicado pela decisão restaria a via do mandado de segurança como sucedâneo recursal do agravo de instrumento, sem prejuízo do pedido de reconsideração (NOTARIANO; BRUSCHI, 2015, p. 125-126).

Parece não haver dúvidas de que realmente o legislador pretendeu criar um rol exaustivo com hipóteses de cabimento do recurso do agravo de instrumento. Por isso mesmo, este Manual expressamente manifestou sua adesão a esta orientação em suas três primeiras edições.[9]

Este entendimento, aliás, foi largamente utilizado por diversos tribunais nos primeiros anos de vigência do CPC.

(iii) Rol legal admite interpretação extensiva

Em terceiro lugar, pode-se sustentar que as hipóteses de cabimento do agravo de instrumento previstas em lei admitem interpretação extensiva, de modo a contemplar situações não previstas de forma expressa. E a doutrina procura colaborar com diversos exemplos de situações práticas que justificariam a adoção desta posição.

Assim, por exemplo, caberia agravo de instrumento contra decisão que (i) aplica multa à parte, hipótese albergada pela decisão de mérito (art. 1.015, II, do CPC); (ii) indefere parcialmente a produção antecipada de prova, igualmente ligada ao mérito e agravável por força do inciso II do art. 1.015 do CPC; (iii) versa sobre competência, em decorrência de uma interpretação extensiva da hipótese do inciso III do art. 1.015 (pois convenção de arbitragem é uma manifestação de competência); entre outros (DIDIER JR.; CUNHA, 2016, p. 208-218).

Caberia, também, admitir o agravo de instrumento contra a decisão que julga a preliminar de impugnação ao valor da causa (SOUZA, 2016, p. 697) ou contra a decisão que de ofício e por arbitramento corrige o valor da causa quando verificar que este não corresponde ao conteúdo patrimonial em discussão ou ao proveito econômico perseguido pelo autor (art. 292, § 2º, do CPC).

Adere a esta corrente, por igual, a opinião segundo a qual caberia agravo de instrumento contra todas as decisões proferidas durante o trâmite do incidente de desconsideração da personalidade jurídica (e não apenas contra a decisão que o resolva, conforme art. 136 do CPC). Embasa-se esta visão não apenas numa interpretação elástica do parágrafo único do art. 1.015 do CPC, mas também no fato de que tal incidente não tolera recurso

9. Como destacado em edições anteriores, "Embora a opção legislativa evidentemente não tenha sido a mais feliz, é legítima e alinhada ao modelo constitucional do processo. Por tais razões, este Manual a ela adere expressamente."

de apelação, de modo que o regime do art. 1.009, § 1º, do CPC, não se aplicaria (VIEIRA, 2017, p. 185-186).

Existem diversos registros de julgados que acolhiam esta orientação em um caso específico: o cabimento do agravo de instrumento que verse sobre competência do juízo (no STJ, conferir, por exemplo, o julgamento do REsp 1.679.909-RS pela 4ª Turma).

(iv) Taxatividade mitigada – tese vinculante firmada pelo STJ em julgamento sujeito ao regime dos recursos repetitivos

Após quase três anos de insegurança quanto à melhor interpretação a ser dada à questão, o STJ, cumprindo seu papel constitucional, afetou à sua Corte Especial o julgamento de dois recursos especiais[10] submetendo-lhe a definição da natureza do rol do art. 1.015 do CPC e a possibilidade de se admitir a interposição de agravo de instrumento contra decisão interlocutória que verse sobre hipóteses não expressamente versadas nos incisos do referido dispositivo.

A tese que saiu vencedora foi a seguinte (Tema 988): "O rol do art. 1.015 do CPC é de taxatividade mitigada, por isso admite a interposição de agravo de instrumento quando verificada a urgência decorrente da inutilidade do julgamento da questão no recurso de apelação."

Considerando que a tese é advinda da técnica de julgamento de recursos repetitivos (arts. 1.036 e seguintes do CPC), o julgamento tem caráter vinculante (art. 927, III, do CPC). Daí porque, goste-se ou não do que ficou decidido, não há dúvidas de que esta orientação deverá prevalecer até que seja revista (*overruling* – art. 927, §§ 2º ao 4º, do CPC). Assim, independentemente das inevitáveis críticas que possa sofrer (e são muitas), esta passa ser a orientação assumida por este Manual.

Em resumo, o cenário atual acerca da recorribilidade de decisões interlocutórias em primeiro grau é o seguinte:

10. REsp 1.696.396-MT e REsp 1.704.520-MT.

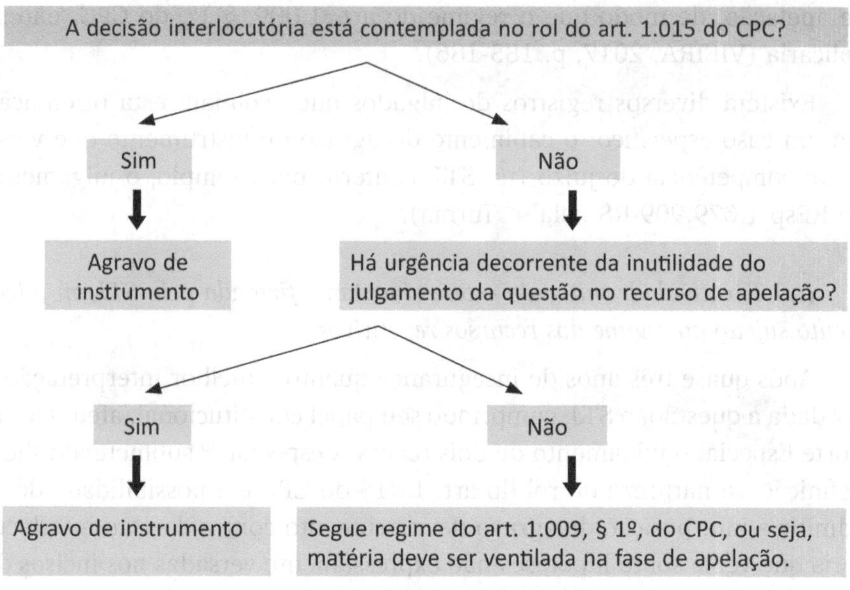

Ressalve-se que a tese da taxatividade mitigada não significa dizer que as hipóteses legais de cabimento do agravo de instrumento estão elencadas num rol exemplificativo que tolere interpretação extensiva ou analogia. Tal possibilidade foi expressamente recusada pela Corte Especial do STJ (neste ponto, aliás, houve unanimidade). Em resumo, ficou definido que ao rol do art. 1.015 deve ser agregada mais uma hipótese de cabimento: caberá agravo de instrumento quando verificada a urgência decorrente da inutilidade do julgamento da questão no recurso de apelação. E só.

A indagação que naturalmente surge diz respeito à interpretação que merece a tese firmada pela Corte Especial do STJ. Afinal de contas, quando se verificará a urgência decorrente da inutilidade do julgamento da questão no recurso de apelação?

Para compreender o alcance da tese, é preciso relembrar da hipótese atípica do cabimento da apelação aludida no art. 1.009, § 1º, do CPC (analisada com o devido cuidado no Capítulo I supra). Assim, quando a decisão interlocutória não for agravável, eventual irresignação só poderá ser manifestada e apreciada por ocasião do recurso de apelação.

Mas, de fato, é inegável que será inútil postergar o julgamento de determinadas decisões interlocutórias para a fase de futura e eventual apelação.

Ao proferir seu voto nos acórdãos paradigma em que foi formulada a tese, a própria relatora Min. NANCY ANDRIGHI tratou de apresentar alguns exemplos de decisões que merecem pronta reapreciação (recorribilidade imediata): indeferimento do pedido de decretação de segredo de justiça, questão relacionada à competência do juízo e estrutura procedimental que deverá ser observada no processo. Cada uma delas, por razões específicas, não toleram que se aguarde a fase da apelação para serem revistas.

Finalmente, assumindo-se a tese firmada pela Corte Especial do STJ, duas importantes dúvidas podem surgir sobretudo para aqueles que militam na prática. São elas:

(a) Como fica o regime de preclusões das decisões interlocutórias?

Se interpretássemos como taxativas as hipóteses de cabimento do agravo de instrumento, saberíamos de antemão quais são as decisões interlocutórias agraváveis e que, por consequência, estariam sujeitas a preclusão caso não fossem contrastadas na forma da lei.

Todavia, assumindo a taxatividade mitigada, o que significa agregar às hipóteses de cabimento do agravo de instrumento uma situação de elevada abstração (urgência decorrente da inutilidade do julgamento da questão no recurso de apelação), pode restar o temor de que eventual decisão não agravada (porque nela a parte não vislumbrou urgência decorrente da inutilidade do julgamento da questão no recurso de apelação) pode precluir, impedindo sua eventual apreciação por ocasião do julgamento da apelação.

Pois bem. Definitivamente não se pode, em hipótese alguma, prejudicar o jurisdicionado.

Assim, *só se sujeitarão à preclusão as decisões interlocutórias não agravadas que versarem sobre matérias expressamente previstas no art. 1.015 do CPC.*

Deste modo, se a decisão interlocutória não estiver contemplada claramente no rol deste dispositivo, ela não se sujeitará à preclusão pelo fato da parte não ter interposto agravo de instrumento, optando por ventilar a questão na forma do art. 1.009, § 1°, do CPC.

Suponhamos uma nova situação agora: a parte opta por agravar contra decisão interlocutória não elencada expressamente no rol do art. 1.015 do CPC (mas que, a seu ver, tem urgência decorrente da inutilidade do julgamento da questão no recurso de apelação). Ao receber o recurso, porém, o tribunal não o admite porque ele – o tribunal – não vislumbra a urgência decorrente da inutilidade do julgamento da questão no recurso de apelação. Poderá futuramente a parte ventilar esta mesma questão na forma do art. 1.009, § 1º, do CPC? Não há dúvidas que sim. Interpretação diversa (alegando preclusão consumativa), atentaria contra a segurança jurídica.

Em arremate, como bem anotado pela Min. NANCY ANDRIGHI ao proferir seu voto no julgamento dos recursos paradigma: "Dito de outra maneira, o cabimento do agravo de instrumento na hipótese de haver urgência no reexame da questão em decorrência da inutilidade do julgamento diferido do recurso de apelação está sujeito a um duplo juízo de conformidade: um, da parte, que interporá o recurso com a demonstração de seu cabimento excepcional; outro, do Tribunal, que reconhecerá a necessidade de reexame com o juízo positivo de admissibilidade. Somente nessa hipótese a questão, quando decidida, estará acobertada pela preclusão. Significa dizer que, quando ausentes quaisquer dos requisitos acima mencionados, estará mantido o estado de imunização e de inércia da questão incidente, possibilitando que seja ela examinada, sem preclusão, no momento do julgamento do recurso de apelação."

(b) Cabe mandado de segurança contra decisões interlocutórias não agraváveis?

Após a Corte Especial do STJ ter firmado a tese da taxatividade mitigada, a resposta deve ser negativa.

É verdade que o mandado de segurança vinha sendo utilizado, e tolerado no âmbito jurisprudencial, de forma excepcional (apenas para contrastar decisões interlocutórias teratológicas ou diante de situações de urgência).

No entanto, uma vez que haja uma definição da amplitude das hipóteses de cabimento do agravo de instrumento, não restam motivos para a impetração do *mandamus*. Este entendimento foi acolhido pela 3ª Turma do STJ (RMS 63.202-MG, rel. Min. MARCO AURÉLIO BELLIZZE, rel. acórdão Min. NANCY ANDRIGHI, j. 01/12/2020, por maioria).

Ora, se a decisão está expressamente contemplada na lei como agravável, caberá agravo de instrumento. Por outro lado, não sendo a decisão uma daquelas expressamente previstas no rol do art. 1.015 do CPC, de duas uma: ou a decisão se enquadra na tese firmada pela Corte Especial do STJ, quando então desafiará agravo de instrumento; ou então a decisão se sujeita ao regime do § 1º do art. 1.009 do CPC. Em qualquer caso, no entanto, fica afastada a hipótese de impetrar mandado de segurança.

2.2. Legitimidade recursal

A legitimidade recursal no agravo de instrumento está alinhada, em essência, com a legitimidade recursal em geral, sobre a qual já se tratou no capítulo sobre a teoria geral dos recursos. Assim, são legitimados a agravar de uma decisão, na forma do art. 996 do CPC, a parte, o terceiro prejudicado e o Ministério Público (como parte ou como fiscal da ordem jurídica).

2.3. Interesse recursal

O interesse recursal, como visto antes no capítulo sobre a teoria geral dos recursos, é a manifestação do interesse de agir (condição da ação). Não basta estar legitimado a recorrer, é preciso ter interesse para praticar o ato. Tudo que lá se expôs se aproveita no âmbito do agravo de instrumento.

2.4. Inexistência de fatos impeditivos ou extintivos do poder de recorrer

Novamente, tudo que se tratou no capítulo sobre a teoria geral dos recursos acerca da inexistência de fatos impeditivos ou extintivos ao direito de recorrer pode ser aproveitado no âmbito do agravo de instrumento.

A desistência, a renúncia e a aquiescência, portanto, impedirão que o órgão julgador aprecie o mérito deste recurso, que não será conhecido diante da ocorrência de alguma dessas hipóteses.

2.5. Tempestividade

O agravo de instrumento, seguindo a regra geral dos recursos, deve ser interposto no prazo de quinze dias, a teor do § 5º do art. 1.003 do CPC.

Neste mesmo prazo o agravado poderá oferecer resposta (art. 1.003, § 5º; e art. 1.019, II; ambos do CPC).

Todo regime jurídico dos prazos recursais, sobre os quais já se ocupou no capítulo da teoria geral dos recursos, ao agravo de instrumento se aproveita, inclusive sua contagem em *dias úteis* (art. 219 do CPC).

2.6. Preparo

Como qualquer recurso, o agravo de instrumento se sujeita ao preparo recursal, na exata linha daquilo que já se considerou no capítulo sobre teoria geral dos recursos.

A este respeito, aliás, o art. 1.017, § 1º, dispõe que "Acompanhará a petição o comprovante do pagamento das respectivas custas e do porte de retorno, quando devidos, conforme tabela publicada pelos tribunais".

Não há dúvidas, portanto, de que o agravo de instrumento (i) se sujeita ao preparo recursal; (ii) o preparo pode ser composto pelas custas e pelo porte de retorno, salvo se os autos forem eletrônicos; (iii) compete a cada tribunal publicar a tabela dos valores do preparo do agravo de instrumento; e (iv) são documentos essenciais, que devem acompanhar a petição do agravo de instrumento, os comprovantes de recolhimento do preparo do agravo.

2.7. Regularidade formal

O agravo de instrumento será dirigido diretamente ao tribunal competente, por meio de petição escrita (e não oralmente) que contenha os elementos previstos no art. 1016 do CPC, a saber:

(i) *indicação dos nomes das partes*, ou seja, do agravante e do agravado;

(ii) *exposição do fato e do direito*, isto é, a síntese da causa de pedir da ação judicial de onde se originou o agravo de instrumento;

(iii) *as razões do pedido de reforma ou de invalidação da decisão*, vale dizer, os motivos que ensejam a interposição do agravo de instrumento. Percebe-se, aliás, que no agravo de instrumento o pedido de ser de reforma (nos casos de *error in judicando*) ou de invalidação (nos casos de *error in procedendo*);

(iv) *o próprio pedido*, quer dizer, o mérito recursal, que poderá ser a reforma ou invalidação da decisão (ou ambos, cumulados, se for o caso);

(v) *a indicação do nome e o endereço completo dos advogados constantes do processo*, para que o tribunal conheça quem representa as partes envolvidas no agravo de instrumento.

Sem prejuízo, o agravo de instrumento deverá ser instruído com as cópias a que se refere o art. 1.017 do CPC.

A juntada de tais cópias se justifica pelo fato de que o agravo de instrumento é interposto diretamente no órgão *ad quem* (tribunal) enquanto o processo continua com sua tramitação normal na instância inferior (não há a remessa dos autos ao tribunal). O tribunal, contudo, desconhece o que se passa (ou se passou até então) no processo em primeiro grau de jurisdição. Daí porque as cópias do processo devem acompanhar a petição do agravo.[11]

E quais cópias, então, devem instruir o agravo?

Existem dois tipos de cópias: (i) obrigatórias e (ii) facultativas.

As *cópias obrigatórias* são aquelas elencadas no inciso I do art. 1.017 do CPC, a saber:

(a) *petição inicial*, para a demonstração das teses do autor;

(b) *contestação*, para a demonstração das teses do réu;

(c) *petição que ensejou a decisão agravada*, que é o antecedente gerador do objeto agravo de instrumento;

(d) *a própria decisão agravada*, que é o objeto agravo de instrumento;

(e) *a certidão da respectiva intimação ou outro documento oficial que comprove a tempestividade*; para comprovar a tempestividade do recurso perante o tribunal. Note que a lei prefere a certidão de intimação, constante dos autos em que proferida a decisão, mas tolera qualquer outro documento, desde que oficial, para demonstrar a tempestividade do recurso (por exemplo, a cópia da página de publicação da decisão no diário eletrônico, com indicação da respectiva data).

(f) *procurações outorgadas aos advogados do agravante e do agravado*, com a finalidade de se comprovar a representação técnica dos envolvidos no processo.

Diante da inexistência de qualquer documento cuja cópia é obrigatória, deverá o advogado do agravante juntar declaração neste sentido, sob sua responsabilidade pessoal (art. 1.017, II, do CPC). Deste modo, por exemplo, se a decisão recorrida diz respeito a indeferimento de pedido de tutela provisória requerida em caráter liminar, antes mesmo da integração do réu ao processo, evidentemente que não estará disponível nos autos a procuração outorgada por ele. A declaração em si mesma, por isso, passa a ser peça obrigatória quando ausente qualquer documento cuja juntada da cópia obrigatoriamente devesse ser realizada (NEVES, 2015, p. 557).

11. Eis a razão do *nomem juris*: as cópias *instruem* o agravo, formam o *instrumento* do agravo. Então, o agravo é de instrumento, porque se trata de um recurso que será instruído.

As *cópias facultativas* são todas aquelas não previstas no rol do inciso I do art. 1.017 do CPC, mas que o agravante repute úteis à compreensão das circunstâncias envolvidas (art. 1.017, III, do CPC). Inegavelmente, admite-se a juntada de documentos novos no agravo de instrumento, portanto.

Conforme o art. 425, IV, do CPC, fazem a mesma prova que os originais "as cópias reprográficas de peças do próprio processo judicial declaradas autênticas pelo advogado, sob sua responsabilidade pessoal, se não lhes for impugnada a autenticidade". Por isso, pode-se afirmar que a autenticação das cópias é necessária, mas tal ato pode ser realizado pelo próprio advogado (sob sua responsabilidade pessoal), que para tal ato terá fé pública, sendo desnecessária a autenticação por oficial público.

Nada obstante, lembre-se que o § 5º do art. 1.017 do CPC dispensa a juntada das cópias obrigatórias (e da declaração de sua inexistência) na hipótese em que os autos do processo em primeiro grau sejam eletrônicos. O que poderá o agravante, se quiser, é juntar as cópias facultativas. Com efeito, lê-se no referido dispositivo legal: "Sendo eletrônicos os autos do processo, dispensam-se as peças referidas nos incisos I e II do *caput*, facultando-se ao agravante anexar outros documentos que entender úteis para a compreensão da controvérsia."

Esta ressalva legal se justifica pelo fato de que o acesso dos julgadores aos autos eletrônicos é extremamente simples, não se justificando a imposição burocrática ao agravante de juntar documentos que estão acessíveis na rede mundial de computadores.

Não se esqueça que a petição do agravo de instrumento também deverá ser acompanhada do comprovante do pagamento das respectivas custas e do porte de retorno, quando devidos, conforme tabela publicada pelos tribunais (art. 1.017, § 1º, do CPC). Não se trata, propriamente, de uma cópia obrigatórias, mas sim de um elemento ligado ao preparo recursal, sem o qual o agravo de instrumento não será admitido por deserção.

Como se demonstrará em item específico, é praxe forense apresentar o agravo de instrumento em duas peças distintas, mas conjuntamente protocoladas: uma de interposição e outra com as razões recursais (também chamada de minuta de agravo de instrumento). Não há nada, porém, que exija esta prática, razão pela qual a interposição em peça única deve ser aceita normalmente.

Finalmente, lembre-se que eventual vício de forma será sanável, à luz da previsão do art. 932, parágrafo único, do CPC: "Antes de considerar inadmissível o recurso, o relator concederá o prazo de 5 (cinco) dias ao recorrente para que seja sanado vício ou complementada a documentação exigível." Assim, por exemplo, à falta de qualquer cópia, deve o relator do agravo de instrumento apontar a omissão ao agravante, concedendo-lhe o prazo legal para complementar a formação do instrumento.

Esta conclusão, que se aplica à generalidade dos recursos, é reforçada pelo legislador especificamente no caso do agravo de instrumento, conforme a previsão do art. 1.017, § 3°, do CPC, segundo o qual: "Na falta da cópia de qualquer peça ou no caso de algum outro vício que comprometa a admissibilidade do agravo de instrumento, deve o relator aplicar o disposto no art. 932, parágrafo único."

Naturalmente, se o agravante não atender à determinação para sanar o vício ou complementar a documentação exigível, seu recurso não será conhecido (NOTARIANO; BRUSCHI, 2015, p. 114-115).

3. EFEITOS

Os efeitos do agravo de instrumento são as consequências decorrentes não apenas de sua interposição, mas também de seu julgamento. Assim foi dito no capítulo da teoria geral dos recursos, cujas considerações aqui se aproveitam. Este item, então, cuidará apenas das questões peculiares dos efeitos do agravo de instrumento.

Seguindo a regra geral estabelecida pelo art. 995 do CPC, portanto, o agravo de instrumento se limita ao efeito devolutivo, reservando-se o efeito suspensivo a situações excepcionais (THEODORO JR., 2016, p. 1043).

E se o agravo de instrumento fizer o papel de substitutivo da apelação no caso do art. 356, § 4°, do CPC (julgamento antecipado e parcial do mérito)? Neste caso, o agravo interposto teria efeito suspensivo, como em regra tem a apelação? A resposta é negativa, pois, ao prever expressamente o cabimento do recurso de agravo no caso do julgamento antecipado e parcial do mérito, sem ressalvar sobre seus efeitos, é de rigor se aplicar a regra geral da não suspensividade, em que pese a bem fundamentada posição contrária de GILBERTO GOMES BRUSCHI e MÁRCIO MANOEL MAIDAME (2016, p. 794).

Assim, na forma do parágrafo único do art. 995 do CPC, "A eficácia da decisão recorrida poderá ser suspensa por decisão do relator, se da imediata produção de seus efeitos houver risco de dano grave, de difícil ou impossível reparação, e ficar demonstrada a probabilidade de provimento do recurso."

Conclui-se, desde logo, que a competência para apreciar o pedido é do *relator* do recurso, constatação que se reforça pela leitura do art. 1.019, I, do CPC.

Ademais, a concessão do efeito suspensivo ao agravo de instrumento fica condicionada à presença dos requisitos legais, isto é, (i) se a produção imediata de efeitos puder causar dano grave, de difícil ou impossível reparação; e, além disso, cumulativamente, (ii) se ficar demonstrada a probabilidade de provimento do recurso. Como já mencionado antes, tais requisitos são reproduções de velhas fórmulas consagradas, respectivamente, *periculum in mora* e *fumus boni juris*. Em coerência com o que já se defendeu no item sobre efeito suspensivo, no capítulo da teoria geral dos recursos, é preciso também que haja requerimento expresso da parte.

Nitidamente, os requisitos que ensejam o efeito suspensivo não são objetivos, o que afasta a taxatividade das hipóteses em que tal efeito poderá ser atribuído ao agravo de instrumento. O regime legal confia ao relator a prudente averiguação de maior ou menor risco no caso concreto, sem limitá-lo ao casuísmo de um rol taxativo (THEODORO JR., 2016, p. 1043).

Concedido o efeito suspensivo ao agravo de instrumento pelo relator, a decisão será comunicada ao juízo *a quo* (art. 1.019, I, do CPC), que deverá atender ao comando emanado pela instância superior.

Não se deve deixar de mencionar que o agravo de instrumento também poderá ter o chamado *efeito ativo*, que é uma variação do efeito suspensivo. O efeito ativo é uma antecipação de tutela recursal (total ou parcial) e se justifica nas hipóteses em que o agravante pretende exatamente que a pretensão seja não apenas acolhida imediatamente, mas que também seja desde logo exigível.

Um exemplo prático auxiliará na compreensão dos efeitos suspensivo e ativo. Suponha que "A" promova uma ação contra o "Município X" exigindo que este lhe forneça um determinado medicamento. O autor também pleiteia tutela provisória antecipada, para que o fornecimento se dê desde logo. Diante desta situação, o juízo a quo terá duas escolhas, essencialmente: (a) deferir o pedido; e (b) indeferir o pedido.

No primeiro caso – deferido o pedido – o "Município X" terá interesse recursal no agravo de instrumento e também na concessão de efeito suspensivo ao recurso, para que a obrigação que lhe foi imposta seja afastada até o julgamento final do recurso. Note-se que a decisão judicial, no caso, impôs uma prestação positiva ao agravante e este quer justamente afastar os efeitos de dita decisão. Por isso, quer suspender a eficácia da decisão.

No segundo caso – indeferimento do pedido – quem terá interesse recursal no agravo de instrumento é o autor "A". E mais, diante da urgência, interessa-lhe também que a ordem judicial para fornecer o medicamento seja emanada e surta efeitos desde logo. Neste caso é que cabe o pedido de efeito ativo. Note-se que a decisão judicial, no caso, excluiu qualquer prestação da parte contrária e a pretensão recursal do agravante é justamente impor a obrigação e dar-lhe imediato efeito. Por isso, quer efeito ativo ao agravo de instrumento.

O efeito suspensivo ou efeito ativo podem ser concedidos liminarmente ou após a oitiva do agravado.

O agravo de instrumento, de resto, também tem o chamado *efeito regressivo*, que permite ao julgador retratar-se da decisão interlocutória proferida após a interposição do recurso. Assim, comunicado ao juízo *a quo* a interposição do agravo de instrumento (art. 1.018, *caput*, do CPC), será facultado ao juiz rever integralmente sua decisão. Caso o faça, comunicará ao relator do agravo de instrumento no tribunal, que considerará prejudicado o recurso (art. 1.018, § 1°, do CPC).

4. INTERPOSIÇÃO E PROCESSAMENTO

O agravo de instrumento será interposto por petição escrita diretamente no tribunal competente, conforme art. 1.016 do CPC. Assim, diferentemente da apelação (que é interposta no juízo *a quo* e depois encaminhada ao juízo *ad quem*), o agravo de instrumento será endereçado à presidência do tribunal (ou para outro órgão, a depender do que prevê o respectivo regimento interno).

Existem diversas formas de interposição do agravo de instrumento, conforme o § 2° do art. 1.017 do CPC. Sobre elas, dedica-se um item exclusivo adiante.

Interposto o agravo de instrumento, o recurso será recebido e distribuído imediatamente (art. 1.019, *caput*, 1ª parte). Neste momento, terá o relator designado algumas opções relevantes sobre o futuro do recurso interposto.

A primeira possibilidade que se abre ao relator é a *rejeição liminar do agravo de instrumento* por não o conhecer ou por negar-lhe provimento, desde que presentes as hipóteses autorizadoras dos incisos III e IV do art. 932 do CPC, respectivamente.

De outro lado, se não for o caso de rejeição liminar, o relator *admitirá o processamento regular do agravo de instrumento*. Nesta hipótese, terá o prazo impróprio de cinco dias para observar as previsões dos incisos I a III do art. 1.019 do CPC, isto é:

(i) *Poderá atribuir efeito suspensivo ao recurso ou deferir, em antecipação de tutela, total ou parcialmente, a pretensão recursal, comunicando ao juiz sua decisão*. Esta possibilidade já foi analisada anteriormente, quando do estudo dos efeitos do agravo de instrumento.

(ii) *Ordenará a intimação do agravado pessoalmente, por carta com aviso de recebimento, quando não tiver procurador constituído, ou pelo Diário da Justiça ou por carta com aviso de recebimento dirigida ao seu advogado, para que responda no prazo de 15 (quinze) dias, facultando-lhe juntar a documentação que entender necessária ao julgamento do recurso*.

Trata-se, aqui, da formação do contraditório no agravo de instrumento. A intimação do agravado será, em regra, dirigida ao seu advogado. A comunicação ao advogado far-se-á pelo Diário da Justiça (regra) ou por carta com aviso de recebimento (exceção, conforme art. 273, II, do CPC).

Se o agravado não tiver procurador constituído, sua intimação será pessoal, por carta com aviso de recebimento. Esta hipótese, por lógica, fica reservada à situação em que o agravado for réu no processo (porque, se for autor, necessariamente estará patrocinado) e se verificará no caso de revelia ou de decisão proferida *in limine* antes de sua regular citação, hipótese que, aliás, não afasta a necessidade de sua regular citação em primeiro grau de jurisdição (NEVES, 2015, p. 561-562).

Intimado, o agravado terá o direito de apresentar resposta no prazo de quinze dias, facultando-lhe juntar a documentação que entender necessária ao julgamento do recurso. Na resposta poderá ventilar tanto aspectos ligados à admissibilidade do agravo (preliminares) quanto matérias de mérito recursal (rejeitando a pretensão do agravante).

O prazo de resposta do agravo, ademais, será contado (a) da data de publicação no órgão oficial, quando a intimação for dirigida ao advogado pelo Diário da Justiça (art. 272 do CPC) ou (b) da juntada do aviso de recebimento da intimação postal nas demais hipóteses (art. 231, I; e art. 1.003, § 2º; ambos do CPC).

(iii) Determinará a intimação do Ministério Público, preferencialmente por meio eletrônico, quando for o caso de sua intervenção, para que se manifeste no prazo de 15 (quinze) dias.

Tomadas tais providências pelo relator, o próximo passo é o julgamento do agravo de instrumento. Este julgamento poderá ser monocrático (exceção) ou colegiado.

Será monocrático não apenas nas hipóteses de rejeição do agravo de instrumento já vistas anteriormente (incisos III e IV do art. 932 do CPC) como também para dar provimento ao recurso (art. 932, V, do CPC). A possibilidade do relator dar provimento monocraticamente ao recurso de agravo de instrumento, após possibilitar a apresentação de contrarrazões pelo agravado, parece indiscutível, encontrando amparo não apenas no dispositivo legal mencionado (art. 932, V, do CPC), como também no Enunciado 592 do FPPC. Reforce-se, contudo, que o julgamento monocrático que dê provimento ao recurso é hipótese reservada aos casos em que já houve prévio contraditório apenas. Em qualquer caso, decidido monocraticamente o agravo de instrumento, caberá agravo interno desta decisão, à luz do art. 1.021 do CPC (NOTARIANO; BRUSCHI, 2015, p. 118).

Mas, como dito, habitualmente o julgamento será colegiado, observado o art. 1.020 do CPC neste particular: "O relator solicitará dia para julgamento em prazo não superior a 1 (um) mês da intimação do agravado." Tal prazo é impróprio. Ainda bem, porque é hipótese mais do que remota que algum tribunal consiga julgar tão velozmente, e com qualidade, um agravo de instrumento.

O seguinte esquema resume como se dá o processamento do agravo de instrumento:

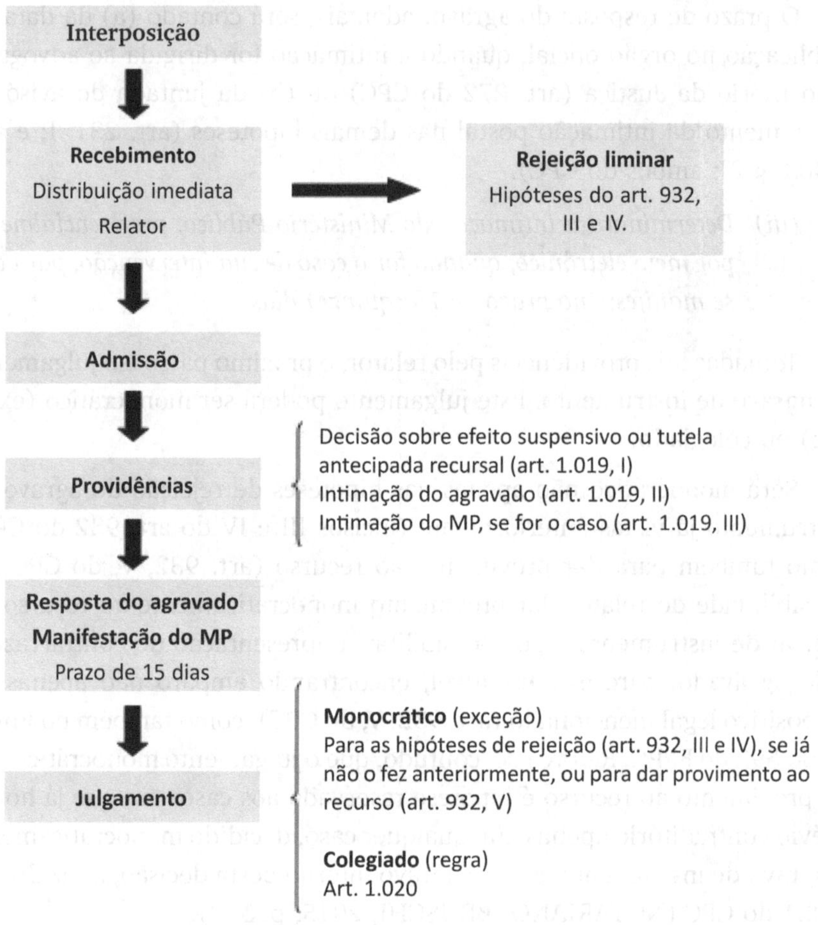

4.1. Formas de interposição

Diversas são as formas pelas quais se pode interpor o agravo de instrumento, à luz do art. 1.017, § 2º, do CPC. São elas:

(i) *Protocolo realizado diretamente no tribunal competente para julgá-lo*. Este protocolo poderá ser físico ou eletrônico, a variar conforme serão os autos do próprio agravo de instrumento.

(ii) *Protocolo realizado na própria comarca, seção ou subseção judiciárias*. Este protocolo também poderá ser físico ou eletrônico. Denota-se, também, que o CPC "exige" que exista uma integração de protocolo físico pelo menos no local onde tramita o processo em primeiro grau.

(iii) *Postagem, sob registro, com aviso de recebimento*. Vale observar, neste particular, o art. 1.003, § 4º, do CPC: "Para aferição da tempestividade do recurso remetido pelo correio, será considerada como data de interposição a data de postagem."

(iv) *Transmissão de dados tipo fac-símile, nos termos da lei*. Neste caso, aplica-se ainda o § 4º do mesmo art. 1.017 do CPC, onde se lê que "Se o recurso for interposto por sistema de transmissão de dados tipo fac-símile ou similar, as peças devem ser juntadas no momento de protocolo da petição original." Frise-se, ainda, que esta forma de interposição vem regulada pela Lei 9.800/99.

(v) *Outra forma prevista em lei*.

5. COMUNICAÇÃO AO JUÍZO *A QUO*

Como dito anteriormente, o agravo de instrumento é interposto diretamente no órgão *ad quem* (tribunal) enquanto o processo continua com sua tramitação normal na instância inferior (não há a remessa dos autos ao tribunal). Não há, bem por isso, uma continuidade linear na atividade judicial de primeiro e segundo grau, como ocorre nos demais recursos.[12]

Consequentemente, então, é que a lei cria uma regra pela qual *o juízo de primeiro grau deve ser informado pelo agravante sobre a interposição do agravo de instrumento perante o tribunal*. Não há outra forma mesmo para que a notícia chegue ao juízo *a quo*.

Quais razões justificariam a comunicação da interposição do agravo de instrumento ao juízo *a quo*?

O agravante tem interesse em comunicar a interposição do agravo de instrumento para viabilizar o juízo de retratação pelo julgador *a quo*, alinhado ao efeito regressivo do agravo de instrumento anteriormente analisado.

Mas, ao que parece, a maior utilidade do dispositivo está centrada na pessoa do agravado. Tal comunicação facilita sua ampla defesa no agravo de instrumento, pois, como será visto, a comunicação vem acompanhada de

12. Por tal razão, aliás, é que o agravo deverá ser instruído com cópias (quando os autos do processo não forem eletrônicos), na forma do art. 1.017 do CPC, já apreciado anteriormente.

cópia da petição do agravo de instrumento, do comprovante de sua interposição e da relação dos documentos que instruíram o recurso (art. 1.018, *caput*, do CPC). Assim, não precisará o agravado se deslocar até o tribunal para obter cópias do agravo de instrumento e então exercitar sua defesa. O argumento pode parecer sem sentido para aqueles que exercem a advocacia próximos da sede do tribunal (onde será processado e julgado o agravo), mas é de utilidade ímpar para os advogados cujos escritórios estão distantes e se veriam obrigados a fazer longas, custosas e desgastantes viagens.

Assim, como dito, em conformidade com o art. 1.018, *caput*, do CPC, o agravante juntará aos autos do processo em primeiro grau de jurisdição, por petição, as seguintes cópias: (i) da petição do agravo de instrumento, (ii) do comprovante de sua interposição e (iii) da relação dos documentos que instruíram o recurso.

A comunicação da interposição do recurso de agravo de instrumento seguirá dois regimes jurídicos distintos, a depender dos autos serem ou não eletrônicos.

Assim, sendo *eletrônicos* os autos no tribunal, a comunicação é facultativa. Tanto assim é que o *caput* do art. 1.018 do CPC claramente expõe que o agravante "poderá" requerer a juntada das cópias aos autos em primeiro grau.

Deste modo, o agravo de instrumento não poderá deixar de ser admitido pela falta da providência do *caput* do art. 1.018 do CPC quando os autos do recurso forem eletrônicos. Esta é, também a conclusão do Enunciado 663 do FPPC.

A facultatividade, no caso de autos eletrônicos no tribunal, resulta do fato de que o agravado poderá acessá-los pela rede mundial de computadores. O argumento da eventual distância entre o escritório do advogado e a sede do tribunal perde qualquer sentido.

Nada obstante, embora a comunicação seja facultativa quando os autos no tribunal forem eletrônicos, tal postura (efetivar a comunicação) é altamente recomendável ao agravante, pois isso permite a retratação pelo juízo *a quo*, fato que lhe interessa muito.

Por outro lado, se os autos forem *não eletrônicos* no tribunal (processo físico no tribunal), a comunicação segue um regime de obrigatoriedade, conforme resulta da leitura dos §§ 2º e 3º do art. 1.018 do CPC.

De fato, o art. 1.018, § 2º, do CPC, dispõe que "Não sendo eletrônicos os autos, o agravante tomará a providência prevista no *caput*, no prazo de 3 (três) dias a contar da interposição do agravo de instrumento."

Verifica-se, assim, que o prazo do agravante para proceder à comunicação, na forma do *caput* do art. 1.018 do CPC (juntando as cópias mencionadas no dispositivo) é de três dias contados da interposição do agravo de instrumento. Deve-se seguir a regra geral de contagem de prazos, inclusive o cômputo apenas de dias úteis, excluindo o dia do começo (data da interposição) e incluindo o dia final.

E se o agravante, sendo físicos os autos no tribunal, deixar de proceder à comunicação da interposição do agravo de instrumento na forma do art. 1.018 do CPC? A resposta é dada pelo § 3º do art. 1.018 do CPC: "O descumprimento da exigência de que trata o § 2º, desde que arguido e provado pelo agravado, importa inadmissibilidade do agravo de instrumento."

Conclui-se, da leitura da regra, que a omissão do agravante levará à inadmissibilidade do agravo de instrumento.

A sanção legal (inadmissibilidade do recurso) pode ser mitigada em algumas circunstâncias, que, em maior ou menor grau, são manifestações do princípio da primazia do julgamento de mérito.

Com efeito, em primeiro lugar, decorre do texto legal que *o tribunal não poderá conhecer de ofício da omissão do agravante*, devendo manifestar-se apenas e tão-somente se o agravado arguir e provar o descumprimento da exigência.

Deste modo, nos casos de autos físicos no tribunal, se é ônus do agravante a comunicação ao juízo *a quo*, será ônus do agravado alegar e comprovar a inobservância da norma.

A lei não fixa prazo para que o agravado alegue e prove a omissão do agravante, mas parece razoável entender que o momento adequado para tanto é a resposta do agravo, cujo prazo é de quinze dias. Após tal lapso, ter-se-á preclusão temporal.

Em segundo lugar, a jurisprudência do STJ estabelece que o decreto da inadmissibilidade do agravo de instrumento, em razão do descumprimento da providência prevista no art. 1.018 do CPC, *condiciona-se à constatação do prejuízo da parte agravada*. É o que se vê, por exemplo, no julgamento, pela 4ª Turma do STJ, do AgInt no REsp 1.458.972-SP e do AgInt no REsp

1.351.630-SP. A orientação, oriunda dos tempos do CPC revogado, tem sido mantida na vigência do atual CPC e está em absoluta harmonia com os princípios da sistemática processual moderna.

Exemplo clássico de ausência de prejuízo se dá quando o agravado apresenta tempestivamente contrarrazões ao agravo de instrumento e exerce regularmente o seu direito de defesa.

Em terceiro e último lugar, o decreto de inadmissibilidade deve necessariamente ser precedido de oportunidade, concedida ao agravante, de suprir a falta ou de complementar a comunicação apenas parcialmente efetuada. A constatação é uma decorrência natural do que prevê o art. 932, parágrafo único, do CPC, e, mais especificamente, do § 3º do art. 1.017 do CPC. Além de contar com amplo apoio na doutrina (consultar, por todos: SCARPINELLA BUENO, 2020, p. 641), vem estampada no Enunciado 73 da I Jornada de Direito Processual Civil ("Para efeito de não conhecimento do agravo de instrumento por força da regra prevista no § 3º do art. 1.018 do CPC, deve o juiz, previamente, atender ao art. 932, parágrafo único, e art. 1.017, § 3º, do CPC, intimando o agravante para sanar o vício ou complementar a documentação exigível.").

6. ENUNCIADOS DO FPPC

29. É agravável o pronunciamento judicial que postergar a análise do pedido de tutela provisória ou condicionar sua apreciação ao pagamento de custas ou a qualquer outra exigência.

103. A decisão parcial proferida no curso do processo com fundamento no art. 487, I, sujeita-se a recurso de agravo de instrumento.

154. É cabível agravo de instrumento contra ato decisório que indefere parcialmente a petição inicial ou a reconvenção.

435. Cabe agravo de instrumento contra a decisão do juiz que, diante do reconhecimento de competência pelo juízo arbitral, se recusar a extinguir o processo judicial sem resolução de mérito.

560. As decisões de que tratam os arts. 22, 23 e 24 da Lei 11.340/2006 (Lei Maria da Penha), quando enquadradas nas hipóteses do inciso I, do art. 1.015, podem desafiar agravo de instrumento.

592. Aplica-se o inciso V do art. 932 ao agravo de instrumento.

611. Na hipótese de decisão parcial com fundamento no art. 485 ou no art. 487, as questões exclusivamente a ela relacionadas e resolvidas anteriormente, quando não recorríveis de imediato, devem ser impugnadas em preliminar do agravo de instrumento ou nas contrarrazões.

612. Cabe agravo de instrumento contra decisão interlocutória que, apreciando pedido de concessão integral da gratuidade da Justiça, defere a redução percentual ou o parcelamento de despesas processuais.

663. A providência prevista no caput do art. 1.018 somente pode prejudicar o conhecimento do agravo de instrumento quando os autos do recurso não forem eletrônicos.

681. Cabe sustentação oral no julgamento do agravo de instrumento interposto contra decisão que versa sobre efeito suspensivo em embargos à execução ou em impugnação ao cumprimento de sentença.

693. Cabe agravo de instrumento contra a decisão interlocutória que converte o rito da tutela provisória de urgência requerida em caráter antecedente.

705. Aplicam-se os §§ 3º e 4º do art. 1.013 ao agravo de instrumento interposto contra decisão parcial de mérito.

706. É cabível a interposição de agravo de instrumento contra as decisões interlocutórias proferidas após a decretação da falência ou o deferimento da recuperação judicial.

737. Cabe agravo de instrumento contra a decisão que indefere o pedido de efeito suspensivo a embargos à execução, nos termos dos incisos I e X do art. 1.015, do CPC.

7. MODELOS DE PETIÇÃO

7.1. Agravo de instrumento simples pedindo reforma da decisão

EXCELENTÍSSIMO SENHOR DOUTOR DESEMBARGADOR PRESIDENTE DO EGRÉGIO TRIBUNAL DE JUSTIÇA DO ESTADO DE SÃO PAULO.

TÍCIO NEGÍDIO, (qualificação e endereço), por seu advogado que assina digitalmente, vem respeitosamente à presença de Vossa Excelência, em razão de sua inconformidade com a respeitável decisão interlocutória de fls. (...), proferida nos autos do processo (...) que tramita perante a 1ª Vara Cível da Comarca de Suzano (ação indenizatória), que promove em face da CONSTRUTORA MORE BEM (qualificação e endereço) e IMOBILIÁRIA CASA SONHO (qualificação e endereço), interpor o recurso de AGRAVO DE INSTRUMENTO, com fundamento no art. 1.015, VIII, do CPC, o que faz nos termos das razões adiante articuladas.

Ocorrido o respectivo fato gerador, comprova neste ato o recolhimento do preparo recursal (art. 1.007 do CPC).

Sendo os autos eletrônicos, deixa de anexar as peças obrigatórias elencadas no art. 1.017, I e II, do CPC, conforme previsão do § 5º do art. 1.017 do CPC. Pela mesma razão, deixa de recolher o porte de retorno dos autos (art. 1.007, § 3º, do CPC).

Para os fins do art. 1.016, IV, do CPC, o agravante informa que é patrocinado pelo advogado que assina digitalmente este recurso, isto é, Dr. (...), com endereço profissional na (...). Esclarece o agravante, ainda, que deixa de citar o nome e endereço dos advogados das agravadas, tendo em vista que elas ainda não foram citadas no processo.

Requer, ao final, seja o presente recurso conhecido para, na análise de seu mérito, ser provido.

Nestes termos,

Pede deferimento.

Local e data.

Nome do advogado

Inscrição na OAB

....

RAZÕES DO RECURSO DE AGRAVO DE INSTRUMENTO

Origem: Processo nº ... da 1ª Vara Cível da Comarca de Suzano.

Agravante: TÍCIO NEGÍDIO

Agravadas: CONSTRUTORA MORE BEM e IMOBILIÁRIA CASA SONHO

EGRÉGIO TRIBUNAL,

COLENDA CÂMARA,

DOUTOS DESEMBARGADORES.

Insurge-se o presente recurso de agravo de instrumento contra respeitável decisão interlocutória de fls. (...) dos autos, que excluiu a litisconsorte IMOBILIÁRIA DO SONHO do feito. A referida decisão, com todo respeito, incorre em *error in judicando*, merecendo reforma, como será demonstrado.

Com efeito, pela leitura dos autos, verifica-se que o agravante ajuizou ação visando receber indenização das agravadas (corrés), sob argumento de que firmou contrato de compra e venda de um imóvel na planta da CONSTRUTORA MORE BEM, com intermediação da IMOBILIÁRIA CASA SONHO.

Consta também que a agravada IMOBILIÁRIA CASA SONHO montou *stand* de vendas no local do empreendimento e distribuiu *folders* de divulgação ao público consumidor no qual pode ser lida frase em que consta "A Imobiliária Casa Sonho garante todas as condições do contrato".

No referido contrato de venda e compra, por sua vez, há cláusula prevendo prazo de 12 (doze) meses para entrega do imóvel pronto para morar.

Entretanto, mesmo tendo o agravante cumprido a sua parte do contrato, com o pagamento integral do valor avençado, o prazo estabelecido não foi cumprido, ultrapassando mais de 20 (vinte) meses da data inicialmente prevista, ocasionando o pleito indenizatório.

Ao receber a petição inicial, todavia, o magistrado de primeiro grau determinou a exclusão da IMOBILIÁRIA CASA SONHO do feito, expondo entendimento de que não há responsabilidade desta pela conclusão da obra.

Ocorre, todavia, que a solidariedade passiva das agravadas no caso é patente. Isso não apenas pela solidariedade resultante naturalmente da aplicação do Código de defesa do Consumidor, mas especialmente pela oferta pública da IMOBILIÁRIA CASA SONHO, garantindo as condições do contrato.

De resto, a legitimidade da parte deve ser aferida *in status assertionis*. A concreta verificação da responsabilidade da agravada excluída é matéria de mérito, que deve ser julgado em relação a todos os sujeitos inseridos no polo passivo.

Pelo exposto, requer seja o presente recurso conhecido para, no mérito, ser-lhe dado provimento, reformando-se a decisão agravada para os fins de manter a agravada IMOBILIÁRIA CASA SONHO no polo passivo.

Nestes termos,

Pede deferimento.

Local e data.

Nome do advogado

Inscrição na OAB

7.2. Agravo de instrumento com pedido de efeito ativo

EXCELENTÍSSIMO SENHOR DOUTOR DESEMBARGADOR PRESIDENTE DO EGRÉGIO TRIBUNAL DE JUSTIÇA DO ESTADO DE MINAS GERAIS.

DÉCIO CLEMENTE, (qualificação e endereço), por seu advogado que assina digitalmente, vem respeitosamente à presença de Vossa Excelência, em razão de sua inconformidade com a respeitável decisão interlocutória de fls. (...), proferida nos autos do processo (...) que tramita perante a 1ª Vara Cível da Comarca de Patos de Minas, na ação de obrigação de fazer com pedido de tutela provisória de urgência antecipada que promove em face do MUNICÍPIO DE PATOS DE MINAS (qualificação e endereço), interpor o recurso de AGRAVO DE INSTRUMENTO, com fundamento no art. 1.015, I, do CPC, o que faz nos termos das razões adiante articuladas.

Embora ocorrido o respectivo fato gerador, deixa de recolher o preparo recursal, pois é beneficiário da gratuidade da justiça, conforme decisão concessiva de fls. (...).

Sendo os autos eletrônicos, deixa de anexar as peças obrigatórias elencadas no art. 1.017, I e II, do CPC, conforme previsão do § 5º do art. 1.017 do CPC. Pela mesma razão, deixa de recolher o porte de retorno dos autos (art. 1.007, § 3º, do CPC).

Para os fins do art. 1.016, IV, do CPC, o agravante informa que é patrocinado pelo advogado que assina digitalmente este recurso, isto é, Dr. (...), com endereço profissional na (...). O agravado ainda não foi citado, motivo pelo qual se deixa de indicar seu patrono e endereço profissional.

O agravante requer expressamente seja concedido efeito ativo a este recurso, em decisão liminar e monocrática proferida na forma do art. 1.019, I, do CPC, para ordenar imediatamente que o agravado lhe forneça os medicamentos, à vista dos requisitos da medida infra demonstrados.

Requer, ao final, seja o presente recurso conhecido para, na análise de seu mérito, ser provido.

Nestes termos,

Pede deferimento.

Local e data.

Nome do advogado

Inscrição na OAB

....

RAZÕES DO RECURSO DE AGRAVO DE INSTRUMENTO

Origem: Processo nº ... da 1ª Vara Cível da Comarca de Patos de Minas.

Agravante: DÉCIO CLEMENTE

Agravada: MUNICÍPIO DE PATOS DE MINAS

EGRÉGIO TRIBUNAL,

COLENDA CÂMARA,

DOUTOS DESEMBARGADORES.

Insurge-se o presente recurso de agravo de instrumento contra respeitável decisão interlocutória de fls. (...), que indeferiu o pedido de antecipação de tutela em ação judicial que pretende o fornecimento de medicamento de alto custo ao autor, ora agravante, em que pese terem sido demonstrados a probabilidade do direito e o perigo de dano decorrente da demora na resolução do mérito (art. 300 do CPC).

A decisão agravada, com todo respeito, é fruto de *error in judicando*, merecendo ser reformada, como será demonstrado.

Com efeito, trata-se de ação judicial em que se pretende o recebimento de medicamentos de alto custo, necessários para o tratamento médico e manutenção da saúde do agravante. Na petição inicial, o autor juntou a prescrição médica indicando seu uso e os riscos decorrentes da interrupção do tratamento, bem como fez prova do elevado custo. Igualmente, pediu a concessão de tutela provisória de urgência antecipada em caráter liminar, argumentando a presença dos requisitos que autorizam a medida, conforme art. 300 do CPC.

O julgador de primeiro grau, todavia, indeferiu o pedido do agravante, argumentando que determinar o fornecimento de tal medicamento por meio de decisão judicial seria o equivalente a determinar que a Fazenda Pública aja em desacordo com a lei, fato frontalmente violador a independência dos Poderes.

Em que pese o entendimento do magistrado, expresso na fundamentação da decisão interlocutória, essa merece ser reformada.

Isto porque, pelo que se lê no parágrafo único do art. 6º da Lei nº 8.080/90, inclui-se no campo de atuação do SUS a execução de ações de assistência terapêutica integral, inclusive farmacêutica.

A norma legal supracitada sustenta o requisito da probabilidade do direito, tendo a agravada a responsabilidade pelo fornecimento da medicação, demonstrando claro o direito do agravante em receber tal medicamento da agravada.

Além disso, inegável o perigo de dano, pois, como faz prova a prescrição médica, são elevados os riscos decorrentes da interrupção do tratamento, podendo inclusive levar o agravante a óbito.

Lembre-se, em adição, que é cabível o pedido do chamado efeito ativo a este recurso, com o deferimento liminar da tutela antecipada em âmbito recursal, na forma do inciso I do art. 1.019 do CPC, para ordenar imediatamente que o agravado forneça os medicamentos, à vista dos requisitos da medida supra demonstrados.

Pelo exposto, assim, requer seja o presente recurso conhecido e, no mérito, provido, para os fins de reformar a decisão interlocutória de fls. (...) e determinar, em sede de tutela provisória de urgência, que o agravado forneça ao agravante a medicação prescrita, até decisão final de mérito.

Requer, igualmente, a concessão de efeito ativo ao presente agravo, para se possa exigir, de imediato, o cumprimento da obrigação pela agravada.

Nestes termos,
Pede deferimento.
Local e data.

Nome do advogado

Inscrição na OAB

7.3. Agravo de instrumento com pedido de efeito suspensivo

EXCELENTÍSSIMO SENHOR DOUTOR DESEMBARGADOR PRESIDENTE DO EGRÉGIO TRIBUNAL DE JUSTIÇA DO ESTADO DE PARÁ.

SIMPLICIO ALMADA, (qualificação e endereço), por seu advogado que assina digitalmente, vem respeitosamente, à presença de Vossa Excelência, em razão de sua inconformidade com a respeitável decisão interlocutória de fls. (...), proferida nos autos do processo (...) que tramita perante a 3ª Vara Cível da Comarca de Belém, na ação de execução de título extrajudicial, que lhe promove APARÍCIO BENTO (qualificação e endereço) interpor o recurso de AGRAVO DE INSTRUMENTO, com fundamento no parágrafo único do art. 1.015 do CPC, o que faz nos termos das razões adiante articuladas.

Ocorrido o respectivo fato gerador, comprova neste ato o recolhimento do preparo recursal (art. 1.007 do CPC).

Sendo os autos eletrônicos, deixa de anexar as peças obrigatórias elencadas no art. 1.017, I e II, do CPC, conforme previsão do § 5º do art. 1.017 do CPC. Pela mesma razão, deixa de recolher o porte de retorno dos autos (art. 1.007, § 3º, do CPC).

Para os fins do art. 1.016, IV, do CPC, o agravante informa que é patrocinado pelo advogado que assina digitalmente este recurso, isto é, Dr. (...), com endereço profissional na (...). O agravado, por sua vez, é patrocinado pelo Dr. (...), com endereço profissional na (...).

Tendo em vista a presença dos requisitos mencionados no parágrafo único do art. 995 do CPC, bem como as razões que adiante serão expostas, o agravante requer expressamente seja concedido efeito suspensivo a este recurso, em decisão liminar e monocrática proferida na forma do art. 1.019, I, do CPC, determinando a suspensão do leilão designado até decisão final colegiada.

Requer, por fim, seja o presente recurso conhecido para, na análise do seu mérito, ser provido.

Nestes termos,

Pede deferimento.

Local e data.

Nome do advogado

Inscrição na OAB

....

RAZÕES DO RECURSO DE AGRAVO DE INSTRUMENTO

Origem: Processo nº ... da 3ª Vara Cível da Comarca de Belém.

Agravante: SIMPLICIO ALMADA

Agravadas: APARÍCIO BENTO

EGRÉGIO TRIBUNAL,

COLENDA CÂMARA,

DOUTOS DESEMBARGADORES.

Insurge-se o presente recurso de agravo de instrumento contra respeitável decisão interlocutória de fls. (...), que deferiu o pedido de penhora de imóvel de propriedade do agravante, designando data para seu leilão, em que pese ter sido demonstrado e comprovado documentalmente que se trata de bem de família, sendo assim impenhorável, conforme disposição do art. 1º da Lei 8.009/90.

A decisão agravada, com todo respeito, é fruto de *error in judicando*, merecendo ser reformada, como será demonstrado.

Com efeito, trata-se de ação que pretende a execução de título extrajudicial, a fim de obter o pagamento de R$ (...), adicionados juros contratuais e correção monetária. Na petição inicial, o exequente indicou à penhora um imóvel de propriedade do executado, sendo esse o único imóvel residencial do executado, ora agravante.

Aberto o contraditório pelo magistrado de primeiro grau, o executado apresentou documentos que comprovaram sua alegação de ser o imóvel residencial o único bem de sua propriedade e, por tal motivo, impenhorável.

Mesmo diante da prova documental e a demonstração irrefutável de ser o imóvel bem de família, o ilustre julgador deferiu a constrição do único bem do executado, designando o leilão para data próxima (...), assim como determinando à serventia que providencie o necessário com urgência.

Em que pese o entendimento do magistrado, expresso na fundamentação da decisão interlocutória, essa merece ser reformada.

Isso em razão do disposto no art. 1º da Lei 8.009/90, que define claramente o que é bem de família, determinando a sua impenhorabilidade. E os documentos acostados nos autos comprovam que o bem imóvel foi equivocadamente penhorado, pois encaixa-se na definição legal de bem de família.

De resto, o agravante ainda pleiteia a concessão de efeito suspensivo a este recurso, à luz do parágrafo único do art. 995 do CPC para os fins de determinar a imediata suspensão do leilão designado. Com efeito, em primeiro lugar, denota-se que a produção imediata de efeitos pela decisão agravada ocasionará risco de dano grave de difícil reparação ao agravante, considerada a iminente alienação de seu único imóvel residencial. Em segundo lugar, é patente a probabilidade de provimento deste recurso, não apenas das robustas provas produzidas, mas também diante da indubitável previsão do art. 1º da Lei 8.009/90.

Pelo exposto, assim, requer seja o presente recurso conhecido e, no mérito, provido, para os fins de reformar a decisão interlocutória de fls. (...), cancelando a constrição sobre o bem de família.

Requer, igualmente, a concessão de efeito suspensivo ao presente agravo, nos termos supramencionados, suspendendo o leilão designado.

Nestes termos,

Pede deferimento.

Local e data.

Nome do advogado

Inscrição na OAB

7.4. Agravo de instrumento interposto fora das hipóteses contempladas expressamente pelo art. 1.015 do CPC

EXCELENTÍSSIMO SENHOR DOUTOR DESEMBARGADOR PRESIDENTE DO EGRÉGIO TRIBUNAL DE JUSTIÇA DO ESTADO DE SÃO PAULO.

TÍCIO NEGÍDIO, (qualificação e endereço), por seu advogado que assina digitalmente, vem respeitosamente à presença de Vossa Excelência, em razão de sua inconformidade com a respeitável decisão interlocutória de fls. (...), proferida nos autos do processo (...) que tramita perante a 1ª Vara Cível da Comarca de Suzano (ação indenizatória), que promove em face de TRANSPORTES VAI BEM LTDA. (qualificação e endereço), interpor recurso de AGRAVO DE INSTRUMENTO, o que faz nos termos das razões adiante articuladas.

Ocorrido o respectivo fato gerador, comprova neste ato o recolhimento do preparo recursal (art. 1.007 do CPC).

Sendo os autos eletrônicos, deixa de anexar as peças obrigatórias elencadas no art. 1.017, I e II, do CPC, conforme previsão do § 5º do art. 1.017 do CPC. Pela mesma razão, deixa de recolher o porte de retorno dos autos (art. 1.007, § 3º, do CPC).

Para os fins do art. 1.016, IV, do CPC, o agravante informa que é patrocinado pelo advogado que assina digitalmente este recurso, isto é, Dr. (...), com endereço profissional na (...). O agravado, por sua vez, é patrocinado pelo Dr. (,,,), com endereço profissional na (...)

Requer, ao final, seja o presente recurso conhecido para, na análise de seu mérito, ser provido.

Nestes termos,

Pede deferimento.

Local e data.

Nome do advogado

Inscrição na OAB

....

RAZÕES DO RECURSO DE AGRAVO DE INSTRUMENTO

Origem: Processo nº ... da 1ª Vara Cível da Comarca de Suzano.
Agravante: TÍCIO NEGÍDIO
Agravada: TRANSPORTES VAI BEM LTDA.

EGRÉGIO TRIBUNAL,
COLENDA CÂMARA,
DOUTOS DESEMBARGADORES.

Insurge-se o presente recurso de agravo de instrumento contra respeitável decisão interlocutória de fls. (...) dos autos, proferida pela 1ª Vara Cível da Comarca de Suzano, que acolheu a preliminar de incompetência do juízo e determinou a remessa dos autos à Comarca de Piracicaba, por entender aquele como o juízo competente.

A referida decisão, com todo respeito, merece ser reformada, como será demonstrado.

Antes de mais nada, contudo, impõe-se destacar que o recurso de agravo de instrumento ora interposto é cabível no caso concreto.

Com efeito, embora as decisões interlocutórias que versem sobre a competência do juízo não estejam previstas no rol do art. 1.015 do CPC, tampouco na legislação especial ou extravagante, a situação se amolda à tese vinculante firmada pela Corte Especial do STJ, em julgamento de recursos repetitivos, onde se definiu o seguinte: "O rol do art. 1.015 do CPC é de taxatividade mitigada, por isso admite a interposição de agravo de instrumento quando verificada a urgência decorrente da inutilidade do julgamento da questão no recurso de apelação." (REsp 1.696.396-MT e REsp 1.704.520-MT).

Ora, é evidente que a decisão sobre a competência do juízo deve ser imediatamente reapreciada pela instância recursal. Caso a questão seja postergada para a fase da apelação (art. 1.009, § 1º, do CPC), corre-se o risco de se perder a utilidade da matéria aqui ventilada. Ou, pior, podem ser perdidos todos os atos processuais até então praticados, diante do reconhecimento de que o princípio do juiz natural foi agredido.

Assim, por ser cabível, requer seja admitido o presente recurso.

Quanto ao mérito, trata-se de ação de ressarcimento de danos decorrentes de acidente de veículo. O autor promoveu a ação no foro do seu próprio domicílio (Suzano), que foi o local onde o acidente aconteceu. O magistrado do juízo singular, porém, acolheu a preliminar ventilada pela agravada, definindo que a demanda deve tramitar na Comarca de Piracicaba, local onde a empresa ré está sediada (art. 53, III, *a*, do CPC).

A decisão agravada, no entanto, contraria o disposto no art. 53, V, do CPC, segundo o qual é competente o foro "de domicílio do autor ou do local do fato, para a ação de reparação de dano sofrido em razão de delito ou acidente de veículos, inclusive aeronaves."

A regra do art. 53, V, do CPC, deve prevalecer sobre a regra do art. 53, III, *a*, do mesmo *Codex*, em razão de sua especialidade.

Consequentemente, como o devido respeito, a decisão que declinou a competência deve ser reformada, mantendo-se a tramitação do feito no juízo originário.

Pelo exposto, requer seja o presente recurso conhecido para, no mérito, ser-lhe dado provimento, reformando-se a decisão agravada e reconhecendo-se a competência do juízo originário (Comarca de Suzano), na linha do que prevê o art. 53, V, do CPC.

Nestes termos,

Pede deferimento.

Local e data.

Nome do advogado

Inscrição na OAB

7.5. Resposta ao recurso de agravo de instrumento

EXCELENTÍSSIMO SENHOR DOUTOR DESEMBARGADOR DA 5ª CÂMARA DE DIREITO CIVIL DO TRIBUNAL DE JUSTIÇA DO ESTADO DE SANTA CATARINA.

Agravo de Instrumento nº ...

Relator Desembargador J.L.M.

L.S.L., agravado e já devidamente qualificado nos autos do recurso em epígrafe, interposto por **D.A.L.**, também qualificado, vem respeitosamente à presença de Vossa Excelência, por seu advogado que assina, apresentar **RESPOSTA** ao recurso de agravo de instrumento interposto, conforme lhe faculta o art. 1.019, II, do CPC, o que faz, tempestivamente, nos termos anexos articulados.

Desde logo, ressalta que o recurso não deve ser admitido, por lhe faltar requisito de admissibilidade, sem prejuízo da improcedência de suas razões de mérito, como se exporá adiante.

Nestes termos,

Pede deferimento.

Local e data.

Nome do advogado

Inscrição na OAB

....

CONTRARRAZÕES AO RECURSO DE AGRAVO DE INSTRUMENTO

Origem: Processo nº ... da Vara da Família da Comarca de Chapecó.

Agravado: L.S.L.

Agravante: D.A.L.

EGRÉGIO TRIBUNAL,

COLENDA CÂMARA,

NOBRES DESEMBARGADORES.

1. Brevíssima síntese das razões recursais

Trata-se de recurso de agravo de instrumento tirado contra a respeitável decisão monocrática de fls. ..., da Vara da Família da Comarca de Chapecó, que indeferiu a preliminar de incompetência do juízo apresentada por ocasião de sua contestação de fls. ....

Pretendia o agravante, que é filho do agravado e réu na ação de alimentos por aquele promovida, o deslocamento da ação para a Comarca da Capital, onde tem domicílio, com fundamento luz do art. 46 do CPC.

À vista do indeferimento de seu pleito, interpôs o presente agravo de instrumento, insistindo que a ação deve tramitar no foro do domicílio do réu.

A decisão agravada, como se verá, deve ser mantida na íntegra, pois aplicou corretamente a lei ao caso concreto.

2. Preliminarmente – da intempestividade do recurso

Antes de analisar o mérito da decisão interlocutória recorrida, impõe-se apontar vícios formais que impedirão o avanço à apreciação do pedido do agravante.

Sendo assim, destaque-se que o recurso foi interposto intempestivamente, não respeitando o prazo de 15 (quinze) dias previsto no art. 1.003, § 5º, do CPC.

Com efeito, a intimação do agravante se deu no dia ... (fls. ...), data em que teve início o prazo para interposição do agravo de instrumento (art. 1.003, *caput*, do CPC). No entanto, o recurso só foi interposto no dia ... (fls. ...), ou seja, após o transcurso do prazo legal.

Vale ressaltar que neste intervalo não se verificou qualquer feriado local, de modo que não houve qualquer influência no cômputo do prazo.

Operou-se, assim, a preclusão temporal, sendo de rigor a não admissão do recurso.

3. No mérito

Ainda que superada a matéria ventilada na preliminar acima, melhor sorte não poderá ter o agravante se apreciado o mérito de seu recurso.

Com efeito, percebe-se que a presente ação versa sobre alimentos pleiteados pelo pai (autor-agravado) ao filho (réu-agravante), com fundamento não apenas na legislação civil como também no Estatuto do Idoso (Lei 10.741/2003), em especial nos seus arts. 11-14.

Deste modo, o agravado, que comprovou documentalmente sua condição de idoso nos autos em primeiro grau, tem foro privilegiado, seja porque ostenta a condição de alimentando (art. 53, II, do CPC), seja porque ostenta a condição de idoso (art. 53, III, alínea *e*, do CPC).

Logo, sendo o agravado residente e domiciliado em Chapecó-SC, naquela comarca deve tramitar a ação ajuizada.

Como se vê, a decisão interlocutória hostilizada no presente agravo é irretocável, o que implica no desprovimento do recurso, caso o seu mérito venha a ser apreciado.

4. Do pedido

À vista de todo o exposto, o presente recurso não deve ser admitido, ante a sua intempestividade supra apontada; subsidiariamente, se houver apreciação de mérito, deve-se negar-lhe provimento.

Nestes termos,

Pede deferimento.

Local e data.

Nome do advogado

Inscrição na OAB

8. QUADRO RESUMO

AGRAVO DE INSTRUMENTO	
Cabimento	O agravo de instrumento é o recurso cabível para atacar uma decisão interlocutória elencada no art. 1.015 do CPC, isto é, que verse sobre: a) tutelas provisórias; b) mérito do processo; c) rejeição da alegação de convenção de arbitragem; d) incidente de desconsideração da personalidade jurídica; e) rejeição do pedido de gratuidade da justiça ou acolhimento do pedido de sua revogação; f) exibição ou posse de documento ou coisa; g) exclusão de litisconsorte; h) rejeição do pedido de limitação do litisconsórcio; i) admissão ou inadmissão de intervenção de terceiros; j) concessão, modificação ou revogação do efeito suspensivo aos embargos à execução; k) redistribuição do ônus da prova nos termos do art. 373, § 1º. Também caberá agravo de instrumento contra decisões interlocutórias proferidas na fase de liquidação de sentença ou de cumprimento de sentença, no processo de execução e no processo de inventário (art. 1.015, parágrafo único, do CPC), além de outros casos previstos em lei. Conforme decisão da Corte Especial do STJ, o agravo de instrumento também poderá ser manejado contra decisões interlocutórias que não estejam contempladas expressamente na lei, mas que gerem urgência decorrente da inutilidade do julgamento da questão no recurso de apelação. Se as questões mencionadas no art. 1.015 do CPC integrarem capítulo de sentença, porém, o recurso cabível é o de apelação (art. 1.009, § 3º; e art. 1.013, § 5º, do CPC).
Taxatividade do rol do art. 1.015 do CPC	(i) De acordo com a Corte Especial do STJ, firmando tese em julgamento de casos repetitivos, "O rol do art. 1.015 do CPC é de taxatividade mitigada, por isso admite a interposição de agravo de instrumento quando verificada a urgência decorrente da inutilidade do julgamento da questão no recurso de apelação." (ii) Assim, cogita-se do cabimento do agravo de instrumento pata contratar decisões sobre a competência do juízo ou que indefiram o pedido de segredo de justiça. (iii) De todo modo, não gera preclusão o fato da parte não interpor agravo de instrumento contra decisão interlocutória que verse sobre questão fora das hipóteses do art. 1.015 do CPC, se optar por levantar questão na fase de apelação.
Cabimento de mandado de segurança diante de interlocutórias não agraváveis	Após a Corte Especial do STJ firmar a tese da taxatividade mitigada, não se deve admitir o mandado de segurança diante de interlocutórias não agraváveis.
Legitimidade recursal	Conforme exposto na teoria geral dos recursos.
Interesse recursal	Conforme exposto na teoria geral dos recursos.

Inexistência de fatos impeditivos ou extintivos do poder de recorrer	Conforme exposto na teoria geral dos recursos.
Tempestividade	O agravo de instrumento deve ser interposto no prazo de quinze dias. O mesmo prazo terá o agravado para apresentar contrarrazões.
Preparo	O agravo de instrumento se sujeita a preparo, seguindo tudo o que foi exposto na teoria geral dos recursos a respeito, adicionando a previsão do art. 1.017, § 1º, do CPC.
Regularidade formal	a) Aspectos gerais: o agravo de instrumento será dirigido diretamente ao tribunal competente, por meio de petição escrita (e não oralmente) que contenha os elementos previstos no art. 1016 do CPC. Deve-se atentar à exigência de que o agravante indique o nome e o endereço completo dos advogados constantes do processo; b) Cópias: o recurso deverá ser instruído com as cópias a que se refere o art. 1.017 do CPC (obrigatórias e facultativas), salvo se os autos processo em primeiro grau sejam eletrônicos (§ 5º do art. 1.017 do CPC). Eventual vício de forma será sanável, à luz da previsão do art. 932, parágrafo único, e art. 1.017, § 3º, ambos do CPC.
Efeito suspensivo	O agravo de instrumento não tem efeito suspensivo. Caso o agravante pretenda atribuir tal efeito ao seu recurso, deverá observar o art. 995, parágrafo único, e o art. 1.019, I, ambos do CPC. O mesmo se diga ao chamado efeito ativo.
Interposição e processamento	O agravo de instrumento será interposto por petição escrita diretamente no tribunal competente (art. 1.016 do CPC). Existem diversas formas de interposição do agravo de instrumento, conforme o § 2º do art. 1.017 do CPC. Interposto o recurso, este será recebido e distribuído imediatamente (art. 1.019, *caput*, 1ª parte), podendo o relator assumir qualquer uma das condutas descritas no art. 1.019 do CPC, ou seja, (i) rejeitar liminarmente o agravo de instrumento; ou (ii) admitir o processamento regular do agravo de instrumento, quando em cinco dias observará as previsões dos incisos I a III do art. 1.019 do CPC, isto é, (ii.1) poderá atribuir efeito suspensivo ou ativo ao recurso, comunicando ao juiz sua decisão; (ii.2) ordenará a intimação do agravado para que responda no prazo de 15 (quinze) dias, facultando-lhe juntar a documentação que entender necessária ao julgamento do recurso; (ii.3) determinará a intimação do Ministério Público, preferencialmente por meio eletrônico, quando for o caso de sua intervenção, para que se manifeste no prazo de 15 (quinze) dias. Finalmente, o próximo passo é o julgamento do agravo de instrumento, que poderá ser monocrático (exceção) ou colegiado.

Comunicação ao juízo *a quo*	Como o agravo de instrumento é interposto diretamente no tribunal, enquanto o processo continua com sua tramitação normal na instância inferior, o CPC prevê a necessidade do juízo de primeiro grau ser informado pelo agravante sobre a interposição do recurso, observado o art. 1.018, *caput*, do CPC. Tal informação (i) viabiliza o juízo de retratação (tendo em vista o efeito regressivo) e (ii) facilita sua ampla defesa no agravo de instrumento, evitando que o agravado se desloque até o tribunal para obter cópias do agravo de instrumento. Sendo eletrônicos os autos no tribunal, a comunicação é facultativa (art. 1.018, *caput*, do CPC). Se os autos no tribunal não forem eletrônicos, a comunicação será obrigatória e deverá ser feita em três dias a contar da interposição (art. 1.018, § 2º, do CPC), sendo que o descumprimento da exigência, desde que arguido e provado pelo agravado, importa inadmissibilidade do agravo de instrumento (art. 1.018, § 3º, do CPC).

Capítulo III

AGRAVO INTERNO

1. INTRODUÇÃO

O julgamento dos recursos e processos originários, nos Tribunais, em regra é efetuado através de colegiados: Turmas, Câmaras, Seções ou outros órgãos coletivos de julgamento. O colegiado é uma das formas de efetivar o duplo grau de jurisdição, garantia constitucional que assegura a possibilidade de revisão da decisão judicial, o que costumeiramente é realizado através de um grupo de magistrados.

Ocorre que, em certas hipóteses previstas expressamente em lei, o relator recebe uma delegação excepcional e extraordinária para decidir sozinho, por motivos de celeridade, urgência e economia processual. O respectivo colegiado, entretanto, sempre poderá rever essa decisão unipessoal a partir da interposição do agravo interno, preservando a colegialidade que é a regra em termos de duplo grau de jurisdição (NEVES, 2016, p. 1.580).

DIERLE NUNES (2016, p. 33-35) menciona o *princípio constitucional da colegialidade* nos tribunais, sendo atribuído ao relator mera delegação de poderes, para agir em nome e na conformidade do posicionamento do colegiado. Entretanto, tendo em vista que a decisão singular no âmbito dos tribunais virou a regra, revisada apenas através de uma "pseudocolegialidade", o mesmo doutrinador ressalta a necessidade de se prever uma *colegialidade corretiva*, baseada em um "processualismo constitucional democrático".

Por outro lado, não se pode perder de vista que, em muitos casos, a interposição do agravo interno é o mecanismo processual exigido para efetuar o esgotamento das instâncias recursais ordinárias, condição *sine qua non* da interposição e admissibilidade do recurso extraordinário e do recurso especial (a teor da Súmula 281 do STF).

O regime procedimental do agravo interno no CPC de 2015 é considerado tecnicamente superior ao regime previsto no art. 557 do CPC/73. De fato, traz muitas regras inovadoras e garantias processuais mais completas às partes, como a necessidade de intimação para apresentar contrarrazões e inclusão em pauta de julgamento.

Além disso, extingue a bizantina e desnecessária discussão sobre *agravo interno x agravo regimental,* quer dizer, deixa-se de ocorrer tergiversação sobre o cabimento do agravo interno, previsto no próprio CPC, ou aquelas figuras de agravo previstas exclusivamente nos regimentos dos Tribunais.

Feitas essas premissas, analisaremos adiante as regras procedimentais do agravo interno.

2. CABIMENTO

O agravo interno é cabível em qualquer recurso, ação originária de Tribunal (como a ação rescisória) ou mesmo no reexame necessário previsto no art. 496 do CPC. O art. 1.021 não faz qualquer tipo de distinção em relação ao tipo de procedimento onde o agravo interno aplicável.

Ainda nesse sentido, não se pode olvidar que a regra nos Tribunais é a apreciação dos recursos e ações originárias pelo colegiado, o que valoriza o agravo interno como o mecanismo processual apto a preservar a relação de colegialidade.

Também é importante frisar que o agravo interno, ausente regra em sentido contrário, é cabível em qualquer tipo de decisão proferida monocraticamente pelos relatores nos Tribunais: decisões interlocutórias, de andamento do processo no âmbito dos Tribunais; decisões que resolvam o mérito da demanda (por exemplo, dando ou negando provimento ao recurso conforme ou desconforme a jurisprudência consolidada com força vinculante).

É de especial importância, quando se analisa o agravo interno, destacar que ele é cabível em relação a todo o elenco de condutas previstas para o relator do processo nos Tribunais, a teor do art. 932 do CPC/15.

Existe também a nova figura do *agravo interno contra decisão de não admissão de recurso especial ou recurso extraordinário,* direcionado ao próprio Tribunal de origem, quando verificadas as hipóteses previstas no art. 1.030, incisos I e III, c.c. § 2º. Embora esse agravo interno seja específico para discutir decisão proferida no sistema de gestão de recursos repetitivos, as regras procedimentais (interposição, requisitos de admissibilidade e processamento) seguem aquilo que está previsto no art. 1.021.

Por fim, também cabe falar do agravo interno previsto nos arts. 1.035, § 7°, e 1.036, § 3°, ambos do CPC.

O presidente ou vice-presidente do tribunal de origem, no exercício do exame prévio de admissibilidade e mediante requerimento de parte interessada, poderá excluir da decisão de sobrestamento de processos julgados na sistemática da repercussão geral ou recursos especiais repetitivos o recurso especial ou recurso extraordinário que seja intempestivo. No caso desse pedido não ser acolhido (isto é, não ser reconhecida a intempestividade do recurso extraordinário e/ou do recurso especial), cabe agravo interno, nos moldes do art. 1.021, onde o agravante irá demonstrar, especificamente, a intempestividade do recurso excepcional tido por tempestivo.

Em relação a estas duas últimas modalidades de específicos agravos internos remetemos o leitor ao capítulo 7, onde já minuciosamente examinados.

O STJ vem entendendo que no caso de decisões monocráticas de relator (no âmbito de Tribunal Superior) proferidas em matéria penal e processual penal, não devem ser seguidas as regras trazidas pelo CPC de 2015 (sobretudo aquelas referentes ao prazo de 15 dias, contado em dias úteis), prevalecendo o prazo de 5 dias corridos, conforme o art. 39, da Lei 8.038/90 e art. 258, do Regimento Interno do STJ (AgInt no AREsp 973.536/SP, Rel. Ministro REYNALDO SOARES DA FONSECA, QUINTA TURMA, julgado em 17/11/2016, DJe 28/11/2016).

3. REQUISITOS DE ADMISSIBILIDADE, INTERPOSIÇÃO E PROCESSAMENTO

O processamento do agravo interno encontra-se regido, atualmente, no próprio CPC. As principais diretrizes deste recurso são delineadas na própria legislação processual civil. Aos regimentos internos dos Tribunais compete decidir apenas sobre aspectos procedimentais menores, tais quais a forma de publicação da pauta, a forma de sustentação oral, ou outros atos destinados à Secretaria.

O agravo interno será dirigido ao próprio relator que proferiu a decisão monocrática agravada. Entretanto, será julgado pelo órgão colegiado competente para o julgamento do próprio recurso onde se originou a decisão agravada.

Exemplificando, em um recurso de apelação, a decisão monocrática do relator que for objeto de agravo interno será apreciada pela Turma ou Câmara, conforme o regimento interno. No caso de decisões proferidas em ações rescisórias ou mandados de segurança originários, o agravo interno será destinado ao relator, mas apreciado pelas Seções especializadas.

Não se exige recolhimento de preparo no agravo interno, pois é interposto nos próprios autos principais.

O prazo de interposição é de 15 dias, aplicável a regra geral do art. 1.003, § 5º, do CPC, sendo idêntico o prazo para o agravado apresentar suas contrarrazões. À Fazenda conta-se o prazo em dobro, nos termos do art. 183.

Após esse prazo, não ocorrendo retratação, o agravo interno será incluído em pauta para julgamento pelo respectivo colegiado, havendo a necessidade da devida intimação dos patronos das partes, o que é inovação em relação ao CPC/73.

Critica-se a impossibilidade de sustentação oral no julgamento do agravo interno (SCARPINELLA BUENO, 2016, p. 849), em que pese poder o regimento interno dispor em sentido contrário e assegurar a manifestação oral dos advogados.

No caso de haver retratação, o recurso, ação originária ou reexame necessário onde se deu a decisão agravada volta a ter seu curso regular e o agravo interno perde seu objeto, restando prejudicado. Admite-se, ainda, que seja proferida nova decisão monocrática por parte do Relator no mesmo recurso originário, desde que em sentido diverso daquela primeira decisão agravada.

Dá-se exemplo: a decisão agravada julgou incabível agravo de instrumento, pois supostamente não estaria previsto nas hipóteses contempladas no art. 1.015, do CPC; o agravo interno demonstra ao relator o cabimento do recurso e, ademais, a possibilidade de decisão monocrática pelo provimento imediato do recurso, por conformidade com a jurisprudência dominante, nos termos do art. 932, V, do CPC.

Sendo a decisão de retratação desfavorável ao agravado, entende-se que este deve ser previamente intimado para se manifestar a respeito do agravo interno, nos moldes do art. 9º, do CPC (NEVES, 2016, p. 1.583), que veda a *decisão surpresa*.

Conforme o art. 1.021, § 1º, do CPC, exige-se que o agravo interno apresente impugnação especificada dos fundamentos da decisão agravada, quer dizer, que mostre a incorreção dos fundamentos daquela decisão, sendo insuficiente a mera reprodução das razões trazidas pelo recurso principal.

Por exemplo: a decisão agravada não admitiu recurso de apelação por apresentar razões dissociadas da decisão recorrida em primeiro grau. No agravo interno não poderá a parte agravante se limitar a reproduzir os argumentos de seu recurso principal, mas deverá indicar que ali não ocorre o apontado vício processual e a impugnação à decisão de primeira instância é adequada e enfrenta seus fundamentos corretamente.

Esse dispositivo contido no art. 1.021, § 1°, traduz o *princípio da dialeticidade recursal* (SCARPINELLA BUENO, 2016, p. 849), e está atrelado à exigência contida no § 3° do mesmo artigo.

Nesse sentido, é válido frisar precedente do STJ em que se decidiu que o agravo interno contra decisão de não admissibilidade de recurso especial deve atacar todos os fundamentos da referida decisão, e não somente o dispositivo (STJ, EDcl no AgInt nos EDcl no AgInt no AGRAVO EM RECURSO ESPECIAL N° 1.144.143 – MG, Rel. Min. Luís Filipe Salomão, 4ª Turma, j. 25.06.2019, DJe 01.07.2019).

Conforme o STJ, quando a fundamentação permitir concluir pela presença de várias causas impeditivas do julgamento do mérito do recurso especial, todos os fundamentos deverão ser impugnados no agravo interno movido contra este tipo de decisão; caso seja mantido incólume, isto é, não impugnado, algum fundamento que, por si só, seja apto à manutenção da decisão denegatória de recurso especial, o agravo interno não deverá ser conhecido, por ausência de atendimento ao *princípio da dialeticidade*.

Este raciocínio pode ser aproveitado em relação ao agravo interno interposto contra decisão que não admita o recurso extraordinário com fundamento no art. 1.030, I e III, do CPC.

O artigo 1.021, § 3°, em consonância com o art. 489, § 1°, do CPC, inova em relação ao sistema processual anterior e veda, expressamente, que a fundamentação da decisão que julga o agravo interno seja meramente *per relationem*, isto é, impede que a decisão proferida no agravo interno se limite a justificar a manutenção da decisão agravada pelos seus próprios fundamentos.

Esse dispositivo é louvável e se atrela à exigência constitucional de fundamentação das decisões judiciais (art. 93, IX, da CF), bem como ao art. 489, § 1°, do próprio CPC, que também detalha com profundidade o tipo de fundamentação que deve constar das decisões judiciais. Entretanto, sabe-se que a praxe forense é mais econômica em relação à fundamentação das decisões proferidas em agravo interno, e se espera que os novos parâmetros legais sejam efetivamente respeitados.

Por fim, o agravo interno seguirá no geral as regras previstas no regimento interno de cada tribunal (sobretudo quanto ao órgão interno competente para sua apreciação e possibilidade, que exige previsão expressa, de sustentação oral).

4. MULTA

O agravo interno, quando declarado manifestamente inadmissível ou julgado improcedente em votação unânime pelo órgão colegiado, sujeitará o agravante ao pagamento (para o agravado) de multa fixada entre 1% a 5% do valor atualizado da causa. A partir dessa decisão, a interposição de qualquer outro recurso (sendo os mais prováveis o recurso especial e o recurso extraordinário) fica condicionada ao depósito da referida multa, salvo no caso da Fazenda Pública e do beneficiário da justiça gratuita, que farão o pagamento ao final da demanda (art. 1.021, §§ 4º e 5º).

Conforme entendimento doutrinário (Enunciados 358 e 359 do FPPC), a aplicação dessa multa exige que seja manifesta a inadmissibilidade ou manifesta improcedência do agravo interno e, ademais, que seja declarada por unanimidade.

A inadmissibilidade do recurso tem a ver com seu não cabimento, isto é, as hipóteses que não estejam previstas no art. 1.021 do CPC, ou os requisitos de admissibilidade (sobretudo tempestividade e destinatário) não estejam preenchidos. A improcedência do agravo interno diz respeito ao mérito recursal, quer dizer, o erro no julgamento do processo.

Parte da doutrina já se posiciona contra a flagrante inconstitucionalidade da disposição contida no art. 1.021, § 4º, que pune economicamente o exercício de um legítimo direito processual (NEVES, 2016, p. 1.584).

Esse posicionamento vai no mesmo sentido do entendimento firmado pelo STJ no recurso especial repetitivo nº 1.198.108/RJ (Corte Especial, rel. Min. Mauro Campbell Marques, j. 17.10.2012, DJe 21.11.2012). Ainda sob a égide do regime processual anterior, definiu-se que a multa prevista no art. 557, § 2º, do CPC/73, similar à multa do aqui tratado art. 1.021, § 4º, do CPC de 2015, só caberia no caso de agravo regimental manifestamente infundado ou inadmissível, visto que o esgotamento das instâncias ordinárias para possibilitar o acesso aos Tribunais Superiores mediante a interposição de recurso especial ou recurso extraordinário, só ocorre a partir da apresentação do recurso de agravo. Compreende-se que esse entendimento continua válido no CPC atual, pelas mesmas razões.

Além disso, não se pode esquecer que a interposição de agravo interno é, em certos casos, o único mecanismo viável de esgotamento das instâncias ordinárias, situação exigida na Súmula 281, do STF, a fim de que sejam admitidos o recurso extraordinário e o recurso especial. Nessas hipóteses, a aplicação da multa prevista no art. 1.021, § 4°, do CPC, será inviável, pois caracterizará verdadeira barreira à interposição daqueles recursos excepcionais (NEVES, 2016, p. 1.584) e obstrução do acesso à justiça.

Nesse sentido, é de relevância observar o magistério de ARAKEN DE ASSIS (2017, p. 700):

> "Essa multa não tem cabimento, segundo orientação do STJ, no agravo interposto com o fito de esgotar a instância ordinária e ensejar a interposição de recurso especial. E, com efeito, constitui ônus do recorrente esgotar os recursos cabíveis nas instâncias ordinárias para preencher a hipótese de cabimento do recurso especial e sancioná-lo, nesse caso, inibe atividade processual lícita e necessária."

O STJ já decidiu que a multa do art. 1.021, § 4°, do CPC/2015 tem como destinatário a parte contrária e não o Fundo de Aparelhamento do Poder Judiciário (REsp 1.846.734-RS, Rel. Min. Og Fernandes, Segunda Turma, por unanimidade, julgado em 11/02/2020, DJe 14/02/2020).

5. MODELO DE PETIÇÃO

EXCELENTÍSSIMO SENHOR DESEMBARGADOR, DR. ________, da ___ª Turma deste EGRÉGIO TRIBUNAL DE JUSTIÇA,

APELAÇÃO CÍVEL N.° xxxx/2016

SÉRVULO, já qualificado nestes autos, por seu advogado e bastante procurador que este subscreve, nos autos do processo supra que move em face de ***Atílio***, não se conformando com a decisão de fls. XXX, que não admitiu recurso de apelação, vem respeitosamente à presença de Vossa Excelência, interpor o presente ***AGRAVO INTERNO***, com as inclusas razões, na forma do artigo 1.021, do Código de Processo Civil de 2015, e requerer seu provimento, para reforma da decisão agravada.

Nestes Termos, Pede Deferimento.

LOCAL, DATA.

ADVOGADO (OAB N.º zzzz)

....

RAZÕES DE AGRAVO

Colenda Turma,

Ínclito Desembargador Relator

APELAÇÃO CÍVEL N.º xxxx/2016

I – Histórico da Demanda:

O recorrente propôs ação ordinária visando... (*OBS: EXPLICAR BREVEMENTE A DEMANDA, INDICAR O QUE FOI DISCUTIDO NOS AUTOS*).

Desafortunadamente julgada improcedente pelo juízo de primeiro grau, houve a interposição do competente e tempestivo recurso de apelação, nos termos exigidos pelo art. 1.009, do CPC/15.

Entretanto, o Exmo. Sr. Desembargador Relator, da __ª Turma deste Egrégio Tribunal de Justiça, em decisão monocrática proferida nos termos do art. 932, do CPC/15, houve por bem não admitir o recurso de apelação.

Entendeu o nobre magistrado, sem o costumeiro acerto, que o recurso de apelação apresentava razões recursais dissociadas da r. sentença recorrida, inadmitindo-o precocemente, com fundamento o art. 932, III, do CPC/15.

II – Do cabimento do recurso de apelação interposto:

O art. 1.010, incisos II e III, dispõe que:

> "Art. 1.010. A apelação, interposta por petição dirigida ao juízo de primeiro grau, conterá:
>
> (...)

> II – a exposição do fato e do direito;
>
> III – as razões do pedido de reforma ou de decretação de nulidade;"

A insurgência contra a sentença foi interposta atendendo estes e os demais requisitos de admissibilidade previstos para o recurso de apelação.

O recurso de apelação interposto não apresenta razões de recurso dissociadas da sentença recorrida. De fato, apresenta fundamentos que levam à reforma da decisão recorrida.

A r. sentença fundamentou-se da seguinte forma para julgar improcedente o pedido do autor (*OBS: indicar os motivos e a fundamentação da sentença*).

O apelo apresenta razões que não são dissociadas dessa decisão. Ao contrário, apresenta outros fundamentos jurídicos e de fato suficientes à reforma daquela decisão. O juízo *a quo*, inclusive, deixou de apreciar estes argumentos quando sentenciou o feito, malferindo o disposto no art. 489, § 1º, inciso IV, do CPC, assim redigido:

> "Art. Não se considera fundamentada qualquer decisão judicial, seja ela interlocutória, sentença ou acórdão, que:
>
> (...)
>
> IV – não enfrentar todos os argumentos deduzidos no processo capazes de, em tese, infirmar a conclusão adotada pelo julgador;"

No caso em tela, o insigne juízo de primeiro grau olvidou-se de apreciar e admitir os seguintes argumentos (*OBS: reproduzir os argumentos que foram apresentados na inicial e que teriam a possibilidade de alterar aquela decisão...*)

O recurso de apelação interposto enfrenta a decisão recorrida em seus fundamentos e, ademais, apresenta novamente esses argumentos que não foram analisados pelo juízo *a quo*, os quais têm o condão de reformar a sentença. Assim, não ocorre o vício processual das razões dissociadas.

Portanto, o recurso de apelação é plenamente cabível e deve ser admitido. Assim, requer-se a reconsideração da decisão agravada ou, em caso negativo, que o colegiado dê provimento a este agravo interno.

DO PEDIDO

Diante de todo o exposto, **requer-se:**

a) o recebimento do presente agravo interno, nos termos do art. 1.021, do CPC/15;

b) a intimação do agravado para, querendo, oferecer resposta no prazo legal;

c) a retratação da decisão que não admitiu o recurso de apelação ou a subsequente remessa do agravo interno para julgamento no colegiado, com a reforma da decisão agravada.

Por ser medida da mais pura e cristalina JUSTIÇA!

Pede e aguarda deferimento.

LOCAL, DATA.

ADVOGADO

OAB/SP N.º YYY

6. ENUNCIADOS DO FPPC

142. Da decisão monocrática do relator que concede ou nega o efeito suspensivo ao agravo de instrumento ou que concede, nega, modifica ou revoga, no todo ou em parte, a tutela jurisdicional nos casos de competência originária ou recursal, cabe o recurso de agravo interno nos termos do art. 1.021 do CPC.

358. A aplicação da multa prevista no art. 1.021, § 4º, exige manifesta inadmissibilidade ou manifesta improcedência.

359. A aplicação da multa prevista no art. 1.021, § 4º, exige que a manifesta inadmissibilidade seja declarada por unanimidade.

464. A decisão unipessoal (monocrática) do relator em Turma Recursal é impugnável por agravo interno.

613. A interposição do agravo interno prolonga a dispensa provisória de adiantamento de despesa processual de que trata o §7º do art. 99, sendo desnecessário postular a tutela provisória recursal.

725. Cabe tutela provisória recursal liminar no agravo interno.

7. QUADRO RESUMO

AGRAVO INTERNO	
Cabimento	Nos Tribunais a regra é o julgamento pelo colegiado (Turma, Câmara ou Seção). Excepcionalmente, por medida de economia processual, admite-se o julgamento unipessoal (art. 932, CPC/15). O agravo interno é cabível contra qualquer decisão monocrática proferida pelo Relator do recurso no âmbito dos Tribunais (art. 1.021). Vale para decisão proferida em recurso, ação originária de Tribunal ou reexame necessário; decisões interlocutórias ou mesmo decisões de mérito.
Direcionamento e competência para julgamento	Dirigido ao próprio relator que proferiu a decisão, sendo julgado no respectivo órgão colegiado responsável pelo julgamento do recurso principal.
Prazo de interposição	15 dias (art. 1.003, § 5º, do CPC). A Fazenda Pública possui prazo em dobro (art. 183 do CPC).
Preparo	Não é exigido, pois ambos o agravo interno é interposto nos próprios autos.
Interposição e processamento	Após a interposição, a parte contrária é intimada para, em 15 dias, apresentar resposta. Decorrido esse prazo, não havendo reconsideração da decisão, o recurso será incluído em pauta e julgado pelo respectivo colegiado. Nesse julgamento, não há, em regra, sustentação oral, salvo disposição em sentido diverso do regimento interno do Tribunal. Vedado julgar o agravo interno através de mera reprodução das razões da decisão agravada (art. 1.021, § 3º).
Multa	Agravo interno julgado, por unanimidade, manifestamente inadmissível ou manifestamente improcedente, sujeita o agravante a multa de 1% a 5% sobre o valor atualizado da causa. A interposição de qualquer outro recurso fica condicionada ao recolhimento da multa. A Fazenda Pública e os beneficiários da justiça gratuita recolhem apenas ao final.

Capítulo IV

EMBARGOS DE DECLARAÇÃO

1. INTRODUÇÃO

Como resultado do devido processo legal, exige-se que a prestação jurisdicional seja completa, adequada, isenta de erro material e clara. Qualquer decisão que se desvie deste padrão mínimo, exatamente porque rompe com o devido processo legal, deve ser corrigida.

Pois bem. Esta é justamente a função dos embargos de declaração: garantir o direito a uma prestação jurisdicional completa, adequada, isenta de erro material e clara, fornecendo o meio processual para corrigir decisões judiciais que padeçam dos defeitos a que se refere o art. 1.022 do CPC.

Com efeito, prevê o mencionado dispositivo legal:

> Art. 1.022. Cabem embargos de declaração contra qualquer decisão judicial para:
>
> I – esclarecer obscuridade ou eliminar contradição;
>
> II – suprir omissão de ponto ou questão sobre o qual devia se pronunciar o juiz de ofício ou a requerimento;
>
> III – corrigir erro material.

Como consequência de tudo que já se expôs, não pode haver dúvidas de que os embargos de declaração têm raízes constitucionais, representando uma garantia aos jurisdicionados de que seus conflitos sejam efetivamente apreciados pelo Poder Judiciário (WAMBIER, 2005, p. 15-52). Por isso a ligação que se fez, logo na inauguração deste item, com o devido processo legal.

Sem prejuízo daquilo que será analisado em item próprio, o art. 1.022 do CPC deixa muito claras quais são as hipóteses de cabimento dos embargos de declaração, não deixando dúvidas de que sua fundamentação é vinculada. Por enquanto, porém, basta apontá-las, como feito logo acima.

Vale destacar, desde logo, que os embargos de declaração não terão como objetivo imediato modificar a decisão embargada, mas apenas corrigir os defeitos referidos no art. 1.022 do CPC supostamente presentes. Em outras palavras, não se embarga de declaração para se reformar ou invalidar uma decisão, alterando-a no seu conteúdo substancial, mas tão-só para esclarecer uma obscuridade, eliminar uma contradição, suprir uma omissão ou corrigir um erro material que nela se contenha. Naturalmente, como consequência da correção do vício, pode acontecer que a decisão embargada seja modificada, mas este resultado é uma decorrência indireta dos embargos de declaração. Esta situação, contudo, será apreciada com a necessária atenção no item dedicado ao estudo do efeito infringente do recurso.

Justamente por não ter como objetivo imediato modificar a decisão embargada, mas apenas corrigir os defeitos referidos no art. 1.022 do CPC, é que a apresentação e julgamento dos embargos de declaração ocorrerão no próprio juízo prolator da decisão embargada (juízo *a quo*), e não em instância superior (como se lê no art. 1.023, *caput*, do CPC).

Assim sendo, correta é a afirmação de que "o objetivo dos embargos de declaração é o de emitir pronunciamento judicial que se integre à sentença, ao acórdão ou à decisão interlocutória, aperfeiçoando-os como atos processuais, possibilitando perfeita compreensão dos pronunciamentos, *abrindo o caminho* para a apresentação da irresignação principal." (MONTENEGRO FILHO, 2014, p. 153).

O Código de Processo Civil prevê e regula o recurso de embargos de declaração nos arts. 1.022 até 1.026, ou seja, num intervalo de cinco artigos de lei. Intervalo curto, porém, intenso, como será demonstrado nos itens seguintes.

Quanto à terminologia deste recurso, não se costuma utilizar o verbo "interpor", mas sim o verbo "opor" (verifique-se, por exemplo, o *caput* do art. 1.023 do CPC). Seus sujeitos são o embargante (recorrente) e o embargado (recorrido). Os embargos de declaração, então, são opostos pelo embargante no processo em que este litiga com o embargado.

Feitas todas estas considerações, pode-se, finalmente, conceituar os embargos de declaração como o recurso oposto pelo embargante, fundado no devido processo legal, com o objetivo de eliminar contradições, obscuridades, omissões ou erros materiais de decisões judiciais, tornando-as claras e completas e sem pretender modificar substancialmente seu conteúdo.

2. NATUREZA JURÍDICA

Uma das mais clássicas questões sobre recursos é justamente aquela que se concentra em determinar a natureza jurídica dos embargos de declaração. Afinal de contas, são um recurso ou não?

A polêmica se justifica porque os embargos de declaração são dotados de características particulares, que não se encontram nas modalidades recursais "tradicionais", e poderiam levar à conclusão de que sua natureza não é recursal. Algumas destas características já foram ventiladas no item anterior, a propósito.

Os que defendem que sua natureza não é de recurso se apegam exatamente nas peculiaridades dos embargos de declaração para justificar sua posição.

E quais características poderiam tirar dos embargos de declaração o *status* de recurso? Ora, como visto, o objetivo deste recurso não é a reforma ou invalidação da decisão judicial, mas apenas a correção de determinados vícios (os do art. 1.022 do CPC), sem discutir a justiça da decisão. Além disso, como também já foi frisado, os embargos de declaração são opostos e julgados perante o juízo *a quo*. Ademais, não se trata de um recurso em que o contraditório seja etapa necessária (mas eventual, conforme o § 2º do art. 1.023 do CPC), não há previsão de preparo (art. 1.023, *caput*, do CPC) e sua oposição pode se dar tanto pelo vencedor quanto pelo vencido.

Sem recusar a relevância dos argumentos contrários, é irrecusável que os embargos de declaração têm natureza recursal, aderindo à posição majoritária da doutrina.

A principal razão para assim se concluir está no inciso IV do art. 994 do CPC, que é justamente o artigo de lei que elenca quais são os *recursos* cabíveis. Ora, o próprio Código de Processo Civil rotula os embargos de declaração como recurso, portanto. A polêmica existe apenas no âmbito científico, portanto (FERNANDES, 2003, p. 32).

Some-se a isso o fato de que os embargos de declaração obstam a formação de coisa julgada, não fazem nascer uma nova relação processual (WAMBIER, 2005, p. 54) e se sujeitam ao exame de admissibilidade, como qualquer outro recurso.

O fato de seu objetivo ser restrito – não ter como escopo a reforma ou invalidação de decisão judicial –, por outro lado, não altera a conclusão de que os embargos de declaração têm natureza recursal. Com efeito, logo no capítulo introdutório desta obra (na análise da teoria geral dos recursos), conceituou-se recurso, tomando emprestada a lição de BARBOSA MOREIRA (1974, p. 191), como o "remédio processual idôneo a ensejar, dentro do mesmo processo, a reforma, a invalidação, o esclarecimento ou a *integração* da decisão judicial que se impugna"[1]. E mais, em item posterior do mesmo capítulo foi dito que existem três tipos possíveis de pedidos nos recursos: invalidação, reforma ou *integração* da decisão. Sempre que se mencionou a *integração* da decisão como um dos objetivos possíveis dos recursos, quis--se fazer referência aos embargos de declaração. Em outros termos, para o ato ser considerado recurso, não necessariamente seu objetivo será o de reformar ou invalidar uma decisão judicial.

O mesmo se diga quanto às demais objeções, que são particularidades desta modalidade recursal – e cada uma tem as suas! – insuficientes para alterar sua natureza. Trata-se na verdade de uma questão de política legislativa. O legislador quis incluir os embargos na classe dos recursos. Esta opção não é inconstitucional, portanto, deve ser respeitada.

Em síntese, concluindo com ARAKEN DE ASSIS, nos embargos de declaração são encontrados os traços fundamentais dos recursos e esta é sua natureza jurídica (2007, p. 578-580).

Finalmente, mas não menos importante, vale somar o argumento de que o próprio STJ, por sua Corte Especial, reconheceu a natureza recursal dos embargos de declaração ao julgar o Recurso Especial n. 1.049.974-SP, de relatoria do Min. LUIZ FUX, em 02.6.2010. Embora tal reconhecimento tenha sido feito à guisa de mero *obiter dictum*, não deixa de ser relevante.

Conclui-se, destarte, que os embargos de declaração têm natureza recursal, sujeitando-se a toda teoria geral dos recursos (vide capítulo dedicado à matéria). Assim, por exemplo, aplicam-se o princípio recursal da proibição da *reformatio in pejus* (em regra), o princípio recursal da unirrecorribilidade (não se pode apelar e embargar concomitantemente de uma decisão), a impossibilidade de se embargar de despachos (art. 1.001 do CPC), a necessidade de serem apresentados por advogado no âmbito dos Juizados Especiais etc.

1. Sem grifos no original.

3. REQUISITOS DE ADMISSIBILIDADE

3.1. Cabimento

O cabimento dos embargos de declaração já foi visto, superficialmente, no item inaugural deste capítulo, quando foi apresentado o art. 1.022 do CPC. Agora é chegada a hora de aprofundar-se em algumas questões sobre o assunto.

A matéria pode ser estudada sob dois aspectos: objetivo e finalístico.

Sob o aspecto objetivo, verifica-se quais decisões podem ser contrastadas pelos embargos de declaração (ou seja, qual podem ser o *objeto* do recurso). Neste contexto, são cabíveis embargos de declaração contra *qualquer decisão judicial*, como se lê no *caput* do art. 1.022 do CPC.

O destaque – cabimento contra *qualquer decisão* – se justifica porque havia séria divergência, quando ainda vigente o revogado CPC/73, sobre o cabimento dos embargos de declaração, fundados em obscuridade ou contradição, contra decisões interlocutórias. A polêmica, que um dia foi relevante, perdeu todo o sentido diante da clareza do CPC vigente.

Assim sendo, caberão os embargos de declaração contra decisões interlocutórias[2], sentenças, acórdãos, decisões monocráticas proferidas no âmbito dos tribunais, enfim, contra qualquer ato que se considere decisão.

Até mesmo da decisão que julga os embargos de declaração caberão (novos) embargos de declaração, desde que presente alguma das situações autorizadoras do recurso. A propósito, ainda é viva a discussão sobre o cabimento daquilo que na prática se convencionou chamar "embargos dos embargos". Trata-se, nada mais, da oposição pura e simples de (novos) embargos de declaração em relação à própria decisão que julgou os primeiros aclaratórios. A respeito do assunto, a posição assumida por este Manual é clara: em tese, são cabíveis os "embargos dos embargos", desde que a decisão embargada (ou seja, aquela que julgou os primeiros embargos), contenha algum dos vícios aludidos no art. 1.022 do CPC. Aliás, os próprios §§ 3º e 4º do art. 1.026 do CPC parecem reconhecer esta possibilidade. O que não se pode admitir é que os "embargos dos embargos" meramente renovem a irresignação do que foi

2. Enunciado 475 do FPPC: "Cabem embargos de declaração contra decisão interlocutória no âmbito dos juizados especiais".

oposto em primeiro lugar (sem se referir especificamente à segunda decisão), pois tal postura equivaleria a opor dois embargos contra a mesma decisão e, consequentemente, esbarraria na preclusão consumativa.

A contrario sensu, não caberão embargos de declaração contra despachos (como, de resto, não cabe qualquer recurso contra despachos, à luz do art. 1.001 do CPC) (na doutrina, consultar: AURELLI, 2017, p. 474).

Sob o aspecto finalístico – assim entendida qual finalidade pode ter o recurso interposto –, deve-se lembrar que os embargos de declaração se enquadram na categoria dos recursos de *fundamentação vinculada*, de modo que não aceitam qualquer fundamentação ou crítica, mas apenas os fundamentos relativos aos vícios enumerados taxativamente em lei.

E quais são as razões que autorizam a oposição dos embargos de declaração? São aquelas elencadas nos incisos do art. 1.022 do CPC, isto é:

> I – esclarecer obscuridade ou eliminar contradição;
>
> II – suprir omissão de ponto ou questão sobre o qual devia se pronunciar o juiz de ofício ou a requerimento;
>
> III – corrigir erro material.

Deve-se frisar, de antemão, que a *dúvida* não é hipótese de cabimento dos embargos de declaração. E melhor que não seja mesmo, porque a dúvida é um estado subjetivo de incerteza daquele que não consegue compreender a decisão, distinta da obscuridade e da contradição (NEVES, 2016, p. 1590). Verdade que um dia, antes do CPC/2015, a dúvida era hipótese de cabimento dos embargos de declaração nos Juizados Especiais, mas até naquele âmbito esta deixou de existir em razão da nova redação dada ao art. 48, *caput*, da Lei 9.099/95 pelo art. 1.064 do CPC.

É conveniente analisar detida e separadamente cada uma das situações (aspecto finalístico) que autorizam o manejo dos embargos de declaração. A isto se dedicam os itens seguintes.

3.1.1. Esclarecer obscuridade

São cabíveis embargos de declaração para esclarecer obscuridade, que se caracteriza pela falta de clareza, pela confusão de ideias, pela dificuldade no entendimento da decisão. Expressões com duplo sentido, ambiguidades e termos equívocos são hipóteses que ensejam a obscuridade.

Também podem ser consideradas obscuras decisões escritas à mão com letra ilegível, com passagens em língua estrangeira ou dialeto incompreensível (DIDIER JR.; CUNHA, 2016, p. 255).

A decisão deve ser vista como um todo. Daí parece correto concluir que a obscuridade pode estar não apenas no dispositivo da decisão, mas também na sua fundamentação ou em ambos (THEODORO JR., 2016, p. 1062). Embora improvável, pode estar até mesmo no relatório da sentença, causando gravame na compreensão da decisão, o que também sugere o cabimento dos embargos de declaração (FERNANDES, 2003, p. 76).

Em resumo, o texto da decisão deve ser compreensível ao homem médio. Se não for, haverá obscuridade e então serão cabíveis os embargos de declaração cuja finalidade é justamente o esclarecimento de seu conteúdo, integrando a decisão.

3.1.2. Eliminar contradição

Uma decisão contraditória é aquela incoerente, porque em seu conteúdo são lançadas ideias opostas, suprimindo o nexo ou a lógica do ato.

É válido traçar um paralelo com a petição inicial, na qual da narração dos fatos deve decorrer logicamente a conclusão, sob pena de inépcia da inicial (art. 330, § 1º, III, do CPC). Com a decisão judicial a exigência é a mesma, posto que de sua fundamentação deve decorrer logicamente a conclusão (DIDIER JR.; CUNHA, 2016, p. 250).

Mas não é só. A contradição pode se dar entre duas ou mais fundamentações, entre a fundamentação e o dispositivo ou apenas no dispositivo.

Ainda em relação à contradição, é preciso diferenciar duas situações: contradição *interna* e contradição *externa*. Apenas a *contradição interna* dá azo ao cabimento dos embargos de declaração (MEDINA; WAMBIER, 2008, p. 194).

Entenda-se por contradição interna aquela que é *intrínseca* à decisão impugnada, isto é, que ocorre entre os seus elementos (proposições, fundamentação e conclusão). Se, por outro lado, a contradição se verifica entre fatores externos à decisão (como, por exemplo, as provas produzidas nos autos ou as alegações das partes), esta será externa, como se extrai de diversos julgados do STJ (por exemplo, consultar: STJ, 2ª Turma, EDcl nos EDcl no REsp 1.710.743-AM, rel. Min. MAURO CAMPBELL MARQUES, j. 23.08.2018, v.u.). Em igual sentido, com grande clareza:

"O vício que autoriza os embargos de declaração é a contradição interna do julgado, não a contradição entre este e o entendimento da parte, nem menos entre este e o que ficara decidido na instância *a quo*, ou entre ele e outras decisões do STJ." (EDcl no RMS 32946-RS, 2ª Turma, rel. Min. MAURO CAMPBELL MARQUES, j. 15.12.2015, v.u.).

Assim, por exemplo, imagine que o juiz, na fundamentação da sentença, explicite que os fatos constitutivos do direito do autor estão provados, mas, no dispositivo, julga improcedente o pedido. Neste caso existe uma contradição interna na decisão e serão cabíveis os embargos de declaração.

Também enseja a oposição dos embargos declaratórios a contradição entre o acórdão e a ementa (FERNANDES, 2003, p. 79-81). Este foi o entendimento que se firmou no STJ quando ainda era vigente o CPC/73 e não há razões para que a orientação seja alterada.[3] Trata-se, evidentemente, de contradição interna, porquanto a ementa é elemento necessário de todo acórdão (art. 943, § 1º, do CPC).

Até mesmo a contradição entre os votos e o teor do acórdão pode render ensejo aos embargos de declaração (FERNANDES, 2003, p. 81-82), porque ambos são elementos internos da decisão.

Por outro lado, se a decisão contrariar as provas dos autos, por exemplo, não haverá contradição, uma vez que as provas são elementos externos da decisão. O que pode haver é um *error in judicando*, de modo a tornar cabível o recurso de apelação.

O mesmo se diga quando a decisão não seguir a jurisprudência formada a respeito do assunto decidido, que igualmente é elemento externo da decisão. O que pode haver, neste caso, é uma omissão, na forma do art. 1.022, parágrafo único, I, do CPC, que também poderia ensejar a oposição de embargos de declaração, conforme será visto em pormenores no item específico adiante.

Finalmente, na riqueza de situações provenientes da prática do foro nem sempre se consegue distinguir claramente se a situação é de obscuri-

3. Neste sentido: "Impõe-se o acolhimento dos embargos declaratórios destinados a sanar contradição existente entre a ementa e a fundamentação do acórdão embargado" (STJ, 5ª Turma, EDcl nos EDcl no AgRg no Ag 600879-DF, rel. Min. LAURITA VAZ, j. 23.8.2005, v.u.). Ainda: "Havendo contradição entre ementa e corpo do acórdão, mister se faz a alteração da ementa." (STJ, 3ª Turma, EDcl nos EDcl no REsp 213982-RS, rel. Min. ANTÔNIO DE PÁDUA RIBEIRO, j. 12.11.2001, v.u.)

dade ou de contradição. Tal circunstância é indiferente, contudo, porque em ambas caberão os embargos de declaração. A oposição por um fundamento, ademais, não inibirá o órgão julgador de eventualmente conhecer e acolher os embargos por outro (por exemplo, os embargos são opostos ao argumento de que ocorreu obscuridade, mas o magistrado enxerga que houve contradição). Para o embargante, mais importante do que rotular o vício (na forma do *caput* do art. 1.023 do CPC) é apontar *in casu* onde ele se localiza na decisão embargada (*da mihi factum, dabo tibi ius*).

Em resumo, a decisão deve ser coerente. Caso contrário, será contraditória e então serão cabíveis os embargos de declaração cuja finalidade é justamente sua eliminação, integrando a decisão.

3.1.3. Suprir omissão

A omissão é, sem dúvida, a causa mais comum de oposição de embargos de declaração.

Decisão omissa é aquela em que o julgador deixa de apreciar alguma matéria sobre a qual teria de manifestar-se de ofício ou a requerimento. Diz-se que a decisão, neste caso, é *citra petita*.

O processo, instituído e garantido pelo Estado Democrático de Direito, pressupõe um contraditório completo, desde o diálogo da propositura da ação até a resposta jurisdicional. Lembre-se que o acesso à justiça há de ser pleno, motivo pelo qual nenhuma questão relevante para a justa composição do litígio poderá deixar de ser apreciada e ponderada pelo julgador. Agride o devido processo legal não apenas a falta de resposta aos argumentos das partes, mas igualmente a análise incompleta de suas pretensões (THEODORO JR., 2016, p. 1064).

Neste contexto, e conforme o art. 1.022, II, do CPC, cabem embargos de declaração para "suprir omissão de ponto ou questão sobre o qual devia se pronunciar *o juiz de ofício ou a requerimento*" (sem grifos no original).

Três observações preliminares sobre o dispositivo legal se impõem.

Em primeiro lugar, embora a lei se refira especificamente ao "juiz", o fato é que a omissão pode ter sido praticada por *qualquer julgador*, isto é, um desembargador ou um ministro. Resulta disso que os embargos de declaração fundados em omissão são cabíveis contra decisões proferidas em qualquer grau de jurisdição, como já destacado anteriormente.

Em segundo lugar, a omissão pode se referir a "ponto" ou "questão" acerca dos quais deveria haver pronunciamento judicial. Assim sendo, pode se referir a um ponto ventilado pela parte sem que tenha havido impugnação do adversário (ou seja, um ponto; por exemplo, o pedido de gratuidade da justiça elaborado pelo autor e não apreciado pelo juiz) ou a um ponto que haja sido controvertido pelo adversário (ponto controvertido ou questão; por exemplo, quando o autor alega que o réu conduzia seu veículo em alta velocidade, mas o réu impugna o fato, afirmando que trafegava em velocidade compatível com a via).

Em terceiro lugar, a omissão pode se referir a ponto ou questão acerca dos quais o pronunciamento judicial deveria se dar "de ofício" ou "a requerimento". Destarte, mesmo que a matéria não tenha sido ventilada por qualquer das partes, sendo uma daquelas sobre as quais deve haver manifestação *ex officio* do julgador, caberão os embargos de declaração diante de eventual omissão.

Aqui se incluem não apenas as chamadas matérias de ordem pública (por exemplo, as condições da ação, pressupostos processuais etc.), mas também os chamados pedidos implícitos, que, embora não tenham sido expressamente articulados, devem ser objeto de apreciação na decisão (é o caso dos juros legais, da correção monetária e das verbas de sucumbência, inclusive os honorários advocatícios, conforme o § 1° do art. 322 do CPC).

E se a decisão judicial se omitir quanto a algum ponto ou questão originado da participação do *amicus curiae* (art. 138 do CPC), poderão as partes opor embargos de declaração? A resposta deve ser positiva. Sem prejuízo da legitimidade do próprio *amicus curiae* para opor os embargos – e sobre sua legitimidade específica para este recurso se ocupará mais adiante o item 3.2 deste Capítulo – não se pode negar às partes a oportunidade de embargar decisões judiciais para corrigir vício da decisão relativo aos argumentos trazidos pelo *amicus curiae*. Esta é a postura que melhor se amolda à visão moderna de contraditório, especialmente pelo que se lê nos arts. 10 e 489, § 1°, IV, do CPC. Por isso, deve-se aderir àquilo que conclui o Enunciado 394 do FPPC: "As partes podem opor embargos de declaração para corrigir vício da decisão relativo aos argumentos trazidos pelo *amicus curiae*."

Além da previsão genérica do cabimento dos embargos de declaração em casos de omissão, o Código de Processo Civil cria três hipóteses específicas de presunção de omissão, descritas no parágrafo único do art. 1.022 do CPC. Lê-se no dispositivo:

> Parágrafo único. Considera-se omissa a decisão que:
>
> I – deixe de se manifestar sobre tese firmada em julgamento de casos repetitivos ou em incidente de assunção de competência aplicável ao caso sob julgamento;
>
> II – incorra em qualquer das condutas descritas no art. 489, § 1°.

Articuladamente, então, tem-se como omissa a decisão que:

(i) *Não se manifesta sobre tese firmada em julgamento de casos repetitivos aplicável ao caso sob julgamento*, assim entendida a decisão sobre questão de direito material ou processual proferida em incidente de resolução de demandas repetitivas (arts. 976 ao 987 do CPC) e em recursos especial e extraordinário repetitivos (arts. 1.036 ao 1.041 do CPC), como prevê o art. 928 do CPC.

Quanto a esta hipótese de omissão, o Código deixa nítida sua orientação de respeito à jurisprudência construída. Trata-se de uma indisfarçável diretriz do CPC/2015, o que fica claro quando se lê seus arts. 926 e 927.

Assim, uma vez firmada uma tese em julgamento de casos repetitivos, cria-se um dever *ex officio* do julgador de se manifestar a seu respeito, desde que tal tese seja aplicável ao caso concreto. Não o fazendo, serão cabíveis os embargos de declaração.

O comando se dirige tanto ao próprio tribunal que criou a tese (dever de autorreferência), quanto aos órgãos hierarquicamente inferiores (compatibilidade vertical).

Evidente que a mera aplicação motivada da tese na decisão judicial, embora sem referência expressa à formação do precedente, já satisfaz o comando legal, afastando o cabimento dos embargos declaratórios, embora seja de todo recomendável que se proceda ao cotejo e relação entre o caso concreto em julgamento e a tese criada.

(ii) *Não se manifesta sobre tese firmada em incidente de assunção de competência aplicável ao caso sob julgamento.*

O incidente de assunção de competência é previsto no art. 947 do CPC, sendo admissível quando o julgamento de recurso, de remessa necessária ou de processo de competência originária envolver relevante questão de direito, com grande repercussão social, mas sem repetição em múltiplos processos, ou quando ocorrer relevante questão de direito a respeito da qual seja conveniente a prevenção ou a composição de divergência entre câmaras ou turmas do tribunal.

O acórdão proferido em assunção de competência é vinculativo a todos os juízes e órgãos fracionários do tribunal (art. 947, § 3º do CPC), o que reforça o instinto de compatibilização dos precedentes no Código de Processo Civil.

Sendo assim, se a decisão proferida no incidente de assunção de competência for aplicável ao caso, é dever do julgador se manifestar a seu respeito. Não o fazendo, caberão os embargos de declaração.

De resto, encaixam-se aqui todas as demais considerações que foram feitas logo acima na análise do julgamento de casos repetitivos.

(iii) *Incorrer em qualquer uma das condutas descritas no art. 489, § 1º, do CPC.*

O mencionado dispositivo legal (art. 489, § 1º, do CPC) trata da exigência de motivação das decisões judiciais, destacando que não basta uma fundamentação superficial, sendo exigível do julgador a fundamentação efetiva e suficiente. À sua falta, presume-se omissa a decisão, sendo cabíveis os embargos de declaração. Dito isso, não se considera motivada a decisão judicial – e serão cabíveis os embargos declaratórios – nas hipóteses em que a decisão:

(iii.1) *Fica limitada à indicação, à reprodução ou à paráfrase de ato normativo, sem explicar sua relação com a causa ou a questão decidida* (art. 489, § 1º, I, do CPC).

(iii.2) *Empregar conceitos jurídicos indeterminados, sem explicar o motivo concreto de sua incidência no caso* (art. 489, § 1º, II, do CPC).

(iii.3) *Invocar motivos que se prestariam a justificar qualquer outra decisão* (art. 489, § 1º, III, do CPC).

(iii.4) *Não enfrentar todos os argumentos deduzidos no processo capazes de, em tese, infirmar a conclusão adotada pelo julgador* (art. 489, § 1º, IV, do CPC).

(iii.5) *Apenas invoca o precedente ou o enunciado de súmula, sem identificar seus fundamentos determinantes nem demonstrar que o caso sob julgamento se ajusta àqueles fundamentos* (art. 489, § 1º, V, do CPC).

(iii.6) *Deixa de seguir enunciado de súmula, jurisprudência ou precedente invocado pela parte, sem demonstrar a existência de distinção no caso em julgamento ou a superação do entendimento* (art. 489, § 1°, VI, do CPC).

Estas situações, que impõem a fundamentação real da decisão, demonstram que não há tolerância legal com verdadeiros simulacros de fundamentação, inexplicavelmente aceitos pela jurisprudência formada sob a égide do revogado CPC/73.

Finalmente, há uma previsão legal que não pode passar despercebida. Trata-se do inciso III do § 3° do art. 1.013 do CPC, que prevê:

> "§ 3° Se o processo estiver em condições de imediato julgamento, o tribunal deve decidir desde logo o mérito quando:
>
> (...)
>
> III – constatar a omissão no exame de um dos pedidos, hipótese em que poderá julgá-lo;"

O tema já foi tratado não apenas no capítulo sobre a teoria geral dos recursos (ao abordar o princípio da singularidade), mas também quando se estudou o efeito devolutivo da apelação, por isso remete-se o leitor às considerações que lá foram feitas. O que impende repisar, no momento, é que o vício de omissão da decisão poderá ser solucionado em grau de apelação, ainda que a parte não tenha oposto os embargos de declaração. Idêntica conclusão parece cabível ao agravo de instrumento e ao recurso ordinário, mas não, em regra, aos recursos extraordinário e especial, que exigem pré-questionamento.

Em resumo, a decisão deve ser completa. Diante de qualquer omissão, assim entendida a falta de manifestação do julgador na forma da lei serão cabíveis os embargos de declaração cuja finalidade é justamente seu suprimento, integrando a decisão.

3.1.4. Corrigir erro material

Erros materiais podem ser inexatidões materiais ou erros de cálculo (DIDIER JR.; CUNHA, 2016, p. 255). Verificado um erro material, sua correção pode ser dar a requerimento da parte ou até mesmo de ofício pelo juiz, como prevê o art. 494, I, do CPC.

Aliás, a falta de oposição de embargos de declaração em caso de erro material da decisão não impede a sua correção a qualquer tempo (MEDINA, 2020, p. 1.612). Esta é a acertada conclusão do enunciado 360 do FPPC.

Não se pode, entretanto, confundir o erro material com o erro de julgamento. Apenas o primeiro desafia o recurso de embargos de declaração (THEODORO JR., 2016, p. 1.067). O erro de julgamento, que pode ser *error in judicando* ou *error in procedendo*, deverá ser contratado pelo recurso adequado à hipótese (apelação, agravo de instrumento, recurso especial etc.).

No entanto, percebe-se uma tendência de alargamento do cabimento dos embargos de declaração.

Assim é que os embargos de declaração devem ser admitidos diante dos chamados *erros evidentes*, assim entendidos aqueles resultantes de premissas fáticas evidentemente equivocadas.

A jurisprudência do STJ já se firmou neste sentido, como, por exemplo, se vê no julgamento por unanimidade, pela sua 2ª Turma, dos Embargos de Declaração no Recurso Especial n. 1.359.259-SE, de relatoria do Min. MAURO CAMPBELL MARQUES, datado de 02.05.2013, em cuja ementa se lê: "De acordo com o art. 535 do CPC [art. 1.022 do CPC/2015], os embargos declaratórios são cabíveis quando houver, na sentença ou no acórdão, obscuridade ou contradição, ou quando for omitido ponto sobre o qual se devia pronunciar o juiz ou tribunal. Também as inexatidões materiais e os "erros evidentes" são sanáveis pela via dos embargos de declaração, consoante a jurisprudência e a doutrina."

Na mesma linha de alargamento do cabimento, sustenta-se até mesmo que os embargos de declaração sejam admitidos diante de decisões *extra* ou *ultra petita* (DIDIER JR.; CUNHA, 2016, p. 256).

Em resumo, a decisão não pode conter erros materiais. Caso exista algum, serão cabíveis os embargos de declaração cuja finalidade é justamente sua correção, integrando a decisão.

3.2. Legitimidade recursal

A legitimidade recursal nos embargos de declaração está alinhada, em essência, com a legitimidade recursal em geral, sobre a qual já se tratou no capítulo sobre a teoria geral dos recursos.

Assim, são legitimados a embargar de declaração uma decisão, na forma do art. 996 do CPC, a parte, o terceiro prejudicado e o Ministério Público (como parte ou como fiscal da ordem jurídica).

A peculiaridade em relação aos demais recursos fica por conta do *amicus curiae*, figura de intervenção de terceiros prevista no art. 138 do CPC, cujo *caput* dispõe:

> "O juiz ou o relator, considerando a relevância da matéria, a especificidade do tema objeto da demanda ou a repercussão social da controvérsia, poderá, por decisão irrecorrível, de ofício ou a requerimento das partes ou de quem pretenda manifestar-se, solicitar ou admitir a participação de pessoa natural ou jurídica, órgão ou entidade especializada, com representatividade adequada, no prazo de 15 (quinze) dias de sua intimação."

A atuação do *amicus curiae* é limitada, contudo. Não poderá ele interpor qualquer recurso. A única exceção são justamente os embargos de declaração (art. 138, § 1º, do CPC) e a decisão que julgar o incidente de resolução de demandas repetitivas (art. 138, § 3º, do CPC). Sem prejuízo, porém, o pedido de ingresso do *amicus curiae* no feito, se indeferido, também pode ser objeto de recurso, em que pese o silêncio da lei, conforme orientações doutrinária e jurisprudencial (inclusive no STF), à luz das considerações que foram traçadas no item sobre legitimidade recursal no capítulo sobre a teoria geral dos recursos, para onde se remete o leitor.

Deste modo, além dos tradicionais legitimados, poderá opor embargos de declaração o *amicus curiae*.

3.3. Interesse recursal

A questão do interesse recursal nos embargos de declaração merece uma análise particular.

Com efeito, ao discorrer-se sobre o interesse recursal no capítulo sobre a teoria geral dos recursos, assentou-se que este é identificado, na esfera dos recursos, como manifestação do interesse de agir (condição da ação). Não basta estar legitimado a recorrer, é preciso ter interesse para praticar o ato. Mais ainda, consignou-se que haverá interesse recursal sempre que não se obtiver o melhor resultado possível esperado do processo ou seja, se houver, em algum grau, sucumbência. Isto porque o art. 966 do CPC reconhece a legitimação apenas da parte *vencida*.

Também já se sustentou outrora que os embargos de declaração são recurso de fundamentação vinculada. Não basta, portanto, que a decisão seja prejudicial à parte, mas é preciso que esta esteja acompanhada de algum dos vícios específicos apontados em lei, sem o qual não terá cabimento. E tais vícios são os do art. 1.022 do CPC.

Tais afirmações – todas absolutamente verdadeiras – merecem apreciação *cum grano salis* no estudo específico dos embargos de declaração.

É que, no caso dos embargos de declaração, a noção de "prejuízo" merece interpretação diversa. *Não apenas o vencido poderá opor embargos de declaração, mas igualmente o vencedor poderá fazê-lo.*

O interesse recursal nos embargos de declaração não nasce da derrota no processo, mas da existência de algum dos vícios do art. 1.022 do CPC, potencialmente prejudiciais à parte embargante. Aliás, o Supremo Tribunal Federal já se manifestou no sentido de que "O interesse em recorrer na via dos embargos declaratórios prescinde da sucumbência" (ementa dos Embargos de Declaração em Recurso Extraordinário n. 221.196-RS, da 2ª Turma, relatoria do Min. MARCO AURELIO, julgado em 30.6.1998 por unanimidade).

Por exemplo, o juiz julga o pedido do autor procedente, mas não se manifesta sobre a condenação do réu em verba honorária de sucumbência. Neste caso, poderá o autor, que foi vencedor na ação, opor embargos de declaração para suprir a omissão. Embora não tenha havido propriamente sucumbência do autor, os embargos para ele terão utilidade, sendo necessários para atender à sua pretensão e trazer-lhe uma situação jurídica mais favorável.

3.4. Inexistência de fatos impeditivos ou extintivos do poder de recorrer

Igualmente, tudo que se articulou no capítulo sobre a teoria geral dos recursos acerca da inexistência de fatos impeditivos ou extintivos ao direito de recorrer pode ser aproveitado no âmbito dos embargos de declaração. A desistência, a renúncia e a aquiescência, portanto, impedirão que o órgão julgador aprecie o mérito deste recurso.

3.5. Tempestividade

Os embargos de declaração devem ser interpostos no prazo de cinco dias úteis (art. 1.023, *caput*, c.c. art. 219 do CPC).

Todo regime jurídico dos prazos recursais, sobre os quais já se ocupou no capítulo da teoria geral dos recursos, aos embargos de declaração se aproveita. Remete-se o leitor ao respectivo item.

Adicione-se, contudo, que o § 1° do art. 1.023 do CPC expressamente previu que o regime do art. 229 do CPC se aplica aos embargos de declaração.

Assim, haverá prazo em dobro (dez dias) para os litisconsortes atuantes que tiverem diferentes procuradores, de escritórios de advocacia distintos (art. 229, *caput*, do CPC).

Deve-se, porém, atentar para as exceções à regra. A primeira delas diz respeito ao § 2° do art. 229 do CPC, dispositivo segundo o qual não haverá cômputo de prazos em dobro quando os autos são eletrônicos. A segunda está ligada à necessária atuação do litisconsorte, pois, em interpretação sistemática do § 1° do art. 229 do CPC, se houverem dois litisconsortes, mas apenas um deles for efetivamente atuante no processo, não haverá contagem em dobro do prazo.

Outra observação importante se impõe. Ao tratar da tempestividade no capítulo da teoria geral dos recursos, vislumbrou-se outra exceção à regra do prazo dobrado de litisconsortes (art. 229 do CPC), à luz do entendimento consagrado na Súmula 641 do STF, pela qual "Não se conta em dobro o prazo para recorrer, quando só um dos litisconsortes haja sucumbido." Ocorre, porém, que o referido entendimento estampado na Súmula 641 do STF não se aplica, especificamente, ao recurso de embargos de declaração, porque, como visto, o interesse recursal dele não decorre da sucumbência (no mesmo sentido, DIDIER JR.; CUNHA, 2016, p. 262). Para este recurso se aplica simplesmente a regra do art. 229 do CPC (conforme art. 1.023, § 1°, do CPC).

Finalmente, lembre-se que não apenas no caso do art. 229 do CPC o prazo dos embargos será computado em dobro. Sempre que houver na lei a previsão que consagre o prazo dobrado, esta valerá também aos embargos de declaração, como no caso do *caput* dos arts. 180, 183 e 186, todos do CPC (NEVES, 2016, p. 1593).

3.6. Preparo

O recurso de embargos de declaração, como já se viu anteriormente no capítulo da teoria geral dos recursos, é dispensado de preparo, conforme o art. 1.023, *in fine*, do CPC.

3.7. Regularidade formal

Sem prejuízo de todas as considerações traçadas no capítulo sobre a teoria geral dos recursos, aproveitáveis especificamente aos embargos de declaração, necessário apontar que este recurso, no que se refere à sua regularidade formal, deve se alinhar basicamente à previsão do art. 1.023, *caput*, do CPC.

Quer-se dizer, com isso, que a petição dos embargos de declaração deverá ser dirigida ao próprio prolator da decisão embargada (os embargos são opostos e julgados pelo próprio órgão *a quo*).

Os embargos de declaração podem ser apresentados em peça única (a praxe forense de duas petições, existente em outros recursos, não se repete aqui).

O fundamental é que o embargante indique com clareza qual é o erro, a obscuridade, a contradição ou a omissão que ensejou a oposição do recurso. As considerações sobre o princípio da dialeticidade, no capítulo da teoria geral dos recursos, justificam este cuidado.

Nada impede que os embargos de declaração tenham dois ou mais fundamentos. O importante, ressalte-se outra vez, é o apontamento preciso do vício. A falta de indicação do vício que enseja os embargos de declaração acarretará no não conhecimento do recurso.

Como já mencionado anteriormente, a oposição dos embargos de declaração por um fundamento não inibirá o órgão julgador de eventualmente conhecê-los e acolhê-los por outro. Frise-se: para o embargante, mais importante do que rotular o vício (na forma do *caput* do art. 1.023 do CPC) é apontar *in casu* onde ele se localiza na decisão embargada. Daí em diante, caberá ao órgão julgador analisar seu mérito (*da mihi factum, dabo tibi ius*).

O pedido dos embargos de declaração será o de integração da decisão, que poderá se consubstanciar, conforme o caso, em (i) esclarecer a obscuridade, (ii) eliminar a contradição, (iii) suprir a omissão ou (iv) corrigir o erro material.

4. OPOSIÇÃO E PROCESSAMENTO

Os embargos de declaração serão opostos na forma do art. 1.023, *caput*, do CPC, como visto no item anterior.

Ato seguinte, seus requisitos de admissibilidade serão analisados, quando então os embargos de declaração serão ou não admitidos.

Como destacado anteriormente, nas razões dos embargos de declaração deverá o embargante alegar a existência de um ou mais vícios do art. 1.022 do CPC, sendo isso o bastante para sua admissão. A verificação concreta da ocorrência, ou não, de tais vícios é questão de mérito, que levará ao acolhimento ou rejeição do recurso.

Contudo, se a parte sequer alega que existe obscuridade, contradição, omissão ou erro material, o caso será de não conhecimento dos embargos (STJ, 1ª Turma, EDcl no AgRg no AREsp 783859-RJ, rel. Min. SÉRGIO KUKINA, j. 26.4.2016, v.u.).

Recebido o recurso, poderá ou não haver contraditório.

De fato, conforme previsão do § 2º do art. 1.023 do CPC, "O juiz intimará o embargado para, querendo, manifestar-se, no prazo de 5 (cinco) dias, sobre os embargos opostos, caso seu eventual acolhimento implique a modificação da decisão embargada."

Resulta disso que o contraditório nos embargos de declaração é eventual. Só haverá intimação do embargado, facultando-lhe a resposta em cinco dias, caso o eventual acolhimento do recurso implique a modificação da decisão embargada. Verifica-se, portanto, que o legislador reconhece a possibilidade do chamado efeito infringente aos embargos de declaração, situação da qual se ocupará com mais detalhes adiante no item sobre o efeito infringente deste recurso.

Assim sendo, não será aberto contraditório se não for vislumbrada qualquer possibilidade de modificação da decisão embargada. Neste caso, o recurso será pura e simplesmente julgado em cinco dias (art. 1.024, *caput*, do CPC).

O seguinte gráfico sintetiza o processamento dos embargos de declaração:

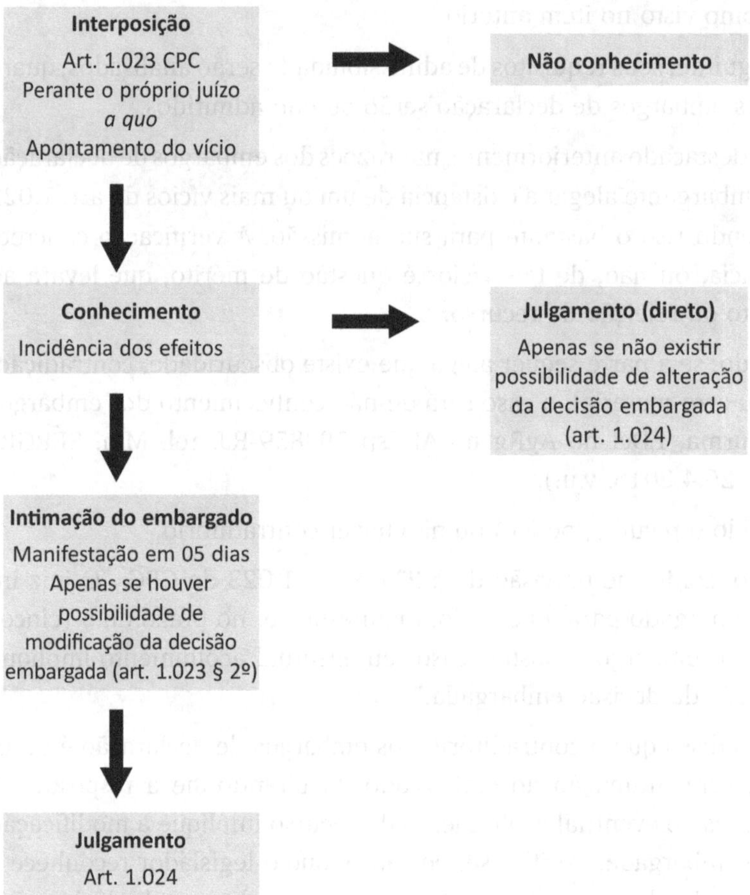

5. EFEITOS

A oposição e o julgamento dos embargos de declaração – e como, de modo geral, também dos demais recursos – podem gerar consequências no plano processual. Sobre isso já se ocupou, de forma genérica, o capítulo da teoria geral dos recursos. Cabe, neste momento, averiguar especificamente quais são estas consequências quando se tratar dos embargos de declaração.

Assim sendo, em primeiro lugar, e em que pese alguma divergência no âmbito doutrinário, os embargos de declaração têm *efeito devolutivo*, devolvendo a matéria impugnada ao Poder Judiciário para reapreciação na forma e nos limites desta modalidade recursal.

Vale lembrar, de todo modo, que o efeito devolutivo dos embargos de declaração tem particularidades, uma vez que não terá como objetivo principal a revisão da decisão recorrida (embora, como será visto adiante no trato do efeito infringente, os embargos de declaração possam acarretar a modificação da decisão embargada). Além disso, a devolução é feita perante o mesmo órgão que prolatou a decisão embargada, e não a órgão hierarquicamente superior (PINTO, 2001, p. 163).

Em segundo lugar, também têm os embargos de declaração o chamado *efeito translativo*. O próprio STJ já firmou precedente neste sentido (conferir os Embargos de Declaração no Recurso Especial n. 768.475-RJ de sua 1ª Turma, relatado pela Min. DENISE ARRUDA e julgado por unanimidade em 21.10.2008).

O *efeito obstativo*, em terceiro lugar, também se observa nos embargos de declaração. De sua oposição, portanto, será mantida a litispendência e será impedido que sobre a decisão recorrida se opere a preclusão ou a coisa julgada.

Quanto ao efeito suspensivo nos embargos de declaração, existem considerações mais aprofundadas que merecem ser feitas. O mesmo se diga quanto a outros efeitos, todos específicos desta modalidade recursal, a saber: efeito interruptivo e efeito infringente. Sobre eles se dedicam os itens seguintes.

5.1. Especificamente o efeito suspensivo

O art. 1.026 do CPC, em sua primeira parte, deixa claro que os embargos de declaração não têm efeito suspensivo *ope legis*, em harmonia com a regra geral de não suspensividade dos recursos do art. 995 do CPC. Deste modo, os embargos de declaração não suspendem a eficácia da decisão.

Assim, proferida uma decisão interlocutória deferindo tutela provisória de urgência para impedir a comercialização de determinado produto pelo réu, a ordem judicial tem eficácia imediata e deverá ser cumprida pela parte, ainda que esta decisão venha a ser objeto de embargos de declaração.

É possível, no entanto, obter efeito suspensivo nos embargos de declaração, requerendo-o na forma do § 1º do art. 1.026 do CPC, isto é: "A eficácia da decisão monocrática ou colegiada poderá ser suspensa pelo respectivo juiz ou relator se demonstrada a probabilidade de provimento do recurso ou, sendo relevante a fundamentação, se houver risco de dano grave ou de difícil reparação."

Como se vê, a obtenção do efeito suspensivo nos embargos de declaração depende de deliberação judicial (efeito suspensivo *ope judicis*), após pedido da parte, desde que haja hipótese de tutela de evidência (demonstração da probabilidade de provimento do recurso) ou tutela de urgência (sendo relevante a fundamentação, se houver risco de dano grave ou de difícil reparação).

Caberá ao próprio órgão prolator da decisão embargada decidir sobre a atribuição, ou não, de efeito suspensivo ao recurso de embargos de declaração.

Uma situação peculiar, porém, há de ser considerada, qual seja, a dos embargos de declaração em face de decisão recorrível por recurso que tenha efeito suspensivo automático (*ope legis*). Este é o caso clássico dos embargos de declaração contra sentença (recorrível por apelação, conforme art. 1.009 do CPC, que em regra tem efeito suspensivo, conforme o *caput* do art. 1.012 do CPC).

E qual a peculiaridade?

Lembre-se que, à luz do que foi exposto no capítulo sobre a teoria geral dos recursos, que o efeito suspensivo é, na verdade, um efeito da própria recorribilidade da decisão e não do recurso em si mesmo. Assim, quando a lei prevê que o recurso seja dotado de efeito suspensivo (*ope legis*), não é preciso recorrer para que ocorra o efeito. O recurso com efeito suspensivo, portanto, não suspende propriamente tais efeitos, mas impede que estes se produzam até a publicação do acórdão contendo o julgamento do recurso.

E a apelação, na situação que ora se analisa, é um recurso dotado de efeito suspensivo *ope legis*, conforme art. 1.012, *caput*, do CPC. As únicas exceções são as do § 1º do mesmo dispositivo legal, já estuadas no respectivo capítulo.

Por isso, uma vez proferida sentença (ato apelável, portanto), esta decisão já nascerá com eficácia suspensa (salvo se referente a alguma das hipóteses do art. 1.012, § 1º, do CPC). Em caso de oposição de embargos de declaração contra tal sentença, nada mudará: a sua eficácia se manterá suspensa, mas não por causa dos embargos, e sim pela simples possibilidade de se interpor apelação futuramente.

Assim, são corretas as ponderações de FLÁVIO CHEIM JORGE no sentido de que os embargos de declaração, em si mesmos, não influenciam na eficácia de decisão judicial (opostos ou potencialmente cabíveis). Ao contrário, "a aferição quanto ao efeito suspensivo deve ser feita não em relação aos embargos, mas sim quanto ao recurso previsto pelo Código para atacar a decisão possivelmente embargada" (2015, p. 397).

5.2. Especificamente o efeito interruptivo

Ainda na leitura do *caput* do art. 1.026 do CPC se verifica que os embargos de declaração têm o chamado efeito interruptivo, isto é, "interrompem o prazo para a interposição de recurso".

Na prática, isso significa o seguinte: opostos os embargos de declaração, o prazo para a apresentação de qualquer outro recurso fica *interrompido*, devendo sua contagem ser retomada *integralmente* após a intimação de seu julgamento.

Importante frisar que a retomada da contagem do prazo será *integral*, como se não tivesse sido iniciado. Imagine-se, por exemplo, que os embargos de declaração tirados de uma sentença tenham sido opostos no quarto dia do seu prazo. Julgados os embargos de declaração, após a intimação das partes, o prazo para interpor apelação desta mesma sentença será integralmente de quinze dias (e não apenas de onze dias, descontando-se os dias úteis passados antes da oposição dos embargos).[4]

O efeito interruptivo também se aplica nos Juizados Especiais, conforme art. 50 da Lei 9.099/95, com redação dada pelo CPC/2015 (art. 1.065). A regra valerá não apenas nos Juizados Especiais Cíveis (conforme o citado art. 50 da Lei 9.099/95), como também nos Juizados Especiais Federais (art. 1° da Lei 10.259/2001) e Juizados Especiais da Fazenda Pública (art. 27 da Lei 12.153/2009).

Verifica-se o efeito interruptivo, ademais, ainda quando os embargos de declaração foram parciais, ou seja, se referirem apenas a uma parte da decisão.

Questão com larga importância prática diz respeito à ocorrência do efeito interruptivo em embargos de declaração não conhecidos (ou não admitidos).

---

4. Esta é, aliás, a sutil diferença entre interromper e suspender um prazo. Ambos impedem o curso do prazo. O prazo interrompido é retomado *desde o início*, como se nunca tivesse começado. O prazo suspenso, de outro lado, é retomado com o *desconto dos dias que já se passaram* anteriormente.

A relevância é evidente, pois da interrupção (ou não) do prazo dependerá a tempestividade do recurso seguinte interposto contra a decisão embargada.

Neste contexto, na linha do que já se afirmou no capítulo sobre a teoria geral dos recursos, parece não haver dúvidas de que os embargos de declaração manifestamente intempestivos – que, por isso, não serão admitidos – não terão efeito interruptivo. Mas note-se a ênfase: apenas os embargos *manifestamente* intempestivos não interromperão o prazo para interpor outros recursos. Se a intempestividade for discutível, evidenciado que não houve má-fé pelo embargante, deve-se entender que houve a interrupção de prazos (NEVES, 2016, p. 1596).

O mesmo não se pode dizer quando os embargos de declaração são rejeitados por ausência de contradição, obscuridade, omissão ou erro material. A verificação concreta da ocorrência, ou não, de tais vícios é questão de mérito, que levará ao acolhimento ou rejeição do recurso. Por isso, ainda que na decisão judicial se mencione que os embargos de declaração "não são conhecidos", terá havido verdadeiro juízo de mérito. Portanto, ocorrerá a interrupção de prazos.

E se a parte sequer alega que existe obscuridade, contradição, omissão ou erro material (hipóteses de cabimento dos embargos de declaração)? Como dito anteriormente, o caso será de não conhecimento dos embargos por irregularidade formal. E a ausência de regularidade formal, como hipótese de não admissão do recurso, impediria que os embargos de declaração irregulares tenham o efeito interruptivo (JORGE, 2015, p. 182).

Ocorre que o STJ acabou mitigando o rigor desta conclusão e revendo seu próprio posicionamento. Antes, o Tribunal recusava o efeito interruptivo aos embargos de declaração não conhecidos por irregularidade formal[5],

5. Neste sentido, confira-se julgado proferido na vigência do antigo CPC/73, mas aplicável à vigente codificação: "É inexistente o recurso interposto mediante petição via fax sem a necessária apresentação do original, no prazo do art. 2.º, parágrafo único, da Lei 9.800/1999. Dessa forma, **tratando-se da oposição de embargos de declaração, não há falar em produção de efeito interruptivo, razão por que o superveniente agravo regimental é intempestivo**. Pesa considerar, em acréscimo, que não cumpre a regularidade formal, por manifesta desobediência ao princípio da dialeticidade, o recurso fundado em razões absolutamente genéricas e desapartadas do contexto da decisão judicial. Inteligência

ainda que isso resultasse do mero fato do recurso ser recebido como mero pedido de reconsideração[6]. Mais recentemente, entretanto, sua Corte Especial firmou precedente em sentido contrário, tendo em conta as graves consequências que podem advir da não verificação do efeito interruptivo, especialmente a intempestividade do recurso cabível posteriormente.

Assim, deve prevalecer que "A única hipótese de os embargos de declaração, mesmo contendo pedido de efeitos modificativos, não interromperem o prazo para posteriores recursos é a de intempestividade, que conduz ao não conhecimento do recurso." (STJ, Corte Especial, REsp 1.522.347-ES, rel. Min. RAUL ARAÚJO, j. 16.9.2015, v.u). O mesmo vale àquelas situações em que os embargos declaratórios servem de "disfarce" de um verdadeiro pedido de reconsideração. Embora formalmente irregular, verificar-se-á o efeito interruptivo invariavelmente.

Esta orientação mais flexível parece mesmo ser a mais correta, máxime se for considerada a previsão do § 3º do art. 1.024 do CPC, que estabelece expressamente a fungibilidade entre embargos de declaração e agravo interno.

Quanto ao *aspecto subjetivo* – isto é, os sujeitos que são alcançados pela interrupção –, o efeito interruptivo é amplo. Pouco importa *quem* opôs embargos de declaração, pois os prazos serão interrompidos para ambas as partes (JORGE, 2015, p. 1810), assim como para o Ministério Público e para terceiros (DIDIER JR.; CUNHA, 2016, p. 268). Em resumo, "A reabertura do prazo deve beneficiar todos que tenham legitimação para recorrer, e não apenas o embargante" (THEODORO JR., 2016, p. 1074). Deste modo, por exemplo, se o autor opôs embargos de declaração diante de sentença supostamente omissa, o prazo para o réu apelar estará interrompido (assim, como, por óbvio, o prazo do próprio autor).

---

do art. 514, incisos I e II, do CPC. (STJ, 2ª Turma, AgRg nos EDcl nos EDcl no RMS 44.879/MA, rel. Min. MAURO CAMPBELL MARQUES, j. 18.6.2014, v.u., sem grifos no original).

6. "A jurisprudência de ambas as Turmas que integram a Primeira Seção do STJ consolidou-se no sentido de que, possuindo os Aclaratórios nítido caráter de pedido de reconsideração e sendo assim recebidos, não há interrupção do prazo para a interposição de outros recursos." (STJ, 2ª Turma, REsp 1.214.060-PR, rel. Min. HERMAN BENJAMIN, j. 23.11.2010, v.u.)

No entanto, vale chamar a atenção para a hipótese de haver *desistência* dos embargos de declaração anteriormente opostos. Qual a consequência deste ato no que se refere ao efeito interruptivo? Nesta situação, com a sua extinção, não é possível sustentar a interrupção do prazo recursal *para a mesma parte que desistiu, tampouco a reabertura desse prazo a contar da intimação do ato homologatório* (neste sentido: STJ, 3ª Turma, REsp 1.833.120, rel. Min. Ricardo Villas Bôas Cueva, j. 18/10/2022, v.u.). Para os demais participantes, entretanto, parece que a interrupção dos prazos se manterá até que haja a homologação da desistência recursal (e respectiva intimação).

Mas uma ressalva deve ser feita. É que os embargos de declaração não interrompem o prazo para oposição de embargos de declaração à decisão originalmente já embargada pela parte contrária (DIDIER JR.; CUNHA, 2016, p. 271). Por exemplo, é proferida sentença na ação que o autor "A" promove contra o réu "B". Suponha que apenas o autor "A" oponha embargos de declaração da decisão, sendo este recurso decidido pelo magistrado em seguida. Não poderá o réu "B", apenas agora, também pretender opor embargos de declaração da sentença proferida, ao argumento de que seu prazo para embargar houvera sido interrompido em razão dos embargos opostos pelo autor "A". O único prazo interrompido, no caso, foi o do recurso de apelação cabível contra a sentença. Esta orientação conta com amplo apoio na jurisprudência (no STJ, consultar: 2ª Seção, EDcl nos EDcl no REsp 1.829.862-SP, rel. Min. ANTONIO CARLOS FERREIRA, j. 09/06/2021, v.u.).

5.3. Especificamente o efeito infringente

O efeito infringente é aquele pelo qual a decisão embargada é modificada em razão do julgamento dos embargos de declaração. Trata-se de uma possibilidade que decorre do julgamento dos embargos de declaração (e não de sua oposição).

Insista-se num ponto: não é efeito necessário, mas sim *possível*, do julgamento dos embargos de declaração.

De fato, como sustentado no início deste capítulo, os embargos de declaração não terão como objetivo imediato modificar a decisão embargada, mas apenas corrigir os defeitos referidos no art. 1.022 do CPC supostamente presentes. Em outras palavras, não se embarga de declaração para se reformar ou invalidar uma decisão, alterando-a no seu conteúdo substancial, mas tão-só para esclarecer uma obscuridade, eliminar uma contradição, suprir uma omissão ou corrigir um erro material que nela se contenha.

Ocorre que, como consequência da correção do vício, pode acontecer que a decisão embargada seja modificada. Este resultado, entretanto, é uma decorrência indireta dos embargos de declaração.

Neste momento preciso fazer uma breve pausa no raciocínio para compreender uma questão.

É irrecusável que o acolhimento dos embargos de declaração acabe quase que invariavelmente, modificando a decisão embargada. Ao se corrigir o vício da contradição, escolhendo uma entre duas proposições inconciliáveis, haverá modificação do ato decisório. O mesmo se dará quando sanada uma omissão, pois o órgão jurisdicional decidirá a mais do que já havia feito anteriormente. Tais alterações, entretanto, não modificam substancialmente o conteúdo da decisão. Esta é, aliás, a *função típica* dos embargos de declaração (consultar, a respeito, NEVES, 2016, p. 1600).

Mas não é apenas desta modificação que trata o presente item.

Quando se debate o efeito infringente dos embargos de declaração, refere-se especialmente às situações *atípicas*, assim consideradas aquelas em que o acolhimento dos embargos de declaração vai além da pequena alteração da decisão embargada (com sua integração), chegando ao ponto de reformar ou anular o ato.

Dois exemplos auxiliarão na compreensão da questão levantada.

Imagine-se, em primeiro lugar, que o autor "A" tenha promovido ação de cobrança em face do réu "R". O juiz sentencia o feito e julga procedente o pedido, omitindo-se, porém, quanto à condenação em verba honorária do réu "R" sucumbente. O autor "A", então, opõe embargos de declaração requerendo a supressão da omissão, com apontamento dos honorários advocatícios. O magistrado, finalmente, acolhe os embargos de declaração para condenar o réu "R" também ao pagamento de honorários advocatícios. Perceba que neste caso não ocorreu alteração substancial da sentença, que era de procedência e continuou sendo de procedência, embora com alguma diferença, porque mais abrangente (agora contendo os honorários de sucumbência antes inexistentes). Tem-se, aqui, a função típica dos embargos de declaração.

Em segundo lugar, suponha que o autor "A" tenha promovido ação anulatória em face do réu "R", alegando incapacidade relativa e coação.

O juiz sentencia o feito e julga improcedente o pedido, argumentando que não houve coação, omitindo-se, porém, quanto à incapacidade. O autor "A", deste modo, opõe embargos de declaração requerendo a supressão da omissão, exigindo seja enfrentada a questão da incapacidade (art. 1.022, parágrafo único, II; c.c. art. 489, § 1°, IV; ambos do CPC). O magistrado, finalmente, acolhe os embargos de declaração e, verificando a incapacidade, anula o negócio jurídico, invertendo a decisão de improcedência para procedência. Indiscutivelmente houve alteração substancial do conteúdo da decisão. Tem-se, aqui, uma situação atípica dos embargos de declaração.

Este segundo exemplo poderia até mesmo ter uma variável. Vale a pena aprofundar-se nela. Pense que o autor "A" tenha promovido ação anulatória em face do réu "R", alegando incapacidade relativa e coação. O juiz sentencia o feito e julga improcedente o pedido, argumentando que não há incapacidade relativa, ante a prova de emancipação, omitindo-se, porém, quanto à coação. O autor "A", deste modo, opõe embargos de declaração requerendo a supressão da omissão, exigindo seja enfrentada a questão da coação (igualmente com fundamento art. 1.022, parágrafo único, II; c.c. art. 489, § 1°, IV; ambos do CPC). O magistrado, finalmente, acolhe os embargos de declaração, reconhece sua omissão e anula a decisão, abrindo-se instrução do feito para que se prove a ocorrência, ou não, do vício. Perceba-se, uma vez mais, que houve alteração substancial do conteúdo da decisão, não para alterar a improcedência para procedência, mas para anular a decisão embargada. Tem-se, de novo, uma situação atípica dos embargos de declaração.

Para finalizar a pausa no raciocínio, basta apenas adicionar que a modificação da decisão nos dois últimos exemplos (situações atípicas) é uma consequência inafastável do acolhimento dos embargos.

Pois bem. Na vigência do revogado CPC/73 existia intensa discussão sobre a possibilidade de se emprestar efeitos infringentes aos embargos de declaração (FERNANDES, 2003, p. 149-164). O mesmo debate não faz sentido no CPC/2015, que indubitavelmente reconhece a possibilidade de modificação do conteúdo da decisão embargada, como se vê no seu art. 1.023, § 2°; e no seu art. 1.024, §§ 4° e 5°. E este reconhecimento legal vale não só para a função típica dos embargos, como também para a eventual alteração substancial da decisão embargada (função atípica).

A mera possibilidade de que os embargos de declaração modifiquem a decisão embargada já é suficiente para que seja aberto contraditório, possibilitando que o embargado apresente resposta no prazo de cinco dias, conforme se lê no art. 1.023, § 2º, do CPC:

> "O juiz intimará o embargado para, querendo, manifestar-se, no prazo de 5 (cinco) dias, sobre os embargos opostos, caso seu eventual acolhimento implique a modificação da decisão embargada."

A intimação do embargado é medida que se impõe diante de qualquer possibilidade de modificação da decisão embargada, seja para a alteração decorrente de sua função típica, seja para modificação substancial do conteúdo da decisão. O princípio contraditório não tolera interpretação restritiva, não apenas porque tem estatura constitucional, mas também em razão de sua extensão infraconstitucional (arts. 7º, 9º e 10 do CPC).

Daí é possível arriscar que se deve incorporar na rotina forense a instituição do contraditório como uma regra nos embargos de declaração.

Ademais, o efeito infringente dos embargos de declaração poderá trazer consequências ao recurso interposto anteriormente pela parte contrária, como preveem os §§ 4º e 5º do art. 1.024 do CPC, sobre os quais se tratará no item seguinte. Tais consequências – vale adiantar – observar-se-ão em qualquer hipótese de modificação da decisão, isto é, tanto na função típica quanto na função atípica dos embargos de declaração.

6. COMPETÊNCIA E JULGAMENTO (ART. 1.024)

Opostos os embargos de declaração e superada a fase de resposta – se necessária –, prevê o *caput* do art. 1.024 do CPC que o juiz julgará o recurso em cinco dias. Trata-se, a toda evidência, de prazo impróprio.

O julgamento ocorrerá no próprio órgão prolator da decisão embargada (juízo *a quo*), sem necessidade de observar a preferência pela ordem cronológica de conclusão (art. 12, § 2º, V, do CPC).

Quando a decisão embargada for proferida por juízos singulares de 1º grau, não restarão dúvidas de que o julgamento deste recurso será realizado pelo mesmo órgão jurisdicional (juízo). Assim, por exemplo, opostos embargos de declaração contra sentença proferida pela 5ª Vara Cível do Foro

Regional da Barra da Tijuca-RJ, seu julgamento se dará por este mesmo órgão jurisdicional, isto é, pela 5ª Vara Cível do Foro Regional da Barra da Tijuca-RJ.

Neste particular, a indagação que pode oferecer maiores dificuldades diz respeito à necessidade (ou não) dos embargos de declaração serem julgados pelo mesmo *juiz* (pessoa física) que prolatou a decisão embargada. Desde sempre, a questão tem gerado interessante polêmica no âmbito doutrinário, o que demonstra que a resposta não é simples. Não há dúvidas de que é recomendável que haja uma identidade física entre quem prolatou a decisão embargada e quem vai julgar o correspondente recurso de embargos de declaração, pois ninguém melhor do que o próprio julgador prolator do ato decisório para esclarecer a obscuridade, eliminar a contradição, suprir a omissão ou corrigir o erro material respectivos. No entanto, esta recomendação deve ser flexibilizada em determinadas situações (como férias, licença, aposentadoria etc.), para que não represente um entrave ao bom andamento do processo. Ainda que o CPC vigente não tenha reproduzido o art. 132 do CPC/73[7], este dispositivo pode servir como um bom parâmetro para prever as situações em que não haverá perfeita identidade entre quem profere a decisão embargada e quem julga os embargos de declaração.

As situações mais interessantes indubitavelmente se apresentam quando os embargos de declaração são opostos no tribunal (ainda que este esteja exercendo o papel de instância de origem). Vejamos algumas situações.

Opostos os embargos de declaração no tribunal contra decisão monocrática, seu julgamento também será monocrático. Assim prevê o § 2º do art. 1.024 do CPC: "Quando os embargos de declaração forem opostos contra decisão de relator ou outra decisão unipessoal proferida em tribunal, o órgão prolator da decisão embargada decidi-los-á monocraticamente."

De outro lado, opostos os embargos de declaração no tribunal contra decisão colegiada, sua decisão também deverá ser colegiada, aplicando-se ainda a previsão do § 1º do art. 1.024 do CPC, de modo que "o relator apresentará os embargos em mesa na sessão subsequente, proferindo voto, e, não havendo julgamento nessa sessão, será o recurso incluído em pauta automaticamente."

---

7. Art. 132. O juiz, titular ou substituto, que concluir a audiência julgará a lide, salvo se estiver convocado, licenciado, afastado por qualquer motivo, promovido ou aposentado, casos em que passará os autos ao seu sucessor.

Uma interessante questão se impõe neste momento: opostos os embargos de declaração no tribunal contra *decisão colegiada*, poderia o relator julgá-los *monocraticamente* para *não conhecê-los* (conforme art. 932, III, do CPC) ou *negar-lhes provimento* (conforme art. 932, IV, do CPC)? A resposta parece ser positiva, em que pese a exigência de que o relator apresente o recurso em mesa (art. 1.024, § 1°, do CPC). Observe-se, no entanto, que deve estar presente alguma das hipóteses autorizadoras da medida (incisos III e IV do art. 932 do CPC). Em especial, atente-se ao fato de que o relator não poderá realizar qualquer alteração do *decisum*, porque simplesmente não conhecerá dos embargos, ou então negar-lhes-á provimento.

Por isso mesmo, pode-se afirmar que o relator não poderá decidir monocraticamente os embargos de declaração opostos de decisão colegiada para dar-lhes provimento, ainda que com fundamento no art. 932, V, do CPC. Admitir tal postura implicaria em reconhecer ao relator o poder de alterar monocraticamente aquilo que foi decidido pelo órgão colegiado, em nítida agressão ao princípio da colegialidade (do qual se tratou no item sobre princípios recusais no capítulo da teoria geral dos recursos).

Estas duas últimas conclusões são amparadas em precedente da Corte Especial do STJ (REsp 1.049.974-SP, rel. Min. LUIZ FUX, j. 02.6.2010, v.u.), que, por sua vez, está baseado na jurisprudência firmada naquele Tribunal. Embora todos os julgados tenham sido proferidos quando ainda vigente o revogado CPC/73, suas conclusões em tudo se aplicam ao Código vigente.

O seguinte quadro será útil para resumir como se dará o julgamento dos embargos de declaração opostos no tribunal:

Julgamentos dos embargos de declaração no tribunal

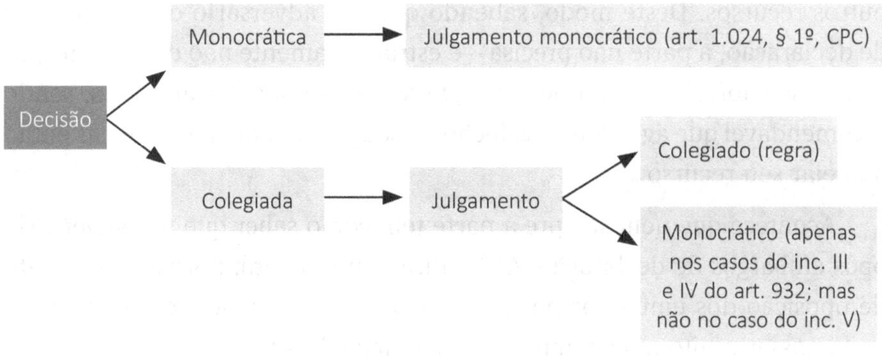

De resto, e ainda no âmbito do tribunal, mais algumas colocações merecem ser feitas.

(a) todo debate sobre a identidade física do julgador dos embargos, desenvolvida linhas acima para tratar da situação dos juízes singulares de 1º grau, se aplica aqui. Consequentemente, tanto nos julgamentos monocráticos quanto nos colegiados, é recomendável que haja identidade entre o(s) julgador(es) autor(es) da decisão embargada e aquele(s) que vai(vão) julgar o recurso;

(b) se a decisão embargada é fruto da aplicação do incidente de colegialidade qualificada, previsto no art. 942 do CPC (consultar a Parte I, Capítulo II, deste Manual), o julgamento dos embargos de declaração deve ser feito pelo colegiado com a composição ampliada (e não pelo colegiado originário); e

(c) mesmo que opostos contra acórdão unânime em apelação, aplica-se a técnica do art. 942 do CPC nos embargos de declaração sempre que proferido voto divergente com efeito infringente (para reformar o decidido unanimemente no recurso de apelação). Neste sentido foi a decisão da 4ª Turma do STJ no REsp 1.910.317-PE (rel. Min. ANTÔNIO CARLOS FERREIRA, j. 02/03/2021, v.u.).

6.1. Especificamente as consequências no recurso anteriormente interposto pela parte contrária (art. 1.024, §§ 4º e 5º)

Como dito anteriormente, a oposição dos embargos de declaração por qualquer das partes interrompe o lapso do prazo para a interposição de outros recursos. Deste modo, sabendo que seu adversário opôs embargos de declaração, a parte não precisa – e estrategicamente não deve – interpor o recurso cabível contra a decisão que foi objeto dos declaratórios, sendo recomendável que aguarde o desfecho do seu julgamento para apenas então manejar seu recurso.

Acontece que nem sempre a parte tem como saber que seu adversário opôs embargos de declaração. Aliás, raramente saberá, porque entre o ato de oposição dos embargos por uma das partes e a ciência da outra parte pode passar muito mais tempo do que quinze dias úteis (prazo do qual se dispõe para recorrer da decisão).

Por isso é que são muito comuns na prática forense as situações em que uma parte opôs embargos de declaração e a outra, inadvertidamente, apresenta recurso contra a mesma decisão. Logicamente, os embargos de declaração devem ser julgados antes. E o que acontece com o recurso interposto pela outra parte? Ele se sujeita ao regime dos §§ 4° e 5° do art. 1.024 do CPC, que variará conforme os embargos tenham ou não modificado a decisão embargada.

Deste modo, "Caso o acolhimento dos embargos de declaração implique modificação da decisão embargada, o embargado que já tiver interposto outro recurso contra a decisão originária tem o direito de complementar ou alterar suas razões, nos exatos limites da modificação, no prazo de 15 (quinze) dias, contado da intimação da decisão dos embargos de declaração" (art. 1.024, § 4°, do CPC).

Por outro lado, "Se os embargos de declaração forem rejeitados ou não alterarem a conclusão do julgamento anterior, o recurso interposto pela outra parte antes da publicação do julgamento dos embargos de declaração será processado e julgado independentemente de ratificação" (art. 1.024, § 5°, do CPC).

Cabe se valer novamente de exemplo já utilizados neste capítulo para ilustrar a situação referida no art. 1.024, § 4°, do CPC. Então, o autor "A" promove ação de cobrança em face do réu "R". O juiz sentencia o feito e julga procedente o pedido, omitindo-se, porém, quanto à condenação em verba honorária do réu "R" sucumbente. O autor "A", então, opõe embargos de declaração requerendo a supressão da omissão, com apontamento dos honorários advocatícios. Sem saber dos embargos de seu adversário, contudo, o réu "R" interpõe recurso de apelação, demonstrando sua irresignação com a sentença condenatória. Como dito, os embargos de declaração devem ser julgados antes. Sendo estes acolhidos para condenar o réu "R" também ao pagamento de honorários advocatícios – isto é, com modificação da decisão embargada –, o réu "R" poderá complementar ou alterar suas razões, para adicionar sua insurgência relativamente aos honorários de sucumbência fixados posteriormente – e nada mais! – no prazo de quinze dias úteis, contado da intimação da decisão dos embargos de declaração.

Tenha-se presente que o art. 1.024, § 4°, do CPC, não permite que a parte que já havia recorrido anteriormente interponha novo recurso, mas apenas que realize ajustes em seu recurso, para adaptá-lo ao que foi modificado por ocasião do julgamento dos embargos. O que quer que passe deste limite não poderá ser levado em consideração.

Tal consequência – e isso já foi mencionado anteriormente – observar-se-á em qualquer hipótese de modificação da decisão, isto é, tanto na função típica quanto na função atípica dos embargos de declaração.

Voltemos a tratar do art. 1.024, § 5º, do CPC.

Para tanto, imagine que nesta mesma situação prática proposta os embargos de declaração fossem rejeitados pelo magistrado? Por exemplo, porque os honorários de sucumbência foram fixados na sentença, mas o autor "A", por distração, não percebeu e opôs os embargos de declaração. Ora, nesta situação hipotética, com a rejeição dos embargos, não haverá modificação da decisão embargada. O recurso anteriormente interposto pelo réu "R" será processado normalmente e julgado independentemente de ratificação.

Perceba-se, então, que no caso do art. 1.024, § 5º, do CPC (decisão dos embargos *não* modifica a decisão embargada), a parte que já recorreu não poderá complementar ou alterar seu recurso, exatamente porque a decisão embargada em nada foi alterada ou modificada.

E mais: a parte que já havia recorrido *não precisará ter qualquer preocupação adicional* caso os embargos forem rejeitados ou não alterarem a conclusão do julgamento anterior. Não precisará sequer ratificar seu recurso, como expressamente prevê a lei e confirma a Súmula 579 do STJ, que trata especificamente do recurso especial: "Não é necessário ratificar o recurso especial interposto na pendência do julgamento dos embargos de declaração, quando inalterado o resultado anterior."[8]

6.2. Fungibilidade

Decorre do § 3º do art. 1.024 do CPC que "O órgão julgador conhecerá dos embargos de declaração como agravo interno se entender ser este o recurso cabível, desde que determine previamente a intimação do recorrente para, no prazo de 5 (cinco) dias, complementar as razões recursais, de modo a ajustá-las às exigências do art. 1.021, § 1º."

8. Nunca é demais lembrar que a Súmula 418 do STJ ("É inadmissível o recurso especial interposto antes da publicação do acórdão dos embargos de declaração, sem posterior ratificação.") foi cancelada pela sua Corte Especial em sessão de 1º de julho de 2016.

Trata-se inegavelmente da aplicação do princípio da fungibilidade, situação da qual já se ocupou no capítulo da teoria geral dos recursos quando se tratou especificamente dos princípios recursais.

A postura do legislador merece aplausos. É que a fungibilidade, na forma como prevista em lei, (i) propicia a própria celeridade processual, exatamente porque permite imediatamente um julgamento colegiado; ao mesmo tempo em que (ii) não sacrifica o direito recursal do embargante, uma vez que a conversão do recurso deverá ser precedida de intimação do recorrente, dando-lhe a oportunidade de complementar as razões recursais, de modo a ajustá-las às exigências do art. 1.021, § 1°, do CPC, no prazo de 5 (cinco) dias (NEVES, 2016, p. 1590).

6.3. Embargos protelatórios (art. 1.026, §§ 2° ao 4°)

Em que pese a nobre função dos embargos de declaração, não raramente eles são utilizados por sujeitos mal intencionados, guiados por um indesmentível escopo de ganhar tempo, até porque, como visto, este recurso interrompe o prazo para a interposição de outros.

A conduta, além de lamentável, é punível, como preveem os §§ 2° ao 4° do art. 1.026 do CPC.

Deste modo, conforme o § 2° do art. 1.026 do CPC, "Quando manifestamente protelatórios os embargos de declaração, o juiz ou o tribunal, em decisão fundamentada, condenará o embargante a pagar ao embargado multa não excedente a dois por cento sobre o valor atualizado da causa."

Assim, a parte que utilizar os embargos poderá ser multada, independentemente de requerimento (ou seja, até *ex officio*), em quantia não excedente a dois por cento sobre o valor atualizado da causa. O credor da multa é o embargado.

Ressalte-se que não basta que os embargos pareçam protelatórios. Este caráter tem que ser *manifesto*, isto é, escancarado. Não por outro motivo que a lei se utiliza da expressão "manifestamente protelatórios".

A decisão que aplicar a multa declarará expressamente que os embargos são protelatórios e deverá, evidentemente, ser fundamentada. Embora o dispositivo em análise o mencione expressamente, tal cuidado seria desnecessário, porque a motivação não só é exigência de índole constitucional (art. 93, IX) como também um princípio processual genericamente previsto no art. 11 do CPC.

E se os embargos de declaração protelatórios – assim declarados por decisão judicial anterior – forem reiterados pela parte?

Neste caso, à luz dos §§ 3º e 4º do art. 1.026 do CPC:

(i) A multa será majorada; se antes era de até dois por cento, agora será elevada a até dez por cento sobre o valor atualizado da causa.

(ii) Nenhum outro recurso poderá ser interposto antes que se comprove o depósito prévio do valor da multa, o que se configura num novo requisito recursal eventual, de modo que sem tal comprovação o recurso interposto não será admitido.

(iii) Excluem-se desta última regra a Fazenda Pública e o beneficiário de gratuidade da justiça, que recolherão a multa apenas ao final. Note bem: estes sujeitos *não estão isentos da multa*, mas apenas dispensados de recolher seu valor previamente à interposição do recurso.

(iv) A parte fica proibida de opor embargos de declaração pela terceira vez, pois, na letra do § 4º do art. 1.026, "Não serão admitidos novos embargos de declaração se os 2 (dois) anteriores houverem sido considerados protelatórios."

Algumas observações ainda merecem ser veiculadas.

A primeira delas, seguindo a doutrina de DANIEL AMORIM ASSUMPÇÃO NEVES (2016, p. 1596), é que o § 4º do art. 1.026 do CPC revela verdadeiramente uma hipótese de não cabimento dos embargos de declaração, o que afasta, inclusive, a ocorrência do efeito interruptivo (a que se referiu anteriormente). Esta opinião acaba sendo confirmada pelo Enunciado 361 do FPPC: "361. Na hipótese do art. 1.026, § 4º, não cabem embargos de declaração e, caso opostos, não produzirão qualquer efeito."

Em segundo lugar, percebe-se que as multas têm como base de cálculo o valor atualizado da causa. No entanto, se este for irrisório, a multa não atingirá seu primordial objetivo, que é sancionar o litigante ímprobo. Por isso, há precedentes do STJ admitindo, em situações assim, que a multa seja arbitrada de forma diversa, fixando-se um valor certo e não um percentual sobre o valor da causa (a exemplo do que ficou decidido pela 1ª Turma do

STJ no EDcl no AgInt no AREsp 1.268.706-MG, relatado pelo Min. GURGEL DE FARIA, j. 25.10.2018, v.u.).

Em terceiro lugar, finalmente, existem situações em que há intensa má-fé do embargante e excessivo abuso do direito de recorrer, o que pode tornar inútil a multa dos §§ 2° e 3° do art. 1.026 do CPC. Em circunstâncias assim extremas, há notícias de decisões que simplesmente reconheceram o trânsito em julgado da decisão embargada e autorizaram sua imediata execução (THEODORO JR., 2016, p. 1077). A gravidade das consequências de tal postura, porém, recomendam que sua tomada somente ocorra em situações intensamente excepcionais.

7. PRÉ-QUESTIONAMENTO PELOS EMBARGOS DE DECLARAÇÃO (ART. 1.025)

Tratando o instável campo do pré-questionamento de forma pragmática, o legislador previu no art. 1.025 do CPC que "Consideram-se incluídos no acórdão os elementos que o embargante suscitou, para fins de pré-questionamento, ainda que os embargos de declaração sejam inadmitidos ou rejeitados, caso o tribunal superior considere existentes erro, omissão, contradição ou obscuridade."

Com isso, pôs fim a uma divergência entre o STF (cujo entendimento está estampado na sua Súmula 356) e o STJ (com interpretação mais restritiva, conforme sua súmula 211).

Sobre tais assuntos se ocupa o capítulo dedicado ao recurso especial e recurso extraordinário.

8. ENUNCIADOS DO FPPC

23. Fica superado o enunciado 418 da súmula do STJ após a entrada em vigor do CPC (*"É inadmissível o recurso especial interposto antes da publicação do acórdão dos embargos de declaração, sem posterior ratificação"*).

218. A inexistência de efeito suspensivo dos embargos de declaração não autoriza o cumprimento provisório da sentença nos casos em que a apelação tenha efeito suspensivo.

360. A não oposição de embargos de declaração em caso de erro material na decisão não impede sua correção a qualquer tempo.

361. Na hipótese do art. 1.026, § 4°, não cabem embargos de declaração e, caso opostos, não produzirão qualquer efeito.

394. As partes podem opor embargos de declaração para corrigir vício da decisão relativo aos argumentos trazidos pelo *amicus curiae*.

475. Cabem embargos de declaração contra decisão interlocutória no âmbito dos juizados especiais.

483. Os embargos de declaração no sistema dos juizados especiais interrompem o prazo para a interposição de recursos e propositura de reclamação constitucional para o Superior Tribunal de Justiça.

556. É irrecorrível a decisão do órgão colegiado que, em sede de juízo de admissibilidade, rejeita a instauração do incidente de resolução de demandas repetitivas, salvo o cabimento dos embargos de declaração.

562. Considera-se omissa a decisão que não justifica o objeto e os critérios de ponderação do conflito entre normas.

563. Os embargos de declaração no âmbito do Supremo Tribunal Federal interrompem o prazo para a interposição de outros recursos.

598. Cabem embargos de declaração para suprir a omissão do acórdão que, embora convergente na conclusão, deixe de declarar os fundamentos divergentes.

614. Não tendo havido prévia intimação do embargado para apresentar contrarrazões aos embargos de declaração, se surgir divergência capaz de acarretar o acolhimento com atribuição de efeito modificativo do recurso durante a sessão de julgamento, esse será imediatamente suspenso para que seja o embargado intimado a manifestar-se no prazo do §2º do art. 1.023.

650. Os embargos de declaração, se não submetidos a julgamento na primeira sessão subsequente à sua oposição, deverão ser incluídos em pauta.

700. O julgamento dos embargos de declaração contra o acórdão proferido pelo colegiado ampliado será feito pelo mesmo órgão com colegiado ampliado.

9. MODELOS DE PETIÇÃO

9.1. Embargos de declaração fundados em omissão

EXCELENTÍSSIMO SENHOR DOUTOR JUIZ DE DIREITO DA 1ª VARA CÍVEL DA COMARCA DE ANGATUBA.

Processo nº ....

JOÃO DE DEUS, autor e já devidamente qualificado nos autos do processo em epígrafe que move em face de CARLOTA JOAQUINA, também já qualificada, vem respeitosamente à presença de Vossa Excelência, por seus advogados, opor EMBARGOS DE DECLARAÇÃO com fundamento no art. 1.022, II, do CPC, em razão de omissão com relação a um dos pedidos requeridos, que deixou de ser analisado pela respeitável sentença de fls. (...), o que faz nos termos das razões articuladas.

A decisão embargada, com todo respeito, encontra-se viciada por omissão, sendo assim *citra petita,* pois deixou de se manifestar, expressamente, sobre um dos pedidos contidos na petição inicial.

Com efeito, trata-se de ação condenatória promovida pelo embargante em face da embargada, em que se pretende a reparação de danos materiais, no valor de R$ 5.000,00 (cinco mil reais) e, também, indenização por danos morais no valor de R$ 10.000,00 (dez mil reais), ambos pedidos inerentes ao descumprimento contratual por parte da embargada.

Em sentença proferida por Vossa Excelência, em fls. (...), de forma acertada, decidiu-se pela condenação da embargada ao pagamento de R$ 5.000,00 (cinco mil reais) a título de perdas e danos suportados pelo autor, ora embargante. Contudo, o ilustre magistrado deixou de pronunciar-se sobre os danos morais requeridos na exordial.

Tal omissão, justificadora dos presentes embargos de declaração, merece ser sanada, a fim de que a respeitável sentença alcance todos os pedidos requeridos pelo autor, ora embargante.

Pelo exposto, assim, requer seja os presentes embargos de declaração recebidos, e, no mérito, provido, para os fins de reformar a respeitável sentença, para que a omissão apontada seja sanada e, por consequência, julgar procedente todos os pedidos da parte autora.

Nestes termos,

Pede deferimento.

Local e data.

Nome do advogado

Inscrição na OAB

9.2. Resposta a recurso de embargos de declaração

EXCELENTÍSSIMO SENHOR DOUTOR JUIZ DE DIREITO DA 1ª VARA CÍVEL DA COMARCA DE ANGATUBA.

Processo nº ....

CARLOTA JOAQUINA, ré devidamente qualificada nos autos do processo em epígrafe que lhe move JOÃO DE DEUS, também qualificado, vem respeitosamente à presença de Vossa Excelência, por seu advogado, apresentar RESPOSTA ao recurso de embargos de declaração de fls. ..., o que faz nos termos adiante articulados.

Trata-se de recurso de embargos de declaração opostos sob o fundamento de que a sentença proferida é omissa (*citra petita*) em relação ao pedido de indenização por danos morais, embora o autor, ora embargante, haja feito cumulação simples deste com o pedido de danos materiais.

Recebido o recurso, Vossa Excelência determinou a intimação da ora embargada, conforme o § 2º do art. 1.023 do CPC, facultando-lhe, no prazo de cinco dias, a apresentação de resposta, o que passa a fazer.

A omissão que embasa o pedido do embargante, todavia, não existe.

Com efeito, ao contrário do que afirma o embargante, Vossa Excelência julgou expressamente o pedido relativo aos supostos danos morais, tendo deixado claro que eles não se verificam no caso concreto.

Neste sentido, perceba-se que Vossa Excelência discorre em várias linhas sobre o tema, especificamente, quando da fundamentação da sentença embargada. Não há dúvidas, portanto, que o pedido foi apreciado e rejeitado de forma clara e inequívoca.

Mas não é só, pois tal pedido foi anotado no relatório da decisão embargada e também, mais adiante, no *decisum*, ficou consignado que a procedência era parcial (e não total).

Não há, pois, como anuir à tese do embargante de que a sentença embargada é omissa. A decisão é, isso sim, *infra petita*, porque apreciou todos os pedidos, mas acolheu apenas parte deles.

Percebe-se, finalmente, que o embargante cria uma fantasiosa omissão para obter um novo julgamento do pedido de indenização por danos morais e com isso conseguir o efeito infringente (modificativo). Ocorre que tal efeito, embora possível em tese, não tem cabimento no caso exatamente porque inexiste o vício de decisão *citra petita*.

Em sendo assim, os embargos de declaração opostos merecem ser rejeitados por Vossa Excelência.

Nestes termos,

Pede deferimento.

Local e data.

Nome do advogado

Inscrição na OAB

10. QUADRO RESUMO

EMBARGOS DE DECLARAÇÃO	
Natureza jurídica	Os embargos de declaração têm natureza jurídica recursal, até porque estão previstos no art. 994, IV, do CPC, sujeitando-se ao respectivo regime jurídico.
Cabimento	O art. 1.022 do CPC trata do cabimento dos embargos de declaração. No aspecto objetivo, caberão tais embargos contra qualquer decisão judicial. No aspecto finalístico, vale lembrar que se trata de recurso de fundamentação vinculada, cabível apenas para: I – esclarecer obscuridade ou eliminar contradição; II – suprir omissão de ponto ou questão sobre o qual devia se pronunciar o juiz de ofício ou a requerimento; ou III – corrigir erro material.
Cabimento em caso de omissão	Quanto a esta hipótese de cabimento, vale destacar a previsão do art. 1.022, parágrafo único, do CPC, segundo o qual será considerada omissa a decisão que (i) deixe de se manifestar sobre tese firmada em julgamento de casos repetitivos ou em incidente de assunção de competência aplicável ao caso sob julgamento; ou (ii) incorra em qualquer das condutas descritas no art. 489, § 1º. Nada obstante, o vício de omissão da decisão poderá ser solucionado em grau de apelação, ainda que a parte não tenha oposto os embargos de declaração (art. 1.013, § 3º, III, do CPC).
Legitimidade recursal	São aplicáveis as mesmas considerações da teoria geral dos recursos. Adicione-se que o *amicus curiae* poderá opor embargos de declaração (art. 138, § 1º, do CPC).
Interesse recursal	No caso dos embargos de declaração, a noção de prejuízo, que gera o interesse recursal, merece interpretação particular, pois não apenas o vencido poderá opor embargos de declaração, mas igualmente o vencedor poderá fazê-lo. O interesse recursal nos embargos de declaração não nasce da derrota no processo, mas da existência de algum dos vícios do art. 1.022 do CPC, potencialmente prejudiciais à parte embargante.

Inexistência de fatos impeditivos ou extintivos do poder de recorrer	Conforme exposto na teoria geral dos recursos.
Tempestividade	Os embargos de declaração devem ser interpostos no prazo de cinco dias úteis (art. 1.023, *caput*, c.c. art. 219 do CPC), reservado prazo em dobro para os litisconsortes que tiverem diferentes procuradores, de escritórios de advocacia distintos.
Preparo	Trata-se de recurso dispensado de preparo (art. 1.023, in fine, do CPC).
Regularidade formal	Deve-se atentar à previsão do art. 1.023, *caput*, do CPC. A petição dos embargos de declaração será dirigida ao próprio prolator da decisão embargada devendo o embargante indicar qual é o erro, a obscuridade, a contradição ou a omissão que ensejou a oposição do recurso, sob pena de não conhecimento do recurso.
Oposição e processamento	Os embargos de declaração serão opostos perante o próprio juízo prolator da decisão embargada, que também tem competência funcional para seu julgamento. Recebido o recurso, poderá ou não haver contraditório, a depender da possibilidade do acolhimento do recurso modificar a decisão embargada (art. 1.023, § 2º, do CPC). Não será aberto contraditório se não for vislumbrada qualquer possibilidade de modificação da decisão embargada.
Efeito devolutivo, translativo e obstativo	Os embargos de declaração têm os efeitos devolutivo, translativo (como já se pronunciou o STJ) e obstativo.
Efeito suspensivo	O art. 1.026 do CPC deixa claro que os embargos de declaração não têm efeito suspensivo *ope legis*. É possível, no entanto, obter efeito suspensivo nos embargos de declaração, requerendo-o na forma do § 1º do art. 1.026 do CPC, cabendo ao próprio órgão prolator da decisão embargada decidir sobre a atribuição de efeito suspensivo. Se, todavia, os embargos de declaração forem opostos em razão de decisão recorrível por recurso que tenha efeito suspensivo automático (*ope legis*), como no caso de sentença, tal decisão não produzirá efeitos porque já nasce com eficácia suspensa (não por causa dos embargos, e sim pela simples possibilidade de se interpor apelação futuramente).
Efeito interruptivo	Conforme o *caput* do art. 1.026 do CPC, os embargos de declaração interrompem o prazo para a interposição de recurso, inclusive nos Juizados Especiais. Tal efeito é reconhecido mesmo que os embargos de declaração não tenham sido admitidos, salvo no caso de manifesta intempestividade. Pouco importa quem opôs embargos de declaração, pois os prazos serão interrompidos para ambas as partes, assim como para o Ministério Público e para terceiros. Ressalve-se apenas que os embargos de declaração não interrompem o prazo para oposição de embargos de declaração à decisão originalmente já embargada pela parte contrária.

Efeito infringente	Os embargos de declaração podem ser efeito infringente, ou seja, o julgamento deste recurso pode ter como consequência modificar a própria decisão embargada. A mera possibilidade de que os embargos de declaração modifiquem a decisão embargada já é suficiente para que seja aberto contraditório (art. 1.023, § 2º, do CPC).
Julgamento	O juiz julgará o recurso em cinco dias (art. 1.024, *caput*, do CPC). O julgamento ocorrerá no próprio órgão prolator da decisão embargada, sem necessidade de observar a ordem cronológica de conclusão (art. 12, § 2º, V, do CPC). Opostos os embargos de declaração no tribunal contra decisão monocrática, seu julgamento também será monocrático (§ 2º do art. 1.024 do CPC). De outro lado, opostos os embargos de declaração no tribunal contra decisão colegiada, sua decisão também deverá ser colegiada (§ 1º do art. 1.024 do CPC).
Direito de complementar ou alterar razões de recurso já interposto	Prevê o art. 1.024, § 4º, do CPC, que "Caso o acolhimento dos embargos de declaração implique modificação da decisão embargada, o embargado que já tiver interposto outro recurso contra a decisão originária tem o direito de complementar ou alterar suas razões, nos exatos limites da modificação, no prazo de 15 (quinze) dias, contado da intimação da decisão dos embargos de declaração".
Desnecessidade de ratificação	Conforme o art. 1.024, § 5º, do CPC, "Se os embargos de declaração forem rejeitados ou não alterarem a conclusão do julgamento anterior, o recurso interposto pela outra parte antes da publicação do julgamento dos embargos de declaração será processado e julgado independentemente de ratificação". O dispositivo afasta o entendimento da Súmula 418 do STJ, que foi cancelada e substituída pela Súmula 579 do mesmo tribunal.
Fungibilidade com agravo interno	Decorre do § 3º do art. 1.024 do CPC que "O órgão julgador conhecerá dos embargos de declaração como agravo interno se entender ser este o recurso cabível, desde que determine previamente a intimação do recorrente para, no prazo de 5 (cinco) dias, complementar as razões recursais, de modo a ajustá-las às exigências do art. 1.021, § 1º."
Embargos protelatórios	O CPC procura punir o sujeito que utiliza os embargos com má-fé. Deste modo, conforme o § 2º do art. 1.026 do CPC, "Quando manifestamente protelatórios os embargos de declaração, o juiz ou o tribunal, em decisão fundamentada, condenará o embargante a pagar ao embargado multa não excedente a dois por cento sobre o valor atualizado da causa." Se houver reiteração de embargos declaratórios protelatórios: (i) a multa será majorada a até dez por cento sobre o valor atualizado da causa; (ii) nenhum outro recurso poderá ser interposto antes que se comprove o depósito prévio do valor da multa (salvo a Fazenda Pública e o beneficiário de gratuidade da justiça, que recolherão a multa apenas ao final); e (iii) a parte fica proibida de opor embargos de declaração pela terceira vez (art. 1.026, § 4º, do CPC).

Capítulo V

RECURSO ORDINÁRIO

1. INTRODUÇÃO

O STF e o STJ são Tribunais com função bastante diferenciada das demais instâncias jurisdicionais. Compete ao primeiro a guarda da Constituição (art. 102, *caput*, da CF), que é exercida através do controle de constitucionalidade concentrado (Ação Direta de Inconstitucionalidade, etc.) ou difuso (recurso extraordinário); cabe ao segundo a uniformização da interpretação e preservação da legislação infraconstitucional (papel que decorre da hermenêutica do art. 105, III, da CF).

Entretanto, a despeito da função primordial destes Tribunais Superiores, que decorre da própria norma constitucional, exercem também o papel de *segundo grau de jurisdição* em algumas poucas hipóteses, assegurando nesses casos o duplo grau de jurisdição e, mais além, o próprio devido processo legal.

Esse entendimento é confirmado pela doutrina. Segundo COSTA MACHADO (2005, p. 769-770), o nome dessa modalidade de recursos é justamente *recurso ordinário* pelo fato de que "tal recurso possui, como todos os ordinários apenas o escopo institucional de permitir ao recorrente o exercício do direito ao duplo grau de jurisdição, embora perante o STF ou STJ".

Conforme NELSON LUIZ PINTO (1999, p. 166), "tem o recurso ordinário constitucional a finalidade de permitir um segundo grau de jurisdição a determinadas ações que são processadas originariamente nos tribunais. Pode ter como objetivo tanto a reforma do acórdão (em caso de *error in judicando*) como a invalidação da decisão (em caso de *error in procedendo*)".

A origem histórica do recurso ordinário, que inicialmente foi previsto no Decreto 848/1890 e na Constituição de 1891, confirmam esse escopo dessa modalidade de impugnação de decisões judiciais. Com efeito, a criação da Justiça Federal não contemplava, àquela época, tribunais intermediários entre a justiça de primeiro grau e o STF (tal qual existem hoje os Tribunais Regionais Federais) e por isso criou-se essa figura do *recurso ordinário* como recurso diverso do recurso extraordinário, com função similar à do recurso de apelação (ASSIS, 2017, p. 771-772).

O recurso ordinário também é conhecido por *recurso ordinário constitucional*, pois seu cabimento se encontra desenhado em primeiro lugar na Constituição Federal. De fato, os arts. 994, V, e 1.027, do CPC, limitam-se a fazer referência à norma constitucional e esclarecer os aspectos procedimentais.

Feitas essas considerações introdutórias, passamos a examinar os aspectos processuais desse recurso.

2. CABIMENTO

O *recurso ordinário constitucional* está previsto nos artigos 102, inciso II, e 105, inciso II, da Constituição Federal. Segundo o art. 102, inciso II, do texto constitucional, compete ao Supremo Tribunal Federal:

> "II – julgar, em recurso ordinário:
>
> a) o 'habeas-corpus', o mandado de segurança, o 'habeas-data' e o mandado de injunção decididos em única instância pelos Tribunais Superiores, se denegatória a decisão;
>
> b) o crime político;"

Em relação ao STJ, nos termos do art. 105, inciso II, da Carta Magna, compete-lhe:

> "II – julgar, em recurso ordinário:
>
> a) os 'habeas-corpus' decididos em única ou última instância pelos Tribunais Regionais Federais ou pelos tribunais dos Estados, do Distrito Federal e Territórios, quando a decisão for denegatória;
>
> b) os mandados de segurança decididos em única instância pelos Tribunais Regionais Federais ou pelos tribunais dos Estados, do Distrito Federal e Territórios, quando denegatória a decisão;
>
> c) as causas em que forem partes Estado estrangeiro ou organismo internacional, de um lado, e, do outro, Município ou pessoa residente ou domiciliada no País;"

Da leitura do texto constitucional, verifica-se que ao STF serão direcionados os recursos ordinários constitucionais de mandados de segurança, mandados de injunção, *habeas corpus* e *habeas data* decididos, em única instância, nos Tribunais Superiores (a exemplo do próprio STJ, mas também do TST, do TSE ou do STM).

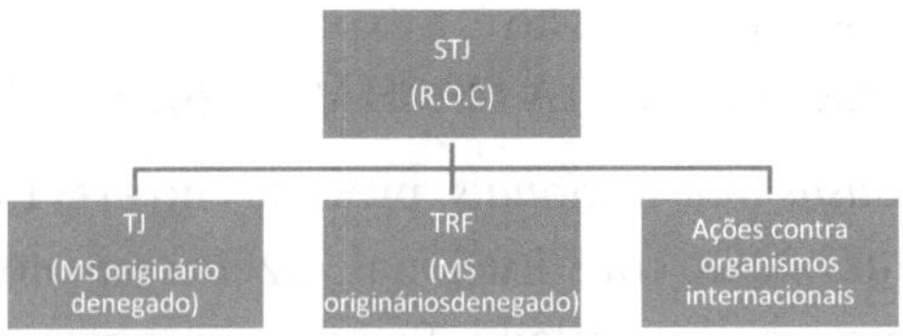

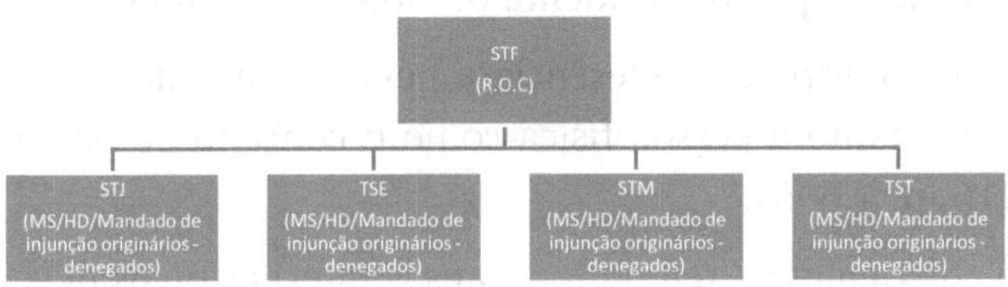

Ao STJ serão encaminhados os recursos ordinários constitucionais contra as decisões denegatórias de mandados de segurança e *habeas corpus* proferidas, em única instância, nos Tribunais Regionais Federais ou pelos Tribunais de Justiça, conforme a respectiva competência.

Em se tratando de mandado de segurança impetrado inicialmente perante a primeira instância, contra o qual se tenha interposto recurso de apelação perante os Tribunais Regionais Federais ou Tribunais de Justiça, caberá, contra o acórdão proferido nesse recurso de apelação, recurso extraordinário ou especial, conforme o caso. É incabível o recurso ordinário e configura erro grosseiro sua interposição (Súmula 272 do STF).

De outra parte, vale ressaltar que cabe recurso ordinário apenas contra decisões denegatórias de segurança. No caso de segurança concedida, a impugnação ocorre pela interposição de recurso especial ou recurso extraordinário (e desde que cumpridos os respectivos requisitos de admissibilidade).

O cabimento do recurso ordinário se dá apenas quando denegada a ordem porque o objetivo aqui é propiciar instrumento processual, também em duplo grau de jurisdição, para o controle do abuso de poder praticado pelo Estado, e não o inverso (MILLER, 2016, p. 953-958).

Embora o texto constitucional e também o art. 1.027, do CPC, digam sobre o cabimento do recurso ordinário apenas contra decisão denegatória da ordem, doutrina e jurisprudência também entendem cabível esse recurso nos casos de decisão terminativa, isto é, a extinção do remédio constitucional sem julgamento de mérito (COSTA MACHADO, 2005, p. 772).

As chamadas *causas internacionais*, previstas no art. 1.027, II, alínea *b*, do CPC, que reproduz o texto constitucional, dizem respeito àquelas demandas em que forem partes, de um lado, Estado estrangeiro (ex.: Alemanha, Japão) ou organismo internacional (ex: ONU, OIT), e, no polo processual oposto, Município ou pessoa residente ou domiciliada no País.

Conforme a doutrina, a referência a pessoa residente ou domiciliada no país abrange tanto a pessoa física como o conceito de pessoa jurídica (NEVES, 2016, p. 1.605).

Esse tipo de demanda referente a causas internacionais deve tramitar, em primeiro grau, perante a Justiça Federal de primeira instância, nos termos do art. 109, II, da CF. A impugnação da sentença, entretanto, não se volta ao respectivo TRF, através de recurso de apelação, o que seria o normal (art. 1.009, do CPC). Ocorre, na realidade, através de interposição de recurso ordinário, nos termos do art. 1.027, II, alínea *b*, do CPC.

Vale mencionar que eventual agravo de instrumento interposto no bojo de *causa internacional*, desde que presente alguma hipótese prevista no art. 1.015, do CPC, deve ser interposto para o STJ, e não para o respectivo TRF, conforme texto do art. 1.027, § 1°, do CPC.

Não cabe recurso adesivo de *recurso ordinário constitucional*, por ausência de previsão legal específica. Os recursos cíveis, como já se viu anteriormente, seguem o princípio da taxatividade.

Por fim, destaque-se que não há *recurso ordinário* de mandado de segurança originário das Turmas Recursais de Juizados Especiais Federais, diante da taxatividade da previsão constitucional desse recurso: as Turmas Recursais não configuram "tribunais" em sentido estrito, a teor do art. 98, da CF.

A Súmula 376 do STJ estabelece que "Compete a turma recursal processar e julgar o mandado de segurança contra ato de juizado especial". A partir deste enunciado, vislumbra-se que pode haver a impetração de mandado de segurança "originário" no âmbito das Turmas e Câmaras Recursais de Juizados Especiais (Cíveis ou Federais), visto que nesse rito processual específico (verdadeiro microssistema processual) não há previsão expressa de recurso com relação à maioria das decisões interlocutórias – e o mandado de segurança acaba funcionando como sucedâneo recursal.

Do julgamento desse mandado de segurança de competência das Turmas Recursais, como se mencionou acima, não caberá interposição de *recurso ordinário constitucional*, visto que não se tratam de Tribunais em sentido estrito. Caberá, porém, a interposição do recurso extraordinário contra o acórdão que julgar o referido *mandamus* e, quiçá, também o Incidente de Uniformização de Jurisprudência destinado à Turma Nacional de Uniformização dos Juizados Especiais Federais, visto que o art. 14, da Lei 10.259/2001 não excepciona esse tipo de procedimento.

3. REQUISITOS DE ADMISSIBILIDADE

O recurso ordinário deve ser interposto no prazo de 15 dias (art. 1.003, § 5º, do CPC).

No sistema processual anterior, para a interposição do recurso ordinário era exigido o esgotamento das instâncias recursais ordinárias, assim como se requer para os recursos extraordinários e especiais. Em termos práticos, isso significa que contra decisão singular que indefira liminarmente o mandado de segurança, *habeas corpus*, *habeas data* ou mandado de injunção, deve ser impugnada através da interposição de agravo interno (art. 1.021, do CPC) antes da interposição do recurso ordinário.

Acredita-se que esse será o entendimento a vigorar com o CPC atual (MILLER, 2016, p. 961-963), embora existam vozes doutrinárias em sentido contrário (NEVES, 2016, p. 1.607). Quanto a esse tema, é relevante observamos a doutrina de ARAKEN DE ASSIS:

> "Por outro lado, o julgamento denegatório há de sempre assumir a posição de última palavra do tribunal na causa. O recurso ordinário se mostra inadmissível para impugnar pronunciamentos do relator ou acórdãos respeitantes ao deferimento ou indeferimento da liminar prevista no art. 7º, III, da Lei 12.016/2009."
>
> (ASSIS, 2017, p. 788)

O recurso ordinário, diferentemente do recurso extraordinário e do recurso especial, não exige fundamentação vinculada (isto é, admite a alegação de qualquer matéria que esteja nos limites objetivos da demanda), tampouco exige o pré-questionamento (MILLER, 2016, p. 959-960), como estes recursos. Ademais, permite ampla devolutividade, quer dizer, é possível discutir tanto matéria de direito como matéria de fato (NEVES, 2016, p. 1.603-1.604).

Outro ponto relevante a ser destacado é a inaplicabilidade do princípio da fungibilidade entre o *recurso ordinário* e os recursos extraordinário e especial. Nas hipóteses em que for cabível o *recurso ordinário* é inadmissível a interposição de qualquer dos outros recursos excepcionais (extraordinário ou especial). Essa situação configura *erro grosseiro*, impedindo o aproveitamento do recurso interposto equivocadamente (CERQUEIRA 2007, p. 146).

Nesse jaez, lembre-se da Súmula 272 do STF, pertinente também para o STJ: "Não se admite como ordinário recurso extraordinário de decisão denegatória de mandado de segurança".

O CPC de 2015 não revogou a Lei 8.038/90, que trata dos recursos excepcionais e também da tramitação de certos recursos no âmbito dos Tribunais Superiores[1], inclusive em matéria penal.

Dispõe a Lei 8.038/90 que o prazo para interposição do recurso ordinário será de 5 dias no caso de decisão denegatória de *habeas corpus* proferida nos Tribunais de Justiça ou Tribunais Regionais Federais, já acompanhado das razões de reforma (arts. 30 e 33, respectivamente). Nesse sentido a Súmula 319 do STF: "O prazo do recurso ordinário para o Supremo Tribunal Federal, em *habeas corpus* ou mandado de segurança, é de 5 (cinco) dias", ainda aplicável, mas apenas no tocante ao *habeas corpus*.

4. EFEITOS

Conforme o art. 995, do CPC, a interposição dos recursos não impede a eficácia da decisão, salvo disposição legal ou decisão judicial em sentido contrário. Em outras palavras: salvo previsão legal específica ou decisão judicial em sentido diverso, os recursos cíveis não são dotados de efeito suspensivo.

O recurso ordinário constitucional, por ausência de previsão legal em sentido contrário, é dotado apenas de efeito devolutivo, ou, de outro

1. STJ, Reclamação nº 30.714, 3ª Seção, Rel. Min. Reynaldo Soares, j. 27.04.2016.

modo, não possui efeito suspensivo. Contudo, o efeito suspensivo pode ser buscado através de pedido formulado ao juízo, nos termos do art. 1.012, § 3°, e 1.029, § 5°, ambos do CPC.

O efeito devolutivo no recurso ordinário, à semelhança do recurso de apelação, torna possível discutir tanto matéria de direito como matéria de fato, conforme indicado acima. Trata-se, portanto, de recurso de ampla devolutividade.

5. INTERPOSIÇÃO E PROCESSAMENTO

A semelhança do recurso ordinário com o recurso de apelação é admitida pelo CPC de 2015 (NEVES, 2016, p. 1.604), de tal sorte que seu art. 1.028 prevê, expressamente, que os requisitos de admissibilidade e de procedimento do recurso ordinário seguirão as regras relativas à apelação e também o Regimento Interno do Superior Tribunal de Justiça.

Nesses termos, o juízo *a quo* não realiza exame prévio de admissibilidade, assim como é disposto para o recurso de apelação. Seja o juízo de primeiro grau, ou algum dos Tribunais mencionados no art. 102, II, ou no art. 105, II, da CF, após interposto o recurso e transcorrido o prazo para contrarrazões (apresentadas ou não) seguirão os autos direto para a Corte Superior competente, STJ ou STF (art. 1.028, § 3°, do CPC), independentemente de exame prévio de admissibilidade. Não houve, aqui, alteração pela Lei 13.256/16, que retomou o juízo prévio de admissibilidade nos recursos especial e extraordinário.

Diante disso, o exercício do juízo de admissibilidade do recurso ordinário em mandado de segurança pelos tribunais federais e estaduais caracteriza usurpação de competência do Superior Tribunal de Justiça, sendo cabível o instituto da reclamação (STJ, Rcl 35.958-CE, 2ª Seção, Rel. Min. Marco Aurélio Bellizze, j. 10/04/2019, DJe 12/04/2019).

Quando o recurso ordinário é interposto contra acórdão de Tribunal, deve ser apresentado perante o Presidente ou Vice-Presidente do tribunal de origem, que determinará a intimação da parte recorrida para apresentar contrarrazões, também no prazo de 15 dias, após o que remeterá os autos imediatamente ao STJ ou ao STF, conforme a respectiva competência (art. 1.028, § 2°, do CPC), independentemente de exame prévio de admissibilidade.

No caso de recurso ordinário contra sentença proferida em causas onde organismo internacional faça parte (tendo como parte contrária Município ou pessoa residente no Brasil), a interposição se dá no próprio juízo de primeiro grau. Este, após intimar a parte recorrida para apresentar contrarrazões, também no prazo de 15 dias, remete os autos ao STJ, independentemente de exame prévio de admissibilidade.

No julgamento do recurso ordinário constitucional não cabe a técnica de julgamento que substituiu os embargos infringentes (art. 942 do CPC), por ausência de expressa previsão legal. Esse dispositivo do atual CPC segue na esteira da Súmula 169, do STJ: "São inadmissíveis embargos infringentes no processo de mandado de segurança", aplicável mesmo aos casos de mandados de segurança de competência originária dos tribunais.

No regime processual do CPC/73 havia controvérsia sobre a aplicação da *teoria da causa madura*, prevista no art. 515, § 3º, daquele diploma legal revogado. Prevalecia na jurisprudência a tese da inaplicabilidade (NERY JR.; NERY, 2010, p. 960). Entretanto, o CPC de 2015 estabelece expressamente a possibilidade de aplicação da teoria da causa madura nesses casos (art. 1.027, § 2º).

Distribuído o recurso ordinário no Tribunal Superior, STF ou STJ, a Secretaria imediatamente dará vista dos autos ao Ministério Público, no prazo de dois dias, em se tratando de impugnação a decisão denegatória de *habeas corpus*, ou de cinco dias, quando não houver sido concedida a ordem de segurança (arts. 31 e 35 da Lei 8.038/1990), após o que o recurso será imediatamente apresentado a julgamento, no primeiro caso, ou incluído em pauta de julgamento, no segundo.

6. MODELO DE PETIÇÃO

EXCELENTÍSSIMO SENHOR DR. DESEMBARGADOR PRESIDENTE DO EGRÉGIO TRIBUNAL DE JUSTIÇA DA BAHIA

Recorrente: **RUFIÃO**

Processo n.º XX/2016 – XXª Turma Criminal

RUFIÃO, servidor público civil, já qualificado nestes autos, vem, respeitosamente, por seu advogado infra-assinado, nos autos de "Habeas Corpus" n.º XX/2016, que tramita por este juízo, manifestar o seu inconformismo com o acórdão que denegou a ordem e interpor **RECURSO ORDINÁRIO CONSTITUCIONAL** para o Egrégio Superior Tribunal de Justiça, com fulcro no art. 105, inciso II, "a", da Constituição Federal de 1988.

Ante o exposto, apresentando as respectivas razões, requer a Vossa Excelência o recebimento e consequente encaminhamento do recurso ao Tribunal competente.

Salvador, DATA

Advogado (OAB/BA n.º YY)

...

RAZÕES RECURSO ORDINÁRIO CONSTITUCIONAL

RECORRENTE: RUFIÃO

RECORRIDA: JUSTIÇA PÚBLICA

EGRÉGIO SUPERIOR TRIBUNAL DE JUSTIÇA
COLENDA TURMA
ÍNCLITOS MINISTROS
INSIGNE MINISTRO RELATOR
DOUTA PROCURADORIA

O presente Recurso Ordinário Constitucional deve ser provido para que o "Habeas Corpus" impetrado seja concedido e o paciente libertado.

O ora Recorrente foi denunciado como incurso no artigo 316 do Código Penal, que estabelece o crime de concussão, **e atualmente encontra-se preso, por força de auto de prisão em flagrante delito**.

O Exmo. Sr. Juiz de Direito negou o pedido de liberdade provisória com fiança alegando apenas e tão somente a gravidade do crime praticado, especialmente o dano ao Erário. A XXª Turma Criminal do Tribunal de Justiça do Estado da Bahia denegou a ordem de "Habeas Corpus", pelo mesmo e infundado argumento.

O ora Recorrente é servidor público civil, primário, e possui residência fixa, não ofertando qualquer perigo ao bom desdobramento da instrução criminal. A nossa jurisprudência é absolutamente pacífica no seguinte sentido de permitir o livramento nesses casos:

"TRANSCREVER JURISPRUDÊNCIA"

Como se vê, nobres Ministros, não há nenhuma razão para a denegação da liberdade provisória, eis que o Recorrente preenche todos os requisitos legais, não sendo faculdade do MM Juiz "a quo", ou mesmo do Egrégio Tribunal, negar o benefício.

Diante do exposto, **requer-se o acolhimento e o provimento do presente Recurso Ordinário Constitucional**, em favor do Recorrente RUFIÃO, com fulcro no artigo 105, inciso II, alínea "a", da Constituição Federal, para que seja concedida a ordem de "Habeas Corpus", autorizando-se o benefício da liberdade provisória, com fiança, e expedindo-se o competente alvará de soltura, por ser medida de justiça da mais necessária justiça.

Salvador, DATA

Advogado (OAB/BA n.º XX)

7. ENUNCIADOS DO FPPC

207. Cabe reclamação, por usurpação da competência do tribunal de justiça ou tribunal regional federal, contra a decisão de juiz de 1° grau que inadmitir recurso de apelação.

208. Cabe reclamação, por usurpação da competência do Superior Tribunal de Justiça, contra a decisão de juiz de 1° grau que inadmitir recurso ordinário, no caso do art. 1.027, II, 'b'.

209. Cabe reclamação, por usurpação da competência do Superior Tribunal de Justiça, contra a decisão de presidente ou vice-presidente do tribunal de 2° grau que inadmitir recurso ordinário interposto com fundamento no art. 1.027, II, "a".

210. Cabe reclamação, por usurpação da competência do Supremo Tribunal Federal, contra a decisão de presidente ou vice-presidente de tribunal superior que inadmitir recurso ordinário interposto com fundamento no art. 1.027, I.

357. Aplicam-se ao recurso ordinário os arts. 1.013 e 1.014.

8. QUADRO RESUMO

RECURSO ORDINÁRIO CONSTITUCIONAL	
Cabimento	Interposição de recurso ordinário constitucional contra decisão denegatória de *remédio constitucional.* No caso de mandado de segurança, a decisão apenas extintiva, sem julgamento de mérito, é equiparada pela jurisprudência às decisões denegatórias, cabendo interposição de *recurso ordinário*. Não há *recurso ordinário* de mandado de segurança originário das Turmas Recursais de Juizados Especiais Federais, diante da taxatividade da previsão constitucional desse recurso.

Fundamentação	Arts. 102, inciso II, e 105, inciso II, da CF 88; CPC: arts. 1.027 e 1.028; Lei 8.038/1990: arts. 30 a 35; não foi revogada pelo CPC de 2015 (não há menção ao recurso ordinário no CPP).
Recurso ordinário para o STJ	Art. 102, inciso II, da CF 88: interposto contra denegação da ordem de *habeas corpus e mandado de segurança* decididos em última ou única instância (TRF; TJ).
Recurso ordinário para o STF	Art. 105, inciso II, da CF 88: interposto contra denegação da ordem de *habeas corpus*; *mandado de segurança; mandado de injunção* e *habeas data* nos Tribunais Superiores (STJ, TSE, TST, STM).
Admissibilidade	O CPC de 2015 não mais prevê exame prévio de admissibilidade a cargo do juízo *a quo*. Não há fungibilidade entre *recurso ordinário* e recursos extraordinário e especial (Súmula 272 do STF). No regime do CPC/73 exigia-se o prévio esgotamento das instâncias recursais (por exemplo, interposição de agravo interno contra decisão monocrática de indeferimento liminar do *writ*). Este deve ser o entendimento prevalecente no sistema do CPC/15.
Prazo de interposição	5 dias: recurso ordinário relativo a *habeas corpus* (art. 30, Lei 8.038/1990); 15 dias: recurso ordinário relativo a mandado de segurança, mandado de injunção e *habeas data* (art. 1.003, § 5º, do CPC).
Preparo	Não é exigido para os recursos relativos aos remédios constitucionais.
Efeitos do recurso especial	Recebido apenas no efeito devolutivo. Excepcionalmente, pode ser-lhe atribuído efeito suspensivo, através de decisão judicial, nos termos dos arts. 1.012, § 3º, e 1.029, § 5º. A devolutividade do recurso ordinário é ampla; todas as matérias discutidas no *writ* podem ser novamente discutidas, não havendo a limitação de reexame de fatos ou provas, como ocorre nos recursos extraordinário e especial.

Capítulo VI

RECURSO ESPECIAL E RECURSO EXTRAORDINÁRIO

1. INTRODUÇÃO

O STF e o STJ são Tribunais com função diferenciada das demais instâncias jurisdicionais.

Além de competências originárias e recursais bem específicas, compete ao primeiro a guarda da Constituição (art. 102, *caput*, da CF), que é exercida através do controle de constitucionalidade concentrado (por meio da Ação Direta de Inconstitucionalidade, etc.) ou difuso (através do recurso extraordinário); cabe ao segundo a uniformização da interpretação e preservação da legislação infraconstitucional (papel que decorre da hermenêutica do art. 105, III, da CF), através do julgamento do recurso especial.

Essa função diferenciada do STJ e do STF traz importantes consequências em relação à compreensão dos requisitos de admissibilidade e ao modo de processamento do recurso especial e do recurso extraordinário, vez que se tratam, portanto, de recursos excepcionais, de natureza jurídica constitucional-processual, voltados não à reforma de uma decisão judicial, mas sobretudo ao exercício daquela jurisdição específica.

O STF e o STJ não possuem como competência jurisdicional específica a revisão dos acórdãos dos Tribunais inferiores. Como se disse no parágrafo anterior, são Tribunais direcionados à preservação do *direito objetivo* e, portanto, a alteração do conteúdo dos acórdãos recorridos somente se dará de modo indireto, oblíquo, conforme bem acentua a Súmula 456 do STF – "O Supremo Tribunal Federal, conhecendo do recurso extraordinário, julgará a causa, aplicando o direito à espécie", enunciado atualmente incorporado ao art. 1.034 do CPC/15.

Por estes motivos, os requisitos de admissibilidade para o recurso especial e para o recurso extraordinário se desdobram entre as exigências previstas na Constituição Federal e também no CPC. Em relação às exigências constantes do Texto Constitucional, por vezes são implícitas ou não aparecem de modo claro, impondo o exame das Súmulas e da jurisprudência específica dos Tribunais Superiores a fim de que sejam plenamente decifradas.

Assim, justifica-se falar do recurso extraordinário e do recurso especial (este, uma espécie daquele) como *recursos excepcionais*, o que permite por vezes sejam tratados em conjunto. *Excepcionais* ou *extraordinários* porque são recursos que fogem ao ordinário, fogem ao objetivo comum dos recursos processuais, que é a mera reforma da decisão impugnada. Aqui, nos recursos excepcionais (extraordinário e especial), emerge com primazia a vocação para preservação das normas constitucionais e infraconstitucionais, motivos pelos quais também são conhecidos como *recursos de estrito direito*, quer dizer, voltados apenas à tutela do direito objetivo (e não do direito subjetivo).

Atualmente, especialmente a partir da vigência do novo CPC, não se pode perder de vista a importância do recurso especial e do recurso extraordinário dentro de um contexto maior, denominado *direito jurisprudencial*, que é aquele que emerge da força dos precedentes, aproximando nosso sistema jurídico do sistema jurídico anglo-saxão de *common law* (THEODORO JR. *et alli*, 2015, p. 330-369). Conforme o art. 926, do CPC, "os tribunais devem uniformizar sua jurisprudência e mantê-la estável, íntegra e coerente".

Nesse novo cenário, o novo CPC estabelece aos magistrados não apenas função jurisdicional, mas também lhes atribui a ideia de responsabilidade pela *gestão processual* (SILVA, 2010), onde a sistemática dos recursos repetitivos com força vinculante, da repercussão geral e o Incidente de Resolução de Demandas Repetitivas são elementos muito relevantes. O recurso extraordinário e o recurso especial muitas vezes serão apreciados nesse contexto e nessa modalidade (gestão de recursos repetitivos).

Nesse rumo, é importante mencionar a edição da Recomendação 134/2022 do CNJ, que, apesar de não possuir força normativa, por consistir em simples recomendação aos órgãos judiciais, indica importantes e bastante adequados parâmetros para compreensão e gestão do sistema de precedentes judiciais.

Feitas essas considerações iniciais passamos a analisar o cabimento e os requisitos de ordem processual aplicáveis aos recursos excepcionais e, na sequência, os requisitos específicos, de ordem constitucional. Por fim, analisaremos as regras de natureza procedimental aplicáveis a esses recursos, sobretudo a gestão de recursos repetitivos.

2. CABIMENTO

2.1. Recurso extraordinário

Nos termos do art. 102, III, da Constituição Federal, compete ao STF:

> "III – julgar, mediante recurso extraordinário, as causas decididas em única ou última instância, quando a decisão recorrida:
>
> a) Contrariar dispositivo da Constituição;
>
> b) Declarar a inconstitucionalidade de tratado ou lei federal;
>
> c) Julgar válida lei ou ato de governo local contestado em face desta Constituição;
>
> d) Julgar válida lei local contestada em face de lei federal."

Esses pressupostos de cabimento são alternativos, isto é, basta o preenchimento de pelo menos uma das hipóteses previstas no art. 102, III, da CF, que será viável o recurso (atendidos, ademais, os requisitos gerais e constitucionais de admissibilidade).

Contrariar significa decidir em sentido contrário à finalidade da norma constitucional ou da *mens legislatoris*; a norma constitucional deixa de ser aplicada como deveria, atraindo a competência do STF (NEVES, 2016, p. 1.629).

O tratado internacional de direitos humanos, desde que incorporado ao ordenamento jurídico brasileiro nos termos do art. 5º, § 3º, da CF, terá valor de norma constitucional, e a decisão que lhe afronte ou negue vigência desafiará a interposição de recurso extraordinário. A ofensa à Constituição Federal, ademais, deverá ser direta; configurando ofensa apenas indireta ou reflexa a hipótese é de cabimento de recurso especial, conforme será melhor debatido abaixo.

A hipótese tratada no art. 102, III, *b*, da CF, diz respeito à declaração *incidental* de inconstitucionalidade de lei federal ou tratado. Tendo em vista que ao STF compete a guarda precípua das normas constitucionais, em controle concentrado de constitucionalidade, nas hipóteses em que os demais órgãos judiciários do país, em controle difuso de constitucionalidade, efetuarem incidentalmente tal possibilidade de controle, é de todo interessante que o Texto Constitucional preveja um mecanismo de cabimento do recurso extraordinário a fim de que o STF possa rever esse tipo de decisão.

As hipóteses tratadas no art. 102, III, alíneas *c* e *d*, da Constituição Federal, não possuem como objetivo o controle de atos praticados por governos locais, mas a preservação das normas constitucionais eventualmente violadas por leis ou atos administrativos emanados de governos locais em face da Constituição Federal.

No caso específico trazido na alínea *d*, do art. 102, III, quando se permite a interposição de recurso extraordinário para impugnar decisão que julgue válida lei de governo local contestada perante lei federal, o que está em jogo não é a preservação da norma infraconstitucional, o que permitiria, em leitura superficial, a interposição do recurso especial. Na realidade, trata-se de examinar a correta repartição de competências legislativas, matéria essencialmente constitucional, delineada nos arts. 22 a 24, da CF.

No caso do recurso extraordinário, diferentemente do recurso especial, exige-se apenas a decisão proferida em única ou última instância (que ocorra a *causa decidida*, isto é, que as instâncias recursais ordinárias sejam esgotadas), sem a exigência de que tal decisão tenha sido proferida por *tribunais*, o que enseja a interposição de recurso extraordinário também de órgãos judiciários de primeiro grau, como no caso da decisão que analisa os embargos infringentes previstos no art. 34, da Lei de Execuções Fiscais, e também dos acórdãos proferidos nas Turmas ou Colégios Recursais dos Juizados Especiais.

O que pode estar implícito nessa opção do constituinte é que as normas constitucionais são dotadas de maior relevância no ordenamento jurídico e, portanto, o espaço para sua análise pelo STF deve ser mais amplo que aquele conferido em relação à legislação infraconstitucional.

Por fim, o recurso extraordinário também exige que a questão constitucional seja dotada de repercussão geral, nos termos do art. 102, § 3 °, da CF, assunto em relação ao qual voltaremos mais adiante.

2.2. Recurso especial

Segundo o art. 105, III, da Constituição Federal, cabe ao STJ:

"III – julgar, em recurso especial, as causas decididas, em única ou última instância, pelos Tribunais Regionais Federais ou pelos tribunais dos Estados, do Distrito Federal e Territórios, quando a decisão recorrida:

a) Contrariar tratado ou lei federal, ou negar-lhes vigência;

b) Julgar válido ato de governo local contestado em face de lei federal;

c) Der a lei federal interpretação divergente da que lhe haja atribuído outro tribunal.

§ 2º No recurso especial, o recorrente deve demonstrar a relevância das questões de direito federal infraconstitucional discutidas no caso, nos termos da lei, a fim de que a admissão do recurso seja examinada pelo Tribunal, o qual somente pode dele não conhecer com base nesse motivo pela manifestação de 2/3 (dois terços) dos membros do órgão competente para o julgamento.

§ 3º Haverá a relevância de que trata o § 2º deste artigo nos seguintes casos:

I - ações penais;

II - ações de improbidade administrativa;

III - ações cujo valor da causa ultrapasse 500 (quinhentos) salários mínimos;

IV - ações que possam gerar inelegibilidade;

V - hipóteses em que o acórdão recorrido contrariar jurisprudência dominante do Superior Tribunal de Justiça;

VI - outras hipóteses previstas em lei."

Os pressupostos de cabimento do recurso especial citados acima são alternativos, isto é, basta o preenchimento de pelo menos uma das hipóteses previstas no art. 105, III, da CF, que será viável o recurso (atendidos, por óbvio, os demais requisitos gerais e constitucionais de admissibilidade).

Conforme entendimento doutrinário majoritário, "contrariar" é expressão mais ampla do que "negar vigência" a tratado ou lei federal, embora, na prática, a distinção entre ambas seja difícil e possam mesmo ser tomadas como sinônimas essas expressões. *Contrariar* significa decidir em sentido contrário à finalidade da norma ou da *mens legislatoris*; já *negar vigência* se aproxima da ideia de deixar de aplicar a norma correta no caso concreto. Em ambos os casos o que ocorre é que a lei federal deixa de ser aplicada como deveria, atraindo a competência do STJ (NEVES, 2016, p. 1.614-1.615).

A doutrina entende que a *lei* mencionada no art. 105, III, a, da CF, se refere a qualquer lei de abrangência territorial nacional, englobando leis nacionais e federais, de qualquer espécie, como a Lei Complementar, lei ordinária, lei delegada, Decreto-Lei, decreto autônomo e Medida Provisória. Em relação ao conceito de *tratado*, este também é interpretado em sentido amplo, podendo corresponder a ajuste, acordo, compromisso ou tratado *strictu sensu*, pois são incorporados ao ordenamento jurídico brasileiro com força de lei federal. Excluem-se desse conceito, por óbvio, os tratados internacionais sobre direitos humanos incorporados ao Direito brasileiro nos termos do art. 5º, § 3º, da CF, pois aqui terão força de Emenda Constitucional e serão impugnados através do recurso extraordinário (NEVES, 2016, p. 1.615).

A previsão contida no art. 105, III, *c*, da CF, corresponde ao denominado dissídio jurisprudencial: há divergência entre dois ou mais tribunais de segundo grau, ou entre um destes e o próprio STJ quanto à melhor interpretação a ser dada a determinado dispositivo da legislação federal, e o STJ, através do recurso especial, é chamado a unificar a interpretação. Não deixa de constituir uma forma de ofensa à legislação federal a existência, no território nacional, de mais de uma interpretação de um mesmo dispositivo legal, proporcionando violação ao valor *segurança jurídica*.

O recurso especial é um desdobramento ou espécie do recurso extraordinário, criado pela Constituição Federal de 1988 contemporaneamente ao STJ. Até então, o STF e o recurso extraordinário possuíam a atribuição de análise da preservação e uniformização da legislação infraconstitucional. Diante do excessivo volume de processos em curso, esse papel foi repassado ao STJ, através da criação do recurso especial.

Por este motivo, Súmulas do STF anteriores a 1988 e relativas ao recurso extraordinário também se aplicam ao STJ e ao recurso especial.

Para que seja cabível o recurso especial a Constituição Federal menciona a necessidade de interposição desse recurso em causa decidida em última ou única instância, *pelos Tribunais*, seja Tribunais de Justiça ou Tribunais Regionais Federais, não importando se a decisão é proferida em competência recursal (última instância) ou competência originária (única instância).

Essa exigência de decisão proferida por Tribunais, em sentido estrito, veda seu cabimento perante decisões proferidas pelos Colégios ou Turmas Recursais de Juizados Especiais Federais, matéria já pacificada pelo STJ (Súmula 203), pois aí não teremos tribunais em sentido estrito, que exigem regras constitucionais específicas para sua estruturação, mas apenas um colegiado de juízes de primeiro grau.

Da mesma forma, não cabe recurso especial da decisão singular que aprecia os embargos infringentes previstos no art. 34 da Lei de Execuções Fiscais (julgados, em grau de recurso, pelo próprio juízo das execuções fiscais, monocraticamente).

A Emenda Constitucional 125/2022 introduziu um novo requisito de admissibilidade para o recurso especial, muito semelhante à repercussão geral para o recurso extraordinário: a relevância da questão federal. Esse tema será tratado em tópico próprio, mais adiante.

3. REQUISITOS DE ADMISSIBILIDADE

3.1. Requisito gerais/processuais

O recurso especial e o recurso extraordinário, como foi dito acima, são recursos de natureza jurídica dúplice, constitucional e processual, o que permite denomina-los de *recursos excepcionais* e lhes confere requisitos diferenciados para admissibilidade e processamento.

Entretanto, essa natureza jurídica diferenciada não lhes retira a obrigação de preencher os requisitos gerais de admissibilidade aplicáveis a todo e qualquer recurso: a legitimidade e interesse em recorrer, a tempestividade, a regularidade formal e o recolhimento de custas de preparo, quando exigido. A admissibilidade do recurso especial e do recurso extraordinário deve atender ao preenchimento de todos estes requisitos comuns, bem como aos requisitos especiais ou de natureza constitucional (Súmula 123 do STJ), que serão tratados no tópico seguinte.

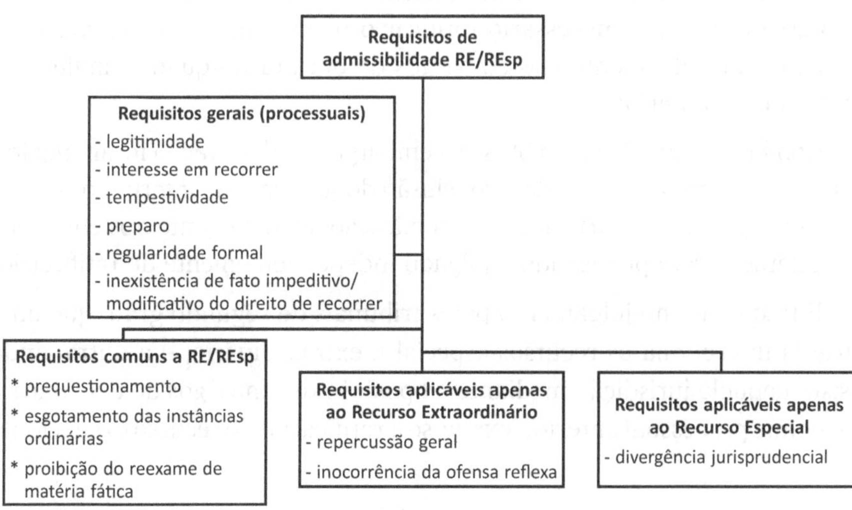

Sobre a legitimidade e interesse para recorrer não há nada diverso que se aplique aos recursos excepcionais. Utiliza-se as mesmas regras gerais já tratadas no Capítulo sobre a Teoria Geral dos Recursos.

O prazo para interposição do recurso especial e do recurso extraordinário é de 15 dias, a teor do que dispõe o art. 1.003, § 5º, do CPC. Para a Fazenda Pública esse prazo é contado em dobro, consoante estabelece o art. 183 do mesmo diploma legal. Trata-se de prazo comum para as partes e para a interposição das insurgências: dentro desses 15 dias, deve-se interpor ambos os recursos, especial e extraordinário.

O STJ possui entendimento de que o prazo em dobro previsto no art. 229 do CPC/2015 (correspondente ao art. 191 do CPC/1973), não se aplica ao agravo interposto contra a decisão que nega seguimento a recurso especial, mesmo que existam litisconsortes com procuradores diversos, porque somente o autor dessa irresignação possuirá interesse e legitimidade para recorrer (AgInt no AREsp 1.081.447/GO, Rel. Ministro Herman Benjamin, 2ª Turma, j. 24/10/2017, DJe 19/12/2017).

Esse posicionamento pode ser compreendido como adequado se for considerada a dinâmica processual diferenciada que afeta os recursos excepcionais (recurso extraordinário e recurso especial).

O CPC de 2015 traz uma disciplina mais adequada aos embargos de declaração, a qual afeta positivamente a questão da tempestividade dos recursos excepcionais, encontrando-se superada a Súmula 418, do STJ, e a jurisprudência do STF que siga no mesmo sentido. Ademais, deve-se mencionar que recentemente o STJ publicou a súmula 579, redimensionando o assunto: "Não é necessário ratificar o recurso especial interposto na pendência do julgamento dos embargos de declaração quando inalterado o julgamento anterior".

Conforme o art. 1.024, § 5º, se os embargos de declaração foram rejeitados ou não alterarem em nada a conclusão do julgamento anterior, o recurso interposto pela outra parte antes da publicação do julgamento dos embargos de declaração será processado e julgado independentemente de ratificação.

É frequente, no julgamento pelos tribunais de segundo grau, que uma parte já interponha os recursos especial e extraordinário, e a outra ainda insista naquela jurisdição mediante a oposição de embargos de declaração. No regime processual anterior, exigia-se a ratificação do recurso excepcional interposto prematuramente, sob pena de inadmissão (antiga Súmula 418 do STJ). Agora, com o CPC/15, se os embargos não foram conhecidos ou integralmente rejeitados, sem alteração do acórdão originário, os recursos excepcionais serão processados imediatamente, independentemente de ratificação.

Entretanto, caso o julgamento dos embargos de declaração modifique em algo o acórdão já recorrido através de recurso especial ou recurso extraordinário, será o caso de intimar a parte contrária para que complemente ou altere suas razões recursais, nos exatos limites da mudança, no prazo de 15 dias (art. 1.024, § 4º, do CPC – que expressa o *princípio da complementaridade dos recursos*).

É admitido o protocolo integrado também para a interposição dos recursos dirigidos aos Tribunais Superiores.

O recurso especial e o recurso extraordinário exigem o recolhimento das custas de preparo, nos termos do art. 1.007, do CPC. Entretanto, mesmo nessa seara é possível a concessão dos benefícios da justiça gratuita, nos termos do art. 98 e seguintes do CPC, bem como a possibilidade de intimação para recolher ou complementar as custas, nos moldes do já citado art. 1.007.

O art. 99, § 1º, do CPC, deixa clara a possibilidade de requerimento da gratuidade de justiça no âmbito recursal, indicando que para tanto basta uma mera petição simples:

> Art. 99. O pedido de gratuidade da justiça pode ser formulado na petição inicial, na contestação, na petição para ingresso de terceiro no processo ou em recurso.
>
> § 1º Se superveniente à primeira manifestação da parte na instância, o pedido poderá ser formulado por petição simples, nos autos do próprio processo, e não suspenderá seu curso.

Ademais, conforme o art. 99, § 7º, do CPC: requerida a concessão de gratuidade da justiça em sede de recurso, o recorrente estará, em um primeiro momento, dispensado de comprovar o recolhimento do preparo, incumbindo ao relator, neste caso, apreciar o requerimento e, somente na hipótese de indeferi-lo, fixar prazo para realização do recolhimento. Não poderá haver uma decisão inicial indicando que houve deserção do recurso.

O art. 1007, § § 3º, do CPC, dispensa o recolhimento das taxas de porte e retorno no caso de autos eletrônicos, o que é se aplica no caso do STJ e do STF, já integralmente adeptos do processo eletrônico.

Em termos de regularidade formal, o art. 1.029, incisos I a III, do CPC, exige a exposição do fato e do direito, a demonstração do cabimento do recurso interposto e as razões do pedido de reforma ou de invalidação da decisão recorrida.

A demonstração do cabimento do recurso significa a pertinência às regras constitucionais, especialmente o preenchimento dos requisitos específicos (esgotamento das instâncias recursais ordinárias; proibição de reexame de matéria de fato; não enveredar por ofensa reflexa à Constituição, etc.), tratados logo abaixo.

O *caput* do art. 1.029 também reforça que são exigidas petições distintas para cada recurso interposto (uma petição de recurso para o especial e outra petição para o recurso extraordinário).

A praxe forense revela que a exigência de regularidade formal, no caso dos recursos excepcionais, é bastante acentuada. Durante a vigência do CPC/73, por exemplo, era pouco aplicado no âmbito dos recursos extraordinário e especial o *princípio da fungibilidade*.

Ressalte-se a Súmula 284, do STF, aplicável também ao recurso especial: "É inadmissível o recurso extraordinário, quando a deficiência na sua fundamentação não permitir a exata compreensão da controvérsia". No mesmo rumo, entende-se que continua em vigor a Súmula 287 do STF, aplicável também no âmbito do recurso especial: "Nega-se provimento ao agravo, quando a deficiência na sua fundamentação, ou no do recurso extraordinário, não permitir a exata compreensão da controvérsia".

É importante que fique claro que as Súmulas 284 e 287 do STF não correspondem à exigência do prequestionamento, como muitas pessoas confundem. Nestes dois enunciados, tem-se unicamente a exigência de que os recursos excepcionais sejam redigidos em uma perspectiva que torne perfeitamente compreensível a controvérsia constitucional ou legal.

Atualmente, entretanto, o art. 1.029, § 3º, dispõe que o STF e o STJ poderão desconsiderar ou determinar a correção de pequenos vícios formais presentes o recurso extraordinário ou no recurso especial, respectivamente, desde que não sejam considerados graves.

Essa medida é uma grande inovação em relação ao regime processual anterior, onde se exigia acentuado nível de regularidade formal. Aguarda-se para ver como a jurisprudência irá delinear os contornos de aplicação desse preceito legal, mas já se pode visualizar algumas hipóteses.

No geral, tem-se a sugestão do Enunciado 197, do FPPC: "Aplica-se o disposto no parágrafo único do art. 932 aos vícios sanáveis de todos os recursos, inclusive dos recursos excepcionais". Nessa esteira, entende-se revogada a Súmula 115, do STJ ("Na instância especial é inexistente recurso interposto por advogado sem procuração nos autos"), conforme conclusão do Enunciado 83 do FPPC, visto que se trata de um erro perfeitamente sanável.

Ainda, pode-se identificar outras hipóteses de sanabilidade dos recursos excepcionais, como o encaminhamento do recurso ao Tribunal Superior adequado, quando no recurso há menção equivocada do direcionamento (exemplo: a parte desenvolve um recurso onde tudo é direcionado a discutir a violação da questão constitucional, inclusive com demonstração da repercussão geral, mas na peça de endereçamento redige-se em direção ao STJ, sendo perfeitamente possível depreender que é caso de remessa ao STF) ou mesmo quando o prequestionamento não é perfeitamente demonstrado, mas é compreensível[1].

A doutrina critica o fato de que a sanabilidade dos erros, no caso dos recursos excepcionais, se limitaria, em tese, apenas aos erros que não sejam graves, diferentemente do que prevê o art. 932, p. único, que prevê possibilidade mais ampla de correção de vícios processuais de recursos e não traz a limitação dos erros considerados graves. Além disso, também se critica o fato de haver dúvida hermenêutica a respeito do que seriam "erros graves" (SCARPINELLA BUENO, 2016, p. 863).

Uma vez regularmente intimado o recorrente para sanar o vício processual e tendo descumprido essa exigência, poderá o STJ ou o STF deixar de admitir o recurso especial ou recurso extraordinário, respectivamente (Enunciado 220 do FPPC).

Além disso, também há certa fungibilidade entre o recurso especial e o recurso extraordinário nas hipóteses previstas nos arts. 1.032 e 1.033 (possibilidade de conversão de um recurso em outro, que serão tratadas adiante.

A comprovação do dissídio jurisprudencial no caso do recurso especial pautado pelo art. 105, III, *c*, da Constituição Federal, é exigência de ordem

1. Em sentido contrário, LEMOS (2016, p. 1.066-1.067) entende que não é possível a sanabilidade dos recursos excepcionais quando ausente prequestionamento, visto que se trata de requisito essencial desses recursos, cujo cabimento é muito estrito.

formal. Entretanto, opta-se por tratá-la no tópico seguinte, referente aos requisitos constitucionais de admissibilidade.

3.2. Requisitos específicos/constitucionais

Neste tópico tratamos dos requisitos constitucionais de admissibilidade dos recursos excepcionais, justamente por essas condições de admissibilidade do recurso extraordinário e do recurso especial possuírem sua raiz exatamente na Constituição Federal, sendo deduzidos ou clarificados na jurisprudência e Súmulas dos Tribunais Superiores.

3.2.1. Esgotamento das instâncias recursais ordinárias ("causa decidida")

O recurso extraordinário e o recurso especial são recursos excepcionais, voltados à instância jurisdicional diferenciada, STF ou STJ, respectivamente, que possuem a função específica da preservação das normas constitucionais e da interpretação da legislação infraconstitucional.

Para que isso de fato ocorra, já é da tradição do constitucionalismo e do processo civil brasileiros a exigência do esgotamento das instâncias recursais ordinárias. Havendo um recurso ordinário cabível, este deverá ser interposto, esgotando os mecanismos rotineiros (e, portanto, ordinários) de impugnação judicial. Aí então, esgotadas as vias ordinárias de recursos, se poderá discutir se permanece violação da norma constitucional ou infraconstitucional.

Essa exigência possui raiz na própria CF, mais especificamente na expressão "causa decidida" que consta tanto do art. 102, III, como do art. 105, III.

Convém citar novamente esses dispositivos constitucionais. O art. 102, III, faz menção de que compete ao STF julgar, mediante recurso extraordinário, "as causas decididas em única ou última instância"; o art. 105, III, por sua vez, determina que ao STJ compete julgar, "em recurso especial, as causas decididas, em única ou última instância, pelos Tribunais Regionais Federais ou pelos tribunais dos Estados, do Distrito Federal e Territórios".

Há, porém, algumas diferenças entre o que se exige para o recurso especial e o que pede o recurso extraordinário.

Para que seja cabível o recurso especial a Constituição Federal menciona a causa decidida em última ou única instância, *pelos Tribunais*, o que limita a amplitude do recurso especial, conforme já visto acima.

No caso do recurso extraordinário voltado ao STF, exige-se, diferentemente, apenas a decisão proferida em única ou última instância, sem a exigência de que tal decisão tenha sido proferida por *tribunais*, o que enseja a interposição de recurso extraordinário também de órgãos judiciários de primeiro grau, como no caso da decisão que analisa os embargos infringentes previstos no art. 34, da Lei de Execuções Fiscais, e também dos acórdãos proferidos nas Turmas ou Colégios Recursais dos Juizados Especiais.

Nos Tribunais, ocorrendo a frequente hipótese do julgamento monocrático pelo Desembargador relator, nos termos do art. 932, deverá ser interposto o respectivo agravo interno, conforme o art. 1.021, ambos do CPC, a fim de que as possibilidades recursais ordinárias sejam esgotadas. Atualmente não mais se requer a interposição de embargos infringentes, hipótese recursal extinta pelo CPC/15; o mecanismo de julgamento que o substituiu, previsto no art. 942, é realizado *ex officio* pelas Cortes.

Outrossim, também é importante ressaltar que caso sejam opostos embargos de declaração contra acórdão de tribunal e estes sejam julgados através de decisão monocrática, também aqui valerá a necessidade de interposição do agravo interno.

A respeito do esgotamento das instâncias recursais ordinárias o STF possui a Súmula 281, aplicável também ao recurso especial:

É inadmissível o recurso extraordinário, quando couber na justiça de origem, recurso ordinário da decisão impugnada.

O STJ, por sua vez, editou a Súmula 207: "É inadmissível recurso especial quando cabíveis embargos infringentes contra o acórdão proferido no tribunal de origem". Considerando que o recurso de embargos infringentes foi extinto pelo CPC/15, e que a técnica trazida pelo art. 942 configura apenas um colegiado qualificado para julgamento, compreende-se que este enunciado se encontra superado, salvo para eventuais processos cujo acórdão tenha sido proferido antes da vigência do novo estatuto processual civil e ainda se encontrem aguardando análise de admissibilidade.

Também são relevantes, nesse tema, as Súmulas 733 e 735 do STF, cujo entendimento vale igualmente para o recurso especial.

A Súmula 733 do STF estabelece que "Não cabe recurso extraordinário contra decisão proferida no processamento de precatórios". De fato, eventual problema na expedição e adimplemento dos precatórios deverá ser, inicialmente, judicializada, pois os precatórios consistem em mero procedimento administrativo de pagamento de obrigações contra a Fazenda Pública, derivados de uma anterior ação judicial já transitada em julgado.

Nestes termos, eventual inversão da ordem de pagamento ou pagamentos incorretos (a menor ou destinados a pessoa errônea - homônimos por exemplo) deverão ser primeiramente questionados judicialmente, em ação própria (normalmente o mandado de segurança), não sendo cabível, nesse momento, a interposição de recurso extraordinário.

A Súmula 735 do STF, por sua vez, disciplina que "Não cabe recurso extraordinário contra acórdão que defere medida liminar". Com efeito, aqui ainda não se está defronte da "causa decidida", mas tão somente de um julgamento proferido por colegiado – medida processual possibilidade pelo CPC, e utilizada pelos Relatores em alguns casos mais relevantes. O processo ou o recurso, nessas situações, ainda terá seu curso regular e, somente ao final, receberá julgamento de mérito, possibilitando apenas nessa fase a interposição dos recursos excepcionais.

3.2.2. Proibição do reexame de matéria fática

O recurso extraordinário e o recurso especial, como já se disse anteriormente, são recursos de *estrito direito*, voltados à tutela apenas do direito objetivo, sem preocupação com a "justiça do caso concreto", conforme expressão corrente. Diante dessa condição essencial desse tipo de recurso, não se prestam ao reexame de provas ou de matéria fática. Esse entendimento é bastante sólido nos Tribunais Superiores e está consagrado, essencialmente, nas Súmulas 279 do STF ("Para simples reexame de prova não cabe recurso extraordinário"), e 7, do STJ, ("A pretensão de simples reexame de prova não enseja recurso especial").

Nesse contexto, também são relevantes as proibições contidas nas súmulas 454, do STF ("Simples interpretação de cláusulas contratuais não dá lugar a recurso extraordinário"), e 5, do STJ ("A simples interpretação de cláusula contratual não enseja recurso especial"), de bastante repercussão nas causas cíveis.

A doutrina, todavia, aponta a possibilidade da *valoração das provas* ou a discussão sobre a *hierarquia das provas*, havendo jurisprudência dos Tribunais Superiores admitindo os recursos excepcionais nesse sentido.

Nesse caminho, e utilizando linguagem mais contemporânea, NEVES (2016, p. 1.640-1.641) menciona ser possível o *reexame da aplicação de regras de direito probatório*, pois se trata na realidade de matéria de direito, como questões referentes à ilicitude da prova, objeto de convicção, ônus da prova e procedimento probatório, entre outras. Além disso, também menciona a possibilidade dos Tribunais Superiores realizaram a *qualificação jurídica dada aos fatos*, como por exemplo certos fatos que o tribunal de origem reconheceu como doação, mas o STJ define tais fatos como compra e venda. Veja, nessa linha, o seguinte julgado, exemplificativo desse entendimento:

> AGRAVO INTERNO NO RECURSO ESPECIAL - AUTOS DE AGRAVO DE INSTRUMENTO NA ORIGEM - DECISÃO MONOCRÁTICA QUE CONHECEU EM PARTE DO RECURSO ESPECIAL PARA, NA EXTENSÃO, DAR PROVIMENTO AO RECLAMO. INSURGÊNCIA DOS AGRAVANTES.
>
> (...)
>
> *3. A redefinição do enquadramento jurídico dos fatos expressamente mencionados no acórdão hostilizado constitui mera revaloração, afastando a incidência da Súmula 7 desta Corte Superior.*
>
> 4. Agravo interno desprovido.
>
> (AgInt no REsp 1408530/PR, Rel. Ministro MARCO BUZZI, QUARTA TURMA, julgado em 23/09/2019, DJe 26/09/2019)

O referido jurista também menciona a possibilidade dos Tribunais Superiores, diante dos fatos, indicarem a adequada aplicação dos *conceitos jurídicos indeterminados* ou *cláusulas gerais*, como *preço vil* ou *bem de família* (NEVES, 2016, p. 1.641).

Esse caminho de buscar a admissão dos recursos excepcionais através da correta aplicação dos conceitos jurídicos indeterminados e cláusulas gerais (estratégia argumentativa bem diversa da perspectiva de reexame de matéria fática ou probatória) mostra-se bastante adequado para a obtenção de sua admissibilidade.

Quanto às súmulas 454, do STF, e 5, do STJ, deve-se mencionar que o que é vedado reside no exame da manifestação volitiva que ensejou a realização do contrato, mas é possível a discussão da validade jurídica das cláusulas contratuais, como por exemplo seu exame à luz da função social do contrato ou a regularidade de cláusulas de contratos de adesão, onde a manifestação de vontade a respeito da negociação das condições do contrato é praticamente inexistente.

O limite entre o que configura ou não reexame de matéria de fato é, como se vê, tênue e complexo, variando muito conforme a casuística.

3.2.3. Prequestionamento

O prequestionamento é entendido como a exigência de que a matéria impugnada pelo recurso extraordinário ou no recurso especial já tenha sido objeto de decisão pelas instâncias inferiores, acentuando a função constitucional do STF e do STJ de tribunais voltados à tutela do direito objetivo, e os recursos excepcionais como recursos de estrito direito.

De outra parte, o prequestionamento também se respalda na necessidade de os Tribunais Superiores analisarem recursos excepcionais apenas no caso de "causa decidida", e assim, mediante essa exigência de admissibilidade, se veda que tais recursos veiculem matéria inédita, ainda não discutida nas instâncias inferiores.

Nestes termos, é adequado o entendimento versado na Súmula 282, do STF, aplicável também no âmbito do STJ, em relação ao recurso especial: "É inadmissível o recurso extraordinário, quando não ventilada, na decisão recorrida, a questão federal suscitada".

Na vigência do CPC/73 prevalecia, no âmbito do STJ, o entendimento consagrado na Súmula 211, no sentido da inadmissibilidade do recurso especial quando a questão, a despeito da oposição de embargos de declaração, não havia sido apreciada pelo tribunal de origem. O STF entendia em sentido diferente, expressado na Súmula 356, a qual veiculava a ideia de que os embargos de declaração interpostos, independentemente de seu resultado, eram suficientes a configurar o prequestionamento (*prequestionamento ficto*).

No CPC atual esta dificuldade vivenciada na praxe forense é resolvida de melhor forma, através do art. 1.025: consideram-se incluídos no acórdão recorrido os elementos trazidos nos embargos de declaração, inclusive para fins de prequestionamento, ainda que os embargos de declaração não tenham sido conhecidos ou tenham sido rejeitados.

Em relação ao prequestionamento ficto, objeto do art. 1.025 do CPC, verifica-se que o STJ tem exigido, a fim de possibilitar sua incidência e correlata admissibilidade do recurso especial, que seja alegada violação ao art. 1.022 do CPC (que trata dos embargos de declaração), de modo a permitir que seja sanada eventual omissão através de novo julgamento dos aclaratórios, caso existente (STJ, 1ª Turma, AgInt no REsp 1843034/SP, Rel. Min. BENEDITO GONÇALVES, j. 11/05/2020, DJe 15/05/2020)

Consagrou-se, portanto, para o recurso especial e para o recurso extraordinário, o mecanismo previsto na súmula 356 do STF. Por sua vez, a Súmula 211, do STJ, encontra-se superada.

Como se vê, o conceito de prequestionamento vai muito mais além do que a mera exigência de que apareça, no acórdão recorrido, a indicação expressa do dispositivo legal violado, sendo necessário, mais do que tudo, que a matéria, constitucional ou infraconstitucional, tenha sido debatida pela decisão recorrida (NEVES, 2016, p. 1.622).

Por fim, é importante salientar que nos termos do art. 941, § 3º, do CPC/15, a matéria contida no voto vencido também integra o acórdão recorrido, inclusive para efeito de prequestionamento, inovação trazida pelo novo CPC suficiente a afastar entendimento equivocado que existia no regime processual anterior, no sentido de que matéria tratada no voto vencido era insuficiente a configurar o prequestionamento e a divergência necessária ao dissídio jurisprudencial.

A respeito das questões de ordem pública o entendimento doutrinário prevalecente ainda é no sentido de que não podem ser apreciadas *ex officio* pelos Tribunais Superiores, dependendo de impugnação específica e a existência do adequado prequestionamento (LEMOS, 2016, p. 1.069-1.070).

3.2.4. Repercussão geral

A Emenda Constitucional 45/04, no contexto da Reforma do Judiciário, trouxe o requisito da repercussão geral aos recursos extraordinários. Assim, conforme o texto do art. 102, §3º, da CF, caberá o recurso extraordinário tão somente nos casos de repercussão geral, nos termos da lei.

Essa nova exigência reforça o papel do STF enquanto órgão de preservação das normas constitucionais e não de mero revisor de decisões judiciais, sobre o que já falamos antes. No CPC/73 a repercussão já havia sido regulamentada, e agora ganha tratamento mais completo no CPC/15, essencialmente no art. 1.035.

Reproduzindo o texto constitucional, o art. 1.035, § 1º, do CPC, estabelece que será considerada como *repercussão geral* a existência ou não de questões relevantes do ponto de vista econômico, político, social ou jurídico, que ultrapassem os interesses subjetivos do processo.

O conceito é bem amplo, pois é dotada de repercussão geral a causa que apresente questões relevantes do ponto de vista econômico, político, social ou jurídico. Exemplificando, há repercussão geral sob o ponto de vista econômico nas causas onde se discute a forma de correção dos depósitos efetuados nas cadernetas de poupança sob determinados planos econômicos; também há repercussão geral do ponto de vista social nas causas envolvendo Direito de Família. Outrossim, é mister que a questão transcenda os simples interesses individuais do caso.

O CPC/15 avança um pouco em relação ao CPC/73 e dispõe que há uma repercussão geral *presumida* nas hipóteses onde a decisão recorrida contrarie súmula ou jurisprudência dominante do STF, bem como tenha reconhecido a inconstitucionalidade de tratado ou lei federal, nos termos do art. 97, da CF – dispositivo que exige a reserva de plenário para tanto (art. 1.035, § 3º).

Além disso, a doutrina entende pela possibilidade do STF reconhecer de ofício a repercussão geral, mesmo que não tenha sido demonstrada pela parte recorrente (NEVES, 2016, p. 1.624), posicionamento com o qual concordamos.

Cabe ao recorrente, em seu recurso, argumentar e demonstrar, em preliminar, a existência de repercussão geral no caso concreto (art. 1.035, § 2º). O Enunciado 224, do FPPC, entende que é irrelevante a demonstração da repercussão geral, que deve ser fundamentada, vir como preliminar ou tópico específico do recurso extraordinário. Concorda-se com esse posicionamento, mas se sugere, pela tradição forense, que o mais adequado é a apresentação da repercussão geral como preliminar do apelo extremo.

Apenas ao STF (jamais aos tribunais locais) compete seu reconhecimento, nos moldes previsto no art. 102, § 3º, da CF, para o que se exige a manifestação de dois terços de seus membros.

No procedimento de análise da existência de repercussão geral, o relator poderá admitir a manifestação de terceiros (*amicus curiae*), nos termos do Regimento Interno do STF, de sorte a garantir maior nível de legitimidade a esse tipo de decisão e propiciar também maior amplitude dos argumentos em debate (art. 1.035, § 4º).

Uma vez reconhecida a existência de repercussão geral no caso concreto, o relator no STF determinará a suspensão do processamento de todos os processos pendentes, individuais ou coletivos, que tratem da mesma questão e estejam em tramitação em todo o território nacional (art. 1.035, § 5º).

A suspensão só poderá durar 1 (um) ano, pois o art. 1.035, § 9º, exige que o recurso extraordinário que tiver sua repercussão geral reconhecida deva ser julgado nesse prazo, tendo preferência sobre os demais feitos, ressalvados os que envolvam réus presos ou pedidos de *habeas corpus*.

Essa disposição, todavia, parece configurar *prazo impróprio* para o STF, visto que não há nenhuma previsão que estabeleça qualquer consequência jurídica na hipótese de descumprimento da regra e superação desse prazo de um ano para exame do tema de repercussão geral.

Essa medida (prazo máximo da suspensão) resolve importante problema prático vivenciado no foro, pois são recorrentes as situações em que o STF reconhece a repercussão geral da questão constitucional e o julgamento fica paralisado por muitos anos.

Reconhecida a repercussão geral de determinada matéria, esta será afetada também como matéria repetitiva, nos termos do art. 1.036, do CPC, pois a relevância da questão, do ponto de vista econômico, jurídico, político ou social, deve, necessariamente, transcender aos interesses subjetivo das partes daquele processo, isto é, necessariamente se trata de uma questão repetitiva (SCARPINELLA BUENO, 2016, p. 877).

Nos tribunais locais, o interessado poderá requerer ao presidente ou vice-presidente que exclua da decisão de sobrestamento e não admita, de plano, o recurso extraordinário intempestivo. Para tanto, é necessário assegurar a possibilidade de manifestação do recorrente, no prazo de 5 dias (art. 1.035, § 6º).

Entende-se que os tribunais locais poderão tomar essa providência de ofício, mesmo sem manifestação de qualquer interessado ou da parte recorrida, visto que lhe cabe o exame dos requisitos de admissibilidade dos recursos sob sua atribuição.

Negado esse pedido formulado nos moldes do art. 1.035, § 6º, cabe agravo interno (art. 1.035, § 7º), onde o agravante irá demonstrar, essencialmente, a intempestividade do recurso extraordinário, o qual não deverá ficar sobrestado, mas já ser inadmitido de plano.

Uma vez que o STF entenda inexistente repercussão geral na questão discutida, não conhecerá dos recursos extraordinários que tratem daquele assunto e que estejam sobrestados na sua esfera, em decisão irrecorrível.

Nos tribunais locais ocorrerá o mesmo: o presidente ou vice-presidente negará seguimento aos recursos extraordinários sobrestados na origem que versem sobre matéria idêntica. Dessa decisão caberá agravo interno (art. 1.035, § 7º), onde o agravante irá demonstrar a distinção (*distinguishing*) entre o caso concreto e a matéria tratada pelo STF no sistema de repercussão geral.

Por fim, em termos práticos, o art. 1.035, § 11, do CPC, dispõe que a súmula da decisão sobre a repercussão geral constará de ata, publicada no Diário Oficial da União, a qual valerá como acórdão.

A repercussão geral é o último dos requisitos de admissibilidade a ser examinado pelo STF, conforme o art. 323 de seu Regimento Interno, sendo analisada apenas após superados todos os demais requisitos de admissibilidade, sejam os genéricos (como tempestividade ou interesse em recorrer), sejam os requisitos específicos (esgotamento das instâncias ordinárias e vedação ao exame da ofensa reflexa, por exemplo).

A necessidade de o recurso extraordinário apresentar repercussão geral se aplica não somente aos processos de matéria cível, mas também àqueles versando matéria penal, e aí se deve seguir tudo o quando estipulado no CPC (STF, Tribunal Pleno, AI-QO 664.567/RS, rel. Min. Sepúlveda Pertence, j. 18.06.07, DJ 06.09.07).

Em termos procedimentais, os arts. 323 e 324, do Regimento Interno do STF admitem que a deliberação a respeito da existência de repercussão geral no caso concreto ocorra por meio eletrônico, denominado aqui de "Plenário Virtual".

3.2.5. Ofensa reflexa

O STF, em jurisprudência já bastante assentada, exige que a ofensa à CF seja direta, imediata. Caso se configure ofensa apenas indireta ou reflexa às normas constitucionais, havendo violação que passa pela interpretação dada às normas infraconstitucionais, não caberá o recurso extraordinário, mas apenas o recurso especial.

Essa exigência se encontra sumulada no enunciado 636 do STF:

> Não cabe recurso extraordinário por contrariedade ao princípio constitucional da legalidade, quando a sua verificação pressuponha rever a interpretação dada a normas infraconstitucionais pela decisão recorrida.

A ocorrência de ofensa meramente reflexa no sistema jurídico brasileiro é bastante frequente, pois nosso ordenamento jurídico é complexo, visto que a CF é bastante detalhista e minuciosa, além de conter forte carga de princípios e normas abertas, que permeiam praticamente a totalidade dos ramos do Direito.

Exemplificando, pode-se ter que determinada demanda envolvendo o direito à propriedade esbarre em ofensa meramente reflexa ao art. 5º, incisos XXII e XXIII, da Constituição Federal, onde se trata do direito fundamental à propriedade e sua função social. Da mesma forma, pode ser que se caracterize a ofensa indireta à CF no caso de discussão consumerista em relação ao art. 170, inciso V, que estabelece a defesa do consumidor como princípio aplicável à ordem econômica.

Outro ponto em que pode haver duplicidade de tratamento normativo (constitucional e infraconstitucional) reside no Direito de Família, disciplinado no Código Civil, mas também amplamente tratado no art. 226 da Constituição Federal.

Também é recorrente o reconhecimento de ofensa reflexa à Constituição Federal quando são alegadas matérias processuais, quer dizer, violação a dispositivos constitucionais de processo civil, a exemplo do devido processo legal, o amplo acesso à jurisdição, necessidade de fundamentação das decisões ou os princípios do contraditório e ampla defesa, dentre outros. Nesse sentido, veja-se o aresto abaixo:

> Agravo regimental no recurso extraordinário com agravo. Recurso extraordinário interposto na origem. Direito Processual Civil. Deserção. Gratuidade de Justiça. Fatos e provas. Reexame. Impossibilidade. Legislação infraconstitucional. Ofensa reflexa. Intempestividade do recurso extraordinário interposto no Superior Tribunal de Justiça. Precedentes.
>
> *1. A afronta aos princípios da legalidade, do devido processo legal, da ampla defesa, do contraditório, dos limites da coisa julgada ou da prestação*

> *jurisdicional, quando depende, para ser reconhecida como tal, da análise de normas infraconstitucionais, configura apenas ofensa indireta ou reflexa à Constituição Federal.*
>
> 4. Agravo regimental não provido, com imposição de multa de 1% (um por cento) do valor atualizado da causa (art. 1.021, § 4°, do CPC).
>
> (...)
>
> (ARE 1248297 AgR, Relator(a): DIAS TOFFOLI (Presidente), Tribunal Pleno, julgado em 22/05/2020, PROCESSO ELETRÔNICO DJe-162 DIVULG 26-06-2020 PUBLIC 29-06-2020)

As possibilidades de configuração de ofensa reflexa, porém, não se esgotam nesses exemplos dados acima, tendo em vista o arranjo normativo complexo que perpassa todo o ordenamento jurídico brasileiro.

É necessário registrar que, muitas vezes, o STF pratica uma leitura "aleatória" a respeito do tema da *ofensa reflexa*. Com efeito, há registros jurisprudenciais em que um mesmo tema é considerado ofensa indireta à Constituição Federal e, em outros momentos, ou nas decisões de outros membros da Corte é reconhecida a relação direta com o Texto Constitucional, autorizando o exame da questão pela Corte Superior.

Um exemplo recente e importante dessa guinada a respeito da configuração ou não de ofensa reflexa reside no Tema 1.102 da repercussão geral, onde o STF tratou da tese previdenciária da *revisão da vida toda*. Historicamente havia diversas decisões do STF no sentido de que se tratava de matéria infraconstitucional, regida pela Lei 8.213/1991, e apenas indiretamente resvalando no Texto Constitucional; todavia, em 2021 a Corte Superior houve por bem reconhecer a repercussão geral da questão, no Tema 1.102, julgado no mérito em 2022.

No regime processual atual houve uma relevante evolução em relação ao modelo de admissibilidade anterior, e agora deve ser observada a hipótese de fungibilidade entre o recurso extraordinário e o recurso especial, situação trazida pelo art. 1.032 do CPC/15. Assim, no caso de ofensa reflexa à CF, o recurso extraordinário, ao invés de ser inadmitido será remetido ao STJ, para julgamento como se fosse recurso especial.

Em relação ao tema da abordagem de matéria constitucional pela via do recurso especial, o STJ tem decidido que, quando o dispositivo legal reproduz dispositivo constitucional, não é possível seu exame. Veja-se, por exemplificativo, o seguinte precedente:

> PROCESSUAL CIVIL. AGRAVO INTERNO NO RECURSO ESPECIAL. OFENSA AO ART. 97 DO CTN. MATÉRIA DE NATUREZA CONSTITUCIONAL. AUSÊNCIA DE PREQUESTIONAMENTO DE DISPOSITIVO TIDO POR VIOLADO. SÚMULA 282/STF. PREQUESTIONAMENTO FICTO PREVISTO NO ART. 1.025 DO CPC/2015. NECESSIDADE DE SE APONTAR VIOLAÇÃO AO ART. 1.022 DO CPC/2015. PRECEDENTES. AUSÊNCIA DE IMPUGNAÇÃO A FUNDAMENTO CONTIDO NO ACÓRDÃO RECORRIDO. SÚMULA 283/STF.
>
> 1. É firme o entendimento desta Corte no sentido de que o artigo 97 do CTN reproduz o princípio da legalidade tributária, matéria de natureza eminentemente constitucional, insuscetível de apreciação na via especial.
>
> (...)
>
> 5. Agravo interno não provido.
>
> (STJ, 1ª Turma, AgInt no REsp 1843034/SP, Rel. Min. BENEDITO GONÇALVES, j. 11/05/2020, DJe 15/05/2020)

Porém, diante da regra contida no art. 1.033, do CPC/15, o recurso especial em que se pretenda discussão de matéria constitucional não será, doravante, inadmitido, operando-se a fungibilidade e sua remessa ao STF, para julgamento como se recurso extraordinário fosse.

3.2.6. Dissídio jurisprudencial

A previsão contida no art. 105, III, *c*, da CF, corresponde ao denominado dissídio jurisprudencial: há divergência entre dois ou mais tribunais de segundo grau, ou entre um destes e o próprio STJ quanto à melhor interpretação a ser dada a determinado dispositivo da legislação federal, e o STJ, através do recurso especial, é chamado a unificar a interpretação. Não deixa de constituir uma forma de ofensa à legislação federal a existência, no território nacional, de mais de uma interpretação de um mesmo dispositivo legal.

Divergências internas dentro do âmbito de um mesmo tribunal não suscitam a interposição de recurso especial, pois existem mecanismos internos de uniformização da jurisprudência, elemento reforçado pelo art. 926 do atual CPC. Esse entendimento já se encontra sumulado no enunciado 13, do STJ, que continua a valer perante o regime trazido pelo CPC/15: "A divergência de julgados do mesmo tribunal não enseja recurso especial".

Não se admite a indicação de acórdão paradigma das justiças especializadas (Justiça Eleitoral, Trabalhista ou Militar), vez que não estão vinculadas à jurisdição do STJ (NEVES, 2016, p. 1.617).

A fim de que ocorra a admissibilidade do recurso especial fundado em dissídio jurisprudencial exige-se, em síntese, a demonstração da divergência entre o acórdão recorrido e o acórdão tido por paradigma.

Para tanto, o art. 1.029, § 1°, *parte final*, exige, em primeiro lugar, que o recorrente mencione as circunstâncias que identifiquem ou assemelhem os casos confrontados. É inviável buscar a uniformização de jurisprudência quando as situações fáticas ou jurídicas são distintas, sendo incabível o recurso especial. Além disso, deve demonstrar, argumentando, como cada tribunal interpreta e aplica, em sentidos diversos, a norma infraconstitucional prequestionada.

A jurisprudência, entretanto, dispensa a comparação dos acórdãos no caso de *dissídio notório* (NEVES, 2016, p. 1.617).

Doutrina e jurisprudência estabelecem há muito que a divergência que deve ser sanada pelo STJ por meio do recurso especial fundado no art. 105, III, *c*, da CF, deve ser atual. Isso fica especialmente claro pelo enunciado das Súmulas 83 do STJ.

De fato, se o acórdão divergente indicado como paradigma já não mais expressa a jurisprudência do outro tribunal, será incabível o recurso especial. Não há necessidade de que o acórdão seja extremamente contemporâneo; não se trata de uma mera questão temporal. Ainda que se aponte como paradigma um acórdão não tão recente, mas ainda representativo da controvérsia do outro tribunal, isso será suficiente à indicação da divergência.

Em termos formais, a parte inicial do art. 1.029, § 1°, requer do recorrente a comprovação da divergência mediante certidão, cópia ou citação de repositório oficial ou credenciado de jurisprudência, inclusive em mídia eletrônica, onde foi publicado o acórdão divergente, ou com a reprodução de julgado disponível na *internet*, indicando a respectiva fonte.

O art. 1.029, § 2°, do CPC, vedava aos tribunais de origem e ao STJ que não admitissem embargos de divergência através de alegações genéricas de ausência de similitude fática entre os acórdãos divergentes. Embora revogado pela Lei 13.256/16, entende-se que essa exigência ainda continua implícita no sistema processual civil, atrelada à exigência constitucional de fundamentação das decisões judiciais (art. 93, IX, da CF), bem como ao art. 489, § 1°, do próprio CPC, que detalha com profundidade o tipo de fundamentação que deve constar das decisões judiciais.

3.2.7. Relevância da questão federal

Após longa tramitação no Congresso Nacional, foi promulgada em 14.7.2022 a Emenda Constitucional 125, que introduziu o requisito da relevância da questão federal como critério de admissibilidade do recurso especial:

> § 2º No recurso especial, o recorrente deve demonstrar a relevância das questões de direito federal infraconstitucional discutidas no caso, nos termos da lei, a fim de que a admissão do recurso seja examinada pelo Tribunal, o qual somente pode dele não conhecer com base nesse motivo pela manifestação de 2/3 (dois terços) dos membros do órgão competente para o julgamento.

Da mesma forma que ocorreu com a repercussão geral da questão constitucional, trazida pela Emenda Constitucional 45/2004, assim como a transcendência do recurso de revista em relação ao TST, temos na introdução do requisito da relevância da questão federal a ideia de sublinhar a natureza diferenciada da jurisdição do STJ.

Todavia, não se pode perder de vista também a forte perspectiva de jurisprudência defensiva embutida na ideia de criação de mais requisito de admissibilidade para a interposição do recurso especial, visando reduzir, por vias oblíquas, a questão do número elevado de recursos em tramitação na Corte de Cidadania.

Um debate importante consiste na vigência e aplicabilidade do requisito da relevância da questão federal.

A Emenda Constitucional 125/2022 entrou em vigor na data de sua publicação (art. 3º) e a perspectiva de Direito Processual Intertemporal está delineada no art. 2º da própria Emenda:

> Art. 2º A relevância de que trata o § 2º do art. 105 da Constituição Federal será exigida nos recursos especiais interpostos após a entrada em vigor desta Emenda Constitucional, ocasião em que a parte poderá atualizar o valor da causa para os fins de que trata o inciso III do § 3º do referido artigo.

Esse dispositivo estabelece para a relevância da questão federal o que é regra geral no Processo Civil, isto é, somente será cabível aos recursos especiais interpostos após a vigência da Emenda Constitucional 125/2022, não se aplicando retroativamente. Aos acórdãos publicados anteriormente à vigência da Emenda Constitucional 125/2022 não se cogita dessa exigência processual.

Porém, é necessário esclarecer melhor este ponto: a relevância da questão federal somente será exigível a partir do momento em que advier a norma regulamentadora mencionada no art. 105, § 2º: "o recorrente deve demonstrar a relevância das questões de direito federal infraconstitucional discutidas no caso, nos termos da lei".

O instituto da relevância da questão federal, conforme exigido pelo próprio art. 105, § 2º, do Texto Constitucional, não é autoaplicável, pois a redação dada pela Emenda Constitucional 125/2022 menciona, para regulamentação desse elemento processual, que esta será demonstrada "nos termos da lei".

É interessante, nesse aspecto, resgatar a doutrina a respeito das normas constitucionais aplicáveis e não autoaplicáveis. Conforme MENDES, COELHO e BRANCO (2007, p. 21):

> "Tendo em conta, igualmente, a sua eficácia e aplicabilidade, consideram-se *auto-executáveis* as disposições constitucionais bastantes em si, completas e suficientemente precisas na sua hipótese de incidência e na sua disposição, aquelas que ministram os meios pelos quais se possa exercer ou proteger o direito que conferem, ou cumprir o dever e desempenhar o encargo que elas impõem; *não auto-aplicáveis*, ao contrário, são as disposições constitucionais incompletas ou *insuficientes*, para cuja execução se faz indispensável a mediação do legislador, editando normas infraconstitucionais regulamentadoras."

Fica evidente que a exigência processual da relevância da questão federal somente será aplicável após a vigência da norma regulamentadora, que certamente estabelecerá, mais amiúde, os requisitos processuais e procedimentais correspondentes, provavelmente em linha muito próxima do que já se pratica em relação à repercussão no recurso extraordinário (conforme art. 1.035 do CPC).

Esse mesmo cenário ocorreu quando da criação da repercussão geral como requisito de admissibilidade para o recurso extraordinário. Embora tenha sido criada pela Emenda Constitucional 45/2004, apenas pela Lei 11.418/2006 é que veio a ser regulamentado tal instituto; ainda assim, o STF compreendeu (na Questão de Ordem no AInst 664.567, Rel. Min.

Sepúlveda Pertence, j. 18.6.2007) que a repercussão geral somente seria exigível para os recursos interpostos contra acórdãos publicados após a data de publicação da Emenda Regimental 21/2007, momento em que o STF regulamentou internamente a questão.

Além das características da relevância da questão federal que serão trazidas pela futura norma regulamentadora mencionada no art. 105, § 2°, da Constituição Federal, vale dizer que o § 3° do mesmo dispositivo constitucional já indica algumas situações em que a relevância da questão federal é presumida:

> I - ações penais;
>
> II - ações de improbidade administrativa;
>
> III - ações cujo valor da causa ultrapasse 500 (quinhentos) salários mínimos;
>
> IV - ações que possam gerar inelegibilidade;
>
> V - hipóteses em que o acórdão recorrido contrariar jurisprudência dominante o Superior Tribunal de Justiça;
>
> VI - outras hipóteses previstas em lei.

Em linhas gerais, pode-se indicar que há presunção da relevância da questão federal em razão de pertinência temática (ações penais e ações de improbidade administrativa), em virtude de valor de alçada (aquelas cujo valor da causa ultrapasse 500 salários mínimos), por motivo dos efeitos da decisão judicial (aquelas que possam ensejar inelegibilidade) ou em razão de ofensa ao sistema de precedentes judiciais (aquelas situações em que o acórdão recorrido contrarie a jurisprudência dominante do Superior Tribunal de Justiça).

O inciso III usa como parâmetro o valor da causa, que inclusive poderá ser atualizado, conforme o art. 2°, da própria Emenda Constitucional 125/2022, mas consideramos que seria mais adequado utilizar o valor da condenação como requisito para demonstração presumida da relevância da questão federal.

Por fim, registra-se uma cláusula de abertura (inciso VI), propiciando que a legislação futura venha a criar outras novas situações em que a relevância da questão federal também será presumida (por exemplo, no caso das ações civis públicas ou ações relativas a crianças e adolescentes).

Compreendemos que a presunção de relevância da questão federal sempre dependerá de previsão legal expressa, seja com fundamento no próprio § 3º, do art. 105, da Constituição Federal, seja com respaldo na futura norma regulamentadora do instituto ou mesmo por obra de legislação específica (a exemplo de a legislação sobre determinada matéria, a exemplo da Lei de Ação Civil Pública, passar a estabelecer que tais procedimentos serão dotados de relevância da questão federal para fins de cabimento de recurso especial).

Finalmente, também é importante diferenciar a relevância da questão federal do instituto dos recursos especiais repetitivos (art. 1.036 e seguintes, do CPC). Enquanto a sistemática de julgamento dos recursos especiais repetitivos configura uma técnica de gestão processual, a exigência da relevância da questão federal constitui propriamente um filtro de admissibilidade do recurso especial, tal qual já operado pela repercussão geral em relação ao recurso extraordinário.

4. INTERPOSIÇÃO E PROCESSAMENTO

A petição do recurso extraordinário e aquela do recurso especial (que devem ser distintas, ou seja, uma petição para cada recurso) serão dirigidas ao presidente ou vice-presidente do tribunal de origem (art. 1.029, *caput*, do CPC), autoridade judiciária que será responsável pelo processamento desse recurso.

No caso de Juizados Especiais (Cíveis ou Federais), a interposição (apenas do recurso extraordinário, visto que o recurso especial não é cabível, como visto acima) se dá perante a Presidência dos Colégios Recursais ou Turmas Recursais, respectivamente[2].

O recurso extraordinário contra a decisão proferida nos embargos infringentes previsto no art. 34 da Lei de Execuções Fiscais (decididos

2. NEVES (2016, p. 1.586) entende que, nesses casos, por falta de previsão legal expressa, a Presidência das Turmas Recursais de Juizados Especiais ou dos Colégios Recursais não possui competência para efetuar o exame de admissibilidade do recurso extraordinário e, portanto, deve ocorrer a remessa ao STF independentemente de juízo de admissibilidade.

monocraticamente pelo próprio juízo de execuções fiscais) será interposto perante o juízo da Vara de Execuções Fiscais.

Em termos de processamento, o *caput* do art. 1.030, do CPC, indica que o recorrido será intimado, para, no mesmo prazo de 15 dias, oferecer sua resposta.

No âmbito do recurso especial e do recurso extraordinário cabe interposição de recurso adesivo, nos termos do art. 997, §2°, do CPC, nos 15 dias assegurados para resposta, o qual deverá seguir as regras do recurso independente. O recurso adesivo, aqui também, não será conhecido no caso de desistência do recurso independente ou no caso de não ser admitido.

Além das previsões do CPC, no Supremo Tribunal Federal e no Superior Tribunal de Justiça o julgamento do recurso extraordinário e do recurso especial obedecerá ao disposto no respectivo regimento interno.

4.1. Interposição conjunta de recurso especial e recurso extraordinário

Havendo apenas um recurso excepcional (extraordinário ou especial) recebido, este irá ao Tribunal Superior competente (STF ou STJ, respectivamente). No caso de interposição conjunta de recurso especial e também de recurso extraordinário, tendo sido recebidos ambos, os autos irão inicialmente ao STJ e, somente após concluído o julgamento os autos irão ao STF, caso o recurso extraordinário não estiver prejudicado.

Assim como no regime processual anterior o CPC estabelece uma relação de prejudicialidade entre o recurso especial e o recurso extraordinário. É permitido, entretanto, que essa relação de prejudicialidade seja invertida: pode o STJ remeter os autos para primeiro julgamento no STF (tornando-se prejudicial o extraordinário em relação ao especial) e, após esse julgamento, tornam os autos para apreciação do recurso especial (art. 1.031, § 2°).

Ocorrendo essa hipótese, contudo, ainda é permitido ao relator do recurso extraordinário, no STF, não admitir tal relação de prejudicialidade e, em decisão irrecorrível, devolver os autos ao STJ, para que em primeiro lugar seja julgado o recurso especial, nos termos do art. 1.031, § 3°, do CPC.

A dinâmica da relação de prejudicialidade do recurso extraordinário em relação ao recurso especial (art. 1.031, § 2°, do CPC) pode se tornar mais complexa no caso de tratar de recurso extraordinário julgado no regime de repercussão geral. Nesses casos, o STJ tem decidido que "a decisão que determina o sobrestamento do especial para se aguardar a fixação da tese em repercussão geral no STF, por se tratar de ato sem conteúdo decisório, revela-se irrecorrível" (STJ, 1ª Turma, RCD nos EDcl no REsp 1.480.838/RS, Rel. Ministro BENEDITO GONÇALVES, j. 17/09/2019, DJe 20/09/2019).

Nesse tema, vale destacar essa interessante decisão do STJ, determinando o retorno de processo a tribunal de origem, para aguardar decisão do STF, tendo em vista a interposição simultânea de recurso especial e de recurso extraordinário com repercussão geral reconhecida, mas ainda pendente de julgamento:

> "QUESTÃO DE ORDEM. PROCESSUAL CIVIL. RECONHECIMENTO DE REPERCUSSÃO GERAL QUANTO AO TEMA VERSADO NO APELO ESPECIAL. SOBRESTAMENTO DESTE ÚLTIMO COM DEVOLUÇÃO À CORTE DE ORIGEM PARA EVENTUAL E OPORTUNO JUÍZO DE CONFORMAÇÃO. POSSIBILIDADE.
>
> 1. Podendo a ulterior decisão do STF, em repercussão geral já reconhecida, influenciar no julgamento da matéria veiculada no recurso especial, conveniente se faz que o STJ, em homenagem aos princípios processuais da celeridade e da efetividade, determine o sobrestamento do especial e devolva os autos ao Tribunal de origem, para que nele se realize eventual juízo de retratação frente ao que vier a ser decidido na Excelsa Corte. Precedentes: AgInt no AgInt no REsp 1.603.061/SC, Rel. Ministro Sérgio Kukina, Primeira Turma, DJe 28/06/2017; e AgInt no AgInt no REsp 1.380.952/GO, Rel. Ministro Og Fernandes, Segunda Turma, DJe 21/08/2017.
>
> 2. Ainda que parte das questões impugnadas no recurso especial sejam distintas daquela objeto da afetação pelo STF, aplicável se mostra, mutatis mutandis, o comando previsto no art. 1.037, § 7º, do CPC/2015, cujo regramento determina seja julgada em primeiro lugar a matéria afetada, para apenas depois se prosseguir na resolução do especial apelo, relativamente ao resíduo não alcançado pela decisão dada em repercussão geral.
>
> 3. Questão de ordem encaminhada no sentido de que, presente a situação descrita nos itens anteriores, tendo sido determinada por este STJ a devolução dos autos à Corte recorrida, esta última, em sendo o caso, faça retornar os autos ao STJ somente após ter exercido o juízo de conformação frente ao que vier a ser decidido pelo STF na repercussão geral."
>
> (STJ, QO no REsp 1.653.884 – PR, 1ª Turma, Rel. Min. Sérgio Kukina, j. 28.09.2017, DJe 06.11.2017)

O STJ determinou a devolução ao tribunal de origem, com baixa no STJ, para que o recurso especial fosse apreciado apenas "após exercido o juízo de conformação, na forma do artigo 1.039 e seguintes do CPC/2015". Entretanto, a vice-presidência do tribunal local determinou a devolução dos autos ao STJ, por aplicação do disposto no artigo 1.031, § 2°, do CPC, em razão de haver recurso extraordinário admitido nos autos. O STJ, todavia, chancelou a orientação de que, "podendo a ulterior decisão do STF, em repercussão geral já reconhecida, afetar o julgamento da matéria veiculada no recurso especial, faz-se conveniente que o STJ, em homenagem aos princípios processuais da economia e da efetividade, determine o sobrestamento do especial e devolva os autos ao tribunal de origem para que ali, em se fazendo necessário, seja oportunamente realizado o ajuste do acórdão local ao que vier a ser decidido na Excelsa Corte".

Ainda de acordo com essa decisão do STJ, mesmo que parte das questões impugnadas no recurso especial fossem distintas daquela que é objeto da afetação, o comando previsto no artigo 1.037, § 7°, do CPC, determina que seja julgada em primeiro lugar a matéria afetada, para apenas depois se prosseguir na resolução das questões não alcançadas pela afetação. Ademais, os arts. 1.040, II, e 1.041, § 2°, do CPC, que estabelecem que o tribunal de origem deve reexaminar seus acórdãos para afastar possível contrariedade a orientação de tribunal superior para, depois disso, determinar a remessa do recurso à instância superior para julgamento das demais questões.

Ressaltamos que esse entendimento não é pacificado no STJ, mas merece atenção pelos operadores do Direito, pois pode interferir no processamento dos recursos excepcionais, de certa maneira alterando a relação de prejudicialidade entre recurso especial e extraordinário fixada pelo CPC.

Uma das mais relevantes inovações do CPC/15 consta de seus arts. 1.032 e 1.033, que permitem certa aplicação do *princípio da fungibilidade* no âmbito dos recursos excepcionais[3].

Esses dispositivos estabelecem que, caso o relator, no STJ, entenda que o recurso especial discute, na realidade, questão constitucional, abrirá prazo de 15 dias para que o recorrente demonstre, no caso, a existência

3. Em feliz expressão, LUIZ HENRIQUE VOLPE CAMARGO (2016), chama essa prerrogativa de "fungibilidade de mão dupla" entre os recursos excepcionais, resolvendo o vácuo de competência dos Tribunais Superiores nesse tipo de situação.

de repercussão geral (requisito de admissibilidade exclusivo do recurso extraordinário) e se manifeste sobre a questão constitucional.

Uma vez cumprida essa requisição, os autos serão remetidos para o STF para análise desse recurso extraordinário *anômalo*. Entretanto, poderá o STF, em juízo de admissibilidade, devolver o processo ao STJ, para que volte a examinar a insurgência como recurso especial.

No sistema processual do CPC/73, na hipótese de recurso especial tratando de questão constitucional, a jurisprudência prevalecente determinava tão somente a não admissão do recurso. Agora ocorre essa hipótese anômala de aproveitamento, mais compatível com o primado do acesso à justiça (ainda que os Tribunais Superiores tenham suas particularidades quanto ao cabimento e admissibilidade de recursos).

Do mesmo modo, o art. 1.033 estabelece possibilidade similar para o recurso extraordinário: se o STF entender que a questão tratada no apelo extremo é ofensa meramente reflexa à Constituição, ao invés de não admitir o recurso, como ocorria no sistema processual anterior, remetê-lo-á ao STJ, para julgamento como se fosse recurso especial.

A operação de conversão do recurso extraordinário em recurso especial pode ocorrer mesmo nos casos em que a matéria não seja dotada de repercussão geral (Enunciado 550 do FPPC). Esse raciocínio é válido porque aqui o que importa é que o STF reconheça que a matéria comporta ofensa indireta à Constituição, demandando interpretação de lei ou de Tratado, e não diretamente do Texto Constitucional, sendo indiferente se, no aspecto constitucional, existe ou não repercussão geral da matéria.

Conforme SCARPINELLA BUENO (2016, p. 873), em ambos os casos aqui tratados não se faz necessário novo juízo de admissibilidade dos recursos que são convertidos; basta o mero encaminhamento ao outro Tribunal Superior.

Ousamos divergir do ínclito processualista, tendo em vista que, nesses casos, ainda que já admitido o recurso pelo Tribunal onde inicialmente interposto, o Tribunal para onde foi remetido o recurso sempre terá a prerrogativa de proferir a decisão definitiva em termos de juízo de admissibilidade, sob pena de usurpação de competência.

O enunciado 564 do FPPC apregoa que os arts. 1.032 e 1.033 devem ser aplicados também aos recursos interpostos antes da vigência do CPC/15, mas ainda pendentes de julgamento. Concorda-se com essa interpretação sobretudo à luz do art. 1.046, do CPC, que expressamente dispõe que "ao entrar em vigor este Código, suas disposições se aplicarão desde logo aos processos pendentes".

De acordo com a interpretação contida nos Enunciados 565 e 566 do FPPC, a conversão de um recurso excepcional em outro, nos termos dos arts. 1.032 e 1.033, exige que a parte adversa seja intimada para complementação de suas contrarrazões. Concorda-se com essa hermenêutica, sobretudo diante do princípio constitucional do devido processo legal e da necessidade de contraditório e de ampla defesa – configurando-se aqui outra aplicação do *princípio da complementaridade dos recursos*.

Uma situação que deve ser enfrentada pela doutrina e pela jurisprudência, em decorrência da hipótese de fungibilidade prevista nos arts. 1.032 e 1.033 do CPC, reside na possibilidade de ocorrer uma eventual "duplicidade" de recursos especiais ou extraordinários: cogita-se do fato daquele recurso que foi interposto como especial seja recebido como extraordinário, e vice-versa, e já exista, na Corte para onde foi remetido, STF ou STJ, respectivamente, um outro recurso originariamente interposto como extraordinário ou especial, já previamente admitido nos termos do art. 1.030 do CPC.

Essa discussão não é meramente acadêmica, pois no ordenamento jurídico brasileiro há inúmeros segmentos jurídicos cujas regras se dividem entre a legislação ordinária e as normas da Constituição Federal. Podemos exemplificar com o Direito Tributário (previsto na Constituição Federal e no Código Tributário Nacional), o Direito Previdenciário (estabelecido na Constituição Federal, mas também nas Leis 8.212/91 e 8.213/91), o Direito Administrativo (previsto na Constituição Federal e nas diversas leis especiais, como a Lei 8.666/93, sobre licitações, ou na Lei 8.112/90, sobre servidores públicos). Até mesmo o Direito Civil, atualmente, possui o enfoque do Direito Civil Constitucional, sendo reinterpretado a partir de diversos dispositivos constitucionais.

De acordo com os exemplos mencionados acima, é muito provável que ocorram, em diversos segmentos do Direito, as hipóteses de "duplicidade" recursal, no recurso especial ou no recurso extraordinário, por admissão originária de um primeiro recurso e a conversão, posterior, de outro, com remessa de duas formas de impugnação do mesmo acórdão a uma única Corte Superior, STJ ou STF.

Deve-se indagar, portanto, quais critérios deverão ser observados a fim de resolver esta questão processual.

Pode-se adotar, inicialmente, um critério objetivo, pautado no *princípio da unirrecorribilidade*. Neste caso, outra dúvida surge: como seria a escolha do único recurso a ser admitido, o primeiro recurso protocolado ou aquele que foi direcionado em primeiro lugar à Corte específica?

Além desse critério objetivo podemos cogitar de um *critério substantivo*, propiciando o julgamento "conjunto" de ambos os recursos na mesma Corte Superior, tendo em vista que a matéria pode ter sido tratada com perspectivas diferentes em cada uma das peças recursais. O que se cogita não é uma forma de impugnação dupla a uma única decisão recorrida, mas a "junção" das razões contidas nas duas peças de recurso (o recurso originário e o recurso transformado e redirecionado).

Essa perspectiva certamente é polêmica e inovadora, mas encontra amparo em diversos institutos processuais trazidos pelo CPC/2015, diploma legal que promoveu renovação paradigmática em diversos campos do Direito Processual Civil.

Dentre esses elementos que justificam nossa proposta de tratamento dessa "duplicidade eventual" de recursos especial e extraordinários encontra-se a possibilidade, durante a tramitação do recurso do STJ para o STF, da *complementação* das razões recursais, a fim de que seja demonstrada a repercussão geral. Em segundo lugar, o próprio cabimento simultâneo do recurso especial e do recurso extraordinário, contra o mesmo acórdão, já é uma forma de exceção ao *princípio da unirrecorribilidade*, e esta é admitida expressamente no texto legal e constitucional.

Outro elemento a dar respaldo à nossa interpretação é a ideia da *primazia do julgamento do mérito*, tão presente em inúmeras passagens do CPC/2015.

Por fim, não se pode perder de vista que no julgamento dos recursos repetitivos, conforme previsão nos arts. 1.036 e 1.037, "escolhem-se" alguns recursos, os mais completos e abrangentes em termos de argumentação jurídica, os quais são julgados em conjunto, de sorte a ocorrer julgamento bastante qualificado do tema jurídico discutido nos *recursos representativos da controvérsia*. Essa solução poderia ser utilizada analogicamente, no caso de "duplicidade eventual" de recursos especiais ou extraordinários, com a apreciação das razões contidas em ambas as peças recursais, as quais seriam analisadas simultaneamente.

O CPC/2015 trouxe inúmeras inovações processuais e diversas tentativas de ampliação do acesso à justiça e dos métodos de solução de conflitos. Também no aspecto aqui tratado se deve realizar uma reconsideração das bases metodológicas do Processo Civil, com adoção de abordagem inovadora e mais adequada à complexidade da sociedade moderna.

5. REGRAS PROCEDIMENTAIS COMUNS AO RECURSO ESPECIAL E AO RECURSO EXTRAORDINÁRIO

5.1. Juízo de admissibilidade

Conforme a tradição normativa brasileira, o juízo de admissibilidade dos recursos excepcionais sempre foi dúplice ou bipartido, o que se justificava diante da enorme quantidade de recursos especiais e recursos extraordinários interpostos para as Cortes Superiores. O exame prévio de admissibilidade efetuado pelas Cortes de origem seria um eficiente mecanismo de filtro de recursos incabíveis.

No sistema bipartido de admissibilidade há um primeiro exame de admissibilidade realizado pelos Tribunais de segundo grau e o exame definitivo é efetuado pelas Cortes Superiores. Caso o Tribunal de origem não admita o recurso especial ou o recurso extraordinário, é possível a interposição de agravo para o STJ ou para o STF, conforme o caso, para que seja ultimado o processo de admissibilidade. O CPC de 2015 inovou nesse campo e estabeleceu também o cabimento de agravo interno em algumas hipóteses (esses recursos serão tratados no Capítulo a seguir). O exame prévio de admissibilidade dos recursos excepcionais consiste, entretanto, apenas em uma competência delegada, portanto somente preliminar, restrita e provisória:

> "A competência definitiva para o juízo de admissibilidade do recurso é do tribunal *ad quem*, destinatário do mesmo recurso. Por medida de economia processual, entretanto, o CPC admite que, em algumas situações, o juízo *a quo*, aquele que proferiu a decisão impugnada, faça o juízo de admissibilidade *diferido*, preliminar e provisório, sujeito sempre à decisão definitiva do juízo *ad quem* (NERY JR.; NERY, 2010, p. 846)."

Além de se tratar de um juízo de admissibilidade apenas *diferido* e preliminar, conforme acima indicado, há limitações ao âmbito de cabimento desse exame. Segundo a parcela mais expressiva da doutrina, compete ao tribunal *a quo* apenas o exame dos requisitos formais de admissibilidade: "a *efetiva* violação da CF ou a *efetiva* negativa de vigência da lei federal são o *mérito* do recurso, cuja competência para decidir é dos tribunais federais superiores (STF e STJ)" (NERY JR.; NERY, 2010, p. 972)[4].

O CPC de 2015, em sua redação original, rompia essa tradição jurídica e estabelecia que os recursos especial e extraordinário seriam remetidos aos Tribunais Superiores independentemente de juízo de admissibilidade. A função dos Tribunais de segundo grau seria meramente cartorária: intimação para apresentação das contrarrazões e remessa dos autos à instância superior. Contudo, a Lei 13.256, de 04.02.2016, alterou o CPC ainda durante sua *vacatio legis*, retomando o modelo processual anterior, onde há o exame prévio de admissibilidade do recurso especial e do recurso extraordinário e, caso não admitidos, assegura-se a possibilidade de impugnação através do recurso de agravo, seja o clássico remédio do agravo da decisão de inadmissão propriamente dita (art. 1.042 do CPC), seja o agravo interno (previsto no art. 1.021), aplicável em algumas das hipóteses do art. 1.030.

Na vigência do CPC de 2015 o STJ reafirmou sua jurisprudência tradicional, no sentido de que os Tribunais de origem podem, no juízo de admissibilidade, examinar o "mérito" do recurso especial, sem que isso configure usurpação da competência jurisdicional específica da Corte Superior (STJ, 4ª Turma, AREsp 403.289, j. 15.03.2016, DJe 06.04.2016, Rel. Min. Raul Araújo).

Essa prática, nos termos da Súmula 123 do STJ, se limitaria ao exame dos pressupostos constitucionais de admissibilidade do recurso especial.

5.2. Procedimento de admissibilidade e gestão do recurso especial e do recurso extraordinário

O art. 1.030, do CPC, estabelece um rol de possibilidades ao presidente ou vice-presidente do Tribunal local quando se deparem com o recurso especial e o recurso extraordinário.

---

4. Porém, também há aqueles que entendem ser possível, em razão de economia e celeridade processual, a singela verificação da razoabilidade e plausibilidade da existência do malferimento das normas constitucionais ou infraconstitucionais, mas nunca a afirmação de que não houve a referida violação ao Direito Positivo (RAMALHO, 2007, p. 85).

O exercício do juízo de admissibilidade não é mais a regra, e só ocorrerá no caso da *matéria discutida no recurso ainda não tiver sido submetida ao regime de repercussão geral ou à sistemática dos recursos especiais repetitivos*. Essa conclusão emerge com força do que está redigido no art. 1.030, V, *a*, do CPC:

> [o tribunal local deverá...]
>
> "V – realizar o juízo de admissibilidade e, se positivo, remeter o feito ao Supremo Tribunal Federal ou ao Superior Tribunal de Justiça, desde que:
>
> a) o recurso ainda não tenha sido submetido ao regime de repercussão geral ou de julgamento de recursos repetitivos;"

As atribuições do tribunal local, no exame do recurso especial e extraordinário devem ser localizadas e exercidas na ordem inversa do que está redigido e elencado no art. 1.030 do CPC.

Em primeiro lugar, ressalte-se que não mais ocorrerá, como era regra no CPC/73, o exame prévio de sua admissibilidade. O primeiro a ser observado é se é caso da inserção do recurso na sistemática dos recursos repetitivos. A partir de então será praticado algum dos possíveis atos de gestão processual dessa forma de *julgamento em bloco*: a) sobrestamento do processo, b) remessa do processo para retratação ou, por último, c) não admissão do recurso, nos termos específicos do art. 1.030, I, do CPC (que não corresponde à forma de inadmissão de recursos excepcionais que existia no regime processual anterior, inclusive ensejando outra forma de impugnação, através de agravo interno).

Em primeiro lugar, como se vê, ocorre a verificação se o recurso extraordinário ou o recurso especial se encontram na sistemática dos recursos repetitivos ou de repercussão geral (também julgada através de julgamento de recursos repetitivos), e a partir daí os processos são submetidos às várias hipóteses dessa forma de gestão processual (*julgamento em bloco ou por amostragem*).

Assim, caso inseridos na sistemática dos recursos repetitivos, os recursos excepcionais progressivamente seguem o seguinte percurso: a) determina-se sua suspensão, caso a matéria não tenha sido julgada pelos Tribunais Superiores; b) são encaminhados para retratação, caso já exista o precedente julgado pelos Tribunais Superiores e o acórdão recorrido deles divirja; c) ocorre sua inadmissão caso busquem conteúdo que confronte o que já foi decidido, em sentido contrário, pelo STJ ou pelo STF, nos termos do art. 1.030, I, do CPC.

Apenas quando não ocorrer nenhuma dessas hipóteses anteriores é que os recursos excepcionais serão remetidos para exame de admissibilidade e eventual remessa aos Tribunais Superiores.

O julgamento dos recursos especial e extraordinário repetitivos será visto mais à frente. No que concerne ao próprio exame de admissibilidade, segue-se o percurso descrito abaixo.

A primeira possibilidade de juízo de admissibilidade, tratada no art. 1.030, V, *a*, do CPC, corresponde à tradicional análise de admissibilidade do recurso especial ou extraordinário que ocorria no regime processual do CPC/73: verifica-se a tempestividade do recurso; a legitimidade e interesse em recorrer; a configuração do prequestionamento e a inexistência de alguma barreira processual específica, como a necessidade de esgotamento das instâncias recursais ordinárias ou a impossibilidade de reexame de provas.

O art. 1.030, V, *b*, do CPC, estabelece uma segunda possibilidade em que ocorrerá o exame de admissibilidade do recurso especial e do recurso extraordinário: quando o recurso for selecionado como representativo da controvérsia que será julgada pelos Tribunais Superiores. Se o recurso será o processo-piloto representativo da controvérsia, é óbvio que deverá preencher os requisitos de admissibilidade (ilustrados no parágrafo anterior), a fim de permitir às instâncias superiores o adequado julgamento da matéria.

A última alternativa estabelecida no art. 1.030, V, *c*, do CPC, diz respeito à hipótese em que o tribunal recorrido refutou o juízo de retratação, mantendo a decisão recorrida em desconformidade com o entendimento firmado pelo STF ou pelo STJ em regime de repercussão geral ou na sistemática dos recursos repetitivos. Nesse caso, o exame de admissibilidade tem como finalidade a preservação da orientação dos tribunais superiores que foi afrontada pelo acórdão recorrido.

Essas três possibilidades de exame de admissibilidade dos recursos excepcionais contidas no art. 1.030, V, do CPC, são *alternativas*, isto é, não se trata de requisitos cumulativos para que seja possível o exame de admissibilidade. Em qualquer uma das três situações previstas nesse dispositivo legal deverá ser efetuado o exame prévio de admissibilidade pelos tribunais de origem, possibilitando o envio do recurso aos Tribunais Superiores ou abrindo a possibilidade de interposição do agravo de admissão (art. 1.042).

Em caso de juízo negativo de admissibilidade, isto é, não admitidos o recurso especial e/ou o recurso extraordinário, caberá o recurso de agravo previsto no art. 1.042 (sucedâneo do antigo recurso de agravo previsto no art. 544, do CPC/73), ou o agravo interno do art. 1.021, nas hipóteses em que o tratamento se deu na gestão de recursos repetitivos ou de julgamento na sistemática da repercussão geral.

Deve ser ressaltado que, desde a vigência do CPC de 2015, já se têm observado algumas decisões de admissibilidade de recursos excepcionais (extraordinário e especial) fundamentadas simultaneamente nos incisos I e V, do art. 1.030, do CPC, o que acarreta dificuldades em relação ao recurso cabível.

O STJ decidiu que configura erro grosseiro a interposição de agravo de admissão (aquele previsto no art. 1.042, do CPC), no lugar de agravo interno (art. 1.021), quando a não admissão do recurso especial se deve ao fato dele contrariar conteúdo de recurso especial repetitivo já decido em seu mérito.

Em outras palavras: quando o STJ já analisou o recurso especial repetitivo representativo da controvérsia, a não admissão de outros recursos especiais que tratem do mesmo tema desafia a interposição de *agravo interno*, nos termos do art. 1.021, do CPC de 2015. A admissão do agravo previsto no art. 1.042 configura erro grosseiro, e esse agravo não será devolvido ao Tribunal de origem para que seja apreciado como agravo interno, sendo inviável aplicar-se, aqui, o princípio da fungibilidade.

Esse entendimento se encontra assentado no julgamento do AREsp 959.991-RS (3ª Turma, Rel. Min. Marco Aurélio Belizze, j. 16.08.2016, DJe 26.8.2-16), cuja ementa se transcreve parcialmente abaixo:

> "PROCESSUAL CIVIL. AGRAVO EM RECURSO ESPECIAL. INTERPOSIÇÃO CONTRA DECISÃO PUBLICADA NA VIGÊNCIA DO CPC/2015. 1. IMPUGNAÇÃO DOS FUNDAMENTOS DA DECISÃO AGRAVADA (CPC/2015, ART 932, III). NECESSIDADE. 2. PARTE DO RECURSO ESPECIAL NÃO ADMITIDA NA ORIGEM PORQUE AS MATÉRIAS FORAM JULGADAS SEGUNDO O RITO DO ART. 543-C DO CPC: TAXA DE JUROS REMUNERATÓRIOS CONTRATADOS. CAPITALIZAÇÃO MENSAL DE JUROS. NÃO CABIMENTO DO AGRAVO NESSES PONTOS (CPC/2015, ART. 1.042). 3. PREVISÃO LEGAL EXPRESSA. ERRO GROSSEIRO. CARACTERIZAÇÃO. 4. RECURSO CONHECIDO APENAS QUANTO À ALEGADA VIOLAÇÃO DO ART. 535 DO CPC/73. MÉRITO. AFASTAMENTO. 5. AGRAVO PARCIAL-

> MENTE CONHECIDO PARA, NESSA EXTENSÃO, NEGAR PROVIMENTO AO RECURSO ESPECIAL. MAJORAÇÃO DOS HONORÁRIOS ADVOCATÍCIOS. ART. 85, §§ 8º E 11, DO CPC/2015.
>
> 1. Com o advento do Código de Processo Civil de 2015 passou a existir expressa previsão legal no sentido do não cabimento de agravo contra decisão que não admite recurso especial quando a matéria nele veiculada já houver sido decidida pela Corte de origem em conformidade com recurso repetitivo (art. 1.042, caput). Tal disposição legal aplica-se aos agravos apresentados contra decisão publicada após a entrada em vigor do Novo CPC, em conformidade com o princípio tempus regit actum.
>
> 2. A interposição do agravo previsto no art. 1.042, caput, do CPC/2015 quando a Corte de origem o inadmitir com base em recurso repetitivo constitui erro grosseiro, não sendo mais devida a determinação de outrora de retorno dos autos ao Tribunal a quo para que o aprecie como agravo interno."

Nesse tocante, é importante destacar que a doutrina vem discutindo a existência de nova exceção ao princípio da unirrecorribilidade, consistente na possibilidade de interposição de duas modalidades de agravo contra decisão de não admissão de recursos especial e/ou extraordinário.

Vale recordar que existem dois recursos passíveis de interposição contra esse tipo de decisão da presidência ou vice-presidência do tribunal *a quo*, quais sejam o *agravo em recurso extraordinário ou especial* (art. 1.042 do CPC), para insurgir-se contra a decisão que não admite o recurso extraordinário ou especial interposto (nos termos do art. 1.030, V, do CPC), e o *agravo interno* (art. 1.021 do CPC) para insurgir-se contra decisão que nega seguimento a recurso extraordinário ou especial em razão de incompatibilidade vertical, na forma das alíneas *a* e *b* do inciso I do art. 1.030 do CPC, ou que sobrestar o recurso que versar sobre controvérsia de caráter repetitivo ainda não decidida pelo Supremo Tribunal Federal ou pelo Superior Tribunal de Justiça, conforme se trate de matéria constitucional ou infraconstitucional (art. 1.030, III, do CPC).

Como se vê, aparentemente o legislador fez uma *opção legislativa*: previu dois recursos diferentes, passíveis de interposição contra decisão proferida no âmbito da admissibilidade dos recursos extraordinário e especial, cujo cabimento dependerá do conteúdo da decisão advinda da presidência ou vice-presidência do tribunal recorrido.

Entretanto, não previu o legislador, e o mundo dos fatos é muito mais dinâmico que o mundo das leis, a possibilidade de haver *decisões de admissibilidade contendo* ***simultaneamente*** *fundamento de falta de pressupostos de admissibilidade (art. 1.030, V, do CPC) e incompatibilidade vertical (art. 1.030, I, a e b, do CPC).*

Nestes casos, a doutrina mais recente está defendendo o **cabimento simultâneo de agravo em recurso extraordinário ou especial** (§ 1° do art. 1.030 do CPC) e **do agravo interno** (§ 2° do art. 1.030 do CPC). Tem-se, portanto, uma nova exceção ao princípio da unirrecorribilidade.

Esta conclusão, aliás, é corroborada pelo enunciado 77 da I Jornada de Direito Processual Civil do Centro de Estudos Judiciários do Conselho da Justiça Federal, que a seguir transcrevemos:

> **Enunciado 77.** "Para impugnar decisão que obsta trânsito a recurso excepcional e que contenha simultaneamente fundamento relacionado à sistemática dos recursos repetitivos ou da repercussão geral (art. 1.030, I, do CPC) e fundamento relacionado à análise dos pressupostos de admissibilidade recursais (art. 1.030, V, do CPC), a parte sucumbente deve interpor, simultaneamente, agravo interno (art. 1.021 do CPC) caso queira impugnar a parte relativa aos recursos repetitivos ou repercussão geral e agravo em recurso especial/extraordinário (art. 1.042 do CPC) caso queira impugnar a parte relativa aos fundamentos de inadmissão por ausência dos pressupostos recursais."

Defendemos inclusive que a interposição simultânea de ambos não é obrigatória (embora, naturalmente, seja recomendável). Nada impede que a parte, diante de decisão denegatória com duplo fundamento, interponha apenas um dos recursos disponíveis, mesmo porque o parágrafo único do art. 1.034 é claro no sentido de que "*Admitido o recurso extraordinário ou o recurso especial por um fundamento, devolve-se ao tribunal superior o conhecimento dos demais fundamentos para a solução do capítulo impugnado.*"

Esta orientação, aliás, sempre se extraiu das Súmulas 292 e 528 do STF, aplicáveis por analogia também ao recurso especial (STJ, 4ª Turma, AgRg no REsp 1.472.853-SC, rel. Min. Luis Felipe Salomão, j. 04/8/2015, v.u.).

Quanto a este tema, contudo, recomenda-se ao leitor e operador do Direito extrema cautela, visto que este posicionamento doutrinário ainda não se encontra consagrado e, conforme indicado acima, a utilização do agravo interno por agravo de admissão, e vice-versa, configura erro grosseiro, conforme jurisprudência firme do STJ.

5.3. Julgamento do recurso especial e do recurso extraordinário repetitivos

O CPC/15 foi elaborado com uma preocupação acentuada em relação à litigância de massa, por isso, há vários mecanismos adequados ao julgamento dos litígios repetitivos, como o Incidente de Resolução de Demandas Repetitivas ou a sistemática de julgamento dos recursos repetitivos, prevista nos arts. 1.036 e 1.037.

Na seara cível a incidência de temas repetitivos é intensa: legalidade ou constitucionalidade de cláusulas contratuais; alcance da proteção conferida ao bem de família; questões sucessórias; discussões sobre proteção conferida ao consumidor, etc.

Abordaremos inicialmente a metodologia de seleção dos recursos representativos da controvérsia e, logo após, seu modo de processamento e julgamento. Por fim, examinamos os efeitos do julgamento dos recursos repetitivos, separando-os em relação aos Tribunais Superiores e as demais instâncias de jurisdição.

5.3.1. Seleção dos recursos representativos da controvérsia repetitiva

O art. 1.036, *caput*, do CPC, dispõe que, havendo multiplicidade de recursos extraordinários e recursos especiais, com fundamento em idêntica questão de direito, haverá a afetação de alguns destes para julgamento de acordo com a sistemática dos recursos repetitivos, prevista neste e no art. 1.037, do CPC.

Uma das primeiras vantagens do CPC atual em relação ao anterior reside na previsão expressa de que os recursos extraordinários (é claro, dotados de repercussão geral) serão inseridos e julgados no regime de recursos repetitivos, que abrange, portanto, recursos especiais e recursos extraordinários (SCARPINELLA BUENO, 2016, p. 879).

Para tanto, o presidente o vice-presidente do tribunal de origem selecionará dois ou mais recursos que representem a controvérsia repetitiva, os quais serão encaminhados para o STF ou o STJ, conforme o caso. Em consequência, determina-se a suspensão do trâmite de todos os demais processos pendentes de julgamento, individuais ou coletivos, que tramitem no Estado (no caso de TJ) ou Região (no caso de TRF).

A escolha feita pelo presidente ou vice-presidente do tribunal local não vincula o relator da matéria no Tribunal Superior, que poderá escolher outros recursos para figurarem como representativos da controvérsia. Aliás, mesmo que os tribunais locais não tomem a iniciativa de identificar controvérsias repetitivas, poderá o relator, no tribunal superior, selecionar dois ou mais recursos representativos da controvérsia e afetá-los ao sistema de julgamento dos recursos repetitivos (art. 1.036, §§ 4º e 5º, do CPC).

Essas prerrogativas decorrem da própria ideia de que o juízo de admissibilidade efetuado pelos tribunais de origem é meramente prévio e precário, podendo ser revisto pelo órgão *ad quem*, responsável de fato pela admissibilidade dos recursos excepcionais e pela determinação da gestão dos recursos repetitivos.

O CPC/15 supera uma polêmica existente no regime processual anterior e define que serão selecionados como representativos de controvérsia apenas recursos plenamente admissíveis (art. 1.036, § 6º). Com isso se evita o problema, recorrente, de seleção de recurso representativo da controvérsia que, posteriormente à afetação, se descobre carente do preenchimento de algum dos relevantes requisitos de admissibilidade.

Ademais, exige-se que sejam selecionados recursos onde a argumentação e a discussão sobre a matéria a ser decidida seja abrangente.

Nos tribunais locais, o interessado poderá requerer ao presidente ou vice-presidente que exclua da decisão de sobrestamento e não admita, de plano, o recurso extraordinário ou recurso especial intempestivo. Para tanto, é necessário assegurar a possibilidade de manifestação do recorrente, no prazo de 5 dias (art. 1.036, § 2º).

Entende-se que os tribunais locais poderão tomar essa providência mesmo de ofício, ainda que ausente manifestação de qualquer interessado ou da parte recorrida, visto que lhe cabe o exame dos requisitos de admissibilidade dos recursos sob sua atribuição.

Negado esse pedido, cabe agravo interno (art. 1.036, § 3º), onde o agravante irá demonstrar, essencialmente, a intempestividade do recurso extraordinário ou do recurso especial, que não deverão ficar sobrestados, mas já ser inadmitidos de plano, evitando a suspensão inútil de um recurso certamente malfadado em razão da ausência de requisito de admissibilidade.

No caso de desistência do recurso especial ou extraordinário, o que pode ocorrer a qualquer tempo, e mesmo sem anuência do recorrido ou dos litisconsortes, esta manifestação não impede o julgamento da repercussão geral ou da matéria objeto dos recursos repetitivos (art. 998).

O STJ possui entendimento absolutamente pacífico no sentido de que o ato judicial que determina o sobrestamento e o retorno dos autos à Corte de origem, a fim de que lá seja exercido o competente juízo de retratação ou conformação (arts. 1.040 e 1.041 do CPC/2015), não possui carga decisória e, portanto, não acarreta prejuízo às partes, tratando-se, por isso, de provimento irrecorrível (AgInt no REsp 1635818/RS, Rel. Ministro SÉRGIO KUKINA, PRIMEIRA TURMA, julgado em 05/02/2019, DJe 11/02/2019).

Subsidiariamente, o STF e o STJ se valerão de seus respectivos regimentos internos para julgamento dos recursos repetitivos.

Nesse tópico é relevante mencionar que o STF e o STJ não se encontram "vinculados" à tese jurídica inicialmente proposta para o julgamento dos recursos repetitivos.

Tanto o STF como o STJ, no julgamento dos recursos repetitivos e formulação de teses jurídicas dotadas da qualidade de precedentes qualificados (artigos 926 a 928 do CPC/2015), não se encontram efetivamente "vinculados" ao paradigma processual clássico de adstrição ao pedido (mais ligado à perspectiva das lides individuais do tipo *Caio x Tício*).

Com efeito, no julgamento dos recursos repetitivos, conforme construção histórica que remota desde o CPC/1973, importa menos o caso concreto e muito mais o estabelecimento da tese jurídica que repercutirá efeitos nos demais processos que tratem do mesmo tema.

Essa compreensão é reforçada pelos artigos 102 e 105, inciso III, ambos da Constituição Federal, onde se estabelece o papel do STF de guardião da Constituição e do STJ como Tribunal de definição da interpretação da legislação federal.

Por outro lado, não custa lembrar que STF e STJ poderão realizar a alteração das teses jurídicas inclusive já fixadas na sistemática dos recursos repetitivos através do mecanismo conhecido como *overruling*. De modo que também por este ângulo não se encontra óbice a que seja alterada previamente a tese jurídica que ainda virá a ser debatida pelo Tribunal Superior (STJ ou STF) na fixação da tese jurídica vinculante.

Interessante exemplo dessa situação ocorreu no julgamento do Tema 1124 do STJ.

O STJ afetou em 2021 para julgamento em sede de recurso especial repetitivo o Tema 1124, cuja tese jurídica originária era a seguinte: "Definir o termo inicial dos efeitos financeiros dos benefícios previdenciários concedidos ou revisados judicialmente, por meio de prova não submetida ao crivo administrativo do INSS: se a contar da data do requerimento administrativo ou da citação da autarquia previdenciária".

O julgamento do tema, inicialmente pautado para 22.5.2024, foi precedido por questão de ordem na qual se aprovou a alteração da tese que será debatida e fixada, a qual passou a ser a seguinte: "Caso superada a ausência do interesse de agir, definir o termo inicial dos efeitos financeiros dos benefícios previdenciários concedidos ou revisados judicialmente, por meio de prova não submetida ao crivo administrativo do INSS, se a contar da data do requerimento administrativo ou da citação da autarquia previdenciária". Em suma: à questão de mérito anteriormente posta em discussão (sobre os efeitos financeiros da concessão judicial de benefícios previdenciários derivada de documentos novos, não apresentados na via administrativa) acrescentou-se a discussão preliminar sobre existir, nesses casos, interesse processual conforme exigido pelo art. 17 do CPC.

Dentro do que expusemos acima, não se vislumbra nenhum óbice nessa conduta processual do STJ, visto que não se encontra vinculado à ementa originariamente proposta para julgamento e fixação de tese jurídica vinculante.

5.3.2. Processamento dos recursos repetitivos

O Ministro sorteado relator do processo principal a ser julgado na sistemática do art. 1.036 possui um rol de competências específicas que vão além daquelas rotineiras previstas no art. 932, do CPC, como atribuições dos relatores nos tribunais. O tratamento diferente se justifica diante da importância e particularidade do julgamento dos recursos repetitivos e seus densos reflexos jurídicos.

Verificado o cumprimento dos pressupostos do art. 1.036, do CPC, que define a possibilidade de inserir determinada matéria no julgamento dos recursos repetitivos, o relator no tribunal superior proferirá a *decisão de afetação*. Nesta decisão, devem constar: a) a precisa identificação da questão a ser submetida a julgamento, e, b) a determinação de suspensão do processamento de todos os processos pendentes, individuais ou coletivos, que versem sobre a questão, em todo o território nacional. Pode-se também requisitar aos presidentes ou vice-presidentes dos tribunais locais a remessa de um recurso representativo da controvérsia, a fim de tornar a amostragem a respeito do tema repetitivo bastante ampla (art. 1.037, incisos I a III, do CPC).

Essa última providência mencionada (art. 1037, III) acima é relevante pois, embora a controvérsia seja repetitiva, é possível que existam pequenas divergências ou particularidades conforme as características de cada Estado ou região brasileira.

Na hipótese do art. 1.037, III, caso os outros recursos representativos da controvérsia remetidos pelos tribunais locais contenham também outras matérias, diversas da matéria afetada como julgamento repetitivo, o respectivo Tribunal Superior deverá julgar a controvérsia repetitiva em primeiro lugar, e somente após as outras questões específicas, em acórdãos separados para cada processo.

Todas as partes de cada processo que vier a ser suspenso no território nacional deverão ser intimadas da decisão de afetação da matéria e suspensão de todos os processos idênticos (art. 1.037, § 8º).

Ao ministro sorteado relator no tribunal superior ainda é possível entender que a matéria não configura julgamento repetitivo, inviabilizando a afetação nos termos do art. 1.036, ensejando também a comunicação ao tribunal de origem que remeteu os recursos para que revoguem a decisão de suspensão dos processos sob sua jurisdição (art. 1.037, § 1º).

No caso de mais de uma afetação por mais de um Ministro de Tribunal Superior, ficará prevento para relatar a questão repetitiva aquele que primeiro proferiu a decisão de afetação ao regime dos recursos repetitivos, identificando a controvérsia jurídica repetitiva (art. 1.037, § 3º).

A suspensão dos recursos repetitivos só poderá durar 1 (um) ano, pois o art. 1.036, § 4º, exige que o recurso extraordinário que tiver sua repercussão geral reconhecida deva ser julgado nesse prazo, tendo preferência sobre os demais feitos, ressalvados os que envolvam réus presos ou pedidos de *habeas corpus*. Essa medida (prazo máximo da suspensão) resolve importante problema prático vivenciado no foro, pois são recorrentes as situações em que o STF ou o STJ inserem determinada matéria na sistemática dos recursos repetitivos, mas o julgamento fica paralisado por muitos anos.

Mas ainda permanece um problema de interpretação. Foi revogado pela Lei 13.256/16 o § 5º, do art. 1.037, que estabelecia que, superado o prazo de suspensão de 1 ano dos recursos repetitivos, a decisão de afetação estava automaticamente revogada. Revogado esse dispositivo, exsurge a inexistência de sanção no caso de superado esse prazo de um ano para julgamento dos recursos repetitivos.

Entretanto, há outra solução hermenêutica possível. Conforme SCARPINELLA BUENO (2016, p. 882), à medida que o § 6º do art. 1.037, faz referência ao dispositivo revogado (art. 1.037, § 5º) e dispõe que, naquelas hipóteses, outro relator poderá afetar dois ou mais recursos no sistema de recursos repetitivos, compreende-se que após o prazo de 1 ano, sem que ocorra o julgamento do processo representativo da controvérsia, a decisão de afetação deverá ser renovada por outro Ministro relator, nos termos do art. 1.037, § 6º, e, somente se descumprida essa formalidade, perderá efeito a decisão anterior de afetação.

Resta saber se esse prazo de 1 ano para julgamento dos recursos repetitivos será aplicado aos processos afetados para julgamento ainda na vigência do CPC/73. Conforme o enunciado 24, da ENFAM, esse prazo será aplicado também aos processos já afetados antes da vigência do CPC/15, mas seu cômputo integral só começará a correr a partir da entrada em vigor do novo diploma processual.

O STJ decidiu que a suspensão processual prevista pelo CPC em virtude de determinação de julgamento de ação sob o rito dos recursos repetitivos (artigo 1.037, inciso, II, do CPC), não impede a concessão de tutelas provisórias urgentes, caso o magistrado entenda estarem cumpridos os requisitos de urgência e de risco irreparável (artigo 300 do CPC). Também não haveria vedação para o cumprimento de medidas cautelares já deferidas judicialmente. De acordo com o STJ, as regras sobre as tutelas de urgência estão previstas no próprio CPC/2015, que, em seu artigo 314, estabelece que, durante a suspensão, pode o juiz determinar a realização de atos considerados urgentes (STJ, 1ª Seção, REsp 1657156, Rel. Min. Benedito Gonçalves).

Avançando em relação ao sistema do CPC/73, o atual CPC prevê que é possível a parte demonstrar a distinção (*distinguishing*) entre a questão a ser julgada em seu processo e aquela a ser decidida o julgamento dos recursos repetitivos, requerendo o processamento de seu recurso. A outra parte deverá ser ouvida a respeito, no prazo de 5 dias (art. 1.037, §§ 9º e 11).

Esse tipo de pedido deve ser formulado, respectivamente: a) para o juiz, se o processo sobrestado estiver em primeiro grau de jurisdição; b) ao relator, se o processo estiver sobrestado no tribunal de origem; c) ao relator do acórdão recorrido, se for sobrestado recurso especial ou recurso extraordinário no tribunal de origem; d) ao relator, no Tribunal Superior, de recurso especial ou de recurso extraordinário cujo processamento houver sido sobrestado nessa fase (art. 1.037, § 10).

O sistema do CPC/15 é superior ao anterior à medida que indica qual a autoridade a quem se direcionar o pedido de distinção do caso concreto em relação à matéria tratada no sistema de julgamentos repetitivos. No CPC/73 a questão ficava em aberto, e a prática forense registrava as mais diversas formas de manifestação a respeito: agravo interno, embargos de declaração, medidas cautelares e até a forma de pedido simples. Também havia dúvidas quanto ao órgão que apreciaria esse pedido de distinção: o tribunal local ou os Tribunais Superiores. O CPC/15, como se vê, melhor resolve essa questão.

Reconhecida a existência da *distinção*, nos casos do art. 1.037, § 10, incisos I, II e IV, do CPC, o próprio juiz ou relator dará prosseguimento ao processo. No caso do processo estiver sobrestado com recurso especial ou recurso extraordinário, o relator do acórdão recorrido encaminhará os autos para exame de admissibilidade e eventual remessa aos Tribunais Superiores, nos termos do art. 1.030, do CPC (art. 1.037, § 12).

Não se deve interpretar o dispositivo do art. 1.037, § 12, II, do CPC, como uma hipótese de remessa imediata aos Tribunais Superiores porque houve supervenientemente a alteração no CPC promovida pela Lei 13.2256/116 e a consequente retomada do juízo prévio de admissibilidade, sem que houvesse a correspondente alteração desse dispositivo aqui citado.

Contra a decisão que decide o requerimento de *distinção* mencionada o no art. 1.037, § 9º, deferindo-a ou não, cabe agravo de instrumento, se o processo estiver sobrestado em primeiro grau, e agravo interno, nos demais casos, em que o processo já estará no respectivo Tribunal (art. 1.037, § 13).

Há uma interessante decisão do STJ (3ª Turma, REsp 1.846.109, Rel. Min. Nancy Andrighi, j. 10.12.2019, DJe 13.12.2019), no sentido de que o agravo visando a demonstração da *distinção* (art. 1.037, §§ 9º a 13, do CPC) deve ser aplicado também no âmbito do microssistema do IRDR – Incidente de Resolução de Demandas Repetitivas, quando ocorre a suspensão do processo.

Prosseguindo no exame dos poderes de que incumbido o relator no tribunal superior na gestão dos recursos repetitivos, vê-se que poderá solicitar ou admitir manifestações de pessoas, órgãos ou entidades com interesse na controvérsia (*amici curiae*), considerando a relevância da matéria, nos termos do Regimento Interno (art. 1.038, I). Também será possível realizar audiência pública para ouvir depoimentos de pessoas com experiência e conhecimento na matéria, com a finalidade de instruir o procedimento (art. 1.038, II).

Esse tipo de procedimento já vinha sendo realizado em algumas ocasiões durante a vigência do CPC anterior. Deve ser aprofundado agora com a entrada em vigor do novo Código. Trata-se de assegurar legitimidade à decisão que for proferida, além de buscar argumentos, nos diversos atores sociais envolvidos na controvérsia, de modo a que seja adequadamente resolvido.

Um exemplo bastante comum: o STJ, ao julgar determinada controvérsia relativa a contratos bancários, realiza audiência pública e permite a manifestação, também nos autos do processo, das mais variadas entidades e associações representantes das instituições financeiras, mas também de associações de consumidores e estudiosos do tema, dentre outros.

O relator pode requisitar, se entender necessário, informações aos tribunais inferiores a respeito da controvérsia (art. 1.038, III). Tendo em vista que a discussão jurídica em torno da controvérsia se passa no âmbito dos Tribunais Superiores, inclusive na forma ampla como foi narrado nos parágrafos anteriores, entende-se que essa prerrogativa de buscar informações nos tribunais inferiores diz respeito muito mais à questão estatística, embora a lei não se limite a esse tipo de questionamento.

Após a prestação de informações pelos tribunais inferiores, no prazo de 15 dias, será intimado o Ministério Público para que se manifeste a respeito, também em 15 dias. Preferencialmente as manifestações se darão por meio eletrônico, a fim de assegurar a devida celeridade.

Após a manifestação do Ministério Público, o processo será incluído em pauta de julgamento, com cópia do voto para os demais Ministros, e terá prioridade no julgamento sobre todos os demais processos, salvo aqueles de réu preso ou pedidos de *habeas corpus* (art. 1.038, § 2º).

Por fim, o art. 1.038, § 3º, do CPC, estabelece que o acórdão do julgado abrangerá a análise dos fundamentos relevantes da tese jurídica discutida. Essa imposição é importante, pois consigna que o acórdão deixará registrados os principais argumentos jurídicos debatidos, pois o julgamento de processos repetitivos é diferente do julgamento individualizado, vez que seus fundamentos e efeitos jurídicos serão aplicados a todos os demais casos idênticos, havendo também a preocupação de não aplicação de seus efeitos aos casos distintos (*distinguishing*).

Nesse jaez, é de valor o Enunciado 305 do FPPC: "No julgamento de casos repetitivos, o tribunal deverá enfrentar todos os argumentos contrários e favoráveis à tese jurídica discutida, inclusive os suscitados pelos interessados".

Segundo a jurisprudência do STJ tirada no sistema processual anterior, não demandava trânsito em julgado o acórdão proferido no sistema de recursos repetitivos para que ocorresse a geração de efeitos do julgamento paradigma (NEVES, 2016, p. 1.651).

Uma vez julgado o processo no sistema dos recursos repetitivos, cumpre analisar seus efeitos. Dividimos esse exame de seus efeitos nos tribunais superiores e, depois, nos tribunais locais.

5.3.3. Efeitos do julgamento nos Tribunais Superiores

O efeito do julgamento do recurso representativo da controvérsia nos tribunais superiores é regido basicamente pelo art. 1.039 do CPC.

Em seus precisos termos, decidido o recurso afetado como representativo da controvérsia, os órgãos colegiados do STJ e do STF replicarão o conteúdo do julgamento ali resolvido.

Assim, declararão prejudicados os recursos onde se veicule tese contrário ao entendimento consolidado como precedente vinculante. De outra parte, decidirão os recursos que se encontrem sobrestados aplicando, de forma vinculada, a tese firmada no recurso representativo da controvérsia.

Na hipótese específica do STF decidir pela ausência de repercussão geral em determinada controvérsia constitucional, os recursos extraordinários que se encontrem sobrestados serão automaticamente inadmitidos.

Segundo NEVES (2016, p. 1651), em argumento com o qual concordamos, esse tipo de decisão aqui tratada pode ser proferida monocraticamente pelo Ministro Relator do processo sobrestado, pois a lei não faz exigência expressa no sentido da necessidade de julgamento colegiado.

Os Tribunais Superiores poderão deixar de aplicar o conteúdo firmado nos precedentes vinculantes se ficar demonstrada ou se estes próprios reconheceram a existência de distinção entre o caso concreto e as características do processo representativo da controvérsia (NEVES, 2016, p. 1.652).

5.3.4. Efeitos do julgamento nos tribunais locais e no primeiro grau de jurisdição

Em relação aos tribunais de origem, estabelece-se algumas condutas ao órgão responsável pelo tratamento dos recursos excepcionais (presidência ou vice-presidência), buscando dar efetividade à sistemática de julgamento dos recursos repetitivos e da repercussão geral, fazendo valer o conteúdo firmado pelos Tribunais Superiores nessa forma de gestão processual.

Mesmo no regime processual anterior já entendíamos dessa maneira (SERAU JR., REIS, 2012). Entretanto, conforme entendimento doutrinário predominante (SCARPINELLA BUENO, 2016, p. 887-888), o tratamento dispensado pelo CPC/15 é muito mais eficaz e rigoroso nesse sentido, dentro, ademais, da principiologia que informou sua elaboração, procurando dar maior destaque ao Direito Jurisprudencial.

É com esse enfoque que será analisado o art. 1.040, do CPC, onde se delimitam os efeitos do julgamento nos tribunais locais e no primeiro grau de jurisdição.

Em primeiro lugar, determina-se que o presidente ou vice-presidente do tribunal local, após o julgamento do recurso representativo da controvérsia, negará seguimento aos recursos especiais e recursos extraordinários que estejam sobrestados na origem no caso de o acórdão recorrido encontrar-se com a mesma orientação firmada no Tribunal Superior (art. 1.040, I).

De outra parte, mas com essa mesma perspectiva, o órgão que proferiu o acórdão recorrido (Turma, Câmara, Seção ou Órgão Especial) *deverá* reexaminar o processo de competência originária, a remessa necessária ou o recurso anteriormente julgado, onde foi proferido acórdão que se encontre em dissonância do entendimento firmado pelos Tribunais Superiores (art. 1.040, II).

Na mesma toada, os processos suspensos em primeiro e segundo grau de jurisdição retomarão seu curso, mas o julgamento será vinculado à tese jurídica firmada pelo Tribunal Superior (art. 1.040, III).

Nestas três hipóteses acima descritas deve-se ressaltar o caráter vinculante dos precedentes tirados pelos Tribunais Superiores, que devem ser aplicados obrigatoriamente ao conteúdo dos julgamentos realizados pelos tribunais locais.

O art. 1.040, IV, do CPC, traz regra inovadora e bastante interessante: do julgamento proferido na sistemática dos recursos repetitivos, se a questão julgada for relativa a prestação de serviço público objeto de concessão, permissão ou autorização, haverá intimação ao órgão, ente ou agência reguladora competente para fiscalização da efetiva aplicação desse conteúdo, por parte dos entes que são sujeitos à respectiva regulação. A medida é interessante à medida em que permite a prevenção de ajuizamento do litígio judicial.

Na mesma linha da prevenção da litigância judicial está a inovação contida no art. 1.040, § 1º, do CPC, que faculta à parte autora desistir da ação em curso no primeiro grau, antes de proferida a sentença, caso a questão ali discutida seja idêntica à resolvida pelo recurso representativo da controvérsia. A fim de estimular essa atitude, e prevenir os litígios, se a desistência ocorrer antes de oferecida a contestação, a parte autora ficará isenta do pagamento de custas e honorários sucumbenciais (art. 1.040, § 2º); outrossim, independe do consentimento do réu caso apresentada a contestação (art. 1.040, § 3º), mas aqui serão devidas as custas e verbas de sucumbência.

O art. 1.030, II, reforçado pelo art. 1.040, II, ambos do CPC, determina o encaminhamento do processo ao órgão julgador para que exerça o juízo de retratação no caso de o acórdão recorrido se encontrar em divergência do conteúdo firmado nos Tribunais Superiores.

Mantido o acórdão divergente pelo Tribunal, isto é, não se realizando o juízo de retratação pelo órgão *a quo*, o processo será remetido aos Tribunais Superiores, na forma do art. 1.041, c.c. art. 1.036, § 1º, ambos do CPC.

Consoante SCARPINELLA BUENO (2016, p. 891), a remissão ao art. 1.036, § 1º, do CPC, é equivocada da parte da redação dada ao art. 1.041, *caput*, visto que não há sentido em remeter um recurso como representativo da controvérsia (art. 1.036, § 1º) no caso de uma controvérsia já pacificada pelo STF ou STJ, a qual, entretanto, não foi levada em consideração pelo tribunal de origem. Além do que, após a Lei 13.256/16 faz-se necessário o juízo de admissibilidade dos recursos excepcionais que irão aos Tribunais Superiores.

De outra parte, efetuado o juízo de retratação, com alteração do acórdão divergente do posicionamento dos Tribunais Superiores, pode ser que seja o caso de análise, pelo tribunal de origem, de outras questões ainda não decididas e cujo enfrentamento se tornou necessário em decorrência da alteração (art. 1.041, § 1º).

Nesse caso, a respeito dessas outras questões apreciadas pelo órgão que efetuou o juízo de retratação, é possível nova remessa do recurso especial ou do recurso extraordinário aos Tribunais Superiores, positivo o juízo de admissibilidade, para exame das questões remanescentes justamente em virtude da alteração do acórdão recorrido (art. 1.041, § 2º).

Entende-se que esse procedimento acima descrito deve ser aplicado também no âmbito dos Colégios e Turmas Recursais dos Juizados Especiais Cíveis, Federais e da Fazenda Pública. Nesse sentido é a conclusão do enunciado 482 do FPPC.

Em relação aos recursos especial ou extraordinário que ainda aguardem a apreciação de admissibilidade, sua tramitação, na vigência do CPC/15 é bastante diversa da que era prevista no CPC/73. Como já se disse anteriormente, a presidência ou vice-presidência dos tribunais locais primeiro deve efetuar a gestão processual dentro da sistemática dos recursos repetitivos e, somente após, se for o caso, praticar o exame de admissibilidade dos recursos para os Tribunais Superiores (conduta processual que deixa de ser a regra e passa a ser, doravante, a exceção em termos de recurso especial e recurso extraordinário).

Neste quadro, a primeira conduta que compete aos tribunais locais é negar seguimento ao recurso extraordinário que discuta questão constitucional em relação à qual o STF não tenha reconhecido a existência de repercussão geral na matéria; também deve ser negado seguimento ao recurso extraordinário interposto contra acórdão que esteja em conformidade com entendimento firmado pelo STF no regime de repercussão geral (art. 1.030, I, alínea *a*).

A segunda hipótese é negar seguimento a recurso extraordinário e a recurso especial interposto contra acórdão que esteja em conformidade com entendimento firmado pelo STF ou pelo STJ no regime de julgamento de recursos repetitivos (art. 1.030, I, alínea *b*).

O art. 1.030, II, do CPC, determina o encaminhamento do processo ao órgão julgador para que exerça o juízo de retratação no caso de o acórdão recorrido se encontrar em divergência do conteúdo firmado nos Tribunais Superiores.

Por fim, de acordo com o inciso III, do art. 1.030, caso a controvérsia de caráter repetitivo ainda não tenha sido decidida pelo STF ou pelo STJ, deve-se sobrestar o recurso.

Nessas três hipóteses (estabelecidas no art. 1.030, I e III, do CPC), a decisão proferida poderá ser impugnada através do agravo interno do art. 1.021, do CPC. Nesses casos, compete ao agravante demonstrar a distinção (*distinguishing*) entre seu processo e as particularidades do caso concreto e o conteúdo da tese firmada pelos Tribunais Superiores e aplicada para a inadmissão do recurso excepcional. Esse entendimento é reforçado pelas disposições contidas nos art. 1.035, § 7º, do CPC.

O mesmo raciocínio se aplica quando o recurso especial ou extraordinário é sobrestado (art. 1.030, III), devendo o agravante comprovar a distinção do caso concreto ao precedente com julgamento pendente no STJ ou STF.

Apenas a figura prevista no art. 1.030, I, *a*, primeira parte (negativa de seguimento a recurso extraordinário versando sobre matéria destituída de repercussão geral) é verdadeiramente decisão de não admissão de recurso (NEVES, 2016, p. 1.636). As outras hipóteses previstas no art. 1.030, incisos I e III, se encaixam, mais propriamente, no sistema de gestão de recursos repetitivos, voltado a fazer valer a jurisprudência dos Tribunais Superiores e a força dos precedentes vinculantes, elemento a que se deu primazia no atual CPC.

Os tribunais locais e o primeiro grau de jurisdição, poderão deixar de aplicar o conteúdo firmado nos precedentes vinculantes se ficar demonstrada ou se estes próprios reconheceram a existência de distinção entre o caso concreto e as características do processo representativo da controvérsia (NEVES, 2016, p. 1.652).

5.3.5. Celebração de acordo e negócio jurídico processual no âmbito dos recursos repetitivos

Foi afirmado em diversos momentos deste livro que o CPC/2015 é estruturado a partir de uma nova concepção de Processo Civil, pautada no Direito Jurisprudencial (artigos 926 a 928) e na perspectiva do sistema de precedentes judiciais, doravante dotados de certa eficácia vinculante. Também se aproximou essa nova concepção doutrinária da ideia de primazia do julgamento do mérito, ou seja, o alcance de resultados efetivos no âmbito da demanda, por sobre questões processuais intermediárias, bem como de eventuais falhas procedimentais.

Esse tópico fica ainda mais relevante quando se depara com o cenário do julgamento dos recursos repetitivos (recurso especial e recurso extraordinário), pois as teses firmadas no bojo desses institutos terão eficácia vinculante em praticamente todo o judiciário nacional.

Ainda assim, é interessante assinalar que recentemente os Tribunais Superiores vêm flexibilizando essa dinâmica rígida de formação de precedentes e de atenção à primazia do julgamento de mérito. Nesse sentido temos o Tema 1.015, no STJ, e o Tema 1.066, no STF.

No STJ, no âmbito do Tema 1.015 (Resp 1.362.038/SP), a 2ª Seção determinou a desafetação parcial da matéria (referente a incidência de expurgos inflacionários sobre cadernetas de poupança) e homologação de acordo entre as partes, mas manteve a necessidade de fixação de tese para os demais tópicos discutidos no recurso especial repetitivo.

No âmbito do STF ocorreu situação semelhante. O Tema 1.066 da repercussão geral, que envolvia a questão dos prazos para exame de requerimento administrativo pelo INSS – Instituto Nacional do Seguro Social, foi desafetado inteiramente, e a questão foi solucionada a partir de um acordo entre MPF – Ministério Público Federal e o próprio INSS, homologado pelo STF, onde se assentou a possibilidade de adoção de mecanismos de solução consensual de conflitos mesmo no âmbito da jurisdição excepcional (RE 1.171.152/SC, Rel. Min. Alexandre de Moraes, DJE 8/12/2020).

5.4. Suspensão dos processos em todo o território nacional

O art. 1.029, § 4º, do CPC, traz uma prerrogativa ao presidente do STF ou do STJ, no processamento do incidente de resolução de demandas repetitivas, de receber requerimento de suspensão de processos em que se discuta questão federal constitucional ou infraconstitucional.

Havendo razões de segurança jurídica ou de excepcional interesse social, pode-se estender a suspensão a todo o território nacional, até ulterior decisão do recurso extraordinário ou recurso especial a ser interposto.

A suspensão de processos em todo o território nacional só ocorre nas estritas hipóteses do art. 982, § 5º, c.c. art. 987, ambos do CPC/15 (SCARPINELLA BUENO, 2016, p. 864).

É importante destacar, em relação ao sobrestamento de processos prevista no art. 1.035, § 5º, do CPC, na sistemática da repercussão geral, que o Plenário do STF decidiu a Questão de Ordem no RE 966.177/RS, destacando que a suspensão dos processos não é uma decorrência necessária e obrigatória do reconhecimento da repercussão geral, tendo o relator do recurso extraordinário paradigma a faculdade de determinar ou não o sobrestamento.

Nesse julgado se destacou que se a lei quisesse estabelecer a suspensão automática teria previsto que o mero reconhecimento da repercussão geral acarretaria a paralisação do trâmite de todos os processos pendentes relativos à matéria no território nacional ou, por outro lado, teria disposto que o relator obrigatoriamente determinasse a suspensão dos processos, o que não ocorreu.

Por fim, deve-se pontuar que o sobrestamento do trâmite de centenas ou de milhares de feitos por todo o país, por tempo indefinido, não se coaduna com os princípios da eficiência e do acesso ao Judiciário, especialmente quando há a possibilidade de o relator estipular a suspensão dos feitos em que o andamento possa causar incerteza jurídica (STJ, REsp 1.202.071-SP, Rel. Min. Herman Benjamin, Corte Especial, j. 01/02/2019, DJe 03/06/2019).

O STJ decidiu que a suspensão processual prevista pelo CPC em virtude de determinação de julgamento de ação sob o rito dos recursos repetitivos (artigo 1.037, inciso, II, do CPC), não impede a concessão de tutelas provisórias urgentes, caso o magistrado entenda estarem cumpridos os requisitos de urgência e de risco irreparável (artigo 300 do CPC). Também não haveria vedação para o cumprimento de medidas cautelares já deferidas judicialmente. De acordo com o STJ, as regras sobre as tutelas de urgência estão previstas no próprio CPC/2015, que, em seu artigo 314, estabelece que, durante a suspensão, pode o juiz determinar a realização de atos considerados urgentes (STJ, 1ª Seção, REsp 1657156, Rel. Min. Benedito Gonçalves).

5.5. Efeitos devolutivo e suspensivo

O recurso especial e o recurso extraordinário não são dotados de efeito suspensivo; isto é, possuem apenas efeito devolutivo. Entretanto, excepcionalmente podem receber também efeito suspensivo, a ser requerido nos termos do art. 1.029, § 5°, do CPC.

Esse dispositivo estabelece que o efeito suspensivo deve ser buscado no respectivo Tribunal Superior durante o período compreendido entre a publicação da decisão de admissão do recurso e sua distribuição; nesse caso, o relator designado para o exame do efeito suspensivo ficará prevento para o julgamento do próprio recurso principal (art. 1.029, § 5°, I). Em segundo lugar, compete o exame do efeito suspensivo ao Ministro Relator no caso do recurso excepcional já ter sido distribuído no Tribunal Superior (art. 1.029, § 5°, II).

Por fim, caberá o exame do efeito suspensivo ao presidente ou vice-presidente do tribunal de origem durante o período compreendido entre a interposição do recurso e a publicação da decisão de sua admissão, bem como no caso do recurso ter sido sobrestado nos termos do art. 1.037 (art. 1.029, § 5°, III).

A fim de que seja concedido o efeito suspensivo aos recursos excepcionais deve-se seguir as regras constantes dos arts. 995, p. único, e 1.012, § 4º, ambos do CPC/15, já tratadas anteriormente nessa obra.

Em relação ao efeito devolutivo dos recursos excepcionais, deve-se compreendê-lo dentro da função constitucional diferenciada do STJ e do STF, que propicia devolução apenas limitada a estes recursos.

A causa já está decidida e só se trata de verificar (e eventualmente sanar, alterando indiretamente o acórdão do tribunal de origem) se há violação norma constitucional ou infraconstitucional.

É dessa forma que deve ser interpretado o art. 1.034, do CPC, que rememora a Súmula 456, do STF: "admitido o recurso extraordinário ou o recurso especial, o Supremo Tribunal Federal ou o Superior Tribunal de Justiça julgará o processo, aplicando o direito". Constatado que o acórdão recorrido, no tribunal local, viola norma constitucional ou infraconstitucional, o STF ou o STJ, respectivamente, no intuito de extirpar tal ofensa à ordem jurídica, altera a conclusão do julgamento recorrido. Entretanto, esse "julgamento do processo" só ocorre com o respeito a todas as ressalvas que já foram debatidas anteriormente (não se reaprecia matéria fática; o cabimento dos recursos excepcionais é minuciosamente descrito na Carta Constitucional etc.).

Exemplificando: o STJ, ao apreciar determinado recurso especial onde se discutiu, no tribunal de origem, a nulidade de determinada cláusula contratual face o restante da legislação civil e consumerista, pode realmente reconhecer a nulidade da cláusula, o que não foi feito no juízo de origem e, assim, em consequência, revisar o acórdão e excluir do contrato firmado entre as partes aquele tipo de mecanismo contratual. A função do STJ, aqui, entretanto, não foi a de, primordialmente, revisar o acórdão, mas aferir, em primeiro lugar, se determinada disposição contratual feria ou não a legislação civil infraconstitucional.

Nos termos do mesmo art. 1.034, p. único, do CPC, admitido o recurso extraordinário ou o recurso especial por um fundamento, devolve-se ao tribunal superior o conhecimento dos demais fundamentos para a solução do capítulo impugnado.

A abrangência da devolutividade aqui, permanece restrito ao âmbito de cabimento do recurso especial e do recurso extraordinário, nos termos da Constituição Federal, circunscritas ademais aos tópicos que efetivamente tenham sido impugnados no acórdão. É inviável, ou ao menos discutível, que questões novas, ainda que configurem matéria de ordem pública, sejam apreciadas no âmbito dos recursos excepcionais, assim como ocorre, mais amplamente, no recurso de apelação, conforme permitido pelo art. 1.013, §§ 1º e 2º, do CPC.

6. MODELOS DE PETIÇÃO

6.1. Modelo de recurso especial

EXCELENTÍSSIMO SENHOR DR. DESEMBARGADOR VICE-PRESIDENTE DO EGRÉGIO TRIBUNAL DE JUSTIÇA DO ESTADO DE......

APELAÇÃO CÍVEL Nº xxxx/2014

POMPÔNIO ÁTICO, já qualificado nestes autos, por seu advogado e bastante procurador que este subscreve, nos autos do processo supra que move em face de ***Semprônio***, não se conformando com o v. acórdão de fls. XXX, proferido pela Colenda __ª Turma deste Sodalício, vem respeitosamente à presença de Vossa Excelência, interpor o presente ***RECURSO ESPECIAL***, na forma do artigo 1.029 e seguintes, do Código de Processo Civil, e requerer sua remessa, com as inclusas razões, ao Colendo Superior Tribunal de Justiça, para reforma do acórdão recorrido.

Nestes Termos, Pede Deferimento.

LOCAL, DATA.

ADVOGADO (OAB N.º zzzz)

....

RAZÕES DE RECURSO ESPECIAL

Egrégio Tribunal,

Colenda Turma,

Eméritos Ministros Julgadores,

Ínclito Ministro Julgador

APELAÇÃO CÍVEL N.º xxxx/2014

ORIGEM: TRIBUNAL DE JUSTIÇA DO ESTADO DE.....

I – Histórico da Demanda:

O recorrente propôs ação ordinária buscando a revisão de contrato que firmou com o réu, ora recorrido. Conforme narra a petição inicial, o autor adquiriu (*produto/imóvel, etc...*) do réu, mas o contrato em que se deu esse negócio jurídico é dotado de cláusulas que violam diversos preceitos da legislação federal, sobretudo do Código de Defesa do Consumidor e alguns outros institutos do Código Civil de 2002, a exemplo da *lesão*.

(*OBS: EXPLICAR BREVEMENTE A DEMANDA, INDICAR O QUE FOI DISCUTIDO NOS AUTOS*).

Entretanto, o Egrégio Tribunal de Justiça de..., em acórdão proferido por sua __ª Turma, negou provimento ao recurso interposto, indeferindo a pretensão do ora recorrente.

Diante desta situação, coube a POMPÔNIO interpor o presente recurso especial, com o qual não se pretende revolver matéria fática ou a simples interpretação de cláusulas contratuais, mas tão somente discutir a matéria legal violada, consoante se passa a expor.

II – Do cabimento do Recurso Especial e necessidade de realização do juízo prévio de admissibilidade:

O art. 105 da Constituição Federal, em seu inciso III, alíneas *a* e *c*, dispõe que:

> "Art. 105. Compete ao Superior Tribunal de Justiça:
>
> (...)
>
> III – julgar, em recurso especial, as causas decididas, em única ou última instância, pelos Tribunais Regionais Federais ou pelos tribunais dos Estados, do Distrito Federal e Territórios, quando a decisão recorrida:
>
> a) contrariar tratado ou lei federal, ou negar-lhes vigência;
>
> (...)
>
> c) der a lei federal interpretação divergente da que lhe haja atribuído outro tribunal."

Em atendimento ao quanto constitucionalmente exigido, o recurso foi interposto contra acórdão do qual não cabe mais recurso, tendo sido a questão apreciada pela última instância ordinária, a qual se encontra, ademais, devidamente prequestionada, não incidindo, ademais, em reexame de questões fáticas ou matéria probatória, ou mesmo visando apenas a simples interpretação de cláusulas contratuais.

Ressalta-se, também, que o presente recurso especial se enquadra na previsão do art. 1.030, V, do CPC, havendo necessidade de ser efetuado de imediato o juízo de admissibilidade, vez que a matéria tratada não se encontra submetida ao regime dos recursos especiais repetitivos previstos no art. 1.036, do CPC.

Com efeito, não é caso de determinar o sobrestamento deste processo, tampouco negar-lhe seguimento por estar em confronto com qualquer orientação do STJ firmada com força vinculante (art. 1.030, incisos I e III, do CPC/15). [*OBS: EXPLICAR AQUI A DISTINÇÃO DO PROCESSO EM RELAÇÃO A EVENTUAIS RECURSOS REPRESENTATIVOS DA CONTROVÉRSIA*]

O v. acórdão recorrido, ao deixar de aplicar o melhor direito, como costumeiramente age aquela Colenda Turma julgadora, incorreu na violação de diversos preceitos da legislação federal, em especial dos artigos XX do Código Civil de 2002 e YYY, do Código de Defesa do Consumidor (*OBS: INDICAR PRECISAMENTE OS ARTIGOS, INCLUSIVE AS LEIS DE ONDE PROVÊM*), bem como a eles deu interpretação divergente da que lhe dão outros Tribunais da Federação.

Portanto, o recurso especial ora interposto é cabível, por força da incidência das alíneas *a* e *c*, ambas do inciso III, do art. 105 da Constituição Federal.

III – RAZÕES DE ADMISSÃO DO RECURSO ESPECIAL

O recurso especial deve ser admitido. É que não se busca, aqui, a rediscussão dos aspetos fáticos ou probatórios da demanda, o que levaria ao óbice previsto na Súmula n.º 07, do Colendo STJ.

Também não se pretende a simples interpretação de cláusula contratual, o que esbarraria na vedação da Súmula 05 do STJ. Não se trata, aqui, de discutir a manifestação da vontade daqueles que celebraram o contrato, mas de impugnar certas cláusulas contratuais que não encontram respaldo na legislação de regência, negando vigência, portanto, aos artigos XX do Código Civil de 2002 e YYY, do Código de Defesa do Consumidor.

Pretende-se, tão somente, a *rediscussão sobre os critérios legais aplicados àquela matéria*. De sorte que o recurso especial deve ser admitido e, ao final, integralmente provido, posto que em consonância com a jurisprudência deste Egrégio STJ.

IV – RAZÕES DE REFORMA DO ACÓRDÃO

O acórdão recorrido deve ser reformado porque contrariou frontalmente a legislação federal, especialmente os artigos XX do Código Civil de 2002 e YYY, do Código de Defesa do Consumidor (*INDICAR PRECISAMENTE OS ARTIGOS, INCLUSIVE AS LEIS DE ONDE PROVÊM*), bem como incidiu em divergência jurisprudencial, conforme se passa a expor.

Violação aos arts. XX do Código Civil de 2002 e YYY, do Código de Defesa do Consumidor:

O acórdão recorrido, diante da interpretação que lhes deu, contrariou frontalmente e infringiu a legislação federal, em particular os arts. XX do Código Civil de 2002 e YYY, do Código de Defesa do Consumidor, da seguinte maneira (*EXPLICAR OS MOTIVOS PELOS QUAIS HOUVE A VIOLAÇÃO A TEXTO DE LEI*).

(*OBS: colacionar jurisprudência relativa ao caso concreto e reforçar a argumentação no caso concreto*)

Dissídio jurisprudencial em relação ao art. XXX, da Lei n.º PPPP/2.052:

Em relação ao dissídio jurisprudencial que também lastreia esse recurso especial, anexa-se ao final desse arrazoado, em anexo, as necessárias cópias das decisões paradigmáticas, divergentes da decisão recorrida e representativas do entendimento de outros Tribunais e do próprio STJ, ensejando a reforma do v. acórdão recorrido.

Em atenção ao disposto no art. 1.029, § 1º, do CPC/15, elucida-se que o v. acórdão recorrido dá interpretação equivocada ao prequestionado art. XXX, da Lei Y, no sentido de que.... (*OBS: indicar qual a orientação e interpretação dada ao artigo pelo acórdão recorrido*).

Entretanto, a interpretação mais adequada deste preceito normativo é divergente e mais correta quando efetuada por outros Tribunais, a exemplo do acórdão abaixo transcrito, que interpreta-o da seguinte maneira... (*OBS: indicar qual a interpretação dada ao artigo pelo acórdão paradigma – mostrar as circunstâncias que identificam ou assemelham os casos confrontados; aprofundar essa argumentação*)

TJ de ____ (acórdão recorrido)	STJ e outros Tribunais de Justiça
Art. XXX, do Código de Defesa do Consumidor	Art. XXX, do Código de Defesa do Consumidor
(transcrever trecho do acórdão) O acórdão recorrido interpreta esse preceito legal de modo que a impugnada cláusula contratual não fere a legislação de regência.	*(transcrever trecho de acórdão selecionado, de preferência)* O acórdão paradigma interpreta esse preceito legal de modo que a impugnada cláusula contratual nega vigência e contraria frontalmente a legislação de regência.

Assim, entende-se devidamente demonstrada e comprovada a divergência jurisprudencial que autoriza o cabimento e admissibilidade do presente recurso especial. Por todos os ângulos sob os quais se examine a questão, é caso de remessa deste recurso especial ao C. STJ e provimento do mesmo, com a reforma do v. acórdão recorrido, nos termos do art. 1.034, do CPC, competindo ao STJ aplicar o direito no caso em tela.

DO PEDIDO

Diante de todo o exposto, **requer-se:**

a)o recebimento do recurso especial, nos termos do art. 1.030, V, do CPC/15;

b) a intimação do recorrido para, querendo, oferecer resposta no prazo legal;

c)a subsequente remessa do recurso à superior instância, para que, seja reformado o v. acórdão recorrido, posto que em dissonância da jurisprudência predominante no Egrégio STJ.

Por ser medida da mais pura e cristalina JUSTIÇA!

Pede e aguarda deferimento.

De ____ para Brasília, DATA.

ADVOGADO

OAB/SP N.º YYY

6.2. Modelo de recurso extraordinário

EXMO. SR. DESEMBARGADOR FEDERAL VICE-PRESIDENTE DO EGRÉGIO TRIBUNAL REGIONAL FEDERAL DA ___ª REGIÃO.

Apelação Cível nº xxx/2015

Origem: __ª Turma do TRF da __ª Região

SÊNECA, já qualificado nos autos, por seu advogado que esta subscreve, nos autos do processo supra que move em face da **União Federal**, não se conformando com o v. acórdão de fls. Y, proferido pela __ª Turma deste Egrégio Tribunal Regional Federal da __ª Região, vem respeitosamente à presença de Vossa Excelência, interpor o presente **RECURSO EXTRAORDINÁRIO** e requerer sua remessa, com as inclusas razões, ao Egrégio Supremo Tribunal Federal, para reforma do acórdão recorrido, o que faz com fundamento art. 102, inciso III, letra *a*, da Constituição Federal, art. 1.029 e seguintes do Código de Processo Civil.

Nestes Termos, Pede Deferimento.

LOCAL, DATA.

ADVOGADO

OAB/SP Nº XXX

....

EXCELENTÍSSIMO SENHOR MINISTRO PRESIDENTE DO COLENDO SUPREMO TRIBUNAL FEDERAL

RAZÕES DE RECURSO EXTRAORDINÁRIO

I – BREVE HISTÓRICO DA DEMANDA

SÊNECA, autor da presente demanda e ora recorrente, impetrou mandado de segurança contra ato administrativo eivado de abuso e ilicitude.

Tendo sido aprovado em concurso público para o cargo de ______ (*EXPLICAR QUAL O CARGO, DAR ELEMENTOS A RESPEITO DO CONCURSO QUE FOI REALIZADO*) encontrava-se aguardando a abertura da vaga prevista no correspondente edital quando se deparou com a informação de que a União Federal realizaria, para aquela repartição e para o mesmo cargo público, novo concurso, a fim de recrutar outras pessoas para exercer o *múnus público*.

Entretanto, o referido certame ainda se encontra em vigor, nos termos do art. 37, IV, da Constituição Federal, não tendo decorrido ainda o prazo de dois anos após sua homologação.

O mandado de segurança, desafortunadamente, foi julgado improcedente, sob a argumentação de que a Administração Pública possui discricionariedade para contratar os melhores profissionais para compor seus quadros. Interposto recurso de apelação, foi-lhe negado provimento sob o mesmo fundamento.

Assim, cumpre ao autor, ora recorrente, interpor o presente recurso extraordinário, a fim de evitar prejuízo a seus direitos fundamentais, bem como preservar as normas constitucionais contrariadas na situação em tela.

II – DA PRELIMINAR DE REPERCUSSÃO GERAL

O recurso extraordinário somente será admitido se a questão constitucional tiver relevo, sob o ponto de vista econômico, político, social ou jurídico, e ultrapassar os interesses das partes no processo, de modo a repercutir sobre o interesse ou direito de toda a sociedade.

Assim, o presente recurso extremo, assim como a matéria aqui versada são dotados de repercussão geral, apresentando condições de admissibilidade e conhecimento pelo Excelso Pretório.

A forma de recrutamento de pessoal pela Administração Pública reveste-se totalmente destas características, visto que devem ser atendidos princípios elementares previstos no art. 37, caput, da CF, como a impessoalidade, a moralidade administrativa e a eficiência, vista aqui pela escolha meritocrática dos candidatos melhores preparados.

Nestes termos, a discussão aqui travada se reveste dos requisitos legais para admissibilidade, pois apresenta discussão de profundo impacto político, jurídico e social, que ultrapassa o interesse das partes aqui em conflito, atingindo um considerável universo de integrantes das carreiras públicas e daqueles interessados em compô-la.

Inobstante essa argumentação necessária, é importante sublinhar que esses argumentos restaram acatados no Recurso Extraordinário nº 837.311 (Tema 784), onde foi reconhecida a repercussão geral do tema pelo Plenário do Pretório Excelso, tendo sido reconhecida também a tese aqui pleiteada.

O conhecimento do presente recurso, portanto, reforça a característica extraordinária dessa Corte, na medida em que preserva sua elevada função de estabelecer decisões paradigmáticas sobre a interpretação e o alcance da Constituição Federal.

III - DO CABIMENTO DO RECURSO EXTRAORDINÁRIO

O art. 102 da Constituição Federal, em seu inciso III, alíneas *a* e *c*, dispõe que:

> "Art. 102. Compete ao Supremo Tribunal Federal:
>
> (...)
>
> III – julgar, mediante recurso extraordinário, as causas decididas em única ou última instância, quando a decisão recorrida:
>
> a) contrariar dispositivo desta Constituição."

Em atendimento ao quanto constitucionalmente exigido, o recurso foi interposto contra acórdão do qual não cabe mais recurso, tendo sido a questão apreciada pela última instância ordinária, a qual se encontra, ademais, devidamente prequestionada, não incidindo, ademais, em reexame de questões fáticas ou de prova. Outrossim, e conforme acima consignado, o tema apresenta repercussão geral conforme demonstrado acima.

O v. acórdão recorrido, ao deixar de aplicar o melhor direito, como costumeiramente age aquela Colenda Turma julgadora, incorreu na violação de diversos preceitos constitucionais, notadamente art. 37, *caput*, e incisos III e IV.

Portanto, o recurso extraordinário ora interposto é cabível, por força da incidência da alínea *a* do inciso III do art. 102 da Constituição Federal.

Cumpridos, ademais, os requisitos exigidos no art. 1.029 e seguintes, do Código de Processo Civil de 2015, passa o recorrente à exposição dos fatos e do direito aqui versados, bem como à apresentação das razões do seu pedido de reforma da decisão ora recorrida, devendo, destarte, ser admitido, conhecido e, ao fim, provido o presente recurso extraordinário.

IV – RAZÕES DE REFORMA

Da ofensa ao art. 37, *caput*, da Constituição Federal

A Administração Pública pauta-se pelos princípios da moralidade, da impessoalidade e da eficiência (vista aqui como a contratação dos melhores candidatos para o exercício de cargos públicos).

Nestes termos, tais princípios são violados quando o Estado deixa de incorporar a seus quadros candidato regularmente aprovado em certame público e procura abre novo edital para o mesmo cargo, ainda na vigência de dois anos do concurso anterior.

Da ofensa ao art. 37, incisos III e IV, da Constituição Federal

Além da violação dos princípios acima enumerados, viola-se também regras concretas previstas na CF, a qual retira a discricionariedade da Administração Pública na forma de contratação de pessoal, impondo certas restrições que devem ser observadas.

Dentre estas, destaque-se as violadas normas previstas no art. 37, III e IV, da Constituição Federal, que estabelece a validade de dois anos para o concurso público, bem como que o candidato aprovado terá direito à nomeação nas vagas previstas no edital e prioridade à abertura de novo certame, durante essa vigência.

Essa tese, ademais, já foi reconhecida pelo STF no RE 837.3111, julgado no regime de repercussão geral, o que lhe propicie efeitos vinculantes.

V – DO PEDIDO

Ante o exposto, é a presente para respeitosamente requerer pela admissão do presente Recurso Extraordinário nos termos do art. 1.029 e seguintes, do Código de Processo Civil de 2015, posto que houve julgamento afrontoso e contrário à Constituição Federal, especialmente do art. 37, *caput*, e incisos III e IV.

Caso não ocorra a imediata retratação do acórdão recorrido, nos termos do art. 1.030, incisos II e V, *c*, do CPC, deve ser determinada a remessa dos autos para o STF, a fim de que, no mérito, seja provido o recurso extraordinário, promovendo a reforma total do Acórdão ora guerreado, nos termos do art. 1.034, do CPC, conferindo ao recorrente a imediata nomeação no cargo público almejado, por ser medida de inteira **Justiça**.

Termos em que, pede e espera deferimento.

De LOCAL para Brasília, DATA.

ADVOGADO

(OAB//Nº)

7. ENUNCIADOS DO FPPC

83. Fica superado o enunciado 115 da súmula do STJ após a entrada em vigor do CPC (*"Na instância especial é inexistente recurso interposto por advogado sem procuração nos autos")*.

169. Os órgãos do Poder Judiciário devem obrigatoriamente seguir os seus próprios precedentes, sem prejuízo do disposto nos § 9º do art. 1.037 e §4º do art. 927.

174. A realização da distinção compete a qualquer órgão jurisdicional, independentemente da origem do precedente invocado.

197. Aplica-se o disposto no parágrafo único do art. 932 aos vícios sanáveis de todos os recursos, inclusive dos recursos excepcionais.

219. O relator ou o órgão colegiado poderá desconsiderar o vício formal de recurso tempestivo ou determinar sua correção, desde que não o repute grave.

220. O Supremo Tribunal Federal ou o Superior Tribunal de Justiça inadmitirá o recurso extraordinário ou o recurso especial quando o recorrente não sanar o vício formal de cuja falta foi intimado para corrigir.

224. A existência de repercussão geral terá de ser demonstrada de forma fundamentada, sendo dispensável sua alegação em preliminar ou em tópico específico.

305. No julgamento de casos repetitivos, o tribunal deverá enfrentar todos os argumentos contrários e favoráveis à tese jurídica discutida, inclusive os suscitados pelos interessados.

345. O incidente de resolução de demandas repetitivas e o julgamento dos recursos extraordinários e especiais repetitivos formam um microssistema de solução de casos repetitivos, cujas normas de regência se complementam reciprocamente e devem ser interpretadas conjuntamente.

348. Os interessados serão intimados da suspensão de seus processos individuais, podendo requerer o prosseguimento ao juiz ou tribunal onde tramitarem, demonstrando a distinção entre a questão a ser decidida e aquela a ser julgada no incidente de resolução de demandas repetitivas, ou nos recursos repetitivos.

363. O procedimento dos recursos extraordinários e especiais repetitivos aplica-se por analogia às causas repetitivas de competência originária dos tribunais superiores, como a reclamação e o conflito de competência.

364. O sobrestamento da causa em primeira instância não ocorrerá caso se mostre necessária a produção de provas para efeito de distinção de precedentes.

423. Cabe tutela de evidência recursal.

480. Aplica-se no âmbito dos juizados especiais a suspensão dos processos em trâmite no território nacional, que versem sobre a questão submetida ao regime de julgamento de recursos especiais e extraordinários repetitivos, determinada com base no art. 1.037, II.

481. O disposto nos §§ 9º a 13 do art. 1.037 aplica-se, no que couber, ao incidente de resolução de demandas repetitivas.

482. Aplica-se o art. 1.040, I, aos recursos extraordinários interpostos nas turmas ou colégios recursais dos juizados especiais cíveis, federais e da fazenda pública.

550. A inexistência de repercussão geral da questão constitucional discutida no recurso extraordinário é vício insanável, não se aplicando o dever de prevenção de que trata o parágrafo único do art. 932, sem prejuízo do disposto no art. 1.033.

557. O agravo de instrumento previsto no art. 1.037, §13, I, também é cabível contra a decisão prevista no art. 982, inc. I.

564. Os arts. 1.032 e 1.033 devem ser aplicados aos recursos interpostos antes da entrada em vigor do CPC de 2015 e ainda pendentes de julgamento.

565. Na hipótese de conversão de recurso extraordinário em recurso especial ou vice-versa, após a manifestação do recorrente, o recorrido será intimado para, no prazo do *caput* do art. 1.032, complementar suas contrarrazões.

566. Na hipótese de conversão do recurso extraordinário em recurso especial, nos termos do art. 1.033, cabe ao relator conceder o prazo do *caput* do art. 1.032 para que o recorrente adapte seu recurso e se manifeste sobre a questão infraconstitucional.

593. Antes de inadmitir o recurso especial ou recurso extraordinário, cabe ao presidente ou vice-presidente do tribunal recorrido conceder o prazo de cinco dias ao recorrente para que seja sanado o vício ou complementada a documentação exigível, nos termos do parágrafo único do art. 932.

615. Na escolha dos casos paradigmas, devem ser preferidas, como representativas da controvérsia, demandas coletivas às individuais, observados os requisitos do art. 1.036, especialmente do respectivo §6º.

664. O Presidente ou Vice-Presidente do Tribunal de origem tem competência para homologar acordo celebrado antes da publicação da decisão de admissão do recurso especial ou extraordinário.

665. A negativa de seguimento ou sobrestamento de recurso especial ou extraordinário, ao fundamento de que a questão de direito já foi ou está selecionada para julgamento de recursos sob o rito dos repetitivos, não pode ser feita via carimbo ou outra forma automatizada nem por pessoa não investida no cargo de magistrado.

718. Interposto o recurso especial antes da vigência da Lei nº 14.230/2021, o Superior Tribunal de Justiça não poderá inadmiti-lo com fundamento na ausência de pré-questionamento de seus dispositivos.

721. É permitido ao tribunal local suspender, em vez de extinguir, o incidente de resolução de demandas repetitivas já admitido e pendente, quando houver afetação superveniente de tema idêntico pelos tribunais superiores.

722. A decisão de suspensão de processos, em casos repetitivos ou em repercussão geral, deve delimitar o objeto de sobrestamento, inclusive as situações, pedidos, atos e fases processuais.

723. No julgamento de casos repetitivos e incidente de assunção de competência, o relator proferirá decisão de saneamento e organização do processo, depois da admissão ou da afetação, na qual, entre outras providências: (i) identificará o(s) grupo(s) titular(es) dos direitos materiais litigiosos; (ii) certificará a legitimidade e a representatividade adequada dos sujeitos condutores do procedimento; (iii) controlará e organizará a intervenção dos interessados, definindo, em especial, os seus poderes e prazos; (iv) designará a(s) audiência(s) pública(s); (v) expedirá comunicações a outros interessados que possam contribuir com o debate.

724. Os documentos extraídos dos sítios dos tribunais gozam de presunção de veracidade e confiabilidade, sendo idôneos para comprovar o feriado local para os fins do §6º do art. 1.003.

726. A ausência de indicação da alínea do permissivo constitucional que embasa a interposição de recurso especial ou extraordinário não leva ao não conhecimento do recurso, quando for possível deduzir o fundamento da irresignação a partir da análise do conjunto da postulação.

727. O órgão responsável pelo juízo de admissibilidade deverá indicar, separadamente, na parte dispositiva da decisão, os fundamentos legais da decisão baseada no inciso I do art. 1.030 e com base no inciso V do mesmo artigo.

728. O enunciado 126 da súmula do STJ é inaplicável quando o STF tiver definido que o fundamento constitucional adotado pelo acórdão recorrido constitui ofensa reflexa à constituição.

729. A submissão do tema para deliberação pelo plenário virtual da repercussão geral deve ser previamente publicizada, de modo a viabilizar a eventual participação de interessados nessa fase processual.

747. O pedido de concessão de efeito suspensivo a recurso extraordinário ou recurso especial poderá ser formulado por requerimento dirigido ao tribunal superior quando o pedido de mesmo conteúdo tiver sido analisado pelo presidente ou pelo vice-presidente do tribunal local.

752.O julgamento de recurso extraordinário sob a sistemática da repercussão geral ou de recurso especial sob o regime dos repetitivos deve conter manifestação sobre a modulação dos efeitos, seja para afastá-la seja para aplicá-la, delineando com precisão, nessa última hipótese, o seu alcance.

753. Ao designar audiência pública em tema afetado sob a sistemática da repercussão geral e dos casos repetitivos, 114 o relator deverá observar a capacidade de contribuição argumentativa das pessoas e entidades interessadas e assegurar a participação de pessoas ou de entidades que defendam diferentes opiniões relativas à matéria objeto da audiência pública.

754. Compete à Presidência ou à Vice-presidência do tribunal local delimitar a abrangência de suspensão de processos na decisão que admite o recurso como representativo da controvérsia.

8. QUADRO RESUMO

RECURSO ESPECIAL E RECURSO EXTRAORDINÁRIO	
Cabimento	O recurso extraordinário e o recurso especial devem ter seu cabimento analisado a partir da função constitucional diferenciada do STF e do STJ, e seu cabimento é estritamente previsto nos arts. 102, III e 105, III, ambos da CF. Não cabe recurso especial de acórdão proferido nas Turmas Recursais de Juizados Especiais (Súmula 203 do STJ)
Competência	A competência para processar e julgar o recurso especial é do STJ, e do recurso extraordinário o STF, mas, num primeiro momento, deve o recurso ser encaminhado à Presidência ou Vice-Presidência do tribunal de origem, que o recebe, processa e posteriormente encaminha os autos ao STJ (art. 1.030, do CPC/15, com redação dada pela Lei 13.256/16).
Prazo de interposição	15 dias (art. 1.003, § 5º, do CPC/15) para ambos os recursos. É o mesmo (e com o mesmo fundamento legal) o prazo para responder, embora o INSS e a União Federal possuam prazo em dobro (art. 183, do CPC/15). O prazo é comum para as partes e entre os recursos. Não se aplica o prazo em dobro (art. 229 do CPC/15) mesmo no caso de litisconsortes com procuradores diferentes. Embargos de declaração julgados sem alteração do acórdão recorrido anteriormente por recurso especial ou recurso extraordinário dispensa que estes recursos sejam ratificados. Serão complementados ou substituídos apenas no caso de alteração do acórdão inicial (art. 1.024).
Preparo	Exige-se preparo. Entretanto, é cabível a concessão dos benefícios da justiça gratuita (art. 98 do CPC/15).
Requisitos de admissibilidade	Além dos requisitos normais de admissibilidade recursal (interesse em recorrer, legitimidade processual, tempestividade, preparo, forma, inexistência de fato impeditivo do direito de recorrer), os recursos especiais ainda exigem o cumprimento dos requisitos constitucionais de admissibilidade: esgotamento das instâncias ordinárias, matéria exclusivamente de direito, prequestionamento das normas violadas. O recurso extraordinário demanda a demonstração da repercussão geral e não admite análise da ofensa indireta à CF. STJ e STF poderão desconsiderar vícios processuais ou determinar sua correção (art. 1.029, § 3º, do CPC/15). A decisão de admissibilidade deve verificar o preenchimento dos requisitos processuais e constitucionais de admissibilidade (Súmula 123 do STJ)

RECURSO ESPECIAL E RECURSO EXTRAORDINÁRIO	
Recurso de agravo	No caso de não admissão do recurso especial, cabe recurso de agravo, em petição dirigida ao Presidente ou Vice-Presidente do respectivo TRF (art. 1.042, § 2º) ou o agravo interno (art. 1.021), conforme o caso.
Prequestionamento	É a prévia discussão sobre a matéria pelo acórdão recorrido (Súmula 282 do STF). O art. 1.025, § 1º, do CPC, dispõe que o conteúdo dos embargos declaratórios, mesmo que tenham sido rejeitados ou não conhecidos, integra o acórdão para fins de prequestionamento. O conteúdo do voto vencido integra o acórdão para fins de prequestionamento (art. 941, § 3º).
Dissídio jurisprudencial	Exige-se a demonstração do dissídio jurisprudencial, no caso do recurso especial, o que se dá pela demonstração de como julga o acórdão recorrido e como interpreta a decisão paradigma (art. 1.029, § 1º, do CPC/15). A divergência deve ser atual e não pode ser entre turmas do mesmo Tribunal (Súmulas 13 e 83 do STJ) Só haverá exame prévio de admissibilidade se o recurso especial ou extraordinário não estiver, de alguma forma, inserido no regime de recursos repetitivos: a) se for o próprio recurso selecionado como representativo da controvérsia; b) se a matéria ainda não estiver submetida à sistemática da repercussão geral ou dos recursos repetitivos; c) se a retratação do acórdão tiver sido rejeitada pelo respectivo relator (art. 1.030, V).
Exame de admissibilidade e gestão de recursos repetitivos	A regra, entretanto, é a inserção dos recursos excepcionais na metodologia de gestão de recursos repetitivos: a) submissão a sobrestamento do recurso especial e do recurso extraordinário; b) negativa de seguimento a recurso extraordinário por ausência de repercussão geral; c) negativa de seguimento a recurso extraordinário ou recurso especial em virtude de buscar entendimento contrário a conteúdo firmado pelos Tribunais Superiores na sistemática dos recursos repetitivos (art. 1.030, I e III).
Julgamento no STJ e no STF	O recurso especial e o recurso extraordinário podem ser decididos monocraticamente pelo Ministro Relator, nos termos do art. 932, III a V, do CPC/15 (respectivamente hipóteses de inadmissibilidade por questões processuais, negativa de provimento ou provimento conferido). Nessas hipóteses, cabe a interposição de agravo contra a decisão singular. Não sendo o caso de decisão singular, o recurso especial será processado e julgado pelo respectivo Colegiado.

<table>
<tr><th colspan="2">RECURSO ESPECIAL E RECURSO EXTRAORDINÁRIO</th></tr>
<tr><td>Julgamento no STJ e no STF</td><td>No caso de multiplicidade de processos discutindo a mesma controvérsia, os tribunais superiores selecionarão recursos representativos da controvérsia, suspendendo o julgamento dos processos que tratem da matéria em todo o país. Após julgados os recursos representativos, seus efeitos e seu conteúdo se aplicarão, obrigatoriamente a todos os processos que tratem de matéria idêntica (art. 1.036 e 1037).

O CPC/15 inova em relação ao regime anterior e prevê expressamente a possibilidade da parte indicar a distinção de seu processo em relação ao caso-piloto, bem como a superação do precedente indicado para suspensão do recurso, evitando que o caso concreto distinto seja indevidamente sobrestado e julgado em bloco.</td></tr>
<tr><td>Interposição conjunta de recurso especial e recurso extraordinário</td><td>Interposto e admitido um único recurso excepcional, irá para o respectivo tribunal superior (STF ou STJ).

Interpostos conjuntamente recurso especial e recurso extraordinário, sendo ambos admitidos, irão os autos primeiro ao STJ e, após julgado o recurso especial, remetidos os autos para o STF, caso o recurso extraordinário não tenha perdido objeto.

O STJ pode entender que a matéria prejudicial é a questão constitucional e remeter os autos ao STF, para que julgue em primeiro lugar o recurso extraordinário. Essa decisão, porém, pode ser revista pelo ministro relator no STF, de modo irrecorrível.

O relator, no STF, poderá entender que a matéria tratada no recurso extraordinário é apenas indiretamente constitucional e, ao invés de não admitir o recurso, como ocorria no CPC/73, remete-o ao STJ, para que o julgue como recurso especial. O mesmo poderá fazer o STJ, caso entenda que determinada questão é, na verdade constitucional, abrindo prazo para a demonstração da repercussão geral, no caso concreto, e posterior remessa ao STF, para que julgue o recurso como extraordinário (arts. 1.0332 e 1.033).</td></tr>
</table>

Capítulo VII

AGRAVO EM RECURSO ESPECIAL E RECURSO EXTRAORDINÁRIO

1. INTRODUÇÃO

A análise do recurso de agravo em recurso especial e recurso extraordinário depende de algumas notas introdutórias.

Relembre-se, inicialmente, que o STF e o STJ são Tribunais com função diferenciada das demais instâncias jurisdicionais. Compete ao primeiro a guarda da Constituição (art. 102, *caput*, da CF), que é exercida através do controle de constitucionalidade concentrado (Ação Direta de Inconstitucionalidade, etc.) ou difuso (recurso extraordinário); cabe ao segundo a uniformização da interpretação e preservação da legislação infraconstitucional (papel que decorre da hermenêutica do art. 105, III, da CF), através do julgamento do recurso especial.

Conforme a tradição normativa brasileira, o juízo de admissibilidade dos recursos excepcionais sempre foi dúplice ou bipartido, o que se justificava diante da enorme quantidade de recursos especiais e recursos extraordinários interpostos para as Cortes Superiores. O exame prévio de admissibilidade efetuado pelas Cortes de origem seria um eficiente mecanismo de filtro de recursos incabíveis.

No sistema bipartido de admissibilidade há um primeiro exame de admissibilidade realizado pelos Tribunais de segundo grau e o exame definitivo é efetuado pelas Cortes Superiores. Caso o Tribunal de origem não admita o recurso especial ou o recurso extraordinário, é possível a interposição de recurso de agravo para o STJ ou para o STF, conforme o caso, para que seja ultimado o processo de admissibilidade. O CPC de 2015 inova nessa seara e também estabelece a possibilidade de agravo interno em algumas hipóteses, conforme será visto adiante.

Deve-se ressaltar que a atribuição do exame de admissibilidade dos recursos excepcionais consiste, apenas, em uma competência delegada, portanto somente preliminar, restrita e provisória:

> "A competência definitiva para o juízo de admissibilidade do recurso é do tribunal *ad quem*, destinatário do mesmo recurso. Por medida de economia processual, entretanto, o CPC admite que, em algumas situações, o juízo *a quo*, aquele que proferiu a decisão impugnada, faça o juízo de admissibilidade *diferido*, preliminar e provisório, sujeito sempre à decisão definitiva do juízo *ad quem* (NERY JR.; NERY, 2010, p. 846)."

Além de se tratar de um juízo de admissibilidade apenas *diferido* e preliminar, conforme acima indicado, há limitações ao âmbito de cabimento desse exame. Segundo a parcela mais expressiva da doutrina, compete ao tribunal *a quo* apenas o exame dos requisitos formais de admissibilidade: "a *efetiva* violação da CF ou a *efetiva* negativa de vigência da lei federal são o *mérito* do recurso, cuja competência para decidir é dos tribunais federais superiores (STF e STJ)" (NERY JR.; NERY, 2010, p. 972).

Porém, também há aqueles que entendem ser possível, em razão de economia e celeridade processual, a singela verificação da razoabilidade e plausibilidade da existência do malferimento das normas constitucionais ou infraconstitucionais, mas nunca a afirmação de que não houve a referida violação ao Direito Positivo (RAMALHO, 2007, p. 85).

Na praxe forense, entretanto, essas ressalvas comumente não são observadas e o juízo prévio de admissibilidade por vezes adentra ao mérito, deixando de admitir os recursos excepcionais sob alegação de que não ocorreu a negativa de vigência à lei ou à norma constitucional. Para parcela expressiva da doutrina essa situação configura verdadeira *usurpação de competência* dos tribunais superiores.

Nesse quadro, visualiza-se duas alternativas: a alteração do sistema ou a manutenção das garantias processuais que viabilizem o exame de cabimento dos recursos excepcionais pelas Cortes Superiores.

O CPC de 2015, em sua redação original, inovava esse panorama, e estabelecia que os recursos especial e extraordinário seriam remetidos aos Tribunais Superiores independentemente de juízo de admissibilidade. A função dos Tribunais de segundo grau seria meramente cartorária: intimação para apresentação das contrarrazões e remessa dos autos à instância adequada.

Porém, em virtude de articulação dos Tribunais Superiores, temerários de aumento significativo do volume de recursos que lhes seriam encaminhados diretamente, sem o filtro do juízo prévio de admissibilidade, editou-se a Lei 13.256, de 04.02.2016, que alterou o CPC ainda durante sua *vacatio legis*.

Este diploma legal basicamente retomou o modelo processual anterior, onde há o exame prévio de admissibilidade do recurso especial e do recurso extraordinário e, caso não admitidos, abre-se a possibilidade de impugnação através do recurso de agravo, seja o clássico remédio do agravo da decisão de inadmissão propriamente dita (art. 1.042, do CPC), seja o agravo interno (previsto no art. 1.021), aplicável em algumas das hipóteses do art. 1.030.

O art. 1.030, do CPC, estabelece algumas possibilidades ao presidente ou vice-presidente do Tribunal local quando se depare com o recurso especial e o recurso extraordinário.

O exame de admissibilidade só ocorrerá no caso de o recurso (e a matéria nele discutida) ainda não tiver sido submetida ao regime de repercussão geral ou à sistemática dos recursos especiais repetitivos, caso em que não ocorrerá o juízo de admissibilidade, mas sobrestamento do processo (art. 1.030, V, *a*), remessa para retratação ou não admissão nos termos específicos do art. 1.030, I, do CPC.

O art. 1.030, V, *b*, do CPC, estabelece uma segunda possibilidade: o exame de admissibilidade também poderá ocorrer caso o recurso seja selecionado como representativo da controvérsia que será julgada pelos Tribunais Superiores. É óbvio: se o recurso será o processo-piloto representativo da controvérsia, deverá preencher os requisitos de admissibilidade, a fim de permitir às instâncias superiores o adequado julgamento da matéria.

A última alternativa estabelecida no art. 1.030, V, *c*, do CPC, diz respeito à hipótese em que o tribunal recorrido refutou o juízo de retratação, mantendo a decisão recorrida em desconformidade com o entendimento firmado nos tribunais superiores em regime de repercussão geral ou na sistemática dos recursos especiais repetitivos. Nesse caso, o exame de admissibilidade tem como finalidade a preservação da orientação dos tribunais superiores afrontada pelo acórdão recorrido.

Essas três possibilidades de exame de admissibilidade dos recursos excepcionais contidas no art. 1.030, V, do CPC, são *alternativas* e não requisitos cumulativos que devam ser observados concomitantemente. Isto é, em qualquer uma das três situações previstas nesse dispositivo legal deverá ser efetuado o exame prévio de admissibilidade pelos tribunais de origem.

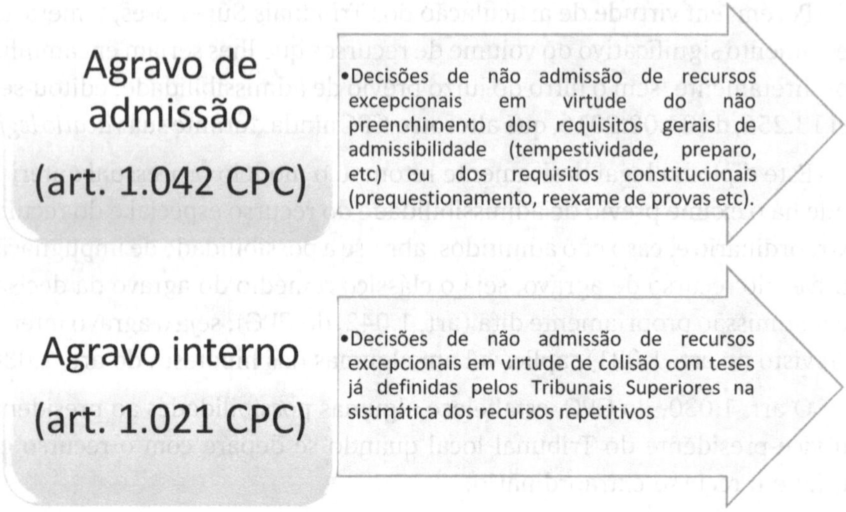

No caso de admissão do recurso especial e/ou do recurso extraordinário não há, assim como no sistema processual anterior, recurso cabível. Entretanto, o Tribunal Superior competente realizará o exame definitivo de admissibilidade e a parte recorrida, nas suas contrarrazões, poderá apresentar argumentos para o não conhecimento destes recursos.

Em caso de juízo negativo, isto é, não admitidos o recurso especial e/ou o recurso extraordinário, caberá o recurso de agravo previsto no art. 1.042 (sucedâneo do antigo recurso de agravo previsto no art. 544 do CPC/73), cuja sistemática será analisada na sequência.

2. AGRAVO DA DECISÃO DE NÃO ADMISSÃO DE RECURSO ESPECIAL E RECURSO EXTRAORDINÁRIO

2.1. Requisitos de admissibilidade

Quando o recurso especial ou o recurso extraordinário não é admitido (art. 1.030, V, do CPC), essa decisão pode ser reformada através de agravo previsto no art. 1.042, do CPC, com a redação dada pela Lei 13.256/16. Esse recurso de agravo remonta à redação do antigo art. 544 do CPC/73, modalidade de recurso que tinha como objetivo específico propiciar a admissibilidade dos recursos excepcionais não admitidos pelos tribunais de segundo grau.

O prazo para interposição do agravo previsto no art. 1.042 do CPC é de 15 dias, a teor do que dispõe o art. 1.003, § 5º, do CPC. Para a Fazenda

Pública esse prazo é contado em dobro, consoante estabelece o art. 183 do mesmo diploma legal.

O STJ possui entendimento de que o prazo em dobro previsto no art. 229 do CPC/2015 (correspondente ao art. 191 do CPC/1973), não se aplica ao agravo interposto contra a decisão que nega seguimento a recurso especial, mesmo que existam litisconsortes com procuradores diversos, porque somente o autor dessa irresignação possuirá interesse e legitimidade para recorrer (AgInt no AREsp 1.081.447/GO, Rel. Ministro Herman Benjamin, 2ª Turma, j. 24/10/2017, DJe 19/12/2017).

Esse posicionamento pode ser compreendido como adequado se for considerada a dinâmica processual diferenciada que afeta os recursos excepcionais (recurso extraordinário e recurso especial).

O recurso de agravo será interposto nos próprios autos onde houver sido proferida a decisão de inadmissibilidade dos recursos extraordinário ou especial. Em razão disso, a interposição do agravo não demanda recolhimento de custas e pagamento das despesas postais, requisitos de admissibilidade já cumpridos quando da interposição do recurso principal (recurso especial ou recurso extraordinário).

Exige-se a interposição de um recurso de agravo para cada recurso especial ou extraordinário indeferido (art. 1.042, § 6º).

Desde o regime processual do CPC/73 (a partir da vigência da Lei 12.322/10), não há necessidade de formação de instrumento para este recurso de agravo. Essa sistemática foi mantida no art. 1.042, do CPC de 2015.

Encontra-se revogada, portanto, a Súmula 288 do STF, que era aplicável também no âmbito do STJ: "Nega-se provimento a agravo para subida de recurso extraordinário, quando faltar no traslado o despacho agravado, a decisão recorrida, a petição de recurso extraordinário ou qualquer peça essencial à compreensão da controvérsia"[1].

A fundamentação do recurso de agravo deve impugnar os argumentos apresentados pela decisão denegatória, indicando os motivos pelos quais os motivos pelos quais deve ocorrer a admissão do recurso excepcional. É viável, também, adentrar à discussão de mérito do recurso excepcional,

1. E, no mesmo sentido, a Súmula 639 do STF: "Aplica-se a Súmula 288 quando não constarem do traslado do agravo de instrumento as cópias das peças necessárias à verificação da tempestividade do recurso extraordinário não admitido pela decisão agravada".

visto que o julgamento do agravo pode equivaler ao julgamento do próprio mérito, através do julgamento conjunto com o recurso principal (recurso especial ou recurso extraordinário), nos termos do art. 1.042, § 5°.

Entende-se, portanto, que continua em vigor a Súmula 287 do STF, aplicável também no âmbito do recurso especial: "Nega-se provimento ao agravo, quando a deficiência na sua fundamentação, ou na do recurso extraordinário, não permitir a exata compreensão da controvérsia".

De outro lado, vale lembrar a Súmula 528 do STF, aplicável também no caso do recurso especial dirigido ao STJ: "Se a decisão contiver partes autônomas, a admissão parcial, pelo presidente do tribunal *a quo*, de recurso extraordinário que, sobre qualquer delas se manifestar, não limitará a apreciação de todas pelo Supremo Tribunal Federal, independentemente de interposição de agravo de instrumento".

A previsão do recurso de agravo contra denegatória de recurso especial ou recurso extraordinário nos próprios autos vale também para os recursos excepcionais em matéria criminal, pois o CPC, aqui, vigora como norma geral aplicável ao processo penal.

2.2. Interposição e processamento

A petição de agravo será dirigida ao presidente ou vice-presidente do tribunal de origem (art. 1.042, § 2°, do CPC), autoridade judiciária que será responsável pelo processamento desse recurso. No caso de Juizados Especiais (Cíveis ou Federais), a interposição se dá perante a Presidência dos Colégios Recursais ou Turmas Recursais, respectivamente[2].

O recurso de agravo previsto no art. 1.042, do CPC, é de competência privativa dos Tribunais Superiores: não cabe ao tribunal de origem, que não admitiu preliminarmente recurso especial ou recurso extraordinário, pronunciar-se também sobre esse recurso que visa a impugnação da decisão denegatória.

Nesse sentido a Súmula 727 do STF: "Não pode o magistrado deixar de encaminhar ao Supremo Tribunal Federal o agravo de instrumento interposto da decisão que não admite recurso extraordinário, ainda que referente a

2. NEVES (2016, p. 1.586) entende que, nesses casos, por falta de previsão legal expressa, a Presidência das Turmas Recursais de Juizados Especiais ou dos Colégios Recursais não possui competência para efetuar o exame de admissibilidade do recurso extraordinário e, portanto, deve ocorrer a remessa ao STF independentemente de juízo de admissibilidade.

causa instaurada no âmbito dos juizados especiais", que entendemos vigente no sistema trazido pelo CPC de 2015.

Em termos de processamento, o § 3.° do art. 1.042, do CPC, indica que o agravado será intimado, de imediato, para, no mesmo prazo de 15 dias, oferecer sua resposta.

O CPC/15, ao contrário do regime processual anterior, permite expressamente ao juízo de segundo grau a possibilidade de retratação. Caso não ocorra a reconsideração da decisão o agravo será imediatamente remetido à instância superior (art. 1.042, § 4°).

Havendo apenas um agravo, este irá ao Tribunal Superior competente (STF ou STJ). No caso de interposição conjunta de agravo contra decisões de inadmissão de recurso especial e também de recurso extraordinário, os autos irão inicialmente ao STJ e, somente após seu julgamento irão ao STF, caso o respectivo agravo não esteja prejudicado. Assim como no regime processual anterior o CPC estabelece uma relação de prejudicialidade entre o recurso especial e o recurso extraordinário.

Diferentemente do que é permitido em relação ao recurso especial e ao recurso extraordinário, essa relação de prejudicialidade não pode ser invertida no caso do agravo: não pode o STJ remeter os autos de agravo para julgamento em primeiro plano no STF e somente após essa etapa processual julgar o agravo da denegatória do recurso especial. Não há previsão legal para tanto, ao contrário do que há para os recursos principais.

Embora o CPC atual não faça menção expressa, no Supremo Tribunal Federal e no Superior Tribunal de Justiça o julgamento do agravo obedecerá ao disposto no respectivo regimento interno.

Conforme o art. 1.042, § 2°, parte final, do CPC, aplicam-se aos recursos de agravo contra decisão denegatória de recurso especial ou extraordinário o regime da repercussão geral e dos recursos repetitivos, inclusive quanto à possibilidade de sobrestamento e juízo de retratação.

Conforme a parte final do art. 1.042, do CPC, não caberá o recurso de agravo discutido neste tópico quando a *decisão denegatória for fundada na aplicação de entendimento firmado em regime de repercussão geral ou em julgamento de recursos repetitivos*. Nesse caso, em grande inovação trazida pelo CPC de 2015, caberá o *agravo interno* (previsto no art. 1.021, do CPC), a teor do que dispõe o art. 1.030, I, alíneas *a* e *b*, c.c. § 2°, do mesmo diploma legal.

Esse recurso específico será tratado a seguir.

3. AGRAVO INTERNO CONTRA NÃO ADMISSÃO DE RECURSO ESPECIAL E RECURSO EXTRAORDINÁRIO

O CPC de 2015 inova em relação ao sistema processual anterior e cria a figura do *agravo interno* contra decisão de não admissão de recurso especial e recurso extraordinário.

Além do agravo previsto no art. 1.042, que nada mais é do que uma versão do antigo recurso de *agravo de admissão* previsto no CPC anterior, estabelece também a nova figura do *agravo interno contra decisão de não admissão de recurso especial ou recurso extraordinário*, direcionado ao próprio Tribunal de origem, apenas quando verificadas as hipóteses previstas no art. 1.030, incisos I e III, c.c. § 2º, onde se faz remissão ao recurso previsto no art. 1.021 (agravo interno).

Segundo NEVES (2016, p 1.637) trata-se de medida de política judiciária, voltada à diminuição da carga de trabalho nos Tribunais Superiores, privando ou dificultando o acesso do jurisdicionado à jurisdição extraordinária.

Além desse relevante e preciso argumento, também se visualiza a solução de um problema que muito ocorria na praxe forense, qual seja a dificuldade de saber qual o recurso cabível e o órgão competente no caso de impugnação das decisões tomadas durante a gestão de recursos repetitivos (sobrestamento, remessa do recurso para retratação ou não admissão no caso de confronto com entendimento consolidado pelos Tribunais Superiores).

Não se pode perder de vista que o novo CPC dá primazia ao chamado Direito Jurisprudencial, que é aquele que emerge da força dos precedentes, aproximando nosso sistema jurídico do sistema jurídico anglo-saxão de *common law* (THEODORO JR. *et alli*, 2015, p. 330-369). Conforme o art. 926, do CPC, "os tribunais devem uniformizar sua jurisprudência e mantê-la estável, íntegra e coerente". Além disso, o novo CPC estabelece aos magistrados não apenas função jurisdicional, mas também lhes atribui a ideia de responsabilidade pela *gestão processual* (SILVA, 2010), onde a sistemática dos recursos repetitivos e sua força vinculante é elemento muito relevante.

Nestes termos, apenas a figura prevista no art. 1.030, I, *a*, primeira parte (negativa de seguimento a recurso extraordinário versando sobre matéria destituída de repercussão geral) é verdadeiramente decisão de não admissão de recurso (NEVES, 2016, p. 1.636). As outras hipóteses previstas no art. 1.030, incisos I e III, se encaixam, mais propriamente, no sistema de gestão de recursos repetitivos, voltado a fazer valer a jurisprudência dos Tribunais Superiores e a força dos precedentes vinculantes.

3.1. Cabimento

Segundo o art. 1.030, inciso I, competem algumas condutas ao tribunal local responsável pelo juízo de admissibilidade. Nesse primeiro exame efetuado sobre o cabimento do recurso especial e do recurso extraordinário deve-se buscar dar efetividade à sistemática de julgamento dos recursos repetitivos e da repercussão geral, fazendo valer o conteúdo firmado pelos Tribunais Superiores nessa forma de gestão processual.

Em síntese, três possibilidades se abrem ao tribunal local.

Deve-se negar seguimento ao recurso extraordinário que discuta questão constitucional em relação à qual o STF não tenha reconhecido a existência de repercussão geral na matéria; também deve ser negado seguimento ao recurso extraordinário interposto contra acórdão que esteja em conformidade com entendimento firmado pelo STF no regime de repercussão geral (art. 1.030, I, alínea *a*).

A segunda hipótese é negar seguimento a recurso extraordinário e a recurso especial interposto contra acórdão que esteja em conformidade com entendimento firmado pelo STF ou pelo STJ no regime de julgamento de recursos repetitivos (art. 1.030, I, alínea *b*).

Por fim, de acordo com o inciso III, do art. 1.030, deve-se sobrestar o recurso que verse sobre controvérsia de caráter repetitivo ainda não decidida pelo STF ou pelo STJ, conforme se trate de matéria constitucional ou infraconstitucional, respectivamente.

Nessas três hipóteses (estabelecidas no art. 1.030, I e III, do CPC), a decisão proferida poderá ser impugnada através do agravo interno do art. 1.021, do CPC.

O STJ decidiu que configura erro grosseiro a interposição de agravo de admissão (aquele previsto no art. 1.042, do CPC), no lugar de agravo interno (art. 1.021), quando a não admissão do recurso especial se deve ao fato dele contrariar conteúdo de recurso especial repetitivo já decido em seu mérito.

Em outras palavras: quando o STJ já analisou o recurso especial repetitivo representativo da controvérsia, a não admissão de outros recursos especiais que tratem do mesmo tema desafia a interposição de *agravo interno*, nos termos do art. 1.021, do CPC de 2015. A admissão do agravo previsto no art. 1.042 configura erro grosseiro, e esse agravo não será devolvido ao Tribunal de origem para que seja apreciado como agravo interno, sendo inviável aplicar-se, aqui, o princípio da fungibilidade.

Esse entendimento se encontra assentado no julgamento do AREsp 959.991-RS (3ª Turma, Rel. Min. Marco Aurélio Belizze, j. 16.08.2016, DJe 26.8.2-16), cuja ementa se transcreve parcialmente abaixo:

> "PROCESSUAL CIVIL. AGRAVO EM RECURSO ESPECIAL. INTERPOSIÇÃO CONTRA DECISÃO PUBLICADA NA VIGÊNCIA DO CPC/2015. 1. IMPUGNAÇÃO DOS FUNDAMENTOS DA DECISÃO AGRAVADA (CPC/2015, ART 932, III). NECESSIDADE. 2. PARTE DO RECURSO ESPECIAL NÃO ADMITIDA NA ORIGEM PORQUE AS MATÉRIAS FORAM JULGADAS SEGUNDO O RITO DO ART. 543-C DO CPC: TAXA DE JUROS REMUNERATÓRIOS CONTRATADOS. CAPITALIZAÇÃO MENSAL DE JUROS. NÃO CABIMENTO DO AGRAVO NESSES PONTOS (CPC/2015, ART. 1.042). 3. PREVISÃO LEGAL EXPRESSA. ERRO GROSSEIRO. CARACTERIZAÇÃO. 4. RECURSO CONHECIDO APENAS QUANTO À ALEGADA VIOLAÇÃO DO ART. 535 DO CPC/73. MÉRITO. AFASTAMENTO. 5. AGRAVO PARCIALMENTE CONHECIDO PARA, NESSA EXTENSÃO, NEGAR PROVIMENTO AO RECURSO ESPECIAL. MAJORAÇÃO DOS HONORÁRIOS ADVOCATÍCIOS. ART. 85, §§ 8º E 11, DO CPC/2015.
>
> 1. Com o advento do Código de Processo Civil de 2015 passou a existir expressa previsão legal no sentido do não cabimento de agravo contra decisão que não admite recurso especial quando a matéria nele veiculada já houver sido decidida pela Corte de origem em conformidade com recurso repetitivo (art. 1.042, caput). Tal disposição legal aplica-se aos agravos apresentados contra decisão publicada após a entrada em vigor do Novo CPC, em conformidade com o princípio *tempus regit actum*.
>
> 2. A interposição do agravo previsto no art. 1.042, caput, do CPC/2015 quando a Corte de origem o inadmitir com base em recurso repetitivo constitui erro grosseiro, não sendo mais devida a determinação de outrora de retorno dos autos ao Tribunal a quo para que o aprecie como agravo interno."

Deve ser ressaltado que se têm observado algumas decisões de admissibilidade de recursos excepcionais (extraordinário e especial) fundamentadas simultaneamente nos incisos I e V, do art. 1.030, do CPC, o que acarreta dificuldades em relação ao recurso cabível.

A não admissibilidade de recurso pautada no art. 1.030, inciso I, suscita a interposição do agravo interno. O recurso não admitido nos termos do art.

1.030, inciso V, por sua vez, impõe a interposição do agravo de admissão, previsto no art. 1.042, do CPC.

Sabe-se que no sistema recursal brasileiro vigora o *princípio da unirrecorribilidade*. Uma decisão nesses moldes talvez seja nula, pois *a priori* não segue o rito previsto no art. 1.030, do CPC. Ainda incipiente essa discussão na doutrina e na jurisprudência, sugere-se a interposição do agravo de admissão, previsto no art. 1.042, visto que devolverá toda a matéria impugnada às Cortes Superiores (admissibilidade e mérito do recurso excepcional).

Nesse ponto, deve-se registrar que a doutrina vem discutindo a existência de nova exceção ao princípio da unirrecorribilidade, consistente na possibilidade de interposição de duas modalidades de agravo contra decisão de não admissão de recursos especial e/ou extraordinário.

Vale recordar que existem dois recursos passíveis de interposição contra esse tipo de decisão da presidência ou vice-presidência do tribunal *a quo*, quais sejam o *agravo em recurso extraordinário ou especial* (art. 1.042 do CPC), para insurgir-se contra a decisão que não admite o recurso extraordinário ou especial interposto (nos termos do art. 1.030, V, do CPC), e o *agravo interno* (art. 1.021 do CPC) para insurgir-se contra decisão que nega seguimento a recurso extraordinário ou especial em razão de incompatibilidade vertical, na forma das alíneas *a* e *b* do inciso I do art. 1.030 do CPC, ou que sobrestar o recurso que versar sobre controvérsia de caráter repetitivo ainda não decidida pelo Supremo Tribunal Federal ou pelo Superior Tribunal de Justiça, conforme se trate de matéria constitucional ou infraconstitucional (art. 1.030, III, do CPC).

Como se vê, aparentemente o legislador fez uma *opção legislativa*: previu dois recursos diferentes, passíveis de interposição contra decisão proferida no âmbito da admissibilidade dos recursos extraordinário e especial, cujo cabimento dependerá do conteúdo da decisão advinda da presidência ou vice-presidência do tribunal recorrido.

Entretanto, não previu o legislador, e o mundo dos fatos é muito mais dinâmico que o mundo das leis, a possibilidade de haver *decisões de admissibilidade contendo* ***simultaneamente*** *fundamento de falta de pressupostos de admissibilidade (art. 1.030, V, do CPC) e incompatibilidade vertical (art. 1.030, I,* a *e* b, *do CPC)*.

Nestes casos, a doutrina mais recente está defendendo o **cabimento simultâneo de agravo em recurso extraordinário ou especial** (§ 1º do art. 1.030 do CPC) e **do agravo interno** (§ 2º do art. 1.030 do CPC). Tem-se, portanto, uma nova exceção ao princípio da unirrecorribilidade.

Esta conclusão, aliás, é corroborada pelo enunciado 77 da I Jornada de Direito Processual Civil do Centro de Estudos Judiciários do Conselho da Justiça Federal, que a seguir transcrevemos:

> **Enunciado 77.** "Para impugnar decisão que obsta trânsito a recurso excepcional e que contenha simultaneamente fundamento relacionado à sistemática dos recursos repetitivos ou da repercussão geral (art. 1.030, I, do CPC) e fundamento relacionado à análise dos pressupostos de admissibilidade recursais (art. 1.030, V, do CPC), a parte sucumbente deve interpor, simultaneamente, agravo interno (art. 1.021 do CPC) caso queira impugnar a parte relativa aos recursos repetitivos ou repercussão geral e agravo em recurso especial/extraordinário (art. 1.042 do CPC) caso queira impugnar a parte relativa aos fundamentos de inadmissão por ausência dos pressupostos recursais."

Defendemos inclusive que a interposição simultânea de ambos não é obrigatória (embora, naturalmente, seja recomendável). Nada impede que a parte, diante de decisão denegatória com duplo fundamento, interponha apenas um dos recursos disponíveis, mesmo porque o parágrafo único do art. 1.034 é claro no sentido de que "*Admitido o recurso extraordinário ou o recurso especial por um fundamento, devolve-se ao tribunal superior o conhecimento dos demais fundamentos para a solução do capítulo impugnado*."

Esta orientação, aliás, sempre se extraiu das Súmulas 292 e 528 do STF, aplicáveis por analogia também ao recurso especial (STJ, 4ª Turma, AgRg no REsp 1.472.853-SC, rel. Min. Luis Felipe Salomão, j. 04/8/2015, v.u.).

Quanto a este tema, contudo, recomenda-se ao leitor e operador do Direito extrema cautela, visto que este posicionamento doutrinário ainda não se encontra consagrado e, conforme indicado acima, a utilização do agravo interno por agravo de admissão, e vice-versa, configura erro grosseiro, conforme jurisprudência firme do STJ.

3.2. Requisitos de admissibilidade, interposição e processamento

O agravo interno aqui tratado deve seguir os requisitos gerais de admissibilidade e processamento previstos no art. 1.021 do CPC.

Assim, o prazo de interposição é de 15 dias, aplicável a regra geral do art. 1.003, § 5°, do CPC, sendo idêntico o prazo para o agravo apresentar suas contrarrazões. Após esse prazo, não ocorrendo retratação, o agravo interno será levado em pauta para julgamento pelo respectivo colegiado.

O art. 1.021, § 3°, em consonância com o art. 489, do CPC, inova em relação ao sistema processual anterior e veda, expressamente, a fundamentação *per relationem*, quer dizer, a manutenção da decisão agravada pela simples reprodução de seus fundamentos.

O agravo interno, quando declarado manifestamente inadmissível ou julgado improcedente em votação unânime pelo órgão colegiado, sujeitará o agravante ao pagamento (para o agravado) de multa fixada entre 1% a 5% do valor atualizado da causa. A partir dessa decisão, a interposição de qualquer outro recurso (sendo os mais prováveis o recurso especial e o recurso extraordinário) fica condicionada ao depósito da referida multa, salvo no caso da Fazenda Pública e do beneficiário da justiça gratuita, que farão o pagamento ao final da demanda (art. 1.021, §§ 4° e 5°).

Conforme entendimento doutrinário (Enunciado 359 do FPPC), a aplicação dessa multa exige que seja manifesta a inadmissibilidade do agravo interno e, ademais, que seja declarada por unanimidade[3].

Outrossim, o agravo interno seguirá as regras previstas no regimento interno de cada tribunal (sobretudo quanto ao órgão interno competente para sua apreciação e possibilidade, que exige previsão expressa, de sustentação oral).

Entretanto, existem algumas particularidades pertinentes ao agravo interno quando se trata de impugnar a decisão de não admissão de recurso especial e/ou recurso extraordinário.

3. Esse posicionamento vai no mesmo sentido do entendimento firmado pelo STJ no recurso especial repetitivo n° 1.198.108/RJ (Corte Especial, rel. Min. Mauro Campbell Marques, j. 17.10.2012, DJe 21.11.2012). Ainda sob a égide do regime processual anterior, definiu-se que a multa prevista no art. 557, § 2°, do CPC/73, similar à multa do aqui tratado art. 1.021,§ 4°, do CPC de 2015, só caberia no caso de agravo regimental manifestamente infundado ou inadmissível, visto que o esgotamento das instâncias ordinárias para possibilitar o acesso aos Tribunais Superiores mediante a interposição de recurso especial ou recurso extraordinário, só ocorre a partir da apresentação do recurso de agravo. Compreendemos que esse entendimento continua válido inclusive no CPC atual.

De acordo com NEVES (2016, p. 1.636), o tipo de decisão que não admite recurso extraordinário ou recurso especial em virtude de confrontar entendimento firmado na sistemática da repercussão geral ou no julgamento de recursos repetitivos (art. 1.030, inciso I, alíneas *a* e *b*) corresponde em verdade a uma análise de mérito, e não de simples admissibilidade, visto que ocorre o cotejo de conteúdo entre o acórdão e o posicionamento dos Tribunais Superiores. Já se salientou acima a inadequação e as reservas quanto a esse tipo de procedimento, visto que priva o dificulta o acesso do jurisdicionado aos Tribunais Superiores.

Nesses casos, compete ao agravante basicamente demonstrar a distinção (*distinguishing*) entre seu processo e as particularidades do caso concreto e o conteúdo da tese firmada pelos Tribunais Superiores e aplicada para a inadmissão do recurso excepcional. Esse entendimento é reforçado pelas disposições contidas nos art. 1.035, § 7º.

O mesmo raciocínio se aplica quando o recurso especial ou extraordinário é sobrestado (art. 1.030, III), devendo o agravante comprovar a distinção do caso concreto ao precedente em julgamento pelo STJ ou STF.

É importante indicar precedente do STJ em que se decidiu que o agravo interno contra decisão de não admissibilidade de recurso especial deve atacar todos os fundamentos da referida decisão, e não somente o dispositivo (STJ, EDcl no AgInt nos EDcl no AgInt no AGRAVO EM RECURSO ESPECIAL Nº 1.144.143 – MG, Rel. Min. Luís Filipe Salomão, 4ª Turma, j. 25.06.2019, DJe 01.07.2019).

Conforme o STJ, quando a fundamentação permitir concluir pela presença de várias causas impeditivas do julgamento do mérito do recurso especial, todos os fundamentos deverão ser impugnados no agravo interno movido contra este tipo de decisão; caso seja mantido incólume, isto é, não impugnado, algum fundamento que, por si só, seja apto à manutenção da decisão denegatória de recurso especial, o agravo interno não deverá ser conhecido, por ausência de atendimento ao *princípio da dialeticidade*.

Este raciocínio pode ser aproveitado em relação ao agravo interno interposto contra decisão que não admita o recurso extraordinário com fundamento no art. 1.030, I e III, do CPC.

Conforme CÁSSIO SCARPINELLA BUENO (2016, p. 893), não se pode ignorar que do acórdão proferido no julgamento desse agravo interno caberá outro recurso extraordinário e/ou recurso especial. Além disso, este renomado autor também visualiza a possibilidade de utilização da reclamação nessas hipóteses, a teor do art. 998, inciso II, § 5°, II.

Aplicam-se, a respeito deste recurso todas as demais considerações que já foram tecidas em relação ao recurso de *agravo interno* previsto no art. 1.021, do CPC, capítulo para o qual remetemos o leitor.

3.3. Agravo interno contra indeferimento do pedido de intempestividade de recurso extraordinário ou recurso especial

Por fim, também cabe falar do agravo interno previsto nos arts. 1.035, § 7°, e 1.036, § 3°, ambos do CPC.

Dispõe o art. 1.035, § 6°, que o presidente ou vice-presidente do tribunal de origem, no exercício do exame prévio de admissibilidade e mediante requerimento de parte interessada, poderá excluir da decisão de sobrestamento de processos julgados na sistemática da repercussão geral, recurso extraordinário intempestivo. O art. 1.036, § 2°, do CPC, estabelece o mesmo para o recurso especial intempestivo: poderá a parte alegar intempestividade do recurso especial interposto pela parte contrária, pleiteando sua não admissão ao tribunal local.

No caso desse tipo de pedido não ser acolhido (isto é, não ser reconhecida a intempestividade do recurso extraordinário e/ou do recurso especial), prevê-se o cabimento do agravo interno estabelecido no art. 1.021 do CPC (arts. 1.035, § 7°, e 1.036, § 3°). Nesse agravo interno específico cumpre ao agravante demonstrar, particularmente, a intempestividade do recurso extraordinário que se julgou tempestivo.

Outrossim, a parte final do art. 1.035, § 7°, assim como o art. 1.037, § 9°, ambos do CPC, reforçam o cabimento de agravo interno no caso de não admissão de recurso extraordinário ou recurso especial em razão de orientação firmada pelos Tribunais Superiores no bojo de repercussão geral ou recursos repetitivos. Esse agravo interno, contudo, já havia sido assinalado no próprio art. 1.030, § 2°, como recurso cabível nas hipóteses incisos I e III, do mesmo art. 1.030.

Aplicam-se a este agravo interno, outrossim, todas as demais considerações gerais que já foram tecidas em relação ao recurso de *agravo interno* previsto no art. 1.021, do CPC, capítulo para o qual remetemos o leitor.

4. MODELOS DE PETIÇÃO

4.1. Agravo de admissão de recurso especial

EXCELENTÍSSIMO SENHOR DR. DESEMBARGADOR VICE-PRESIDENTE DO EGRÉGIO TRIBUNAL REGIONAL FEDERAL DA 3.ª REGIÃO.

RECURSO ESPECIAL N.º xxxx/2016

APELAÇÃO CÍVEL (ORIGINÁRIA) Nº xxxx/2014

POMPÔNIO ÁTICO, já qualificado nestes autos, por seu advogado e bastante procurador que este subscreve, nos autos do processo supra que move em face de ***Semprônio***, não se conformando com a decisão de fls. XXX, que não admitiu recurso especial anteriormente interposto, vem respeitosamente à presença de Vossa Excelência, interpor o presente ***AGRAVO***, na forma do artigo 1.042, do Código de Processo Civil, e requerer sua remessa, com as inclusas razões, ao Colendo Superior Tribunal de Justiça, para reforma do acórdão recorrido.

Nestes Termos, Pede Deferimento.

S.Paulo, DATA.

ADVOGADO (OAB N.º zzzz)

....

RAZÕES DE AGRAVO

Egrégio Tribunal,

Colenda Turma,

Eméritos Ministros Julgadores,

Ínclito Ministro Julgador

RECURSO ESPECIAL N.º xxxx/2016

ORIGEM: TRIBUNAL REGIONAL FEDERAL DA 3.ª REGIÃO/SP

I – Histórico da Demanda:

O recorrente propôs ação ordinária de... (*OBS: EXPLICAR BREVEMENTE A DEMANDA, INDICAR O QUE FOI DISCUTIDO NOS AUTOS*).

Entretanto, o Egrégio TRF da 3.ª Região, em acórdão proferido por sua 15ª Turma, negou provimento ao recurso que a parte havia interposto, indeferindo a pretensão do ora recorrente.

Interposto o competente e cabível recurso especial, POMPÔNIO, ora recorrente, mais uma vez teve seus direitos afrontados através da decisão de fls. XX, que não admitiu o recurso especial, sob fundamento de que pretende, na verdade, a rediscussão dos aspectos fáticos e probatórias da demanda. Porém, o que se pretende no recurso especial em tela não é revolver a matéria fática, mas tão somente discutir a matéria legal violada, consoante se passa a expor.

II – Do cabimento do Recurso Especial e necessidade de realização do juízo prévio de admissibilidade:

O art. 105 da Constituição Federal, em seu inciso III, alíneas *a* e *c*, dispõe que:

> "Art. 105. Compete ao Superior Tribunal de Justiça:
>
> (...)
>
> III – julgar, em recurso especial, as causas decididas, em única ou última instância, pelos Tribunais Regionais Federais ou pelos tribunais dos Estados, do Distrito Federal e Territórios, quando a decisão recorrida:
>
> a) contrariar tratado ou lei federal, ou negar-lhes vigência;
>
> (...)
>
> c) der a lei federal interpretação divergente da que lhe haja atribuído outro tribunal."

Em atendimento ao quanto constitucionalmente exigido, o recurso foi interposto contra acórdão do qual não cabe mais recurso, tendo sido a questão apreciada pela última instância ordinária, a qual se encontra, ademais, devidamente prequestionada, não incidindo, ademais, em reexame de questões fáticas ou matéria probatória.

Ressalta-se, também, que o recurso especial precocemente fulminado se enquadra na previsão do art. 1.030, V, do CPC/15, havendo necessidade de ser efetuado de imediato o juízo de admissibilidade.

Com efeito, não é caso de determinar o sobrestamento deste processo, tampouco negar-lhe seguimento por estar em confronto com qualquer orientação do STJ firmada com força vinculante (art. 1.030, incisos I e III, do CPC/15).

O v. acórdão recorrido, ao deixar de aplicar o melhor direito, como costumeiramente age aquela Colenda Turma julgadora, incorreu na violação de diversos preceitos da legislação federal, em especial dos artigos (*OBS: INDICAR PRECISAMENTE OS ARTIGOS, INCLUSIVE AS LEIS DE ONDE PROVÊM*), bem como a eles deu interpretação divergente da que lhe dão outros Tribunais da Federação.

Portanto, o recurso especial ora interposto é cabível, por força da incidência das alíneas *a* e *c*, ambas do inciso III, do art. 105 da Constituição Federal.

III – RAZÕES DE ADMISSÃO DO RECURSO ESPECIAL

O recurso especial deve ser admitido. É que não se busca, aqui, a rediscussão dos aspetos fáticos ou probatórios da demanda, o que levaria ao óbice previsto na Súmula n.º 07, do Colendo STJ.

Pretende-se, tão somente, a *rediscussão sobre os critérios legais aplicados às provas já consolidadas nos autos*. E assim, deve-se considerar que a jurisprudência já vem admitindo o cabimento do apelo especial nas hipóteses em que se busca a assim chamada discussão sobre a *valoração* ou *hierarquia* das provas.

De sorte que o recurso especial deve ser admitido. Assim, deve ser recebido o presente agravo e, ao final, integralmente provido, em julgamento conjunto com o próprio recurso especial (art. 1.042, § 5º), posto que em consonância com a jurisprudência deste Egrégio STJ.

IV – RAZÕES DE REFORMA DO ACÓRDÃO

O acórdão recorrido deve ser reformado porque contrariou frontalmente a legislação federal, especialmente os artigos (*INDICAR PRECISAMENTE OS ARTIGOS, INCLUSIVE AS LEIS DE ONDE PROVÊM*), bem como incidiu em divergência jurisprudencial, conforme se passa a expor.

Violação aos arts. XXX, YYY e ZZZ, da Lei n.º PPPP/2.052:

O acórdão recorrido, diante da interpretação que lhes deu, contrariou frontalmente e infringiu a legislação federal, em particular os arts. Z e Y, da Lei X, da seguinte maneira (*EXPLICAR OS MOTIVOS PELOS QUAIS HOUVE A VIOLAÇÃO A TEXTO DE LEI*).

(*OBS: colacionar jurisprudência relativa ao caso concreto e reforçar a argumentação no caso concreto*)

Dissídio jurisprudencial em relação ao art. XXX, da Lei n.º PPPP/2.052:

Em relação ao dissídio jurisprudencial que também lastreia esse recurso especial, anexa-se ao final desse arrazoado, em anexo, as necessárias cópias das decisões paradigmáticas, divergentes da decisão recorrida e representativas do entendimento de outros Tribunais e do próprio STJ, ensejando a reforma do v. acórdão recorrido.

Em atenção ao disposto no art. 1.030, § 1º, do CPC/15, elucida-se que o v. acórdão recorrido dá interpretação equivocada ao prequestionado art. XXX, da Lei Y, no sentido de que.... (*OBS: indicar qual a orientação e interpretação dada ao artigo pelo acórdão recorrido*).

Entretanto, a interpretação mais adequada deste preceito normativo é divergente e mais correta quando efetuada por outros Tribunais, a exemplo do acórdão abaixo transcrito, que interpreta-o da seguinte maneira... (*OBS: indicar qual a interpretação dada ao artigo pelo acórdão paradigma – mostrar as circunstâncias que identificam ou assemelham os casos confrontados; aprofundar essa argumentação*)

Ademais, a decisão de admissão proferida pelo tribunal local fere o dispunha o revogado art. 1.029, § 2º, do CPC/15, pois as razões para não admitir a configuração do dissídio jurisprudencial forma bastante genéricas e não apontaram as diferenças entre um julgado e outros.

DO PEDIDO

Diante de todo o exposto, **requer-se:**

a) o recebimento do presente agravo, nos termos do art. 1.042, § 2º, do CPC/15;

b) a intimação do agravado para, querendo, oferecer resposta no prazo legal;

c) a retratação da decisão que não admitiu o recurso especial ou a subsequente remessa do agravo à superior instância, para que, seja reformado o v. acórdão recorrido (art. 1.042, § 5º, CPC/15), posto que em dissonância da jurisprudência predominante no Egrégio STJ.

Por ser medida da mais pura e cristalina JUSTIÇA!

Pede e aguarda deferimento.

De SP para Brasília, DATA.

ADVOGADO

OAB/SP N.º YYY

4.2. Agravo de admissão de recurso extraordinário

EXMO. SR. JUIZ DE DIREITO PRESIDENTE DOS JUIZADOS ESPECIAIS DA FAZENDA PÚBLICA DO ESTADO DO (...)

Processo Originário nº XXX

Recurso Extraordinário: nº XXXX

JULIO, já devidamente qualificado nestes autos, por sua advogada que esta subscreve, nos autos do processo supra que move em face da municipalidade de (...), não se conformando com a v. decisão de inadmissibilidade de seu recurso extraordinário, vem respeitosamente à presença de Vossa Excelência, interpor o presente **AGRAVO EM RECURSO EXTRAORDINÁRIO,** e requerer sua remessa, com as inclusas razões, ao Egrégio Supremo Tribunal Federal, para reforma daquela decisão, o que faz com fundamento art. 102, inciso III, letra a, da Constituição Federal, art. 1.042 do Código de Processo Civil, c.c. art. 20 da Lei 12.153/2009.

Nestes Termos,

Pede e espera deferimento.

Loca, data.

Dra. XXX

OAB nº

....

EXCELENTÍSSIMO SENHOR MINISTRO PRESIDENTE DO COLENDO SUPREMO TRIBUNAL FEDERAL

RAZÕES DE AGRAVO EM RECURSO EXTRAORDINÁRIO

Egrégio Supremo Tribunal Federal,

Colenda Turma,

Eméritos Ministros Julgadores,

Ínclito Ministro Relator

I – BREVE HISTÓRICO DA DEMANDA

JULIO, autor da presente demanda e ora recorrente, pretendeu seu ingresso no concurso público contemplado no Edital n. 03/2014.

Este certame teve o seu resultado homologado em 05/08/2014, sendo que o recorrido não foi intimado corretamente para a apresentação dos documentos necessários à continuidade no processo seletivo.

Em primeiro grau o processo foi julgado procedente e, em sede de Cumprimento de Sentença, foi oportunizado ao ora recorrente a possibilidade de participar do curso de formação necessário ao exercício do cargo, função pública que atualmente vem sendo desempenhada por ele.

A conduta da municipalidade feriu os princípios da publicidade, moralidade e eficiência, pois a exigência de comparecimento pessoal para apresentação de documentos não pode apanhar de surpresa os candidatos a cargos públicos, dado o dever de agir com boa-fé que é inerente à Administração Pública, atrelado, no caso concreto, ao dever de plena e efetiva publicidade dos atos da Administração.

No caso concreto, também se deve respeito ao princípio da isonomia, visto que a necessidade de intimação pessoal foi determinada, em relação ao mesmo cargo e mesmo concurso público, para outros candidatos aprovados e que estão exercendo o cargo público.

Apesar da sentença de procedência, a Xª Turma Recursal houve por bem dar provimento ao recurso inominado interposto pela municipalidade.

Interposto recurso extraordinário, este não foi admitido pelo Exmo. Sr. Juiz de Direito Presidente da Turma Recursal, com escopo nos seguintes fundamentos: <u>a) não ocorreu prequestionamento dos artigos 5º e 37, da Constituição Federal, ensejando a aplicação da Súmula 281 do STF; b) incidência da Súmula 279 do Excelso Pretório, visto que a parte pretendeu reexame do conjunto fático-probatório; c) incidência da Súmula 454 do STF, haja vista que a parte teria pretendido simples</u> interpretação de cláusulas contratuais.

Contra esta decisão de não admissão do recurso extraordinário que se interpõe o presente agravo de admissão, conforme art. 1042 do CPC.

II – DAS RAZÕES DE ADMISSÃO DO RECURSO EXTRAORDINÁRIO

O recurso extraordinário deve ser admitido, visto que a motivação contida na decisão de não admissão não se sustenta a um melhor exame.

II.1 Suposta ausência de prequestionamento

A decisão de não admissão do recurso extraordinário baseou-se, dentre outros fundamentos, na tese de que não teria havido prequestionamento dos artigos 5º e 37 da Constituição Federal, incidindo, aqui, a Súmula 281 do STF.

Porém, não ocorre essa barreira de admissibilidade no caso concreto.

É que se configura, no caso em tela, o chamado *prequestionamento implícito*, visto que a discussão jurídica travada no acórdão recorrido anteriormente diz respeito às exigências de publicidade que pautam a Administração Pública, matéria contida justamente nos artigos 5º e 37, da Constituição Federal de 1988.

O artigo 5º, *caput*, da Constituição Federal, traz a ideia essencial de igualdade/isonomia:

> *Art. 5º Todos são iguais perante a lei, sem distinção de qualquer natureza, garantindo-se aos brasileiros e aos estrangeiros residentes no País a inviolabilidade do direito à vida, à liberdade, à igualdade, à segurança e à propriedade, nos termos seguintes:*

No caso concreto, discutiu-se expressamente a ofensa à isonomia perpetrada pelo v. acórdão recorrido, que concluiu diversamente em casos estritamente análogos, conforme foi exposto no recurso extraordinário e será retomado abaixo.

De outra parte, o v. acórdão discute se, no caso concreto, foi corretamente atendo o princípio da publicidade, contido no art. 37, *caput*, também do Texto Constitucional, pois ocorreu, conforme defendido no recurso extraordinário, irregularidade na forma de comunicação com o agravante, então candidato a concurso público.

De modo que, ainda que implicitamente, encontra-se preenchido o requisito do prequestionamento, de modo que por esse aspecto deve ser admitido o recurso extraordinário.

II.2 Inexistência de pretensão de reexame do conjunto fático-probatório

A decisão de não admissão do recurso extraordinário se pautou, dentre outros fundamentos, na Súmula 279 do STF: "Para simples reexame de prova não cabe Recurso Extraordinário".

Todavia, no caso concreto não se almeja a revisão do conjunto fático-probatório. Apenas se busca o reconhecimento de que a tramitação do concurso público do qual participou e se classificou o agravante incorreu em violação a alguns preceitos constitucionais, especialmente o princípio da publicidade, pois houve irregularidade na forma de sua intimação.

De sorte que, não está caracterizado o óbice contido na Súmula 279 do STF e, afastado esse motivo, o recurso extraordinário deve ser admitido.

II.3 Inexistência da pretensão de reinterpretação de cláusulas contratuais

No caso concreto, não incide o óbice sumular retratado na Súmula 454 do STF, que está assim redigido: "Simples interpretação de cláusulas contratuais não dá lugar a recurso extraordinário".

É que **a parte recorrente não almeja rediscutir as "cláusulas" editalícias que nortearam o concurso público** para o qual concorreu e se classificou.

Na verdade, aponta a nulidade (ilegalidades e inconstitucionalidades) do mesmo, especialmente face as normas constitucionais, de sorte que não se pode falar ter pretendido simples reinterpretação de cláusulas contratuais.

Por outro lado, deve-se **lembrar que a Súmula 454 do STF ser dirige, especialmente, a contratos de Direito Privado, indicando que a vontade as partes não será revista pelo Poder Judiciário, particularmente no exercício do controle de constitucionalidade a cargo do STF**.

Portanto, ante todo o exposto, **verifica-se que é caso de admissão do recurso extraordinário interposto**, devendo-se avançar ao mérito da questão.

III – DAS RAZÕES DE REFORMA DO ACÓRDÃO RECORRIDO

III.1 DA PRELIMINAR DE REPERCUSSÃO GERAL

O recurso extraordinário somente será admitido se a questão constitucional tiver relevo, sob o ponto de vista econômico, político, social ou jurídico, e ultrapassar os interesses das partes no processo, de modo a repercutir sobre o interesse ou direito de toda a sociedade.

Este recurso extremo, bem como a matéria nele retratada, são dotados de repercussão geral, apresentando, portanto, condições de admissibilidade e conhecimento pelo Excelso Pretório.

A forma de recrutamento de pessoal pela Administração Pública é inerente à estrutura do Estado e, assim, reveste-se totalmente das características de relevância para a sociedade, visto que devem ser atendidos princípios elementares previstos no art. 37, *caput*, da Constituição Federal, como a impessoalidade, a moralidade administrativa e a eficiência, propiciando ao Estado o recrutamento, via escolha meritocrática, dos melhores candidatos.

Nestes termos, a discussão aqui travada se reveste dos requisitos legais para admissibilidade, pois apresenta discussão de profundo impacto político, jurídico e social, que ultrapassa o interesse das partes aqui em conflito, atingindo um considerável universo de integrantes das carreiras públicas e daqueles interessados em compô-la.

O conhecimento do presente recurso, portanto, reforça a característica extraordinária dessa Corte, na medida em que preserva sua elevada função de estabelecer decisões paradigmáticas sobre a interpretação e o alcance da Constituição Federal, especialmente no que concerne à forma de ingresso nos quadros da Administração Pública.

III.2 – DO CABIMENTO DO RECURSO EXTRAORDINÁRIO

O art. 102 da Constituição Federal, em seu inciso III, alíneas a e c, dispõe que:

> *"Art. 102. Compete ao Supremo Tribunal Federal:*
>
> *(...)*
>
> *III – julgar, mediante recurso extraordinário, as causas decididas em única ou última instância, quando a decisão recorrida:*
>
> *a) contrariar dispositivo desta Constituição."*

Em atendimento ao quanto constitucionalmente exigido, o recurso foi interposto contra acórdão do qual não cabe mais recurso, tendo sido a questão apreciada pela última instância ordinária, a qual se encontra, ademais, devidamente prequestionada, não incidindo, ademais, em reexame de questões fáticas ou de prova. Outrossim, e conforme acima consignado, o tema apresenta repercussão geral conforme demonstrado acima.

O v. acórdão recorrido, ao deixar de aplicar o melhor direito, incorreu na violação de diversos preceitos constitucionais, notadamente art. 5º, *caput*, e art. 37, *caput*.

Portanto, o recurso extraordinário ora interposto é cabível, por força da incidência da alínea a do inciso III do art. 102 da Constituição Federal.

Cumpridos, ademais, os requisitos exigidos no art. 1.029 e seguintes, do Código de Processo Civil de 2015, passa o recorrente à exposição dos fatos e do direito aqui versados, bem como à apresentação das razões do seu pedido de reforma da decisão ora recorrida, devendo, destarte, ser admitido, conhecido e, ao fim, provido o recurso extraordinário.

III.3 Da ofensa ao art. 5º, *caput*, da Constituição Federal (Princípio da igualdade)

No ordenamento jurídico brasileiro possui especial relevância o princípio da igualdade, também em sua vertente da isonomia, e que se encontra insculpido no art. 5º, *caput*, do Texto Constitucional:

> *Art. 5º Todos são iguais perante a lei, sem distinção de qualquer natureza, garantindo-se aos brasileiros e aos estrangeiros residentes no País a inviolabilidade do direito à vida, à liberdade, à igualdade, à segurança e à propriedade, nos termos seguintes:*

O princípio da igualdade, em suma, determina que às mesmas situações fáticas seja conferido o mesmo tratamento jurídico.

No caso em tela, o v. acórdão recorrido deu à situação *sub judice* entendimento diverso do que aquele que foi proferido para outros candidato, aprovados para o mesmo cargo público no mesmo certame realizado pelo ora recorrente.

De modo que é nítida a violação ao princípio da igualdade perpetrada pelo v. acórdão recorrido, de sorte que resta configurada a violação à norma constitucional que impõe a admissibilidade e provimento deste recurso extraordinário.

III.4 Da ofensa ao art. 37, *caput*, da Constituição Federal (Princípios da publicidade, moralidade e eficiência)

A Administração Pública pauta-se, dentre outros, pelos princípios da moralidade, da publicidade e da eficiência, previstos no art. 37, *caput*, da Constituição Federal de 1988.

JULIO, autor da presente demanda e ora recorrente, pretendeu seu ingresso em cargo público, mas não foi regularmente intimado para apresentar sua documentação, havendo contrariedade ao quanto previsto no Edital do concurso.

Essa conduta da municipalidade fere os princípios da publicidade, moralidade e eficiência, pois a exigência de comparecimento e apresentação de documentos não pode apanhar de surpresa os candidatos a cargos públicos, dado o dever de agir com boa-fé que é inerente à Administração Pública, atrelado, no caso concreto, ao dever de plena e efetiva publicidade dos atos da Administração.

No caso em tela, tanto o princípio da eficiência como o princípio da moralidade **impõem que a Administração municipal atue com lealdade em relação aos candidatos do concurso público em questão, procedendo à intimação pessoal dos candidatos para apresentação de documentação, face o tempo decorrido desde a homologação do concurso, não podendo apanhá-los de surpresa quanto à continuidade do certame**.

Nestes termos, constata-se que os princípios regentes da Administração Pública foram violados, ensejando a admissão e provimento deste recurso extraordinário.

IV – DO PEDIDO

Ante o exposto, é a presente para respeitosamente:

a) requerer o **recebimento deste agravo**, nos termos do art. 1042 do CPC;

b) determinar a **intimação da parte agravada** para apresentar, em querendo, suas contrarrazoes, no prazo legal;

c) a **retratação da decisão que não admitiu o Recurso Extraordinário** interposto anteriormente, ou em caso contrário a remessa deste agravo ao Supremo Tribunal Federal, com a reforma integral do acórdão anteriormente recorrido, posto que houve julgamento afrontoso e contrário à Constituição Federal, especialmente dos artigos 5º, *caput*, e 37, *caput*, da Constituição Federal de 1988.

Termos em que, pede e espera deferimento.

De (*Local*), para Brasília, ***data.***

Dra. XXX

OAB nº XXX

5. ENUNCIADOS DO FPPC

225. O agravo em recurso especial ou extraordinário será interposto nos próprios autos.

228. Fica superado o enunciado 639 da súmula do STF após a entrada em vigor do CPC ("*Aplica-se a súmula 288 quando não constarem do traslado do agravo de instrumento as cópias das peças necessárias à verificação da tempestividade do recurso extraordinário não admitido pela decisão agravada*").

229. Fica superado o enunciado 288 da súmula do STF após a entrada em vigor do CPC ("*Nega-se provimento a agravo para subida de recurso extraordinário, quando faltar no traslado o despacho agravado, a decisão recorrida, a petição de recurso extraordinário ou qualquer peça essencial à compreensão da controvérsia*").

685. Cabe reclamação, por usurpação de competência do Tribunal Superior, contra decisão do tribunal local que não admite agravo em recurso especial ou em recurso extraordinário.

6. QUADRO RESUMO

AGRAVO DE RECURSO ESPECIAL E RECURSO EXTRAORDINÁRIO	
Cabimento	O CPC/15 manteve o sistema de admissibilidade bipartido para o recurso especial e extraordinário. O Tribunal local emite um juízo prévio sobre a admissibilidade dos recursos excepcionais, mas cabe aos Tribunais Superiores o exame definitivo de admissibilidade. Permanece a previsão do *agravo contra decisão denegatória* de recurso extraordinário ou recurso especial, dirigido aos Tribunais Superiores (art. 1.042). Mas cria-se o *agravo interno* (art. 1.021), utilizado para decisões de sobrestamento do recurso especial ou recurso extraordinário, para o caso de não haver na hipótese repercussão geral ou quando o recurso vá contra orientação firmada pelos Tribunais Superiores com força vinculante. Nesse caso, é dirigido ao próprio Tribunal, nos termos do respectivo regimento interno.

Exame de admissibilidade e gestão de recursos repetitivos	Só haverá exame prévio de admissibilidade se o recurso especial ou extraordinário não estiver, de alguma forma, inserido no regime de recursos repetitivos: a) se for o próprio recurso selecionado como representativo da controvérsia; b) se a matéria ainda não estiver submetida à sistemática da repercussão geral ou dos recursos repetitivos; c) se a retratação do acórdão tiver sido rejeitada pelo respectivo relator (art. 1.030, V).
Exame de admissibilidade e gestão de recursos repetitivos	A regra, entretanto, é a inserção dos recursos excepcionais na metodologia de gestão de recursos repetitivos: a) submissão a sobrestamento do recurso especial e do recurso extraordinário; b) negativa de seguimento a recurso extraordinário por ausência de repercussão geral; c) negativa de seguimento a recurso extraordinário ou recurso especial em virtude de buscar entendimento contrário a conteúdo firmado pelos Tribunais Superiores na sistemática dos recursos repetitivos (art. 1.030, I e III).
Competência	No caso do agravo de admissão (art. 1.042), o recurso é dirigido ao Ministro Presidente do STF ou do STJ, respectivamente para não admissão de recurso extraordinário ou recurso especial. Esse recurso, inicialmente, deve ser interposto perante o Tribunal local que proferiu a decisão denegatória, que apenas o processa e o remete às instâncias superiores, sem manifestar-se a respeito, salvo retratação favorável ao agravante (Súmula 727 do STF). No caso do agravo interno (art. 1.030, § 2º), o recurso é dirigido ao próprio tribunal local que não admitiu o recurso excepcional, conforme o respectivo regimento interno.
Prazo de interposição	15 dias (art. 1.003, § 5º, do CPC). A Fazenda Pública possui prazo em dobro (art. 183 do CPC). Esse prazo é aplicável tanto ao agravo de denegatória como ao agravo interno. O prazo em dobro (art. 229 do CPC/2015) não se aplica mesmo que ocorra litisconsórcio com procuradores distintos.
Preparo	Não é exigido, pois ambos os tipos de agravo são interpostos nos próprios autos, já existindo recolhimento anterior de custas preparo (ou decretação de sua isenção, para a Fazenda Pública ou beneficiário da justiça gratuita) no recurso principal.
Julgamento do agravo de denegatória (art. 1.042)	O agravo previsto no art. 1.042, do CPC, tem como objetivo principal o destrancamento do recurso extraordinário ou especial não admitido. Entretanto, o julgamento do agravo pode ocorrer em conjunto com o do recurso principal (art. 1.042, § 5º) Havendo agravo em relação ao recurso especial como em relação a recurso extraordinário não admitidos, o processo irá primeiramente ao STJ e depois ao STF, caso não tenha perdido objeto.

Julgamento do agravo interno (art. 1.030, § 2º)	A parte agravante deve demonstrar que no caso concreto não há similitude com o precedente vinculante; os aspectos fáticos e normativos são distintos (*distinção*), retirando o recurso excepcional da sistemática dos recursos repetitivos e da situação de sobrestamento, com a consequente remessa do processo para exame de admissibilidade.
Interposição e processamento	Em relação a ambos os tipos de agravo, deve ser interposto um recurso de agravo para cada recurso, extraordinário ou especial, não admitido. Após a interposição a parte contrária é intimada para, em 15 dias, apresentar resposta. Decorrido esse prazo, com ou sem reconsideração o recurso será remetido ao Tribunal Superior (no caso do art. 1.042) ou julgado pelo respectivo colegiado (agravo interno). O agravo do art. 1.042 entra no sistema de repercussão geral ou de recursos repetitivos para fins de sobrestamento e retratação.
Agravo interno por intempestividade (arts. 1.035, § 7º, e 1.036, § 6º)	O tribunal pode retirar o processo do sobrestamento efetuado na sistemática de recursos repetitivos (recurso extraordinário e recurso especial) e julgá-lo intempestivo, a pedido da parte contrária. Quando esse pedido não é acolhido cabe agravo interno, onde o agravante demonstra a intempestividade do recurso da parte contrária.

Capítulo VIII

EMBARGOS DE DIVERGÊNCIA

1. INTRODUÇÃO

Os *embargos de divergência* devem ser compreendidos no contexto da função constitucional diferenciada dos Tribunais Superiores.

O STF e o STJ, conforme assinalado antes, são Tribunais com função diferenciada das demais instâncias jurisdicionais. Compete ao primeiro a guarda da Constituição (art. 102, *caput*, da CF), que é exercida através do controle de constitucionalidade concentrado (Ação Direta de Inconstitucionalidade, etc.) ou difuso (recurso extraordinário); cabe ao segundo a uniformização da interpretação e preservação da legislação infraconstitucional (papel que decorre da hermenêutica do art. 105, III, da CF), através do julgamento do recurso especial.

Da mesma forma, não se pode perder de vista que o novo CPC dá primazia ao chamado *Direito Jurisprudencial*, que é aquele que emerge da força dos precedentes, aproximando nosso sistema jurídico do sistema jurídico anglo-saxão de *common law* (THEODORO JR. *et alli*, 2015, p. 330-369). Conforme o art. 926 do CPC, "os tribunais devem uniformizar sua jurisprudência e mantê-la estável, íntegra e coerente".

Nesse quadro, os *embargos de divergência* previstos nos arts. 1.043 e 1.044, do CPC ganham relevância, pois se aos Tribunais em geral compete uniformizar a jurisprudência e mantê-la coerente, esse zelo é muito mais importante no caso do STF e do STJ (tribunais que possuem por essência o papel de uniformização da jurisprudência a partir da preservação das normas constitucionais e infraconstitucionais), devendo assegurar coerência e uniformidade inclusive na sua jurisprudência interna, indicando qual o entendimento (único) a prevalecer.

Nesse ponto, acompanhamos a doutrina de ARAKEN DE ASSIS:

> "O fim a que visam os embargos de divergência é o de provocar a extinção da divergência intestina que eventualmente grassar no STF e no STJ. A Constituição outorgou a tais tribunais superiores, ao primeiro em matéria constitucional, ao segundo no tocante ao direito federal, a função de uniformizar a interpretação e a aplicação do direito, sobrevalorizadas pela vinculação aos órgãos judiciários inferiores contemplada no art. 927. (...) É óbvio que a missão constitucional nem sequer se iniciaria na hipótese de os respectivos órgãos fracionários, perante casos similares, se desentendessem internamente na formulação das teses jurídicas. Em outras palavras, o fiel desempenho da ingrata tarefa atribuída aos tribunais superiores pressupõe a condição de eles próprios uniformizarem a respectiva jurisprudência."
>
> (ASSIS, 2017, p. 994)

Historicamente, os embargos de divergência foram criados pela Lei 623/49, que alterou o Código de Processo Civil de 1939, tendo permanecido no rol de recursos cíveis do CPC/73 e também no atual CPC, de 2015.

O regime procedimental dos *embargos de divergência* no CPC de 2015 é considerado tecnicamente superior ao regime previsto no art. 546, do CPC/73, pois detalha melhor o processamento deste recurso, além de ampliar sua hipótese de cabimento.

O conteúdo dos julgamentos proferidos em sede de embargos de divergência no âmbito do STJ, especialmente quando ocorrer no âmbito da 1ª Seção, ganhou maior relevância a partir do julgamento do PUIL 825/RS (1ª Seção, Rel. Min. Sérgio Kukina, DJe 05/06/2023), onde foi fixada a seguinte tese:

> 4. À falta de baliza normativo-conceitual específica, tem-se que a locução "jurisprudência dominante", para fins do manejo de pedido de uniformização de interpretação de lei federal (PUIL), deve abranger não apenas as hipóteses previstas no art. 927, III, do CPC, mas também os acórdãos do STJ proferidos em embargos de divergência e nos próprios pedidos de uniformização de lei federal por ele decididos, como proposto no alentado voto-vista da Ministra Regina Helena Costa, unanimemente acatado por este Colegiado.

O art. 14, § 4º, da Lei 10.259/2001, que cuida do rito dos Juizados Especiais Federais, prevê o pedido de uniformização de interpretação da lei federal, nos seguintes termos:

> Art. 14. Caberá pedido de uniformização de interpretação de lei federal quando houver divergência entre decisões sobre questões de direito material proferidas por Turmas Recursais na interpretação da lei.
>
> § 4º Quando a orientação acolhida pela Turma de Uniformização, em questões de direito material, contrariar súmula ou jurisprudência dominante no Superior Tribunal de Justiça – STJ, a parte interessada poderá provocar a manifestação deste, que dirimirá a divergência.

A ideia de uniformização da interpretação da jurisprudência vale tanto para a jurisdição ordinária como para os microssistemas processuais, como é o caso dos Juizados Especiais Federais. E, aqui, cabe particular atenção à atuação da TNU – Turma Nacional de Uniformização dos Juizados Especiais Federais (bem como sua relação com o Superior Tribunal de Justiça), pois se trata muitas vezes da instância máxima para a definição de inúmeros temas afetos à Justiça Federal, especialmente no campo do Direito Previdenciário.

No ponto, o PUIL 825/RS cuida da interpretação do conceito de jurisprudência dominante para fins do disposto no art. 14, § 4º:

> § 4º Quando a orientação acolhida pela Turma de Uniformização, em questões de direito material, contrariar súmula ou jurisprudência dominante no Superior Tribunal de Justiça -STJ, a parte interessada poderá provocar a manifestação deste, que dirimirá a divergência.

O conceito de súmula do STJ é bastante preciso, havendo dúvida de interpretação tão somente em relação à ideia de jurisprudência dominante. Até então, o entendimento prevalecente limitava esse conceito ao enquadramento do art. 927, III, do CPC:

> Art. 927. Os juízes e os tribunais observarão:
>
> III – os acórdãos em incidente de assunção de competência ou de resolução de demandas repetitivas e em julgamento de recursos extraordinário e especial repetitivos;

O PUIL 825/RS, como se viu acima no teor da tese fixada, teve o condão de elastecer o conceito de jurisprudência dominante, que passou a abranger também os recursos de embargos de divergência (julgados pela

1ª Seção do STJ) assim como os próprios PUIL – Pedidos de Uniformização de Interpretação da Lei Federal julgados pelo STJ.

A ideia central é que também nestes procedimentos haverá o vislumbre da jurisprudência dominante no STJ, visto que possuem inegável papel de uniformização de interpretação jurisprudencial dentro daquele órgão fracionário do STJ.

É importante assinalar que através do PUIL 825 ocorreu superação do entendimento mais restritivo do conceito de jurisprudência dominante que estava fixado anteriormente no AgInt no PUIL 1.799/DF (também de relatoria do Ministro Sérgio Kukina, Primeira Seção, DJe de 7/10/2022).

Postas essas considerações iniciais, passamos a analisar as regras pertinentes aos embargos de divergência.

2. CABIMENTO

Os embargos de divergência têm seu cabimento exposto no art. 1.043, do CPC, visando, sobretudo, a uniformização da jurisprudência interna do STF e do STJ.

Assim, o art. 1.043, *caput*, e inciso I, estabelecem que cabem embargos de divergência contra acórdão de órgão fracionário do STF (suas Turmas) ou do STJ (Turmas ou Seções) que sejam divergentes do julgamento de qualquer outro órgão do mesmo tribunal. Estabelece-se também que o acórdão deve ser de "mérito".

Dessas primeiras disposições acerca dos embargos de divergência vislumbra-se o cabimento desse recurso.

Em primeiro plano aparece a exigência de que os embargos de divergência só cabem contra decisões proferidas pelos colegiados, afastando a interposição de embargos de divergência contra decisões monocráticas dos relatores. Nesse caso, será necessário, inicialmente, interpor agravo interno ou agravo regimental, conforme o caso.

Nessa linha, o inciso III, do art. 1.043, é uma inovação interessante e assegura a interposição de embargos de divergência na hipótese da divergência ocorrer entre um acórdão de "mérito" e outro que não tenha conhecido do recurso especial ou recurso extraordinário, mas, de alguma forma, tenha analisado a controvérsia "de mérito".

Segundo NEVES (2016, p. 1.658), não se pode criar restrições que não constam expressamente da lei e, portanto, são cabíveis embargos de divergência: em acórdão proferido por maioria ou por unanimidade; em acórdão cujo objeto seja questões preliminares, processuais ou de mérito; a respeito do conhecimento ou o julgamento dos recursos excepcionais.

De outra parte, é embargável o acórdão proferido no bojo de recurso especial ou recurso extraordinário cujo conteúdo seja diferente do julgamento proferido por outro órgão do mesmo tribunal, sendo possível que a divergência seja de outra Turma (no caso de ambos os tribunais superiores), outra Seção ou da Corte Especial (apenas para o STJ) ou do Tribunal Pleno (no caso do STF).

Em relação ao STJ, especificamente, onde existem 3 Seções especializadas com competências materiais diversas, é possível a interposição de embargos de divergência contra um acórdão recorrido em relação a um acórdão paradigma de turma componente de Seção diversa ou de Seção diversa, desde que a matéria seja tratada em ambas (matéria processual, por exemplo) e exista a similitude fática exigida para a admissibilidade desse tipo de recurso.

Também é necessário dizer que há necessidade de que a divergência seja em relação a acórdão proferido pelo mesmo tribunal, isto é: contra acórdão de órgão fracionário do STJ deve-se apontar entendimento divergente do próprio STJ, promanado de acórdão de outro órgão fracionário desse Tribunal; o mesmo se passa em relação ao STF. Não cabem, portanto, embargos de divergência que utilize como acórdão paradigma julgamento proferido por outro tribunal: o STJ como paradigma de embargos de divergência de acórdão proferido no STF e vice-versa.

O STJ já decidiu que à medida em que o objetivo dos embargos de divergência é a uniformização interna de sua jurisprudência não é admissível a colação de acórdãos paradigmas de outros tribunais (AgInt nos EAREsp 1440776/SP, Rel. Ministro FRANCISCO FALCÃO, Corte Especial, j. 01/12/2020, DJe 07/12/2020; AgInt nos EAREsp 1297581/SP, Rel. Ministro ANTONIO CARLOS FERREIRA, 2ª Seção, j. em 11/11/2020, DJe 16/11/2020). Compreendemos que esse mesmo posicionamento pode ser empregado em relação ao (des) cabimento dos embargos de divergência interpostos no STF, quando se indiquem como acórdãos paradigma julgados de outros Tribunais.

Não cabem embargos de divergência com fundamento em acórdão paradigma de outra turma ou tribunal que, no passado, detinha competência para julgar aquela matéria, mas atualmente não mais possui tal atribuição, diante de mudança de regimento interno. Assim, permanece válida a Súmula 158 do STJ: "Não se presta a justificar embargos de divergência o dissídio com acórdão de turma ou seção que não mais tenha competência para a matéria neles versada".

O art. 1.043, § 1º, do CPC, inova em relação ao regime processual anterior, e prevê que a divergência na interpretação pode ser comparada entre recursos e também ações de competência originária dos Tribunais. No CPC/73 havia menção apenas a "julgamento" em sentido divergente, o que deixava lacunosa essa possiblidade contida no atual art. 1.043, III. Essa inovação é interessante, por ampliar expressamente o cabimento dos embargos de divergência, trazendo outras formas de preservação da integridade da jurisprudência dos Tribunais Superiores.

Todavia, o STJ compreende que não ocorreu cancelamento tácito das Súmulas 315 e 316 em razão do advento do art. 1.043, III, do CPC, pois somente se deve conhecer da divergência entre acórdão que apreciou o mérito e outro que não conheceu do recurso, quando ambos analisaram a questão objeto da divergência (EDcl no AgInt nos EDv nos EAREsp 1362179/SP, Rel. Min. PAULO DE TARSO SANSEVERINO, Corte Especial, j. 10/03/2020, DJe 13/03/2020).

Por ausência de previsão legal, não cabem embargos de divergência de acórdãos proferidos em sede de *recurso ordinário constitucional*. Da mesma forma, tendo em vista que apenas o acórdão de órgão fracionário é embargável, não comportam embargos de divergência acórdãos proferidos pela Corte Especial, no STJ, e pelo Tribunal Pleno, no STF (NEVES, 2016, p. 1.658). Os recursos cíveis, como já se disse antes, seguem o *princípio da taxatividade*; além disso, sequer haveria outro órgão julgador apto a analisar tal recurso.

Conforme o art. 1.043, § 2º, os embargos de divergência são cabíveis tanto em relação a divergências de entendimento a respeito de direito material como de direito processual. No sistema processual anterior não havia menção expressa a essa dupla hipótese de admissibilidade dos embargos de divergência.

Em relação à divergência sobre questão meramente processual, entende-se que a similitude fática que dá suporte à causa pode ser relevada, desde a divergência se trate de idêntica questão processual (por exemplo, a forma de realização da citação; requisitos de admissibilidade recursal, etc.).

Todavia, não caberão embargos de divergência para discussão de técnica de admissibilidade de recurso especial, a exemplo da aplicação da Súmula 7, referente às matérias fático-probatórias (STJ, Corte Especial, AgInt nos EAREsp 1641937/DF, Rel. Min. Herman Benjamim, j. 09/03/2021, DJe 16/03/2021).

O STJ tem jurisprudência firmada no sentido de que "Não se admite a interposição de embargos de divergência para reexame de valores fixados a título de honorários sucumbenciais, porquanto a aferição da razoabilidade ou não do quantum está intrinsecamente atrelada à análise das particularidades de cada caso concreto" (STJ, 1ª Seção, AgInt nos EMBARGOS DE DIVERGÊNCIA EM RESP Nº 1369885/RS, Rel. Min. Sérgio Kukina, j. 15.6.2021).

Os embargos de declaração opostos contra acórdão proferido em recurso especial ou recurso extraordinário integram o julgamento anterior e, portanto, é cabível o recurso de embargos de divergência contra o acórdão proferido neste tipo de embargos de declaração (NEVES, 2016, p. 1.658-1.659).

Igualmente, no caso de decisão monocrática do Ministro relator contra a qual se interponha agravo interno ou agravo regimental, caberá a interposição dos embargos de divergência do acórdão proferido no bojo do agravo, conforme fixado pela Súmula 316 do STJ[1]. Essa Súmula 316 corresponde a uma espécie de mitigação da Súmula 315 do STJ: "Não cabem embargos de divergência no âmbito do agravo de instrumento que não admite recurso especial".

Embora a jurisprudência siga no sentido contrário, deveria ser possível a interposição de embargos de divergência em relação a entendimento diverso contido em Súmula do STJ ou do STF, vez que o enunciado sumular

---

1. Súmula 316 do STJ: "Cabem embargos de divergência contra acórdão que, em agravo regimental, decide recurso especial".

nada mais é que a sistematização do entendimento jurisprudencial de determinado Tribunal (a despeito da dificuldade, nesse caso, de estabelecer a comparação entre os quadros fáticos).

Os embargos de divergência são cabíveis, por fim, em relação a acórdão paradigma da mesma turma, desde que esta tenha sofrido alteração de pelo menos metade de sua composição (art. 1.043, § 3º)[2]. A ideia, aqui, é propiciar confirmação de jurisprudência (pois paradigmático será um acórdão mais antigo) ou a superação de precedentes consolidados (*overruling*), pois será estabelecido como prevalecente o novo entendimento.

Esse tema já foi enfrentado pelo STJ (AgRg nos EAREsp 1615657/PI, Rel. Min. Reynaldo Soares da Fonseca, 3ª Seção, j. 25/11/2020, DJe 30/11/2020), que fixou o entendimento de que é inviável a indicação de acórdão da mesma turma julgadora como paradigma de divergência, se, entre a data do julgamento do acórdão paradigma e a data do julgamento do acórdão recorrido, não houve alteração de mais da metade dos membros do órgão colegiado, destacando-se também que a eventual ausência de um ou mais membros na sessão de julgamento não implica em efetiva alteração da composição da turma julgadora idônea a justificar o cabimento de embargos de divergência nos moldes do art. 1.043, § 3º, do CPC (AgInt nos EREsp 1023619/SC, Rel. Min. Joel Paciornik, 3ª Seção, j. 12/09/2018, DJe 17/09/2018).

3. REQUISITOS DE ADMISSIBILIDADE, INTERPOSIÇÃO E PROCESSAMENTO

Os embargos de divergência serão dirigidos ao Presidente do órgão colegiado responsável pela uniformização da jurisprudência, conforme o caso. No STF, os embargos de divergência serão julgados sempre pelo Tribunal Pleno, ante a ausência de Seções especializadas. No STJ, os embargos de divergência serão apreciados pelas Seções (no caso de divergência entre acórdãos de turmas diferentes da mesma Seção) ou pela Corte Especial (no caso de

---

2. Assim, encontra-se revogada a Súmula 353, do STF: "São incabíveis os embargos da Lei 623, de 19.02.49, com fundamento em divergência entre decisões da mesma turma do Supremo Tribunal Federal". A mesma conclusão se encontra no Enunciado 232 do FPPC: "Fica superado o enunciado 353 da súmula do STF após a entrada em vigor do CPC de 2015".

divergência entre Turmas de diferentes Seções; no caso de divergência entre diferentes Seções, ou entre julgado de Turma e da própria Corte Especial).

O prazo de interposição é de 15 dias, aplicável a regra geral do art. 1.003, § 5°, do CPC, sendo idêntico o prazo para o agravo apresentar suas contrarrazões. À Fazenda conta-se o prazo em dobro, nos termos do art. 183. Exige-se recolhimento de preparo para os embargos de divergência, a teor do que dispõe o art. 1.007, *caput*, do CPC/15.

Os embargos de divergência, embora dirigidos ao Presidente do órgão julgador (Seção ou Corte Especial, no STJ; Tribunal Pleno, no STF) serão sorteados e designados a um Ministro Relator, que fará o exame prévio de admissibilidade; o colegiado, entretanto, terá a palavra final sobre a admissibilidade desse recurso, porventura inadmitido pelo relator em decisão unipessoal.

Admitidos os embargos de divergência, a parte contrária será intimada para apresentar suas contrarrazões em 15 dias, e depois o recurso será incluído em pauta de julgamento.

A fim de que ocorra a admissibilidade dos embargos de divergência exige-se, em síntese, a demonstração da divergência entre o acórdão recorrido e o acórdão tido por paradigma.

Para tanto, o art. 1.043, § 4°, *parte final*, exige em primeiro lugar que o recorrente mencione as circunstâncias que identifiquem ou assemelhem os casos confrontados. É inviável buscar a uniformização de jurisprudência quando as situações fáticas ou jurídicas são distintas.

Ausente a similitude fática entre os acórdãos recorrido e paradigma a jurisprudência é pacífica no rumo de inadmitir os embargos de divergência. Nesse sentido tem-se a Súmula 420, do STJ: "Incabível, em embargos de divergência, discutir o valor de indenização por danos morais". Esse verbete é entendido a partir da dificuldade de estabelecer semelhança, para fixação de indenização por danos morais, em situações fáticas diversas ensejadoras do dever de indenizar.

A jurisprudência, entretanto, dispensa a comparação dos acórdãos no caso de *dissídio notório* (NEVES, 2016, p. 1.658).

Doutrina e jurisprudência estabelecem há muito que a divergência que deve ser sanada pelos Tribunais Superiores por meio dos embargos de divergência deve ser atual. Isso fica especialmente claro pelos enunciados das Súmulas 168 do STJ[3] e 247 do STF[4].

De fato, se o acórdão divergente indicado como paradigma já não mais expressa a jurisprudência do outro órgão fracionário daquele Tribunal, serão incabíveis os embargos. Não há necessidade de que o acórdão seja extremamente contemporâneo; não se trata de uma questão de mero transcurso do tempo. Ainda que se aponte como paradigma um acórdão não tão recente, mas ainda representativo da controvérsia do outro órgão julgador, será suficiente à indicação da divergência que suscita o cabimento dos embargos previstos no art. 1.043.

Conforme entendimento do STJ, não cabe a indicação de decisão monocrática como paradigma em embargos de divergência para a finalidade de comprovação do dissídio jurisprudencial (AgInt nos EAREsp 1611005/RS, Rel. Min. Paulo de Tarso Sanseverino, 2ª Seção, j. 20/04/2021, DJe 27/04/2021).

Em termos formais, a parte inicial do art. 1.043, § 4º, requer do recorrente a comprovação da divergência mediante certidão, cópia ou citação de repositório oficial ou credenciado de jurisprudência, inclusive em mídia eletrônica, onde foi publicado o acórdão divergente, ou com a reprodução de julgado disponível na *internet*, indicando a respectiva fonte[5].

O art. 1.043, § 5º, do CPC, vedava aos Tribunais Superiores que não admitissem embargos de divergência através de alegações genéricas de ausência de similitude fática entre os acórdãos divergentes. Embora revogado pela Lei 13.256/16, entende-se que essa exigência ainda continua implícita no sistema processual civil, atrelada à exigência constitucional

3. Súmula 168, do STJ: "Não cabem embargos de divergência, quando a jurisprudência do Tribunal se firmo no mesmo sentido do acórdão embargado".

4. Súmula 247 do STF: "O relator não admitirá os embargos da Lei 623, de 19.2.49, nem deles conhecerá o Supremo Tribunal Federal, quando houver jurisprudência firme do plenário no mesmo sentido da decisão embargada".

5. Entende-se que ainda é relevante o cuidado com o disposto na Súmula 290 do STF, especialmente sua parte final: "Nos embargos da Lei 623, de 19.02.49, a prova de divergência far-se-á por certidão, ou mediante a indicação do "diário da justiça" ou de repertório de jurisprudência autorizado, que a tenha publicado, com a transcrição do trecho que configure a divergência, mencionadas as circunstâncias que identifiquem ou assemelhem os casos confrontados".

de fundamentação das decisões judiciais (art. 93, IX, da CF), bem como ao art. 489, § 1°, do próprio CPC, que detalha com profundidade o tipo de fundamentação que deve constar das decisões judiciais.

Em termos de processamento e julgamento, não se pode esquecer que os embargos de divergência seguirão as regras previstas no regimento interno de cada tribunal (art. 1.044, *caput*). No caso do STJ, os embargos de divergência são tratados nos arts. 266 e seguintes de seu Regimento Interno; para o STF, este recurso está regulamentado pelos arts. 330 e seguintes de seu Regimento Interno.

A interposição de embargos de divergência no âmbito do STJ interrompe o prazo para interposição do recurso extraordinário (art. 1.044, § 1°). No caso desses embargos de divergência não serem conhecidos ou desprovidos, sem qualquer alteração no acórdão embargado, o recurso extraordinário eventualmente interposto pela parte contrária antes da publicação do julgamento dos embargos de divergência será regularmente processado e julgado, independentemente de ratificação (art. 1.044, § 2).

Afasta-se, desta forma, a denominada intempestividade *ante tempus*, ou seja, o recurso prematuramente interposto, ainda que não seja ratificado posteriormente ao julgamento dos embargos de divergência (NEVES, 2016, p. 1.660).

4. MODELO DE PETIÇÃO

EXCELENTÍSSIMO SENHOR MINISTRO PRESIDENTE DA ___ SEÇÃO DO EGRÉGIO SUPERIOR TRIBUNAL DE JUSTIÇA.

RECURSO ESPECIAL N.º xxxx/2016

CAIO, já qualificado nestes autos, por seu advogado e bastante procurador que este subscreve, nos autos do processo supra que move em face de ***CÍCERO***, não se conformando com a decisão de fls. XXX, que negou provimento ao seu recurso especial, vem respeitosamente à presença de Vossa Excelência, interpor os presentes ***EMBARGOS DE DIVERGÊNCIA***, na forma do artigo 1.043, do Código de Processo Civil, e requerer sua remessa, com as inclusas razões, à Colenda ___ Seção do Superior

Tribunal de Justiça, para que seja admitido e ocorra a uniformização da jurisprudência interna, com a consequente reforma do acórdão recorrido.

Nestes Termos, Pede Deferimento.

LOCAL, DATA.

ADVOGADO (OAB N.º zzzz)

....

RAZÕES DE EMBARGOS

Egrégio Tribunal,

Colenda Seção,

Eméritos Ministros Julgadores,

Ínclito Ministro Julgador

RECURSO ESPECIAL N.º xxxx/2016

I – Histórico da Demanda:

O recorrente propôs ação ordinária de... (*OBS: EXPLICAR BREVEMENTE A DEMANDA, INDICAR O QUE FOI DISCUTIDO NOS AUTOS*), que foi julgada improcedente, tendo sido desprovido também seu recurso de apelação. Foi interposto o competente recurso especial que foi admitido pelo Tribunal de origem e remetido ao STJ.

O recurso especial, porém, foi equivocadamente desprovido. CAIO, ora recorrente, mais uma vez teve seus direitos afrontados através da decisão de fls. XX, que desproveu o recurso especial através de acórdão que diverge frontalmente da jurisprudência consagrada na __ª Turma deste mesmo Superior Tribunal de Justiça, o que enseja a necessidade de interposição dos presentes embargos de divergência.

II – Do cabimento dos embargos de divergência e razões de reforma:

O art. 1.043, do Código de Processo Civil, dispõe que:

> "Art. 1.043. É embargável o acórdão de órgão fracionário que:
>
> I – em recurso extraordinário ou em recurso especial, divergir do julgamento de qualquer outro órgão do mesmo tribunal, sendo os acórdãos, embargado e paradigma, de mérito;"

Em atendimento ao quanto exigido pela legislação processual, o recurso foi interposto contra acórdão proferido por Turma do STJ, tratando de questão de mérito. Esse acórdão, ademais, diverge frontalmente do entendimento consolidado na __ª Turma deste mesmo sodalício, o que será demonstrado a seguir.

Portanto, estes embargos de divergência são cabíveis e merecem provimento, para que seja reformado o v. acórdão recorrido.

Dissídio jurisprudencial entre Turmas do STJ em relação à interpretação dada ao art. XXX, da Lei n.º PPPP/2.052:

Em relação ao dissídio jurisprudencial que lastreia os presentes embargos de divergência, anexa-se ao final desse arrazoado as necessárias certidões/cópias das decisões paradigmáticas, divergentes da decisão recorrida e representativas do entendimento de Turma diversa do próprio STJ, nos exatos termos do art. 1.043, § 4º.

Em atenção ao disposto no mesmo art. 1.043, § 4º, do CPC/15, especialmente em seu trecho final, elucida-se que o v. acórdão recorrido dá interpretação equivocada à legislação federal, no sentido de que.... (*OBS: indicar qual a interpretação dada ao artigo da legislação infraconstitucional prequestionado pelo acórdão recorrido*).

Entretanto, a interpretação mais adequada deste preceito normativo é divergente e mais correta quando efetuada pela __ª Turma deste mesmo STJ, a exemplo do acórdão paradigma de que se transcreve abaixo o trecho mais relevante, cuja interpretação segue da seguinte maneira... (*OBS: transcrever o trecho mais significativo do acórdão paradigma e indicar qual a interpretação dada pela outra Turma do Tribunal – argumentar e mostrar as circunstâncias fático-jurídicas que identificam e assemelham os casos confrontados*)

Isto posto, verifica-se que há divergência interna no âmbito do STJ, entre as duas Turmas julgadoras que compõem a __ª Seção deste Sodalício, dissídio que deve ser sanado, nos termos do art. 926, do CPC/15, através da interposição, recebimento e provimento dos presentes embargos de divergência.

III – DO PEDIDO

Diante de todo o exposto, **requer-se:**

a) a remessa dos presentes embargos de divergência à respectiva Seção do STJ e o recebimento do recurso, nos termos do art. 1.043, do CPC/15;

b) a intimação da parte contrária para, querendo, oferecer resposta no prazo legal;

c) a uniformização da jurisprudência interna deste sodalício, com a reforma do v. acórdão recorrido, posto que em dissonância da jurisprudência predominante no Egrégio STJ, sinalizada no acórdão de outra Turma indicado como paradigma.

Por ser medida da mais pura e cristalina JUSTIÇA!

Pede e aguarda deferimento.

De LOCAL para Brasília, DATA.

ADVOGADO
OAB/SP N.º YYY

5. ENUNCIADOS DO FPPC

230. Cabem embargos de divergência contra acórdão que, em agravo interno ou agravo em recurso especial ou extraordinário, decide recurso especial ou extraordinário.

232. Fica superado o enunciado 353 da súmula do STF após a entrada em vigor do CPC ("*São incabíveis os embargos da Lei 623, de 19.02.49, com fundamento em divergência entre decisões da mesma turma do Supremo Tribunal Federal*").

744. A similitude fática necessária para o conhecimento de embargos de divergência deve ser juridicamente relevante para a solução da questão, não se exigindo identidade fática absoluta entre os acórdãos embargado e paradigma.

6. QUADRO RESUMO

EMBARGOS DE DIVERGÊNCIA	
Cabimento	Os Tribunais Superiores possuem a missão constitucional de uniformização da jurisprudência, inclusive sua jurisprudência interna, para o que se prestam os embargos de divergência. Cabem embargos de divergência quando acórdão de Turma do STF ou STJ divirja de acórdão de outro órgão do mesmo tribunal: Turma (no caso de ambos os Tribunais); Seção ou Corte Especial (STJ) e Tribunal Pleno (STF).

Cabimento	A divergência pode ser de questão processual ou de direito material. Pode ter como paradigma recurso especial/extraordinário ou mesmo ação originária dos Tribunais, desde que julgado por órgão diverso. Cabe no caso de divergência entre decisões da mesma Turma julgadora, desde que metade de sua composição tenha mudado (art. 1.043, § 3º): revogada a Súmula 353 do STF. Deve haver rigorosa demonstração da similitude fático-jurídica entre os processos e o cotejo analítico da divergência entre os julgados (art. 1.043, § 4º). A divergência deve ser atual, isto é, o acórdão paradigma deve representar o entendimento atual da outra Turma julgadora (Súmula 158 do STJ).
Direcionamento e competência para julgamento	Dirigido ao Presidente do respectivo órgão colegiado. No STF, serão julgados pelo Tribunal Pleno, ante a ausência de Seções especializadas. No STJ, serão apreciados pelas Seções (no caso de divergência entre acórdãos de turmas diferentes da mesma Seção) ou pela Corte Especial (no caso de divergência entre Turmas de diferentes Seções; entre Seções ou entre julgado de Turma e da própria Corte Especial)
Prazo de interposição	15 dias (art. 1.003, § 5º, do CPC). A Fazenda Pública possui prazo em dobro (art. 183 do CPC). É o mesmo o prazo para resposta da parte contrária.
Preparo	Exigido, nos termos do art. 1.007 do CPC.
Interposição e processamento	Após a interposição, a parte contrária é intimada para, em 15 dias, apresentar resposta. Decorrido esse prazo, serão incluídos em pauta para julgamento. No mais, os embargos de divergência seguem o Regimento Interno do STJ e do STF.
Efeitos	Não possuem efeito suspensivo, mas este pode ser obtido nos moldes do art. 995 do CPC. A interposição de embargos de divergência no STJ interrompe o prazo para interposição do recurso extraordinário. Caso exista recurso extraordinário anterior aos embargos de divergência, e estes não sejam conhecidos ou sejam desprovidos, o apelo extremo será processado independentemente de ratificação.

RECOMENDAÇÃO CNJ Nº 134, DE 9 DE SETEMBRO DE 2022

Dispõe sobre o tratamento dos precedentes no Direito brasileiro.

O **PRESIDENTE DO CONSELHO NACIONAL DE JUSTIÇA (CNJ)**, no uso de suas atribuições legais e regimentais,

CONSIDERANDO o disposto nos arts. 926 e 927 da Lei nº 13.105/2015 – Código de Processo Civil (CPC/2015);

CONSIDERANDO o disposto nos arts. 896-B e 896-C da Consolidação das Leis do Trabalho (CLT), com a redação que lhes foi dada pela Lei nº 13.015/2014;

CONSIDERANDO a relevância dos precedentes judiciais para a promoção da segurança jurídica, da estabilidade e do ambiente de negócios no Brasil;

CONSIDERANDO as sugestões e proposições formuladas pelo Grupo de Trabalho, instituído pela Portaria CNJ nº 240/2020, destinado à elaboração de estudos e de propostas voltadas ao fortalecimento dos precedentes no sistema jurídico;

CONSIDERANDO a deliberação do Plenário do CNJ no Ato Normativo nº 0005217-82.2022.2.00.0000, na 63ª Sessão Extraordinária, realizada em 6 de setembro de 2022;

RESOLVE:

Art. 1º O sistema de precedentes representa uma nova concepção de jurisdição, em que o Poder Judiciário procura não apenas resolver de modo atomizado e repressivamente os conflitos já instaurados, mas se preocupa em fornecer, de modo mais estruturado e geral, respostas às controvérsias atuais, latentes e potenciais, de modo a propiciar a efetiva segurança jurídica.

Art. 2º Recomenda-se aos tribunais que, nos termos do art. 926 do CPC/2015, com regularidade, zelem pela uniformização das questões de direito controversas que estejam sob julgamento, utilizando-se, com a devida prioridade, dos instrumentos processuais cabíveis.

Art. 3º Recomenda-se aos tribunais, mediante os seus respectivos órgãos, administrativos ou judiciais, e aos magistrados que realizem um trabalho permanente de identificação das questões de direito controversas, que sejam comuns, em uma quantidade razoável de processos, ou de repercussão geral, para que possam ser objeto de uniformização.

Art. 4º Recomenda-se aos magistrados que contribuam com o bom funcionamento do sistema de precedentes legalmente estabelecido, zelando pela uniformização das soluções dadas às questões controversas e observando e fazendo observar as teses fixadas pelos tribunais superiores e, na falta de precedentes e jurisprudência por parte destes, pelos respectivos tribunais regionais ou estaduais.

Art. 5º Recomenda-se que a uniformização da jurisprudência seja realizada, preferencialmente, mediante a formulação de precedentes vinculativos (qualificados), previstos no art. 927 do CPC/2015.

Art. 6º A sistemática de solução de questões comuns e casos repetitivos, estabelecida pelo CPC/2015, deve ser utilizada com regularidade e representa uma técnica de gestão, processamento e julgamento dos processos, com a metodologia de decisão concentrada sobre questões essenciais de direito e a eventual suspensão de processos que versem sobre a controvérsia que está sendo decidida de modo concentrado.

Art. 7º Os meios de resolução concentrada de questões comuns de direito são importantes para o acesso à justiça, para a segurança jurídica, para a garantia da isonomia, para o equilíbrio entre as partes e para o cumprimento do direito material.

Art. 8º Os precedentes devem ser respeitados, a fim de concretizar o princípio da isonomia e da segurança jurídica, bem como de proporcionar a racionalização do exercício da magistratura.

Art. 9º Recomenda-se que a observância dos precedentes dos tribunais superiores ocorra quando houver, subsequentemente, casos idênticos, ou análogos, que devem ser decididos à luz da mesma razão determinante.

Art. 10. Recomenda-se que haja menção expressa, na decisão, sobre as razões que levam à necessidade de afastamento ou ao acolhimento dos precedentes trazidos pelas partes (art. 489, § 1º, V e VI, do CPC/2015).

Art. 11. Recomenda-se aos membros de um órgão colegiado que, ao redigir decisões que possam servir como precedente obrigatório ou persuasivo, indiquem tese que espelhe a orientação a ser seguida.

Art. 12. Recomenda-se que os acórdãos proferidos no julgamento do incidente de assunção de competência, de resolução de demandas repetitivas e no julgamento de recursos extraordinário e especial repetitivos contenham:

I – indicação de todos os fundamentos suscitados, favoráveis e contrários à tese jurídica discutida;

II – delimitação dos dispositivos normativos relevantes relacionados à questão jurídica;

III – identificação das circunstâncias fáticas subjacentes à controvérsia, em torno da questão jurídica;

IV – enunciação da tese jurídica firmada pelo órgão julgador em destaque, evitando a utilização de sinônimos de expressões técnicas ou em desuso.

Art. 13. Recomenda-se que as teses:

I – sejam redigidas de forma clara, simples e objetiva;

II – não contenham enunciados que envolvam mais de uma tese jurídica;

III – indiquem brevemente e com precisão as circunstâncias fáticas as quais diz respeito;

Parágrafo único. Recomenda-se que os tribunais desenvolvam na PDPJ ferramentas de busca eficientes para localização do(s) acórdão(s) de que resultou a tese.

Art. 14. Poderá o juiz ou tribunal, excepcionalmente, identificada distinção material relevante e indiscutível, afastar precedente de natureza obrigatória ou somente persuasiva, mediante técnica conhecida como distinção ou *distinguishing*.

§ 1º Recomenda-se que, ao realizar a distinção (*distinguishing*), o juiz explicite, de maneira clara e precisa, a situação material relevante e diversa capaz de afastar a tese jurídica (*ratiodecidendi*) do precedente tido por inaplicável.

§ 2º A distinção (*distinguishing*) não deve ser considerada instrumento hábil para afastar a aplicação da legislação vigente, bem como estabelecer tese jurídica (*ratiodecidendi*) heterodoxa e em descompasso com a jurisprudência consolidada sobre o assunto.

§ 3º Recomenda-se que o *distinguishing* não seja confundido e não seja utilizado como simples mecanismo de recusa à aplicação de tese consolidada.

§ 4º Recomenda-se considerar imprópria a utilização do *distinguishing* como via indireta de superação de precedentes (*overruling*).

§ 5º A indevida utilização do *distinguishing* constitui vício de fundamentação (art. 489, § 1º, VI, do CPC/2015), o que pode ensejar a cassação da decisão.

Art. 15. A intimação das partes, nos processos que dependam da resolução da questão comum de direito, encontra-se prevista expressamente apenas para os recursos repetitivos, nos termos do art. 1.037, § 8º, do CPC/2015, mas recomenda-se considerar que a sua aplicação é fundamental e deve ocorrer também na sistemática do Incidente de Resolução de Demandas Repetitivas, não apenas para efetivar a suspensão em concreto, mas principalmente para que os interessados possam tomar, de fato, conhecimento do incidente, postular eventual distinção e possibilitar a interposição do pertinente recurso diante do não reconhecimento da diferenciação.

Art. 16. A precisão na definição da questão jurídica ou das questões jurídicas a serem apreciadas, quando da afetação, é de grande importância e deve ser destacada a partir de:

I – uma indagação geral e comum, presente em uma quantidade significativa de processos, podendo ser utilizada a técnica da especificação de questões;

II – uma questão de direito e não de fato;

III – controvérsia atual e relevante entre órgãos julgadores, pois, do contrário, não haverá interesse (necessidade-utilidade) para a instauração do incidente.

Art. 17. Recomenda-se que, no âmbito interno dos tribunais, a competência para a fixação do precedente qualificado seja do órgão responsável pela uniformização da jurisprudência na matéria, sendo altamente recomendável, sempre que possível, a especialização.

Art. 18. Versando o incidente sobre arguição de inconstitucionalidade ou sobre tema afeto a mais de um órgão especializado, a competência será do Pleno ou do Órgão Especial, em observância à reserva constitucionalmente prevista no art. 97 ou por decorrência lógica da limitação material, respectivamente.

Art. 19. Recomenda-se que o objeto da tese do precedente qualificado seja a questão jurídica controversa.

§ 1º Recomenda-se que a aplicação da tese jurídica fixada ao caso concreto seja feita pelo juízo natural dos processos pendentes.

§ 2º A observância dessa sistemática é fundamental para que não haja a confluência de número excessivo de questões fáticas e de processos para o órgão competente para a uniformização da jurisprudência, inviabilizando-se a pretendida economia processual e a duração razoável dos processos.

Art. 20. Recomenda-se que a comunicação e o acesso às informações pertinentes aos precedentes sejam materializados mediante o registro nos *bancos* ou *cadastros* de precedentes dos tribunais e no Banco Nacional de Precedentes, nos termos da Resolução CNJ nº 444/2022, e também de todas as demais formas possíveis, como divulgação no *site* dos tribunais, nas redes sociais, nos meios de comunicação de massa e outros que possam ser utilizados, de modo módico e eficiente.

Art. 21. Recomenda-se que desdobramentos com potencial de repetição possam ser suscitados e julgados mediante o Incidente de Assunção de Competência, julgados em colegiados de uniformização e eventuais recursos indicados como relevantes.

Art. 22. Recomenda-se que seja adotado o procedimento do recurso especial ou extraordinário representativo da controvérsia (CPC/2015, art. 1.036, § 1º) em situações que indiquem distinção ou superação de precedentes. Com isso, haverá a admissão de 2 (dois) ou mais processos e o sobrestamento dos demais feitos com mesma questão jurídica possivelmente distinta ou superada.

Art. 23. Recomenda-se aos tribunais a prioridade da análise de casos repetitivos em que se discuta a distinção em relação a precedentes relevantes e a avaliação da possibilidade de instauração de incidente de resolução de demandas repetitivas.

Art. 24. Recomenda-se aos tribunais que avaliem o uso do incidente de resolução de demandas repetitivas para pacificação de temas de direito local com jurisprudência uniforme.

Art. 25. A suspensão dos processos pendentes é elemento extremamente importante dentro da lógica do funcionamento e dos resultados pretendidos, sob o prisma do sistema dos julgamentos de questões comuns ou repetitivas, especialmente no que diz respeito à economia processual e, consequentemente, da própria duração razoável dos processos.

§ 1º A concepção global e a regra geral não devem ser inflexíveis, a ponto de tornar-se inadequado o mecanismo processual, ou os seus efeitos, para determinadas situações.

§ 2º A suspensão poderá, a juízo do tribunal, em caráter excepcional, não ocorrer ou ser limitada.

Art. 26. Não obstante a previsão contida no art. 982, *caput* e inciso I, do CPC/2015, a questão da suspensão, no âmbito do tribunal, poderá ser decidida monocrática ou coletivamente, de modo respectivo, pelo relator ou pelo colegiado do órgão competente.

Art. 27. A formação do precedente dentro de prazo razoável é fundamental para a consecução dos objetivos do sistema processual.

Parágrafo único. Recomenda-se que, diante da ausência de limitação expressa e da fórmula relativamente aberta, a exigir apenas a devida decisão fundamentada, inexista restrição quanto à possibilidade de uma ou mais prorrogações, desde que este lapso temporal não acabe representando afronta ao acesso à justiça e à duração razoável dos processos.

Art. 28. Para que o sistema de precedentes funcione a contento, deve ser eficiente, sendo fundamental, para tanto, que os tribunais de segundo grau e as cortes superiores possam julgar rapidamente as questões centrais comuns controversas e que tenham propiciado ou estejam ainda fomentando controvérsias repetitivas.

Parágrafo único. Recomenda-se que a possibilidade de rápido encaminhamento dessas questões, inclusive a partir dos juízos de primeiro grau, para os tribunais regionais e estaduais, com recurso direto para os tribunais superiores, seja considerada parte da essência ou da concepção pura deste sistema.

Art. 29. A comunicação dos órgãos jurisdicionais em relação à suspensão dos processos assume importância capital, na medida em que as partes dos processos suspensos devem ser intimadas da respectiva decisão.

Parágrafo único. A determinação descrita no *caput* se encontra expressamente prevista para a sistemática dos recursos repetitivos, nos §§ 8º a 13 do art. 1.037 do CPC/2015, mas recomenda-se que seja aplicada também nos demais incidentes e procedimentos de uniformização.

Art. 30. A intimação mencionada no item anterior serve exatamente para que as partes possam, eventualmente, de modo similar ao previsto no § 9º do art. 1.038 do CPC/2015, demonstrar a *distinção* entre a questão a ser decidida no processo e aquela que está sendo objeto de uniformização, requerendo, nesse caso, o prosseguimento do seu processo.

Art. 31. Recomenda-se que seja considerada plenamente aplicável também a previsão contida no § 13 do art. 1.038 do CPC/2015, no sentido de que, contra a decisão proferida, para resolver o requerimento de suspensão, caberá, conforme o caso:

I – agravo de instrumento, se o processo estiver em primeiro grau;

II – agravo interno, se a decisão for do relator.

Art. 32. No sistema de processos paralelos adotado no Brasil, trabalha-se, por um lado, dentro de uma lógica de precedente, com o respectivo efeito vinculativo, e, por outro, com a possibilidade de participação e influência por parte dos interessados, bem como ainda com a intervenção necessária do Ministério Público.

Parágrafo único. A oportunidade de manifestação das partes e interessados, especialmente considerados os titulares de direitos que possam ser afetados pelo efeito vinculativo do precedente, deve ser considerado ponto fundamental para a legitimação do procedimento modelo estabelecido no ordenamento brasileiro.

Art. 33. Recomenda-se que o precedente produzido no IRDR ou no IAC seja aplicado com efeito vinculativo no âmbito do respectivo tribunal, em sentido horizontal e vertical.

§ 1º Se não houver a interposição ou julgamento de recurso especial ou extraordinário, bem como a superação indireta da tese a partir de jurisprudência firmada por tribunal superior, recomenda-se que a observância da tese esteja limitada aos órgãos judiciais na área do respectivo tribunal de justiça ou tribunal regional, inclusive aos concernentes juizados especiais.

§ 2º A tese fixada poderá, naturalmente, ter efeito persuasivo em relação aos juízos situados fora da área de jurisdição do tribunal que tenha julgado o incidente.

Art. 34. Recomenda-se aos tribunais que se atenham, no juízo de admissibilidade do Incidente de Resolução de Demandas Repetitivas, somente aos requisitos legalmente estabelecidos no art. 976 do CPC/2015, levando em consideração a análise da conveniência quanto à quantidade de processos e ao risco à isonomia.

Art. 35. Recomenda-se aos tribunais de segundo grau e às cortes superiores que julguem rapidamente as questões centrais comuns controversas e que tenham propiciado ou estejam ainda fomentando controvérsias repetitivas.

§ 1º A possibilidade de rápido encaminhamento dessas questões, inclusive a partir dos juízos de primeiro grau, para os tribunais regionais e estaduais, com recurso direto para os tribunais superiores, faz parte da essência ou da concepção pura deste sistema.

§ 2º Essa formulação encontra-se em sintonia com essa nova concepção de jurisdição, menos burocrática e mais efetiva, em que o instrumentalismo é ampliado e aprofundado.

Art. 36. Para que haja a admissibilidade e julgamento do Incidente de Resolução de Demandas Repetitivas, a multiplicidade e risco à isonomia precisam ser atuais, nos termos do art. 976 do CPC/2015, com a pendência de causas em primeiro grau ou no próprio tribunal, quando suscitado o incidente, não podendo ser provocado o incidente como sucedâneo recursal.

Art. 37. Recomenda-se aos tribunais que criem, no âmbito dos Juizados Especiais, órgãos uniformizadores da respectiva jurisprudência, para que possam, nos termos do art. 98 da CRFB/1988, apreciar os Incidentes de Resolução de Demandas Repetitivas suscitados a partir de processos da sua competência.

§ 1º Recomenda-se que seja considerado incabível o incidente de resolução de demandas repetitivas quando o respectivo tribunal regional ou estadual, no âmbito de sua respectiva competência, já tiver afetado IRDR para definição de tese sobre questão de direito material ou processual repetitiva, a partir de processos da sua competência.

§ 2º Recomenda-se que, em caso de superveniência de tese firmada pelos tribunais estaduais, regionais ou superiores, a tese constituída no sistema dos juizados especiais seja tida por ineficaz diante do entendimento estabelecido pelos tribunais, em caso de incompatibilidade entre os posicionamentos adotados, para que haja a prevalência e incidência das teses estabelecidas pelos tribunais.

Art. 38. A inexistência de previsão expressa no CPC/2015 quanto à possibilidade de solução consensual no âmbito do Incidente de Resolução de Demandas Repetitivas não impede a sua utilização, por estar em harmonia com o próprio instituto e com normas fundamentais do Estatuto Processual.

Art. 39. A aplicação do precedente envolve operação cognitiva e deve ser sempre devidamente fundamentada.

Parágrafo único. Recomenda-se que o efeito vinculativo estabelecido se encontre limitado às questões e fundamentos que tenham sido suscitados e analisados no precedente.

Art. 40. Recomenda-se que, para se efetuar uma interpretação sistemática e teleológica coerente da previsão insculpida no art. 1.041 do CPC/2015, a possibilidade de manutenção do acórdão pelo tribunal *a quo* mencionada pelo dispositivo somente seja tida por autorizada quando houver:

I – o reconhecimento da distinção entre o caso concreto e a tese firmada pelo tribunal superior; ou

II – a superação da tese, em razão da formulação ou acolhimento de fundamentos jurídicos não enfrentados pelo tribunal superior quando do julgamento da questão de direito.

Art. 41. Recomenda-se que não haja enquadramento e, portanto, efeito vinculativo, se o tribunal que julgar a questão, no precedente firmado, não houver enfrentado e se pronunciado sobre fundamento existente no caso concreto futuro.

Parágrafo único. O magistrado poderá se afastar da tese fixada se adotar fundamento não analisado no precedente, que, na hipótese, terá somente o efeito persuasivo.

Art. 42. Sendo hipótese de distinção ou de superação, haverá, naturalmente, a necessidade de ser exposta a devida fundamentação no sentido da inaplicabilidade da tese ao caso concreto em julgamento ou da formulação de novos fundamentos que denotem que a tese não deverá mais ser aplicada, em razão de modificações ocorridas, como, por exemplo, a decorrente de alteração legislativa.

Art. 43. Não obstante a literalidade dos arts. 985, *caput* (IRDR) e 1.040, *caput* (repetitivos) do CPC/2015, no que diz respeito à eficácia do acórdão enquanto precedente, recomenda-se aos tribunais, em razão de uma interpretação lógica e sistemática, que deem efeito suspensivo aos recursos interpostos dessas decisões, para que não se corra grave risco de ofensa a isonomia.

Art. 44. Recomenda-se que os embargos de declaração em que se pede a manifestação do tribunal sobre modulação sejam recebidos com efeito suspensivo.

Art. 45. A superação da tese jurídica firmada no precedente pode acontecer de ofício, pelo próprio tribunal que fixou a tese, ou a requerimento dos legitimados para suscitar o incidente, isto é, pelas partes, pelo Ministério Público ou pela Defensoria Pública.

Art. 46. Recomenda-se que na própria decisão que altera orientação jurisprudencial pacificada anterior ou adotada em precedente vinculante haja manifestação expressa sobre a modulação dos efeitos da nova orientação, sob pena de que a decisão possa ser tida por omissa, e considerada, portanto, embargável de declaração.

Art. 47. Recomenda-se que o tribunal leve em consideração preferencialmente o momento da conduta da parte e a orientação jurisprudencial firme existente à época, para fixar parâmetros da eficácia temporal do novo precedente.

Art. 48. Recomenda-se que os tribunais analisem a pertinência da realização de audiências públicas e/ou de oitiva de *amicicuriae* para fixação de modulação, quando necessária, da tese fixada.

Art. 49. Recomenda-se que os precedentes, assim como as disposições contidas no presente ato, sejam aplicados por todos os tribunais e órgão judiciais, independentemente do ramo e da matéria.

Parágrafo único. A Comissão de Gestão Estratégica, Estatística e Orçamento zelará pelo fortalecimento da cultura de precedentes no sistema jurídico, realizando monitoramento por meio de indicadores e estatísticas, bem como fomentando a troca de experiências entre os tribunais, além de, eventualmente, propor o aprimoramento da presente normativa.

Art. 50. Esta Recomendação entra em vigor na data de sua publicação.

BIBLIOGRAFIA

ARAÚJO, José Henrique Mouta; LEMOS, Vinicius Silva. *A decisão de liquidação de título executivo, o novo CPC e sua recorribilidade: uma questão a ser resolvida.* In MARCATO, Ana Cândida Menezes et ali. *Reflexões sobre o Código de Processo Civil de 2015: uma contribuição do membros do Centro de Estudos Avançados de Processo – Ceapro.* São Paulo: Verbatim, 2018, p. 425-447.

ARRUDA ALVIM, Teresa; DANTAS, Bruno. *Precedentes, recurso especial e recurso extraordinário.* 7ª ed. São Paulo: Thomson Reuters, 2023.

ASSIS, Araken de. *Manual dos recursos.* São Paulo: RT, 2007.

__________ . *Manual dos Recursos*, 9ª ed., São Paulo: RT, 2017.

AURELLI, Arlete Inês. Comentários ao art. 1.022 do CPC. *In* SCARPINELLA BUENO, Cassio (coord.). *Comentários ao Código de Processo Civil.* São Paulo: Saraiva, 2017, v. 4.

BARBOSA MOREIRA, José Carlos. *Comentários ao Código de Processo Civil.* v. 5, Rio de Janeiro: Forense, 1974.

BARIONI, Rodrigo. *Efeito devolutivo da apelação civil.* São Paulo: RT, 2007.

BARROS, Ricardo Leonel de. Comentários aos arts. 988-993 do CPC. *In* SCARPINELLA BUENO, Cassio (coord.). *Comentários ao Código de Processo Civil.* São Paulo: Saraiva, 2017, v. 4.

BRUSCHI, Gilberto Gomes. *Apelação civil: teoria geral, procedimento e saneamento de vícios pelo tribunal.* São Paulo: Saraiva, 2012.

__________ . NOLASCO, Rita Dias; AMADEO, Rodolfo da Costa Manso Real. *Fraudes patrimoniais e a desconsideração da personalidade jurídica no Código de Processo Civil de 2015.* São Paulo: RT, 2016.

__________ . MAIDAME, Márcio Manoel. *O efeito suspensivo e o recurso de apelação – do CPC/1973 ao Novo CPC. In:* FREIRE, Alexandre; MACÊDO,

Lucas Buril de; PEIXOTO, Ravi (coord.). *Processo nos tribunais e meios de impugnação às decisões judiciais.* 2ª ed., Salvador: Juspodivm, 2016, p. 781-799.

CÂMARA, Alexandre Freitas. *Honorários de sucumbência recursal. in* COÊLHO, Marcus Vinicius; VOLPE CAMARGO, Luiz Henrique (coord.). *Honorários advocatícios.* Salvador: Juspodium, 2015, p. 587-593).

__________. *Lições de Direito Processual Civil.* v. 2, 22ª ed., São Paulo: Atlas, 2013.

__________. Alexandre Freitas. *O novo processo civil brasileiro.* 3ª ed., São Paulo: Atlas, 2017.

CAMBI, Eduardo; POMPÍLIO, Gustavo. *Majoração dos honorários sucumbenciais no recurso de apelação. In:* FREIRE, Alexandre; MACÊDO, Lucas Buril de; PEIXOTO, Ravi (coord.). *Processo nos tribunais e meios de impugnação às decisões judiciais.* 2ª ed., Salvador: Juspodium, 2016, p. 801-811.

CAMARGO, Luiz Henrique Volpe. *A fungibilidade de mão dupla entre recursos excepcionais no CPC/2015. In:* FREIRE, Alexandre; MACÊDO, Lucas Buril de; PEIXOTO, Ravi (coord.). *Processo nos tribunais e meios de impugnação às decisões judiciais.* 2ª ed., Salvador: Juspodium, 2016, p. 949-984.

CARNEIRO, Athos Gusmão. *Jurisdição e Competência,* 15ª ed., atual., S. Paulo: Saraiva, 2007.

CARRILHO LOPES, Bruno Vasconcelos. *Os honorários recursais no Novo Código de Processo Civil. in* COÊLHO, Marcus Vinicius; VOLPE CAMARGO, Luiz Henrique (coord.). *Honorários advocatícios.* Salvador: Juspodium, 2015, p. 595-602).

CORREIA, Atalá; DELLORE, Luiz. *NCPC permite julgamento parcial de mérito nos Tribunais?* Disponível em https://jota.info/colunas/novo-cpc/ncpc-permite-julgamento-parcial-de-merito-nos-tribunais-13022017, acesso em 16/5/2017.

CORREIA, Marcus Orione Gonçalves. *Teoria geral do processo.* 3ª ed., São Paulo: Saraiva, 2005.

COUTO, Mônica Bonetti. *Recurso adesivo: um exame à luz da teoria geral dos recursos.* Curitiba: Juruá, 2008.

CRETELLA NETO, José. *Fundamentos principiológicos do Processo Civil.* Rio de Janeiro: Forense, 2002.

CRUZ E TUCCI, José Rogério. *Lineamentos da nova reforma do CPC.* 2ª ed., São Paulo: RT, 2002.

DE PLÁCIDO E SILVA. *Vocabulário Jurídico,* 28ª ed., Rio de Janeiro: Forense, 2009.

DELLORE, Luiz; GAJARDONI, Fernando da Fonseca; OLIVEIRA JR., Zulmar Duarte de; ROQUE, André Vasconcelos. *Teoria Geral do Processo: comentários ao CPC de 2015 – parte geral.* São Paulo: Forense, 2015.

DIDIER JR., Fredie. *Recurso de terceiro.* São Paulo: RT, 2002.

__________ ; BRAGA, Paula Sarno; OLIVEIRA, Rafael Alexandria de. *Curso de Direito Processual Civil. v. 2,* 10ª ed., Salvador: Juspodivm, 2015.

__________ ; CUNHA, Leonardo José Carneiro da. *Curso de Direito Processual Civil.* v. 3. 13ª ed., Salvador: Juspodivm, 2016.

__________ ; CUNHA, Leonardo José Carneiro da; BRAGA, Paula Sarno; OLIVEIRA, Rafael Alexandria de. *Curso de Direito Processual Civil. v. 3,* 7ª ed., Salvador: Juspodivm, 2017.

DINAMARCO, Cândido Rangel. *A nova era do processo civil.* São Paulo: Malheiros, 2004.

DONOSO, Denis. *Juízo de admissibilidade da petição inicial: aspectos práticos e polêmicos do nascedouro da relação processual. In*: MOREIRA, Alberto Camiña; ALVAREZ, Anselmo Prieto; BRUSCHI, Gilberto Gomes. (Org.). *Panorama atual das tutelas individual e coletiva: Estudos em homenagem ao Professor Sérgio Shimura.* São Paulo: Saraiva, 2010, p. 267-283.

__________ . *Recorribilidade das decisões interlocutórias de primeiro grau: o agravo em perspectiva.* Revista Dialética de Direito Processual, São Paulo: Dialética, v. 127, p. 09-25, 2013.

__________ . *Recurso nas contrarrazões de apelação: uma "mensagem subliminar" do CPC/2015,* http://www.justificando.com/2016/07/04/recurso-nas-contrarrazoes-de-apelacao-uma-mensagem-subliminar-do-novo-cpc/. Acesso em 21/08/2020.

__________ . *Coisas julgadas antagônicas após o prazo da ação rescisória.* Revista Jus Navigandi, Teresina, ano 8, n. 173, 26/12/2003. Disponível em: https://jus.com.br/artigos/4659. Acesso em 29/07/2021.

DUARTE, Zulmar; GAJARDONI, Fernando da Fonseca; DELLORE, Luiz; ROQUE, André Vasconcelos. *Comentários ao Código de Processo Civil*, 4ª ed., atual. e reformulada. Rio de Janeiro: Forense, 2021.

FAZIO, César Cipriano de. *Honorários advocatícios e sucumbência recursal. In* COÊLHO, Marcus Vinicius; VOLPE CAMARGO, Luiz Henrique (coord.). *Honorários advocatícios.* Salvador: Juspodium, 2015, p. 615-627).

FERNANDES, Luís Eduardo Simardi. *Embargos de declaração: efeitos infringentes, prequestionamento e outros aspectos polêmicos.* São Paulo: RT, 2003.

FERRARI NETO, Luiz Antonio. *A natureza jurídica da decisão que julga a liquidação de sentença e seus reflexos na prática forense.* In MARCATO, Ana Cândida Menezes et ali. *Reflexões sobre o Código de Processo Civil de 2015: uma contribuição do membros do Centro de Estudos Avançados de Processo – Ceapro.* São Paulo: Verbatim, 2018, p. 531-541).

FERREIRA, William Santos. Comentários ao art. 1.009 do CPC. *In* SCARPINELLA BUENO, Cassio (coord.). *Comentários ao Código de Processo Civil.* São Paulo: Saraiva, 2017, v. 4.

FUX, Luiz. *O novo processo civil*, in: FUX, Luiz (coord.). *O novo Processo Civil Brasileiro – Direito em expectativa (reflexões acerca do novo Código de Processo Civil).* Rio de Janeiro: Forense, 2011.

GARCIA, Gustavo Filipe Barbosa. *Novo Código de Processo civil – Principais modificações.* Rio de Janeiro: Forense, 2015.

GONZALEZ, Gabriel Araújo. *A recorribilidade das decisões interlocutórias no Código de Processo Civil de 2015.* Salvador: Juspodivm, 2016.

GRECO FILHO, Vicente. *Direito Processual Civil Brasileiro.* 17ª ed., São Paulo: Saraiva, 2006.

JORGE, Flávio Cheim. *Apelação cível: teoria geral e admissibilidade.* 2ª ed., São Paulo: RT, 2002.

__________ ; SIQUEIRA, Thiago Ferreira. *A sanabilidade dos requisitos de admissibilidade dos recursos. In:* FREIRE, Alexandre; MACÊDO, Lucas Buril de; PEIXOTO, Ravi (coord.). *Processo nos tribunais e meios de impugnação às decisões judiciais.* 2ª ed., Salvador: Juspodium, 2016, p. 615-643.

_________. *Teoria geral dos recursos cíveis.* 7ª ed., São Paulo: RT, 2015.

KOZIKOSKI, Sandro Marcelo. *O CPC 2015 e a relativização do princípio da proibição da "reformatio in pejus". In:* FREIRE, Alexandre; MACÊDO, Lucas Buril de; PEIXOTO, Ravi (coord.). *Processo nos tribunais e meios de impugnação às decisões judiciais.* 2ª ed., Salvador: Juspodium, 2016, p. 645-650.

LEMOS, Vinícius Silva. *O prequestionamento no novo Código de Processo Civil. In:* FREIRE, Alexandre; MACÊDO, Lucas Buril de; PEIXOTO, Ravi (coord.). *Processo nos tribunais e meios de impugnação às decisões judiciais.* 2ª ed., Salvador: Juspodium, 2016, p. 1.045-1.074.

LOPES, João Batista. *Curso de Direito Processual Civil.* v. 1, São Paulo: Atlas, 2005.

MARCATO, Antonio Carlos. *Procedimentos especiais.* 17ª ed., São Paulo: Atlas, 2017.

MARINONI, Luiz Guilherme; ARENHART, Sérgio Cruz. *Processo de conhecimento.* 6ª ed., São Paulo: RT, 2007.

_________. *Incidente de resolução de demandas repetitivas: questão idêntica x precedente.* 2ª ed., São Paulo: Thomson Reuters Brasil, 2019.

MARQUES, José Frederico. *Manual de Direito Processual Civil.* v. 1, 12ª ed., São Paulo: Saraiva, 1987.

MEDINA, José Miguel Garcia. *Código de Processo Civil Comentado.* 6ª ed., São Paulo: RT, 2020.

_________. *Recursos e ações autônomas de impugnação.* São Paulo: RT, 2008.

_________. *Recursos e Precedentes: Prática nos Tribunais.* São Paulo: Thomson Reuters Brasil, 2023.

MENDES, Aluisio Gonçalves de Castro; TEMER, Sofia. Comentários aos arts. 976-987 do CPC. In SCARPINELLA BUENO, Cassio (coord.). *Comentários ao Código de Processo Civil.* São Paulo: Saraiva, 2017, v. 4.

MENDES, Gilmar Ferreira; COELHO, Inocêncio Mártires; BRANCO, Paulo Gustavo Gonet. *Curso de Direito Constitucional.* São Paulo: Saraiva, 2007.

MILLER, Cristiano Simão. *O recurso ordinário em mandado de segurança e o novo Código de Processo Civil. In:* FREIRE, Alexandre; MACÊDO, Lucas Buril de; PEIXOTO, Ravi (coord.). *Processo nos tribunais e meios de impugnação às decisões judiciais.* 2ª ed., Salvador: Juspodium, 2016, p. 949-984.

MIRANDA, Gilson Delgado; PIZZOL, Patricia Miranda. *Recursos no Processo Civil.* 6ª ed., São Paulo: Atlas, 2009.

MONTENEGRO FILHO, Misael. *Curso de Direito Processual Civil.* v. 2, 10ª ed., São Paulo: Atlas, 2014.

MORATO, Leonardo L. *Reclamação e sua aplicação para o respeito da súmula vinculante.* São Paulo: RT, 2007.

NERY JR., Nelson. *Teoria geral dos recursos.* 6ª ed., São Paulo: RT, 2004.

__________; NERY, Rosa Maria de Andrade. *Código de Proceso Civil Comentado e legislação extravagante,* 11. ed. rev., atual. e ampl. São Paulo: Revista dos Tribunais, 2010.

NEVES, Daniel Amorim Assumpção. *Novo Código de Processo Civil: Lei 13.105/2015.* Rio de Janeiro: Forense; São Paulo: Método, 2015.

__________. *Manual de Direito Processual Civil.* 8ª ed., Salvador: Juspodivm, 2016.

NOTARIANO JR, Antonio; BRUSCHI, Gilberto Gomes. *Agravo contra as decisões de primeiro grau.* 2ª ed., Rio de Janeiro: Forense, 2015.

NUNES, Dierle. *Colegialidade corretiva e CPC-2015. In:* FREIRE, Alexandre; MACÊDO, Lucas Buril de; PEIXOTO, Ravi (coord.). *Processo nos tribunais e meios de impugnação às decisões judiciais.* 2ª ed., Salvador: Juspodivm, 2016, p. 33-54.

PINTO, Nelson Luiz. *Manual dos recursos cíveis.* 2ª ed., São Paulo: Malheiros, 2001.

__________. *Manual dos recursos cíveis.* São Paulo: Malheiros, 1999.

PONTES DE MIRANDA, Francisco Cavalcanti. *Tratado da ação rescisória.* 2ª ed., Campinas: Bookseller, 2003.

REDONDO, Bruno Garcia. *Tutela de urgência antecedente ou preparatória em grau recursal. Deferimento de medidas pelo relator antes da inter-*

posição do recurso ou da publicação da decisão. Revista de Processo (RePro), São Paulo: RT, v. 207, p. 135-151, 2012.

_________ . *Recorribilidade das decisões interlocutórias de primeiro grau: o agravo em perspectiva*. Revista Dialética de Direito Processual, São Paulo: Dialética, v. 127, p. 09-25, 2013.

RUBIN, Fernando. *O novo Código de Processo Civil – da construção de um novel modelo processual às principais linhas estruturantes da Lei 13.105/2015*, 2ª ed. São Paulo: LTr, 2017.

SANTOS, Ernani Fidélis dos. *Manual de Direito Processual Civil*. v. 1, 11ª ed., São Paulo: Saraiva, 2006.

SANTOS, Moacyr Amaral. *Primeiras linhas de direito processual civil*. v. 3, 24ª ed., São Paulo: Saraiva, 2010.

_________. *Comentários ao Código de Processo Civil*. Rio de Janeiro: Forense, 1976.

SCARPINELLA BUENO, Cassio. *Curso sistematizado de direito processual civil*. v. 5, 2ª ed., São Paulo: Saraiva, 2010.

_________ . *Curso sistematizado de direito processual civil*. v. 2, 9ª ed., São Paulo: Saraiva, 2020.

_________ . *Novo Código de Processo Civil Anotado*. São Paulo: Saraiva, 2015.

_________ . *Novo Código de Processo Civil Anotado*, 2ª ed., S. Paulo: Saraiva, 2016.

SERAU JR., Marco Aurélio; REIS, Silas Mendes dos. *Manual dos recursos extraordinário e especial*. S. Paulo: Método, 2012.

SILVA, Paulo Eduardo Alves da. *Gerenciamento de processos judiciais*. São Paulo: Saraiva, 2010.

SIQUEIRA, Thiago Ferreira. *Duplo Grau de Jurisdição e "Teoria da Causa Madura" no Novo Código de Processo Civil*. *In:* FREIRE, Alexandre; MACÊDO, Lucas Buril de; PEIXOTO, Ravi (coord.). *Processo nos tribunais e meios de impugnação às decisões judiciais*. 2ª ed., Salvador: Juspodivm, 2016, p. 847-874.

SOUZA, Gelson Amaro de. *O valor da causa e recurso no Processo Civil*. *In:* FREIRE, Alexandre; MACÊDO, Lucas Buril de; PEIXOTO, Ravi (coord.).

Processo nos tribunais e meios de impugnação às decisões judiciais. 2ª ed., Salvador: Juspodivm, 2016, p. 683-708.

TARTUCE, Fernanda. *Processo Civil no Direito de Família: teoria e prática*. 2ª ed., São Paulo: Método, 2017.

THAMAY, Rennan Faria Krüger; RODRIGUES, Rafael Ribeiro. *Algumas reflexões sobre o efeito translativo: entre o CPC/73 e o CPC/2015*. *In*: FREIRE, Alexandre; MACÊDO, Lucas Buril de; PEIXOTO, Ravi (coord.). *Processo nos tribunais e meios de impugnação às decisões judiciais*. 2ª ed., Salvador: Juspodivm, 2016, p. 709-726.

__________ ; ANDRADE, Vinícius Ferreira. *Comentários sobre a fungibilidade recursal: do Código de 1939 ao novo Código de Processo Civil*. *In*: FREIRE, Alexandre; MACÊDO, Lucas Buril de; PEIXOTO, Ravi (coord.). *Processo nos tribunais e meios de impugnação às decisões judiciais*. 2ª ed., Salvador: Juspodivm, 2016, p. 727-745.

THEODORO JÚNIOR, Humberto. *Curso de Direito Processual Civil*. v. 3, 47ª ed., Rio de Janeiro: Forense, 2016.

__________ ; NUNES, Dierle; BAHIA, Alexandre Melo Franco; PEDRO, Flávio Quinaud. *Novo CPC – fundamentos e sistematização*, 2ª ed., rev., atual. e ampl., Rio de Janeiro: Forense, 2015.

TOSTA, Jorge. *Do reexame necessário*. São Paulo: RT, 2005.

VIEIRA, Christian Garcia. *Desconsideração da personalidade jurídica no novo CPC. Natureza, procedimentos e temas polêmicos*. Salvador: Juspodivm, 2016.

VOLPE CAMARGO, Luiz Henrique. *Os honorários advocatícios pela sucumbência recursal no CPC/2015*. *in* COÊLHO, Marcus Vinicius; VOLPE CAMARGO, Luiz Henrique (coord.). *Honorários advocatícios*. Salvador: Juspodivm, 2015, p. 715-743).

__________ . *Da remessa necessária*. Revista de Processo (RePro), São Paulo: RT, v. 279, p. 67-113, 2018.

WAMBIER, Luiz Rodrigues; TALAMINI, Eduardo; ALMEIDA, Flávio Renato Correia de. *Curso avançado de processo civil*. v. 1, 10ª ed., São Paulo: RT, 2008.

WAMBIER, Teresa Arruda Alvim *et al. Breves comentários ao novo Código de Processo Civil.* São Paulo: RT, 2015.

__________. *Omissão judicial e embargos de declaração.* São Paulo: RT, 2005.

__________. *Os agravos no CPC brasileiro.* 4ª ed., São Paulo: RT, 2006.

ZARIF, Cláudio Cintra; FERNANDES, Luís Eduardo Simardi; MELLO, Rogerio Licastro Torres de. *Ações locatícias.* São Paulo: Método, 2010.

ANOTAÇÕES

ANOTAÇÕES

ANOTAÇÕES

ANOTAÇÕES

EDITORA JusPODIVM
www.editorajuspodivm.com.br
COLOR system
JUS3677